GASSNER

Kompendium Verwaltungsrech

Kompendium Verwaltungsrecht

mit Musterentscheidungen und Arbeitshilfen

Prof. Dr. Kathi Gassner
Hochschule des Bundes für öffentliche Verwaltung

3., aktualisierte Auflage, 2024

BOORBERG

Bibliografische Information der Deutschen Nationalbibliothek | Die Deutsche Nationalbibliothek verzeichnet diese Publikation in der Deutschen Nationalbibliografie; detaillierte bibliografische Daten sind im Internet über www.dnb.de abrufbar.

3. Auflage, 2024
ISBN 978-3-415-07653-2

Titelfoto: © Asier – stock.adobe.com | Satz: Olaf Mangold Text & Typo, 70374 Stuttgart | Druck und Bindung: Laupp & Göbel GmbH, Robert-Bosch-Straße 42, 72810 Gomaringen

Richard Boorberg Verlag GmbH & Co KG | Scharrstraße 2 | 70563 Stuttgart
Stuttgart | München | Hannover | Berlin | Weimar | Dresden
www.boorberg.de

Vorwort

Dieses Buch ist in erster Linie für Studierende der Hochschulen für öffentliche Verwaltung gedacht. Behandelt werden sowohl die zentralen und prüfungsrelevanten Grundlagen des allgemeinen Verwaltungsrechts (einschließlich Widerspruchsverfahren) als auch die Gutachten- und Bescheidtechnik. Ausgangspunkt ist die konkrete Bearbeitungssituation in der Behörde: Anhand zweier Aktenfälle, die zu Beginn vorgestellt werden, wird der prüfungsrelevante Pflichtfachstoff aus der Handlungsperspektive der Verwaltung vermittelt.

Das Lehrbuch erscheint in der dritten Auflage. Die Neuauflage wurde für eine umfassende Aktualisierung genutzt (Stand: 31.07.2024). Schwerpunkte sind nach wie vor der recht- und zweckmäßige Erlass von Verwaltungsentscheidungen durch die Ausgangsbehörde (Verwaltungsakte einschließlich Vollstreckung, öffentlich-rechtliche Verträge und abstrakt-generelle Regelungen der Verwaltung), deren Aufhebung (insbesondere Rücknahme und Widerruf von Verwaltungsakten) und das Widerspruchsverfahren.

Herrn Prof. Dr. Heinz-Joachim Peters, der mir bei der ersten Auflage des Kompendiums Verwaltungsrecht mit vielen Ratschlägen zur Seite gestanden hat, gilt nach wie vor mein ganz besonderer Dank. Bedanken möchte ich mich auch bei meinem Lektor Herrn Dr. Markus Rutsche für das Vertrauen und die sehr gute Zusammenarbeit.

Auf den Dialog mit Ihnen freue ich mich. Für Anregungen, Kritik und Hinweise an Prof. Dr. Kathi Gassner, Hochschule des Bundes für öffentliche Verwaltung, Fachbereich Bundeswehrverwaltung, Seckenheimer Landstraße 10, 68163 Mannheim oder kathi.gassner@hsbund-fbbwv.de bin ich sehr dankbar.

Mannheim, im August 2024 Kathi Gassner

Inhaltsverzeichnis

Verzeichnis abgekürzt zitierter Literatur 25

Abkürzungsverzeichnis 27

Teil 1: Arbeitsmethode und Ausgangsfälle

1. Kapitel: Arbeitsmethode 31

2. Kapitel: Ausgangsfall 1 (Abbruch der Gabionenmauer) 33

3. Kapitel: Ausgangsfall 2 (Güterkraftverkehrserlaubnis) 36

Teil 2: Grundlagen

1. Kapitel: Grundbegriffe 38

A. Der Begriff „Verwaltung“ 38

B. Der Begriff „Verwaltungsrecht“ 41

I. Übersicht 41

II. Öffentliches Recht und Privatrecht 42

III. Justizrecht 43

IV. Straf- und Ordnungswidrigkeitenrecht 44

V. Unionsrecht, Staatsrecht und sonstiges Völkerrecht 46

VI. Verwaltungsrecht 46

1. Die drei Säulen des Verwaltungsrechts 46

2. Allgemeines und besonderes Verwaltungsrecht 47

3. Innen- und Außenrecht 48

C. Der Begriff „subjektiv-öffentliches Recht“ 49

2. Kapitel: Allgemeines zur Rechtsanwendung 51

A. Rechtsnormen lesen und Struktur erkennen können 51

B. Rangverhältnis von Rechtsnormen beachten 54

I. Spezialnormen vor allgemeinen Normen 54

II. Sonstige Rangregeln 55

C. Auslegung und Korrektur von Rechtsnormen 56

D. Analoge Anwendung von Rechtsnormen 61

E. Umgang mit rechtswidrigen Gesetzen und sonstigen Rechtsnormen (Normenverwerfungskompetenz) 61
I. Verstöße gegen deutsches Recht 62
II. Verstöße deutscher Rechtsnormen gegen Unionsrecht 63

3. Kapitel: Die Stellung der Verwaltung 64

A. Verwaltung und Volk/Bürgerschaft/Öffentlichkeit 64

B. Verwaltung und Parlament (Bundes- bzw. Landtag) 64
I. Vorrang des Gesetzes 64
II. Parlamentsvorbehalt 65
III. (Parlaments-)Gesetzesvorbehalt 65
IV. Handlungsspielräume der Verwaltung 69

C. Verwaltung und Rechtsprechung 71
I. Erstentscheidungskompetenz der Verwaltung und Richtervorbehalt 71
II. Letztentscheidungsrecht der Gerichte 72
III. Keine umfassende Verwaltungskontrolle, nur Rechtsschutz . 74

D. Verwaltung und der Einzelne 74
I. Über-/Unterordnungsverhältnis im Verwaltungsrecht 74
II. Subjektiv-öffentliche Rechte des Einzelnen 75

4. Kapitel: Die Organisation der Verwaltung 76
I. Wichtige Begriffe 76
1. Verwaltungsträger, juristische Person des öffentlichen Rechts, Beliehene 76
2. Verwaltungsorgane, Organleihe, Organwalter und Behörde 78
3. Unmittelbare und mittelbare Bundes- bzw. Landesverwaltung 80
4. Aufgabe, Befugnis, Zuständigkeit 80
II. Verteilung der Verwaltungskompetenzen zwischen Bund und Ländern sowie zwischen EU und Mitgliedstaaten 82
III. Aufbau der Verwaltung im Bund und in den Ländern 83
1. Allgemeines 83
2. Aufbau der Bundesverwaltung 83
3. Aufbau der Landesverwaltungen 85

5. Kapitel: Handlungsformen der Verwaltung 87

A. Allgemeines zu den Handlungsformen 87
I. Einführung in die Lehre von den Handlungsformen der Verwaltung 87

II. Übersicht über die verwaltungsrechtlichen Handlungsformen 88

B. Der Verwaltungsakt 89
I. Begriff des Verwaltungsakts 89
II. Einteilung der Verwaltungsakte 93
1. Einteilung nach der Wirkung für den Adressaten und für Dritte 93
2. Einteilung nach der zeitlichen Dauer der Regelung 94
3. Einteilung nach der Art der Regelung 94
4. Einteilung nach Individual- und Allgemeinverfügung 94
III. Das behördliche Versprechen des (Nicht-)Erlasses von Verwaltungsakten 96
IV. Existenz, Wirksamkeit und Bestandskraft von Verwaltungsakten 96

C. Der öffentlich-rechtliche Vertrag der Verwaltung 98

D. Abstrakt-generelle Regelungen der Verwaltung 99

E. Funktionen der Handlungsformen 100

6. Kapitel: Verfahrensrecht 101

A. Verwaltungsakte und öffentlich-rechtliche Verträge 101
I. Landesbehörden 101
1. Baden-Württemberg 101
2. Sonstige Bundesländer 101
II. Bundesbehörden 102
III. Das Verwaltungsverfahrensrecht beim Vollzug von Unionsrecht 102

B. Sonstige Handlungsformen 103

7. Kapitel: Grundsätze für Verwaltungshandeln 103

A. Einführung 103

B. Gesetzmäßigkeit der Verwaltung 104
I. Vorrang des Gesetzes (Wiederholung und Vertiefung) 104
II. Vorbehalt des Gesetzes (Wiederholung und Vertiefung) 105

C. Die Grundrechtsbindung der Verwaltung 106

D. Verhältnismäßigkeitsgrundsatz 108
I. Praktische Bedeutung und Lernmethode 108
II. Allgemeine Grundlagen 109
1. Geschichte 109

2. Verfassungs- und Unionsrecht 109
3. Definitionen 109
III. Vertiefung (Fortgeschrittene) 111
1. Geltungsbereich des Verhältnismäßigkeitsgrundsatzes ... 111
2. Allgemein zur Verhältnismäßigkeitsprüfung von formellen Gesetzen 113
3. Beispiel zur Verhältnismäßigkeitsprüfung von formellen Gesetzen 114
4. Verhältnismäßigkeitsprüfung von Maßnahmen der Verwaltung 116

Teil 3: Die Verwaltung als Erstanwenderin

1. Kapitel: Der Erlass belastender Verwaltungsakte 117
A. Aufgaben und Lernziele/-inhalte 117
B. Prüfungsschema für den Erlass eines belastenden Verwaltungsakts 119
C. Rechtmäßiger Erlass eines belastenden Verwaltungsakts 120
I. Einführung: Rechtmäßigkeit belastender Verwaltungsakte .. 120
II. Rechtsgrundlage, Verwaltungsakt-Befugnis und Zuständigkeit 121
1. Rechtsgrundlage 121
2. Befugnis zum Handeln durch Verwaltungsakt 124
3. Zuständigkeit 124
4. Zusammenfassung: Ihr Wissensstand 131
III. Materielle Voraussetzungen 132
1. Einführung 132
2. Rechtmäßige und ausreichende Rechtsgrundlage 132
3. Das Vorliegen der Tatbestandsmerkmale 133
4. Rechtsfolgenseite 138
IV. Formelle Voraussetzungen 154
1. Einführung und anzuwendende Verfahrensvorschriften (§§ 1, 2, 9 (L)VwVfG) 154
2. Verfahren bis zum Erlass des belastenden Verwaltungsakts 156
3. Form 166
4. Bekanntgabe 171
D. Lösungsvorschlag (Mustergutachten) 175
E. Ablauf des Entscheidungsprozesses 181

F. Die Gebührenfestsetzung ... 182

G. Der Bescheid ... 183
I. Die Bestandteile des Bescheids ... 183
1. Überblick ... 183
2. Der Briefkopf und die Einleitung ... 183
3. Der Tenor/die Tenorierung ... 183
4. Die Begründung ... 184
5. Die Rechtsbehelfsbelehrung ... 185
6. Ggf. weitere Rechtshinweise ... 185
7. Grußformel und Unterschrift ... 185
II. Der Sprachstil im Bescheid ... 186
III. Musterbescheid ... 187

H. Vertiefungshinweise zum Erlass belastender Verwaltungsakte ... 192
I. Vertiefung „Rechtsgrundlagen" ... 192
1. Überblick über sonstige Rechtsgrundlagen ... 192
2. Befehlende Verwaltungsakte ... 193
3. Belastende rechtsgestaltende Verwaltungsakte ... 195
4. Belastende feststellende Verwaltungsakte ... 195
II. Vertiefung „Zuständigkeit" ... 196
III. Vertiefung „Materielle Voraussetzungen" ... 196
1. Vorliegen der Tatbestandsvoraussetzungen ... 196
2. Rechtsfolgenseite/Regelungsadressat ... 197
IV. Vertiefung „Sonstige formelle Voraussetzungen" ... 200

2. Kapitel: Die sofortige Vollziehbarkeit des Verwaltungsakts ... 200

A. Ausgangsfall, Lernziele/-inhalte und Kurzeinführung ... 200
I. Ausgangsfall, Lernziele/-inhalte ... 200
II. Vorläufiger Rechtsschutz durch Eintritt der aufschiebenden Wirkung ... 202
III. Automatischer Wegfall der aufschiebenden Wirkung von Gesetzes wegen ... 204
IV. Wegfall der aufschiebenden Wirkung durch behördliche Anordnung ... 205

B. Prüfungsschema für die Anordnung der sofortigen Vollziehung ... 206

C. Rechtmäßige Anordnung der sofortigen Vollziehung ... 207
I. Rechtsgrundlage und Zuständigkeit ... 207
1. Rechtsgrundlage ... 207
2. Zuständigkeit ... 207
II. Materielle Voraussetzungen ... 207
1. Tatbestandsvoraussetzungen ... 207

2. Rechtsfolge ... 209
III. Formelle Voraussetzungen ... 210
1. Verfahren ... 210
2. Form ... 211
3. Bekanntgabe ... 211
D. Lösungsvorschlag (gutachtliche Prüfung) ... 211
E. Entwurf einer Anordnung der sofortigen Vollziehung ... 213
I. Vorbemerkung ... 213
II. Musteranordnung ... 214
F. Übungen und Vertiefungshinweise ... 217
I. Übungen ... 217
II. Vertiefungshinweise ... 219
1. Weitere Bedingungen für den Eintritt des Suspensiveffekts ... 219
2. Detailprobleme zu § 80 Abs. 2 S. 1 Nr. 1 bis 3a und S. 2 VwGO ... 219
3. Die Anordnung der sofortigen Vollziehung auf Antrag eines Bürgers ... 219
4. Die Aussetzung der Vollziehung, §§ 80 Abs. 4, 80a Abs. 1 Nr. 2 VwGO ... 220
5. Europarechtskonforme Auslegung von § 80 Abs. 2 S. 1 Nr. 4 VwGO ... 220

3. Kapitel: Die Vollstreckung befehlender Verwaltungsakte ... 220
A. Ausgangsfall, Lernziele/-inhalte und Grundlagen ... 220
I. Ausgangsfall ... 220
II. Lernziele/-inhalte und Überblick über dieses Kapitel ... 221
III. Grundlagen ... 221
B. Prüfungsschemata ... 224
I. Vollstreckung sonstiger befehlender Verwaltungsakte ... 224
1. Die Androhung eines bestimmten Zwangsmittels ... 224
2. Die Festsetzung von Zwangsmitteln (in BW: nur bei Zwangsgeld erforderlich) ... 225
3. Die Durchführung der Ersatzvornahme bzw. des unmittelbaren Zwangs ... 226
4. Die Beantragung von Zwangshaft ... 227
5. Kostenbescheid für die Ersatzvornahme bzw. den unmittelbaren Zwang ... 228
II. Vollstreckung von Verwaltungsakten, die zur Geldleistung verpflichten ... 229

C. Die rechtmäßige Androhung von Zwangsmitteln 231
I. Rechtsgrundlage und Zuständigkeit 231
II. Materielle Voraussetzungen 232
1. Tatbestandsvoraussetzungen 232
2. Rechtsfolge 235
III. Formelle Voraussetzungen 241
1. Verfahren 241
2. Form 242
3. Bekanntgabe 242
IV. Gebühr 242

D. Lösungsvorschlag 243

E. Musterbescheid für die separate Androhung von Zwangsmitteln 246
I. Bescheidtechnische Regeln 246
II. Musterbescheid 247

F. Rechtmäßiger Erlass eines Kostenbescheids 249
I. Fortsetzung des Ausgangsfalls 249
II. Lösungsvorschlag 251

G. Pfändungs- und Einziehungsverfügung 253
I. Fortsetzung des Ausgangsfalls 253
II. Auszug aus einer Pfändungs- und Einziehungsverfügung an den Drittschuldner 254
III. Auszug aus einer Mitteilung an den Schuldner 255

4. Kapitel: Belastender Verwaltungsakt, Anordnung der sofortigen Vollziehung und Zwangsmittelandrohung in einem Bescheid 256

5. Kapitel: Die unmittelbare Ausführung bzw. der Sofortvollzug ... 256

A. Abwandlung von Ausgangsfall 1 und Lernziele/-inhalte 256

B. Prüfungsschemata 259
I. Unmittelbare Ausführung nach § 8 Abs. 1 S. 1 PolG BW ... 259
II. Kostenbescheid für die unmittelbare Ausführung 259

C. Rechtmäßige unmittelbare Ausführung 260
I. Rechtsgrundlage und Zuständigkeit 260
1. Rechtsgrundlage für die unmittelbare Ausführung 260
2. Zuständigkeit 261
II. Materielle Voraussetzungen 261
1. Vorliegen der Tatbestandsvoraussetzungen der Rechtsgrundlage 261

2. Kein Verstoß gegen sonstiges Recht 262
III. Formelle Voraussetzungen 262
D. Lösungsvorschlag zu Aufgabe 1 262
E. Die Notzuständigkeit (Aufgabe 2) 264
I. Rechtsgrundlage und Zuständigkeit 264
II. Materielle Voraussetzungen 265
III. Formelle Voraussetzungen 266
F. Rechtmäßiger Kostenbescheid (§ 8 Abs. 2 S. 1 PolG BW) 266
I. Rechtsgrundlage und Zuständigkeit 266
II. Materielle Voraussetzungen 266
1. Vorliegen der Tatbestandsvoraussetzungen von § 8 Abs. 2 S. 1 PolG BW 266
2. Rechtsfolgenseite 267
III. Formelle Voraussetzungen 268
IV. Sonstiges 268
G. Musterkostenbescheid (Auszug) 268
H. Andere Bundesländer und Bund 271
I. Vertiefungshinweise 272

6. Kapitel: Der Erlass begünstigender Verwaltungsakte 272
A. Ausgangsfall, Lernziele und -inhalte 272
B. Prüfungsschemata 273
I. Prüfungsschema für den Erlass begünstigender Verwaltungsakte 273
II. Begünstigende Verwaltungsakte, auf die ein Anspruch besteht 275
1. Entscheidung über das „Ob“ des begünstigenden Verwaltungsakts 275
2. Erlass weiterer Nebenbestimmungen 275
III. Begünstigende Verwaltungsakte, auf die kein Anspruch besteht 276
C. Rechtmäßiger Erlass begünstigender Verwaltungsakte 277
I. Rechtsgrundlage 277
1. Allgemeines 277
2. Die Suche nach der passenden Rechtsgrundlage in Fall 2 278
II. Formelle Voraussetzungen 280
1. Zuständigkeit 280

2. Verfahren ... 281
3. Form ... 289
4. Bekanntgabe ... 291
III. Materielle Voraussetzungen ... 291
1. Allgemeines ... 291
2. Vorliegen der Tatbestandsvoraussetzungen der Rechtsgrundlage ... 291
3. Rechtsfolge ... 295
IV. Die Anordnung der sofortigen Vollziehung ... 297
V. Gebührenentscheidung ... 298
VI. Weiteres Verfahren nach Erteilung der Erlaubnis ... 298
VII. Lösungsvorschlag (gutachtliche Prüfung) ... 299

D. Der Bescheid ... 302
I. Bescheidtechnische Regeln ... 302
II. Musterbescheid ... 303

E. Die Ablehnung eines begünstigenden Verwaltungsakts ... 304
I. Ablehnung eines Antrags, weil es keiner Erlaubnis bedarf ... 304
II. Ablehnung eines Antrags wegen eines Versagungsgrunds ... 304
1. Abwandlung des Ausgangsfalls ... 304
2. Allgemeines ... 304
3. Lösungsvorschlag ... 305
III. Ablehnungsbescheid ... 308

F. Vertiefungshinweise ... 308
I. Überblick über weitere Rechtsgrundlagen ... 308
1. Begünstigende rechtsgestaltende Verwaltungsakte ... 308
2. Begünstigende feststellende Verwaltungsakte ... 310
II. Themen für den Fortgeschrittenen ... 311
1. Repressive Verbote mit Befreiungsvorbehalt ... 311
2. Spezialgesetz und Konzentrationswirkung ... 311
3. Erlass eines dinglichen Verwaltungsakts ... 311
4. Besonderheiten im Verfahren ... 311
5. Die Bedeutung des Europarechts ... 312
6. Die Anerkennung deutscher/ausländischer Zulassungen ... 313

7. Kapitel: Erlass von Verwaltungsakten mit Nebenbestimmungen ... 313

A. Abwandlung von Ausgangsfall 2, Lernziele/-inhalte ... 313

B. Prüfungsschemata ... 315
I. Rechtmäßiger Erlass einer Nebenbestimmung ... 315
II. Einbau der Rechtmäßigkeitsprüfung ins Hauptprüfungsschema ... 316

C. Grundlagen ... 317
I. Begriff und Arten von Nebenbestimmungen, Abgrenzungen 317
1. Begriff der Nebenbestimmung ... 317
2. Wichtige Abgrenzungen ... 317
3. Arten von Nebenbestimmungen ... 319
II. So geht die Ausgangsbehörde am besten vor ... 320
III. Auslegung und Auslegungsprobleme ... 322

D. Der recht- und zweckmäßige Erlass von Nebenbestimmungen .. 323
I. Rechtsgrundlage für den Erlass von Nebenbestimmungen .. 323
II. Formelle Voraussetzungen ... 324
III. Materielle Voraussetzungen für den Erlass von Nebenbestimmungen zu Verwaltungsakten, auf die ein Anspruch besteht (§ 36 Abs. 1 Var. 2 (L)VwVfG) ... 325
1. Tatbestandsvoraussetzungen ... 325
2. Rechtsfolgenseite ... 329
IV. Materielle Voraussetzungen für den Erlass begünstigender Ermessensverwaltungsakte mit Nebenbestimmungen (§ 36 Abs. 2 (L)VwVfG) ... 330
V. Materielle Voraussetzungen für den Erlass von Nebenbestimmungen zu belastenden Verwaltungsakten (§ 36 Abs. 2 (L)VwVfG) ... 331
VI. Nebenregelungen zu Nebenbestimmungen ... 333
1. Anordnung der sofortigen Vollziehung der Nebenbestimmung ... 333
2. Androhung eines bestimmten Zwangsmittels bei nicht fristgerechter Erfüllung einer Auflage ... 333

E. Lösung zum Ausgangsfall (Gutachten) ... 334

F. Nebenbestimmungen im Bescheid ... 338
I. Bescheidtechnische Regeln ... 338
II. Mustertenorierungen und Rechtsbehelfsbelehrung ... 338

8. Kapitel: Abschluss öffentlich-rechtlicher Verträge ... 340

A. Ausgangsfall, Lernziel/-inhalte ... 340

B. Prüfungsschema: Rechtmäßiger Abschluss öffentlich-rechtlicher Verträge ... 344

C. Rechtliche Voraussetzungen für den Abschluss öffentlich-rechtlicher Verträge ... 346
I. Rechtsgrundlage ... 346

1. Allgemeine Zulässigkeit des Handelns durch öffentlich-rechtlichen Vertrag ... 346
2. Richtige Rechtsgrundlage je nach Vertragsart ... 347
3. Spezielle Ermächtigung ... 347
II. Formelle Voraussetzungen ... 348
1. Zuständigkeit ... 348
2. Verfahren ... 349
3. Form des Vertragsschlusses ... 350
4. Ggf. Zustimmung Dritter und anderer Behörden zum Vertrag ... 351
5. Bekanntgabe des Vertrags ... 352
III. Materielle Voraussetzungen bei Austauschverträgen ... 353
1. Tatbestandsvoraussetzungen nach § 56 (L)VwVfG ... 353
2. Ordnungsgemäße Ermessensausübung ... 356
IV. Materielle Voraussetzungen bei Vergleichsverträgen ... 357
1. Tatbestandsvoraussetzungen ... 357
2. Ordnungsgemäße Ermessensausübung ... 357
V. Materielle Voraussetzungen bei koordinationsrechtlichen Verträgen ... 357
1. Tatbestandsvoraussetzungen ... 357
2. Ordnungsgemäße Ermessensausübung ... 358
D. Lösung von Ausgangsfall 1 ... 358
E. Lösung von Ausgangsfall 2 ... 361
F. Muster von öffentlich-rechtlichen Verträgen ... 363
I. Hinweise zur Vertragsgestaltung ... 363
II. Muster für den Abschluss eines Austauschvertrags (Fall 1) . 364
G. Vertiefungshinweise ... 366

9. Kapitel: Überblick über sonstiges Verwaltungshandeln ... 368
A. Schlichtes Verwaltungshandeln ... 368
B. Beschlüsse von Kollegialorganen ... 368

10. Kapitel: Erlass von abstrakt-generellen Regelungen durch die Verwaltung ... 370
A. Ausgangsfälle, Lernziele/-inhalte ... 370
B. Prüfungsschemata ... 372
I. Rechtmäßiger Erlass einer Rechtsverordnung ... 372
II. Rechtmäßiger Erlass einer Satzung ... 373
III. Rechtmäßiger Erlass einer Verwaltungsvorschrift ... 374

C. Rechtmäßiger Erlass einer Rechtsverordnung ... 375
I. Rechtsgrundlage ... 375
II. Formelle Voraussetzungen ... 376
1. Zuständigkeit ... 376
2. Verfahren ... 377
3. Form ... 378
4. Bekanntgabe (Verkündung) ... 379
5. Anzeige der Rechtsverordnung an Aufsichtsbehörden ... 380
III. Materielle Voraussetzungen ... 380
1. Tatbestandsvoraussetzungen der Rechtsgrundlage ... 380
2. Rechtsfolgenseite ... 380

D. Erlass von Satzungen ... 383
I. Rechtsgrundlage und Satzungsbefugnis ... 383
II. Formelle Voraussetzungen ... 385
1. Zuständigkeit ... 385
2. Verfahren ... 385
3. Form ... 387
4. Bekanntgabe ... 388
5. Ggf. Anzeige von Satzungen bei der Rechtsaufsichtsbehörde ... 388
III. Materielle Voraussetzungen ... 388
1. Tatbestandsvoraussetzungen ... 388
2. Setzen einer rechtmäßigen Rechtsfolge ... 389

E. Erlass von Verwaltungsvorschriften ... 390
I. Arten von Verwaltungsvorschriften ... 390
1. Unterscheidung nach dem Inhalt ... 390
2. Unterscheidung nach der Stellung zum formellen Gesetz 390
II. Rechtmäßiger Erlass von Verwaltungsvorschriften ... 391
1. Rechtsgrundlage bzw. Befugnis zum Handeln durch Verwaltungsvorschrift ... 391
2. Formelle Voraussetzungen ... 392
3. Materielle Voraussetzungen ... 393
III. Rechtliche Außenwirkung von Verwaltungsvorschriften ... 394

F. Aufbau von abstrakt-generellen Regelungen ... 396
I. Regeln zur Aufbautechnik von abstrakt-generellen Regelungen ... 396
II. Muster ... 397

G. Lösung des Ausgangsfalls ... 398

Teil 4: Fehlerfolgenlehre

1. Kapitel: Einführung 401

2. Kapitel: Fehler bei Erlass von Verwaltungsakten 401

A. Ausgangsfall; Lerninhalte und Lernziele 401

B. Prüfungsschemata 403

I. Allgemeines Prüfungsschema 403

II. Übersicht über Fehlerfolgen nach dem (L)VwVfG 404

C. Fehlerfolgen 406

I. Fehlende oder fehlerhafte Bekanntgabe 406

1. Fehlender Bekanntgabewille oder fehlender Zugang 407

2. Bekanntgabe an Beteiligungs- oder Handlungsunfähige 407

3. Falsche Bekanntgabeart 408

4. Fehler im Zustellungsvorgang 409

5. Fehlende oder fehlerhafte Zustellung an den Bevollmächtigten 410

II. Behörde wollte etwas anderes als erklärt 410

III. Verstöße gegen die (sonstigen) formellen oder materiellen Voraussetzungen 411

1. Nichtigkeit oder bloße Rechtswidrigkeit von Verwaltungsakten 411

2. Heilbarkeit bloß rechtswidriger (nicht nichtiger) Verwaltungsakte 412

3. Anfechtbarkeit rechtswidriger Verwaltungsakte 413

IV. Fehlende, unvollständige oder inhaltlich falsche Rechtsbehelfsbelehrung 415

V. Verstöße gegen Verwaltungsvorschriften und sonstiges verwaltungsinternes Recht 415

D. Umdeutung 416

E. Lösungsvorschlag 417

3. Kapitel: Fehler bei Anordnung der sofortigen Vollziehung 420

4. Kapitel: Fehler bei Abschluss öffentlich-rechtlicher Verträge 421

A. Ausgangsfall, Lernziele und Lerninhalte 421

B. Übersicht über etwaige Fehlerfolgen 422

C. Fehlerfolgen 423

I. Grundsätze 423

II. Vertragsschluss trotz Vertragsformverbots 425

III. Vertragsschluss ohne erforderliche Ermächtigungsgrundlage 426
IV. Vertragsschluss durch eine unzuständige Behörde 426
V. Formverstöße 427
VI. Sonstige Verstöße gegen den Vorrang des Gesetzes 427

D. Lösungsvorschlag 428

5. Kapitel: Fehler bei Erlass abstrakt-genereller Verwaltungsregelungen 429
I. Grundsätze 429
II. Folgen von Rechtsverstößen im Einzelnen 430
1. Erlass ohne erforderliche Rechtsgrundlage/Wegfall der Rechtsgrundlage 430
2. Verstoß gegen formelle Voraussetzungen 430
3. Verstoß gegen materielle Voraussetzungen 432
III. Auswirkungen auf den Verwaltungsakt 432
IV. Verwerfungskompetenz der Verwaltung 433

6. Kapitel: Fehler bei tatsächlichem Handeln 433

Teil 5: Aufhebung von Verwaltungsregelungen außerhalb von Rechtsbehelfsverfahren (insbes. Verwaltungsakte)

1. Kapitel: Überblick über die Unterschiede bei der Aufhebung je nach Handlungsform 435

2. Kapitel: Die Rücknahme rechtswidriger Verwaltungsakte 436

A. Ausgangsfall und Lernziele/-inhalte 436

B. Prüfungsschema für die Rücknahme nach § 48 (L)VwVfG 437

C. Rechtmäßige Rücknahme 439
I. Rechtsgrundlage und Zuständigkeit 439
1. Rechtsgrundlage 439
2. Zuständigkeit 440
II. Materielle Voraussetzungen 440
1. Tatbestandsvoraussetzungen 440
2. Rechtmäßige Ermessensausübung 442
III. Formelle Voraussetzungen 443

D. Lösungsvorschlag 444

E. Vertiefungshinweise 447
I. Durchsetzung von Rücknahmeentscheidungen 447
1. Rückerstattungsbescheid nach § 49a Abs. 1 (L)VwVfG ... 447
2. Verbot der weiteren Tätigkeit ohne Erlaubnis 448

II. Rücknahme im Rahmen eines Widerspruchsverfahrens 449

3. Kapitel: Der Widerruf von Verwaltungsakten 449

A. Ausgangsfall und Lerninhalte/-ziele 449

B. Prüfungsschema für den Widerruf nach § 49 (L)VwVfG 450

C. Widerruf nicht begünstigender Verwaltungsakte ex nunc 452

D. Widerruf von Geld- und Sachleistungsverwaltungsakten ex tunc 452

E. Widerruf begünstigender Verwaltungsakte ex nunc 454

I. Allgemeines 454

II. Widerruf aufgrund eines Widerrufsvorbehalts 454

III. Widerruf wegen Nichterfüllung einer Auflage 455

IV. Widerruf wegen Änderung der Tatsachenlage 456

V. Widerruf wegen Änderung der Rechtslage 457

VI. Widerruf, um schwere Nachteile für das Gemeinwohl zu verhindern 457

F. Sonstiges 458

I. Anordnung der sofortigen Vollziehung nach § 80 Abs. 2 S. 1 Nr. 4 VwGO 458

II. Gebühr 458

III. Durchsetzung des Widerrufs 458

IV. Ersatz des Vertrauensschadens 459

V. Exkurs: Der Erlass nachträglicher Anordnungen als mildere Maßnahme 459

G. Lösungsvorschlag 460

H. Widerrufsbescheid 461

I. Bescheidtechnische Regeln 461

II. Mustertenorierung für den Widerrufsbescheid 461

4. Kapitel: Wiederaufgreifen des Verfahrens 462

Teil 6: Verwaltungskontrolle

1. Kapitel: Einführung 465

2. Kapitel: Aufsicht (interne Verwaltungskontrolle) 466

A. Begriffe 466

B. Kompetenzen der Aufsichtsbehörde 466

C. Rechte der beaufsichtigten Behörde 468

D. Kein subjektiv-öffentliches Recht auf Aufsicht 469

3. Kapitel: Widerspruchsverfahren ... 469
A. Ausgangsfall und Lernziele/-inhalte ... 469
B. Prüfungsschemata ... 472
I. Erfolgsaussichten des Widerspruchs ... 472
II. Rechtmäßigkeit eines Widerspruchsbescheids ... 474
C. Vorprüfungen und Zulässigkeit von Widersprüchen ... 475
I. Vorprüfungen ... 475
1. Auslegung des Rechtsbehelfs ... 475
2. Zuständige Behörden im Widerspruchsverfahren ... 476
3. Bestimmung von Gegenstand und Maßstab ... 477
II. Zulässigkeit des Widerspruchs ... 478
1. Eröffnung des Verwaltungsrechtswegs im späteren Gerichtsverfahren ... 478
2. Statthaftigkeit des Widerspruchs ... 479
3. Widerspruchsbefugnis nach § 68 Abs. 1 S. 1 VwGO i. V. m. § 42 Abs. 2 VwGO analog ... 483
4. Beteiligungs- und Handlungsfähigkeit, ggf. ordnungsgemäße Vertretung ... 485
5. Richtige Stelle und richtige Form (§ 70 Abs. 1 VwGO) ... 485
6. Widerspruchsfrist (§ 70 Abs. 1 u. 2 VwGO) ... 486
7. Widerspruchsinteresse/Rechtsschutzbedürfnis ... 489
8. Entscheidung in der Sache bei Unzulässigkeit des Widerspruchs ... 489
D. Begründetheit des Anfechtungswiderspruchs ... 490
I. Prüfungsprogramm ... 490
II. Rechtswidrigkeit des Ausgangsbescheids ... 491
1. Maßgeblicher Zeitpunkt ... 491
2. Rechtsgrundlage ... 491
3. Formelle Rechtmäßigkeit/Rechtswidrigkeit ... 493
4. Materielle Rechtmäßigkeit/Rechtswidrigkeit ... 494
5. Zwischenergebnis ... 496
III. Rechtsverletzung des Widerspruchsführers ... 497
1. Rechtsverletzung des Adressaten eines belastenden Verwaltungsakts ... 497
2. Rechtsverletzung eines Dritten ... 497
IV. Kein ausnahmsweiser Ausschluss des Aufhebungsanspruchs ... 498
1. Unbeachtlichkeit von Verstößen nach § 46 (L)VwVfG ... 498
2. Unbeachtlichkeit von Verstößen nach dem Fachrecht ... 499

3. Umdeutung eines rechtswidrigen in einen rechtmäßigen Verwaltungsakt ... 499
V. Zweckmäßigkeit von Ermessensentscheidungen ... 500
VI. Vertiefung: Änderung der Sach- oder Rechtslage ... 501

E. Begründetheit des Verpflichtungswiderspruchs ... 502

F. Anfechtungswiderspruch gegen Nebenbestimmungen ... 504
I. Zulässigkeit des isolierten Anfechtungswiderspruchs ... 504
1. Statthaftigkeit ... 504
2. Widerspruchsbefugnis bzw. Widerspruchsinteresse ... 504
II. Begründetheit des isolierten Anfechtungswiderspruchs ... 505

G. Verböserung des Verwaltungsakts durch Widerspruchsbescheid (reformatio in peius) ... 506

H. Lösungsvorschlag (gutachtliche Prüfung der Erfolgsaussichten eines Widerspruchs) ... 507
I. Lösung von Aufgabe 1 ... 507
II. Lösung von Aufgabe 2 ... 511
III. Lösung von Aufgabe 3 ... 512

J. Der formell rechtmäßige Erlass des Widerspruchsbescheids ... 515

K. Der Widerspruchsbescheid ... 516
I. Übersicht über mögliche Entscheidungen im Widerspruchsbescheid ... 516
1. Ggf. Entscheidung über die Wiedereinsetzung (§ 60 VwGO) ... 516
2. Hauptentscheidung ... 516
3. Kostenentscheidung ... 517
4. Gebührenentscheidung ... 518
5. Ggf. sonstige Anordnungen ... 518
II. Bescheidtechnische Regeln ... 519
III. Tenorierung beim Anfechtungswiderspruchsbescheid ... 520
IV. Tenorierung beim Verpflichtungswiderspruchsbescheid ... 521
V. Muster: Auszug aus dem Widerspruchsbescheid zu Aufgabe 4 ... 523

4. Kapitel: Die Verwaltung vor Gericht ... 525

A. Ausgangsfall und Lernziele ... 525

B. Prüfungsschemata ... 526
I. Überblick über Klage- und Antragsarten ... 526
II. Zulässigkeit von Klagen und Normenkontrollanträgen ... 529
III. Begründetheit von Klagen und Normenkontrollanträgen ... 531

IV. Zulässigkeit von Anträgen auf vorläufigen Rechtsschutz ... 531
V. Begründetheit von Anträgen auf vorläufigen Rechtsschutz .. 533
C. Die Übersendung der Behördenakte(n) an das Gericht 533
D. Die Antrags- bzw. Klageerwiderung der Verwaltung 534
I. Die Erwiderung auf einen Antrag nach § 80 Abs. 5 VwGO .. 534
1. Was in der Behörde passiert 534
2. Was vor Gericht passiert 535
II. Die Erwiderung auf einen Antrag nach § 80a Abs. 3 VwGO . 537
1. Drittwiderspruch gegen einen begünstigenden Verwaltungsakt 537
2. Anfechtungswiderspruch gegen einen drittschützenden Verwaltungsakt 537
III. Klageerwiderung auf eine Anfechtungsklage 537
1. Was in der Behörde passiert 537
2. Was vor Gericht passiert 539
IV. Klageerwiderung auf eine Verpflichtungsklage 540
1. Was in der Behörde passiert 540
2. Was vor Gericht passiert 541
V. Klageerwiderung auf eine isolierte Anfechtungsklage gegen Nebenbestimmungen 541
VI. Normenkontrollanträge 542
E. Verwaltung als Klägerin bzw. Antragstellerin 542
F. Vertretung der Verwaltung vor Gericht 543
G. Vorlagen an den EuGH bzw. an das BVerfG 544
H. Rechtsmittel gegen Gerichtsentscheidungen 544
I. Rechtskraft und Bindung an Gerichtsentscheidungen 545

Stichwortverzeichnis 547

Verzeichnis abgekürzt zitierter Literatur

BeckOK GG/Bearbeiter, Volker Epping/Christian Hillgruber (Hrsg.), BeckOK Grundgesetz, 57. Edition, Stand 15.01.2024

BeckOK BauordnungsR BW/Bearbeiter, Willy Spannowsky/Michael Uechtritz, BeckOK Bauordnungsrecht Baden-Württemberg, 28. Edition, Stand 01.04.2024

BeckOK Polizeirecht BW/Bearbeiter, Markus Möstl/Christoph Trurnit, BeckOK Polizeirecht Baden-Württemberg, 31. Edition, Stand 01.12.2023

BeckOK VwGO/Bearbeiter, Herbert Posser/Heinrich Amadeus Wolff/Andreas Decker, BeckOK Verwaltungsgerichtsordnung, 69. Edition, Stand 01.04.2024

BeckOK VwVfG/Bearbeiter, Johann Bader/Michael Ronellenfitsch, BeckOK VwVfG mit VwVG, VwZG, 63. Edition, Stand 01.04.2024

Bull/Mehde, VerwR, Hans Peter Bull/Veith Mehde, Allgemeines Verwaltungsrecht mit Verwaltungslehre, 10. Auflage 2022

Calliess/Ruffert, EUV/AEUV, Christian Calliess/Matthias Ruffert (Hrsg.), EUV/AEUV, Kommentar, 6. Auflage 2022

Detterbeck, VerwR, Steffen Detterbeck, Allgemeines Verwaltungsrecht mit Verwaltungsprozessrecht, 21. Auflage 2023

Engelhardt/App/Schlatmann/Bearbeiter, VwVG VwZG, Arne Schlatmann (Hrsg.), Verwaltungsvollstreckungsgesetz Verwaltungszustellungsgesetz, Kommentar, 12. Auflage 2021

Gassner, Fit für Prüfungen im Verwaltungsrecht, Kathi Gassner, Fit für Prüfungen im Verwaltungsrecht, 1. Auflage 2019

Gassner/Seith/Bearbeiter, Kathi Gassner/Sebastian Seith (Hrsg.), Ordnungswidrigkeitengesetz, Handkommentar, 2. Auflage 2020

Grziwotz, Vertragsgestaltung im öffentlichen Recht, Herbert Grziwotz, Vertragsgestaltung im öffentlichen Recht, 2002

GVR I/Bearbeiter, Andreas Voßkuhle/Martin Eifert/Christoph Möllers (Hrsg.), Grundlagen des Verwaltungsrechts, Band I, 3. Auflage 2022

GVR II/Bearbeiter, Andreas Voßkuhle/Martin Eifert/Christoph Möllers (Hrsg.), Grundlagen des Verwaltungsrechts, Band II, 3. Auflage 2022

Huber/Voßkuhle/Bearbeiter, Peter M. Huber/Andreas Voßkuhle, Grundgesetz, Kommentar, 8. Auflage 2024

Jarass/Pieroth/Bearbeiter, GG, Hans D. Jarass/Martin Kment, Grundgesetz für die Bundesrepublik Deutschland, Kommentar, 18. Auflage 2024

Kopp/Ramsauer/Bearbeiter, VwVfG, Ulrich Ramsauer (Hrsg.), Verwaltungsverfahrensgesetz, Kommentar, 24. Auflage 2023

Kopp/Schenke/Bearbeiter, VwGO, Wolf-Rüdiger Schenke (Hrsg.), Verwaltungsgerichtsordnung, Kommentar, 29. Auflage 2023

Maurer/Waldhoff, VerwR, Hartmut Maurer/Christian Waldhoff, Allgemeines Verwaltungsrecht, 21. Auflage 2024

Schenke, Polizei- und Ordnungsrecht, Wolf-Rüdiger Schenke, Polizei- und Ordnungsrecht, 12. Auflage 2023

Schenke, Verwaltungsprozessrecht, Wolf-Rüdiger Schenke, Verwaltungsprozessrecht, 18. Auflage 2023

Schoch/Schneider/Bearbeiter, VwGO, Friedrich Schoch/Jens-Peter Schneider (Hrsg.), Band Verwaltungsgerichtsordnung, Kommentar, 44. Ergänzungslieferung, Stand März 2023

Stelkens/Bonk/Sachs/Bearbeiter, VwVfG, Michael Sachs/Heribert Schmitz/Ulrich Stelkens (Hrsg.), Verwaltungsverfahrensgesetz, Kommentar, 10. Auflage 2023

Abkürzungsverzeichnis

a. A.	andere Ansicht
Abs.	Absatz
AEUV	Vertrag über die Arbeitsweise der Europäischen Union
AEAO	Anwendungserlass zur Abgabenordnung
a. F.	alte Fassung
AGVwGO	Ausführungsgesetz des Landes Baden-Württemberg zur VwGO
AO	Abgabenordnung
apf	Ausbildung, Prüfung, Fachpraxis (Zeitschrift)
Art.	Artikel
Aufl.	Auflage
BAIUDBw	Bundesamt für Infrastruktur, Umweltschutz und Dienstleistungen der Bundeswehr
BALM	Bundesamt für Logistik und Mobilität
BAPersBw	Bundesamt für das Personalmanagement der Bundeswehr
BauGB	Baugesetzbuch
BBesG	Bundesbesoldungsgesetz
BBodSchG	Bundesbodenschutzgesetz
BGB	Bürgerliches Gesetzbuch
BGBl.	Bundesgesetzblatt
BGH	Bundesgerichtshof
BHO	Bundeshaushaltsordnung
BImSchG	Bundesimmissionsschutzgesetz
BNatSchG	Bundesnaturschutzgesetz
BMVg	Bundesministerium der Verteidigung
BT-Drs.	Drucksache des Deutschen Bundestages
BuW	Betrieb und Wirtschaft (Zeitschrift)
BVerfG	Bundesverfassungsgericht
BVerfGE	Entscheidungen des Bundesverfassungsgerichts
BVerfGG	Bundesverfassungsgerichtsgesetz
BVerwG	Bundesverwaltungsgericht
BVerwGE	Entscheidungen des Bundesverwaltungsgerichts
BwDLZ	Bundeswehrdienstleistungszentrum
BWGZ	Die Gemeinde (Zeitschrift)
DÖV	Die öffentliche Verwaltung (Zeitschrift)
DS-GVO	Datenschutz-Grundverordnung (VO (EU) 2016/679)
DVBl	Deutsches Verwaltungsblatt (Zeitschrift)
EMRK	Europäische Konvention zum Schutze der Menschenrechte und Grundfreiheiten
EU	Europäische Union
EU-Dienstleistungsrichtlinie	Richtlinie 2006/123/EG des Europäischen Parlaments und des Rates vom 12.12.2006 über Dienstleistungen im Binnenmarkt
EuGH	Gerichtshof der Europäischen Union

EUV	Vertrag über die Europäische Union
FeV	Fahrerlaubnisverordnung
Fn.	Fußnote
FStrG	Bundesfernstraßengesetz
GastG	Gaststättengesetz
GBl.	Gesetzblatt
GBZugV	Berufszugangsverordnung für den Güterkraftverkehr
GemO BW	Gemeindeordnung für Baden-Württemberg
GewArch	Gewerbearchiv (Zeitschrift)
GewO	Gewerbeordnung
GG	Grundgesetz für die Bundesrepublik Deutschland
GKZ BW	Gesetz über kommunale Zusammenarbeit Baden-Württemberg
GmbHG	Gesetz betreffend die Gesellschaften mit beschränkter Haftung
GüKG	Güterkraftverkehrsgesetz
GüKKostV	Kostenverordnung für den Güterkraftverkehr
GüKVwV	Allgemeine Verwaltungsvorschrift zum Güterkraftverkehrsrecht
GüKZuVO BW	Güterkraftverkehrs-Zuständigkeitsverordnung Baden-Württemberg
GWB	Gesetz gegen Wettbewerbsbeschränkungen
HebBO BW	Hebammenberufsordnung Baden-Württemberg
HGB	Handelsgesetzbuch
HGrG	Haushaltsgrundsätzegesetz
h. L.	herrschende Lehre
h. M.	herrschende Meinung
Hrsg.	Herausgeber
IFG	Informationsfreiheitsgesetz
IHK	Industrie- und Handelskammer
InsO	Insolvenzordnung
i. V. m.	in Verbindung mit
JuS	Juristische Schulung (Zeitschrift)
KrWG	Kreislaufwirtschaftsgesetz
LBesG BW	Landesbesoldungsgesetz Baden-Württemberg
LBO BW	Landesbauordnung Baden-Württemberg
LHO	Landeshaushaltsordnung
LKrO BW	Landkreisordnung für Baden-Württemberg
LRA	Landratsamt
LVG BW	Landesverwaltungsgesetz Baden-Württemberg
LVwVfG	Landesverwaltungsverfahrensgesetz Baden-Württemberg
LVwVG	Landesverwaltungsvollstreckungsgesetz Baden-Württemberg
LVwVGKO	Landesverwaltungsvollstreckungsgesetzkostenordnung Baden-Württemberg
LVwZG	Landesverwaltungszustellungsgesetz Baden-Württemberg
m. w. N.	mit weiteren Nachweisen
NJW	Neue Juristische Wochenschrift (Zeitschrift)

NordÖR	Zeitschrift für öffentliches Recht in Norddeutschland (Zeitschrift)
NVwZ	Neue Zeitschrift für Verwaltungsrecht (Zeitschrift)
NWVBl.	Nordrhein-Westfälische Verwaltungsblätter (Zeitschrift)
OVG	Oberverwaltungsgericht
OWiG	Ordnungswidrigkeitengesetz
OZG	Onlinezugangsgesetz
PolG BW	Polizeigesetz Baden-Württemberg
PolVOgH	Polizeiverordnung des Innenministeriums und des Ministeriums Ländlicher Raum über das Halten gefährlicher Hunde
Rn.	Randnummer
RP	Regierungspräsidium
S.	Satz
SGB	Sozialgesetzbuch
StrG BW	Straßengesetz Baden-Württemberg
StVG	Straßenverkehrsgesetz
StVO	Straßenverkehrsordnung
UIG	Umweltinformationsgesetz
UZwG	Gesetz über den unmittelbaren Zwang bei Ausübung öffentlicher Gewalt durch Vollzugsbeamte des Bundes
VBlBW	Verwaltungsblätter für Baden-Württemberg (Zeitschrift)
VerkG	Verkündungsgesetz
VerwR	Verwaltungsrecht
VG	Verwaltungsgericht
VGH	Verwaltungsgerichtshof
VgV	Verordnung über die Vergabe öffentlicher Aufträge
VwGO	Verwaltungsgerichtsordnung
VwVfG	Verwaltungsverfahrensgesetz (Bund)
VwVG	Verwaltungsvollstreckungsgesetz (Bund)
VwZG	Verwaltungszustellungsgesetz (Bund)
VO 1071/2009	Verordnung (EG) Nr. 1071/2009 des Europäischen Parlaments und des Rates vom 21.10.2009 zur Festlegung gemeinsamer Regeln für die Zulassung zum Beruf des Kraftverkehrsunternehmers und zur Aufhebung der Richtlinie 96/26/EG des Rates
VO 1072/2009	Verordnung (EG) Nr. 1072/2009 des Europäischen Parlaments und des Rates vom 21.10.2009 über gemeinsame Regeln für den Zugang zum Markt des grenzüberschreitenden Güterkraftverkehrs (Neufassung)
WG BW	Wassergesetz Baden-Württemberg
WHG	Wasserhaushaltsgesetz (Bund)
ZVG	Gesetz über die Zwangsversteigerung und die Zwangsverwaltung

Im Übrigen wird auf *Kirchner*, Abkürzungsverzeichnis der Rechtssprache, 10. Aufl. 2021, verwiesen.

Teil 1: Arbeitsmethode und Ausgangsfälle

1. Kapitel: Arbeitsmethode

Im Studienfach „Verwaltungsrecht“ an den Hochschulen für öffentliche Verwaltung lernen Sie, verwaltungsrechtliche Fragestellungen allein mit Hilfe des Gesetzes (so regelmäßig die Klausursituation) bzw. unter Auswertung von Literatur und Rechtsprechung (so in Haus-, Seminar-, Bachelor- bzw. Diplomarbeiten und vor allem in der späteren Berufspraxis) **gutachtlich** beantworten sowie rechtmäßige (und zweckmäßige) **Verwaltungsentscheidungen entwerfen** zu können. 1

Je nachdem, in welchem Verwaltungsbereich Sie später eingesetzt sind, benötigen Sie ein unterschiedliches „**Wissen im Verwaltungsrecht**“. Was Sie als Berufsanfänger(in) im „gehobenen Verwaltungsdienst“[1] an Grundwissen über das **allgemeine Verwaltungsrecht**[2] mitbringen müssen, lernen Sie in diesem Lehrbuch, das außerdem aus der Perspektive der Verwaltungsbehörde in das **Verwaltungsprozessrecht einführt**. Für Ihr Studium und die spätere berufliche Tätigkeit benötigen Sie außerdem bestimmte „**Basiskompetenzen**“, nämlich um Recht anwenden, praktische Rechtsfragen gutachtlich prüfen, Literatur und Rechtsprechung auswerten und praktische Entscheidungen entwerfen zu können. Auch dies lernen Sie in diesem Lehrbuch. Auf das wissenschaftliche Arbeiten im Verwaltungsrecht bereitet das Lehrbuch nur eingeschränkt vor. Tipps zum Anfertigen verwaltungsrechtswissenschaftlicher Bachelor- oder Diplomarbeiten finden Sie z. B. in dem Übungsbuch „*Gassner*, Fit für Prüfungen im Verwaltungsrecht“. Dort finden Sie auch zahlreiche Übungsklausuren zum allgemeinen Verwaltungsrecht und sonstige Übungen.

Das „Grundwissen“ und die „Basiskompetenzen“ erarbeiten wir uns in diesem Lehrbuch zum einen **schrittweise** und zum anderen **praktisch anschaulich** anhand der hier gleich folgenden fiktiven Ausgangsfälle.

Buchaufbau: Nachdem wir uns in **Teil 1** mit der Arbeitsmethode und den Ausgangsfällen vertraut gemacht haben, erarbeiten wir uns in **Teil 2** die er- 2

---

1 Bzw. für das erste Einstiegsamt der Laufbahngruppe 2.

2 Das Staatshaftungsrecht (Pflichtstoff an den Universitäten im Fach Verwaltungsrecht) gehört an den meisten Hochschulen für öffentliche Verwaltung nicht zum Pflichtlernstoff und wird hier daher auch nicht erörtert.

forderlichen theoretischen Grundlagen zum allgemeinen Verwaltungsrecht. In **Teil 3** beschäftigen wir uns mit den einzelnen Handlungsformen der Verwaltung aus der Perspektive der Verwaltung als Erstanwenderin. Hier erlernen Sie beispielsweise den recht- und zweckmäßigen Erlass von Verwaltungsakten. Welche Folgen Rechtsverstöße der Verwaltung haben („Fehlerlehre") erarbeiten wir uns in **Teil 4**. Anschließend geht es in **Teil 5** um die Aufhebung von Verwaltungsakten (Widerruf und Rücknahme), von öffentlich-rechtlichen Verträgen (Anfechtung, Kündigung, Aufhebungsverträge) sowie von abstrakt-generellen Verwaltungsregelungen. Wie der Einzelne sich gegen Verwaltungshandeln wehren kann („Rechtsschutz") sowie Sonstiges zur Verwaltungskontrolle (z. B. Fach-, Rechts- und Dienstaufsicht), erarbeiten wir uns abschließend im **6. Teil** dieses Buches.

In jedem (Unter-)Kapitel kommen wir auf mindestens einen Ausgangsfall mit einem bestimmten Lernziel zurück. Die (Unter-)Kapitel beginnen in der Regel mit einer „Aufgabe", dann erarbeiten wir uns das erforderliche „Wissen" bzw. die erforderliche „Methodik". Am Ende finden Sie einen „Lösungsvorschlag". Zunächst konzentrieren wir uns aus der Perspektive des Studienanfängers auf wichtige Schwerpunkte. In den Vertiefungshinweisen sehen Sie, wie Sie Ihr Wissen im weiteren Verlauf Ihres Studiums ausbauen können.

3 Und was für das Verständnis über das (Verwaltungs-)Recht „überlebenswichtig" ist (wer das nicht beachtet, ist in allen Rechtsfächern von vornherein zum Scheitern verurteilt): **Lesen Sie immer sofort das besprochene Gesetz!**

4 Ich empfehle, dass Sie sich alle für Sie wichtigen **Prüfungsschemata** zusammenstellen. Eine Übersicht über diese finden Sie im Stichwortverzeichnis unter „Prüfungsschemata". Außerdem empfehle ich, ein eigenes **Vokabelheft** oder **Vokabelkarten** anzulegen. Sobald in diesem Buch ein neuer juristischer Fachbegriff eingeführt wird, können Sie den Begriff mit Definition und Beispielen in das Vokabelheft übertragen. Das erleichtert das Lernen. Die Vollständigkeit des Vokabelhefts lässt sich über das Stichwortverzeichnis kontrollieren. Schließlich gilt für dieses Lehrbuch, was für alle Lehrbücher gilt: Nur das **mehrmalige Lesen** bringt einen etwas weiter und „erst Übung macht den Meister[3]".

---

3 Hier helfen Ihnen Fälle aus dem Unterricht, Fallsammlungen zum Verwaltungsrecht (z. B. *Gassner*, Fit für Prüfungen im Verwaltungsrecht) oder in Fachzeitschriften (z. B. apf, JuS, UBWV) veröffentlichte Übungsfälle.

2. Kapitel: Ausgangsfall 1 (Abbruch der Gabionenmauer)

Landratsamt Ortenaukreis[4] 5

Akte: Flurstück 2035 (Musterstraße 25), Willstätt[5]/
Eigentümerin: Isabelle Schröder
hier: Gabionenmauer

Aktennotiz vom 15.09. ... (Montag)

Heute erhielt ich einen Anruf von Frau Helga Müller, direkte Angrenzerin (Musterstraße 27) des obengenannten Flurstücks. Sie brachte vor, dass auf dem Grundstück Flur 2035 schon längere Zeit eine Gabionenmauer[6] ohne Fundament stehe. Sie habe die neuen Nachbarn, Ehepaar Isabelle und Georg Schröder, schon mehrfach darauf angesprochen, die kümmerten sich darum aber genauso wenig wie zuvor der Voreigentümer, der die Mauer ohne Fundament errichtet habe. Eigentlich gehe sie das ja nichts an, auf dem Grundstück seien aber immer viele Kinder zu Besuch, und sie habe einfach Angst, dass mal etwas Schlimmes passieren könne, wenn die Mauer umkippe.

Ich habe daraufhin Frau Müller erklärt, dass ich mich um die Angelegenheit kümmern werde. Eine Benachrichtigung über den Ausgang des Verfahrens wünscht sie nicht, das bekäme sie ja automatisch mit.

Weiteres Vorgehen: Frau Frieda Bauaufseherin, könnten Sie sich das vor Ort mal ansehen und mir eine Rückmeldung geben? Bitte vorher telefonisch mit dem Ehepaar Schröder abklären!

gez. Max Mustersachbearbeiter

Seite 1 der Akte

---

4 Der Landkreis Ortenaukreis liegt im Regierungsbezirk Freiburg in Baden-Württemberg.

5 Die Gemeinde Willstätt ist weder Große Kreisstadt noch Stadtkreis. Sie gehört zum Landkreis Ortenaukreis. Sie gehört keiner Verwaltungsgemeinschaft i. S. d. § 17 Landesverwaltungsgesetzes Baden-Württemberg an. Ihr wurden auch nicht die Aufgaben einer unteren Baurechtsbehörde übertragen.

6 Eine Gabionenmauer besteht aus Drahtkörben, die durch Spiralen miteinander verbunden und mit Steinen gefüllt werden.

6 **Landratsamt Ortenaukreis**

Akte: Flurstück 2035 (Musterstraße 25), Willstätt/
Eigentümerin: Isabelle Schröder
hier: Gabionenmauer

Aktennotiz vom 23.09. ... (Dienstag)

Ich habe heute nach telefonischer Vorankündigung und im Einverständnis mit dem Ehepaar Schröder das Flurstück 2035 (Musterstraße 25) in Willstätt aufgesucht und die Gabionenmauer in Augenschein genommen. Es wurde festgestellt:

Bauplanungsrechtlich ist alles in Ordnung. Die Mauer entspricht hinsichtlich Höhe, Ausgestaltung und Lage den Festsetzungen des für das Gebiet geltenden Bebauungsplans der Gemeinde Willstätt „Am Hain II“.

Die Gabionenmauer ist nicht standsicher gegründet. Sie steht in Hanglage, ist aber nicht in den Hang eingebunden, sondern lediglich auf einer ebenen, mit ca. 5 cm dicken Schotterschicht versehenen Fläche auf dem Hang errichtet worden. Dadurch kann die Mauer den aktiven Erddruck des Hanges nicht ordnungsgemäß in den Boden ableiten. Es ist nicht auszuschließen, dass die Gabionenmauer irgendwann umkippt. Ob und wie schnell es hierzu kommt, lässt sich im Voraus nicht berechnen und ist neben der Bodenbeschaffenheit des Hanges von äußeren Faktoren wie z. B. der zukünftigen Niederschlagmenge und der Durchfeuchtung des Hanges abhängig.

Weiteres Vorgehen: Ein Abstützen der Mauer kommt technisch nicht in Betracht.[7] Die Mauer muss daher abgebaut werden, es muss eine ordnungsgemäße Gründung erfolgen. Dann kann die Gabionenmauer wieder errichtet werden. Herrn Max Mustersachbearbeiter zur weiteren Veranlassung.

gez. Dipl.-Ing. Frieda Bauaufseherin

(Prüfingenieurin für Baustatik)

Seite 2 der Akte

---

7 Gehen Sie in der späteren Falllösung davon aus, dass das stimmt!

Landratsamt Ortenaukreis 7

Akte: Flurstück 2035 (Musterstraße 25), Willstätt/
Eigentümerin: Isabelle Schröder
hier: Gabionenmauer

Aktennotiz vom 30.09. ... (Dienstag)

Anwesende: Isabelle Schröder, Georg Schröder (Ehemann der Eigentümerin), Max Mustersachbearbeiter

Der Termin findet nach telefonischer Vereinbarung auf Bitte von Frau Schröder statt.

Ich informiere zunächst über die Sachlage und händige Frau Schröder wie gewünscht eine Kopie der Aktennotiz von Frau Bauaufseherin aus. Dann kündige ich an, dass wir beabsichtigen, Frau Isabelle Schröder als Eigentümerin durch Ordnungsverfügung zum Abriss der Mauer zu verpflichten, und ich den heutigen Termin auch nutzen will, um Frau Schröder Gelegenheit zu geben, sich hierzu zu äußern. Auf die Gebühr für die Verfügung von rund 150 € (73 € je Stunde) weise ich hin.

Frau Schröder erklärt, dass sie das Grundstück mit der Gabionenmauer erst vor einem Jahr vom früheren Eigentümer Herrn Karl Fischer erworben habe, der unbekannt ins Ausland verzogen sei. Das Grundstück laufe aus steuerrechtlichen Gründen auf ihren Namen, weil ihr Mann selbständig sei und sie angestellte Apothekerin.

Frau Schröder bittet, dass wir Herrn Fischer über die Meldebehörden ausfindig machen und uns an diesen halten. Auch im Haus gebe es zahlreiche Mängel, die Herr Fischer vorsätzlich verschwiegen habe.

Herr Schröder ergänzt, dass er und seine Frau außerdem ausdrücklich bezweifelten, dass die Mauer akut einsturzgefährdet sei. Immerhin stehe sie seit ihrer Errichtung durch den Voreigentümer bisher ohne Probleme. Er und seine Frau seien jedenfalls nicht bereit, die Mauer auf eigene Kosten abzubauen. Man werde im Bereich der Mauer den Garten einfach so lange nicht nutzen, bis das Landratsamt dafür gesorgt habe, dass Herr Fischer die Mauer wieder in Ordnung bringt.

gez. Max Mustersachbearbeiter

Seite 3 der Akte

(Kosten für den Abbau der Gabionenmauer nach Auskunft eines Gartenbauunternehmens: ca. 1000 bis 1500 €)

3. Kapitel: Ausgangsfall 2 (Güterkraftverkehrserlaubnis)

8 Folgendes Schreiben geht am 02.08. … bei der Stadt Freiburg[8] ein.

9 *An die Stadt Freiburg* *Freiburg, den 01.08. …*

Sehr geehrte Frau Musterfrau,

anbei reiche ich wie besprochen den Antrag auf Erteilung einer Güterkraftverkehrserlaubnis[9] und folgende weitere Unterlagen ein:

a) Fahrzeugliste (1 Lkw: OBK-AB 123 mit 7,5 t zulässigem Gesamtgewicht)

b) Zur Spedition Müller GmbH: Polizeiliches Führungszeugnis (Belegart O), Kopie des Handelsregisterauszugs vom 30.07., Kopie der Gewerbeanmeldung, Auszug aus dem Gewerbezentralregister, Unbedenklichkeitsbescheinigungen Finanzamt, AOK und Berufsgenossenschaft, Eigenkapitalbescheinigung (Eigenkapital = 20.000 €), Mietvertrag über angemietete Gewerberäume

c) Zu meiner Person (Geschäftsführer und zugleich Verkehrsleiter): Nachweis meiner fachlichen Eignung durch Fachkundeprüfungszeugnis der IHK Südlicher Oberrhein, Polizeiliches Führungszeugnis (Belegart O), Auskunft aus dem Gewerbezentralregister und aus dem Fahreignungsregister; Geschäftsführervertrag

Herzlichen Dank im Voraus.
Martin Müller

10 In der Akte der Stadt Freiburg folgen (hier nicht abgedruckt):

- ausgefülltes Antragsformular (im Internet finden Sie Musterformulare)
- die eingereichten Unterlagen zum Antrag,
- ein interner Prüfungsvermerk von Frau Musterfrau, dass sich aus den Unbedenklichkeitsbescheinigungen und den vorgelegten Registerauszügen keine Bedenken gegen die Erteilung der Erlaubnis ergeben,
- ein Schreiben von Frau Musterfrau an die Spedition, in dem sie den Eingang des Antrags und die Vollständigkeit der Unterlagen schriftlich bestätigt und mitteilt, dass über den Antrag voraussichtlich bis Ende August entschieden werden kann,
- die Schreiben der Stadt Freiburg an das Bundesamt für Logistik und Mobilität, die zuständige IHK, die zuständige Fachgewerkschaft und den zuständigen Verband des Verkehrsgewerbes mit der Bitte um Stellungnahme innerhalb von zwei Wochen,
- die Rückmeldungen der angehörten Stellen mit der Meldung, dass keine Bedenken bestehen.

---

8 Freiburg ist ein Stadtkreis in Baden-Württemberg.

9 Antragsformular gemäß Anlage 1 zur GüKVwV, siehe https://www.verwaltungsvorschriften-im-internet.de/pdf/BMVBS-LA-20121109-SF-A001.pdf (Stand 07.05.2024).

Teil 2: Grundlagen

Teil 2 gibt den **Anfängerinnen und Anfängern** zunächst einen Überblick über wichtige Grundlagen für das Fach Verwaltungsrecht. Gleichzeitig soll **Teil 2** für **Fortgeschrittene** im Verwaltungsrecht zur Vertiefung dienen und dabei helfen, Zusammenhänge zu erkennen bzw. Einzelfragen vertieft nachgehen. Dazu dienen Vertiefungshinweise in den Fußnoten[10] oder Hinweise für Fortgeschrittene im Fließtext, die dann als solche auch so bezeichnet werden. **11**

Im **1. Kapitel „Grundbegriffe"** geht es um folgende Fragestellungen: **12**
„Wer oder was ist öffentliche Verwaltung?" „Was ist Verwaltungsrecht"?

Das **2. Kapitel** heißt **„Allgemeines zur Rechtsanwendung"** und führt in die Arbeit mit Rechtsnormen ein.

Im **3. Kapitel „Die Stellung der Verwaltung"** betrachten wir das Verhältnis der Verwaltung zum Volk (bzw. zur Bürgerschaft, zur Öffentlichkeit), zum Einzelnen und zu den anderen beiden Staatsgewalten „Gesetzgebung" und „Rechtsprechung". Das Kapitel können Anfängerinnen und Anfänger zunächst einmal nur überfliegen. Es ist insbesondere für Fortgeschrittene gedacht.

Das **4. Kapitel** führt ein in die **Organisation der Verwaltung**. Wir lernen wichtige Begriffe im Verwaltungsorganisationsrecht und verschaffen uns einen Überblick über die Verteilung der Verwaltungskompetenzen zwischen EU, Bund und Ländern sowie den Aufbau der Bundes- und Landesverwaltung. Die verwaltungsinterne Aufsicht (Fach-, Rechts- und Dienstaufsicht) wird noch nicht hier bei den Grundlagen, sondern erst in Teil 6 des Lehrbuchs behandelt.

Im **5. Kapitel** geht es um die Unterscheidung der verschiedenen **Handlungsformen der Verwaltung**. Die Rechtmäßigkeitsvoraussetzungen, die die Verwaltung bei ihrem Handeln zu beachten hat, werden in Teil 3 des Lehrbuchs, die Folgen von Verstößen in Teil 4 ausführlich behandelt.

Das **6. Kapitel** gibt einen Kurzüberblick über das beim Verwaltungshandeln zu beachtende **Verfahrensrecht.**

Teil 2 schließt mit dem **7. Kapitel**, das Ihnen einen Überblick über die wichtigen Rechtsgrundsätze verschafft, die bei jedem Verwaltungshandeln zu beachten sind. Die Umsetzung der Rechtsgrundsätze im Einzelnen werden Sie in Teil 3 des Lehrbuchs näher kennenlernen.

---

10 Wie z. B. „Im Einzelnen streitig", „Vertiefungshinweis", etc.

1. Kapitel: Grundbegriffe

A. Der Begriff „Verwaltung“

13 ■ **Aufgabe**: Erörtern Sie den Begriff „Verwaltung“
→ Lösung siehe Rn. 19.

> Ausgangsfall 1: Vorbereitung und ggf. Erlass einer an Frau Schröder gerichteten Abrissverfügung durch das LRA Ortenaukreis
>
> Ausgangsfall 2: Entscheidung über den Antrag auf Erlass einer Erlaubnis für den Güterkraftverkehr an die Spedition Müller GmbH durch die Stadt Freiburg

14 Unter „Verwaltung“ versteht die Verwaltungsrechtswissenschaft ausschließlich die **öffentliche Verwaltung**, also die Verwaltung als Staatsgewalt i. S. d. Grundgesetzes (vgl. Art. 1 Abs. 3, 20 Abs. 2 S. 2, 83 ff. GG) und **nicht die private Verwaltung**[11].

15 Der Begriff der öffentlichen Verwaltung ist zunächst ausgehend vom grundgesetzlichen **Gewaltenteilungsprinzip** in Abgrenzung zu den anderen Staatsgewalten zu bestimmen: Aus Art. 20 Abs. 2 S. 2 GG ergibt sich, dass einerseits **organisatorisch** zwischen den besonderen **Organen** der Gesetzgebung (Legislative), der vollziehenden Gewalt (Exekutive) und der Rechtsprechung (Judikative) und andererseits **funktionell (= im materiellen Sinne = inhaltlich)** zwischen den **Tätigkeiten** „Gesetzgebung“, „Vollziehung“ und „Rechtsprechung“ zu unterscheiden ist.[12] Daran knüpfen die folgenden Definitionen von Verwaltung an.

16 Die **Verwaltung im organisatorischen Sinn** wird herkömmlich definiert als die Gesamtheit der Stellen, denen allgemein die Wahrnehmung von Verwaltungsaufgaben übertragen worden ist.[13] Zunächst grenzt man also von den Exekutivorganen die Organe der Gesetzgebung (Bundestag, Landtag) und der Rechtsprechung (Gerichte) ab. Z. T. werden alle Exekutivorgane als Verwaltung bezeichnet. Wir unterscheiden anknüpfend an das Verwaltungsorganisations- und Verwaltungsverfahrensrecht innerhalb der Exekutivorgane noch zwischen „Exekutivorganen mit den Aufgaben der

---

11 Beispiele für private Verwaltung: Verwaltung eines Sportvereins oder des eigenen Vermögens. Private Verwaltung ist also die Wahrnehmung von Aufgaben privater Rechtspersonen (*Bull/Mehde*, VerwR, Rn. 18). Keine private Verwaltung, sondern öffentliche Verwaltung liegt allerdings vor, soweit Hoheitsträger ihre Aufgaben in Privatrechtsform vornehmen.

12 GVR I/*Groß*, § 15 Rn. 7; *Detterbeck*, VerwR, Rn. 3.

13 Statt vieler: *Mauer/Waldhoff*, VerwR, § 1 Rn. 2.

Rechtspflege"[14], „Organen der Streitkräfte"[15] und „Exekutivorganen mit Verwaltungsaufgaben (Verwaltungsorgane)"[16].

Die Gesamtheit aller Tätigkeiten von Stellen der Verwaltung im organisatorischen Sinn ist **Verwaltung im formellen Sinn.**[17] Auf den Inhalt der Tätigkeit kommt es nicht an. 17

Verwaltung im materiellen Sinn sind die Tätigkeiten, die ihrem Inhalt nach Verwaltungstätigkeiten sind. Es kommt also nicht darauf an, wer tätig wird, sondern welche Aufgabe wahrgenommen wird. Die h.M. bestimmt den Begriff negativ:[18] Verwaltung im materiellen Sinn ist die Staatstätigkeit, die nach ihrem Inhalt nicht Gesetzgebungs-,[19] Rechtsprechungs-,[20] Regierungs- oder Streitkräftetätigkeit ist. Die Verwaltungstätigkeiten werden je nach Untersuchungszweck weiter differenziert und geordnet.[21] 18

---

14 Exekutivorgane mit den Aufgaben der Rechtspflege sind die Staatsanwaltschaften und die Gerichtsvollzieher. Sie sind zwar anders als die Gerichte keine Organe der Rechtsprechung, nehmen wie diese aber hauptsächlich Aufgaben der Rechtspflege wahr (so z.B. die Staatsanwaltschaften die Aufgaben der Strafverfolgung). Ihre Organisation ist nicht durch verwaltungsrechtliche Normen geregelt, vgl. z.B. § 141 Gerichtsverfassungsgesetz (GVG) für die Staatsanwaltschaften.

15 Hierzu gehören z.B. das Heer oder die Luftwaffe, also alle militärischen Dienststellen. Die Trennung von Organen der Streitkräfte und Organen der (Bundeswehr-)Verwaltung ist verfassungsrechtlich vorgegeben (vgl. Art. 87a, 87b GG). Hauptaufgabe der Streitkräfte ist die Verteidigung.

16 Zu den Verwaltungsorganen gehört auch der Polizeivollzugsdienst: Er hat eine Doppelfunktion. Seine Verwaltungsaufgabe ist die Gefahrenabwehr. Daneben wird er zur Unterstützung der Staatsanwaltschaft bei der Strafverfolgung tätig. Seine Organisation ist durch verwaltungsrechtliche Normen geregelt (z.B. in BW durch das PolG BW und die DVOPolG BW). Verwaltungsorgane sind auch die Regierungsorgane (vgl. Art. 62 ff. GG). Auch sie haben eine Doppelfunktion: Sie nehmen Regierungstätigkeiten wahr und sind gleichzeitig oberste Verwaltungsorgane (vgl. z.B. § 7 LVG BW).

17 *Mauer/Waldhoff*, VerwR, § 1 Rn. 2.

18 „Substraktionsmethode" seit Otto Mayer (1846–1924). Dazu und zur positiven Begriffsbestimmung vgl. *Maurer/Waldhoff*, VerwR, § 1 Rn. 5 ff.

19 Gesetzgebung ist zunächst der Erlass formeller Gesetze (Erlass von Parlamentsgesetzen). Streitig ist, ob der Erlass von Rechtsverordnungen und Satzungen im materiellen Sinne Gesetzgebungs- (so BVerfGE 18, 53 (59)) oder Verwaltungstätigkeit ist. Überzeugender ist letztere Auffassung, da es zwar gemäß Art. 20 Abs. 2 S. 2 GG exklusive Funktionsrechte der drei Staatsgewalten gibt, daneben aber eine Vielzahl von Staatstätigkeiten besteht, deren Zuordnung nicht durch Art. 20 Abs. 2 S. 2 GG bestimmt wird (so auch GVR I/*Poscher*, 2. Aufl. 2012, § 8 Rn. 35 ff.).

20 Unter Rechtsprechungstätigkeit versteht man die Entscheidung von Rechtsstreitigkeiten und die Verhängung von Kriminalstrafen (vgl. Art. 92 GG), die Einzelheiten sind umstritten. Nach h.M. ist die Ahndung von Ordnungswidrigkeiten mit Geldbußen keine Rechtsprechungstätigkeit i.S.v. Art. 92 GG, sondern eine Verwaltungstätigkeit im materiellen Sinn.

21 Siehe z.B. die verschiedenen Ansätze in GVR I/*Baer*, § 13; GVR I/*Schulze-Fielitz*, 2. Aufl. 2012, § 12, *Maurer/Waldhoff*, VerwR, § 1 Rn. 13 ff.

Wir unterscheiden hier wie folgt:[22]

Unterscheidung	Bezeichnung der materiellen Verwaltungstätigkeit
nach dem Ziel	– **Abgabenverwaltung:** Beschaffung der für den Staat erforderlichen Geldmittel in Form von Steuern und sonstigen öffentlichen Abgaben – **Ordnungsverwaltung:** Gefahrenabwehr – **Leistungs- und Gewährleistungsverwaltung**[23]**:** Unterstützung (z. B. Sozialleistungen, Subventionen) für Einzelne, Bereitstellung öffentlicher Einrichtungen und Daseinsvorsorge – **Binnenverwaltung:** Deckung des Sach- und Personalbedarfs der Verwaltung (Bedarfsverwaltung), Organisation der Verwaltung, Personalverwaltung und Mittelverwaltung (dazu gehört auch die erwerbswirtschaftliche Tätigkeit, also das Erzielen von Gewinnen durch die Verwaltung).
nach der Rechtswirkung für den Einzelnen[24]	– **belastend** (Eingriff in ein subjektiv-öffentliches Recht[25] des Einzelnen; auch: „Eingriffsverwaltung") – **begünstigend** (Gewährung eines subjektiv-öffentlichen Rechts; auch: „Leistungsverwaltung[26]") – **neutral** (Der Einzelne ist in seinen subjektiv-öffentlichen Rechten nicht betroffen)[27]

19 ■ **Lösung (zu Rn. 13):**

Das LRA Ortenaukreis und die Stadt Freiburg gehören zur Verwaltung im organisatorischen Sinne, da sie Stellen sind, die überwiegend Verwaltungsaufgaben wahrnehmen.

Alles, was sie tun, ist Verwaltung im formellen Sinn.

Die Tätigkeiten „Vorbereitung und Erlass der Abrissverfügung bzw. der Güterkraftverkehrserlaubnis" sind Verwaltung im materiellen Sinn, nämlich weder Gesetzgebungs-, Regierungs-, Streitkräfte- noch Rechtsprechungstätigkeit. Ziel ist die Abwehr von Gefahren für die öffentliche Sicherheit, die durch bauliche Anlagen bzw. die Ausübung eines

22 Die Aufzählung ist nicht abschließend und dient hier nur der groben Orientierung. Denn Verwaltungshandeln ist komplex und vielgestaltig und lässt sich nicht auf die bloße Rechtsanwendung reduzieren (GVR I/*Möllers* § 2 Rn. 4 f.).

23 Von „Leistungsverwaltung" i. d. S. spricht man, wenn der Staat die Leistungen selbst erbringt, von „Gewährleistungsverwaltung", wenn der Staat die Erbringung der Leistungen durch Private sicherstellt.

24 „Einzelner" hier im Sinne von natürlichen Personen (Menschen) und „Rechtspersonen" (z. B. GmbH, AG).

25 Zum Begriff „subjektiv-öffentliches Recht" siehe weiter unter Rn. 42 ff. Im Einzelfall kann es sehr schwierig sein zu bewerten, ob eine Verwaltungstätigkeit einen Eingriff in ein subjektiv-öffentliches Recht des Einzelnen darstellt.

26 Bitte beachten Sie, dass der Begriff „Leistungsverwaltung" damit zwei unterschiedliche Bedeutungen hat (siehe auch Begriffsbedeutung in der Zeile darüber)!

27 So hat ein verwaltungsinterner Geschäftsverteilungsplan keinerlei Rechtswirkungen für Außenstehende.

Güterkraftverkehrsgewerbes hervorgerufen werden (Ordnungsverwaltung). Die Abrissverfügung belastet Frau Schröder (Eingriff in ihr Recht auf Eigentum aus Art. 14 GG; Eingriffsverwaltung). Die Erteilung der Erlaubnis begünstigt die Spedition Müller GmbH (Gewährung einer Rechtsposition; Leistungsverwaltung). Die Ablehnung würde die Spedition Müller GmbH belasten (Eingriff in den durch § 3 Abs. 1 u. 2 GüKG gewährten Anspruch auf Güterkraftverkehrserlaubnis und in das Grundrecht auf Berufsfreiheit, das auch für juristische Personen gilt, Art. 12 Abs. 1 GG i. V. m. Art. 19 Abs. 3 GG).

B. Der Begriff „Verwaltungsrecht"

■ **Aufgaben:** Geht es in den beiden unten sogleich zusammengefassten Ausgangsfällen um öffentliches oder um privates Recht? Welche verwaltungsrechtlichen Normen finden in den beiden Ausgangsfällen Anwendung? Sind auch sonstige öffentlich-rechtliche Normen zu berücksichtigen? **20**

→ Lösung siehe Rn. 41

Ausgangsfall 1: Zunächst soll entschieden werden, ob der Abriss der Gabionenmauer angeordnet wird, dann soll die Abrissanordnung erlassen und Frau Schröder mitgeteilt werden. Später soll die Abrissanordnung für sofort vollziehbar erklärt werden, weil Frau Schröder sie nicht freiwillig erfüllt. Schließlich soll die Abrissverfügung zwangsweise durchgesetzt werden. Das Landratsamt beauftragt mit dem Abriss die Heiner-Gartenbau GmbH. Außerdem erhebt Frau Schröder gegen die Abrissverfügung Widerspruch, über den zu entscheiden ist.

Ausgangsfall 2: Zu entscheiden ist über die Erteilung der Güterkraftverkehrserlaubnis.

I. Übersicht

Der **Begriff „Verwaltungsrecht"** wird unterschiedlich definiert bzw. beschrieben.[28] Uns dient er hier nur als Ordnungsbegriff, um einzelne Rechtsnormen in eines der in der folgenden Übersicht aufgezeigten Rechtsgebiete einzuordnen. Wir unterscheiden also zwischen verwaltungsrechtlichen Normen und Normen des Privatrechts, des Straf- und Ordnungswidrigkeitenrechts, des Staats-, Europa- und Völkerrechts sowie des Justiz- bzw. Prozessrechts. **21**

---

28 Vgl. z. B. GVR I/*Möllers*, § 2 Rn. 3–17a, der die verschiedenen Eigenarten des Verwaltungsrechts beschreibt; *Maurer/Waldhoff*, VerwR, § 3 Rn. 1: *„Das Verwaltungsrecht ist der Inbegriff der (geschriebenen und ungeschriebenen) Rechtssätze, die in spezifischer Weise für die Verwaltung – die Verwaltungstätigkeit, das Verwaltungsverfahren und die Verwaltungsorganisation – gelten. Es ist das der Verwaltung eigene Recht."*

22

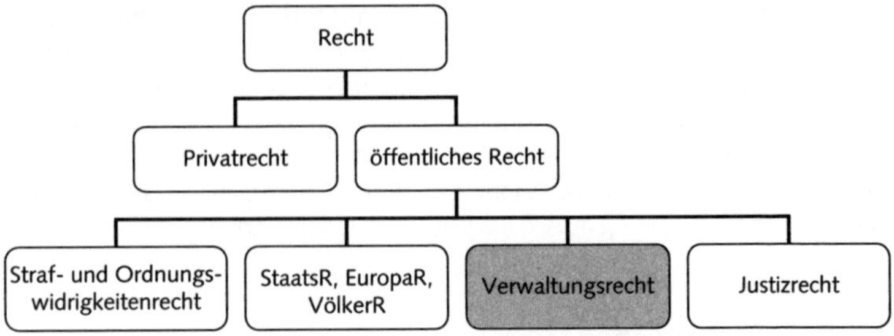

23 **Gegenstand des Studienfachs „Verwaltungsrecht“** und damit auch dieses Lehrbuchs sind aber nicht nur verwaltungsrechtliche Normen, sondern alle Rechtsnormen, Grundsätze, Begriffe und Rechtsinstitute des öffentlichen Rechts, die die Verwaltung bei ihrem Handeln zu beachten hat (so z. B. die Grundrechte nach dem GG und der Charta der Grundrechte der Europäischen Union, (GRCh)).

II. Öffentliches Recht und Privatrecht

24 In der **Praxis** lassen sich die meisten Rechtsnormen eindeutig dem Privatrecht oder dem öffentlichen Recht zuordnen.

■ **Beispiele:** Die meisten Rechtsnormen im Bürgerlichen Gesetzbuch (BGB) gehören zum Privatrecht (z. B. Kaufvertrag – §§ 433 ff. BGB, Dienst- oder Arbeitsvertrag – §§ 611, 611a BGB; Ausnahme: z. B. §§ 43, 44 BGB (Normen des öffentlichen Rechts)). Sämtliche Normen der Verwaltungsverfahrensgesetze von Bund und Ländern gehören zum öffentlichen Recht. Das Straßenverkehrsgesetz (StVG) enthält Privatrechtsnormen (Haftpflicht, §§ 7 ff. StVG) und Normen des öffentlichen Rechts (§§ 1 ff., §§ 21–66 StVG).

25 Die **Wissenschaft** hat zur Frage, ob eine Rechtsnorm dem öffentlichen Recht oder dem Privatrecht zuzuordnen ist, eine Vielzahl von Abgrenzungstheorien entwickelt, die drei wichtigsten sollen hier kurz vorgestellt werden:[29] Nach der **Interessentheorie** gehören Normen, die dem öffentlichen Interesse dienen, zum öffentlichen Recht, und Normen, die nur dem Individualinteresse Einzelner dienen, zum Privatrecht. Nach der **Subordinationstheorie** (auch: Über-/Unterordnungs- bzw. Subjektionstheorie) sind Normen, die ein Über-Unterordnungsverhältnis regeln, öffentlich-rechtlich und Normen, die ein Gleichordnungsverhältnis regeln, privatrechtlich. Nach der **Sonderrechtstheorie** (auch Zuordnungs- bzw. modifizierte Subjektstheorie)

29 Ausführlich: *Maurer/Waldhoff*, VerwR, § 3 Rn. 10–15.

gehört eine Norm zum öffentlichen Recht, wenn sie Sonderrecht des Staates ist, also wenn durch die Norm in jedem denkbaren Anwendungsfall zumindest als eines der Zuordnungsobjekte zwingend ein Träger öffentlicher Gewalt berechtigt oder verpflichtet wird. Privatrechtsnormen sind solche, bei denen nicht zwingend ein Träger der öffentlichen Gewalt beteiligt ist.

■ **Beispiele:** § 65 Abs. 1 S. 1 LBO BW (Rechtsgrundlage für die Abrissverfügung in Fall 1) und § 3 Abs. 2 GüKG (Rechtsgrundlage für die Erteilung der Güterkraftverkehrserlaubnis in Fall 2) dienen dem öffentlichen Interesse, nämlich der Abwehr von Gefahren durch baurechtswidrige Anlagen bzw. unzuverlässige Speditionen (öffentliches Recht nach der Interessentheorie). Der Bürger steht der Verwaltung, die hier hoheitlich und einseitig handelt, untergeordnet gegenüber (öffentliches Recht nach der Subordinationstheorie). Abrissverfügungen oder Güterkraftverkehrserlaubnisse können nur vom Staat, nicht aber von Privaten erlassen werden (öffentliches Recht nach der Sonderrechtstheorie).

In **Prüfungen** ist auf die Abgrenzungstheorien nur in den (absolut seltenen) Fällen zurückzugreifen, in denen die Einordnung der maßgeblichen Rechtsnorm problematisch ist. **26**

■ **Beispiel:** Da § 65 LBO BW und § 3 GüKG eindeutig öffentlich-rechtliche Normen sind, muss in Prüfungen auf die Abgrenzungstheorien gar nicht eingegangen werden.

In der Rechtsanwendung sind also nicht die Zuordnung einer bestimmten Rechtsnorm zum öffentlichen Recht oder zum Privatrecht, sondern folgende Fragestellungen problematisch: **27**

- In welchen Fällen kann die Verwaltung wählen, in welchen Fällen ist sie verpflichtet, privatrechtlich oder öffentlich-rechtlich zu handeln?
- Ist ein bestimmtes geschehenes Verwaltungshandeln nach Normen des öffentlichen Rechts oder nach Normen des Privatrechts zu beurteilen? Das ist z. B. relevant, um zu entscheiden, welche Gerichtsbarkeit zuständig ist. So ist die Verwaltungsgerichtsbarkeit für privatrechtliche Streitigkeiten nach § 40 VwGO nicht zuständig. Siehe dazu später Teil 6.
- In welchen Fällen kann auf privatrechtliche Normen zurückgegriffen werden, obwohl die Verwaltung öffentlich-rechtlich tätig wird? Lesen Sie z. B. §§ 31 Abs. 1, 62 S. 2 (L)VwVfG, die auf das BGB verweisen.

III. Justizrecht

Zum Justizrecht zählen die Normen, die die Organisation und das Verfahren der Gerichte regeln. **28**

■ **Beispiele:** Bundesverfassungsgerichtsgesetz (BVerfGG), Gerichtsverfassungsgesetz (GVG), Einführungsgesetz zum Gerichtsverfassungsgesetz (EGGVG), Zivilprozessordnung (ZPO), Strafprozessordnung (StPO), Verwaltungsgerichtsordnung (VwGO)

Herkömmlich wird das Gerichtsverfassungs- und Gerichtsprozessrecht aber nicht als eigenständiges Studienfach, sondern zusammen mit dem materiellen Recht gelehrt.

■ **Beispiele:** So ZPO, GVG und EGGVG im Privatrecht, StPO, GVG und EGGVG im Strafrecht, BVerfGG im Verfassungsrecht und VwGO im Verwaltungsrecht.

IV. Straf- und Ordnungswidrigkeitenrecht

29 Zum (Kriminal-)Strafrecht gehören die Normen, die regeln, unter welchen Voraussetzungen Gesetzesverstöße des Einzelnen von den Gerichten mit Freiheits- oder Geldstrafen geahndet werden. Strafverfolgungsbehörden sind i. d. R. die Staatsanwaltschaften, bei der Strafaufklärung wirkt die Vollzugspolizei mit.

■ **Beispiel:** Zum Strafrecht gehören insbes. das StGB (z. B. § 211 StGB – Mord), die Nebenstrafgesetze (z. B. § 21 StVG – Fahren ohne Fahrerlaubnis) und das Strafverfahrensrecht (insbes. die StPO).

30 Das Ordnungswidrigkeitenrecht regelt, unter welchen Voraussetzungen ein Gesetzesverstoß des Einzelnen eine Ordnungswidrigkeit darstellt und mit einer Geldbuße geahndet werden kann.

■ **Beispiel:** Zum Ordnungswidrigkeitenrecht gehören insbes. das OWiG und die zahlreichen spezialgesetzlich geregelten Bußgeldtatbestände wie z. B. § 24 StVG, § 19 GüKG, § 75 LBO BW.

31 Gesetzesverstöße sind nicht automatisch eine Straftat oder Ordnungswidrigkeit, sondern nur dann, wenn ein formelles Gesetz eine Bewehrung vorsieht (Art. 103 Abs. 2 GG).

■ **Beispiel:** Wird in Fall 1 Frau Schröder nach § 65 Abs. 1 S. 1 LBO BW zum Abriss der Gabionenmauer verpflichtet und ist diese Anordnung vollziehbar, begeht sie nach § 75 Abs. 3 Nr. 1 LBO BW eine Ordnungswidrigkeit, wenn sie der Anordnung vorsätzlich oder fahrlässig nicht nachkommt. Denn nach § 75 Abs. 3 Nr. 1 LBO BW handelt ordnungswidrig, wer vorsätzlich oder fahrlässig als Bauherr oder Unternehmer einer vollziehbaren Verfügung der Baurechtsbehörde zuwiderhandelt. Allerdings erhielt § 75 Abs. 3 Nr. 1 LBO BW seine heutige Fassung erst mit Wirkung vom 01.08.2019 durch Gesetz vom 18.07.2019 (GBl. S. 313). Bis zum

31.07.2019 waren nach § 75 Abs. 3 Nr. 1 LBO BW a. F. nur Verstöße gegen vollziehbare Anordnungen nach § 64 Abs. 1 LBO BW eine Ordnungswidrigkeit.

Eigentlich ist auch die Verfolgung und erstinstanzliche Ahndung von Ordnungswidrigkeiten durch die Bußgeldbehörden eine Verwaltungstätigkeit (vgl. § 35 OWiG). Traditionell wird das Ordnungswidrigkeitenrecht aber nicht zum Verwaltungsrecht, sondern zum Strafrecht gezählt.[30] **32**

Sehr oft schließt an ein Ordnungswidrigkeitenverfahren ein Verwaltungsverfahren an (oder umgekehrt). Zwischen beiden Verfahren ist streng zu trennen. **33**

■ **Beispiel:** Mit dem Fahrzeug H-AB-123 ist jemand schneller als erlaubt gefahren. Die Suche nach dem Täter und die Ahndung der Tat mit einer Geldbuße sind Gegenstand des Ordnungswidrigkeitenrechts. So regelt § 55 OWiG beispielsweise, dass der Täter vor Erlass des Bußgeldbescheids anzuhören ist. Welche fahrerlaubnisrechtlichen Maßnahmen gegen den Raser nun ergriffen werden (z. B. Fahrerlaubnisentzug), ist Gegenstand des Verwaltungsrechts. Beide Rechtsgebiete und somit auch beide Verfahren sind streng zu trennen. So ist der Täter, gegen den nun verwaltungsrechtliche Maßnahmen ergriffen werden sollen, trotz der Anhörung nach § 55 OWiG gemäß § 28 Abs. 1 LVwVfG in dem Verwaltungsverfahren (noch einmal) anzuhören.

Zu trennen ist außerdem streng zwischen den verfolgten normativen Zwecken.

■ **Beispiel:** Im **Ordnungswidrigkeitenrecht** soll jemand nach einer Tat für diese Tat mit einer Geldbuße „bestraft" werden (punitive Maßnahme). Im **Verwaltungsrecht**[31] geht es grds. nicht um die Bestrafung einer vergangenen Tat, sondern um andere normative Zwecke wie z. B. im Beispiel oben um die Abwehr zukünftiger Gefahren, die von dem Raser ausgehen.[32]

Gelegentlich müssen Sie auch bei der Bearbeitung von verwaltungsrechtlichen Fällen das Vorliegen von Straftaten oder Ordnungswidrigkeiten prüfen können. **34**

■ **Beispiel:** Drohende Straftaten oder Ordnungswidrigkeiten stellen eine Gefahr für die öffentliche Sicherheit dar (zumindest für die objektive Rechtsordnung; Straftaten regelmäßig auch für die Rechtsgüter des Einzelnen). Die Polizei kann die erforderlichen Maßnahmen zur Gefahrenabwehr ergreifen (vgl. §§ 3, 1 Abs. 1 PolG BW).

---

30 Vgl. Gassner/Seith/*Gassner*, OWiG, Einleitung Rn. 16; *Maurer/Waldhoff*, VerwR, § 20 Rn. 28.
31 Eine Sonderstellung nimmt hier das Disziplinarrecht (z. B. Bundesdisziplinargesetz) ein.
32 Im Einzelnen umstritten, vgl. Gassner/Seith/*Gassner*, OWiG, Einleitung Rn. 194 f.

V. Unionsrecht, Staatsrecht und sonstiges Völkerrecht

35 Zum **Unionsrecht** gehören das primäre Unionsrecht (insbes. EUV, AEUV, GRCh) und das sekundäre Unionsrecht, das die Organe der Europäischen Union erlassen (insbes. EU-Verordnungen und EU-Richtlinien, lesen Sie Art. 288 AEUV!).

Zum **Staatsrecht** gehören insbes. das Grundgesetz (GG) und die Landesverfassungen.

Das (sonstige) **Völkerrecht** besteht aus den allgemeinen Regeln des Völkerrechts (= Völkergewohnheitsrecht) und dem Völkervertragsrecht (etwa dem Elysée-Vertrag von 1963, der die deutsch-französische Zusammenarbeit regelt, ergänzt durch den Vertrag von Aachen v. 22.01.2019).

36 Auch wenn diese Rechtsgebiete regelmäßig getrennt unterrichtet werden, können Sie im Fach „Verwaltungsrecht" fast keine Rechtsfrage ohne Kenntnisse im Unions- oder Staatsrecht beurteilen.

■ **Beispiel:** Der Verhältnismäßigkeitsgrundsatz ist nur teilweise ausdrücklich in Normen des Verwaltungsrechts geregelt. Damit ist die Verhältnismäßigkeit von Maßnahmen der Verwaltung regelmäßig unter Rückgriff auf das Rechtsstaatsprinzip gem. Art. 20 Abs. 3 GG zu prüfen.

VI. Verwaltungsrecht

1. Die drei Säulen des Verwaltungsrechts

37 Der Gesetzgeber hat die für das Verwaltungshandeln **allgemein** geltenden Grundsätze nicht in einem einzigen Gesetz geregelt. Vielmehr beruht das Verwaltungsrecht auf drei Säulen, nämlich auf der Abgabenordnung (AO), dem Sozialgesetzbuch I und X (SGB I u. X) sowie auf den allgemeinen Verwaltungsverfahrensgesetzen des Bundes (VwVfG) bzw. der Länder (LVwVfG). Innerhalb des Verwaltungsrechts werden daher unterschieden:

Verwaltungsrecht		
Abgaben-/Finanzverwaltungsrecht („Besonderes Verwaltungsrecht für Bundes- oder Landesfinanzbehörden"): – Allgemeines Abgabenrecht: AO – Besonderes Abgabenrecht: z. B. Einkommensteuergesetz (EStG) – Gerichtsprozessrecht: Finanzgerichtsordnung (FGO) – Verwaltungsorganisationsrecht: Finanzverwaltungsgesetz (FVG)	**Sozialrecht** („Besonderes Verwaltungsrecht im Sozialleistungsbereich") – Allgemeines Sozialrecht: SGB I und SGB X – Besonderes Sozialrecht: z. B. SGB IV – Gerichtsprozessrecht: Sozialgerichtsgesetz (SGG)	**Sonstiges Verwaltungsrecht** – Allgemeines Verwaltungsrecht (insbes. VwVfG bzw. LVwVfG) – Besonderes Verwaltungsrecht (z. B. GüKG, LBO BW) – Gerichtsprozessrecht: insbes. Verwaltungsgerichtsordnung (VwGO) – Verwaltungsorganisationsrecht (z. B. LVG BW)

2. Allgemeines und besonderes Verwaltungsrecht

Um das Verwaltungsrecht besser erfassen zu können, unterscheiden wir zwischen dem **allgemeinen** und dem **besonderen Verwaltungsrecht**. Zum „**besonderen Verwaltungsrecht**“ zählen die Rechtsnormen (insbes. die formellen Gesetze = Parlamentsgesetze, aber auch: Rechtsverordnungen, Satzungen sowie Verwaltungsvorschriften mit Außenwirkung) für die besonderen Sachbereiche der Verwaltung. Zum **allgemeinen Verwaltungsrecht** zählen die Rechtsnormen, die verwaltungsrechtlichen Lehren bzw. Theorien und die allgemeinen Grundsätze, die für alle oder viele Verwaltungsbereiche zumindest subsidiär (auffangweise) gelten. 38

39

<table>
<tr><th colspan="2">Verwaltungsrecht</th></tr>
<tr><th>Besonderes Verwaltungsrecht
Wichtige Sachbereiche bzw. Referenzgebiete und Regelungen zu diesen Sachbereichen bzw. Referenzgebieten sind:</th><th>Allgemeines Verwaltungsrecht
Wichtige allgemeine Grundregeln sind in folgenden formellen Gesetzen enthalten:</th></tr>
<tr><td>Besonderes Ordnungsrecht (Gefahrenabwehrrecht)
Baurecht (z. B. BauGB, LBO BW, BauNVO, Bebauungspläne der Gemeinden); Gewerberecht (z. B. GastG, GüKG, GewO); Straßenverkehrsrecht (z. B. StVG, StVO, FZV, FeV); Versammlungsrecht (z. B. VersG); Umweltschutzrecht (z. B. BImSchG, KrWG, BBodSchG)
Allgemeines Polizei- und Ordnungsrecht (Gefahrenabwehrrecht)
z. B. BPolG (Bund); PolG BW (Land BW)</td><td rowspan="4">Verwaltungsverfahrensgesetze des Bundes (VwVfG)[33] bzw. der Länder (z. B. LVwVfG BW)[34] und Gesetz zur Verbesserung des Onlinezugangs zu Verwaltungsleistungen (OZG)
Verwaltungszustellungsgesetze des Bundes (VwZG) und der Länder (z. B. VwZG BW)
Verwaltungsvollstreckungsgesetze des Bundes (VwVG, UZwG, UZwGBw) sowie der Länder (z. B. LVwVG BW)
Verwaltungsgerichtsordnung (VwGO) und die entsprechenden Ausführungsgesetze der Länder (z. B. AG VwGO BW)
Allgemeine Verwaltungsorganisationsgesetze (z. B. LVG BW)
▷</td></tr>
<tr><td>Leistungsrecht
Leistungen an Bürger: z. B. BAföG; Leistungen an Verwaltungsangehörige: z. B. Bundesreisekosten-, Bundesumzugskosten- und Bundesbesoldungsgesetz</td></tr>
<tr><td>Abgabenrecht
Kommunales Abgabenrecht: z. B. KAG BW; Staatliches Gebührenrecht: z. B. BGebG, LGebG BW</td></tr>
<tr><td>Planungsrecht
Fachplanungsrecht: z. B. FStrG[35]; Bauplanungsrecht: z. B. BauGB[36]</td></tr>
</table>

---

33 Verwaltungsverfahrensgesetz des Bundes: Dieses Gesetz müssen Behörden der (un)mittelbaren Bundesverwaltung beachten.

34 Landesverfahrensgesetze: Die Länder regeln in ihren Landesverwaltungsverfahrensgesetzen das von den Behörden der (un)mittelbaren Landesverwaltung zu beachtende Verfahren, manche Länder (z. B. Baden-Württemberg) vollständig, andere erklären das VwVfG Bund für anwendbar (z. B. Sachsen).

35 Planung von Bundesfernstraßen (Autobahnen und Bundestraßen).

36 Beispiel: Das Aufstellen von Bebauungs- und Flächennutzungsplänen.

Verwaltungsrecht	
Besonderes Verwaltungsrecht Wichtige Sachbereiche bzw. Referenzgebiete und Regelungen zu diesen Sachbereichen bzw. Referenzgebieten sind:	**Allgemeines Verwaltungsrecht** Wichtige allgemeine Grundregeln sind in folgenden formellen Gesetzen enthalten:
Öffentliches Sachenrecht z. B. FStrG, StrG BW[37]; Öffentliche Einrichtungen nach GemO BW	
Statusrecht Beamte (z. B. BeamtStG, LBG BW, BBG); Soldaten (SoldatenG)	
Informationsfreiheits- und Datenschutzrecht[38] Datenschutz-Grundverordnung der EU, UIG u. IFG des Bundes bzw. der Länder, BDSG bzw. LDSG und spezialgesetzliche Regelungen (z. B. BMG oder Datenschutzregeln im PolG BW)	
Besonderes Verwaltungsorganisationsrecht Hochschulrecht: z. B. HRG, Landeshochschulgesetze; Kommunalrecht: z. B. GemO BW, LKrO BW	

3. Innen- und Außenrecht

40 Mit „Innenrecht“ der Verwaltung sind Regelungen gemeint, die keine rechtliche Außenwirkung haben und nur verwaltungsintern gelten, wie beispielsweise Geschäftsverteilungspläne oder Dienstanweisungen; näher dazu unter dem Stichwort „Verwaltungsvorschriften“ in Teil 3. Mit „Außenrecht“ sind alle Regelungen mit rechtlicher Außenwirkung gemeint (formelle Gesetze, Rechtsverordnungen, Satzungen und sonstige Regelungen mit Außenwirkung).

41 ■ **Lösung (zu Rn. 20):**

Wenn das Landratsamt die Heiner-Gartenbau GmbH mit dem Abriss der Gabionenmauer beauftragen will, geht das nur **privatrechtlich** durch den Abschluss eines Werkvertrags (§ 631 BGB) zwischen dem Landkreis Ortenau und der Heiner-Gartenbau GmbH.

Der Erlass von Verwaltungsakten, die Anordnung der sofortigen Vollziehung und die zwangsweise Durchsetzung im Rahmen der Verwaltungsvollstreckung erfolgt aufgrund **öffentlich-rechtlicher Normen** („Sonderrecht des Staats“).

---

37 Z. B. Widmung von öffentlichen Straßen, Benutzung von öffentlichen Straßen: Gemeingebrauch und Sondernutzung nach dem FStrG bzw. den Straßengesetzen der Länder.

38 Die Zuordnung ist nicht eindeutig. Das Informationsfreiheits- und Datenschutzrecht ist eine Querschnittsmaterie, die sich ebenso dem allgemeinen Verwaltungsrecht zuordnen lässt.

Zunächst sind die Regelungen des **besonderen Verwaltungsrechts** zu beachten, in Fall 1 also die Landesbauordnung Baden-Württemberg (LBO BW), in Fall 2 das Güterkraftverkehrsgesetz (GüKG).

Soweit dort nicht alles geregelt ist, ist auf die Regelungen des **allgemeinen Verwaltungsrechts** zurückzugreifen.

Das **LVwVfG BW** regelt das Verwaltungsverfahren, das auf die Prüfung der Voraussetzungen, der Vorbereitung und den Erlass des Verwaltungsakts gerichtet ist.

Soll der Verwaltungsakt förmlich zugestellt werden (wie z. B. aus Beweisgründen in Fall 1), findet das **LVwZG BW** Anwendung. § 9 OZG regelt die Bekanntgabe elektronischer Verwaltungsakte mit Einwilligung des Nutzers.

Die Anordnung der sofortigen Vollziehung ist insbesondere in **§ 80 Abs. 2 S. 1 Nr. 4, Abs. 3 VwGO** geregelt.

Die zwangsweise Vollstreckung der Abrissverfügung richtet sich insbesondere nach dem **LVwVG BW**.

Auch verwaltungsorganisationsrechtliche Regelungen sind zu beachten, hier insbesondere das **LVG BW**.

Das Widerspruchsverfahren ist durch Vorschriften der **VwGO**, des **AGVwGO BW** und des **LVwVfG BW** geregelt.

Sowohl in Fall 1 als auch in Fall 2 ist außerdem das **Staatsrecht** zu beachten; so darf die Verwaltung insbesondere die Grundrechte der Betroffenen (Frau Schröders Recht auf Eigentum nach Art. 14 Abs. 1 S. 1 GG und die Berufsfreiheit der Firma Müller GmbH nach Art. 12 Abs. 1 S. 1 GG i. V. m. Art. 19 Abs. 3 GG) nicht verletzen. In Fall 2 geht es um den Vollzug von **Unionsrecht**. Hier ist insbes. die VO 1071/2009 einzuhalten.

C. Der Begriff „subjektiv-öffentliches Recht"

■ **Aufgabe:** Erklären Sie anhand von § 28 Abs. 1 (L)VwVfG „objektives" und „subjektives" öffentliches Recht! **42**

→ Lösung siehe Rn. 46

Die Gesamtheit des geltenden öffentlichen Rechts (formelle Gesetze, Rechtsverordnungen, Satzungen, Regelungen durch Verwaltungsakte und öffentlich-rechtliche Verträge etc.) kann auch als „**objektives öffentliches Recht**" bezeichnet werden. Die Verwaltung muss das geltende objektive öffentliche Recht beachten.[39] Eine andere Frage ist, ob der Einzelne das von der Verwaltung auch verlangen kann. In Prüfungen wird diese Frage vor allem relevant, wenn Sie die Erfolgsaussichten (also die Zulässigkeit und Begrün- **43**

39 Formelle Gesetze z. B. wegen des Vorrangs des Gesetzes nach Art. 20 Abs. 3 GG, Regelungen in Rechtsverordnungen, Satzungen oder Verwaltungsakten wegen ihrer Bindungswirkung.

detheit) von Widersprüchen oder Klagen beurteilen müssen.[40] Ein solches (notfalls auch gerichtlich durchsetzbares) Recht des Einzelnen gegen die Verwaltung nennt man auch **subjektiv-öffentliches Recht**.

44

Rechtsgebiet	Beispiele für subjektiv-öffentliche Rechte
Unionsrecht	– EU-Grundfreiheiten (Art. 45, 49, 56, 63 AEUV) – allgemeines Diskriminierungsverbot (Art. 18 AEUV) – Grundrechte nach der GRCh
Verfassungsrecht	– Grundrechte (Art. 1 bis 19 GG) – grundrechtsgleiche Rechte (Art. 20 Abs. 4, 33, 38, 101 bis 104 GG) – die durch die Landesverfassungen gewährten Rechte des Einzelnen ***aber nicht:*** *Art. 20a GG. Die Norm verpflichtet nur den Staat (ausschließlich objektives Verfassungsrecht). Der Einzelne kann unmittelbar aus Art. 20a GG keinen Anspruch auf Schutz der Umwelt herleiten.*[41]
Verwaltungsrecht	– Recht auf Anhörung (§ 28 Abs. 1 (L)VwVfG) – Recht auf ermessensfehlerfreie Entscheidung über Akteneinsicht (§ 29 (L)VwVfG) – Anspruch auf Güterkraftverkehrserlaubnis nach § 3 Abs. 1 u. 2 GüKG – Anspruch des Professors gegen die Universität auf Berufungszulage aufgrund eines mit der Universität abgeschlossenen öffentlich-rechtlichen Vertrages („Berufungsvereinbarung") – Recht des Einzelnen auf Anfechtung eines öffentlich-rechtlichen Vertrages nach § 62 S. 2 (L)VwVfG i. V. m. §§ 119 ff. BGB – § 10 Abs. 2 S. 2 GemO BW gewährleistet dem Einzelnen einen Anspruch auf Zulassung zu einer öffentlichen Einrichtung der Gemeinde – §§ 3, 1 Abs. 1 S. 1 PolG BW gewährleisten dem Einzelnen einen Anspruch gegen die Polizei auf ermessensfehlerfreie Entscheidung über das Ergreifen von Maßnahmen zum Schutz seiner bedrohten Individualrechtsgüter ***aber nicht:*** *§ 1 Abs. 3 S. 1 BauGB. Danach sind die Gemeinden verpflichtet, Bauleitpläne aufzustellen, sobald und soweit es für die städtebauliche Entwicklung und Ordnung erforderlich ist. Der Einzelne hat keinen Anspruch gegen die Gemeinde, das ist sogar ausdrücklich (selten!) in § 1 Abs. 3 S. 2 BauGB geregelt.* ***auch nicht:*** *§ 121 GemO BW. Danach kann die Rechtsaufsichtsbehörde rechtswidrige Gemeinderatsbeschlüsse beanstanden. Die Norm dient ausschließlich dem öffentlichen Interesse der Verwaltungskontrolle und verleiht dem Einzelnen kein Recht auf ermessensfehlerfreie Entscheidung der Rechtsaufsichtsbehörde über die Beanstandung.*

40 Klagen und Widersprüche sind grundsätzlich nur zulässig, wenn die Verletzung eigener Rechte möglich erscheint, und in der Sache nur erfolgreich, wenn eigene Rechte tatsächlich bestehen („kein Popularrechtsschutz").

41 BVerfG, Beschluss vom 24.03.2021 – 1 BvR 2656/18 – juris Rn. 112.

Die erste Schwierigkeit besteht darin zu bestimmen, ob eine Norm des öffentlichen Rechts Einzelnen **überhaupt subjektive öffentliche Rechte** verleiht. Nach der sogenannten **Schutznormtheorie** ist das der Fall, wenn die Norm nicht nur dem öffentlichen Interesse, sondern (zumindest auch) dem Interesse Einzelner zu dienen bestimmt ist.[42] Das kann bei manchen Normen einfach, bei anderen nur mit vertieften Kenntnissen im einschlägigen Rechtsgebiet und manchmal auch nur durch mühsame Auslegung der Norm unter Auswertung der einschlägigen Literatur und Rechtsprechung beurteilt werden. Die nächste Schwierigkeit bereitet die Prüfung, ob die subjektive öffentlich-rechtliche Norm, auf die sich der Einzelne **im konkreten Sachverhalt** beruft, überhaupt **einschlägig** ist. Auch das setzt vertiefte Rechtskenntnisse und in vielen Fällen eine detaillierte Auswertung von Literatur und Rechtsprechung voraus. 45

■ **Lösungsvorschlag** (zu Rn. 42): § 28 Abs. 1 (L)VwVfG ist zunächst eine Norm des objektiven allgemeinen Verwaltungsrechts und verpflichtet die Behörde, den Beteiligten vor Erlass eines ihn belastenden Verwaltungsakts anzuhören. § 28 Abs. 1 (L)VwVfG dient aber nicht nur dem öffentlichen Interesse, sondern auch dem Interesse des Beteiligten. Folglich gewährt die Norm dem Beteiligten (§ 13 Abs. 1 (L)VwVfG) ein formelles subjektives öffentliches Recht auf Anhörung vor Erlass ihn belastender Verwaltungsakte. 46

2. Kapitel: Allgemeines zur Rechtsanwendung

A. Rechtsnormen lesen und Struktur erkennen können

■ **Aufgabe:** Das Gespräch mit Frau Schröder (Fall 1) hat bisher nicht stattgefunden. Könnte Herr Mustermann die Abrissverfügung auch ohne Anhörung erlassen? Prüfen Sie das anhand von § 28 Abs. 1 LVwVfG BW! 47

→ Lösung siehe Rn. 51

LVwVfG BW
§ 28 Anhörung Beteiligter
(1) Bevor ein Verwaltungsakt erlassen wird, der in Rechte eines Beteiligten eingreift, ist diesem Gelegenheit zu geben, sich zu den für die Entscheidung erheblichen Tatsachen zu äußern.
(2) Von der Anhörung kann abgesehen werden, wenn sie nach den Umständen des Einzelfalls nicht geboten ist, insbesondere wenn
1. eine sofortige Entscheidung wegen Gefahr im Verzug oder im öffentlichen Interesse notwendig erscheint;

---

42 Ist der Schutz Privater nicht vom Gesetzgeber bezweckt, sondern „zufällige" Nebenfolge, spricht man vom sog. „Rechtsreflex".

2. durch die Anhörung die Einhaltung einer für die Entscheidung maßgeblichen Frist in Frage gestellt würde;
3. von den tatsächlichen Angaben eines Beteiligten, die dieser in einem Antrag oder einer Erklärung gemacht hat, nicht zu seinen Ungunsten abgewichen werden soll;
4. die Behörde eine Allgemeinverfügung oder gleichartige Verwaltungsakte in größerer Zahl oder Verwaltungsakte mit Hilfe automatischer Einrichtungen erlassen will;
5. Maßnahmen in der Verwaltungsvollstreckung getroffen werden sollen.

(3) Eine Anhörung unterbleibt, wenn ihr ein zwingendes öffentliches Interesse entgegensteht.

48 Bevor Sie Rechtsnormen anwenden, müssen Sie diese erst einmal lesen, strukturieren und interpretieren können.

Dazu folgende Tipps:[43]

1. Beachten Sie stets, dass der Text in der Fremdsprache „Juristendeutsch" geschrieben ist!
2. Lesen Sie Verwaltungsrechtsnormen mehrmals, langsam (Wort für Wort) und vollständig (Absatz für Absatz)! Lesen Sie präzise!
3. Finden Sie die logische Struktur der Verwaltungsrechtsnorm heraus! Wenn es sich um eine „Wenn-dann" Norm handelt:
   - Gliedern Sie „Wenn-dann"-Normen in „Voraussetzungen" und „Rechtsfolge"!
   - Erarbeiten Sie die „Voraussetzungen" und ggf. deren logische Prüfungsreihenfolge!
   - Erarbeiten Sie die „Rechtsfolge"!
4. Zitieren Sie präzise!
5. Lesen Sie auch die Vorschriften davor und danach, oftmals enthalten diese Ausnahmen!

49 Oben wurde bereits die klassische Struktur von Rechtsnormen erwähnt, nämlich die „Wenn-Dann-Struktur". Mit diesen Rechtsnormen werden Sie es als Anfänger, aber auch im gesamten Studium am häufigsten zu tun haben. Man bekommt sie „relativ leicht" in den Griff. Insgesamt unterscheiden wir:[44]

- Rechtsnormen mit einer „Wenn-dann-Struktur (Tatbestand und Rechtsfolge)", wie z. B. § 65 Abs. 1 S. 1 LBO BW, § 28 LVwVfG BW („Konditionalprogramm").

---

43 Vgl. auch *Adomeit/Hähnchen*, Rechtstheorie für Studierende, 7. Aufl., 2018; *Reimer*, Juristische Methodenlehre, 2016, Rn. 160.

44 Vgl. *Reimer*, Juristische Methodenlehre, 2016, Rn. 261 ff.

- Rechtsnormen, die zur Erreichung bestimmter Ziele verpflichten, wie z. B. § 1 Abs. 5 S. 1 BauGB für die Aufstellung von Bauleitplänen („Finalprogramm").
- Rechtsnormen, die nur gebieten, ein Ziel möglichst in hohem Maße zu verwirklichen, wie z. B. § 50 Abs. 1 BImSchG („Optimierungsgebot").
- Rechtsprinzipien: Das sind Rechtsnormen, die einen Wert, aber keine bestimmten Rechtsfolgen festlegen.
  - Verfassungsprinzipien (z. B. Umweltschutzprinzip, Art. 20a GG);
  - Prinzipien im einfachen Verwaltungsrecht, z. B. Vorsorge- und Nachhaltigkeitsprinzip im Umweltverwaltungsrecht.
- „Hilfsrechtsnormen" (secondary rules), wie Legaldefinitionen

Weiter unterscheiden wir zwischen „Muss"-, „Soll"- und „Kann"-Vorschrif- **50**
ten. „**Muss**"-Vorschriften verpflichten die Verwaltung zum Ergreifen einer bestimmten Rechtsfolge, wenn die Tatbestandsvoraussetzungen der Norm erfüllt sind (gebundene Verwaltung). „**Kann**"-Vorschriften stellen die Entscheidung über die Rechtsfolge ins **Ermessen** der Verwaltung (Ermessensverwaltung). Unterschieden werden kann zwischen dem **Entschließungsermessen** („Ob der Rechtsfolge") und dem **Auswahlermessen** („Wie der Rechtsfolge", „Gegen wen"). „**Soll-Vorschriften**" verpflichten im Normalfall und räumen der Verwaltung im Ausnahmefall (besondere atypische Situation) Ermessen ein.

■ **Beispiele:** § 35 Abs. 1 S. 1 GewO („Muss-Vorschrift"); § 15 Abs. 2 S. 1 GewO („Kann-Vorschrift"); § 25 Abs. 2 BImSchG („Soll-Vorschrift")

■ **Lösungsvorschlag (zu Rn. 47):** Sie haben folgende Gesamtstruktur von § 28 LVwVfG **51**
BW erkannt:

Wenn folgende Situation vorliegt:

Es soll nach Abs. 1 ein Verwaltungsakt erlassen werden, der in Rechte eines Beteiligten eingreift

- und es besteht weder nach Abs. 3 die Pflicht, von der Anhörung wegen eines entgegenstehenden zwingenden öffentlichen Interesses abzusehen,
- noch kann unter Berufung auf einen der in Abs. 2 Nr. 1 bis 5 ausdrücklich („insbesondere...") genannten Umstände oder nach sonstigen Umständen des Einzelfalls auf die Anhörung verzichtet werden,

Dann gilt (gebundene Entscheidung):

Dem Beteiligten, in dessen Rechte eingegriffen wird, ist Gelegenheit zu geben, sich zu den für die Entscheidung erheblichen Tatsachen zu äußern.

Nun müssen Sie gründlicher lesen und die Bedeutung der einzelnen Wörter herausarbeiten. Bereits bei der Lektüre von Abs. 1 stellen Sie fest, dass Sie für das „Juristendeutsch" eine „Übersetzung" benötigen: Was bedeuten „Verwaltungsakt"? „Beteiligter"? „Eingriff in Rechte des Beteiligten"? Und so geht es in den Absätzen 2 und 3 weiter!

Wenn Sie sich ein bisschen in das Verwaltungsrecht eingearbeitet haben, wissen Sie, dass die Abrissverfügung ein Verwaltungsakt i.S.d. § 35 S. 1 LVwVfG BW (Gebot) ist, dass Frau Schröder als diejenige, an die die Verwaltung den Verwaltungsakt richten will, nach § 13 Abs. 1 Nr. 2 LVwVfG BW Beteiligte des Verfahrens ist, dass die Abrissverfügung in Frau Schröders durch Art. 14 GG geschütztes Grundeigentum eingreift und dass damit grundsätzlich eine Pflicht zur Anhörung besteht, wenn nicht eine Ausnahme nach Abs. 3 oder Abs. 2 vorliegt.

Nun müssen Sie noch wissen, dass hier der Anhörung weder ein zwingendes öffentliches Interesse entgegensteht, noch auf die Anhörung nach Abs. 2 verzichtet werden kann: Dabei hilft zunächst folgende Überlegung: „Nach dem Willen des Gesetzgebers ist die Anhörung vor Erlass belastender Verwaltungsakte der Regelfall, denn der Einzelne soll nicht bloßes Objekt des Verwaltungsverfahrens sein." Dann stellt man sich z.B. bei der Prüfung, ob eine „sofortige Entscheidung im öffentlichen Interesse notwendig" ist (§ 28 Abs. 2 Nr. 1, Alt. 2 LVwVfG BW) die Frage: „Muss der Abriss der Gabionenmauer so schnell angeordnet werden, dass man noch nicht einmal versuchen kann, Frau Schröder mündlich anzuhören?". Und schon hat man die Antwort: Die Zeit hat der Sachbearbeiter, also ist zwingend anzuhören, da auch kein anderer Grund greift und „sonstige Umstände des Einzelfalls" restriktiv zu lesen ist.

So nicht: Wenn Sie Normen „ohne Sinn und Verstand" prüfen, passiert folgender, in Klausuren leider oft zu lesender Fehler: *„Hier besteht ein Interesse an sofortiger Entscheidung, weil der Abriss der Gabionenmauer zum Schutz von Leben und Gesundheit (vgl. Art. 2 Abs. 2 S. 1 GG) und Eigentum (vgl. Art. 14 GG) notwendig ist."*

B. Rangverhältnis von Rechtsnormen beachten

I. Spezialnormen vor allgemeinen Normen

52 Die für Sie im Studium und später in der Verwaltungspraxis wichtigste und am häufigsten anzuwendende Rangregel lautet: „Die speziellere Rechtsnorm geht der allgemeineren Rechtsnorm vor (lex-specialis-Regel)."[45] Diesen Grundsatz müssen Sie beachten, wenn Sie als Sachbearbeiter(in) nach der Rechtsnorm suchen, die Sie zum Handeln gegenüber dem Bürger ermächtigt, und nach den Rechtsnormen, die die Zuständigkeit Ihrer Behörde, das anzuwendende Verfahren sowie die zu beachtenden Form- und Bekanntgabevorschriften regeln.

45 Lex specialis derogat legi generali.

■ **Beispiele:** In Fall 2 ist das GüKG Spezialgesetz zur GewO und zum LVwVfG BW. Auf die GewO ist also nur dann zurückzugreifen, wenn das GüKG eine Rechtsfrage nicht abschließend regelt, auf das LVwVfG BW, wenn weder GüKG noch GewO die Rechtsfrage regeln.

II. Sonstige Rangregeln

Sonstige Rangregeln, die Sie in der Praxis allerdings weniger häufig brauchen, lauten: **53**
- Die jüngere Rechtsnorm geht der älteren Rechtsnorm vor, falls der Gesetzgeber die ältere Rechtsnorm nicht ohnehin aufgehoben hat („lex-posterior-Regel")!
- Die ranghöhere Rechtsnorm geht der rangniedrigeren Rechtsnorm vor; z. B. BImSchG geht als Bundesgesetz dem PolG BW (Landesgesetz) vor („lex-superior-Regel"). Hinweis: außerdem ist das BImSchG auch das speziellere Gesetz zur Regelung der Gefahrenabwehr!

Aus dem Staatsrecht wissen Sie, dass Rechtsnormen (formelle Gesetze, Rechtsverordnungen und Satzungen) auf einer bestimmten Hierarchiestufe in der sog. **Normenpyramide** stehen. Es gilt: **54**
- Unionsrecht (primäres vor sekundärem) hat Anwendungsvorrang vor dem Recht der Mitgliedstaaten,
- Bundesrecht vor Landesrecht (Art. 31 GG),
- innerhalb von Bundes- bzw. Landesrecht: Verfassung vor einfachen formellen Gesetzen vor Rechtsverordnungen vor Satzungen
- Allgemeine Regeln des Völkerrechts (Völkergewohnheitsrecht) vor einfachen formellen Gesetzen (Art. 25 GG)
- Völkervertragsrecht: Rang des Transformationsakts (Art. 59 Abs. 2 S. 1 u. 2 GG, Art. 32 Abs. 3 GG)

Normenhierarchie **55**

Unionsrecht (Anwendungsvorrang) – Primäres Unionsrecht (gleichrangig: EUV, AEUV, GRCh) – Sekundäres Unionsrecht (EU-Verordnungen vor EU-Richtlinien)
Grundgesetz (GG)
Allgemeine Regeln des Völkerrechts (Art. 25 GG)
Sonstiges Bundesrecht – Einfache formelle Bundesgesetze (z. B. Güterkraftverkehrsgesetz) – Rechtsverordnungen der Bundesverwaltung (z. B. Straßenverkehrsordnung) – Satzungen von Rechtsträgern mittelbarer Bundesverwaltung (z. B. Satzung des ZDF)

Landesrecht (am Beispiel BW)
- Landesverfassung Baden-Württemberg
- Einfache formelle Landesgesetze von Baden-Württemberg (z. B. Landesbauordnung)
- Rechtsverordnungen der Landesverwaltung Baden-Württemberg (z. B. Landesverwaltungsvollstreckungsgesetzkostenordnung)
- Satzungen (z. B. Bebauungsplan einer Gemeinde)

C. Auslegung und Korrektur von Rechtsnormen

56 ■ **Aufgabe 1:** Die Ortspolizei (Stadt K in BW)[46] will Marie P. (wohnhaft in Strasbourg, Frankreich) nach § 30 Abs. 1 PolG BW verbieten, in den nächsten 10 Tagen den „Brunnenplatz" (Name eines ca. 80 m² großen Platzes in der Fußgängerzone der Stadt K) zu betreten, weil zu befürchten ist, dass sie dort (wie in den vergangen 3 Monaten schon wiederholt passiert) die Tauben füttert, was nach der einschlägigen Polizeiverordnung eine Ordnungswidrigkeit darstellt. Marie P. meint, 10 Tage seien „lang" und nicht „vorübergehend" und der Brunnenplatz ein „Platz" und kein „Ort".

Was ist unter „vorübergehend" und was ist unter „Ort" zu verstehen?

■ **Aufgabe 2:** Karl verprügelt Arne. Um das zu beenden, verweist die zuständige Polizeibehörde Arne nach § 30 Abs. 1 PolG BW des Platzes. Der ist erbost. „Person" i. S. d. Norm sei der prügelnde Karl und nicht er.

> **§ 30 Polizeigesetz Baden-Württemberg**
> **Platzverweis, Aufenthaltsverbot, Wohnungsverweis, Rückkehrverbot, Annäherungsverbot**
> (1) Die Polizei kann zur Abwehr einer Gefahr oder zur Beseitigung einer Störung eine Person vorübergehend von einem Ort verweisen oder ihr **vorübergehend** das Betreten eines **Ortes** verbieten (Platzverweis).
> (2) [1]Die Polizei kann einer Person verbieten, einen bestimmten Ort, ein bestimmtes Gebiet innerhalb einer Gemeinde oder ein Gemeindegebiet zu betreten oder sich dort aufzuhalten, wenn Tatsachen die Annahme rechtfertigen, dass diese Person dort eine Straftat begehen oder zu ihrer Begehung beitragen wird (Aufenthaltsverbot). [2]Das Aufenthaltsverbot ist zeitlich und örtlich auf den zur Verhütung der Straftat erforderlichen Umfang zu beschränken und darf räumlich nicht den Zugang zur Wohnung der betroffenen Person umfassen. [3]Es darf die Dauer von drei Monaten nicht überschreiten. [4]Ein sich anschließendes Aufenthaltsverbot ist nur aufgrund einer neuen Gefahrenprognose zulässig.

46 In Baden-Württemberg die Gemeinde als zuständige Ortspolizeibehörde nach §§ 105 Abs. 1, 111 Abs. 2, 107 Abs. 4 PolG BW.

Gesetzestexte sind in der Fremdsprache „Juristendeutsch“ geschrieben und müssen „übersetzt“ werden. Die Rechtswissenschaftler schlagen Regeln vor, die man bei der „Übersetzung“ beachten sollte (Auslegungsregeln). Dabei ist anerkannt, dass die Auslegung zumindest nach folgenden Gesichtspunkten erfolgt (in der Reihenfolge nicht zwingend): **57**

- **Wörtliche Auslegung:** Zunächst sind Gesetzestexte nach ihrem Wortlaut auszulegen. Ggf. können Sie dabei auf Legaldefinitionen (Definition im Gesetz) zurückgreifen.
- **Systematische Auslegung:** Bei der systematischen Auslegung verlässt man den konkreten Normtext und prüft die äußere Systematik des Gesetzes (Aufbau, Gliederung, Struktur). Manchmal hilft schon der Blick in den nächsten Absatz, manchmal muss man das ganze Gesetz „durchackern“.
- **Historische Auslegung:** Hier ist zu prüfen, was der Gesetzgeber, als er die Norm erließ, regeln wollte. Dafür sind die Rechtslage vor Normerlass und die Entstehungsgeschichte zu rekonstruieren.
- **Teleologische Auslegung:** Teleologische Auslegung meint Auslegung der Norm nach ihrem Zweck. Man kann sie als die wichtigste der Auslegungsregeln bezeichnen. Hier ist allerdings vieles sehr umstritten, *Reimer* formuliert den Streit zutreffend wie folgt: „*Was meint ‚Zweck‘? Welcher Zweck ist zulässig? Und um wessen Zwecksetzung geht es?*“[47] Nach der hier vertretenen Auffassung darf es gemäß Art. 20 Abs. 3 GG nur um Zwecke gehen, die das damalige Gesetzgebungsorgan mit der Norm mutmaßlich auch verfolgen wollte, nicht um Zwecke, die das Gesetzgebungsorgan nach Meinung des Normanwenders auch hätte verfolgen können.
- **Verfassungskonforme Auslegung:** Verfassungskonforme Auslegung meint die Auslegung einer Norm im Einklang mit der Verfassung. Die Einzelheiten sind umstritten, insbesondere die genaue Abgrenzung der verfassungskonformen Auslegung zur systematischen und zur teleologischen Auslegung.[48]
- **Unionsrechtskonforme Auslegung:** Unionsrechtskonforme Auslegung meint die Auslegung einer Norm im Einklang mit dem Unionsrecht.

Im Studium müssen Sie die oben genannten Auslegungsregeln zunächst nur passiv beherrschen (also Auslegungen in Gerichtsentscheidungen und **58**

---

47 *Reimer*, Methodenlehre, 2016, Rn. 359.

48 So wird die verfassungskonforme Auslegung von Teilen der Literatur als Unterfall der systematischen oder der teleologischen Auslegung betrachtet; Nachweise bei *Reimer*, Methodenlehre, 2016, Rn. 630.

Literaturbeiträgen nachvollziehen können). Eine überzeugende aktive Auslegung Ihnen unbekannter Normen kann in Klausuren oder mündlichen Prüfungen schon deswegen nicht gelingen (bzw. verlangt werden), weil Sie kein Hilfsmaterial haben und somit gezwungen sind, auf die wichtige historische Auslegung zu verzichten. Meist haben Sie es in Klausuren und mündlichen Prüfungen daher entweder mit Ihnen bekannten Normen zu tun, zu denen Sie die gängigen Definitionen und Meinungsstreits kennen, oder Sie kommen bei der Auslegung Ihnen unbekannter Normen mit einfacheren Methoden zurecht: „[...] spricht für, [...] spricht dagegen, ich meine [...], weil [...]".

59 **Unproblematische Korrektur nach dem Willen des Gesetzgebers:** Wenn eine Rechtsnorm nach ihrem Wortlaut auf der Tatbestandsseite Sachverhalte oder auf der Rechtsfolgenseite Rechtsfolgen erfasst, die sie nach dem erkennbaren Willen des Gesetzgebers nicht erfassen sollte, ist die Norm zu „korrigieren". Dabei stehen zwei Methoden zur Auswahl: der Wortlaut des Tatbestandsmerkmals bzw. der Rechtsfolge wird einengend ausgelegt (teleologische Reduktion) oder der Norm wird ein ungeschriebenes Tatbestandsmerkmal (oder Rechtsfolgenmerkmal) hinzugefügt.

■ **Beispiel für eine Korrektur nach dem Willen des Gesetzgebers:** In § 30 Abs. 1 PolG BW ist der Wortlaut des Tatbestands „Abwehr einer Gefahr" sehr weit gefasst. So kann „Gefahr" alles Mögliche sein. Wie die historische Auslegung zeigt (dazu Rn. 61), war es Wille des Gesetzgebers, den Platzverweis aus §§ 3, 1 Abs. 1 PolG BW zu lösen und als Standardmaßnahme zu regeln. Damit ist als ungeschriebenes Tatbestandsmerkmal zu ergänzen: „Abwehr einer Gefahr für die öffentliche Sicherheit oder Ordnung".

(Es ließe sich auch ganz anders argumentieren: Der Gesetzgeber schreibt in der Gesetzesbegründung nur von der Abwehr von Gefahren für die „öffentliche Sicherheit", nicht aber für die „öffentliche Ordnung". Dafür spricht auch, dass andere Bundesländer, an deren Regelungen sich der Gesetzgeber ausdrücklich orientiert hat, Platzverweise auch nur zur Abwehr von Gefahren für die öffentliche Sicherheit zulassen. Mein Gegenargument: So hat er das dann aber nicht im Gesetz geschrieben, es ist eher davon auszugehen, dass „Ordnung" in den Ausführungen einfach vergessen wurde.)

60 **Problematische Korrekturen gegen den Willen des Gesetzgebers:** Was ist aber dann, wenn eine Rechtsnorm nach ihrem Wortlaut auf der Tatbestandsseite Sachverhalte oder auf der Rechtsfolgenseite Rechtsfolgen erfasst, die sie nach dem erkennbaren Willen des Gesetzgebers auch erfassen sollte, verfassungsrechtlich oder unionsrechtlich aber gar nicht erfassen darf?

Verstöße gegen Unionsrecht sind leichter zu bewältigen: Hier gilt ohnehin der Anwendungsvorrang des Unionsrechts: Die „unionsrechtswidrige" deutsche Rechtsnorm darf nicht angewendet werden (ist aber nicht unwirksam bzw. nichtig). Einer Korrektur gegen den Willen des Gesetzgebers bedarf es also nicht zwingend.

Umstritten ist die Bewältigung von Verstößen gegen Verfassungsrecht oder sonstiges höherrangiges Recht. Nach richtiger Rechtsauffassung sind förmliche Gesetze, die nach dem erkennbaren Willen des Gesetzgebers gegen höherrangiges Recht verstoßen,[49] verfassungswidrig und dürfen nicht im Wege der rechtskonformen Auslegung gerettet werden. Gleiches gilt, wenn abstrakt-generelle Regelungen der Verwaltung gegen höherrangiges Recht verstoßen.

Lösungsvorschlag zu Aufgabe 1 (zu Rn. 56) 61

Was unter „vorübergehend" und „Ort" zu verstehen ist, ist im Wege der Auslegung zu ermitteln.

Wörtliche Auslegung: Eine Legaldefinition gibt es zu den beiden Begriffen nicht. „Vorübergehend" schließt jedenfalls „dauerhaft" aus. „Ort" meint jedenfalls nicht „Baden-Württemberg". Vielleicht meint Ort auch „Ortschaft"? „Ort" kann aber auch „bestimmte Örtlichkeit" bedeuten.

Systematische Auslegung: Sie lesen § 30 Abs. 2 PolG BW. Die Systematik des Gesetzes (Abs. 1 und Abs. 2) zwingt zur Unterscheidung von Aufenthaltsverboten und dem milderen Platzverweis. Nach Abs. 2 können Aufenthaltsverbote für einen bestimmten Ort oder eine größere Räumlichkeit (nämlich bestimmtes Gebiet innerhalb einer Gemeinde oder gesamtes Gemeindegebiet) ausgesprochen werden. Mit „bestimmter Ort" in Abs. 1 muss also weniger als ein bestimmtes Gebiet oder das gesamte Gemeindegebiet gemeint sein. Aufenthaltsverbote können bis maximal 3 Monate ausgesprochen werden. Dann dürfen Platzverweise keineswegs für eine längere Zeit, eher nur für eine sehr viel kürzere Zeit als 3 Monate ausgesprochen werden, da es in Abs. 2 immerhin um die Bekämpfung von Straftaten geht.

Historische Auslegung: Sie finden heraus, dass § 30 PolG BW erst seit dem 17.01.2021 gilt.[50] Zuvor war der Platzverweis in § 27a PolG BW a.F. geregelt. Dieser wiederum wurde erst durch das Gesetz zur Änderung des Polizeigesetzes vom 18.11.2008 (BW GBl. 2008, S. 390) in das Polizeigesetz eingefügt. Davor wurden Platzverweise, Aufenthaltsverbote etc. auf die polizeiliche Generalklausel (§§ 3, 1 Abs. 1 PolG BW) gestützt.

Nun suchen Sie den damaligen Gesetzesentwurf der Landesregierung (Drucksache 14/3165 des Landtags Baden-Württemberg vom 25.08.2006). Dort finden Sie auf S. 66

49 Ein Verstoß gegen höherrangiges Recht sind auch Verstöße von Bundes- und Landesgesetzen gegen die allgemeinen Regeln des Völkerrechts oder von Landesgesetzen gegen Bundesrecht.

50 Artikel 1 des Gesetzes vom 06.10.2020 (GBl. S. 735), in Kraft getreten am 17.01.2021. Zuvor galt das Polizeigesetz in der Fassung vom 13.01.1992 (GBl. S. 1, ber. S. 596, 1993 S. 155).

die Begründung zum Erlass von § 27a PolG. Als **Gesetzeszweck** nennt der Gesetzgeber: *„Er [der Platzverweis] wird zur Abwehr von Gefahren für die öffentliche Sicherheit zugelassen."* Zum Wort „vorübergehend" steht bei den Erörterungen zu Abs. 1 zwar nichts, den Erörterungen zu Abs. 2 können wir aber entnehmen, dass der Gesetzgeber mit „vorübergehend" die „kurzzeitige Beseitigung von Störungen bzw. Bekämpfung von Gefahren durch Platzverweise" im Gegensatz zur „längerfristigen Bekämpfung von Straftaten durch Aufenthaltsverbote" meint. Auch ist näher beschrieben, dass mit Ort ein „eng umgrenzter Ort" gemeint ist.

Teleologische Auslegung: Der Zweck der Ermächtigung zum Erlass von Platzverweisen ist nach dem oben bereits erörterten Willen des Gesetzgebers die Abwehr von Gefahren für die öffentliche Sicherheit auf bestimmten Plätzen. Ein Platzverweis darf also nur für eine solche Dauer und für einen solchen Bereich ausgesprochen werden, wie dies zur Abwehr der Gefahr erforderlich ist.

(Zu dem Ergebnis kommt man auch bei Anwendung des Verhältnismäßigkeitsgrundsatzes – Erforderlichkeit der Maßnahme zur Zweckerreichung).

Zusammenfassung: Die Auslegung von „vorübergehend" hat ergeben, dass die Dauer des Platzverweises deutlich unter 3 Monaten liegen muss und nur so lange andauern darf, wie es zur Gefahrenabwehr erforderlich ist.

Die Auslegung „bestimmter Ort" hat ergeben, dass sich der Platzverweis nur auf eine eng umgrenzte Örtlichkeit beziehen darf wie beispielsweise abgegrenzte Plätze, eine bestimmte Straße etc. Außerdem muss der Platzverweis genau für diese eng umgrenzte Örtlichkeit für die Gefahrenabwehr erforderlich sein.

Ende der Auslegung

Bitte beachten Sie, dass wir folgende Frage bisher nicht beantwortet haben: „Ist der Platzverweis von 10 Tagen zur Abwehr der drohenden Ordnungswidrigkeit „Tauben füttern" verhältnismäßig?

■ Lösungsvorschlag zu Aufgabe 2 (zu Rn. 56)

Verfassungskonforme Auslegung: Ist mit „Person" i.S.d. § 30 Abs. 1 PolG BW jedermann gemeint? Oder gelten weiterhin §§ 6ff. PolG BW, wonach sich die Polizei vorrangig an die Störer (§§ 6,7 PolG BW) zu halten hat bzw. die Gefahrenabwehr mit eigenen Mitteln versuchen muss und nur, wenn das alles keinen Erfolg verspricht den „Nichtstörer" (§ 9 PolG BW) heranziehen darf?

Vom Wortlaut ist beides möglich, aus der Systematik des Gesetzes ergibt sich kein eindeutiges Ergebnis. Nach der teleologischen Auslegung dient beides der Gefahrenabwehr. Hier hilft die verfassungskonforme Auslegung: §§ 6ff. PolG BW sind Ausdruck des in der Verfassung verankerten Verhältnismäßigkeitsgrundsatzes (Art. 20 Abs. 3 GG). Würde der Landesgesetzgeber die Polizei durch § 30 Abs. 1 PolG BW generell zu Platzverweisen gegen jede Person unabhängig von deren Störereigenschaft ermächtigen, stellte diese gesetzliche Ermächtigung in abstracto einen unverhältnismäßigen Eingriff in die allgemeine Handlungsfreiheit (Art. 2 Abs. 1 GG) dar. Der Landesgesetzgeber hat mit „Person" also keine von §§ 6ff. PolG BW abweichende Regelung getroffen.

D. Analoge Anwendung von Rechtsnormen

■ **Aufgabe:** Lesen Sie § 42 Abs. 2 VwGO. Dort heißt es: **62**

*„Soweit gesetzlich nichts anderes bestimmt ist, ist die **Klage** nur zulässig, wenn der Kläger geltend macht, durch den Verwaltungsakt oder seine Ablehnung oder Unterlassung in seinen Rechten verletzt zu sein."*

Für den „Widerspruch" gibt es keine entsprechende Norm. Darf man § 42 Abs. 2 VwGO trotzdem verwenden?

➔ Lösung siehe Rn. 65

Analoge Anwendung von Rechtsnormen bedeutet, dass Sie den Regelungsinhalt der Norm auf einen von dieser Norm nicht erfassten Sachverhalt anwenden. Voraussetzungen sind: **63**
- kein Analogieverbot (das gilt z. B. im Straf- und Ordnungswidrigkeitenrecht)
- Regelungslücke
- Regelungslücke ist planwidrig: Gesetzgeber hat nicht absichtlich „nichts geregelt".
- vergleichbare Interessenlage

Im Studium müssen Sie die analoge Anwendung von Rechtsnormen in der Regel nur passiv (also „nachvollziehend" und „Gelerntes reproduzierend") beherrschen und die Rechtsnorm entsprechend richtig zitieren („analog [...]"). Eher selten wird man von Ihnen in einer Klausur erwarten, erstmals über die analoge Anwendung einer Ihnen unbekannten Rechtsnorm nachzusinnen. **64**

■ **Lösungsvorschlag (zu Rn. 62):** Hier greift kein Analogieverbot. Die „Widerspruchsbefugnis" ist nicht geregelt. Der Gesetzgeber hat nicht absichtlich auf die Regelung der Widerspruchsbefugnis verzichtet. Da der Widerspruch ein Vorverfahren vor der Klage ist, ist die Interessenlage (Verhinderung von Popularklagen und Verhinderung von Popularwidersprüchen) vergleichbar. Die analoge Anwendung ist erlaubt. **65**

E. Umgang mit rechtswidrigen Gesetzen und sonstigen Rechtsnormen (Normenverwerfungskompetenz)

Darum geht es: Oben haben Sie bereits die Normenhierarchie (Normenpyramide) kennengelernt. Keine Rechtsnorm darf gegen eine ranghöhere Rechtsnorm verstoßen. Was passiert, wenn sie „das trotzdem tut"[51]? **66**

---

51 Also auch nicht rechtskonform ausgelegt werden kann, siehe Rn. 57.

Für Studium und Praxis: Nur bei Zweifeln (diese wären in der Klausur schon aus der Sachverhaltsschilderung ersichtlich) müssen Sie prüfen, ob die Normen, die Sie anwenden, auch tatsächlich rechtmäßig und damit wirksam sind.

I. Verstöße gegen deutsches Recht

67 Wenn eine deutsche Rechtsnorm im **Widerspruch zu einer deutschen ranghöheren Rechtsnorm** steht, ist die rangniedrigere Norm nach der **herrschenden Nichtigkeitstheorie**[52] von Anfang an nichtig.[53]

68 Die Befugnis, eine nichtige Rechtsnorm aufzuheben, hat zunächst das Organ, das die Norm erlassen hat (Verwerfungskompetenz).

■ **Beispiele:** Bundestag hebt ein formelles Bundesgesetz auf, das gegen das GG verstößt; Bundesinnenministerium hebt eine von ihm erlassene Rechtsverordnung auf, die gegen ein formelles Bundesgesetz verstößt.

69 Wurde die Regelung von einer Verwaltungsbehörde erlassen (Rechtsverordnung oder Satzung), kann diese von ihrer Aufsichtsbehörde angewiesen werden, die Norm aufzuheben (bzw. deren Nichtigkeit festzustellen). Sofern ein Selbsteintrittsrecht besteht, kann die Aufsichtsbehörde selbst die Rechtsnorm aufheben.

■ **Beispiel:** Ein Landratsamt weist eine untergeordnete Gemeinde an, die gegen das GG verstoßende Satzung aufzuheben.

70 Ansonsten können nur Gerichte die Nichtigkeit einer Rechtsnorm feststellen: Formelle Gesetze können nur das Bundesverfassungsgericht bzw. das jeweilige Landesverfassungsgericht (Art. 100 Abs. 1 GG) für ungültig erklären und damit verwerfen. Bestimmte Satzungen und Rechtsverordnungen können vom Bürger nach § 47 VwGO zum Gegenstand einer Normenkontrolle gemacht werden und von den Oberverwaltungsgerichten (bzw. Verwaltungsgerichtshöfen) der Bundesländer allgemeinverbindlich für unwirksam erklärt werden. Jedes Gericht ist berechtigt bzw. verpflichtet, nichtige Satzungen und Rechtsverordnungen, die in einem bei ihm anhängigen Rechtsstreit inzident zu prüfen sind, für diesen konkreten Rechtsstreit zu verwerfen.

71 Der einzelne Verwaltungssachbearbeiter ist im Hinblick auf die Gesetzesbindung aus Art. 20 Abs. 3 GG nicht befugt, eine Rechtsnorm als nichtig zu verwerfen. Andererseits verstößt er, sobald er nichtige Rechtsnormen an-

---

52 Vgl. zur Nichtigkeits- und zur Vernichtbarkeitstheorie: *Detterbeck*, VerwR, Rn. 121 f.

53 Zu den Ausnahmen wegen Unbeachtlichkeit des Verstoßes oder Heilung siehe Teil 4, Fehlerlehre.

wendet, ebenfalls gegen Art. 20 Abs. 3 GG. Nach § 36 Abs. 1 Beamtenstatusgesetz (Landesbeamte) bzw. § 63 Abs. 1 Bundesbeamtengesetz (Bundesbeamte) tragen Beamte für die Rechtmäßigkeit ihrer Entscheidungen die volle persönliche Verantwortung. Wenn keine Eilbedürftigkeit besteht, hat der Beamte daher bei Zweifeln an der Wirksamkeit einer Norm eine Aussetzungs- und Vorlagepflicht und muss eine dienstliche Anordnung nach § 36 Abs. 2 BeamtenStG bzw. § 63 Abs. 2 BBG herbeiführen.[54]

II. Verstöße deutscher Rechtsnormen gegen Unionsrecht

Zu unterscheiden sind zwei Arten von Kollisionen:[55] Die deutsche Rechtsnorm verstößt gegen Unionsrecht, weil sie eine andere Rechtsfolge als das Unionsrecht vorschreibt („direkte Kollision"). Häufiger sind Fälle der indirekten Kollision: Die deutsche Rechtsnorm verhindert die wirksame Durchsetzung des Unionsrechts, weil entweder Inländer bevorzugt werden (Verstoß gegen das Diskriminierungsverbot) oder das Europarecht nicht effektiv umgesetzt wird (Verstoß gegen das Effektivitätsprinzip, effet utile). **72**

In beiden Fällen ist die deutsche Rechtsnorm nicht unwirksam bzw. nichtig; sie darf lediglich nicht angewendet werden, weil das Unionsrecht Anwendungsvorrang hat.[56] Den Anwendungsvorrang hat der einzelne Sachbearbeiter (ähnlich wie den Grundsatz Spezialgesetz vor allgemeinem Gesetz) automatisch zu beachten. Die Einzelheiten sind umstritten. In der Praxis werden Sie dennoch ähnlich verfahren, wie bei der Normenkollision im deutschen Recht: Sie schalten Ihren Vorgesetzen ein.

Eine besondere Art der Form der indirekten Kollision ist die **nicht rechtzeitige Umsetzung von EU-Richtlinien** durch den deutschen Gesetzgeber (Verstoß gegen die wirksame Umsetzung von Unionsrecht durch Untätigkeit). **73**

Regelungen einer EU-Richtlinie können zugunsten von Privaten unmittelbare Wirkung haben.[57] Das setzt voraus, dass die Frist für die Umsetzung der betreffenden EU-Richtlinie abgelaufen ist, die EU-Richtlinie innerhalb dieser Frist überhaupt nicht oder nur unzutreffend umgesetzt worden ist und die Regelungen, auf die sich der Private berufen will, inhaltlich unbedingt und hinreichend genau sind. Die Verwaltungsbehörde muss die unmittelbar geltende EU-Richtlinie dann anwenden.[58]

54 Vgl. *Detterbeck*, VerwR, Rn. 124 ff.

55 *Ruffert*, in: Calliess/Ruffert, EUV/AEUV, AEUV, Art. 1, Rn. 22.

56 *Ruffert*, in: Calliess/Ruffert, EUV/AEUV, AEUV, Art. 1, Rn. 16 ff.

57 Zu den Voraussetzungen: *Ruffert*, in: Calliess/Ruffert, EUV/AEUV, AEUV, Art. 288, Rn. 52 ff.

58 *Ruffert*, in: Calliess/Ruffert, EUV/AEUV, AEUV, Art. 288, Rn. 70.

Wenn deutsches Recht zu einer Richtliniennorm mit unmittelbarer Rechtswirkung im Widerspruch steht und der Widerspruch offensichtlich ist, darf die Verwaltungsbehörde die deutsche Norm nicht anwenden. Auch hier hat sie eine Nichtanwendungskompetenz.[59]

3. Kapitel: Die Stellung der Verwaltung

A. Verwaltung und Volk/Bürgerschaft/Öffentlichkeit

74 **Personalentscheidungen:** Auf kommunaler Ebene wählt die Bürgerschaft ihre Vertreter in den Gemeinderäten und Kreistagen (vgl. Art. 28 Abs. 1 S. 2 GG) und die Bürgermeister (in BW z.B. nach § 45 Abs. 1 S. 1 GemO BW). Teilweise sieht das Landesrecht noch weitere Direktwahlen vor (z.B. Direktwahl des Landrats in Hessen, § 37 Abs. 1a S. 1 HKO; Wahl der Vertreter der Bezirkstage in Bayern nach dem BezWG). Im Übrigen werden Personalentscheidungen zur Besetzung der Verwaltungsorgane nicht vom Volk bzw. der Bürgerschaft getroffen.

75 **Sachentscheidungen:** Auch die meisten Sachentscheidungen in Verwaltungsangelegenheiten treffen nicht das Volk oder die Bürgerschaft, sondern die dafür zuständigen Staatsorgane. Eine Ausnahme sind Bürgerentscheide auf kommunaler Ebene.[60]

Öffentlichkeit: Bei zahlreichen Sachentscheidungen der Verwaltung ist eine Mitwirkung der Öffentlichkeit vorgesehen (z.B. Öffentlichkeit von Gemeinderatssitzungen[61], Beteiligung der Öffentlichkeit bei raumbedeutsamen Vorhaben nach dem Fachrecht[62]).

B. Verwaltung und Parlament (Bundes- bzw. Landtag)

76 ■ **Aufgabe:** Was bedeuten „Vorrang und Vorbehalt des Gesetzes" in unseren beiden Ausgangsfällen?

Lösungsvorschlag → Rn. 92

I. Vorrang des Gesetzes

77 Die Organe der Gesetzgebung (Bundestag und Landtag) als unmittelbar vom Volk demokratisch legitimierte Staatsorgane steuern und kontrollieren die

---

59 *Ruffert*, in: Calliess/Ruffert, EUV/AEUV, AEUV, Art. 288, Rn. 73f.

60 Z.B. in Baden-Württemberg nach § 21 GemO BW.

61 § 35 Abs. 1 S. 1 GemO BW; § 10 Abs. 3 S. 1 BauGB.

62 Z.B. § 3 BauGB.

Verwaltung. Wichtigstes Steuerungsmittel ist das Parlamentsgesetz (=formelles Gesetz). Die Verwaltung wiederum ist nach Art. 20 Abs. 3 GG an die formellen Gesetze gebunden (**Vorrang des Gesetzes**)[63]:

– Verwaltungshandeln darf nicht gegen geltendes Gesetz verstoßen.
– Die Verwaltung darf die Anwendung von geltendem Gesetz nicht „aussetzen".

II. Parlamentsvorbehalt

Welche Entscheidungen zwingend vom Parlament zu treffen sind („**Parlamentsvorbehalt**"), ist z. T. ausdrücklich in der Verfassung geregelt. Im Übrigen folgt aus dem Demokratieprinzip (Art. 20 Abs. 1 und 2 GG, Art. 28 Abs. 1 S. 1 GG), dass die Organe der Gesetzgebung (Bundestag bzw. Landtag) **alle für das Gemeinwesen wesentlichen Entscheidungen** treffen.[64] Zur Form der Entscheidung des Parlaments (durch formelles Gesetz oder sonstigen Parlamentsbeschluss) sagt der Parlamentsvorbehalt nichts.[65] 78

III. (Parlaments-)Gesetzesvorbehalt

Wenn eine Entscheidung zwingend vom Parlament zu treffen ist, und zwar in Form eines formellen Gesetzes, spricht man vom **Vorbehalt des Gesetzes (= Gesetzesvorbehalt)** oder genauer vom Parlamentsgesetzesvorbehalt. Zu unterscheiden ist zwischen den **in der Verfassung ausdrücklich geregelten Gesetzesvorbehalten** und **dem allgemeinen Gesetzesvorbehalt aus Art. 20 Abs. 3 GG**[66]. 79

■ **Beispiele für in der Verfassung ausdrücklich geregelte Gesetzesvorbehalte sind:** Art. 80 Abs. 1 S. 1 GG (siehe Rn. 80), geschriebene Gesetzesvorbehalte als Schranke vieler Grundrechte wie z. B. Art. 2 Abs. 2 S. 3 GG (siehe Rn. 82), aber auch Art. 28 Abs. 2 GG, Art. 87 Abs. 3 S. 1 GG etc.

---

63 Exkurs: Die Verwaltung ist bei ihrem Handeln nicht nur an die formellen Gesetze, sondern auch an Rechtsverordnungen und Satzungen und zumindest verwaltungsintern an Verwaltungsvorschriften gebunden. Herkömmlich wird die Bindung der Verwaltung an Rechtsverordnungen und Satzungen ebenfalls aus Art. 20 Abs. 3 GG abgeleitet (a. A.: Rechtsbindung kraft Regelungscharakter). Außerdem ist die Verwaltung an das Unionsrecht gebunden. Diese Bindung besteht kraft Unionsrecht.

64 Vgl. BVerfG, NJW 2008, 2018 zum wehrverfassungsrechtlichen Parlamentsvorbehalt.

65 *Detterbeck*, VerwR, Rn. 272 ff.; *Maurer/Waldhoff*, VerwR, § 6 Rn. 9.

66 Die Herleitung ist streitig. Wie hier BVerfGE 77, 170 (230). Andere leiten den allgemeinen Gesetzesvorbehalt in Anknüpfung an das Demokratie- und Rechtsstaatsprinzip (so *Maurer/Waldhoff*, § 6 Rn. 7) oder aus der Gesamtschau von Art. 20 Abs. 3 GG, dem Rechts- und Demokratiestaatsprinzip sowie der Grundrechte her (so *Detterbeck*, Rn. 261).

80 **Der Erlass von Rechtsverordnungen durch die Verwaltung** bedarf unabhängig vom Inhalt der angedachten Rechtsverordnung immer einer Ermächtigung der Verwaltung durch formelles Gesetz. Das ist für die Bereiche, die der Gesetzgebung des Bundes unterliegen, durch den speziellen Gesetzesvorbehalt in **Art. 80 Abs. 1 S. 1 GG** geregelt. Für die Bereiche, die der Gesetzgebung der Länder unterliegen, gibt es i.d.R. entsprechende Regelungen in den Landesverfassungen (z.B. Art. 61 Abs. 1 S. 1 Landesverfassung Baden-Württemberg).

81 **Eingriffe der Verwaltung in Freiheitsgrundrechte des Einzelnen** bedürfen immer einer Ermächtigung der Verwaltung durch Parlamentsgesetz. Das gilt nicht nur für „klassische" Staat-Bürger-Verhältnisse, sondern auch, wenn der Bürger in einem Sonderrechtsverhältnis (frühere Bezeichnung: besonderes Gewaltverhältnis) zum Staat steht (Beamte und Soldaten, Schüler, Strafgefangene).[67] Das Erfordernis einer Ermächtigung durch Parlamentsgesetz ergibt sich für viele Grundrechte ausdrücklich aus dem Grundrecht selbst (geschriebener Gesetzesvorbehalt), im Übrigen aus dem allgemeinen Gesetzesvorbehalt und wird im Folgenden (→ Rn. 82 ff.) näher erörtert.

Vertiefungshinweis: Eine andere Frage ist, ob die fragliche Verwaltungsmaßnahme überhaupt einen Eingriff in den persönlichen und sachlichen Schutzbereich eines bestimmten Freiheitsgrundrechts darstellt. Um das beurteilen zu können, brauchen Sie sehr gute Kenntnisse in der Grundrechtsprüfung.

82 Die meisten Grundrechte unterliegen einem **geschriebenen Gesetzesvorbehalt**, entweder einfacher (z.B. Art. 2 Abs. 2 S. 3 GG) oder qualifizierter (z.B. Art. 11 Abs. 2 GG) Art. Dazu gehört auch die allgemeine Handlungsfreiheit (Art. 2 Abs. 1 GG) als allgemeines Freiheitsgrundrecht und subsidiäres Auffangrecht (Freiheitsgrundrecht mit einfachem Gesetzesvorbehalt).[68]

■ **Beispiel für eine geschriebene Grundrechtsschranke:** Art. 2 Abs. 2 S. 3 GG „In diese Rechte [Recht auf Leben und körperliche Unversehrtheit und Unverletzlichkeit der Freiheit der Person] **darf nur auf Grund eines Gesetzes** eingegriffen werden."

83 Aber auch in die **Grundrechte**, die nur **verfassungsimmanenten Schranken** (Grundrechte Dritter oder sonstige verfassungsrechtlich geschützte Güter) unterliegen, darf die Verwaltung nur eingreifen, wenn sie hierzu durch Parlamentsgesetz ermächtigt ist; hier kommt der allgemeine (Parlaments-)gesetzesvorbehalt zum Tragen.[69]

---

67 Strafgefangenen-Entscheidung des BVerfG vom 14.03.1972 (BVerfGE 33, 1 ff.).

68 Vgl. BVerfGE 6, 32 (34 ff.) – Elfes.

69 Vgl. Jarass/Pieroth/*Jarass*, GG, Vorb. vor Art. 1, Rn. 51.

■ **Beispiel:** „Art. 5 Abs. 3 S. 1 GG: Kunst und […] sind frei.“ Will die Verwaltung die Kunstveranstaltung des Künstlers K. aus Gründen des Tierschutzes verbieten, muss sie dazu durch Parlamentsgesetz ermächtigt sein. Allein die Berufung auf den durch Art. 20a GG verfassungsrechtlich verankerten Tierschutz genügt nicht.

Auch **verfassungsunmittelbare Schranken** ermächtigen die Verwaltung nicht, ohne Gesetz zu agieren, auch hier greift der allgemeine (Parlaments-) gesetzesvorbehalt (streitig). 84

■ **Beispiel:** „Art. 13 Abs. 7 Alt. 1 GG: Eingriffe und Beschränkungen [der Unverletzlichkeit der Wohnung durch andere Maßnahmen als durch Dursuchungen oder technische Wohnraumüberwachung] dürfen im Übrigen nur zur Abwehr einer gemeinen Gefahr oder einer Lebensgefahr für einzelne Personen, […] vorgenommen werden.“ Will die Verwaltung z. B. bei einer Überschwemmung nach Opfern suchen, darf sie das Haus nur aufgrund einer entsprechenden Ermächtigung durch formelles Gesetz betreten.[70]

Damit ist die Art der Grundrechtsschranke für die Frage, ob die Verwaltung für ihren Eingriff eines Parlamentsgesetzes bedarf, unbedeutend: jeder Eingriff bedarf eines Parlamentsgesetzes. Bedeutung hat die Art der Grundrechtsschranke aus der Perspektive der Verwaltung für die Frage, ob das vorhandene Gesetz verfassungsmäßig ist und welche Zwecke mit dem Verwaltungshandeln verfolgt werden dürfen. 85

Liegt kein Grundrechtseingriff vor und besteht auch sonst kein spezieller Gesetzesvorbehalt, ist streitig, wann der allgemeine Gesetzesvorbehalt (Art. 20 Abs. 3 GG) greift. Das BVerfG hat hierzu die sog. **Wesentlichkeitstheorie** entwickelt, wonach wesentliche Fragen im Staat-Bürger-Verhältnis (also wesentliche Entscheidungen für die Grundrechtsverwirklichung) einer Regelung durch formelles Gesetz bedürfen.[71] **Entscheidend sind das Maß und der Grad der rechtlichen Betroffenheit der Bürger.**[72] Das ist nicht immer einfach zu beantworten. 86

■ **Beispiele:** So müssen die Grundlagen der Beihilfe (Leistungsverwaltung), also die Verantwortung des Dienstherrn bei Krankheit oder Pflegebedürftigkeit des Beamten und seiner Angehörigen, durch Parlamentsgesetz geregelt werden, um die Transparenz im demokratischen Willensprozess, die Abwägung mit anderen Gesetzgebungsentscheidungen „in einer Hand“ und die Kontinuität des einmal gewählten Systems zu gewährleisten und den für Besoldung und Versorgung bestehenden Gesetzesvorbehalt aus Art. 33 Abs. 5 GG nicht auszuhöhlen (so BVerwG

70 Das ist umstritten (zum Meinungsstand vgl. Jarass/Pieroth/*Jarass*, GG, Art. 13 Rn. 35), für die Praxis ist der Streit aber bedeutungslos, da alle Länder in ihren allgemeinen Polizei- bzw. Ordnungsgesetzen eine allgemeine Generalklausel zur Gefahrenabwehr vorsehen.

71 Vgl. BVerfGE 33, 125 (158); 40, 237 (249 f.).

72 *Detterbeck*, VerwR, Rn. 277.

NVwZ 2005, 713 (714)). Dahingegen reicht für die Förderung örtlicher Vereine durch Subventionen nach h. M., dass die entsprechenden Mittel im Haushaltsplan vorgesehen sind.[73] Allerdings darf die Gemeinde ohne gesetzliche Grundlage mit Hinblick auf Art. 4 Abs. 1 GG keine Subvention an einen Ortsverein zahlen, der Öffentlichkeitsaufklärung über neue religiöse Bewegungen betreibt.[74]

87 **Für Fortgeschrittene:** Wenn feststeht, dass eine Ermächtigungsgrundlage (also eine Befugnisnorm) für das Verwaltungshandeln erforderlich ist (und somit eine Aufgaben- oder Zuständigkeitsnorm nicht ausreicht), stellt sich als nächstes die Frage nach der erforderlichen Regelungsdichte bzw. nach der erforderlichen Bestimmtheit. (Achtung!!! Auf solche Fragen ist in Klausuren nur dann einzugehen, wenn die Problematik eindeutig im Sachverhalt angelegt ist!)

■ **Beispiele: § 31a Abs. 1 StVZO** – also eine aufgrund von § 6 Abs. 1 S. 1 Nr. 6 a) StVG erlassene Rechtsverordnung – ermächtigt zum Erlass von Fahrtenbuchauflagen. Ist § 6 Abs. 1 S. 1 Nr. 6 a) StVG eine ausreichende formell-gesetzliche Rechtsgrundlage? **§§ 3, 1 Abs. 1 S. 1 PolG BW** ermächtigen die Polizei zum Erlass „aller erforderlichen Maßnahmen zur Abwehr von Gefahren für die öffentliche Sicherheit oder Ordnung“. Ist §§ 3, 1 Abs. 1 S. 1 PolG BW eine ausreichende Ermächtigungsgrundlage zum Erlass von Meldeauflagen an Hooligans oder muss der Gesetzgeber die Meldeauflagen für Störer spezialgesetzlich als Standardmaßnahme regeln?

Hier kann man sich ebenfalls an der Wesentlichkeitstheorie des BVerfG orientieren. Zur Veranschaulichung stellen wir das einmal grafisch dar (siehe Abbildung nach Rn. 88).

88 **Für Fortgeschrittene:** Geht es nicht um das Staat-Bürger-Verhältnis, sondern um das Staat-Staat-Verhältnis, greift der Vorbehalt des Gesetzes aus Art. 20 Abs. 3 GG nicht. Dann geht es vielmehr um die Frage nach der Kompetenz des Verwaltungsträgers, durch Verwaltungsakt oder sonstige einseitige hoheitliche Maßnahme in die Kompetenz eines anderen Verwaltungsträgers eingreifen zu dürfen. Allgemein besteht eine solche Befugnis nicht („keine allgemeine formelle Polizeipflicht von Hoheitsträgern“). Sie kann nur kraft Spezialgesetzes eingeräumt werden.

---

73 Zum Meinungsstand, ob für Subventionen Parlamentsgesetze erforderlich sind, vgl. *Detterbeck*, VerwR, Rn. 285 ff.

74 BVerwGE 90, 112 ff.

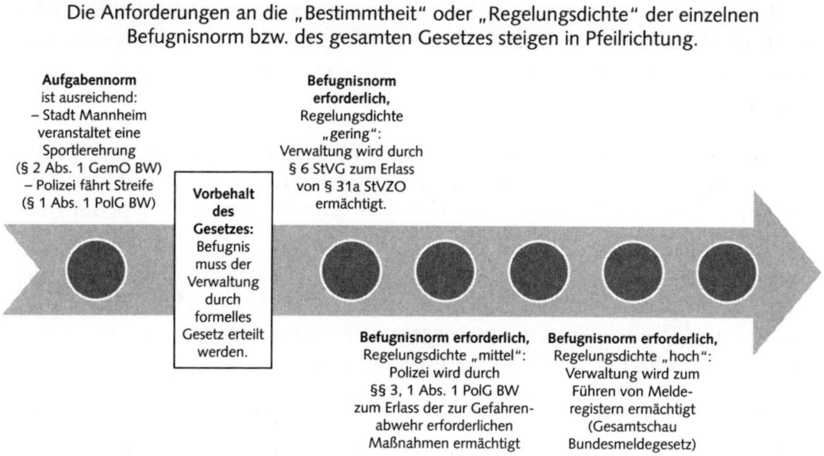

Abbildung: Gesetzesvorbehalt und Regelungsdichte

IV. Handlungsspielräume der Verwaltung

89 In Sachbereichen, die das Parlament nicht gesetzlich geregelt hat und für die auch kein Parlamentsgesetz erforderlich ist, ist der Handlungsspielraum der Verwaltung am größten. Der einzelnen Verwaltungsstelle muss die Aufgabe dann nur allgemein durch oder aufgrund eines Parlamentsgesetzes zugewiesen sein (Aufgaben- bzw. Zuständigkeitsnorm) und die erforderlichen Personal- und Sachmittel müssen bereitstehen.

■ **Beispiele** Die Stadt Freiburg will die besten Sportler der Gemeinde ehren. Eine materielle Ermächtigung (Befugnisnorm) ist weder vorhanden, noch erforderlich. Hier ist § 2 Abs. 1 GemO BW ausreichend (Aufgabennorm), wonach die Gemeinde in ihrem Gebiet alle öffentlichen Aufgaben allein und unter eigener Verantwortung verwaltet, soweit die Gesetze nichts anderes bestimmen (vgl. Art. 28 Abs. 2 S. 1 GG). Im Übrigen entscheidet die Stadt Freiburg nach pflichtgemäßem Ermessen im Rahmen der vorhandenen Sach- und Personalmittel.

Die Vollzugspolizei fährt Streife. Das ist eine für den Einzelnen neutrale Maßnahme. Die Zuweisung der Aufgabe „allgemeine Gefahrenabwehr" (in BW z. B. durch § 1 Abs. 1 S. 1 PolG BW) ist ausreichend. Im Übrigen bestimmt die Vollzugspolizei die nähere Ausgestaltung im Rahmen der vorhandenen Sach- und Personalmittel.

90 Auch in Bereichen, in denen die Sachentscheidungen der Verwaltung durch Parlamentsgesetz geregelt sind, bestehen Spielräume der Verwaltung.

So gibt es viele Rechtsnormen, die die Verwaltung nicht zu einem bestimmten Tun, Handeln oder Unterlassen verpflichten, sondern der Verwaltung Ermessen bei der Sachentscheidung einräumen: **(Sachentscheidungs-)Ermessen**.

■ **Beispiele:** Die Erteilung von Erlaubnissen für die Benutzung öffentlicher Straßen über den Gemeingebrauch hinaus (Sondernutzungserlaubnis) steht nach dem Gesetz im Ermessen der Verwaltung (vgl. § 16 Abs. 1, 2 StrG BW oder § 8 Abs. 1 u. 2 FStrG).

Nach § 17 Abs. 1 PolG BW können die allgemeinen Polizeibehörden zur Wahrnehmung ihrer Aufgaben nach dem Polizeigesetz polizeiliche Gebote oder Verbote erlassen, die für eine unbestimmte Anzahl von Fällen an eine unbestimmte Anzahl von Personen gerichtet sind (Polizeiverordnungen).

91 Schließlich steht es oft im Ermessen der Verwaltung, in welcher Organisations- und/oder Handlungsform sie öffentliche Aufgaben wahrnehmen und wie sie das Verwaltungsverfahren ausgestalten will.

■ **Beispiele:** So kann eine Gemeinde Aufgaben der Daseinsvorsorge (z. B. Versorgung mit Fernwärme) in privatrechtlicher Form (z. B. durch eine Stadtwerke-GmbH, deren Alleingesellschafterin die Gemeinde ist) wahrnehmen.

In Ausgangsfall 1 hat das LRA Ortenaukreis die Wahl, ob es den Abriss durch Verwaltungsakt anordnet oder ob es, wenn Frau Schröder damit einverstanden ist, den Abriss mit Frau Schröder durch öffentlich-rechtlichen Vertrag vereinbart (vgl. §§ 54 S. 2, 56 LVwVfG BW).

Auch hat das LRA Ortenaukreis die Wahl, ob es die Nachbarin als Beteiligte hinzuzieht oder nicht: Nach § 13 Abs. 2 S. 1 LVwVfG BW kann die Behörde von Amts wegen oder auf Antrag diejenigen, deren rechtliche Interessen durch den Ausgang des Verfahrens berührt werden können, als Beteiligte hinzuziehen; verpflichtet ist sie dazu nicht.

92 ■ **Lösungsvorschlag (zu Rn. 76):**

Vorrang des Gesetzes (Art. 20 Abs. 3 GG) bedeutet, dass die Verwaltung geltendes Recht anwenden muss und nicht gegen geltendes Recht verstoßen darf.

So darf das LRA Ortenaukreis den Abriss der Gabionenmauer nur anordnen, wenn die Voraussetzungen von § 65 Abs. 1 S. 1 LBO BW vorliegen und auch sonst alle einschlägigen Rechtsnormen (z. B. Beachtung der Zuständigkeits-, Verfahrens- und Formvorschriften) eingehalten werden. Nach § 65 Abs. 1 S. 1 LBO BW besteht für die Verwaltung jedoch keine Verpflichtung zum Erlass der Abrissverfügung, sondern **Ermessen**. Damit ist die Verwaltung nur zur ermessensfehlerfreien Entscheidung verpflichtet.

Die Stadt Freiburg muss die Güterkraftverkehrserlaubnis erteilen, wenn die Voraussetzungen von § 3 Abs. 2 GüKG vorliegen und der Antrag der Müller GmbH alle formellen Voraussetzungen erfüllt. Liegen diese Voraussetzungen nicht vor (und scheidet der Erlass von Nebenbestimmungen aus), darf die Güterkraftverkehrserlaubnis nicht erteilt werden. Es liegt eine **gebundene Entscheidung** vor.

Vorbehalt des Gesetzes (Art. 20 Abs. 3 GG) bedeutet, dass die Verwaltung nur handeln darf, wenn ein formelles Gesetz sie dazu ermächtigt. Seine Reichweite ist umstritten, für Grundrechtseingriffe benötigt die Verwaltung nach allg. A. einer Ermächtigung durch bzw. aufgrund eines Parlamentsgesetzes, im Übrigen greift nach der Rechtsprechung des BVerfG die Wesentlichkeitstheorie: Danach sind alle für das Staat-Bürger-Verhältnis (also die für die Grundrechtsausübung) wesentlichen Fragen durch Parlamentsgesetz zu entscheiden.

In den beiden Ausgangsfällen stellt sich die Frage nach dem Vorbehalt des Gesetzes nicht. Dies ist nur dann der Fall, wenn (anders als in den beiden Ausgangsfällen) keine bzw. keine ausreichende Rechtsgrundlage für das angedachte Verwaltungshandeln vorhanden ist.

So wäre der Erlass einer Abrissverfügung unzulässig, wenn es keine (ausreichende) Rechtsgrundlage gäbe, denn der Erlass einer Abrissverfügung stellt gegenüber dem Eigentümer des abzureißenden Bauwerks einen Eingriff in sein Eigentum an dem Grundstück dar (Art. 14 Abs. 1 S. 1 GG) und bedarf daher einer gesetzlichen Ermächtigung (geschriebener Gesetzesvorbehalt nach Art. 14 Abs. 1 S. 2 u. Abs. 2 GG). Mit § 65 Abs. 1 S. 1 LBO BW ist in unserem Fall aber eine ausreichende Rechtsgrundlage gegeben.

Die Erteilung einer Güterkraftverkehrserlaubnis stellt für sich betrachtet zwar keinen Eingriff dar. Allerdings ist nur der Gesetzgeber berechtigt, für bestimmte Gewerbearten durch Parlamentsgesetz Erlaubnispflichten einzuführen (geschriebener Gesetzesvorbehalt nach Art. 12 Abs. 1 S. 2 GG). Gäbe es § 3 GüKG nicht, wäre das Betreiben einer Spedition erlaubnisfrei. Dann könnte die Behörde weder verlangen, dass eine Güterkraftverkehrserlaubnis beantragt wird, noch eine solche erteilen oder ablehnen. In unserem Fall ermächtigt § 3 Abs. 2 GüKG zum Erlass der Güterkraftverkehrserlaubnis.

C. Verwaltung und Rechtsprechung

I. Erstentscheidungskompetenz der Verwaltung und Richtervorbehalt

Im Regelfall liegt die **Erstentscheidungskompetenz** bei der Wahrnehmung **93**
von Verwaltungsaufgaben vollständig bei der **Verwaltung**. Die Gerichte haben dann nur eine nachträgliche Kontrollfunktion.

Insb. bei besonders **schwerwiegenden Grundrechtseingriffen** ist aber eine Erstentscheidung des Richters vorgesehen (**Richtervorbehalt**).

■ Beispiel **„einsperren“**: Wenn Bürger „eingesperrt“ werden sollen (Art. 104 Abs. 2 GG), geht das grundsätzlich nur auf Anordnung eines Gerichts.

Besonderes Ordnungsrecht: z. B. Unterbringung von psychisch Kranken: Hier hat die Verwaltung nur ein Antragsrecht und ist für die Ausführung der gerichtlich angeordneten Unterbringung zuständig (§§ 15 Abs. 1 S. 2, 18 Abs. 1 S. 1 Psychisch-Kranken-Hilfegesetz BW). **Allgemeines Polizeirecht**: Ingewahrsamnahme von Personen (z. B. nach § 33 PolG BW): Die Polizei kann Personen zwar ohne richterliche Entscheidung unter den in Abs. 1 genannten Voraussetzungen in Gewahrsam nehmen. Nach Abs. 3 darf die Ingewahrsamnahme ohne richterliche Entscheidung aber nicht länger als bis zum Ende des Tages nach dem Ergreifen aufrechterhalten werden. Außerdem ist unverzüglich nach Ingewahrsamnahme eine gerichtliche Entscheidung herbeizuführen. **Verwaltungsvollstreckungsrecht:** Wenn Zwangsgeld uneinbringlich ist, kann die Behörde die gerichtliche Anordnung von Zwangshaft (z. B. § 24 LVwVG) beantragen.

Beispiel **„Wohnung durchsuchen“**: Wenn eine Wohnung durchsucht werden soll (Art. 13 Abs. 2 GG), geht das grundsätzlich nur durch Anordnung eines Gerichts. **Besonderes Ordnungsrecht**: z. B. § 46 Abs. 4 S. 2, Hs. 2 WaffenG; **Allgemeines Polizeirecht:** § 36 Abs. 5 PolG BW; **Verwaltungsvollstreckungsrecht:** § 6 Abs. 2 LVwVG.

II. Letztentscheidungsrecht der Gerichte

94 Den Gerichten obliegt die abschließende Kontrolle der **Rechtmäßigkeit** von Verwaltungshandeln. Dieses **Letztentscheidungsrecht der Gerichte** umfasst auch die Auslegung des Rechts. So entscheiden die Gerichte abschließend auch darüber, wie **unbestimmte Rechtsbegriffe** zu verstehen (also zu definieren) sind und ob der zu prüfende Sachverhalt unter diese Definition passt.

Bestimmte Rechtsbegriffe sind Begriffe, die in einem Gesetz verwendet werden und bei denen jeder Rechtskundige eindeutig sagen kann, ob die Voraussetzungen erfüllt sind. Beispiel: jeder Rechtskundige kann sagen, was im Bundesbeamtengesetz unter „Vorgesetzter“ zu verstehen ist, indem er § 3 Abs. 3 BBG liest. Hier braucht man also keine Entscheidung des Gerichts über den Begriff, weil sich die Rechtskundigen einig sind.

Unbestimmte Rechtsbegriffe sind Begriffe, die in einem Gesetz verwendet werden und bei denen auch ein Rechtskundiger nicht immer eindeutig sagen kann, wann die Voraussetzungen erfüllt sind. Beispiele: „erhebliche Belästigungen“ (§ 3 Abs. 1 BImSchG), „Zuverlässigkeit“ (§ 35 Abs. 1 S. 1 GewO), „Wohl der Allgemeinheit“ (§ 31 Abs. 2 BauGB).

95 Nur bei **unbestimmten Rechtsbegriffen mit Beurteilungsspielraum** ist die gerichtliche Kontrolle ähnlich wie bei Ermessensentscheidungen der Verwaltung beschränkt: das Gericht prüft dann nur, ob die Verwaltung gegen Verfahrensvorschriften verstoßen hat, anzuwendende Begriffe oder den rechtlichen Rahmen, in dem sie sich frei bewegen kann, verkannt hat oder ob sie von einem unrichtigen Sachverhalt ausgegangen ist, allgemeine

Wertmaßstäbe nicht beachtet oder sachfremde Erwägungen angestellt hat.[75]

■ **Beispiele für Beurteilungsspielräume: Prüfungsentscheidungen** und hier z. B. die Frage, wann eine Prüfungsleistung mit „sehr gut" bewertet wird; **beamtenrechtliche Beurteilungen** und hier z. B. die Frage, welcher von mehreren Bewerbern im Sinne von Art. 33 Abs. 2 GG am besten geeignet ist.

Für die Prüfung der **Zweckmäßigkeit** von Verwaltungshandeln haben die Gerichte im Regelfall[76] keine Kompetenz (vgl. § 114 VwGO). Hier liegt das Letztentscheidungsrecht dann bei der Verwaltung. Die Gerichte sind auf eine Rechtmäßigkeitskontrolle beschränkt und prüfen also nur, ob das Ermessen rechtsfehlerfrei ausgeübt wurde, d. h. ob die Verwaltung das eingeräumte Ermessen erkannt und ausgeübt hat (kein Ermessensnichtgebrauch), ob die Verwaltung das eingeräumte Ermessen entsprechend der Ermächtigung ausgeübt hat (kein Ermessensfehlgebrauch) und ob die Verwaltung die gesetzlichen Grenzen des Ermessens (insbes. den Grundsatz der Verhältnismäßigkeit) eingehalten hat (keine Ermessensüberschreitung).[77] **96**

■ **Beispiel:** Hausbesetzer besetzen seit einer Woche das leerstehende Haus von E, das dieser spätestens im nächsten Monat wieder vermieten möchte. E beantragt die Hausräumung durch die Polizei. Die Polizei überlegt zwei Varianten: sofortige Anordnung der Hausräumung und deren zwangsweise Durchsetzung oder Versuch, mit den Hausbesetzern über die Hausräumung zunächst innerhalb der nächsten zwei Wochen zu verhandeln. Sie entscheidet sich zunächst für das Verhandeln mit den Hausbesetzern, um eine gewaltfreie Lösung zu suchen. Das erscheint auch nicht von vornherein aussichtslos und hat schon öfter geklappt. E hat nur einen Anspruch auf ermessensfehlerfreie Entscheidung (vgl. §§ 3, 1 Abs. 1 S. 1 PolG BW). Das Ermessen der Polizei hat sich hier auch noch nicht auf Null reduziert. Beide Maßnahmen sind also rechtmäßig. Wenn das Gericht genau jetzt über die Klage des E auf Verurteilung der Polizei zum Erlass der Anordnung der Hausräumungsverfügung entscheiden müsste, müsste das Gericht die Klage ablehnen: Die Polizei hat sich ermessensfehlerfrei für eine andere Maßnahme entschieden.

---

75 Vgl. BVerfG, Nichtannahmebeschluss vom 05.09.2007 – 2 BvR 1855/07 – juris Rn. 9.

76 Ausnahme: z. B. bei der gerichtlichen Entscheidung über die Wiederherstellung der aufschiebenden Wirkung eines Widerspruchs nach § 80 Abs. 5 VwGO gegen einen Verwaltungsakt, den die Behörde für sofort vollziehbar erklärt hat. Weggefallen mit Wirkung vom 01.04.2024 hingegen ist die Zweckmäßigkeitsprüfung durch die Gerichte im Bundesdisziplinarrecht (Gesetz vom 20.12.2023 (BGBl. 2023 I Nr. 389)). Während nach dem bis zum 31.03.2023 geltenden § 60 Abs. 3 Bundesdisziplinargesetz a. F. das Gericht auch die Zweckmäßigkeit der bundesbehördlichen Disziplinarverfügung prüfte, erfolgt nunmehr ausschließlich eine Rechtmäßigkeitsprüfung (BT-Drs. 20/6435, 43 f.).

77 Vgl. BVerwG, NVwZ 2014, 1034.

Auch wenn das Gericht diese Entscheidung für politisch unklug bzw. nicht sachgerecht hält („mit Straftätern verhandelt man nicht"), darf es nicht selbst Ermessen ausüben.

III. Keine umfassende Verwaltungskontrolle, nur Rechtsschutz

97 Die Reichweite der gerichtlichen Kontrolle ist begrenzt. Zunächst setzt die Anrufung eines Gerichts voraus, dass eine Verletzung eigener Rechte geltend gemacht werden kann (vgl. § 42 Abs. 2 VwGO); Popularklagen sind nur ausnahmsweise zugelassen (z. B. § 64 BNatSchG).[78] Außerdem prüfen die angerufenen Gerichte die Sach- und Rechtslage nie umfassend, sondern nur das im konkreten Einzelfall zu berücksichtigende Verwaltungshandeln.[79] Schließlich sanktioniert das Gericht Fehler der Verwaltung nur, sofern diese nicht geheilt und zudem beachtlich sind (vgl. § 45 f. (L)VwVfG, § 114 S. 2 VwGO).[80] Verfahrensfehler können i. d. R. nicht isoliert, sondern nur zusammen in einem Verfahren gegen die Sachentscheidung geltend gemacht werden (s. § 44a S. 1 VwGO). Die Zweckmäßigkeit von Verwaltungshandeln wird wie oben erörtert gar nicht geprüft. Darum sind für eine Demokratie sonstige Verwaltungskontrollen (Fach-, Rechts- und Dienstaufsicht, Kontrolle durch die Medien bzw. die Öffentlichkeit, siehe dazu mehr im 6. Teil) ebenso wichtig wie die Rechtmäßigkeitskontrolle der Verwaltung durch die Gerichte aufgrund von Klagen Einzelner.

D. Verwaltung und der Einzelne

I. Über-/Unterordnungsverhältnis im Verwaltungsrecht

98 Handelt die Verwaltung privatrechtlich bzw. ist für das Rechtsverhältnis zwischen Verwaltung und dem Einzelnen das Privatrecht maßgeblich, steht die Verwaltung zu dem Einzelnen in einem Verhältnis Gleichgeordneter. Die Verwaltung darf ihre privatrechtlichen Ansprüche nicht mit öffentlich-rechtlichen Handlungsformen geltend machen, sondern muss diese genau wie ein Bürger vor den Zivilgerichten einklagen und notfalls durch Organe der Rechtspflege durchsetzen lassen.

---

78 Das ist mit Art. 19 Abs. 4 GG nach h. M. vereinbar, da Art. 19 Abs. 4 GG das Bestehen eines subjektiven öffentlichen Rechts voraussetzt.

79 Dann allerdings gilt der Untersuchungsgrundsatz, das Gericht muss also selbst den gesamten Sachverhalt ermitteln und ist nicht, wie im Zivilprozess, auf den Parteienvortrag beschränkt.

80 Näher hierzu bei der Fehlerlehre im 5. Teil.

■ **Beispiel:** Die Stadt Mannheim vermietet Frau S. eine städtische Wohnung. Frau S. zahlt mehrere Monate keine Miete. Die Verwaltung kann dann gegen Frau S. nur Räumungsklage erheben und muss das erwirkte Räumungsurteil notfalls durch den Gerichtsvollzieher vollstrecken lassen. Sie darf also weder Frau S. durch Platzverweis verpflichten, die Wohnung zu verlassen, noch nach dem Verwaltungsvollstreckungsgesetz vorgehen. Tut sie das doch, ist ihr Handeln rechtswidrig, im Beispiel sogar nichtig.

Handelt die Verwaltung verwaltungsrechtlich bzw. ist für das Rechtsver- **99**
hältnis zwischen Verwaltung und dem Einzelnen das Verwaltungsrecht maßgeblich, ist die Verwaltung dem Einzelnen rechtlich gesehen im Grundsatz übergeordnet. Von besonderer Bedeutung ist dabei der Erlass von Verwaltungsakten, durch die die Verwaltung für einen konkreten Einzelfall hoheitlich (einseitig) eine bestimmte Regelung trifft. Durch Verwaltungsakt auferlegte Verpflichtungen kann die Verwaltung selbst vollstrecken.

■ **Beispiel:** Die Polizei erlässt einen sofort vollziehbaren Platzverweis. Der Randalierer verlässt den Platz nicht freiwillig. Die Polizei kann den Platzverweis zwangsweise durchsetzen (vollstrecken).

Trotz der grundsätzlichen Überordnung der Verwaltung können auch auf dem Gebiet des Verwaltungsrechts unter bestimmten Voraussetzungen Regelungen gemeinsam von der Verwaltung und dem Einzelnen durch Abschluss von öffentlich-rechtlichen Verträgen getroffen werden.

■ **Beispiel:** In Fall 1 (Gabionenmauerfall) einigen sich Verwaltung und Frau Schröder über den Abriss der Mauer durch öffentlich-rechtlichen Vertrag.

Keine Rolle bei der rechtsdogmatischen Betrachtung spielt es, ob der Einzelne rechtstatsächlich der Verwaltung untergeordnet ist.

■ **Beispiele:** Der Großkonzern A hat seinen Sitz in der 1000-Einwohner-Gemeinde B. Die Gemeinde B will gegen den Großkonzern nun eine Ordnungsverfügung erlassen: rechtsdogmatisch steht die Gemeinde B in einem Überordnungsverhältnis zum Großkonzern, rechtstatsächlich sicher nicht.

II. Subjektiv-öffentliche Rechte des Einzelnen

Ob der Einzelne von der Verwaltung ein Tun, Dulden oder Unterlassen ver- **100**
langen kann, hängt davon ab, ob ihm ein entsprechendes subjektiv-öffentliches Recht zusteht. Näher dazu siehe oben unter „Begriff des subjektiv-öffentlichen Rechts“ (Rn. 42 ff.).

4. Kapitel: Die Organisation der Verwaltung

I. Wichtige Begriffe

1. Verwaltungsträger, juristische Person des öffentlichen Rechts, Beliehene

101 ■ **Aufgabe:** Erläutern Sie anhand der beiden Ausgangsfälle die oben in der Überschrift genannten Begriffe!

➔ Lösung siehe Rn. 104

102 **Verwaltungsträger** ist der Rechtsträger, dem die Wahrnehmung von Verwaltungsaufgaben bzw. die Rechte und Pflichten der Verwaltung zuzurechnen sind.[81]

Im **Regelfall** ist das eine **juristische Person des öffentlichen Rechts.**[82] Das sind Rechtspersonen, deren Rechtsfähigkeit durch öffentliches Recht begründet wird.[83] Es gibt drei Arten: Körperschaften, Anstalten und Stiftungen des öffentlichen Rechts.

Ausnahmsweise ist Verwaltungsträger eine Privatperson (also ein Mensch oder eine Rechtsperson, deren Rechtsfähigkeit durch privates Recht begründet wird). Diese heißt dann „Beliehen(r)“.

103 Als **Verwaltungsträger** kommen damit in Betracht:

- Der **Staat**, also die **Bundesrepublik Deutschland** und alle **16 Bundesländer**: Sie bilden die **unmittelbare Staatsverwaltung (unmittelbare Bundes- bzw. Landesverwaltung)**.
- Die der Bundesrepublik Deutschland unmittelbar unterstehenden vollrechtsfähigen Körperschaften (z. B. Deutsche Rentenversicherung Bund), Anstalten (z. B. Bundesanstalt für Finanzdienstleistungsaufsicht (BaFin)) und Stiftungen des öffentlichen Rechts (z. B. Stiftung Preußischer Kulturbesitz). Sie sind Teil der **mittelbaren Bundesverwaltung** und werden auch **Selbstverwaltungsträger** genannt.
- Die den Bundesländern (z. B. Baden-Württemberg) unmittelbar unterstehenden vollrechtsfähigen Körperschaften (z. B. Stadt Mannheim, Landkreis Schwäbisch Hall, Universität Mannheim), Anstalten (z. B. SWR,

---

81 Vgl. *Detterbeck*, VerwR, Rn. 175 ff.; *Maurer/Waldhoff*, VerwR, § 21 Rn. 1 ff.

82 Wie hier z. B. *Detterbeck*, VerwR, Rn. 175 ff; anders *Maurer/Waldhoff*, VerwR, § 21 Rn. 10, die auch nur teilrechtsfähige Verwaltungseinheiten wie z. B. die Fakultäten einer Universität als Verwaltungsträger bezeichnen.

83 Juristische Personen des Privatrechts sind z. B. die GmbH oder der eingetragene Verein. Ihre Gründung und Anerkennung als Träger von Rechten und Pflichten bestimmt sich nach Privatrecht (z. B. GmbHG, BGB).

wobei die Rechtsaufsicht gemäß dem SWR-Staatsvertrag im zweijährigen Wechsel bei den Regierungen der Länder Baden-Württemberg und Rheinland-Pfalz liegt) und Stiftungen des öffentlichen Rechts (z. B. Stiftung Naturschutzfonds Baden-Württemberg). Sie sind Teile der **mittelbaren Landesverwaltung** und werden auch **Selbstverwaltungsträger** genannt.

- **Beliehene**: Nur **ausnahmsweise** ist eine natürliche Person (also ein einzelner Mensch) oder eine juristische Person (bzw. rechtsfähige Personenvereinigung) des Privatrechts Verwaltungsträger. Das ist der Fall, wenn diese „Privatperson" mit der Wahrnehmung hoheitlicher Verwaltungsaufgaben im eigenen Namen und in eigener Verantwortung unter Inanspruchnahme öffentlich-rechtlicher Handlungsformen[84] durch Gesetz oder aufgrund eines Gesetzes beliehen wurde. Beliehene gehören ebenfalls zur **mittelbaren Verwaltung**. Sind sie direkt dem Bund unterstellt, gehören sie zur mittelbaren Bundesverwaltung, ansonsten zur mittelbaren Landesverwaltung.

■ **Beispiele:** Die förmliche Zustellung von Schriftstücken nach dem (L)VwZG ist eine hoheitliche Verwaltungsaufgabe, mit deren Wahrnehmung nach § 61 S. 2 PostG das privatrechtlich organisierte Postunternehmen beliehen ist. Verwaltungsträger für die Verwaltungsaufgabe „förmliche Zustellung" ist in diesem Fall also eine juristische des Privatrechts (z. B. Deutsche Post AG).

■ **Lösungsvorschlag** (zu Rn. 101): Verwaltungsträger in **Fall 2** ist die Stadt Freiburg. **104**
Diese ist als Gebietskörperschaft (vgl. § 1 Abs. 4 GemO BW) eine juristische Person des öffentlichen Rechts.

Schwierig ist die Bestimmung des Verwaltungsträgers in **Fall 1**: Das LRA Ortenaukreis ist nicht Verwaltungsträger, weil es keine juristische Person des öffentlichen Rechts ist. Eine solche ist zwar der Landkreis Ortenau. Hier wird das LRA Ortenaukreis aber nicht für den Landkreis, sondern gemäß § 1 Abs. 3 LKrO BW im Wege der Organleihe (s. Rn. 107) für das Land Baden-Württemberg tätig.[85] Verwaltungsträger in **Fall 1** ist somit das Land Baden-Württemberg als Staat (und damit Gebietskörperschaft des öffentlichen Rechts).

Beliehene spielen hier keine Rolle. Insbesondere ist das Privatunternehmen, das vom LRA Ortenaukreis eventuell mit dem Abriss der Mauer aufgrund eines Werkvertrags beauftragt wird, nicht Beliehener. Ihm werden ja keine hoheitlichen Befugnisse gegenüber Frau Schröder übertragen.

---

84 Also beispielsweise zum Erlass von Verwaltungsakten oder zur Anwendung von Zwangsmitteln, was normalerweise nur eine staatliche Stelle, nicht aber eine Privatperson darf.

85 Das ist in anderen Bundesländern nicht zwingend so.

2. Verwaltungsorgane, Organleihe, Organwalter und Behörde

105 ■ **Aufgabe:** Erläutern Sie anhand der beiden Ausgangsfälle die oben in der Überschrift genannten Begriffe!

→ Lösung siehe Rn. 110

106 Die juristische Person des öffentlichen Rechts (Verwaltungsträger) setzt sich aus rechtlich unselbständigen Verwaltungseinheiten zusammen. Diese werden als „**Verwaltungsorgane**" bezeichnet. Aus welchen Verwaltungsorganen ein Verwaltungsträger besteht, ist verwaltungsorganisationsrechtlich geregelt (durch formelles Gesetz, Rechtsverordnung, Satzung oder Verwaltungsvorschrift).

Beispiele: Verwaltungsorgane einer Gemeinde in Baden-Württemberg sind nach § 23 GemO BW „Bürgermeister" und „Gemeinderat". Verwaltungsorgane der Bundesrepublik Deutschland im Ressort „Bundeswehr" sind z. B. BMVg, BAIUDBw, BwDLZ Bruchsal.

107 Wenn ein Verwaltungsträger die ihm zugewiesenen Aufgaben nicht durch eigene Organe, sondern durch Organe eines anderen Verwaltungsträgers wahrnimmt, spricht man von „**Organleihe**".

■ **Beispiele:** Die Bundesrepublik Deutschland führt eigene Hochbauvorhaben nicht durch eigene Verwaltungsorgane aus, sondern leiht sich die Verwaltungsorgane der Länder (z. B. das Staatliche Hochbauamt Freiburg für dortige Bauvorhaben des Bundes, § 5b FVG). Das Land Baden-Württemberg nimmt die Aufgaben der unteren Verwaltungsbehörden nicht durch eigene Organe wahr, sondern leiht sich die Landratsämter (Organleihe: die Landratsämter handeln im Namen des Landes Baden-Württemberg, § 1 Abs. 3 LKrO).

108 „**Organwalter**" (auch: „Amtswalter") sind die Menschen, die für die juristische Person des öffentlichen Rechts (den Verwaltungsträger) und ihre Organe handeln.[86] Den einem Organwalter übertragenen Aufgabenbereich nennt man „**Amt**"[87].

---

86 Vertiefungshinweis: Der Organwalter kann zum Staat bzw. sonstigen Verwaltungsrechtsträger in einem öffentlich-rechtlichen Dienstverhältnis (insbes. Bundesbeamter nach BBG bzw. Landesbeamter nach BeamtStG und Landesbeamtengesetz) oder in einem privatrechtlichen Arbeitsverhältnis (Angestellter, § 611a BGB) stehen.

87 Genauer: konkret-funktionelles Amt = Dienstposten. Vertiefungshinweis: Im Beamtenrecht unterscheidet man drei Amtsbegriffe, nämlich neben dem konkret-funktionellen Amt noch das statusrechtliche Amt (beschrieben durch Laufbahngruppe, Endgrundgehalt der Besoldungsgruppe und Amtsbezeichnung) sowie das abstrakt-funktionelle Amt (Zuweisung zu einer bestimmten Behörde).

Der Begriff „**Behörde**" wird in den Gesetzen sehr unterschiedlich verwendet: **109**

- So sind Behörden i. S. v. § 1 Abs. 4 VwVfG bzw. § 1 Abs. 2 LVwVfG BW nur Verwaltungsorgane, die auch nach außen hin gegenüber dem Bürger Verwaltungsaufgaben wahrnehmen, und außerdem auch Stellen der anderen Staatsgewalten (z. B. Stellen in den Gerichten), wenn diese Verwaltungsaufgaben gegenüber dem Bürger wahrnehmen.
- Andere Gesetze verwenden den Behördenbegriff als „Fachbezeichnung". So spricht § 44 Abs. 1 S. 1 StVO beispielsweise von „Straßenverkehrsbehörden". Hier dient der Begriff zur Abgrenzung von Straßenverkehrsbehörden und Polizei(-vollzugsdienst).
- Schließlich wird der Begriff „Behörde" zur Bezeichnung der hierarchischen Stellung des Verwaltungsorgans im Verwaltungsaufbau verwendet:
  - Oberste Bundes- oder Landesbehörde:
    z. B. die Ministerien
  - Bundesober- oder Landesoberbehörde (zuständig für das gesamte Bundes- bzw. Landesgebiet; eventuell mit Außenstellen):
    z. B. das Landesamt für Besoldung und Versorgung in Baden Württemberg; das Kraftfahrt-Bundesamt für das gesamte Bundesgebiet
  - Bundes- bzw. Landesmittelbehörden (zuständig für ein großes Gebiet innerhalb des Bundes bzw. des Landes; von Mittelbehörden spricht man nur, wenn örtliche Behörden untergeordnet sind; einige Bundesländer und fast alle Bereiche der Bundesverwaltung haben gar keinen Mittelbau):
    z. B. das Regierungspräsidium Freiburg in Baden-Württemberg
  - örtliche bzw. untere Bundes- oder Landesbehörden (zuständig für ein bestimmtes örtliches Gebiet innerhalb des Bundes bzw. des Landes)
    z. B. Bundeswehrdienstleistungszentrum Bruchsal, Landratsamt Schwäbisch Hall

■ **Lösungsvorschlag (zu Rn. 105): Verwaltungsorgane** der Stadt Freiburg (die juristische Person in Fall 2) sind der Gemeinderat und der Bürgermeister. **Verwaltungsorgane** des Landes Baden-Württemberg (die juristische Person in Fall 1) sind beispielsweise das Innenministerium BW, das Regierungspräsidium Freiburg und das Landratsamt Ortenaukreis im Wege der **Organleihe**, soweit es als untere Verwaltungsbehörde tätig wird. **110**

Als **Organwalter** werden die beiden Sachbearbeiter Mustermann und Musterfrau tätig.

Sowohl die Stadt Freiburg (genauer: das Organ Bürgermeister) als auch das Landratsamt Ortenaukreis sind **Behörden i. S. d. § 1 Abs. 2 LVwVfG**, weil sie nach außen Verwaltungsaufgaben wahrnehmen (Erlass von Bauordnungsverfügungen bzw. Güterkraftverkehrserlaubnissen). Beide werden hier als untere Verwaltungsbehörden tätig, das Landratsamt Ortenaukreis als staatliche Behörde (vgl. § 1 Abs. 3 LKrO), der Bürgermeister der Stadt Freiburg als kommunale Behörde.

3. Unmittelbare und mittelbare Bundes- bzw. Landesverwaltung

111 ■ **Aufgabe:** Erklären Sie „unmittelbare bzw. mittelbare Bundes- bzw. Landesverwaltung" anhand der beiden Ausgangsfälle.

→ Lösung siehe Rn. 113

112 Ist Verwaltungsträger der Staat (also die Bundesrepublik Deutschland oder ein Bundesland) und handelt er durch seine eigenen Organe (Behörden), so nennt man dies **unmittelbare Bundes- bzw. unmittelbare Landesverwaltung.** Wird die Verwaltungstätigkeit hingegen nicht durch den Staat (also nicht durch die Bundesrepublik Deutschland oder ein Bundesland), sondern durch die Organe einer anderen juristischen Person des öffentlichen Rechts bzw. durch Beliehene wahrgenommen, spricht man von **mittelbarer Bundesverwaltung** (wenn diese direkt dem Bund unterstehen) bzw. von **mittelbarer Landesverwaltung** (wenn diese dem Land unterstehen).

■ **Beispiele:** Bundesamt für das Personalmanagement der Bundeswehr (unmittelbare Bundesverwaltung); Deutsche Bundesbank (mittelbare Bundesverwaltung), Regierungspräsidium Karlsruhe (unmittelbare Landesverwaltung), Stadt Mannheim (mittelbare Landesverwaltung).

113 ■ **Lösungsvorschlag (zu Rn. 111)**: Das LRA Ortenaukreis (Fall 1) hat eine Zwitterstellung. Wird es wie hier als untere Verwaltungsbehörde[88] tätig, ist es ein Organ des Landes Baden-Württemberg. Hier gehört es also zur unmittelbaren Landesverwaltung Baden-Württemberg. Die Stadt Freiburg (Fall 2) ist Teil der mittelbaren Landesverwaltung Baden-Württemberg.

4. Aufgabe, Befugnis, Zuständigkeit

114 ■ **Aufgabe:** Erörtern Sie anhand der beiden Ausgangsfälle „Aufgabe", „Befugnis" und „Zuständigkeit".

→ Lösung siehe Rn. 117

---

88 In Baden-Württemberg gibt es einen dreistufigen Aufbau der Verwaltung; dass das LRA Ortenaukreis als untere Verwaltungsbehörde tätig wird, ergibt sich aus § 46 Abs. 1 Nr. 3 LBO BW, § 15 Abs. 1 Nr. 1 LVG BW.

Die Verwaltung hat die verschiedensten **Aufgaben** zu erledigen. Der Gesetzgeber[89] „verteilt" diese auf verschiedene Fachbehörden, regelt deren **Aufbau** und deren **Zuständigkeit**. 115

■ **Beispiele:** So regeln §§ 1, 2 PolG BW beispielsweise die Aufgaben der Polizei in Baden-Württemberg (**Aufgabennormen**). Welche Behörden zur Polizei gehören, regeln die §§ 104, 106, 107, 115 PolG BW (**Normen zum Behördenaufbau**). **Zuständigkeitsnormen** regeln dann, welche Stelle der Polizei für welche Fälle sachlich und örtlich zuständig ist. So ergibt sich die allgemeine sachliche Zuständigkeit der Ortspolizeibehörden aus den Zuständigkeitsnormen §§ 105 Abs. 1, 111 Abs. 2 PolG BW.

Damit ist aber noch längst nicht gesagt, welche **Befugnisse** die Fachbehörden **gegenüber Bürgern** haben. Aufgabennormen, Normen zum Aufbau der Behörden oder Zuständigkeitsnormen ermächtigen nicht zu Eingriffen in die Rechte des Bürgers. Hierzu bedarf es besonderer **Befugnisnormen** (siehe auch: Vorbehalt des Gesetzes, Rn. 54). 116

■ **Beispiele:** Die Befugnis der Polizei in Baden-Württemberg, Sachen zu beschlagnahmen, ist in § 38 PolG BW geregelt.

■ **Lösungsvorschlag (zu Rn. 114). In Fall 1** geht es um die **Verwaltungsaufgabe** „Abwehr von Gefahren beim Bau". Das ist in den Bauordnungen der Länder geregelt, in BW in der LBO BW. Dort fasst u. a. § 47 Abs. 1 S. 1 LBO BW die Aufgaben der Baurechtsbehörden zusammen. Die **Befugnisse** nach der LBO BW sind an unterschiedlichen Stellen geregelt, z. B. in § 47 Abs. 1 S. 2 LBO BW oder in – für uns einschlägig – § 65 Abs. 1 S. 1 LBO BW. Die **sachliche Zuständigkeit** ist in § 48 Abs. 1 LBO BW geregelt, danach sind grds. die unteren Baurechtsbehörden zuständig. Wer das ist, ergibt sich aus § 46 Abs. 1 Nr. 3 LBO BW. Zur Bestimmung der **örtlichen Zuständigkeit** werden wir auf § 3 Abs. 1 Nr. 1 LVwVfG BW zurückgreifen müssen. *(Hinweis: Das werden Sie später im 3. Teil noch ausführlich lernen!)* 117

In **Fall 2** geht es um die **Verwaltungsaufgabe** „Güterkraftverkehrsaufsicht". Diese ist im GüKG geregelt, allerdings gibt es dort keine zusammenfassende „Aufgabennorm". **Beispiele für Befugnisnormen** sind § 3 Abs. 2 GüKG (Erteilung von Erlaubnissen) oder § 3 Abs. 5 GüKG (für Rücknahme und Widerruf der erteilten Erlaubnis). Die **Zuständigkeit** bestimmt sich nach § 3 Abs. 7 GüKG.

---

89 Vertiefungshinweis: Die Frage, ob und in welcher Regelungsdichte Aufbau und Zuständigkeit von Behörden zwingend durch Parlamentsgesetz bzw. aufgrund eines Parlamentsgesetzes zu regeln sind, ist wiederum eine Frage der Reichweite des allgemeinen Gesetzesvorbehalts. In Baden-Württemberg sind Aufbau und Zuständigkeit in der Regel durch Gesetz bzw. aufgrund eines Parlamentsgesetzes durch Rechtsverordnung geregelt. Dahingegen werden z. B. im Bereich der Bundeswehrverwaltung zahlreiche Zuständigkeitsbestimmungen durch Verwaltungsvorschriften getroffen. Ob und wann Verwaltungsvorschriften ausreichen, ist im Einzelnen sehr umstritten.

II. Verteilung der Verwaltungskompetenzen zwischen Bund und Ländern sowie zwischen EU und Mitgliedstaaten

118 ■ **Aufgabe:** Erörtern Sie anhand der beiden Ausgangsfälle die Verteilung der Verwaltungskompetenzen zwischen EU, Bund und Ländern!

→ Lösung siehe Rn. 123

119 Ob die Verwaltungskompetenzen dem Bund, den Bundesländern oder der EU zugewiesen sind, bestimmt sich nach dem Grundgesetz (GG) bzw. dem Unionsrecht (also nach dem „Staats- und Europarecht").

120 **Auf nationaler Ebene gilt:** Nach **Art. 30 GG** ist die **Wahrnehmung von Verwaltungsaufgaben grundsätzlich Ländersache.** Dieser Grundsatz hat in Deutschland eine sehr lange Tradition und ist für das Verständnis vom deutschen Verwaltungsrecht von sehr großer Bedeutung. Der **Bund** ist nur für den **Vollzug von Bundesgesetzen** zuständig und auch nur dann, **wenn sich dies aus Art. 83 ff. GG** ergibt.[90]

Beispiele: Das PolG BW ist ein Landesgesetz und wird somit vom Land vollzogen. Die Gewerbeordnung (GewO) ist ein Bundesgesetz. Da sich aus Art. 83 ff. GG nicht etwas anderes ergibt, wird sie von den Ländern vollzogen. Nach Art. 87b GG obliegt die Bundeswehrverwaltung dem Bund. Damit ist der Bund für den Vollzug des Soldatengesetzes (SG) zuständig.

121 Die **Länder führen die Bundesgesetze grds. als eigene Angelegenheit** aus (siehe auch Art. 84 GG).

■ **Beispiel:** Die GewO wird von den Ländern als eigene Angelegenheit ausgeführt (Ausnahme: § 31 GewO).

Im Auftrage des Bundes führen die Länder die Gesetze nur dann aus, wenn das Gesetz dies so bestimmt (siehe auch Art. 85 GG). Hier haben oberste Bundesbehörden dann ein Weisungsrecht (Art. 85 Abs. 3 GG).

■ **Beispiel:** Das BAföG wird von den Ländern nach § 39 Abs. 1 BAföG im Auftrag des Bundes ausgeführt.

122 **Unionsrecht** wird nach dem Grundsatz der begrenzten Einzelermächtigung (Art. 5 EUV) überwiegend durch die Mitgliedstaaten vollzogen, in Deutschland also durch die Verwaltungsbehörden von Bund und Ländern (indirekter Vollzug von Unionsrecht).

---

90 Vertiefungshinweis: Zur Gemeinschaftsaufgaben und Verwaltungszusammenarbeit von Bund und Ländern vgl. Art. 91a ff. GG.

Nur in wenigen Fällen werden Verwaltungskompetenzen von eigenen Organen der EU wahrgenommen (direkter Vollzug von Unionsrecht). In diesen Fällen aber regelt die Union auch das Verwaltungsorganisationsrecht und die Zuständigkeit der EU-Organe selbst.[91]

■ **Lösungsvorschlag (zu Rn. 118):** In **Fall 1** geht es um den Vollzug von Landesrecht (LBO BW). Hierfür ist die Verwaltung des Landes Baden-Württemberg zuständig. In **Fall 2** geht es um den Vollzug von Unionsrecht, nämlich um den Vollzug der VO 1071/2009. Zuständig für den Vollzug sind aber nicht Organe der EU, sondern die Mitgliedstaaten (indirekter Vollzug von Unionsrecht). Der Bundesgesetzgeber hat aufgrund seiner Gesetzgebungskompetenz das GüKG erlassen. Zuständig für die Ausführung des GüKG (i. V. m. der VO 1071/2009) sind die Länder, da Art. 83 ff. GG die Verwaltungskompetenz nicht ausnahmsweise dem Bund zuweist. Die Länder führen das GüKG als eigene Angelegenheit aus. **123**

III. Aufbau der Verwaltung im Bund und in den Ländern

■ **Aufgabe:** Ordnen Sie die Stadt Freiburg und das LRA Ortenaukreis in den Verwaltungsaufbau ein! **124**

→ Lösung siehe Rn. 132

1. Allgemeines

Der Verwaltungsaufbau in Bund und Ländern ist sehr unterschiedlich geregelt und lässt sich nicht in einem einzigen Schaubild darstellen. Daher kann Ihnen dieses Lehrbuch leider nicht die Arbeit abnehmen, sich für „Ihren" Verwaltungsbereich ein eigenes Schaubild zu erstellen. **125**

2. Aufbau der Bundesverwaltung

Der Aufbau der Bundesverwaltung ergibt sich aus Art. 62, 83 ff. GG, einfachen formellen Gesetzen[92], Rechtsverordnungen, Satzungen und sonstigen Organisationsregelungen der Exekutive[93]. **126**

---

91 Vgl. z. B. die Wettbewerbsaufsicht nach Art. 105 AEUV.

92 Beispiele: Bundesamt für Logistik und Mobilität (§§ 10 ff. GüKG), Auswärtiger Dienst (Gesetz über den Auswärtigen Dienst).

93 Beispiel: Umwandlung der bisherigen Wasser- und Schifffahrtsdirektionen in die Generaldirektion Wasserstraßen und Schifffahrt durch Organisationserlass des Bundesministeriums für Verkehr, Bau und Stadtentwicklung vom 19.04.2013 (VkBl. 2013, 422). Vertiefungshinweis: Inwieweit auch für die Organisation von Behörden der allgemeine Gesetzesvorbehalt gilt, ist streitig.

127

<table>
<tr><th colspan="2">Oberste Bundesbehörden</th></tr>
<tr><td colspan="2">– Bundesregierung (Kollegialorgan)
– Bundeskanzler(in) mit Kanzleramt
– Bundesminister(innen) mit Ministerium
– Bundesrechnungshof
– Bundesbeauftragte(r) für den Datenschutz u. die Informationsfreiheit</td></tr>
<tr><td>Den obersten Bundesbehörden unterstellte Behörden (unmittelbare Bundesverwaltung)</td><td>Den obersten Bundesbehörden unterstellte rechtsfähige Körperschaften, Anstalten und Stiftungen des öffentlichen Rechts (mittelbare Bundesverwaltung)</td></tr>
<tr><td>Bundesoberbehörden
Kennzeichen von Bundesoberbehörden ist, dass sie eine bestimmte sachliche Zuständigkeit für das gesamte Bundesgebiet haben. Sie können dabei auch über Außenstellen verfügen. Diese Außenstellen einer Bundesoberbehörde dürfen nicht mit den Bundesmittelbehörden verwechselt werden.
z. B. BAPersBw (Bundesamt für das Personalmanagement der Bundeswehr) als direkt dem Verteidigungsministerium unterstellte Bundesoberbehörde mit Zuständigkeit für das gesamte Bundesgebiet; Kraftfahrt-Bundesamt als direkt dem Bundesverkehrsministerium unterstellte Bundesoberbehörde</td><td rowspan="3">Bundesunmittelbare Körperschaften, Anstalten und Stiftungen des öffentlichen Rechts[94]
(mittelbare Bundesverwaltung, Selbstverwaltungsträger)
z. B. Deutsche Rentenversicherung Bund oder Bundesagentur für Arbeit als Körperschaft des öffentlichen Rechts, Deutsche Bundesbank als (atypische) Anstalt des öffentlichen Rechts, Stiftung Preußischer Kulturbesitz</td></tr>
<tr><td>Bundesmittelbehörden (Faustregel: derzeit „out“)
(zuständig für eine bestimmte Sachfrage für ein größeres Gebiet und einer örtlichen Bundesbehörde übergeordnet)
früher: Wehrbereichsverwaltungen, Wasser- und Schifffahrtsdirektionen; sie wurden in Bundesoberbehörden mit Außenstellen überführt.[95]</td></tr>
<tr><td>Untere (auch: örtliche) Bundesbehörden
Bundespolizeidirektionen, Bundeswehrdienstleistungszentren, Karrierecenter der Bundeswehr, Hauptzollämter</td></tr>
</table>

Abbildung: Aufbau der Bundesverwaltung

---

94 **Vertiefungshinweis:** Es gibt auch „Sonderkonstruktionen“, so z. B. die Hochschule des Bundes für öffentliche Verwaltung und die Universitäten der Bundeswehr. Sie gehören zur unmittelbaren Bundesverwaltung, da sie selbst nicht rechtsfähig sind (also vergleichbar mit einer Bundesoberbehörde), sind jedoch körperschaftlich organisiert („nichtrechtsfähige Körperschaften mit Selbstverwaltungsrechten“).

95 **Vertiefungshinweis:** Daran schließen sich zahlreiche weitere Rechtsprobleme an, z. B. die Frage, ob auch die Außenstelle „Behörde“ im Sinne des Rechtsbehelfsrechts ist.

3. Aufbau der Landesverwaltungen

Regelungen zum Aufbau der unmittelbaren und mittelbaren Landesverwaltung finden sich in den Landesverfassungen[96], etwaigen allgemeinen Verwaltungsorganisationsgesetzen[97], dem Kommunalverfassungsrecht[98], den Fachgesetzen[99], Rechtsverordnungen, Satzungen und sonstigen Organisationsregelungen der Exekutive. **128**

Der Verwaltungsaufbau in den Bundesländern ist unterschiedlich. Manche Länder haben einen nur zweistufigen Aufbau (oberste Landesbehörde und Landesoberbehörden auf Landesebene – untere Landesbehörde auf Ortsebene), andere haben auch einen Mittelbau (z. B. Baden-Württemberg mit den vier Regierungspräsidien Freiburg, Karlsruhe, Stuttgart und Tübingen). In allen Bundesländern ist zwischen unmittelbarer und mittelbarer Landesverwaltung zu trennen. Zur mittelbaren Landesverwaltung gehören z. B. die staatlichen Hochschulen der Länder und (in allen Bundesländern mit Ausnahme der Stadtstaaten Berlin und Hamburg) die kommunale Verwaltung. **129**

Der entscheidende Unterschied zwischen dem Aufbau der Landes- und der Bundesverwaltung besteht darin, dass es in den Ländern allgemeine Verwaltungsbehörden (Behörden mit einem großen Aufgabenkreis) und Sonderbehörden (Behörden mit einem speziellen Aufgabenkreis) gibt, während Bundesbehörden immer nur Sonderbehörden sind.

---

96 In Baden-Württemberg: Art. 69 ff. Verfassung des Landes Baden-Württemberg.

97 In Baden-Württemberg: Landesverwaltungsgesetz (LVG BW).

98 In Baden-Württemberg: Gemeindeordnung BW, Landkreisordnung BW, Gesetz über die kommunale Zusammenarbeit BW. Eine Ausnahme sind die Stadtstaaten Berlin und Hamburg, die keine Trennung zwischen staatlicher und kommunaler Verwaltung kennen und somit kein Kommunalverfassungsrecht haben.

99 Beispiel: Landeshochschulgesetz Baden-Württemberg.

<table>
<tr><td colspan="5">130 **Oberste Landesbehörden (unmittelbare Landesverwaltung)**
Landesregierung, Ministerpräsident(in), Ministerien, Landesrechnungshof, Landesbeauftragte(r) für den Datenschutz und die Informationsfreiheit</td></tr>
<tr><td colspan="3">Unmittelbare Landesverwaltung</td><td colspan="2">Mittelbare Landesverwaltung
landesunmittelbare Körperschaften, Anstalten und Stiftungen des öffentlichen Rechts</td></tr>
<tr><td></td><td>Allgemeine Verwaltungsbehörden</td><td>Sonderbehörden</td><td>Allgemeine Verwaltungsbehörden</td><td>Sonderbehörden</td></tr>
<tr><td></td><td></td><td>**Landesoberbehörden**
z. B. Landesamt für Besoldung und Versorgung</td><td></td><td rowspan="3">z. B. staatliche Hochschulen, SWR, Deutsche Rentenversicherung Baden-Württemberg</td></tr>
<tr><td>**Landesmittelbehörden**</td><td>vier Regierungspräsidien</td><td>z. B. Oberfinanzdirektion Stuttgart</td><td></td></tr>
<tr><td>**Untere Landesbehörde**</td><td>Landratsämter (im Wege der Organleihe)</td><td>z. B. Schulamt Offenburg, Finanzamt</td><td>Gemeinden, Landkreise</td></tr>
</table>

Abbildung: Aufbau der Landesverwaltung (Beispiel Baden-Württemberg)

131 Das nachfolgende Schaubild zeigt für Baden-Württemberg die Einbindung der Gemeinden in den Verwaltungsaufbau und die Binnenorganisation der Gemeinde mit den beiden Verwaltungsorganen „Gemeinderat“ und „Bürgermeister“.

<table>
<tr><td colspan="4">Das fachlich zuständige **Ministerium** *(z. B. Innenministerium BW)*</td></tr>
<tr><td colspan="3" rowspan="2">Das zuständige **Regierungspräsidium** als direkte Aufsichtsbehörde</td><td>das zuständige **Regierungspräsidium** als übergeordnete Aufsichtsbehörde</td></tr>
<tr><td>das zuständige **Landratsamt** als direkte Aufsichtsbehörde (als staatliche Behörde im Wege der Organleihe)</td></tr>
<tr><td>**Stadtkreise**
(z. B. Mannheim, Stuttgart)</td><td colspan="2">**Große Kreisstädte**
(z. B. Offenburg, Schwäbisch Hall)</td><td>**Sonstige Gemeinde**
(z. B. Braunsbach)</td></tr>
<tr><td colspan="4">***Binnenorganisation von Gemeinden***</td></tr>
<tr><td colspan="2">**Gemeinderat** als kollegiales Hauptorgan der Gemeinde; Entscheidungen werden durch Mehrheitsbeschlüsse gefasst.</td><td colspan="2">**Bürgermeister** als Vorsitzender des Gemeinderats, Leiter der Gemeindeverwaltung (des Bürgermeisteramts) und gesetzlicher Vertreter der Gemeinde</td></tr>
</table>

Abbildung: Die Gemeinde im Verwaltungsaufbau und deren Binnenorganisation (Baden-Württemberg)

■ **Lösungsvorschlag (zu Rn. 124):** Das LRA Ortenaukreis und die Stadt Freiburg gehören zu den in Baden-Württemberg auf der untersten örtlichen Stufe stehenden Behörden und nehmen als solche ein ganzes Bündel an Aufgaben wahr. Das unterscheidet sie von den Sonderbehörden. Das LRA Ortenaukreis wird hier im Wege der Organleihe als untere allgemeine Landesbehörde (unmittelbare Landesverwaltung) tätig. Die Stadt Freiburg ist ein Selbstverwaltungsträger (mittelbare Landesverwaltung) mit eigenen Verwaltungsorganen. Für sie handelt hier (auf dem Gebiet des GüKG) nach außen der Bürgermeister mit seiner Verwaltung (vgl. § 15 Abs. 2 LVG). **132**

5. Kapitel: Handlungsformen der Verwaltung

A. Allgemeines zu den Handlungsformen

■ **Aufgabe:** Nennen Sie Beispiele für Rechtsformen von Verwaltungshandeln anhand von Ausgangsfall 1. **133**

➔ Lösung siehe Rn. 137

I. Einführung in die Lehre von den Handlungsformen der Verwaltung

Welche rechtlichen Handlungsformen der Verwaltung zur Verfügung stehen, richtet sich zunächst danach, auf welchem Rechtsgebiet sie tätig wird. **Gegenstand des vorliegenden Kapitels** sind ausschließlich die **verwaltungsrechtlichen[100] Handlungsformen der Verwaltung**, also die Handlungen der Verwaltung auf dem Gebiet des Abgabenrechts, des Sozialrechts oder – und darauf konzentrieren wir uns hier – des sonstigen Verwaltungsrechts. Wir verschaffen uns hier einen Überblick darüber, welche verwaltungsrechtlichen Handlungsformen es überhaupt gibt. Etwas genauer gehen wir auf den Verwaltungsakt ein, der nach wie vor bei den Prüfungen im Fach Verwaltungsrecht im Vordergrund steht. **134**

Die richtige Einordnung ist insbesondere deswegen wichtig, weil
- je nach Handlungsform unterschiedliche Rechtmäßigkeitsvoraussetzungen zu beachten sind (z. B. individuelle Bekanntgabe nur bei Verwaltungsakten, nicht aber bei Rechtsverordnungen; mit den Rechtmäßigkeitsvoraussetzungen beschäftigen wir uns in Teil 3 näher);

---

100 Es geht in diesem Kapitel also nicht um Verwaltungshandeln im Privatrecht (z. B. Abschluss eines Kaufvertrages, Mahnung wegen rückständiger Miete, Gesellschafterbeschluss) oder im Straf- und Ordnungswidrigkeitenrecht (z. B. Ermittlungsmaßnahmen der Bußgeldstelle eines Landratsamts zur Aufklärung einer Ordnungswidrigkeit oder der Polizei zur Aufklärung einer Straftat; Erlass eines Bußgeldbescheids zur Ahndung einer Straßenverkehrsordnungswidrigkeit.)

- der statthafte Rechtsbehelf von der Handlungsform abhängt (z. B. Widerspruch grundsätzlich nur gegen Verwaltungsakte, damit beschäftigen wir uns in Teil 6 näher);
- an die Handlungsform unterschiedliche Rechtsfolgen geknüpft sind (so sind z. B. rechtswidrige, aber nicht nichtige Verwaltungsakte wirksam, rechtswidrige Rechtsverordnungen dahingegen grds. unwirksam – damit beschäftigen wir uns in Teil 4).

II. Übersicht über die verwaltungsrechtlichen Handlungsformen

135 Das folgende Schaubild gibt einen Überblick über wichtige verwaltungsrechtliche Handlungsformen.

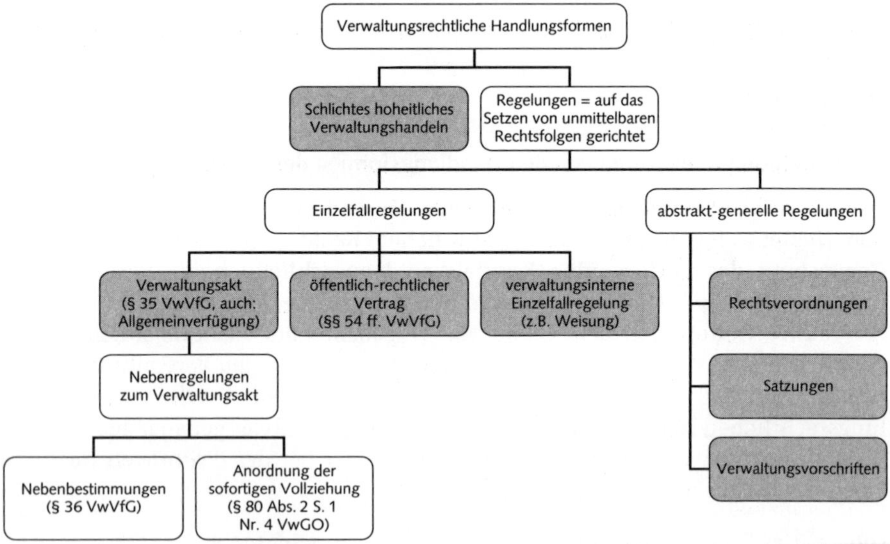

Abbildung: Verwaltungsrechtliche Handlungsformen der Verwaltung

136 **Vertiefungshinweis:** Zum Einstieg genügt diese Übersicht. Bitte beachten Sie aber, dass das Schaubild zum einen **eine sehr vereinfachte Darstellung** und zum anderen **nicht abschließend** ist.

■ **Beispiel:** Sehr vereinfacht werden unter „schlichtem Verwaltungshandeln" die unterschiedlichsten Formen zusammengefasst wie rein tatsächliche Verrichtungen (z. B. Fahrt mit dem Dienstfahrzeug) und Äußerungen der Verwaltung ohne

Regelungscharakter (Hinweise auf die Rechtslage, Belehrungen, Warnungen, Berichte, die Mahnung im Vollstreckungsverfahren, etc.). Genauer zu differenzieren wäre auch insbes. bei verwaltungsinternen Maßnahmen.[101]

Nicht abschließend ist der Katalog, weil z. B. neben Rechtsverordnungen, Satzungen und Verwaltungsvorschriften weitere abstrakt-generelle Regelungen sui generis anerkannt werden[102].

■ **Lösungsvorschlag (zu Rn. 133):** Die Besichtigung der Mauer durch die Bauaufseherin ist schlichtes Verwaltungshandeln (genauer: Beweisaufnahme). Der Erlass der Abrissverfügung ist ein Verwaltungsakt. Das Landratsamt könnte mit Frau Schröder (wenn diese einverstanden wäre) den Abriss auch durch öffentlich-rechtlichen Vertrag vereinbaren. Der erwähnte Bebauungsplan ist eine Satzung. 137

B. Der Verwaltungsakt

■ **Aufgaben:** 138

Begründen Sie, warum die Erteilung bzw. die Ablehnung der Güterkraftverkehrserlaubnis sowie der Erlass der Abrissverfügung Verwaltungsakte sind!

➔ Lösung siehe Rn. 141

Um was für Verwaltungsakte handelt es sich dabei?

➔ Lösung siehe Rn. 151

Wann werden sie existent, wirksam, bestandskräftig?

➔ Lösung siehe 160

Erklären Sie „Zusicherung“ am Beispiel von Fall 2 (Güterkraftverkehrserlaubnis).

➔ Lösung siehe Rn. 154

I. Begriff des Verwaltungsakts

Der Begriff des Verwaltungsakts ist legaldefiniert[103] in: § 118 S. 1 AO, § 31 S. 1 SGB X, § 35 S. 1 VwVfG (Bund) und in den Landesverwaltungsverfahrensgesetzen (z. B. § 35 S. 1 LVwVfG BW; § 106 Abs. 1 LVWGSchlH, § 1 S. 1 SächsVwVfG i. V. m. § 35 S. 1 VwVfG). Die Definitionen stimmen inhaltlich 139

101 So z. B. bei den Handlungsformen der Aufsichtsbehörden, die sich nicht so leicht in die obige Grafik einordnen lassen: Strategie- und Programmplanung, Zielvereinbarungen, Dienstbesprechungen, Geschäftsprüfungen, Fortbildungsmaßnahmen, Selbsteintritt der Aufsichtsbehörde etc. (vgl. Ziffer 5 der Grundsätze der Ausübung der Fachaufsicht der Bundesministerien über den Geschäftsbereich).

102 So z. B. Stelkens/Bonk/Sachs/*Stelkens*, § 35 VwVfG Rn. 281 (streitig).

103 „Legaldefinition“ bedeutet „Definition durch das Gesetz“.

und – mit Ausnahme von § 106 Abs. 1 LVwGSchlH (dort „öffentlich-rechtlich“ statt „hoheitlich“) – auch wörtlich überein.

§ 35 Begriff des Verwaltungsaktes
[1]Verwaltungsakt ist jede Verfügung, Entscheidung oder andere hoheitliche Maßnahme, die eine Behörde zur Regelung eines Einzelfalls auf dem Gebiet des öffentlichen Rechts trifft und die auf unmittelbare Rechtswirkung nach außen gerichtet ist. [2]Allgemeinverfügung ist ein Verwaltungsakt, der sich an einen nach allgemeinen Merkmalen bestimmten oder bestimmbaren Personenkreis richtet oder die öffentlich-rechtliche Eigenschaft einer Sache oder ihre Benutzung durch die Allgemeinheit betrifft.

Hinweis: Ist zu prüfen, ob ein Verwaltungsakt vorliegt, greifen Sie sofort auf die einschlägige Legaldefinition zurück, in den Fällen 1 und 2 also auf § 35 S. 1 LVwVfG BW, weil weder das SGB noch die AO anwendbar sind und es um die Tätigkeit von Behörden der (un)mittelbaren Landesverwaltung Baden-Württemberg geht.

140 In der Literatur werden unterschiedliche Prüfungsreihenfolgen und Definitionen der einzelnen Merkmale vorgeschlagen.[104] Hilfreich erscheint mir folgendes Schema:

Ziffer	Merkmale	Definition	dient der Abgrenzung zu:
1	Maßnahme einer Behörde	Maßnahme = jedes aktive Tun mit Erklärungsgehalt (dazu gehören auch vollständig automatisierte Erklärungen, vgl. § 35a VwVfG)	Nichtstun (reines Schweigen); beachte: es gibt auch Fälle, in denen das Vorliegen eines VA gesetzlich fingiert wird, vgl. § 42a VwVfG
		Behörde: § 1 Abs. 4 VwVfG (bzw. Landesrecht wie § 1 Abs. 2 LVwVfG BW) = jede Stelle, die nach außen Aufgaben der öffentlichen Verwaltung wahrnimmt (funktioneller Behördenbegriff)	Handeln, das Privatpersonen zuzurechnen ist (außer: die Privatperson handelt als Beliehener) Handeln der Organe der Gesetzgebung o. Rechtsprechung (außer in den Fällen, in denen diese Verwaltungsaufgaben wahrnehmen) Verwaltungsorgan handelt aufgrund von Kommandogewalt (Streitkräftetätigkeit) oder verfassungs- bzw. völkerrechtlich (z. B. Regierungsakt)

104 Vgl. z. B. Aufbau bei *Detterbeck*, VerwR, Rn. 420 ff. und bei Stelkens/Bonk/Sachs/*Stelkens*, VwVfG, § 35.

Ziffer	Merkmale	Definition	dient der Abgrenzung zu:
2	auf dem Gebiet des öffentlichen Rechts	Rechtsgrundlage für das Verwaltungshandeln sind Normen des öffentlichen Rechts[105]	Behörde handelt auf dem Gebiet des Privatrechts
3	hoheitlich	einseitiges Handeln im Über-/Unterordnungsverhältnis	Abgrenzung zum öffentlich-rechtlichen Vertrag (einvernehmliche Regelung)
4	Regelung	Willenserklärung, die auf die unmittelbare Herbeiführung einer Rechtsfolge gerichtet ist, also darauf, Rechte oder Pflichten unmittelbar zu begründen, zu ändern, aufzuheben oder verbindlich festzustellen oder den Rechtszustand einer Sache zu bestimmen. Zu unterscheiden sind befehlende (verpflichtende), rechtsgestaltende und feststellende Regelungen.	Abgrenzung zum schlichten Verwaltungshandeln (dazu gehören: Realakte (insbes. rein tatsächliches Handeln und Rechtshinweise)/vorbereitende Maßnahmen, die noch keine abschließende Regelung enthalten (insbes. Verfahrenshandlungen)/verwaltungsrechtliche Willensäußerungen ohne anordnenden Charakter); Rechtshinweise (insbes. Wiederholung eines VA ohne erneute Sachprüfung)
5	Einzelfall	konkret-individuelle Regelung: für eine oder mehrere bestimmte Personen (individuell) wird ein bestimmter Sachverhalt (konkreter Fall) geregelt[106] oder konkret-generelle Regelung i. S. d. § 35 S. 2 VwVfG: für eine unbestimmte Anzahl von Personen (also generell) wird ein bestimmter Sachverhalt (ein konkreter Fall) geregelt	Abgrenzung zu abstrakt-generellen Regelungen wie Rechtsverordnung, Satzung und Verwaltungsvorschrift: Diese regeln für eine unbestimmte Anzahl von Personen eine unbestimmte Anzahl von Fällen

105 Streitig ist, ob ein Verwaltungsakt i. S. d. § 35 S. 1 VwVfG auch dann vorliegt, wenn es materiell-rechtlich um Privatrecht geht, die Verwaltungsbehörde rechtswidrig aber der Form nach durch Verwaltungsakt handelt, also z. B. eine Angestellte durch Verwaltungsakt entlässt, statt diese privatrechtlich zu kündigen (sogenannter Verwaltungsakt im nur formellen Sinne).

106 Nach der hier vertretenen Auffassung gehören dazu auch die Regelungen, die für eine oder mehrere bestimmte Personen eine Dauerregelung treffen; Beispiel: Gastwirt G wird verpflichtet, jeden Tag ab 22.00 Uhr die Fenster der Gastwirtschaft zu schließen. Andere bezeichnen diese Art von Einzelfallregelung als abstrakt-individuelle Regelung. Nach beiden Auffassungen liegt jedenfalls eine Einzelfallregelung vor.

Ziffer	Merkmale	Definition	dient der Abgrenzung zu:
6	Außenwirkung	wenn final (zweckgerichtet) und unmittelbar (ohne weitere Zwischenschritte) Rechte oder Pflichten einer Person außerhalb der Verwaltung begründet, aufgehoben, geändert oder festgestellt werden (bei Beamten Regelungen im Grundverhältnis) oder wenn final und unmittelbar subjektiv-öffentliche Rechte von Organwaltern bzw. Organen innerhalb der Verwaltung begründet, aufgehoben, geändert oder festgestellt werden	Abgrenzung zu verwaltungsinternen Regelungen (Weisungen zur Gewährleistung des Dienstbetriebs = des Betriebsverhältnisses)

Abbildung: Merkmale des Verwaltungsakts

141 ■ **Lösungsvorschlag (zu Rn. 138)**: Die Güterkraftverkehrserlaubnis (Fall 2) erfüllt alle Merkmale eines Verwaltungsakts i. S. d. § 35 S. 1 LVwVfG BW: Die Erlaubnis ist eine **Maßnahme einer Behörde i. S. d. § 1 Abs. 2 LVwVfG BW**, nämlich ein aktives Tun mit Erklärungsgehalt des Bürgermeisters, der hier als Verwaltungsorgan der Stadt Freiburg (§ 23 GemO BW) für die Stadt Freiburg (Verwaltungsträgerin) nach außen gegenüber dem Bürger die Verwaltungsaufgabe „Durchführung des GüKG" wahrnimmt. Die Maßnahme beruht auf § 3 GüKG, also auf dem **Gebiet des öffentlichen Rechts**. Die Erlaubnis ergeht einseitig im Über-/Unterordnungsverhältnis, also **hoheitlich**. Die Erlaubnis ist darauf gerichtet, der Spedition unmittelbar das Recht einzuräumen, das Güterkraftverkehrsgewerbe auszuüben. Also ist die Erlaubnis eine rechtsgestaltende **Regelung**. Die Erlaubnis bezieht sich auf einen konkreten Sachverhalt (Zulassung eines bestimmten Güterkraftverkehrsgewerbes) sowie individuell auf die Spedition Müller GmbH und ist somit eine **Einzelfallregelung**. Außerdem ist Ziel der Maßnahme, einer außerhalb der Verwaltung stehenden Person (hier der Spedition Müller GmbH) ein Recht einzuräumen. Damit ist die Maßnahme auf **unmittelbare Rechtswirkung nach außen gerichtet**.

Auch die **Ablehnung der beantragten Erlaubnis** würde einen Verwaltungsakt darstellen: Die Regelung bestände dann in der verbindlichen Feststellung, dass kein Anspruch auf die Güterkraftverkehrserlaubnis besteht.[107] Schließlich ist auch die angedachte **Abrissverfügung (Fall 1)** ein Verwaltungsakt, die Regelung besteht in der unmittelbaren Begründung einer Pflicht, nämlich dem Gebot, die Mauer abzureißen.

Hinweis: *In fast keiner Prüfung werden Sie nur das Vorliegen von Verwaltungsakten prüfen. Sehr oft ist die Prüfung des Vorliegens eines Verwaltungsakts aber einer von mehreren Prüfungsschritten, also eine Vorfrage für die Anwendbarkeit sonstiger Rechtsnormen. So gelten beispielsweise §§ 28, 48, 49 (L)VwVfG nur für Verwaltungsakte;*

107 Zur Einordnung von Ablehnungsbescheiden als feststellende Verwaltungsakte: *Kracht*, Feststellender Verwaltungsakt und konkretisierende Verfügung, 2002, S. 111 ff.

grundsätzlich ist der Widerspruch nur gegen Verwaltungsakte statthaft (§ 68 VwGO). Auch die Verwaltungsvollstreckung setzt im Regelfall das Vorliegen eines Verwaltungsakts voraus (z. B. §§ 3, 6 VwVG oder § 1 LVwVG BW). Ob und in welchem Umfang Ausführungen zum Vorliegen eines Verwaltungsakts erwartet werden, richtet sich nach der jeweiligen Fragestellung.

II. Einteilung der Verwaltungsakte

Verwaltungsakte können nach vielen verschiedenen Kriterien unterschieden werden. Wir wollen uns an dieser Stelle auf vier Einteilungsarten konzentrieren. **142**

1. Einteilung nach der Wirkung für den Adressaten und für Dritte

Je nach der **Wirkung für den Adressaten** werden **begünstigende** und **belastende Verwaltungsakte** sowie **neutrale Verwaltungsakte** unterschieden. Der begünstigende Verwaltungsakt ist gesetzlich ausdrücklich definiert, den belastenden Verwaltungsakt kann man unter Rückgriff auf § 28 Abs. 1 (L)VwVfG definieren. **143**

Unter einem **begünstigenden Verwaltungsakt** versteht man nach der Legaldefinition in § 48 Abs. 1 S. 2 (L)VwVfG einen Verwaltungsakt, der ein Recht oder einen rechtlich erheblichen Vorteil begründet oder bestätigt [ergänze: gegenüber dem Adressaten]. **144**

■ **Beispiel:** Erteilung der Erlaubnis an die Spedition Müller GmbH.

Ein **belastender Verwaltungsakt** ist ein Verwaltungsakt, der in Rechte desjenigen, für den er bestimmt (vgl. § 43 Abs. 1 S. 1, Alt. 1 (L)VwVfG) ist, eingreift. **145**

■ **Beispiel:** Erlass der Abrissverfügung gegenüber Frau Schröder.

Neben begünstigenden und belastenden Verwaltungsakten gibt es auch **neutrale Verwaltungsakte**, also Verwaltungsakte, die keine belastende oder begünstigende Wirkung für einen Adressaten haben, also adressatenlos sind. **146**

■ **Beispiel:** Die Widmung einer Privatstraße der Gemeinde zu einem öffentlich-rechtlichen Gehweg.

Schließlich gibt es noch **Verwaltungsakte mit Drittwirkung**. Das sind (den Adressaten begünstigende oder belastende bzw. neutrale) Verwaltungsakte, die einen **Dritten belasten oder begünstigen**. **147**

■ **Beispiel:** Baugenehmigung (den Adressaten (Bauherrn) begünstigender Verwaltungsakt mit belastender Drittwirkung für den Nachbarn)[108].

2. Einteilung nach der zeitlichen Dauer der Regelung

148 Weiter kann nach der zeitlichen Dauer zwischen **Verwaltungsakten mit Dauerwirkung** und **Einmalregelungen** unterschieden werden.

■ **Beispiele:** Zeitlich unbefristete Gaststättenerlaubnis („Dauerregelung"), Gewerbeuntersagung („Dauerregelung"), polizeiliche Aufforderung, sofort den Platz zu verlassen („Einmalregelung").

3. Einteilung nach der Art der Regelung

149 § 80 Abs. 1 S. 2 VwGO kann man entnehmen, dass zwischen **befehlenden, rechtsgestaltenden und feststellenden Verwaltungsakten** zu unterscheiden ist.

Übersicht:

Befehlender VA	Rechtsgestaltender VA	Feststellender VA
„Für diese Entscheidung ist eine Gebühr von … € zu zahlen." „Die Gabionenmauer ist abzureißen."	„Die Erlaubnis für den Güterkraftverkehr für … wird hiermit erteilt." „Die am …der … erteilte Güterkraftverkehrserlaubnis wird hiermit widerrufen."	„Der Antrag auf Erteilung der Güterkraftverkehrserlaubnis wird abgelehnt."
Jemand wird zu einer Handlung (Zahlung oder sonstiges Tun), Duldung oder einem Unterlassen verpflichtet (Gebote und Verbote).	Jemandem wird ein Recht eingeräumt oder entzogen oder der Rechtszustand einer Sache wird geregelt.	Die Rechtslage, also ob jemand (k)ein(e) bestimmte(s) Recht (Pflicht) hat, wird verbindlich festgestellt.

4. Einteilung nach Individual- und Allgemeinverfügung

150 Schließlich wird noch zwischen Individual- und Allgemeinverfügung unterschieden.

---

108 Vertiefungshinweis: Man kann die Baugenehmigung wie hier zunächst einmal pauschal als begünstigenden Verwaltungsakt mit belastender Drittwirkung für den Nachbarn bezeichnen. Genauer müsste man allerdings sagen: „mit *potentiell* belastender Drittwirkung"; denn ob tatsächlich in Nachbarrechte eingegriffen wird, ist gesondert zu prüfen, nicht jede Baugenehmigung belastet den Nachbarn.

Individualverfügung (§ 35 S. 1 (L)VwVfG) (hierzu gehören auch die sog. Sammelverwaltungsakte[109])	**Allgemeinverfügung (§ 35 S. 2 (L)VwVfG)**		
	Personenbezogene AllgV (Alt. 1)	**Sachbezogene AllgV**	
		Dingliche AllgV (Alt. 2)	Benutzungsregelnde AllgV (Alt. 3)
Regelung eines bestimmten Sachverhalts gegenüber einer namentlich bestimmten Person (= konkret-individuelle Regelung)	Regelung eines bestimmten Sachverhalts gegenüber einem nach allgemeinen Merkmalen – bestimmten Personenkreis (konkret-individuelle Regelung) – bestimmbaren Personenkreis (konkret-generelle Regelung)	Regelung der öffentlich-rechtlichen Eigenschaft einer Sache (= konkreter Sachverhalt) Regelungsadressat: Einzelne und/oder Allgemeinheit (also individuell oder generell)	Regelung (i. d. R. durch Ge- oder Verbote) der Benutzung einer Sache (= konkreter Sachverhalt) durch die Allgemeinheit (= generell)
Platzverweis gegenüber Herrn Müller	*Platzverweis gegenüber den Gaffern bei einem Verkehrsunfall (Gaffer = bestimmter Personenkreis); Platzverweis gegenüber der Bevölkerung für die nächsten 24 Stunden zum Zwecke der Bombenentschärfung (potentielle Besucher des Platzes = bestimmbarer Personenkreis)*	*Widmung einer Straße; Anordnung eines militärischen Schutzbereichs*	*Verkehrszeichen, Ordnungen zur Benutzung öffentlicher Einrichtungen*

■ **Lösungsvorschlag (zu Rn. 138):** Die **Güterkraftverkehrserlaubnis** ist ein **rechtsgestaltender begünstigender** Verwaltungsakt (**ohne Drittwirkung**) in der Form einer **Individualverfügung** mit **Dauerwirkung**. 151

Die **Abrissverfügung** ist ein **befehlender belastender** Verwaltungsakt (**mit begünstigender Drittwirkung** für die Nachbarin, da hier § 13 LBO BW – eine nachbarschützende Norm – durchgesetzt wird) in Form einer **Individualverfügung**, die sich in einer „**Einmalregelung**" erschöpft.

Die **Ablehnung der Güterkraftverkehrserlaubnis** wäre ein **feststellender belastender** Verwaltungsakt (**ohne Drittwirkung**) in Form einer **Individualverfügung** mit **Dauerwirkung**.

---

109 Von einem Sammelverwaltungsakt spricht die Literatur, wenn mehrere gleichlautende (= gleichartige) Verwaltungsakte an mehrere feststehende Einzelpersonen ergehen, vgl. § 28 Abs. 2 Nr. 4 (L)VwVfG.

III. Das behördliche Versprechen des (Nicht-)Erlasses von Verwaltungsakten

152 Die **Zusicherung** ist nach der Legaldefinition in § 38 Abs. 1 (L)VwVfG die von einer Behörde erteilte Zusage, einen bestimmten Verwaltungsakt später zu erlassen oder zu unterlassen.

■ **Beispiel:** Herr A. ist ausländischer Staatsbürger und möchte gern eingebürgert werden. Dafür muss er auf seine bisherige Staatsbürgerschaft verzichten. Damit er hier die entsprechende Rechtssicherheit hat, sichert ihm die zuständige Behörde die Einbürgerung (= rechtsgestaltender Verwaltungsakt) zu.

Gegenbeispiel: Die „Zusage der Umzugskostenvergütung" i. S. v. § 2 Abs. 1 BUKG stellt keine Zusage des Erlasses eines bestimmten Verwaltungsakts dar (also keine Zusicherung i. S. v. § 38 VwVfG), sondern eine „normale" rechtsgestaltende Regelung, indem der Anspruch auf Erstattung der Umzugskosten dem Grunde nach gewährt wird.

153 Streitig ist, ob die Zusicherung selbst Regelungscharakter i. S. v. § 35 VwVfG hat und damit einen Verwaltungsakt darstellt. Die Rechtsprechung bejaht das,[110] andere lehnen dies unter Berufung auf § 38 Abs. 2 u. 3 VwVfG ab.[111]

154 ■ **Lösungsvorschlag (zu Rn. 138):** Falls die Stadt Freiburg die Güterkraftverkehrserlaubnis noch nicht erteilen kann, weil die Spedition Müller GmbH die erforderlichen Nachweise über ihre finanzielle Leistungsfähigkeit noch nicht vorgelegt hat, die Müller GmbH für die Bank aber jetzt schon „irgendein Schreiben der Behörde" benötigen würde, durch das belegt wird, dass die Güterkraftverkehrserlaubnis erteilt wird, sobald die finanzielle Leistungsfähigkeit nachgewiesen wurde, könnte die Stadt Freiburg der Müller GmbH auf deren Antrag eine entsprechende schriftliche Zusicherung nach § 38 Abs. 1 LVwVfG BW erteilen.

IV. Existenz, Wirksamkeit und Bestandskraft von Verwaltungsakten

155 Ein – wem auch immer – **bekannt gegebener** Verwaltungsakt[112] ist **gegenüber jedermann rechtlich existent** und kann nunmehr beispielsweise durch Widerspruch (§ 68 VwGO) bzw. Anfechtungsklage (§ 42 Abs. 1 VwGO) angefochten werden.

---

110 BVerwG, NVwZ 1987, 46; NVwZ 1986, 1011; VGH BW, NVwZ 1991, 79.

111 So *Detterbeck*, VerwR, Rn. 519.

112 Die „Bekanntgabe gegenüber wem auch immer" ist allerdings kein Merkmal des Verwaltungsakts i. S. d. § 35 S. 1 VwVfG. Ein Verwaltungsakt i. S. d. § 35 S. 1 VwVfG liegt also auch vor, wenn die Behörde die Regelung bereits erlassen hat, diese aber noch keinen Bekanntgabeadressaten erreicht hat; allerdings entfaltet der Verwaltungsakt dann noch keine Rechtsfolgen. So auch Stelkens/Bonk/Sachs/*Stelkens*, VwVfG § 35 Rn. 20 (streitig).

Der **Beginn der äußeren Wirksamkeit** des Verwaltungsakts ist in § 43 Abs. 1 (L)VwVfG geregelt. Der Verwaltungsakt wird nicht für jedermann zum gleichen Zeitpunkt wirksam, sondern nach § 43 Abs. 1 (L)VwVfG in dem Zeitpunkt, in dem er dem Einzelnen[113] bekannt gegeben wird. Mit Ausnahme von nichtigen Verwaltungsakten (§§ 43 Abs. 3, 44 Abs. 1 und 2 (L)VwVfG) sind auch fehlerhafte (rechtswidrige) Verwaltungsakte wirksam. **156**

■ **Beispiele:** Die Baurechtsbehörde gibt dem Bauherrn die Baugenehmigung am 04.05. und dem Nachbarn, der Einwendungen erhoben hat, am 07.05. bekannt. Die äußere Wirksamkeit der Baugenehmigung beginnt für den Bauherrn am 04.05., für den Nachbarn am 07.05. Nach diesen individuellen Zeitpunkten wären dann auch die Widerspruchs- bzw. Klagefristen zu berechnen. Nur dann, wenn die Baugenehmigung nichtig sein sollte (vgl. § 44 (L)VwVfG), wird sie nicht wirksam.

Davon zu unterscheiden ist die **innere Wirksamkeit des Verwaltungsakts**, also ab bzw. bis wann die getroffene Regelung gilt. Das hängt vom Inhalt des Verwaltungsakts ab.[114] **157**

■ **Beispiel:** Die Behörde händigt dem Gastwirt am 04.05. eine Gaststättenerlaubnis aus, die unter der Bedingung (§ 36 Abs. 2 Nr. 2 LVwVfG) ergeht, dass noch die erforderliche IHK-Bescheinigung (vgl. § 4 Abs. 1 Nr. 4 GastG) beigebracht wird. Zwar ist der Verwaltungsakt dann am 04.05. i. S. v. § 43 Abs. 1 LVwVfG wirksam (äußere Wirksamkeit), allerdings darf der Gastwirt das Gewerbe erst nach Vorlage der IHK-Bescheinigung betreiben. Ist er vorher tätig, handelt er ohne Erlaubnis. Der Verwaltungsakt hat noch keine **innere Wirksamkeit**.

Die **Wirksamkeit eines Verwaltungsakts endet** nach § 43 Abs. 2 (L)VwVfG durch Rücknahme (§ 48 VwVfG), Widerruf (§ 49 VwVfG), anderweitige Aufhebung (durch das Gericht im Klageverfahren oder die Behörde im Widerspruchsverfahren), durch Zeitablauf *(z. B. in Fall 2 nach Ablauf des Gültigkeitszeitraums, wenn die Güterkraftverkehrserlaubnis für 10 Jahre erteilt wird)* oder bei Erledigung auf andere Weise *(z. B. in Fall 1, wenn die Mauer über Nacht komplett einstürzt)*. **158**

Mit Ausnahme von nichtigen Verwaltungsakten (§§ 43 Abs. 3, 44 Abs. 1 und 2 (L)VwVfG) werden Verwaltungsakte (auch rechtswidrige) in dem Zeitpunkt (formell) **bestandskräftig**, zu dem sie nicht mehr mit Widerspruch bzw. einer verwaltungsgerichtlichen Klage oder einem verwaltungsgerichtlichen Rechtsmittel (z. B. Berufung) angefochten werden können (weil entweder die Frist abgelaufen oder der Rechtsweg erschöpft ist). **159**

---

113 Ausnahme: öffentliche Bekanntmachung (z. B. von Allgemeinverfügung oder nicht persönlich zustellbaren Individualverfügungen).

114 Siehe hierzu auch Bedingungen und Befristungen (Nebenbestimmungen) in Teil 3.

160 ■ **Lösungsvorschlag (zu Rn. 138):** In **Fall 1** wird die Abrissverfügung wirksam, sobald sie Frau Schröder bekannt gemacht wird, § 43 Abs. 1 LVwVfG BW, beispielsweise bei Bekanntgabe im Wege der Postzustellung zu dem Zeitpunkt, den der Postbedienstete ordnungsgemäß in der Zustellungsurkunde dokumentiert (**äußere Wirksamkeit**). Etwas anderes gilt nur, wenn das LRA Ortenaukreis so schwerwiegende Fehler gemacht hat, dass die Abrissverfügung ausnahmsweise nichtig ist (§§ 43 Abs. 3, 44 Abs. 1 u. 2 LVwVfG BW). Mit der Bekanntgabe wird die Abrissverfügung auch **existent**. Wenn das LRA Ortenaukreis nichts anderes ausdrücklich regelt, wird die Abrissverfügung mit Bekanntmachung auch inhaltlich wirksam (**innere Wirksamkeit**). Die Abrissverfügung bleibt wirksam, bis sie sich nach § 43 Abs. 2 LVwVfG BW erledigt hat (z. B. durch Aufhebung im Klageverfahren oder wenn Frau Schröder die Mauer wie angeordnet abreißt). **Bestandskräftig** wird die Abrissverfügung, wenn Frau Schröder die Rechtsbehelfsfristen verstreichen lässt oder wenn etwaige Rechtsbehelfe erfolglos waren und kein ordentlicher Rechtsbehelf mehr gegeben ist. Bei der **Güterkraftverkehrserlaubnis (Fall 2)**, die nach § 3 Abs. 2 GüKG nur für 10 Jahre erteilt werden darf, tritt die Erledigung nach § 43 Abs. 2 LVwVfG BW mit Ablauf der 10 Jahre ein, im Übrigen gelten die Ausführungen oben entsprechend.

C. Der öffentlich-rechtliche Vertrag der Verwaltung

161 ■ **Aufgabe:** Erläutern Sie den Unterschied von privatrechtlichem und öffentlich-rechtlichem Vertrag anhand von Fall 1 (Gabionenmauer).

➔ Lösung siehe Rn. 163

162 Der öffentlich-rechtliche Vertrag (besser: verwaltungsrechtliche Vertrag) ist nach der Legaldefinition in § 54 S. 1 (L)VwVfG:

- ein Vertrag (also die Einigung mindestens zweier Rechtssubjekte wie z. B. eines Verwaltungsrechtsträgers und eines Bürgers, aber auch zweier Verwaltungsrechtsträger)
- über die Begründung, Änderung oder Aufhebung eines Rechtsverhältnisses
- auf dem Gebiet des öffentlichen Rechts (genauer: des Verwaltungsrechts, vgl. §§ 1, 2, 9 (L)VwVfG; also nicht auf dem Gebiet des Privatrechts, Staatsrechts, etc.)

Anders als beim Verwaltungsakt wird die Regelung eines Einzelfalls nicht hoheitlich (einseitig) durch die Verwaltung getroffen, sondern durch Einigung zwischen den Vertragspartnern nach § 62 S. 2 LVwVfG i. V. m. §§ 145 ff. BGB einvernehmlich begründet.

163 ■ **Lösungsvorschlag (zu Rn. 161):** Frau Schröder und das Land Baden-Württemberg, vertreten durch das LRA Ortenaukreis, vertreten durch den Landrat einigen sich durch

öffentlich-rechtlichen Vertrag (§§ 54 S. 2, 56 LVwVfG BW), dass die Mauer bis spätestens zum 10.05. des kommenden Jahres abzureißen ist und solange noch geduldet wird, wenn sich die Sachlage hinsichtlich der Standsicherheit nicht verschlechtert.

Gegenbeispiel: Der Landkreis Ortenau beauftragt die Heiner-Gartenbau-GmbH mit dem Abriss der Gabionenmauer (privatrechtlicher Werkvertrag nach § 631 BGB).

D. Abstrakt-generelle Regelungen der Verwaltung

■ **Aufgabe:** Das für Bauordnungsrecht zuständige Landesministerium BW stellt fest, dass die meisten Landratsämter nicht genau wissen, wann bauliche Anlagen standsicher errichtet worden sind. In welcher Handlungsform kann das Ministerium abstrakt-generell regeln, wie die Standsicherheit im Regelfall zu prüfen ist? **164**

→ Lösung siehe Rn. 169

Durch Erlass von Rechtsverordnungen und Satzungen (diese werden auch als materielle Gesetze bezeichnet[115]) oder Verwaltungsvorschriften kann die Verwaltung **Regelungen für eine unbestimmte Anzahl von Fällen (= abstrakt-generelle Regelungen)** treffen. **165**

Rechtsverordnungen sind Rechtsvorschriften, die ein Exekutivorgan zur Regelung **staatlicher Angelegenheiten** erlässt. Sie bedürfen einer ausdrücklichen Ermächtigung durch Parlamentsgesetz (siehe Rn. 80). **166**

Hinweis: Der Begriff schließt damit sowohl Rechtsverordnungen auf dem Gebiet des Verwaltungsrechts (z. B. Straßenverkehrsordnung, Verordnung über die Laufbahnen von Bundes- oder LandesbeamtInnen) als auch auf anderen Rechtsgebieten (z. B. Bußgeld-KatalogV für das Ordnungswidrigkeitenrecht) mit ein.

Öffentlich-rechtliche Satzungen sind Rechtsvorschriften, die von einem Selbstverwaltungsträger (siehe Rn. 103) im Rahmen der ihm gesetzlich verliehenen Autonomie zur Regelung eigener Angelegenheiten (**Selbstverwaltungsaufgaben**)[116] mit Wirkung für die ihm angehörigen und unterworfenen Personen erlassen werden.[117] **167**

■ **Beispiele:** Bebauungsplan oder Hundesteuersatzung einer Gemeinde (Gebietskörperschaft), Habilitationsordnung einer staatlichen Universität (Personalkörper-

115 Formelle Gesetze sind Parlamentsgesetze.

116 Manchmal sind die Selbstverwaltungsträger auch ermächtigt, staatliche Angelegenheiten durch Satzung zu regeln, vgl. § 4 Abs. 1 S. 2 GemO BW.

117 Vgl. BVerfGE 33, 125 (156); *Detterbeck*, VerwR, Rn. 95.

schaft). Keine Satzungen können die Bundesrepublik Deutschland, die Bundesländer und deren Behörden erlassen.[118]

168 **Verwaltungsvorschriften** sind abstrakt-generelle Regelungen, die von übergeordneten Instanzen oder Vorgesetzten an nachgeordnete Behörden oder Bedienstete ergehen.[119] Nach herkömmlicher Auffassung haben Verwaltungsvorschriften nur verwaltungsinterne Wirkung. Die Einzelheiten sind sehr umstritten (dazu mehr im 3. Teil).

■ **Beispiele:** Allgemeine Verwaltungsvorschrift zur Bundeslaufbahnverordnung; Subventionsrichtlinien

169 ■ **Lösungsvorschlag (zu Rn. 164):** Eine solche Regelung kann das Ministerium zum einen durch (norminterpretierende) Verwaltungsvorschrift treffen, die dann aber keine Außenwirkung hat. Eine Satzung kommt schon deswegen nicht in Betracht, weil das Ministerium als staatliche Behörde (unmittelbare Landesverwaltung) keine Satzungskompetenz hat. Zum Erlass einer Rechtsverordnung müsste es ein das Ministerium ermächtigendes Parlamentsgesetz geben, das hier mit § 73 Abs. 1 Nr. 1 LBO BW auch gegeben ist.

E. Funktionen der Handlungsformen

170 Jede Handlungsform hat unterschiedliche Funktionen. Funktionen des **Verwaltungsakts** sind:
- unter Wahrung bestimmter Verfahrens-, Form- und Bekanntgabevorschriften (verfahrensrechtliche Funktion)
- einseitig für einen konkreten Sachverhalt eine verbindliche Regelung zu schaffen (materiell-rechtliche Funktion),
- die bestandskräftig werden und von der Verwaltung zwangsweise durchgesetzt werden kann (Titel- bzw. Vollstreckungsfunktion).

171 Mit **öffentlich-rechtlichen Verträgen** können Verwaltung und Einzelner einvernehmlich verbindliche Regelungen schaffen. Das dient der Akzeptanz und erweitert ggf. Handlungsspielräume der Verwaltung.

172 **Abstrakt-generelle Regelungen der Verwaltung** entlasten das Parlament und dienen zur gleichmäßigen Gestaltung von Lebenssachverhalten.

---

118 Grundsätzlich gilt: Nur die mittelbare Bundes- oder Landesverwaltung kann Satzungen erlassen, Ausnahme: z.B. Hochschule des Bundes für öffentliche Verwaltung, die eine nichtrechtsfähige Körperschaft des Bundes (also Teil der unmittelbaren Bundesverwaltung) mit Satzungsrecht ist.

119 Vgl. *Detterbeck*, VerwR, Rn. 100.

6. Kapitel: Verfahrensrecht

■ **Aufgabe:** Wo ist das Verfahren geregelt, das das LRA Ortenaukreis und die Stadt Freiburg bei Erlass der Abrissverfügung bzw. der Güterkraftverkehrserlaubnis zu beachten haben? 173

➔ Lösung siehe Rn. 182

A. Verwaltungsakte und öffentlich-rechtliche Verträge

I. Landesbehörden

1. Baden-Württemberg

Die Zuständigkeits-, Verfahrens-, Form- und Bekanntgabevorschriften, die 174 **Behörden der unmittelbaren bzw. mittelbaren Landesverwaltung Baden-Württemberg** bei Erlass von Verwaltungsakten und bei Abschluss von öffentlich-rechtlichen Verträgen zu beachten haben, sind allgemein im **Landesverwaltungsverfahrensgesetz BW (LVwVfG BW)** geregelt. Die Vollstreckung von Verwaltungsakten (und von öffentlich-rechtlichen Verträgen nach Maßgabe von § 61 LVwVfG BW) richtet sich allgemein nach dem **Landesverwaltungsvollstreckungsgesetz BW (LVwVG BW)**.

Die bei der Zustellung von Schriftstücken zu beachtenden Vorschriften sind im **Landesverwaltungszustellungsgesetz BW (LVwZG BW)** normiert.

Die soeben genannten allgemeinen Gesetze sind nur auffangweise anwendbar, wenn also das Fachrecht keine entsprechenden Regelungen enthält.

Hinzu kommen ergänzende Vorschriften (insbes. DS-GVO und OZG).

2. Sonstige Bundesländer

Wie Baden-Württemberg haben auch alle anderen Bundesländer das Verwal- 175 tungsverfahren durch ihre Landesbehörden geregelt. Die Bundesländer Berlin, Brandenburg, Bremen[120], Niedersachsen, Rheinland-Pfalz, Sachsen und Sachsen-Anhalt verweisen in ihren Landesverwaltungsverfahrensgesetzen grundsätzlich auf das Verwaltungsverfahrensgesetz des Bundes (VwVfG).

> § 1 Abs. 1 des Gesetzes über das Verfahren der Berliner Verwaltung; § 1 Abs. 1 VwVfGBbg; § 1 Abs. 1 NdsVwVfG; § 1 BremVwVfG; § 1 Abs. 1 VwVfG Rheinland-Pfalz; § 1 VwVfZG Sachsen; § 1 Abs. 1 VwVfG Sachsen-Anhalt

---

120 Mit Wirkung ab dem 06.04.2024 wurde das BremVwVfG 2003, das noch eigenständige Regelungen vorsah, aufgehoben.

176 Vollständig eigene, aber mit dem VwVfG in Wortlaut und Paragrafenfolge fast identische Landesverwaltungsverfahrensgesetze haben neben Baden-Württemberg auch Bayern, Hamburg, Hessen, Mecklenburg-Vorpommern, Nordrhein-Westfalen und Thüringen. Mecklenburg-Vorpommern fasst das Verwaltungsverfahrens-, Zustellungs- und Vollstreckungsgesetz zusammen.

177 Größere Abweichungen vom Wortlaut und der Paragrafenfolge enthält das Landesverwaltungsgesetz Schleswig-Holstein.

II. Bundesbehörden

178 Für Bundesbehörden gelten allgemein das **VwVfG**, das **VwVG** (sowie UZwG, UZwG Bw) sowie das **VwZG**. Auch hier werden die allgemeinen Regelungen durch Spezialregelungen ergänzt bzw. verdrängt.

III. Das Verwaltungsverfahrensrecht beim Vollzug von Unionsrecht

179 Enthält die zu vollziehende EU-Verordnung nicht nur Vorschriften zum materiellen Recht (inhaltliche Regelungen = Rechte und Pflichten der Bürger), sondern auch Verfahrensvorschriften[121], so sind diese Verfahrensvorschriften in allen Mitgliedstaaten einheitlich anzuwenden. Allerdings darf die EU solche Verfahrensvorschriften nur unter Beachtung von Art. 5 Abs. 3 EUV (Subsidiaritätsprinzip) treffen.

180 Enthält die EU-Verordnung – wie meist – keine Verfahrensvorschriften oder nicht abschließend alle erforderlichen Verfahrensvorschriften oder geht es um den Vollzug von EU-Richtlinien, greifen die Behörden des Mitgliedstaats auf ihr eigenes Verwaltungsverfahrensrecht zurück (also die Landesverwaltung in Baden-Württemberg z.B. auf das LVwVfG BW). Bei der Anwendung des eigenen Verwaltungsrechts sind die vom EuGH herausgearbeiteten Anforderungen zu beachten, die zu einer Modifizierung des nationalen Verwaltungsrechts führen können:[122]

- Das nationale Verwaltungsverfahrensrecht darf die Verwirklichung der Regelung der Union nicht praktisch unmöglich machen oder diese übermäßig erschweren (Effektivitätsgrundsatz).
- Das nationale Verwaltungsverfahrensrecht darf keine Schlechterbehandlung von unionsrechtlichen Fällen im Vergleich zu rein nationalen Fällen ermöglichen (Diskriminierungsverbot).

Hinweis: Dies werden wir in Fall 2 im Güterkraftverkehrsrecht näher kennenlernen.

---

121 Beispiele für europäische Verwaltungsverfahrensvorschriften: Art. 11 Abs. 3 VO 1071/2009; Art. 7 Abs. 2 VO 1072/2009.

122 GVR I/*Ruffert* § 7 Rn. 134.

B. Sonstige Handlungsformen

Ein allgemeines Verfahrensrecht für die sonstigen Handlungsformen (insbes. für den Erlass von Rechtsverordnungen, Satzungen oder Verwaltungsvorschriften) gibt es nicht. Auf die dann einschlägigen Normen wird in Teil 3 näher einzugehen sein. **181**

■ **Lösungsvorschlag (zu Rn. 173):** In Fall 1 u. 2 werden Behörden der unmittelbaren (LRA Ortenaukreis) bzw. mittelbaren (Stadt Freiburg) Landesverwaltung Baden-Württemberg tätig. Anwendbar ist also das LVwVfG BW. Dort sind allgemein die bei Erlass von Verwaltungsakten zu beachtenden Zuständigkeits-, Verfahrens-, Form- und Bekanntgabevorschriften geregelt. Diese regeln das Verfahren aber nur auffangweise. Sofern sondergesetzliche Regelungen bestehen, haben diese Vorrang. So richtet sich z. B. in Fall 2 (Güterkraftverkehrserlaubnis) die örtliche Zuständigkeit nicht nach § 3 LVwVfG BW, sondern nach § 3 Abs. 7 S. 2 und 3 GüKG. **182**

7. Kapitel: Grundsätze für Verwaltungshandeln

A. Einführung

Zahlreiche Normen des Verwaltungsrechts regeln Rechtspflichten der Verwaltung. **183**

■ **Beispiele:** § 28 Abs. 1 (L)VwVfG regelt die Anhörung vor Erlass von Verwaltungsakten im nichtförmlichen Verwaltungsverfahren, §§ 66, 73 (L)VwVfG die Anhörung in besonderen Verwaltungsverfahren und § 71 VwGO die Anhörung im Widerspruchsverfahren.

Welche Grundsätze gelten (unabhängig von der konkreten Ausgestaltung durch die einfachen Gesetze) allgemein für Verwaltungshandeln? Das lernen Sie in diesem Kapitel.

Im Folgenden habe ich versucht, 9 wichtige Grundsätze für Verwaltungshandeln zusammenzufassen und aus Ihrer Perspektive als zukünftige(r) Sachbearbeiter(in) in der Verwaltung zu formulieren. Teilweise haben Sie diese Grundsätze auch schon kennengelernt. **184**

1. Allgemein: Halte dich an die geltenden Rechtsnormen (Vorrang des Gesetzes nach Art. 20 Abs. 3 GG)! **185**
2. Handele, soweit der Vorbehalt des Gesetzes (Art. 20 Abs. 3 GG) reicht, nicht ohne formelles Gesetz!
3. Beachte die Grundrechte (Art. 1 Abs. 3 GG)!

4. Belaste den Bürger in seinen Rechten nicht unverhältnismäßig (Verhältnismäßigkeitsgrundsatz, Art. 20 Abs. 3 GG und Grundrechte)!
5. Handele nicht willkürlich (Willkürverbot bzw. Verbot sachfremder Erwägungen, Art. 3 Abs. 1 GG)! Insbesondere: Handele nicht im ausschließlichen Interesse Einzelner, sondern mit Gemeinwohlbezug, d.h. im öffentlichen Interesse (Demokratieprinzip Art. 20 Abs. 1 GG)! Mache Verwaltungshandeln nicht von solchen Gegenleistungen des Bürgers abhängig, die in keinem sachlichen Zusammenhang stehen (Kopplungsverbot)! Halte dich bei der Entscheidung im Einzelfall an die für vergleichbare Fälle bestehende Verwaltungspraxis bzw. an die diese Fälle regelnde Verwaltungsvorschrift!
6. Mache den Betroffenen nicht zum Objekt im Verwaltungsverfahren (Art. 1 Abs. 1 GG)! Höre den unmittelbar Betroffenen vor deinen Entscheidungen grundsätzlich an, gestalte das Verfahren auch im Übrigen fair (Art. 20 Abs. 3 GG[123] und Grundrechtsschutz durch Verfahren)!
7. Formuliere deine Regelungen (Satzungen, Rechtsverordnungen, Verwaltungsakte, etc.) hinreichend bestimmt, also verständlich, mit allen relevanten Informationen versehen und mit einer klar erkennbaren Rechtsfolge (Bestimmtheitsgrundsatz, Art. 20 Abs. 3 GG)!
8. Berücksichtige das schutzwürdige Vertrauen des Bürgers in die bestehende Rechtslage, wenn du Regelungen (Rechtsverordnungen, Verwaltungsakte etc.) änderst (Art. 20 Abs. 3 GG)!
9. Übe die der Verwaltung eingeräumten Rechte nicht missbräuchlich aus (Treu und Glauben, § 242 BGB analog und Art. 20 Abs. 3 GG)!

B. Gesetzmäßigkeit der Verwaltung

I. Vorrang des Gesetzes (Wiederholung und Vertiefung)

186 Der **Vorrang des Gesetzes** („Kein Handeln gegen das Gesetz“, siehe schon Rn. 77) ergibt sich aus Art. 20 Abs. 3 Hs. 2 GG und bedeutet, dass die Verwaltung an geltendes „Gesetz“ in zweierlei Hinsicht gebunden ist:
- Verwaltungshandeln darf nicht gegen geltendes Gesetz verstoßen (= Gesetz beachten).
- Die Verwaltung darf die Anwendung von geltenden Gesetzen nicht „aussetzen“ (= Gesetz anwenden).

Einig ist man sich in Literatur und Rechtsprechung lediglich, dass unter „Gesetz“ jedenfalls alle einfachen Parlamentsgesetze fallen. Im Übrigen ist der Begriff „Gesetz i.S.d. Art. 20 Abs. 3 Hs. 2 GG“ in der **Theorie** umstrit-

123 BVerwG, NVwZ 2001, 94.

ten.[124] Für die Verwaltungspraxis ist das jedoch nicht weiter tragisch: selbstverständlich ist die Verwaltung verfassungsgebunden (vgl. z. B. Art. 1 Abs. 3 GG). Auch an Unionsrecht, an Satzungen und Rechtsverordnungen ist die Verwaltung gebunden: entweder, weil auch diese Gesetze i. S. v. Art. 20 Abs. 3 Hs. 2 GG sind (meiner Meinung nach nicht[125]) oder weil sich die Bindungswirkung (für Verwaltung und Rechtsprechung) als Folge der Wirksamkeit von Rechtsnormen ergibt (das halte ich für überzeugender).

Der Grundsatz „Vorrang des Gesetzes" hat für Sie in den Prüfungen im Studium und in der späteren Verwaltungspraxis fast die größte Bedeutung (neben dem Grundsatz der Verhältnismäßigkeit), ohne dass Sie ihn ausdrücklich ansprechen werden. Sie müssen „einfach" nur alle Rechtsnormen einhalten! **187**

II. Vorbehalt des Gesetzes (Wiederholung und Vertiefung)

Unter dem Stichwort „**Vorbehalt des Gesetzes**" („Kein Handeln ohne formelles Gesetz", siehe schon Rn. 79 ff.) werden zwei Fragen diskutiert: **188**

1. Welches Verwaltungshandeln bedarf einer Ermächtigung durch formelles Gesetz, also durch Parlamentsgesetz („Ob der Ermächtigung")? Einen absoluten Totalvorbehalt gibt es nach h. M. nicht.
2. Wenn ein formelles Gesetz erforderlich ist: Wie detailliert muss es die Voraussetzungen regeln, also der Verwaltung Vorgaben machen („Wie der Ermächtigung")? Das wird auch unter dem Stichwort „Bestimmtheit des Gesetzes" diskutiert.

Mit diesen Fragen haben Sie in Studium und Praxis nur dann zu tun, **189**

- wenn es überhaupt kein formelles Gesetz gibt und Sie sich überlegen müssen, ob die Verwaltung trotzdem handeln darf (z. B. im Subventionsrecht, Umweltrecht, Kommunalrecht)[126]
- oder wenn Zweifel an der Verfassungsmäßigkeit eines formellen Gesetzes bzw. an der Rechtmäßigkeit einer Rechtsverordnung oder Satzung bestehen, weil diese der Verwaltung einen zu großen Spielraum belässt.

---

124 So ist schon streitig, ob Recht eine eigene Bedeutung hat (Gewohnheitsrecht, moralischer Appell, Gerechtigkeit) oder Gesetz und Recht dasselbe meinen. Weiter ist streitig, ob unter Gesetz nur formelle Gesetze fallen.

125 Sonst würde man nämlich für den „Vorbehalt des Gesetzes" einen anderen Gesetzesbegriff benötigen.

126 Querverweis ins Staatsrecht: Mit den staatsorganisationsrechtlichen Gesetzesvorbehalten beschäftigen Sie sich nicht im Fach Verwaltungsrecht, sondern im Staatsrecht. Beispiele: Übertragung von Hoheitsrechten durch formelles Bundesgesetz auf die EU nach Art. 23 Abs. 1 S. 2 GG oder Transformation eines völkerrechtlichen Vertrags ins deutsche Recht durch formelles Bundesgesetz nach Art. 59 Abs. 2 S. 1 GG.

Gelegentlich wird in Prüfungen erwartet, dass Sie den Vorbehalt des Gesetzes kurz im Rahmen Ihrer Erörterungen zur Rechtsgrundlage ansprechen, siehe dazu in Teil 3 (Erlass belastender Verwaltungsakte).

C. Die Grundrechtsbindung der Verwaltung

190 Nach Art. 1 Abs. 3 GG ist die vollziehende Gewalt (also auch die Verwaltung) an die Grundrechte gebunden. Das gilt unproblematisch, wenn der **Verwaltungsträger** durch seine Organe in **öffentlich-rechtlichen Handlungsformen** handelt.

191 Fraglich ist, ob die Verwaltungsorgane auch dann an die Grundrechte gebunden sind, wenn sie in **privatrechtlichen Handlungsformen** für den **Verwaltungsträger** handeln.[127]

■ **Beispiele:** Die Gemeinde regelt die Benutzung ihres Kindergartens privatrechtlich (Verwaltungsprivatrechtliches Handeln); der Bund stellt eine Verwaltungsangestellte ein – das Land BW kauft Büromaterial (Bedarfsdeckungsgeschäfte = fiskalische Hilfsgeschäfte); die Gemeinde verkauft mit Gewinn Souvenirs (Erwerbswirtschaft).

192 Der BGH[128] sagt in ständiger Rechtsprechung:[129]
- volle Grundrechtsbindung bei verwaltungsprivatrechtlichem Handeln (Verwaltung erfüllt „unmittelbar öffentliche Aufgaben“ wie insbesondere Aufgaben der Daseinsvorsorge);
- in den sonstigen Bereichen keine unmittelbare Grundrechtsbindung.

193 Das BVerfG und die überwiegende Auffassung in der Literatur lehnen eine Differenzierung ab und unterwerfen jegliches Handeln von Verwaltungsorganen im Namen des Verwaltungsträgers der Grundrechtsbindung („keine Flucht ins Privatrecht“).[130]

194 Nach der Rechtsprechung des BVerfG ist auch eine **juristische Person des Privatrechts**, die im Alleineigentum des Staats (Bundesrepublik Deutschland, Bundesland) bzw. eines Selbstverwaltungsträgers (z. B. der Gemeinde) steht oder von diesen beherrscht wird, grundrechtsgebunden.[131] Halten der Staat bzw. ein Selbstverwaltungsträger nur eine Minderheit der Anteile

127 Hiervon streng zu unterscheiden ist die Frage, ob Verwaltungsorgane privatrechtlich handeln dürfen. Grundsätzlich herrscht Formfreiheit, in bestimmten Fällen kann privatrechtliches Handeln verboten sein (z. B. Art. 33 Abs. 4 GG).

128 Oberste Instanz für alle privatrechtlichen Streitigkeiten der Verwaltung.

129 BGHZ 52, 325 (329); BGHZ 154, 146 (150); BGH, NJW 2004, 1031.

130 BVerfG, NJW 2015, 1359 Rn. 84; BeckOK GG/*Hillgruber*, GG Art. 1 Rn. 70.

131 Vgl. BVerfGE 128, 226 (244 f.).

(beherrschen sie die juristische Person des Privatrechts also nicht), ist die juristische Person des Privatrechts selbst nicht grundrechtsgebunden, sondern nur der Staat bzw. der Selbstverwaltungsträger als Anteilseigner.[132]

Auch im Verwaltungsrecht müssen Sie prüfen können, ob ein bestimmtes Tun, Dulden oder Unterlassen einer Stelle der Verwaltung einen Eingriff in den Schutzbereich eines bestimmten Grundrechts darstellt und wenn ja, ob der Eingriff **rechtmäßig** ist. Rechtmäßigkeit bedeutet „kein Verstoß gegen das geltende Recht“.[133] **195**

Beispiel: Recht auf allgemeine Handlungsfreiheit (Art. 2 Abs. 1 GG) **196**

Schutzbereich:
- Persönlicher Schutzbereich: jedermann, nach Art. 19 Abs. 3 GG auch inländische juristische Personen des Privatrechts
- Sachlicher Schutzbereich: „Jeder kann tun, was er will“

Eingriff:
zunächst benennen, welches Handeln geprüft wird: Verwaltungsakt/Rechtsverordnung/Satzung/tatsächliches Tun bzw. Nichtstun der Verwaltung/…; dann Eingriff prüfen:
- „klassischer Eingriff“: Die Verwaltung greift in das Grundrecht des Einzelnen ein, wenn sie ihm in Form einer Regelung final und unmittelbar eine Belastung auferlegt (z. B. Taubenfütterungsverbot in Form eines befehlenden Verwaltungsakts oder einer Rechtsverordnung)
- „sonstiger Eingriff“: Tatsächliches Handeln der Verwaltung oder die Rechtswirkungen von Regelungen gegenüber Dritten („Nichtadressaten“), wenn diese ähnlich wie klassische Eingriffe die Grundrechte des Einzelnen betreffen.

▷

132 Vgl. BVerfGE 115, 167 (227 f.).

133 Die Prüfung des Eingriffs in die Grundrechte aus der Perspektive der Verwaltung ist eine andere als die aus der Perspektive des BVerfG:
Die Verwaltung darf in die Grundrechte des Einzelnen nur eingreifen, soweit sie zu dem Eingriff durch ein Parlamentsgesetz ermächtigt ist (Vorbehalt des Gesetzes) und ihr Handeln auch im Übrigen formell und materiell rechtmäßig ist (Vorrang des Gesetzes). Entscheidend ist also die Rechtmäßigkeit des Verwaltungshandelns. Erhebt der Betroffene gegen das Verwaltungshandeln Klage beim Verwaltungsgericht, prüft dieses, ob das Handeln der Verwaltung rechtmäßig war.
Dahingegen prüft das BVerfG im Rahmen einer vom Einzelnen im Anschluss an das verwaltungsgerichtliche Verfahren erhobenen Verfassungsbeschwerde (näher hierzu Rn. 1215) nicht noch einmal komplett die Rechtmäßigkeit des Verwaltungshandelns, sondern nur, ob die Fachgerichte bei der Auslegung und Anwendung des einfachen Rechts im konkreten Fall die Bedeutung eines Grundrechts überhaupt nicht erkannt, grundsätzlich verkannt oder es grundsätzlich fehlerhaft gewichtet haben. Denn das BVerfG ist keine Superrevisionsinstanz.

Rechtmäßigkeit des Eingriffs der Verwaltung: – Eingriff muss sich auf ein formelles Gesetz stützen lassen, das selbst wiederum verfassungsmäßig sein muss (insbes. Verhältnismäßigkeit des ermächtigenden Gesetzes) – Eingriff muss formell und auch im Übrigen materiell rechtmäßig sein (insbes. bei Ermessen der Verwaltung: Verhältnismäßigkeit der Verwaltungsmaßnahme im Einzelfall und auch sonst ermessensfehlerfreies Handeln)

197

Beispiel: Recht auf Gleichbehandlung (Art. 3 Abs. 1 GG)
Schutzbereich: – Persönlicher Schutzbereich: jedermann, nach Art. 19 Abs. 3 GG auch inländische juristische Personen des Privatrechts – Sachlicher Schutzbereich: „Recht auf gleichmäßige Gesetzesanwendung durch die Verwaltung“
Eingriff: zunächst benennen, welches Handeln geprüft wird: Verwaltungsakt/Rechtsverordnung/Satzung/tatsächliches Tun bzw. Nichtstun der Verwaltung/…; dann die „Ungleichbehandlung“ prüfen.
Rechtmäßigkeit der Ungleichbehandlung – nach der „Willkürformel“: Die Ungleichbehandlung ist gerechtfertigt, wenn sie sich auf einen sachlichen Grund stützen lässt. Sie ist nicht gerechtfertigt, wenn sie willkürlich ist (sachliche Gründe fehlen ganz oder werden nur vorgeschoben). – nach der „neueren Formel“: Die Ungleichbehandlung ist gerechtfertigt, wenn sie verhältnismäßig ist.

D. Verhältnismäßigkeitsgrundsatz

I. Praktische Bedeutung und Lernmethode

198 Ein in den Prüfungen im öffentlichen Recht und in der täglichen Verwaltungspraxis ganz besonders wichtiger Grundsatz für Verwaltungshandeln ist der **Grundsatz der Verhältnismäßigkeit** (Übermaßverbot). Hier sollten Sie unbedingt einen Schwerpunkt setzen. Es ist nicht ganz einfach, den Grundsatz der Verhältnismäßigkeit und hier insbesondere das Zusammenspiel von formellen Gesetzen und Verwaltungsmaßnahmen in allen Facetten richtig zu verstehen. Das erfordert von Ihnen großen Einsatz: Sie müssen sich mit dem Verhältnismäßigkeitsgrundsatz unbedingt mehrfach und Schritt für Schritt vertiefend beschäftigen. Denn Sie werden sowohl in der Klausur als auch in Ihrem späteren Verwaltungshandeln grundsätzlich jede Maßnahme auf ihre Verhältnismäßigkeit hin überprüfen müssen.

II. Allgemeine Grundlagen

1. Geschichte

Die Ursprünge des Verhältnismäßigkeitsgrundsatzes lassen sich zurück in das 19. Jahrhundert verfolgen. Während im absolutistischen Staat die Polizeigewalt der Inbegriff der dem Fürsten zustehenden absoluten Staatsgewalt war,[134] wurden die polizeilichen Befugnisse nunmehr auf die Maßnahmen beschränkt, die der Gefahrenabwehr dienten (Beschränkung des legitimen Zwecks der Maßnahme) und dafür nötig waren (Verbot übermäßiger polizeilicher Eingriffe in die Freiheit und das Eigentum der Bürger).[135] **199**

2. Verfassungs- und Unionsrecht

Der Grundsatz der Verhältnismäßigkeit hat Verfassungsrang. Er ist im GG zwar nicht ausdrücklich geregelt, ergibt sich aber aus dem Rechtsstaatsprinzip (Art. 20 Abs. 3 GG) und aus den Grundrechten (Verbot unverhältnismäßiger Eingriffe). Er gilt für alle drei Staatsgewalten (Gesetzgebung, vollziehende Gewalt, Rechtsprechung). **200**

Der Grundsatz der Verhältnismäßigkeit ist auch unionsrechtlich geregelt, Art. 5 Abs. 4 EUV.

3. Definitionen

Eine staatliche Maßnahme (= Mittel) ist **verhältnismäßig**, wenn sie zur Verfolgung eines legitimen Zwecks (= Ziels) geeignet, erforderlich und angemessen ist. **201**

Prüfungsschritte:

1. Vorprüfung: Der mit dem Mittel verfolgte Zweck (Ziel) muss herausgearbeitet werden. Der verfolgte Zweck muss legitim, d. h. rechtlich zulässig sein.[136] Das eingesetzte Mittel muss legitim, d. h. rechtlich zulässig sein.

---

134 Vgl. *Stolleis*, Geschichte des öffentlichen Rechts in Deutschland, Bd. 2, 1992, S. 245.

135 Vgl. *Stolleis*, Geschichte des öffentlichen Rechts in Deutschland, Bd. 2, 1992, S. 246 ff.

136 Bei Bundesgesetzen: Das Gesetz muss einem verfassungslegitimen Zweck dienen. Ein Gesetz, das ausschließlich oder vorrangig Zwecken dient, die gegen die Verfassung verstoßen, ist bereits wegen dieses Verstoßes verfassungswidrig. Die Verhältnismäßigkeit ist dann gar nicht mehr zu prüfen. Bei Landesgesetzen: Der verfolgte Zweck darf weder gegen die Landesverfassung, noch gegen sonstiges Bundesrecht verstoßen. Umstritten ist, ob sich die Legitimität aus den vom Gesetzgeber (mutmaßlich) verfolgten subjektiven Zwecken ergeben muss oder ob auch andere, vom Gesetzgeber nicht verfolgte Zwecke (objektive Zwecke) herangezogen werden dürfen, um die Legitimität des Gesetzes zu begründen.
Bei Verwaltungsmaßnahmen aufgrund einer gesetzlichen Ermächtigung: Mit der Verwaltungsmaßnahme dürfen nur die Zwecke verfolgt werden, die dem Zweck der Ermächti-

2. Verhältnismäßigkeitsprüfung: Das eingesetzte Mittel muss geeignet, erforderlich und angemessen sein, um den (die) angestrebten legitimen Zweck(e) zu erreichen.

202 Ein Mittel ist **geeignet**, wenn mit seiner Hilfe der angestrebte Zweck gefördert werden kann.

Prüfungsschritte: Hier ist in Form einer Prognose nur zu überlegen, ob die Maßnahme einen Beitrag dazu leistet, das Ziel zu fördern. Das Ziel muss nicht erreicht werden. Es muss auch nicht das am besten geeignetste Mittel gewählt werden.

203 Ein Mittel ist **erforderlich**, wenn es kein milderes (also kein den/die Betroffene(n) weniger belastendes) Mittel gibt, das gleich geeignet ist.

Prüfungsschritte: Hier ist zunächst zu überlegen, welche alternativen Maßnahmen es gibt. Diese alternativen Maßnahmen müssen rechtlich zulässig sein. Dann ist zu prüfen, ob die Alternativen gleich geeignet sind. Ist das der Fall, ist zu überlegen, ob sie einen milderen Grundrechtseingriff für den/die Betroffene(n) darstellen.

204 Eine Maßnahme ist **angemessen**, wenn die mit dem Eingriff verbundene Belastung des Einzelnen nicht außer Verhältnis zu dem beabsichtigten Erfolg steht. Das ist im Rahmen einer Güterabwägung (Nachteile für den Betroffenen einerseits und Vorteile für die Allgemeinheit andererseits) zu prüfen: Je intensiver der Eingriff ist, desto höher sind die Anforderungen an die Rechtfertigung des Eingriffs.

Prüfungsschritte[137]**:**

1. Zunächst beschreiben wir den **Grad der Eingriffsintensität im konkreten Fall:**
   a) In welche(s) Recht(e) wird eingegriffen?
   b) Wie intensiv ist/sind die Eingriffe im konkreten Fall?
2. Dann beurteilen wir **die Wichtigkeit des mit dem Eingriff im konkreten Fall verfolgten Zwecks.**
3. Schließlich untersuchen wir, ob die Wichtigkeit des verfolgten Zwecks die Intensität des Eingriffs **rechtfertigt oder** ob der Eingriff **unzumutbar** ist. Dabei helfen uns auch die beiden folgenden Aspekte:

---

gungsgrundlage entsprechen. Bei Verwaltungsmaßnahmen ohne Bindung an eine gesetzliche Ermächtigung: Es dürfen keine Zwecke verfolgt werden, die gegen Rechtsnormen verstoßen.

137 Es gibt verschiedene Vorschläge zur Prüfungsreihenfolge. Wir folgen hier *Klatt/Meister*, Der Grundsatz der Verhältnismäßigkeit, JuS 2014, 193–199. Andere stellen im 1. Schritt zunächst abstrakt die betroffenen Belange und deren abstrakte Bewertung und im 2. Schritt die Intensität des konkreten Betroffenseins sowie den konkreten Gemeinwohlgewinn fest: *Voßkuhle*, Grundwissen – Öffentliches Recht: Der Grundsatz der Verhältnismäßigkeit, JuS 2007, 429.

a) **Abstraktes Gewicht der kollidierenden Rechtsgüter:** So ist der Argumentationsaufwand zur Rechtfertigung von Eingriffen in Art. 8 GG größer als bei Eingriffen in die allgemeine Handlungsfreiheit (Art. 2 Abs. 1 GG); Eingriffe in Grundrechte zum Schutz anderer besonders wichtiger Rechtsgüter (z. B. zum Schutz von Leib und Leben anderer) bedürfen weniger Rechtfertigungsgründe als Eingriffe zum Schutz rangniedriger Zwecke. Aus diesen Überlegungen ergibt sich aber nur ein „Abwägungsvorsprung" in abstracto. Wie genau abzuwägen ist, hängt immer vom konkreten Fall ab.

b) **Erkenntnissicherheit der Voraussetzungen für den Eingriff:** So lässt sich eine Fahrtenbuchauflage beispielsweise rechtfertigen, wenn eine erhebliche Verkehrsordnungswidrigkeit begangen wurde, nicht aber, wenn lediglich ein einmaliger Parkverstoß vorliegt.

III. Vertiefung (Fortgeschrittene)

Hier wiederholen und vertiefen wir, worauf Sie im Staatsrecht vielleicht noch nicht ausreichend geachtet haben. Dieses Unterkapitel sollten Sie erst bearbeiten, wenn Sie im Staatsrecht die Prüfung der einzelnen Grundrechte gelernt und im 3. Teil zumindest das 1. Kapitel (Erlass belastender Verwaltungsakte) bearbeitet haben. **205**

1. Geltungsbereich des Verhältnismäßigkeitsgrundsatzes

Der Verhältnismäßigkeitsgrundsatz ist bei allen **Eingriffen in Freiheitsgrundrechte** zu beachten. **206**

Vertiefungshinweis 1:
Für einige Freiheitsgrundrechte hat das BVerfG besondere Anforderungen an den Verhältnismäßigkeitsgrundsatz formuliert, hier drei wichtige Beispiele:

1. Art. 12 Abs. 1 GG (Drei-Stufen-Theorie)

Eingriff in Form einer Berufsausübungsregelung[138]: als legitimer Zweck wird jede vernünftige Erwägung des Gemeinwohls anerkannt.

Eingriff in Form einer subjektiven Berufswahlregelung[139]: als legitimer Zweck wird nur der Schutz wichtiger Gemeinschaftsgüter, die der Freiheit des Einzelnen vorgehen, anerkannt.

138 Berufsausübungsregelung (Vorschriften, die Modalitäten der Berufstätigkeit regeln): z. B. Festsetzung von Ladenschlusszeiten.

139 Subjektive Berufswahlregelung (Vorschriften, die den Beginn oder das Ende einer bestimmten Berufstätigkeit von subjektiven Voraussetzungen abhängig machen): z. B. Festsetzung von Altersgrenzen, Erfordernis von Befähigungsnachweisen.

Eingriff in Form einer objektiven Berufsauswahlregelung[140]: als legitimer Zweck wird nur die Abwehr nachweisbarer oder höchstwahrscheinlicher schwerer Gefahren für ein überragend wichtiges Gemeinschaftsgut anerkannt

2. Art. 14 GG

Eingriff durch Inhalts- und Schrankenbestimmungen: Der Gesetzgeber muss bei der Verhältnismäßigkeitsprüfung die Sozialbindung des Eigentums (Art. 14 Abs. 2 GG) berücksichtigen.

Eingriff in Form der Enteignung: legitimer Zweck darf nur das Wohl der Allgemeinheit sein (Art. 14 Abs. 3 S. 1 GG).

3. Recht auf informationelle Selbstbestimmung (Art. 2 Abs. 1 i.V.m. Art. 1 Abs. 1 GG)

Grundrechtsträger müssen Einschränkungen in ihr Recht auf informationelle Selbstbestimmung nur im überwiegenden Allgemeininteresse hinnehmen.[141]

207 Der Verhältnismäßigkeitsgrundsatz ist **teilweise** auch bei der Prüfung des **allgemeinen Gleichheitsgrundsatzes (Art. 3 Abs. 1 GG)** zu beachten, nämlich dann, wenn die sogenannte neue Formel[142] zur Anwendung kommt:

Vertiefungshinweis 2:

Bei Ungleichbehandlungen von größerer Intensität erfolgt eine Verhältnismäßigkeitsprüfung.

Bei Ungleichbehandlungen von geringerer Intensität wird nach wie vor nur geprüft, ob ein vernünftiger, sachlich einleuchtender Grund für die Ungleichbehandlung vorliegt.

208 Dahingegen gilt der Verhältnismäßigkeitsgrundsatz **nicht im Staat-Staat-Verhältnis**, also nicht zur Abgrenzung der Kompetenzen von Hoheitsträgern. Bei Eingriffen in Selbstverwaltungsrechte von Trägern staatlicher Gewalt (z.B. Eingriffe in die kommunale Selbstverwaltung (Art. 28 Abs. 2 GG) oder in die Hochschulautonomie (Art. 5 Abs. 3 GG)) ist der Verhältnismäßigkeitsgrundsatz allerdings zu beachten.[143]

---

140 Objektive Berufswahlregelung (Vorschriften, die den Beginn oder das Ende einer bestimmten Berufstätigkeit von objektiven Voraussetzungen abhängig machen): Festlegung einer Zahl von Studienplätzen für einen bestimmten Studiengang.

141 BVerfGE 65, 1 (64); ausführlich: Huber/Voßkuhle/*Eichberger*, GG Art. 2 Rn. 296–313.

142 Alte Formel: „Willkürverbot“: Ungleichbehandlungen von geringerer Intensität sind gerechtfertigt, wenn ein vernünftiger, sachlich einleuchtender Grund für eine Ungleichbehandlung vorliegt.

143 Vgl. BVerfG, KommJur 2018, 11.

2. Allgemein zur Verhältnismäßigkeitsprüfung von formellen Gesetzen

Im Fach „Staatsrecht“ müssen Sie regelmäßig **formelle Gesetze** am **Maßstab des Verhältnismäßigkeitsgrundsatzes** (also am Maßstab von Art. 20 Abs. 3 GG) **oder** am **Maßstab eines oder mehrerer Freiheitsgrundrechte** prüfen. Dabei behauptet entweder ein Einzelner, dass das Gesetz oder eine einzelne Regelung aus dem Gesetz ihn unverhältnismäßig belaste oder in seinen Freiheitsgrundrechten verletze, oder sie müssen allgemein prüfen, ob das Gesetz (bzw. eine einzelne Regelung) verhältnismäßig ist oder im Einklang mit den Freiheitsgrundrechten steht. Achtung: Im Fach „Verwaltungsrecht“ müssen Sie die Verhältnismäßigkeit eines Gesetzes nur dann prüfen, wenn sich entsprechende Hinweise aus dem Sachverhalt und/oder der Aufgabenstellung ergeben! **209**

210

Ist das Gesetz/die einzelne Norm verhältnismäßig?	Verletzt das Gesetz/die einzelne Norm Grundrechte?
Herausarbeiten, welche Zwecke mit dem Gesetz verfolgt werden und ob diese legitim (rechtlich zulässig) sind. Legitimität des/der Mittel prüfen. Mittel muss zur Verfolgung des Zwecks geeignet, erforderlich und angemessen sein.	Alle möglicherweise betroffenen Grundrechte herausarbeiten und für jedes Freiheitsgrundrecht wie folgt prüfen: Prüfen, ob der sachliche und der persönliche **Schutzbereich** des Grundrechts betroffen sind Prüfen, ob das Gesetz einen **Eingriff** in den herausgearbeiteten Schutzbereich darstellt. Prüfen, ob der Eingriff verfassungsrechtlich gerechtfertigt ist: Grundrechtsschranken benennen und Schranken-Schranke prüfen (**hier u. a. die Verhältnismäßigkeit**)

Zur Prüfung des legitimen Zwecks: Hier ist streitig, ob nur auf die vom Gesetzgeber genannten Zwecke (subjektive Zwecke) abgestellt werden darf oder ob auch andere Zwecke, denen das Gesetz bei objektiver Betrachtung dienen könnte (objektive Zwecke), berücksichtigt werden dürfen.[144] **211**

Praktisch relevant ist das zur „Rettung des Gesetzes“, also dann,
- wenn der Gesetzgeber verfassungswidrige Zwecke genannt hat (selten), das Gesetz aber auf verfassungslegitime andere Zwecke gestützt werden könnte,

144 Gute Übersicht bei *Cremer*, NVwZ 2004, 668 ff.

– oder wenn die Verhältnismäßigkeitsprüfung ergibt, dass das Mittel zwar nicht zur Verfolgung der vom Gesetzgeber angegebenen Zwecke, dafür aber zur Verfolgung anderer nicht vom Gesetzgeber angegebener Zwecke geeignet, erforderlich und angemessen ist.

Sie kennen das Problem bereits aus dem Unterkapitel „Auslegung von Gesetzen". Auch hier geht es um den Streit, ob im Rahmen der historischen bzw. der teleologischen Auslegung nur die subjektiven Zwecke des Gesetzgebers oder auch objektive Zwecke berücksichtigt werden dürfen und wann Zwecke eigentlich „noch subjektiv" oder „schon objektiv" sind.

In Klausuren und ähnlichen Prüfungen ist das Problem für Sie irrelevant (Sie haben ja schon keine Gesetzesbegründung). Sie müssen lediglich den Gesetzeszweck benennen, der entweder in der Aufgabenstellung genannt wird, wörtlich im Gesetz genannt wird (z. B. § 1 Abs. 1 PolG BW = Polizeigesetz dient der Gefahrenabwehr) oder sich sonst eindeutig ergibt.

212 **Zur Prüfung des legitimen Mittels:** Das formelle Gesetz darf den staatlichen Gewalten keine Befugnisse und dem Bürger keine Handlungspflichten auferlegen, die an sich bereits gegen die Verfassung verstoßen. So wäre beispielsweise eine Regelung, die die Polizei ermächtigt, durch Anwendung von Zwang (z. B. Beugehaft) ein Geständnis des Straftäters herbeizuführen, ein Verstoß gegen die Menschenwürde (Art. 1 Abs. 1 GG) und damit verfassungswidrig.

3. Beispiel zur Verhältnismäßigkeitsprüfung von formellen Gesetzen

213 ■ **Aufgabe (Abwandlung von Fall 2):**

Die Spedition Müller GmbH behauptet, die in § 3 Abs. 1 GüKG vorgeschriebene Erlaubnispflicht sei unverhältnismäßig. Hat sie Recht?

214 Die in § 3 Abs. 1 GüKG vorgesehene Erlaubnispflicht ist verhältnismäßig i. S. d. Art. 20 Abs. 3 GG, wenn die Norm zur Verfolgung eines legitimen Zwecks geeignet, erforderlich und angemessen ist.

Legitimer Zweck: Grundsätzlich darf der Gesetzgeber jedes Ziel verfolgen, das verfassungsrechtlich nicht verboten ist. Bei Eingriffen in die Berufsfreiheit (Art. 12 Abs. 1 S. 1 GG) ist jedoch die Drei-Stufen-Lehre des BVerfG zu beachten. Als legitimer Zweck für Berufsausübungsregeln[145] wird jede vernünftige Erwägung des Gemeinwohls anerkannt. Subjektive Berufszugangsregeln müssen dem Schutz wichtiger Gemeinschaftsgüter dienen, die in abstracto der Freiheit des Einzelnen vorgehen. Objektive Berufszugangs-

145 Beispiel: Durch Gesetz werden Speditionen verpflichtet, ihre Fahrzeuge mit Fahrtenschreibern auszurüsten.

regeln[146] dürfen nur erlassen werden, um nachweisbare oder höchstwahrscheinliche schwere Gefahren für ein überragend wichtiges Gemeinschaftsgut abzuwehren. § 3 Abs. 1 GüKG stellt eine subjektive Berufszugangsregel dar. Die Regelung dient der Abwehr von Gefahren für die öffentliche Sicherheit (Leib und Leben – Art. 2 Abs. 2 S. 1 GG – sowie Eigentum – Art. 14 GG – von Verkehrsteilnehmern) durch unzuverlässige Transportunternehmer und damit dem legitimen Zweck, ein wichtiges Gemeinschaftsgut zu schützen, das der Berufsfreiheit des Einzelnen in abstracto vorgeht.

Legitimes Mittel: Hier bedient sich der Gesetzgeber eines präventiven Verbots mit Erlaubnisvorbehalt: Die Behörde soll bereits vor Inbetriebnahme eines Güterkraftverkehrsgewerbes prüfen, ob durch den Betrieb Gefahren für die Sicherheit und Ordnung im Straßenverkehr entstehen können. Das ist verfassungsrechtlich nicht schon grundsätzlich verboten und stellt somit ein legitimes Mittel dar.[147]

Zweck-Mittel-Relation:
Die gesetzliche Erlaubnispflicht fördert die Verkehrssicherheit und ist damit **geeignet**.

Sie ist **erforderlich**, da eine Erlaubnisfreiheit zwar für die Betroffenen milder, aber nicht gleich geeignet für die Verkehrssicherheit wäre und sonstige Mittel nicht ersichtlich sind.

Schließlich muss die gesetzliche Erlaubnispflicht auch **angemessen** sein. Die mit der gesetzlichen Erlaubnispflicht für die Gewerbetreibenden verbundenen Belastungen dürfen nicht außer Verhältnis zu dem damit verfolgten Ziel – dem Schutz der Verkehrsteilnehmer – stehen. Verkehrsunfälle mit Lastwagen haben in der Regel gravierende Folgen für alle betroffenen Verkehrsteilnehmer. Der Staat muss sicherstellen, dass Verkehrsunfälle mit Lastwagen möglichst vermieden werden. Das kann er am besten sicherstellen, wenn er von Beginn an nur Unternehmer zulässt, die die Gewähr dafür bieten, ihr Gewerbe nicht zum Nachteil der Allgemeinheit zu betreiben. Dass die Unternehmer dafür Bürokratieaufwand auf sich nehmen müssen, bevor sie die Spediton betreiben können, und hierfür auch die Kosten tragen, steht nicht außer Verhältnis zum Schutz der öffentlichen Sicherheit. Die Norm ist angemessen und damit insgesamt verhältnismäßig.

---

146 Beispiel: Die Erteilung einer Güterkraftverkehrserlaubnis würde auch vom Vorliegen objektiver Voraussetzungen abhängen wie z. B. vom Bedarf der Öffentlichkeit an einer weiteren Spedition.

147 Verfassungsrechtlich verboten sind die Todesstrafe und alle anderen Mittel (wie Folter), die die Menschenwürde verletzen.

4. Verhältnismäßigkeitsprüfung von Maßnahmen der Verwaltung

215 Im Verwaltungsrecht lauten Prüfungsfragen regelmäßig: „Ist die Verwaltungsmaßnahme XY rechtmäßig"? Damit beschäftigen wir uns ausführlich im 3. Teil, und zwar getrennt nach den einzelnen Handlungsformen von Verwaltungshandeln. Die Verhältnismäßigkeitsprüfung ist dann nur ein Teil, aber ein sehr wichtiger Teil des Gesamtgutachtens. Zusammenfassend können wir für alle Handlungsformen feststellen:

Ist das Verwaltungshandeln durch ein formelles Gesetz vorgeschrieben (**gebundene Entscheidung**), muss die Verwaltung im Regelfall nicht prüfen, ob ihr Handeln verhältnismäßig ist:

Darüber hat ja bereits der Gesetzgeber nachgedacht, der die Verwaltung durch das Gesetz verpflichtet hat, eine bestimmte Maßnahme zu ergreifen, wenn die von ihm bestimmten Voraussetzungen vorliegen. Die Verwaltung darf im Regelfall auch davon ausgehen, dass das formelle Gesetz verfassungsmäßig ist. Ein Beispiel hierfür ist die Gewerbeuntersagung nach § 35 Abs. 1 S. 1 GewO.

Bei **Ermessensentscheidungen** hat sich der Gesetzgeber nur generell überlegt, dass die vorgesehenen Maßnahmen verhältnismäßig sind. Hier muss in jedem Einzelfall die Verhältnismäßigkeit der angedachten Maßnahme von der Verwaltung geprüft werden.

Wie tief die Verwaltung über ihre Maßnahme nachdenken muss und wie detailliert sie ihre Entscheidungen begründen muss, hängt wiederum vom ermächtigenden Gesetz und vom Einzelfall ab.

Dabei **unterscheidet** sich die Verhältnismäßigkeitsprüfung im Aufbau etwas von der Verhältnismäßigkeitsprüfung bzw. Grundrechtsprüfung, die Sie aus dem Staatsrecht kennen. Beim Erlass von Verwaltungsakten ist dies allein schon durch das in § 40 VwVfG vorgegebene Prüfungsschema bedingt. Außerdem ist die Verwaltung bei der Wahl des legitimen Zwecks und des legitimen Mittels an das sie ermächtigende formelle Gesetz gebunden (Vorrang des Gesetzes).

So darf die Baurechtsbehörde in Fall 1 (Gabionenmauer) mit der Abrissverfügung nicht irgendeinen legitimen Zweck verfolgen (wie z. B. Umweltschutz, Art. 20a GG), sondern nur solche Zwecke, die sich mit dem durch § 65 Abs. 1 S. 1 LBO BW vorgegebenen Gesetzeszweck (Wiederherstellung ordnungsgemäßer Zustände) decken.

Teil 3:
Die Verwaltung als Erstanwenderin

1. Kapitel: Der Erlass belastender Verwaltungsakte

A. Aufgaben und Lernziele/-inhalte

■ **Aufgaben:** 216

Prüfen Sie gutachtlich, ob das LRA Ortenaukreis Frau Schröder rechtmäßig verpflichten kann, die Gabionenmauer abzureißen.

→ Lösung: siehe D (Rn. 372).

Entwerfen Sie die Abrissverfügung.

→ Lösung: siehe G (Rn. 391).

Zu den Lernzielen dieses Kapitels: Wir erarbeiten uns in diesem Kapitel 217 einen Überblick über die rechtlichen Voraussetzungen, die die Verwaltung beim Erlass von Verwaltungsakten zu beachten hat („Rechtmäßigkeit von Verwaltungsakten"). Dabei geht es hier nur um den Erlass belastender Verwaltungsakte (zu den begünstigenden Verwaltungsakten siehe später 6. Kapitel). Wir nehmen – wie für Ihre spätere praktische Tätigkeit wichtig – zunächst die Perspektive der Behörde vor Erlass des Verwaltungsakts ein. Zur Prüfung der Rechtmäßigkeit von bereits erlassenen Verwaltungsakten aus der Kontrollperspektive siehe Teil 4 (Fehlerlehre), Teil 5 (Rücknahme rechtswidriger Verwaltungsakte) und Teil 6 (Rechtsschutz gegen Verwaltungsakte).

Weiter sollen Sie in diesem Kapitel zwei Techniken lernen, nämlich wie man zur Vorbereitung von Verwaltungsentscheidungen Rechtsfragen (und Fragen zur Zweckmäßigkeit) in Form eines Gutachtens prüft und wie man im Anschluss daran die Verwaltungsentscheidung (hier den Bescheid) entwirft. Sie lernen die beiden unterschiedlichen Sprachstile kennen („Gutachten- und Bescheidstil"):

Im **Gutachtenstil** stellt man jeweils zu Beginn eine Frage, auf die man eine Antwort finden will. Das Ergebnis ist zunächst offen und wird schrittweise entwickelt. Im **Bescheidstil** dahingegen hat man ein Ergebnis, das man gleich zu Beginn nennt und im Anschluss daran begründet.

218 **Lerninhalte** in diesem Kapitel sind:

☑ Sie können Ermächtigungsgrundlagen für belastende Verwaltungsakte erarbeiten und in Tatbestandsvoraussetzungen und Rechtsfolgenseite gliedern.

☑ Sie können beurteilen, ob die formellen Voraussetzungen (Zuständigkeit, Verfahren, Form, Bekanntgabe) für den Erlass eines angedachten Verwaltungsakts vorliegen.

☑ Sie können beurteilen, ob die materiellen Voraussetzungen für den Erlass eines angedachten belastenden Verwaltungsakts vorliegen, und insbesondere das der Verwaltung eingeräumte Ermessen rechtmäßig ausüben.

☑ Sie können juristische Methoden (Gutachtentechnik; Bescheidtechnik; Arbeit mit Rechtsnormen) anwenden.

219 **Zum Aufbau dieses Kapitels:** Oben (hier in A.) finden Sie zunächst die beiden zu bearbeitenden Aufgaben (Gutachten erstellen und Bescheid entwerfen).

Unter B. schlage ich Ihnen für die spätere Prüfung der Rechtmäßigkeit eines belastenden Verwaltungsakts und die Gliederung des Rechtsgutachtens in Klausuren etc. ein **Prüfungsschema** vor. Im Aufbau folge ich dabei der an den meisten Hochschulen für öffentliche Verwaltung üblichen Gliederung. Teilweise (z.B. Hochschule für öffentliche Verwaltung Kehl)[148] wird die Prüfung der materiellen Voraussetzungen (oft der Schwerpunkt der Prüfung) vorgezogen. Wie Sie aufbauen, ist unwichtig. Prüfungsschemata sind lediglich Gliederungsvorschläge. Immer an erster Stelle zu nennen ist aber die herangezogene Rechtsgrundlage.

In C. erarbeiten wir uns die Rechtmäßigkeitsvoraussetzungen für den Erlass belastender Verwaltungsakte. Dabei folgen wir nicht der Gliederung des Prüfungsschemas unter B. („Rechtsgrundlage“, „formelle Voraussetzungen“, „materielle Voraussetzungen“), sondern einem für den Anfänger etwas leichter verständlichen Aufbau: „Rechtsgrundlage“, „Zuständigkeit für die Rechtsgrundlage (Teil der formellen Voraussetzungen)“, „materielle Voraussetzungen“, „sonstige formelle Voraussetzungen (Verfahren, Form, Bekanntgabe)“.

In D. finden Sie den Lösungsvorschlag zur ersten Aufgabe („Prüfen Sie gutachtlich, ob Frau Schröder zum Abriss der Mauer verpflichtet werden kann“).

In E. finden Sie ein chronologisches Prüfungsschema, das den Ablauf des Entscheidungsprozesses in der Praxis verdeutlicht.

---

148 So auch noch in der 1. Auflage dieses Kompendiums Verwaltungsrecht von 2012.

In F. folgt ein Hinweis auf die Gebührenerhebung für den Erlass von Verwaltungsakten.

Den Aufbau der praktischen Entscheidung (also des Bescheids) lernen Sie in G. Dort finden Sie am Ende des Unterkapitels auch den Lösungsvorschlag zur zweiten Aufgabe („Entwerfen Sie die Abrissverfügung“).

Unter H. finden Sie Hinweise zur Vertiefung des Themas „Erlass belastender Verwaltungsakte“.

B. Prüfungsschema für den Erlass eines belastenden Verwaltungsakts

Beachte: Es sind im Gutachten nicht stets alle Prüfungspunkte anzusprechen!

I. Rechtsgrundlage für den Erlass des belastenden Verwaltungsakts; Befugnis zum Handeln durch Verwaltungsakt 220

1. Passende (recht- bzw. verfassungsmäßige) Rechtsgrundlage für die angedachte belastende Regelung finden und benennen
2. ggf. prüfen, ob die Rechtsgrundlage auch zum Handeln durch Verwaltungsakt ermächtigt (Verwaltungsakt-Befugnis)

II. Formelle Voraussetzungen für den Erlass des belastenden VAs

1. Zuständigkeit für den Erlass des Verwaltungsakts

a) sachliche Zuständigkeit
b) örtliche Zuständigkeit

2. Verfahren bis zum Erlass des Verwaltungsakts

a) Bestimmung der einschlägigen Verfahrensvorschriften
b) Einleitung des Verfahrens
c) Beteiligte
d) ggf. Mitwirkung anderer Behörden
e) unparteiischer Sachbearbeiter
f) Untersuchungsgrundsatz, Beweiserhebung
g) Rechte der Beteiligten, insbesondere Anhörung
h) ggf. Frist

3. Form des Verwaltungsakts

a) Formzwang oder Formfreiheit
b) Besonderheiten bei der gewählten bzw. vorgeschriebenen Form
c) Begründung schriftlicher oder elektronischer Verwaltungsakte
d) Rechtsbehelfsbelehrung bei schriftlichen oder elektronischen Verwaltungsakten

e) ggf. Hinweise auf die Rechtslage (keine Rechtmäßigkeitsvoraussetzung; aus Gründen der Zweckmäßigkeit)

4. Bekanntgabe des Verwaltungsakts

III. Materielle Voraussetzungen für den Erlass des belastenden VAs

1. Vorliegen der Tatbestandsvoraussetzungen der Rechtsgrundlage

2. Setzen einer rechtmäßigen Rechtsfolge

a) Rechtmäßigkeit der Auswahl des Regelungsadressaten

b) Rechtmäßigkeit der Maßnahme

aa) bei gebundener Entscheidung: i. d. R. ist der belastende Verwaltungsakt zu erlassen, Ausnahme: durch den Erlass läge wegen der Besonderheiten des Einzelfalls ein Verstoß gegen höherrangiges Recht vor (z. B. gegen EU-Grundfreiheiten, Grundrechte, Verhältnismäßigkeit)

bb) bei Ermessensentscheidung: die Verwaltung muss ihr Ermessen ermessensfehlerfrei ausüben, § 40 (L)VwVfG

c) keine Unmöglichkeit für den Regelungsadressaten, dem Verwaltungsakt nachzukommen

d) Bestimmtheit des Verwaltungsakts (streitig, a. A.: formelle Voraussetzung)

C. Rechtmäßiger Erlass eines belastenden Verwaltungsakts

I. Einführung: Rechtmäßigkeit belastender Verwaltungsakte

221 ■ **Aufgabe:** Unter welchen Voraussetzungen ist die in Fall 1 angedachte Abrissverfügung gegenüber Frau Schröder rechtmäßig?

222 Aus Teil 2 wissen Sie: **Verwaltungshandeln** ist **rechtmäßig**, wenn es mit dem **geltenden Recht** in Einklang geht. „Geltendes Recht" meint die einschlägigen Normen des Unionsrechts, der Verfassung (GG; Landesverfassung), der formellen Bundes- bzw. Landesgesetze; die Einzelfall- oder Allgemeinregelungen der Verwaltung mit Außenwirkung, die allgemeinen von Rechtsprechung und Lehre entwickelten Verwaltungsgrundsätze und das Gewohnheitsrecht sowie die rechtskräftigen Gerichtsentscheidungen, soweit sie die Verwaltung in dem zu entscheidenden Fall binden.

223 Ein **belastender Verwaltungsakt** ist **materiell rechtmäßig**, wenn die angedachte (bzw. bereits verfügte) Regelung auf einer wirksamen und ausreichenden Ermächtigungsgrundlage beruht (Vorbehalt des Gesetzes) und die Regelung inhaltlich mit der Ermächtigungsgrundlage selbst und dem sonstigen geltenden Recht vereinbar ist (Vorrang des Gesetzes).

224 Er ist **formell rechtmäßig**, wenn er von der Behörde unter Beachtung der einschlägigen Zuständigkeits-, Verfahrens-, Form- und Bekanntgabevorschriften erlassen wird bzw. worden ist (ebenfalls Vorrang des Gesetzes).

■ **Lösung:** Die angedachte Abrissverfügung (ein Frau Schröder belastender Verwaltungsakt, § 35 S. 1 LVwVfG BW) ist rechtmäßig, wenn sie auf einer wirksamen und ausreichenden Ermächtigung beruht (Vorbehalt des Gesetzes), das LRA Ortenaukreis sie unter Beachtung der einschlägigen Zuständigkeits-, Verfahrens-, Form- und Bekanntgabevorschriften erlässt und die Anordnung des Abrisses der Gabionenmauer inhaltlich mit der Ermächtigungsgrundlage selbst und dem sonstigen geltenden Recht vereinbar ist (Vorrang des Gesetzes). 225

II. Rechtsgrundlage, Verwaltungsakt-Befugnis und Zuständigkeit

1. Rechtsgrundlage

■ **Aufgabe:** Bedarf es in Fall 1 für den Erlass der Abrissverfügung einer Rechtsgrundlage und welche Rechtsgrundlage kommt in Betracht? 226

Rechtsgrundlage erforderlich? Die Verwaltung bedarf für den Erlass belastender Verwaltungsakte zwingend einer Ermächtigung durch formelles Gesetz („**Vorbehalt des Gesetzes**“).[149] 227

Die in Fall 1 angedachte Abrissverfügung kann also nur erlassen werden, wenn das LRA Ortenaukreis hierzu durch formelles Gesetz ermächtigt wird.

Wo suchen? Meistens ist die Rechtsgrundlage für den Erlass belastender Verwaltungsakte eine Norm des **besonderen Verwaltungsrechts**. In den **allgemeinen Verwaltungsverfahrensgesetzen** sind nur wenige Rechtsgrundlagen zu finden. Wichtige Beispiele sind §§ 48, 49 (L)VwVfG, die u. a. regeln, unter welchen Voraussetzungen begünstigende Verwaltungsakte von der Verwaltung durch Verwaltungsakt aufgehoben werden können (s. dazu später in Teil 5). 228

In Fall 1 ist also zu überlegen, in welchem Gesetz des besonderen Verwaltungsrechts die Rechtsgrundlage für den Erlass der Abrissverfügung zu suchen ist. Es geht um die Materie „Baurecht“ – genauer um „Bauordnungsrecht“. Dieses ist in den Landesbauordnungen geregelt, für Baden-Württemberg in der LBO BW.

Rechtsgrundlagen erkennen? Eine Rechtsgrundlage für belastende Maßnahmen erkennt man daran, dass die Verwaltung auf der Rechtsfolgenseite zum Eingriff in Rechtspositionen des Bürgers durch ein Tun, Dulden oder Unterlassen ermächtigt wird, wenn die Voraussetzungen vorliegen, die auf der Tatbestandsseite aufgezählt werden. Für Anfänger ist es hilfreich, die 229

149 Der Gesetzesvorbehalt ist teilweise auch ausdrücklich in den Landesverfassungen geregelt, hier in Art. 58 Landesverfassung BW.

Norm grafisch in Tatbestandsvoraussetzungen (in Rn. 230 ff. grau markiert) und Rechtsfolgenseite (in Rn. 230 ff. unterstrichen) zu zerlegen:

Sie haben in der LBO BW folgende Normen gefunden und überlegen, ob es sich bei diesen Normen um Rechtsgrundlagen handelt: §§ 13 Abs. 1 S. 1, 41, 47 Abs. 1, 65 LBO BW.

230 **§ 13 LBO BW (Standsicherheit)**
(1) [1]Bauliche Anlagen müssen sowohl im ganzen als auch in ihren einzelnen Teilen sowie für sich allein standsicher sein.

Keine Rechtsgrundlage, hier wird nur geregelt, dass bauliche Anlagen standsicher sein müssen. Die Verwaltung wird nicht zugleich ermächtigt, bei Verstoß hiergegen einzuschreiten.

231 **§ 41 LBO BW (Grundsatz)**
Bei der Errichtung oder dem Abbruch einer baulichen Anlage sind der Bauherr und im Rahmen ihres Wirkungskreises die anderen nach den §§ 43 bis 45 am Bau Beteiligten dafür verantwortlich, dass die öffentlich-rechtlichen Vorschriften und die auf Grund dieser Vorschriften erlassenen Anordnungen eingehalten werden.

Keine Rechtsgrundlage, hier wird nur geregelt, welche Pflichten der Bauherr hat. Die Verwaltung wird nicht zugleich ermächtigt, bei Verstoß hiergegen einzuschreiten.

232 **§ 47 LBO BW (Aufgaben und Befugnisse der Baurechtsbehörden)**
(1) [1]Die Baurechtsbehörden haben darauf zu achten, dass die baurechtlichen Vorschriften sowie die anderen öffentlich-rechtlichen Vorschriften über die Errichtung und den Abbruch von Anlagen und Einrichtungen im Sinne des § 1 eingehalten und die auf Grund dieser Vorschriften erlassenen Anordnungen befolgt werden. [2]Sie haben zur Wahrnehmung dieser Aufgaben diejenigen Maßnahmen zu treffen, die nach pflichtgemäßem Ermessen erforderlich sind.

Satz 1 ist keine Rechtsgrundlage. Hier werden nur die Aufgaben der Baurechtsbehörde beschrieben.

Satz 2 ist eine Rechtsgrundlage für belastende Maßnahmen: Wenn baurechtliche oder andere öffentlich-rechtliche Vorschriften über die Errichtung und den Abbruch von Anlagen und Errichtungen im Sinne des § 1 nicht eingehalten werden oder die auf Grund dieser Vorschriften erlassenen Anordnungen nicht befolgt werden (Tatbestandsvoraussetzungen), sind die Baurechtsbehörden ermächtigt, die nach pflichtgemäßem Ermessen erforderlichen Maßnahmen zu treffen.

§ 65 LBO BW (Abbruchsanordnung und Nutzungsuntersagung) 233

(1) [1]Der teilweise oder vollständige Abbruch einer Anlage, die im Widerspruch zu öffentlich-rechtlichen Vorschriften errichtet wurde, kann angeordnet werden, wenn nicht auf andere Weise rechtmäßige Zustände hergestellt werden können.

[2]Werden Anlagen im Widerspruch zu öffentlich-rechtlichen Vorschriften genutzt, so kann diese Nutzung untersagt werden.

Absatz 1 Satz 1 ist eine Rechtsgrundlage. Hier wird die Behörde zur Anordnung des teilweisen oder vollständigen Abbruchs einer Anlage ermächtigt. Tatbestandsvoraussetzung ist, dass die Anlage im Widerspruch zu öffentlich-rechtlichen Vorschriften errichtet wurde und rechtmäßige Zustände auf andere Weise nicht hergestellt werden können.

Auch Absatz 1 Satz 2 ist eine Rechtsgrundlage. Hier wird die Behörde ermächtigt, die Nutzung einer Anlage zu untersagen. Tatbestandsvoraussetzung ist, dass die Anlage im Widerspruch zu öffentlich-rechtlichen Vorschriften genutzt wird.

Richtige Rechtsgrundlage? Manchmal passen vom Wortlaut der Norm mehrere Rechtsgrundlagen. Dann ist zu überlegen, ob eine Norm die speziellere und damit zunächst zu prüfen ist („Spezialgesetz vor allgemeinem Gesetz“, siehe Rn. 52). 234

Für den Erlass der angedachten Abrissverfügung kommen sowohl § 47 Abs. 1 S. 2 LBO BW als auch § 65 Abs. 1 S. 1 LBO BW in Betracht. Da § 65 Abs. 1 S. 1 LBO BW speziell die Anordnung des Abbruchs regelt und § 47 Abs. 1 S. 2 LBO BW lediglich allgemein zum Ergreifen von Maßnahmen ermächtigt, prüfen wir vorrangig, ob wir nach § 65 Abs. 1 S. 1 LBO BW den Abriss der Gabionenmauer anordnen können. Nur wenn sich später herausstellen sollte, dass die Voraussetzungen nach dieser Norm nicht vorliegen (z.B. der Widerspruch zu öffentlich-rechtlichen Vorschriften erst nach der Errichtung eingetreten ist), wäre zu überlegen, ob sich dann die Abrissverfügung auf § 47 Abs. 1 S. 2 LBO BW stützen ließe.[150]

■ **Lösung:** Der Erlass einer Abrissverfügung bedarf als belastender Verwaltungsakt einer gesetzlichen Ermächtigung. Als solche kommt hier zunächst § 65 Abs. 1 S. 1 LBO BW[151] in Betracht, der ausdrücklich zur Anordnung des Abbruchs von Anlagen ermächtigt, 235

---

150 Beachte: Wenn die Voraussetzungen einer Spezialnorm nicht vorliegen, darf auf die Generalklausel nur dann zurückgegriffen werden, wenn durch den Rückgriff nicht der Anwendungsbereich der Spezialnorm ausgehebelt wird.

151 Würde der Fall in einem anderen Bundesland spielen, vgl. Bayern: Art. 76 S. 1 BayBO; Berlin: § 80 BauO Bln; Brandenburg: § 80 Abs. 1 BBgBO; Bremen: § 79 Abs. 1 S. 1 BremLBO; Hamburg: § 76 Abs. 1 S. 1 HBauO; Hessen: § 82 Abs. 1 S. 1 HBO; Mecklenburg-Vorpommern:

während § 47 Abs. 1 S. 2 LBO BW als Auffangnorm allgemein zum Ergreifen von Maßnahmen ermächtigt (bauordnungsrechtliche Generalklausel) und daher nur subsidiär zur Anwendung kommt.

2. Befugnis zum Handeln durch Verwaltungsakt

236 Unsere gefundene Rechtsgrundlage § 65 Abs. 1 S. 1 LBO BW ermächtigt das LRA Ortenaukreis nicht nur inhaltlich, von Frau Schröder den Abriss der Mauer fordern zu dürfen („Anspruchsgrundlage"), sondern berechtigt das LRA Ortenaukreis gleichzeitig, den Abriss der Mauer einseitig (hoheitlich) in der Form des Verwaltungsakts anordnen zu können. Das LRA Ortenaukreis muss Frau Schröder also nicht wie ein Privater auf Erfüllung verklagen. Dies nennt man „Verwaltungsakt-Befugnis". Im Bereich der Ordnungsverwaltung (Über-Unterordnungs-Verhältnis zwischen Staat und Bürger) ist die Verwaltungsakt-Befugnis unproblematisch und daher bei der gutachtlichen Prüfung auch nicht ausdrücklich anzusprechen. Problematisch ist die Verwaltungsakt-Befugnis z. B. in den Bereichen, in denen kein klassisches Über-Unterordnungs-Verhältnis besteht (Verwaltungsakte von Behörden gegen andere Behörden bzw. Verwaltungsträger).

3. Zuständigkeit

a) Sachliche Zuständigkeit

237 ■ **Aufgabe:** Prüfen Sie, ob das LRA Ortenaukreis für den Erlass von Abrissverfügungen nach § 65 Abs. 1 S. 1 LBO BW **sachlich zuständig** ist, d. h. ob das LRA Ortenaukreis zu den Behörden (Verwaltungsorganen) gehört, denen diese Sachaufgabe zugewiesen ist.

238 **Begriff:** Unter der sachlichen Zuständigkeit versteht man die Zuordnung einer Sachaufgabe zu einem bzw. mehreren Verwaltungsträgern (Verbandskompetenz) und innerhalb dieser zu einem oder mehreren Verwaltungsorganen (Organkompetenz).

In Fall 1 ist es eine Frage der sachlichen Zuständigkeit, welche Verwaltungsorgane für welche Verwaltungsträger die Sachaufgabe „Erlass von Abrissverfügungen nach § 65 Abs. 1 S. 1 LBO BW" wahrnehmen.

239 **Normierung:** Die sachliche Zuständigkeit ist nicht allgemein in den Verwaltungsverfahrensgesetzen, sondern abhängig von der einschlägigen Rechts-

---

§ 80 Abs. 1 LBauO M-V; Niedersachsen: § 79 Abs. 1 S. 1, 2 Nr. 4 NBauO; Nordrhein-Westfalen: § 82 Abs. 1 S. 1 BauO NRW; Rheinland-Pfalz: § 81 S. 1 LBauO RP; Saarland: § 82 Abs. 1 LBO Saarland; Sachsen: § 80 S. 1 SächsBO; Sachsen-Anhalt: § 79 S. 1 BauO LSA; Schleswig-Holstein: § 80 S. 1 LBO SH; Thüringen: § 79 Abs. 1 S. 1 ThürBO.

grundlage geregelt, i. d. R. durch Gesetz, Rechtsverordnung oder Satzung[152] und meist nicht abschließend in einer einzigen Rechtsnorm, sondern in einer mehr oder weniger langen Normenkette.

Die Bestimmung der sachlichen Zuständigkeit ist für den Anfänger regelmäßig sehr schwierig, weil sie vertiefte Kenntnisse im Verwaltungsorganisationsrecht voraussetzt: Sie müssen zunächst herausfinden, ob die Ausführung des einschlägigen Gesetzes Bundes- oder Ländersache ist. Dann ist bei Ländersachen nach dem einschlägigen Landesrecht zu ermitteln, welchen Behörden der unmittelbaren oder mittelbaren Landesverwaltung die Sachaufgabe zugewiesen ist. Bei Bundessachen sind die sachlich zuständigen Behörden der unmittelbaren bzw. mittelbaren Bundesverwaltung nach Bundesrecht zu ermitteln.

■ **Beispiel:** Sie wollen bestimmen, welche Behörden für den Erlass von Geschwindigkeitsbeschränkungen auf Bundesstraßen (Rechtsgrundlage ist § 45 Abs. 1 S. 1 StVO) sachlich zuständig sind. Nach §§ 45 Abs. 1 S. 1, 44 Abs. 1 S. 1 StVO sind die **Straßenverkehrsbehörden** sachlich zuständig. Das ist aber nur eine Fachbezeichnung. Welche Verwaltungsorgane welches Verwaltungsträgers Straßenverkehrsbehörden sind, wissen Sie damit noch nicht. Hier müssen Sie auf Ihr Wissen im Verwaltungsorganisationsrecht zurückgreifen: Es geht um die Ausführung von Bundesrecht (StVO) durch die Länder. Also regelt jedes Bundesland durch formelles Gesetz oder Rechtsverordnung für seinen Bereich, welche Behörden der unmittelbaren oder mittelbaren Landesverwaltung die Aufgaben der Straßenverkehrsbehörde wahrnehmen (die allgemeinen Verwaltungsbehörden oder Sonderbehörden) und welche Hierarchiestufe innerhalb des Behördenaufbaus für Geschwindigkeitsbeschränkungen auf Bundesstraßen zuständig ist (die oberste, mittlere oder unterste Stufe im Verwaltungsaufbau, auch „instanzielle Zuständigkeit" genannt).[153]

Bedeutung: Über die sachlichen Zuständigkeitsregelungen werden die Sachaufgaben den Behörden zugewiesen, die nach Auffassung des Normgebers zur Aufgabenwahrnehmung am besten geeignet sind. In Eilfällen ist für Gefahrenabwehrmaßnahmen in allen Bundesländern der Polizeivollzugsdienst zuständig (in BW z. B. nach §§ 2 Abs. 1, 105 Abs. 2 PolG BW). **240**

152 Vertiefungshinweis: Insbesondere im Bereich der Bundesverwaltung wird die sachliche Zuständigkeit für den Erlass von belastenden Verwaltungsakten gegenüber Beamten und Soldaten teilweise nur durch Verwaltungsvorschrift geregelt. Das ist im Hinblick auf den Gesetzesvorbehalt rechtlich problematisch. Nach hier vertretener Rechtsauffassung ist es nicht ausreichend, wenn der Gesetzgeber „welche Behörde auch immer" zum Erlass des belastenden Verwaltungsakts ermächtigt. Vielmehr muss der Gesetzgeber auch vorgeben, wie diese Behörde zu bestimmen ist.

153 In Baden-Württemberg sind dies z. B. nach § 1 StVOZuG BW die unteren Verwaltungsbehörden. Wer untere Verwaltungsbehörde ist, ist nach § 15 LVG BW zu bestimmen.

241 ■ **Lösung**: Zu prüfen ist, welche Verwaltungsorgane für die Sachaufgabe „Erlass von Abrissverfügungen nach § 65 Abs. 1 S. 1 LBO BW" sachlich zuständig sind. § 65 Abs. 1 S. 1 LBO BW ist Landesrecht, damit kann die Zuständigkeit auch nur landesrechtlich geregelt sein. Da § 65 Abs. 1 S. 1 LBO BW hierzu selbst nichts bestimmt, ist an anderer Stelle in der LBO BW nach einer Norm zu suchen, die die sachliche Zuständigkeit regelt. Das ist § 48 Abs. 1 LBO BW. Danach sind die unteren Baurechtsbehörden zuständig. Welche Behörden wiederum untere Baurechtsbehörden sind, regelt § 46 Abs. 1 LBO BW. Dieser bestimmt in Nr. 1 die obersten, in Nr. 2 die höheren und in Nr. 3 die untersten Baurechtsbehörden. Nach § 46 Abs. 1 Nr. 3 LBO BW sind untere Baurechtsbehörden alle **unteren Verwaltungsbehörden (s. § 15 LVG BW)** und die sog. **örtlichen Baurechtsbehörden**, also die Gemeinden und Verwaltungsgemeinschaften, die nicht schon untere Verwaltungsbehörden sind und vom zuständigen Regierungspräsidium nach § 46 Abs. 2 LBO BW zur örtlichen Baurechtsbehörde ernannt worden sind. In Baden-Württemberg gibt es insgesamt 208 untere Baurechtsbehörden (Stand: 01.05.2023)[154]: Als untere Verwaltungsbehörden sind das die 35 Landratsämter (§ 15 Abs. 1 Nr. 1 LVG), die 9 Stadtkreise (§ 15 Abs. 1 Nr. 2 LVG BW)[155], die zahlreichen Großen Kreisstädte (§ 15 Abs. 1 Nr. 1 LVG BW)[156] sowie die Verwaltungsgemeinschaften, die zur unteren Verwaltungsbehörde erklärt worden sind (§ 15 Abs. 1 Nr. 1, 17 LVG BW).[157] Hinzu kommen die zur örtlichen Baurechtsbehörde erklärten Gemeinden und Verwaltungsgemeinschaften.[158]

Die sachliche Zuständigkeit des Landratsamts Ortenaukreis ergibt sich hier somit aus §§ 48 Abs. 1, 46 Abs. 1 Nr. 3 Var. 1 LBO BW i. V. m. § 15 Abs. 1 Nr. 1 LVG BW.

---

154 https://mlw.baden-wuerttemberg.de/fileadmin/redaktion/m-mlw/intern/Dateien/03_Bauen-Wohnen/Baurecht/Baurechtsbehoerden-Verzeichnis_01.05.2023.pdf (abgerufen am 15.05.2024).

155 Genauer gesagt sind die Stadtkreise die Verwaltungsträger, zuständiges Verwaltungsorgan innerhalb des Stadtkreises ist der Bürgermeister, § 15 Abs. 2 LVG BW.

156 Die Großen Kreisstädte sind untere Baurechtsbehörden, weil diese Sachaufgabe nicht nach § 19 LVG BW ausschließlich den Landratsämtern zugewiesen ist (wie das z. B. bei der Kfz-Zulassung der Fall wäre). Genauer gesagt sind die Großen Kreisstädte die Verwaltungsträger, zuständiges Verwaltungsorgan innerhalb der Großen Kreisstadt ist der Bürgermeister, § 15 Abs. 2 LVG BW.

157 Genau genommen ist hier weiter zu differenzieren. Nach § 59 GemO BW gibt es zwei Arten von Verwaltungsgemeinschaften, nämlich den rechtsfähigen Gemeindeverwaltungsverband und die nicht rechtsfähige vereinbarte Verwaltungsgemeinschaft. Geht es um die Wahrnehmung der Aufgaben einer unteren Baurechtsbehörde, ist Verwaltungsträger der Gemeindeverwaltungsverband und zuständiges Verwaltungsorgan der Verbandsvorsitzende (mit Verwaltung). Nimmt eine vereinbarte Verwaltungsgemeinschaft die Aufgaben als untere Baurechtsbehörde wahr, ist das sachlich zuständige Verwaltungsorgan der Bürgermeister der erfüllenden Gemeinde.

158 Genauer genommen: die Bürgermeister der Gemeinden, die Verbandsvorsitzenden der Gemeindeverwaltungsverbände und die Bürgermeister der erfüllenden Gemeinden der vereinbarten Verwaltungsgemeinschaften, die zur örtlichen Baurechtsbehörde erklärt worden sind.

Hinweis auf andere Bundesländer:

Die Suche nach der sachlichen Zuständigkeit funktioniert für die Abrissverfügung in allen Flächenstaaten und in Bremen nach dem gleichen Prinzip.[159] Die jeweilige Landesbauordnung, also das Gesetz, in dem auch die Rechtsgrundlage steht, enthält eine Regelung darüber, welche Behörden in welchen Hierarchieebenen für die Ausführung der Landesbauordnung grundsätzlich zuständig sind.

b) Örtliche Zuständigkeit

■ **Aufgabe:** Sie haben oben gesehen, dass das LRA Ortenaukreis für den Erlass von Abrissverfügungen nach § 65 Abs. 1 S. 1 LBO BW zusammen mit 207 weiteren unteren Baurechtsbehörden sachlich zuständig ist. Nun sollen Sie die örtliche Zuständigkeit prüfen, d.h. ob das LRA Ortenaukreis diejenige der 208 Baurechtsbehörden in Baden-Württemberg ist, die für die Anordnung des Abbruchs von Anlagen in der Gemeinde Willstätt zuständig ist. 242

Begriff: Unter der örtlichen Zuständigkeit versteht man die räumliche Zuordnung von Verwaltungstätigkeiten innerhalb aller für diese Verwaltungstätigkeit sachlich zuständigen Verwaltungsorgane. 243

Wir haben oben festgestellt, dass sachlich für die Aufgabe „Erlass von Abrissverfügungen nach § 65 Abs. 1 S. 1 LBO BW" insgesamt 208 Verwaltungsorgane bzw. Behörden zuständig sind. (Mindestens) eines dieser 208 Verwaltungsorgane muss nun für Abrissverfügungen von Anlagen in Willstätt örtlich zuständig sein.

Normierung: Die örtliche Zuständigkeit ist teilweise spezialgesetzlich geregelt. Fehlt eine spezialgesetzliche Regelung, ist im Anwendungsbereich des (Landes-)Verwaltungsverfahrensgesetzes auf § 3 (L)VwVfG zurückzugreifen: Abs. 1 regelt die örtliche Zuständigkeit im Normalfall, Abs. 3 die örtliche Zuständigkeit bei Änderungen im laufenden Verwaltungsverfahren und Abs. 4 die örtliche Zuständigkeit in Eilfällen. Abs. 2 regelt, wie die örtlich zuständige Behörde zu bestimmen ist, wenn mehrere Behörden örtlich zuständig sind oder es sonst bestimmte Zweifel gibt. Die Prüfungsreihenfolge in Abs. 1 ist zwingend einzuhalten: Geht es um eine Angelegenheit i.S.d. § 3 Abs. 1 Nr. 1 (L)VwVfG, dürfen Nr. 2 bis Nr. 4 nicht mehr geprüft werden. 244

---

159 Anders nur in Berlin und Hamburg: Berlin: Bln AZG und Zuständigkeitskatalog sowie Bl ASOG und ZustKat Ord; Hamburg: Gesetz über Verwaltungsbehörden, Bezirksverwaltungsgesetz und die jeweils einschlägige Anordnung über die Zuständigkeit.

245 **Auszug aus dem LVwVfG BW**

§ 3 Örtliche Zuständigkeit

(1) Örtlich zuständig ist

1. in Angelegenheiten, die sich auf unbewegliches Vermögen oder ein ortsgebundenes Recht oder Rechtsverhältnis beziehen,
   die Behörde, in deren Bezirk das Vermögen oder der Ort liegt;
2. in [lies mit: nicht schon durch Nr. 1 geregelten] Angelegenheiten, die sich auf den Betrieb eines Unternehmens oder einer seiner Betriebsstätten, auf die Ausübung eines Berufs oder auf eine andere dauernde Tätigkeit beziehen,
   die Behörde, in deren Bezirk das Unternehmen oder die Betriebsstätte betrieben oder der Beruf oder die Tätigkeit ausgeübt wird oder werden soll;
3. in anderen Angelegenheiten [lies mit: also nicht bereits durch Nr. 1 oder Nr. 2 geregelten Angelegenheit], die
   a) eine natürliche Person betreffen,
      die Behörde, in deren Bezirk die natürliche Person ihren gewöhnlichen Aufenthalt hat oder zuletzt hatte,
   b) eine juristische Person oder eine Vereinigung betreffen,
      die Behörde, in deren Bezirk die juristische Person oder die Vereinigung ihren Sitz hat oder zuletzt hatte;
4. in Angelegenheiten, bei denen sich die Zuständigkeit nicht aus den Nummern 1 bis 3 ergibt,
   die Behörde, in deren Bezirk der Anlass für die Amtshandlung hervortritt.

246 ■ **Lösung:** In der LBO BW ist die örtliche Zuständigkeit nicht spezialgesetzlich geregelt. Da hier das LRA Ortenaukreis (als untere Verwaltungsbehörde eine unmittelbare Landesbehörde von Baden-Württemberg) öffentlich-rechtlich tätig wird und kein Ausschlussgrund nach § 2 LVwVfG BW vorliegt, kann nach § 1 LVwVfG BW auf das LVwVfG BW zurückgegriffen werden. Dort ist die örtliche Zuständigkeit allgemein in § 3 LVwVfG BW geregelt. Die Anordnung des Abbruchs der Gabionenmauer stellt eine Angelegenheit dar, die sich auf unbewegliche Vermögen (hier das Grundstück von Frau Schröder) bezieht. Damit ist nach § 3 Abs. 1 Nr. 1 LVwVfG BW die Behörde örtlich zuständig, in deren Bezirk das Grundstück von Frau Schröder liegt. Das Grundstück liegt in der Gemeinde Willstätt. Nun ist zu prüfen, zum Bezirk welcher unteren Baurechtsbehörde die Gemeinde Willstätt gehört. Die Gemeinde Willstätt ist weder selbst untere Baurechtsbehörde noch gehört sie einer Verwaltungsgemeinschaft an, die für ihr Gebiet die Aufgaben einer unteren Verwaltungsbehörde oder örtlichen Baurechtsbehörde wahrnimmt. Das Gemeindegebiet Willstätt gehört also zum Zuständigkeitsbereich des LRA Ortenaukreis. Damit ist das LRA Ortenaukreis auch örtlich zuständig.

Hinweis zu anderen Bundesländern:

Auch in den anderen Bundesländern ist auf § 3 Abs. 1 Nr. 1 des entsprechenden Landesverwaltungsverfahrensgesetzes bzw. über das Landesverwaltungsverfahrensgesetz auf § 3 Abs. 1 Nr. 1 VwVfG Bund zurückzugreifen.

c) Behörden- bzw. verwaltungsorganinterne Zuständigkeit

■ **Aufgabe:** Ist Herr Mustermann für die Abrissverfügung „zuständig"? Kann sich Frau Schröder erfolgreich wehren, falls das nicht der Fall ist? 247

Begriff: Von der **sachlichen Zuständigkeit** (also der Zuordnung einer Sachaufgabe auf bestimmte **Verwaltungsorgane**) zu unterscheiden ist die weitere Zuordnung der Sachaufgabe innerhalb des Verwaltungsorgans bzw. der Behörde (**organ- bzw. behördeninterne Zuständigkeit**).[160] 248

Normierung: Im Gegensatz zur sachlichen und örtlichen Zuständigkeit ist die behördeninterne Zuständigkeit im Regelfall nur durch eine Verwaltungsvorschrift ohne Außenwirkung (Geschäftsverteilungspläne etc.) geregelt, so dass der Einzelne keinen Anspruch auf Einhaltung hat.[161] Allein der Verstoß gegen Verwaltungsvorschrift ohne Außenwirkung führt nicht zur Rechtswidrigkeit des Verwaltungsakts. 249

■ **Lösung:** Ob Herr Mustermann für die Abrissverfügung zuständig ist, ist nach dem internen Geschäftsverteilungsplan des LRA Ortenaukreis zu bestimmen. Herr Mustermann ist verpflichtet, diesen auch einzuhalten. Frau Schröder kann sich allerdings nicht auf den internen Geschäftsverteilungsplan berufen, weil er rechtlich keine Außenwirkung hat. Sie hat lediglich einen Anspruch darauf, dass die sachlich und örtlich zuständige Behörde (also das LRA Ortenaukreis) in ihrer Sache entscheidet. 250

d) Institutionelle Befangenheit (für Fortgeschrittene)

■ **Aufgaben:** Nicht Frau Schröder, sondern der Landkreis Ortenaukreis ist Eigentümer des Grundstücks mit der standunsicheren Gabionenmauer. Ist das LRA Ortenaukreis trotzdem für die Entscheidung über den Erlass oder Nichterlass der Abrissverfügung zuständig? 251

Wenn es um einen belastenden Verwaltungsakt geht, an dessen Erlass bzw. Nichterlass das an sich sachlich und örtlich zuständige Verwaltungsorgan ein eigenes Interesse hat, weil dieser Belastungen oder Begünstigungen für den Verwaltungsträger mit sich bringt, dem es angehört, stellt sich die Frage, ob es den Fall dennoch bearbeiten darf. Eine allgemeine Regelung der sogenannten institutionellen Befangenheit kennt das deutsche Recht nicht. Unser Fall kann hier über § 48 Abs. 2 LBO BW im Rahmen der sach- 252

160 Z.T. auch funktionelle Zuständigkeit genannt, vgl. *Detterbeck*, VerwR, Rn. 577; andere bezeichnen nur die mit Außenwirkung geregelte behördeninterne Zuständigkeit als funktionelle Zuständigkeit, vgl. *Maurer/Waldhoff*, VerwR, § 21 Rn. 50.

161 Ausnahmsweise ist die behördeninterne Zuständigkeit durch Rechtssatz mit Außenwirkung geregelt wie z. B. durch §§ 27 Abs. 2, 61 Abs. 1 S. 2 (L)VwVfG, sonstige gesetzlich geregelte „Behördenleitervorbehalte".

lichen Zuständigkeit gelöst werden.[162] Fehlt eine derartige Regelung, sollte (keine Rechtspflicht, nur meine Empfehlung) die Behörde aus Fairness die übergeordnete Behörde einschalten.

253 ■ **Lösung:** § 48 Abs. 2 LBO BW gilt nur für Gemeinden. Das LRA Ortenaukreis bleibt also für den Erlass an den Landkreis gerichteter Abrissverfügungen sachlich zuständig. Eine allgemeine institutionelle Befangenheit kennt das deutsche Recht nicht.

e) Ggf. Organzuständigkeit (bei Selbstverwaltungsträgern)

254 ■ **Aufgabe:** Die Gabionenmauer steht nicht im Ortenaukreis, sondern im Stadtkreis Mannheim. Bestimmen Sie die sachliche Zuständigkeit!

255 Ist ein Selbstverwaltungsträger (also nicht eine Behörde der unmittelbaren Bundes- oder Landesverwaltung) zuständig, d.h. liegt die „Verbandskompetenz“ nicht beim Bund oder Land und seinen (ggf. im Wege der Organleihe ausgeliehenen) Behörden, ist als zweiter Teil der sachlichen Zuständigkeit zu prüfen, welches Organ innerhalb des Selbstverwaltungsträgers für den Erlass des Verwaltungsakts zuständig ist. Im Ausgangsfall 1 entfällt diese weitere Prüfung, weil das Landratsamt als Organ des Landes Baden-Württemberg und damit als unmittelbare Landesverwaltung tätig wird.

256 Selbstverwaltungsträger bestehen oft aus einem Hauptorgan, das intern für die Willensbildung zuständig ist (z.B. Gemeinderat), und einem Organ, das die Beschlüsse des Hauptorgans ausführt und den Selbstverwaltungsträger nach außen vertritt (z.B. Bürgermeister). In der Regel ist das Hauptorgan nicht für den Erlass von Einzelregelungen wie für den Erlass von Verwaltungsakten zuständig. So werden die meisten Verwaltungsakte in Gemeinden in Baden-Württemberg vom Bürgermeister mit seiner Verwaltung erlassen. In Einzelfällen ist jedoch der Gemeinderat selbst zuständig. Er entscheidet dann durch Beschluss, den der Bürgermeister dann nur noch bekannt geben muss.

■ **Beispiele für die Zuständigkeit des Gemeinderats für den Erlass von Verwaltungsakten**

Einzelverfügung, § 35 S. 1 LVwVfG: Feststellung eines Hinderungsgrundes nach § 29 Abs. 5 GemO BW (und sonstige Verwaltungsakte des Gemeinderats als Gremium gegenüber einzelnen Gemeinderäten). **Allgemeinverfügungen nach § 35 S. 2 LVwVfG:** Widmung einer Straße als Gemeindestraße nach § 5 Abs. 1 StrG BW; Benutzungsregelungen einer öffentlichen Einrichtung (wenn diese Aufgaben nicht vom Gemeinderat auf den Bürgermeister oder einen Ausschuss delegiert worden sind).

---

162 Vgl. VGH BW, Beschluss vom 29.03.1999 – 3 S 718/99 –.

Exkurs ins Kommunalrecht: Bei Weisungsaufgaben[163] benötigt der Bürgermeister gemäß § 44 Abs. 3 GemO BW nicht die Mitwirkung des Gemeinderats. Bei weisungsfreien Aufgaben erlässt der Bürgermeister Verwaltungsakte ohne Mitwirkung des Gemeinderats nur, wenn es sich um Geschäfte der laufenden Verwaltung handelt oder ihm die Aufgabe übertragen worden ist, § 44 Abs. 2 GemO BW. Ansonsten benötigt der Bürgermeister einen Gemeinderatsbeschluss, der ihn zum Erlass des Verwaltungsakts ermächtigt. Ob ein solcher vorliegt, ist aber keine Frage der Zuständigkeit des Bürgermeisters nach außen, sondern eine Frage der Einhaltung des Verfahrens. Wir prüfen dies erst später bei den formellen Voraussetzungen unter dem Punkt „Mitwirkung anderer Behörden". 257

■ **Lösung:** Sachlich zuständig für den Erlass von Abrissverfügungen sind nach § 48 Abs. 1 LBO BW die unteren Baurechtsbehörden, gemäß § 46 Abs. 1 Nr. 3 LBO BW also die unteren Verwaltungsbehörden sowie die zur örtlichen Baurechtsbehörde bestimmten Gemeinden und Verwaltungsgemeinschaften. In den Stadtkreisen ist untere Verwaltungsbehörde nach § 15 Abs. 1 Nr. 2 LVG BW die Stadt (Verbandskompetenz). Innerhalb der Stadt liegt die Zuständigkeit beim Oberbürgermeister, § 15 Abs. 2 LVG BW (Organkompetenz). 258

4. Zusammenfassung: Ihr Wissensstand

Sie wissen, warum die Behörde für den Erlass eines belastenden Verwaltungsakts eine Rechtsgrundlage benötigt: Vorbehalt des Gesetzes! 259

Sie können Rechtsgrundlagen für den Erlass eines belastenden Verwaltungsakts in den Gesetzen finden, weil Sie wissen, woran man eine Rechtsgrundlage erkennt:

- Rechtsfolgenseite ermächtigt die Verwaltung zum Erlass einer belastenden Verfügung/Tatbestandsseite gibt vor, welche Voraussetzungen erfüllt sein müssen (Beispiele: §§ 47 Abs. 1 S. 2 LBO BW, 65 Abs. 1 S. 1 LBO BW, § 65 Abs. 1 S. 2 LBO BW)
- unter den Rechtsgrundlagen wählt man die aus, die auf der Rechtsfolgenseite die beabsichtigte Handlung vorsehen (z. B. Abbruch ginge nach § 65 Abs. 1 S. 1 LBO BW und vom Wortlaut her auch nach § 47 Abs. 1 S. 2 LBO BW, nicht aber nach § 65 Abs. 1 S. 2 LBO BW. § 65 Abs. 1 S. 2 LBO BW ermächtigt zum Erlass einer Nutzungsuntersagung)
- keine Rechtsgrundlage für den Erlass eines belastenden Verwaltungsakts sind solche Normen, die lediglich die Aufgabe der Verwaltung, nicht aber die Befugnis für Eingriffe regeln (z. B. § 47 Abs. 1 S. 1 LBO BW) oder

163 Bzw. teilweise in anderen Bundesländern als „staatliche Aufgabe" bezeichnet.

die lediglich eine gesetzliche Pflicht des Bürgers begründen (z. B. § 41 LBO BW)

Sie können Rechtsgrundlagen für den Erlass eines belastenden Verwaltungsakts in den Gesetzen finden, weil Sie wissen, wie man die in Betracht kommenden Rechtsgrundlagen für den Erlass eines belastenden Verwaltungsakts ordnet (insbesondere: Spezialgesetz vor allgemeinem Gesetz: § 65 Abs. 1 S. 1 LBO BW lex specialis zu § 47 Abs. 1 S. 2 LBO BW).

Sie können die Zuständigkeit ermitteln.

III. Materielle Voraussetzungen

1. Einführung

260 ■ **Aufgabe:** Unter welchen Voraussetzungen ist die angedachte Abrissverfügung gegenüber Frau Schröder materiell rechtmäßig?

261 Ein belastender Verwaltungsakt ist materiell (also inhaltlich) rechtmäßig, wenn

- die Rechtsgrundlage, auf der er beruht, selbst wirksam und eine ausreichende Rechtsgrundlage für den belastenden Verwaltungsakt ist,
- die Tatbestandsvoraussetzungen der Rechtsgrundlage im konkreten Sachverhalt vorliegen,
- die angedachte oder getroffene Regelung mit dem geltenden Recht vereinbar ist, also mit der Rechtsgrundlage selbst und mit dem sonstigen geltenden Recht.

262 ■ **Lösung:** Die angedachte Abrissverfügung ist nur materiell rechtmäßig, wenn § 65 Abs. 1 S. 1 LBO BW verfassungsmäßig und für die angedachte Maßnahme, die Abrissverfügung, eine ausreichende Rechtsgrundlage ist. Außerdem müssen im vorliegenden Fall die Tatbestandsvoraussetzungen von § 65 Abs. 1 S. 1 LBO BW vorliegen. Schließlich muss die getroffene Rechtsfolge, nämlich die Verfügung, dass Frau Schröder die ganze Gabionenmauer abzureißen hat, mit der abstrakt in § 65 Abs. 1 S. 1 LBO BW vorgesehenen Rechtsfolge vereinbar sein und darf auch sonst nicht gegen geltendes Recht verstoßen (also z. B. nicht gegen den Verhältnismäßigkeitsgrundsatz bzw. gegen Grundrechte).

2. Rechtmäßige und ausreichende Rechtsgrundlage

263 ■ **Aufgabe:** Stellen Sie sich vor, beim Erlass der LBO BW und damit auch beim Erlass von § 65 Abs. 1 S. 1 LBO BW wäre folgender Fehler im Gesetzgebungsverfahren passiert: Das Gesetz wurde nicht ausgefertigt. Kann die Abrissverfügung nun trotzdem gestützt auf § 65 Abs. 1 S. 1 LBO BW erlassen werden?

Stellen Sie sich vor, es gäbe in Baden-Württemberg im Ordnungsrecht nur eine einzige Ermächtigungsgrundlage, nämlich §§ 3, 1 Abs. 1 PolG BW. Könnten Abrissverfügungen dann zukünftig nach dieser Ermächtigungsgrundlage erlassen werden?

Die Ermächtigungsgrundlage (also das formelle Gesetz, die Rechtsverordnung oder die Satzung), auf die der belastende Verwaltungsakt gestützt wird, muss ihrerseits selbst wirksam, also i. d. R. rechtmäßig (Rechtsverordnungen und Satzungen) bzw. verfassungsmäßig (formelle Gesetze) sein. **264**

Außerdem muss die wirksame Ermächtigungsgrundlage für den angedachten bzw. verfügten Eingriff ausreichend sein. Das wiederum hängt insbesondere von der Schwere des Grundrechtseingriffs ab und ist eine verfassungsrechtliche Frage. **265**

■ **Lösung:** Wegen der fehlenden Ausfertigung ist das Gesetz formell verfassungswidrig und damit unwirksam. Das gilt dann auch für § 65 Abs. 1 S. 1 LBO BW. Wird die Abrissverfügung dennoch erlassen, ist sie materiell rechtswidrig (Verstoß gegen den Vorbehalt des Gesetzes). **266**

Die polizeiliche Generalklausel ist keine ausreichende Rechtsgrundlage für „gewichtige Grundrechtseingriffe durch Standardmaßnahmen", also nicht für Abrissverfügungen, die grundsätzlich einen schweren Eingriff in das Eigentum darstellen (Verstoß gegen den Vorbehalt des Gesetzes). Auf §§ 3, 1 Abs. 1 PolG BW könnte eine Abrissverfügung also nur im Einzelfall im überwiegenden Interesse der Allgemeinheit oder Einzelner gestützt werden, beispielsweise also bei akuter Einsturzgefahr.

3. Das Vorliegen der Tatbestandsmerkmale

■ **Aufgabe:** Erarbeiten Sie die abstrakten Tatbestandsvoraussetzungen nach § 65 Abs. 1 S. 1 LBO BW. Lässt sich der Ausgangsfall unter diese Tatbestandsvoraussetzungen subsumieren? **267**

Zunächst erarbeiten wir aus unserer Rechtsgrundlage, die wir oben schon in Tatbestandsvoraussetzungen und Rechtsfolgenseite gegliedert haben, die einzelnen Tatbestandsmerkmale. **268**

> **§ 65 Abs. 1 S. 1 LBO BW**
> Der teilweise oder vollständige Abbruch einer Anlage, die im Widerspruch zu öffentlich-rechtlichen Vorschriften errichtet wurde, kann angeordnet werden, wenn nicht auf andere Weise rechtmäßige Zustände hergestellt werden können.

Die einzelnen Tatbestandsvoraussetzungen werden in eine sinnvolle Reihenfolge gebracht. Dann halten wir sie in der linken Spalte der folgenden Tabelle fest: **269**

Tatbestandsvoraussetzungen (TBM)		
Anlage		
die im Widerspruch zu öffentlich-rechtlichen Vorschriften errichtet wurde		
auf andere Weise können rechtmäßige Zustände nicht hergestellt werden		

270 Nun versuchen wir, die Bedeutung der einzelnen Tatbestandsvoraussetzungen zunächst nur anhand des Gesetzes zu ermitteln.

271 Die Definition für „**Anlage**" ist leicht zu finden: Die LBO BW enthält wie viele Gesetze ziemlich am Anfang Paragrafen mit Begriffsdefinitionen (Legaldefinitionen).

Bei „**gegen öffentlich-rechtliche Vorschriften errichtet**" beschränken wir uns auf die Prüfung von § 13 LBO BW. In anderen Baurechtsfällen kann eine umfangreichere Prüfung erforderlich sein.[164]

Die „**Standsicherheit**" wird in der LBO BW nicht definiert.[165] Zunächst arbeiten wir anhand der Rechtsauffassung der beteiligten Akteure heraus, was die gesuchte Definition leisten muss: Familie Schröder hält die Mauer für nicht richtig gegründet und verwendet hierbei das Wort „standunsicher". Andererseits ist nach ihrer Auffassung eine Abbruchsanordnung nicht erforderlich, weil die Mauer nicht akut einsturzgefährdet sei. Es ist also fraglich, ob die Mauer nur dann nicht standsicher ist, wenn sie akut einsturzgefährdet ist oder schon früher. Die Bauaufseherin hält die Mauer für nicht standsicher, weil sie nicht in den Hang eingebunden worden ist und so den aktiven Erddruck nicht in den Baugrund ableiten kann. Nun werten wir die Rechtsprechung (Gerichtsentscheidungen z.B. über „juris") und die Literatur (z.B. Kommentare zur LBO BW, Aufsätze) zu dieser Frage aus (Arbeit mit Fundstellen).

---

164 Unter den öffentlich-rechtlichen Vorschriften versteht man nämlich zunächst das gesamte Bauplanungsrecht (hier z.B. auch die Vorschriften des Bebauungsplans), das gesamte Bauordnungsrecht (hier z.B. auch die Abstandsvorschriften) und zusätzlich noch alle sonstigen öffentlich-rechtlichen Vorschriften, deren Einhaltung von der Bauaufsichtsbehörde überprüft wird (z.B. § 4 Abs. 1 Nr. 2, 2a und 3 Gaststättengesetz Bund, aber nicht § 35 Abs. 1 S. 1 GewO oder die privatrechtlichen Nachbarschaftsgesetze).

165 Auf das Problem der Anwendung von technischen Baubestimmungen (hier z.B. DIN 4085) als sogenannte normkonkretisierende Verwaltungsvorschriften gehen wir hier nicht ein.

„Auf andere Weise können rechtmäßige Zustände nicht hergestellt werden“ ist eine vorgezogene Verhältnismäßigkeitsprüfung (genauer: Erforderlichkeitsprüfung) auf Tatbestandsseite. Zu prüfen ist, ob es eine andere gleich geeignete, aber für Frau Schröder mildere Maßnahme als den Abbruch der Gabionenmauer gibt, um wieder ordnungsgemäße Zustände herzustellen, also um die Standunsicherheit zu beseitigen.

Endlich haben wir die gewünschten Definitionen und kennen auch die logische Reihenfolge, in der zwingend geprüft werden muss (Anlage vor Verstoß gegen öffentlich-rechtliche Vorschriften vor Erforderlichkeit). Wir halten fest:

TBM	Definition	
Eine Anlage	**Das denkt man sich:** Warum sollte die Mauer keine Anlage sein? Vielleicht gibt es eine Legaldefinition? Wie üblich am Anfang des Gesetzes? So geht man vor: § 1 LBO BW unterscheidet zwischen baulichen Anlagen, Bauprodukten, Grundstücken, anderen Anlagen und Einrichtungen und Anlagen nach Absatz 2 LBO BW. In § 2 Abs. 1 S. 1 LBO BW ist die bauliche Anlage definiert, „Bauliche Anlagen sind unmittelbar mit dem Erdboden verbundene, aus Bauprodukten hergestellte Anlagen.“ In § 2 Abs. 1 S. 2 LBO BW wird ergänzt: „Eine Verbindung mit dem Erdboden besteht auch dann, wenn die Anlage durch eigene Schwere auf dem Boden ruht oder wenn die Anlage nach ihrem Verwendungszweck dazu bestimmt ist, überwiegend ortsfest benutzt zu werden.“	272
die im Widerspruch zu öffentlich-rechtlichen Vorschriften errichtet wurde	**Das denkt man sich:** Was sind öffentlich-rechtliche Vorschriften? Alle Normen des öffentlichen Rechts? Na ja, auf jedenfalls die Normen nach der LBO BW! So geht man vor: §§ 3 ff. LBO BW „abklappern“ und nach der einschlägigen Norm (Spezialgesetz) suchen.[166] Sie finden § 13 LBO BW (Standsicherheit).	▷

166 § 13 LBO BW ist lex specialis zu § 3 Abs. 1 LBO BW; § 14 Abs. 2 LBO BW wird hier nicht weiter geprüft.

TBM	Definition	
die im Widerspruch zu öffentlich-rechtlichen Vorschriften errichtet wurde (Fortsetzung)	***Zwischenergebnis:*** *Sie haben Zweifel: Was heißt standsicher?* ***Sie überlegen, was die Definition leisten muss (was sind die Argumente der Akteure) und recherchieren in Literatur und Rechtsprechung:*** Nach § 13 Abs. 1 S. 1 LBO BW muss eine bauliche Anlage sowohl im Ganzen als auch in ihren Teilen sowie für sich allein standsicher sein. **Standsicherheit** bedeutet „Sicherheit vor dem Einsturz" (BeckOK BauordnungsR BW/*Kukk* § 13 Rn. 3). Auf eine konkrete Einsturzgefahr kommt es nicht an, vorgeschrieben wird die Erhaltung eines baulichen Zustands: Die bauliche Anlage und ihre sämtlichen Teile müssen die dem Verwendungszweck entsprechenden und nach menschlichem Ermessen üblicherweise zu erwartenden Belastungen des Standvermögens ohne Beeinträchtigung aushalten (VGH BW, Beschluss vom 12.05.1999 – 8 S 963/99 – zitiert nach juris Rn. 3). Daraus ergeben sich Anforderungen an die Konstruktion, den Baugrund, die Gründung und die einzuhaltende Sicherheitsreserve (BeckOK BauordnungsR BW/*Kukk* § 13 Rn. 4 ff.). Standsicherheit **im Ganzen** bedeutet, dass die bauliche Anlage nach dem Zusammenfügen aller Bauteile sicher steht und in der Lage ist, von innen und von außen auftretende Kräfte aufzunehmen und sicher in den Baugrund abzuleiten (*Sauter,* Landesbauordnung für Baden-Württemberg, Bd. 1, § 13 Rn. 11).	
auf andere Weise können rechtmäßige Zustände nicht hergestellt werden.	Wenn man die Gabionenmauer anders als durch den Abriss mit milderen Mitteln standsicher machen könnte, ist die Abrissverfügung ausgeschlossen.	

273 Zum Schluss subsumieren[167] wir unseren Sachverhalt und ergänzen die letzte Spalte.

167 Subsumieren bedeutet, den Sachverhalt auf die Norm anzuwenden.

TBM	Definition	Subsumtion und Ergebnis
Eine Anlage	§ 2 Abs. 1 S. 1 u. 2 LBO BW	Mauer steht durch das eigene Gewicht auf dem Hang. Damit ist sie eine Anlage i. S. v. § 1 LBO BW, und zwar eine bauliche Anlage. Tatbestandsmerkmal +
im Widerspruch zu öffentlich-rechtlichen Vorschriften errichtet	§ 13 LBO BW ist eine öffentlich-rechtliche …	Gabionenmauer wurde aus Einzelteilen zusammengefügt und als Ganzes nicht in den Hang eingebunden. So kann sie den Erddruck von außen nicht ordnungsgemäß in den Boden ableiten und ist im Ganzen standunsicher. Ob sie auch akut einsturzgefährdet ist, kann offenbleiben. Tatbestandsmerkmal +
auf andere Weise können rechtmäßige Zustände nicht hergestellt werden	kein milderes Mittel, um Mauer standsicher zu machen	Familie Schröder hat vorgeschlagen, den Bereich um die Mauer nicht zu nutzen. Fraglich ist, ob die Behörde dies durch eine Nutzungsuntersagung oder durch eine sonstige nachträgliche Auflage überhaupt verbindlich regeln könnte. Das kann jedoch dahinstehen, weil dies nicht zur nachträglichen Standsicherheit der Mauer führen würde, sondern allenfalls dazu, die Schadensfolgen eines etwaigen Einsturzes zu minimieren. Die Mauer kann nur standsicher gemacht werden, wenn sie in den Hang eingebunden wird. Auch eine Auflage, den Hang anderweitig sicher zu machen oder die Mauer aufwendig abzustützen, wäre – sofern überhaupt möglich (nach Aussage der Bauaufseherin gibt es keine andere Möglichkeit) – ungleich teurer und damit nicht milder. Andere mildere Maßnahmen sind nicht ersichtlich. Tatbestandsmerkmal +

Fassen wir also zusammen: Vor Erlass eines belastenden Verwaltungsakts 274
sind im Rechtsgutachten alle Tatbestandsvoraussetzungen darzustellen und zu prüfen. Wie ausführlich ein einzelnes Tatbestandsmerkmal dann zu definieren ist, hängt davon ab, ob der Sachverhalt einfach unter die Definition subsumiert werden kann oder ob es Probleme gibt. Probleme gibt es zum einen, wenn der Bürger eine andere Rechtsauffassung vertritt. In dem Fall ist es angezeigt, dass die Behörde auf die Rechtsauffassung des Bürgers eingeht und ihren Standpunkt erläutert. Probleme gibt es auch, wenn die Definition in Rechtsprechung und Literatur umstritten ist. Zu jedem Tatbestandsmerkmal folgt dann die Subsumtion des Sachverhalts. Bei jedem Tatbestandsmerkmal oder am Schluss ist das Ergebnis festzuhalten.

4. Rechtsfolgenseite

275 Auf der Rechtsfolgenseite prüfen wir, ob die angedachte Regelung (hier: die Verpflichtung, die Gabionenmauer auf dem besagten Flurstück abzureißen) mit der Rechtsgrundlage selbst und dem sonstigen geltenden Recht vereinbar ist, an wen sie gerichtet werden darf (hier: an Frau Schröder?) und wie sie formuliert werden muss, damit sie inhaltlich hinreichend bestimmt ist.

a) Der richtige Regelungsadressat eines belastenden Verwaltungsakts

276 **Hinweis zum Standort des Prüfungspunkts „Regelungsadressat" im Prüfungsschema:** Viele prüfen die „Pflichtigkeit" des angedachten oder von der Verwaltung bereits ausgewählten Regelungsadressaten bereits auf der Tatbestandsseite und auf der Rechtsfolgenseite nur, ob der angedachte bzw. ausgewählte Regelungsadressat heranzuziehen ist oder ermessensfehlerfrei herangezogen werden kann. Wir gehen einen anderen Weg und prüfen unter dem Stichwort „Richtiger Regelungsadressat" hier aus Gründen der Einfachheit komplett auf der Rechtsfolgenseite,
- Welche Norm zum Einschreiten gegen den angedachten Regelungsadressaten verpflichtet bzw. ermächtigt,
- ob deren Voraussetzungen vorliegen (also ob der angedachte Regelungsadressat „pflichtig" ist)
- und ob der belastende Verwaltungsakt gegen die angedachte Person zwingend oder ermessensfehlerfrei erlassen werden kann.

aa) Ermächtigungsgrundlage suchen

277 Teilweise regelt die Ermächtigungsgrundlage ausdrücklich oder konkludent selbst, an wen der belastende Verwaltungsakt zu richten ist bzw. gerichtet werden darf („vollständige Ermächtigungsgrundlage").

■ **Beispiele:** Nach § 35 Abs. 1 S. 1 GewO ist die Gewerbeuntersagung an den Gewerbetreibenden zu richten. Rücknahme und Widerruf sind an den Regelungsadressaten des aufzuhebenden Verwaltungsakts bzw. an dessen Rechtsnachfolger zu richten, §§ 48 f. (L)VwVfG. Nach § 27 Abs. 1 Nr. 5 PolG BW ist die Polizei ermächtigt, die Identität einer Person festzustellen, die an einer Kontrollstelle angetroffen wird, die von der Polizei zum Zwecke der Fahndung nach Straftätern eingerichtet worden ist: Die Aufforderung, sich auszuweisen (mündlicher Verwaltungsakt) kann also gegenüber jedem erfolgen, der sich an dieser Örtlichkeit befindet.

278 Ist die Ermächtigungsgrundlage unvollständig, ist zu prüfen, ob die Pflichtigkeit an anderer Stelle in dem Gesetz der Ermächtigungsgrundlage geregelt ist. Das ist häufig dann der Fall, wenn die Ermächtigungsgrundlage eine ordnungsrechtliche Generalklausel ist, die die Behörde dazu ermächtigt,

gegen denjenigen einzuschreiten, der seinen in dem Gesetz an anderer Stelle geregelten Pflichten nicht nachkommt.

■ **Beispiele:** Nach § 10 Abs. 1 S. 1 BBodSchG (bodenschutzrechtliche Generalklausel) kann die zuständige Behörde die notwendigen Maßnahmen treffen, um die Erfüllung der dort aufgezählten Pflichten durchzusetzen. Gegen wen sie vorgehen kann, ist dort nicht ausdrücklich geregelt, sondern den Normen zu entnehmen, die die Pflichten des Einzelnen regeln. So regelt z. B. § 4 Abs. 3 BBodSchG, wer bei schädlichen Bodenveränderungen oder Altlasten zur Sanierung verpflichtet ist.

Nach §§ 3, 1 Abs. 1 S. 1 PolG BW kann die Polizei die Maßnahmen ergreifen, die zur Abwehr einer Gefahr oder zur Beseitigung einer Störung der öffentlichen Sicherheit oder Ordnung erforderlich sind. Auch hier ist nicht geregelt, gegen welche Personen die polizeiliche Ordnungsverfügung gerichtet werden darf. Das ist §§ 6, 7, 9 PolG BW (polizeirechtliche Störerregelungen) zu entnehmen.

Die Störerregelungen des allgemeinen Polizei[168]- oder Ordnungsrechts (so in Baden-Württemberg §§ 6, 7, 9 PolG BW) gelten als allgemeine Grundsätze des Ordnungsrechts auch dann, wenn das besondere Ordnungsrecht keine abschließenden Bestimmungen trifft. Nach diesen Regelungen können Ordnungsverfügungen ergehen an[169]: **279**

den Verhaltensstörer, (vgl. § 6 PolG BW[170]), d. h. an denjenigen, der durch sein eigenes Verhalten eine Gefahr für die öffentliche Sicherheit oder Ordnung im polizeirechtlichen Sinn verursacht (oder für das Verhalten einer anderen Person einzustehen hat). Ein Verhalten ist nach der Theorie der unmittelbaren Verursachung dann ursächlich, wenn es für sich gesehen die polizeirechtliche Gefahrenschwelle überschreitet und dadurch die hinreichende Wahrscheinlichkeit eines Schadenseintritts begründet oder erhöht.[171]

---

168 Baden-Württemberg trennt nicht zwischen „Polizeivollzugsdienst" und „allgemeiner Ordnungsbehörde". Beide werden als „Polizei" bezeichnet („einheitlicher Polizeibegriff). Anders z. B. NRW und die meisten anderen Bundesländer, die das Trennungsprinzip eingeführt haben, also zwischen Polizei (= nur Polizeivollzugsdienst) und allgemeiner Ordnungsbehörde trennen.

169 Hier erfolgt nur eine grobe Übersicht.

170 In den anderen Bundesländern: Art. 9 Abs. 1 Bay LStVG, § 13 ASOG Berlin, § 16 Bbg OBG, § 5 BremPolG, § 8 Hamburg SOG, § 6 Hessen SOG, § 69 SOG M-V, § 6 Nds. SOG, § 17 OBG Nordrhein-Westfalen, § 4 POG Rheinland-Pfalz, § 4 PolG Saarland, § 14 SächsPBG, § 7 SOG LSA, § 218 LVwG Schleswig-Holstein, § 10 OBG Thüringen.

171 Vgl. zu den verschiedenen Theorien und ihren Vertretern: *Schenke*, Polizei- und Ordnungsrecht, Rn. 313 ff.

den Zustandsstörer, (vgl. § 7 PolG BW[172]), d. h. den Eigentümer oder Inhaber der tatsächlichen Gewalt über eine Sache (oder ein Tier), von deren Zustand die Gefahr ausgeht.

nur nachrangig an **den Nichtstörer**, (vgl. § 9 PolG BW[173]), also an den, der für die Gefahr bzw. Störung weder als Handlungs- noch als Zustandsstörer verantwortlich ist, diese aber beseitigen kann.

bb) Voraussetzungen der Ermächtigungsgrundlage prüfen

280 Im zweiten Schritt ist zu prüfen, ob die Tatbestandsvoraussetzungen vorliegen, um die angedachte bzw. ausgewählte Person heranzuziehen.

cc) Gebundene Entscheidung oder fehlerfreie Ermessensausübung

281 Schließlich muss geprüft werden, ob nur der von der Behörde angedachte bzw. ausgewählte Regelungsadressat herangezogen werden kann oder ob die Behörde den angedachten belastenden Verwaltungsakt auch gegen andere richten könnte. Gibt es mehrere mögliche Regelungsadressaten für den angedachten belastenden Verwaltungsakt und gibt das Gesetz keine bestimmte Reihenfolge vor, ist zwischen den gleichrangigen möglichen Regelungsadressaten eine ermessensfehlerfreie Störerauswahl gemäß § 40 (L)VwVfG entsprechend dem Zweck der Ermächtigung und innerhalb der gesetzlichen Grenzen zu treffen. Soweit spezialgesetzlich nicht anders geregelt, besteht zwischen Handlungs- und Verhaltensstörer keine vorgegebene Reihenfolge. Im konkreten Einzelfall kann das Ermessen jedoch auf Null reduziert sein.

■ **Beispiel:** Grundsätzlich steht es im Ermessen der Behörde, ob sie den Handlungs- oder den Zustandsstörer zu einer Gefahrenbeseitigung heranzieht, wenn beide die Gefahr effektiv beseitigen können. Der Handlungsstörer ist heranzuziehen, wenn seine Verantwortlichkeit dem Grunde und dem Umfange nach einwandfrei feststeht. Diese „Ermessensreduzierung auf Null" ergibt sich aus dem Prinzip der gerechten Lastenverteilung nach Art. 3 Abs. 1 GG i. V. m. dem Verhältnismäßigkeitsgrundsatz. Es wäre nämlich gegenüber dem Zustandsstörer unverhältnismäßig, nicht den Handlungsstörer heranzuziehen, obwohl dies das Prinzip der gerechten Lastenverteilung erfordert.[174]

---

172 In den anderen Bundesländern: Art. 9 Abs. 2 Bay LStVG, § 14 ASOG Berlin, § 17 Bbg OBG, § 6 BremPolG, § 9 Hamburg SOG, § 7 Hessen SOG, § 70 SOG M-V, § 7 Nds. SOG, § 18 OBG Nordrhein-Westfalen, § 5 POG Rheinland-Pfalz, § 5 PolG Saarland, § 15 SächsPBG, § 8 SOG LSA, § 219 LVwVG Schleswig-Holstein, § 11 OBG Thüringen.

173 In den anderen Bundesländern: Art. 9 Abs. 3 Bay LStVG, § 16 ASOG Berlin, § 18 Bbg OBG, § 7 BremPolG, § 10 Hamburg SOG, § 9 Hessen SOG, § 71 SOG M-V, § 8 Nds. SOG, § 19 OBG Nordrhein-Westfalen, § 7 POG Rheinland-Pfalz, § 6 PolG Saarland, § 17 SächsPBG, § 10 SOG LSA, § 220 LVwG Schleswig-Holstein, § 13 OBG Thüringen.

174 VGH BW, Urteil vom 09.08.2001 – 1 S 523/01 – zitiert nach juris Rn. 21; zur gerechten Lastenverteilung: *Garbe*, DÖV 1998, 632 ff.

dd) Vorgehen in Ausgangsfall 1

282 **Ermächtigungsgrundlage?** § 65 Abs. 1 S. 1 LBO BW regelt nicht, wen die Behörde zum Abbruch verpflichten kann.[175]

Daher ist zunächst an sonstiger Stelle in der LBO BW zu suchen: Nach § 41 LBO BW sind bei der Errichtung oder dem Abbruch einer baulichen Anlage der Bauherr und im Rahmen ihres Wirkungskreises die anderen nach den §§ 43 bis 45 LBO BW am Bau Beteiligten (Entwurfsverfasser, Unternehmer, Bauleiter) dafür verantwortlich, dass die öffentlich-rechtlichen Vorschriften und die auf Grund dieser Vorschriften erlassenen Anordnungen eingehalten werden. Diese Normen regeln lediglich die besondere Pflichtenstellung für den Zeitraum der Bauausführung bis zur Fertigstellung des Vorhabens.[176]

Damit sind die verwaltungsrechtlichen Grundsätze der Störerhaftung heranzuziehen.[177] Frau Schröder könnte Verhaltens- und/oder Zustandsstörerin sein (vgl. §§ 6 und 7 PolG BW).

283 **Tatbestandsvoraussetzungen prüfen:** Frau Schröder ist Verhaltensstörerin i. S. d. § 6 Abs. 1 PolG BW, wenn sie die Bedrohung oder Störung, hier die Standunsicherheit der Gabionenmauer und die damit einhergehende Gefahr, verursacht hat. Das ist nicht der Fall. Allerdings ist sie Eigentümerin und Inhaberin der tatsächlichen Gewalt über die Gabionenmauer, von der die potentielle Einsturzgefahr ausgeht, und damit Zustandsstörin i. S. d. § 7 PolG BW.

284 **Rechtsfolge prüfen:** Die **Störerauswahl** ist hier nicht allein auf Frau Schröder beschränkt. Inhaber der tatsächlichen Gewalt und damit Zustandsstörer i. S. d. § 7 PolG BW ist neben ihr auch ihr Ehemann. Unmittelbar verursacht wurde die Standunsicherheit durch Herrn Fischer, der als damaliger Bauherr die Gabionenmauer entgegen § 41 LBO BW i. V. m. § 13 Abs. 1 S. 1 LBO BW nicht ordnungsgemäß gegründet hat und somit Verhaltensstörer i. S. d. § 6 Abs. 1 LBO BW ist.

Zwischen Verhaltens- und Zustandsstörer besteht keine vorgegebene gesetzliche Reihenfolge, damit ist das Auswahlermessen gemäß § 40 (L)VwVfG entsprechend dem Zweck der Ermächtigung und innerhalb der gesetzlichen Grenzen auszuüben.

---

175 Anders z. B. Niedersachsen § 79 Abs. 1 S. 3 bis 5 NBauO, wo die Regelungsadressaten ausdrücklich geregelt sind.

176 BeckOK BauordnungsR BW/*Weiblen*, § 65 Rn. 53.

177 VGH BW, BauR 2007, 1220.

Zweck der Störerauswahl im Ordnungsrecht ist zunächst die effektive Gefahrenabwehr. Damit ist vorrangig der Störer heranzuziehen, der die Gefahr am wirksamsten bekämpfen kann.[178] Weiterhin dient die Störerauswahl dem aus Art. 3 Abs. 1 GG resultierenden Prinzip der gerechten Lastenverteilung.[179] Herr Mustersachbearbeiter muss also alle Aspekte zusammenstellen, die für die Beurteilung der effektiven Gefahrenabwehr und der gerechten Lastenverteilung wichtig sind. Dazu stellt er sich zunächst bei jedem ihm bekannten Störer hypothetisch vor, was passiert, wenn er diesen Störer auswählt:

- Wenn er Herrn Fischer heranzieht, stellt sich schon das erste Problem, wie diesem die Abbruchverfügung bekannt gemacht werden kann, da er unbekannt verzogen ist. Zwar könnte an ihn wirksam eine Abrissverfügung erlassen werden: Das LRA beantragt nach § 16 Abs. 1 Nr. 2 LVwVfG BW die Bestellung eines Vertreters bzw. stellt nach § 11 LVwZG BW durch öffentliche Bekanntmachung zu. Eine zeitnahe Durchsetzung des Abrisses wäre so aber nicht möglich. Ergebnis: „keine effektive Gefahrenabwehr“!
- Frau und Herr Schröder können die Abrissverfügung mehr oder weniger gleich schnell umsetzen. Allerdings müsste gegen Frau Schröder, wenn die Abrissverfügung an Herrn Schröder erginge und sie mit dem Abriss nicht einverstanden wäre, noch eine Duldungsverfügung erlassen werden. Der Zeitaufwand dafür ist aber nicht so groß, dass die Behörde nur die Möglichkeit hätte, Frau Schröder zu verpflichten. Somit sucht Herr Mustersachbearbeiter für die Entscheidung, ob er Herrn oder Frau Schröder oder beide gleichzeitig heranziehen soll, neben dem Zeitmoment noch weitere Gesichtspunkte für eine effektive Gefahrenbeseitigung. Sowohl Frau Schröder als auch ihr Mann müssten einen Unternehmer beauftragen, die Gabionenmauer mit Hilfe eines Krans abzubauen. Keiner von beiden ist hier selbst besonders fachkundig. Beide verfügen über ein geregeltes Einkommen und sind im Hinblick auf die voraussichtlichen Kosten in Höhe von ca. 1000–1500 € gleich leistungsfähig. Im Ergebnis können beide die Gefahr gleich wirksam bekämpfen.
- Daher sucht er nach weiteren sachgerechten Entscheidungskriterien. Herr Mustersachbearbeiter entscheidet sich für die zivilrechtliche Stellung als Eigentümerin und wählt daher Frau Schröder.[180]

---

178 *Schenke*, Polizei- und Ordnungsrecht, Rn. 356 ff.

179 VG Regensburg, Urteil vom 07.12.2009 – RO 8 K 09.01987 – zitiert nach juris Rn. 62.

180 Genauso gut hätte er entscheiden können, Herrn Schröder und Frau Schröder heranzuziehen.

Wir halten fest: Wenn im Spezialgesetz keine Reihenfolge für die Störerauswahl bestimmt ist, muss die Behörde vorrangig prüfen, wer die Gefahr oder Störung am wirksamsten beseitigen kann. Welche Aspekte dabei eine Rolle spielen, ist vom Einzelfall abhängig. Hier sind „Realisierbarkeit von Vollstreckungsmaßnahmen gegen den Störer“, „Zeitmoment“, „Fachkunde“ und „wirtschaftliche Leistungsfähigkeit“ zu berücksichtigen. 285

b) Maßnahme (Hauptregelung)

aa) Vorbemerkung

Es gibt Rechtsgrundlagen, die die Behörde zum Erlass des Verwaltungsakts verpflichten, wenn der Tatbestand vorliegt (Muss-Vorschriften bzw. gebundene Entscheidungen). Daneben gibt es Rechtsgrundlagen, die die Behörde im Regelfall zum Erlass verpflichten (Soll-Vorschriften). Schließlich gibt es Rechtsgrundlagen, die der Verwaltung ein Ermessen einräumen, ob bzw. wie sie einen etwaigen Verwaltungsakt erlässt (Kann-Vorschriften bzw. Ermessensentscheidungen). 286

Unabhängig von dieser Einordnung muss die Verwaltung – wie bereits erörtert – aber stets das höherrangige Recht einhalten. Insbesondere muss jede Maßnahme verhältnismäßig sein. Bei Ermessensentscheidungen muss die Behörde die Vereinbarkeit der getroffenen Maßnahme mit höherrangigem Recht positiv feststellen. Bei gebundenen Entscheidungen entfällt im Normalfall eine weitere Prüfung; diese hat bereits der Gesetzgeber vorgenommen.

bb) Die „Muss-Vorschrift“ (gebundene Entscheidung)

Die „Muss-Vorschrift“ erkennt man an Formulierungen wie „hat“ oder „ist zu“: 287

> **§ 20 Abs. 2 S. 2 BImSchG**
> Sie hat die Beseitigung anzuordnen, wenn die Allgemeinheit oder die Nachbarschaft nicht auf andere Weise ausreichend geschützt werden kann.

Stellt die Behörde fest, dass es sich um eine gebundene Entscheidung handelt (Muss-Vorschrift), so muss sie die im Gesetz vorgesehene Entscheidung treffen. Nach § 20 Abs. 2 S. 2 BImSchG ist die Beseitigung der ungenehmigten Anlage anzuordnen. Dass die Maßnahme (hier Beseitigung der Anlage) erforderlich ist, ist bei § 20 Abs. 2 S. 2 BImSchG schon auf der Tatbestandsseite zu prüfen, hier: „wenn die Allgemeinheit oder die Nachbarschaft nicht auf andere Weise ausreichend geschützt werden kann“. Ansonsten ist im Regelfall von der Erforderlichkeit und auch der Angemessenheit der Maßnahme für den Normalfall auszugehen.[181] Im Gutachten formuliert man als Rechtsfolge:

> Nach § 20 Abs. 2 S. 2 BImSchG ist die Beseitigung anzuordnen, nachdem oben festgestellt worden ist, dass die Tatbestandsmerkmale vorliegen. Die Behörde hat kein Ermessen, sie ist in ihrer Entscheidung gebunden.

288 Es gibt auch „Muss-Vorschriften“, die auf der Rechtsfolgenseite zwei oder mehr mögliche Entscheidungen vorsehen, wie z. B. § 35 Abs. 1 S. 1 GewO. Hier ist die vollständige oder die teilweise Gewerbeuntersagung möglich.

> **§ 35 Abs. 1 S. 1 GewO**
> Die Ausübung eines Gewerbes ist von der zuständigen Behörde ganz oder teilweise zu untersagen, wenn Tatsachen vorliegen, welche die Unzuverlässigkeit des Gewerbetreibenden oder einer mit der Leitung des Gewerbebetriebes beauftragten Person in Bezug auf dieses Gewerbe dartun, sofern die Untersagung zum Schutze der Allgemeinheit oder der im Betrieb Beschäftigten erforderlich ist.

Trotzdem handelt es sich hier nicht um Ermessensvorschriften. Der einzige Unterschied zu § 20 Abs. 2 S. 2 BImSchG besteht darin, dass hier auf der Rechtsfolgenseite die Erforderlichkeit der Maßnahme zu prüfen ist. Die teilweise und die vollständige Gewerbeuntersagung stehen in einem Stufenverhältnis zueinander. Wenn die teilweise Gewerbeuntersagung ausreicht, dann darf auch nur sie als milderes Mittel ergehen. Eine vollständige Gewerbeuntersagung wäre unzulässig.

289 Wenn der Wortlaut der Rechtsgrundlage nicht so eindeutig ist wie in unseren beiden oben genannten Beispielen, ist auszulegen, ob es sich bei der Norm um eine Muss-Vorschrift handelt. Hier helfen dann auch Rechtsprechung und Kommentare.

cc) Die „Soll-Vorschrift“ (gebundene Entscheidung, im Ausnahmefall Ermessen)

290 Die „Soll-Vorschrift“ verpflichtet die Behörde im Regelfall zum Einschreiten. Wenn ein atypischer Einzelfall vorliegt, hat die Behörde Ermessen, ob sie einschreitet oder nicht.

---

181 Im Ausnahmefall wird auch die Verhältnismäßigkeit einer gebundenen Entscheidung geprüft und ggf. die Norm einengend ausgelegt (verfassungskonforme Auslegung): VGH BW, Beschluss vom 29.12.2010 – 1 S 2322/10 – Rn. 10: Auch wenn die Anordnung eines Maulkorbs eine gebundene Entscheidung sei, müsse im atypischen Einzelfall hiervon abgewichen werden.

§ 20 Abs. 2 S. 1 BImSchG
Die zuständige Behörde soll anordnen, dass eine Anlage, die ohne die erforderliche Genehmigung errichtet, betrieben oder wesentlich geändert wird, stillzulegen oder zu beseitigen ist.

Wenn die Behörde feststellt, dass eine Sollvorschrift vorliegt, muss sie im nächsten Schritt prüfen, ob es Anhaltpunkte für einen atypischen Einzelfall gibt. Ein solcher atypischer Einzelfall läge z. B. vor, wenn eine Anlage nur für einen sehr kurzen Zeitraum zur genehmigungspflichtigen Anlage geworden ist, in Kürze die Genehmigungspflicht aber wieder wegfällt. **291**

Kommt die Behörde zu dem Ergebnis, dass so ein Ausnahmefall nicht vorliegt, ist das weitere Verfahren genau wie bei der „Muss-Vorschrift“: die Entscheidung ist zu treffen. Dabei sieht § 20 Abs. 2 S. 1 BImSchG (wie oben § 35 Abs. 1 S. 1 GewO) zwei mögliche Entscheidungen vor, nämlich Stilllegung oder Beseitigung. Auch diese stehen in einem Stufenverhältnis, so dass auf der Rechtsfolgenseite zu prüfen ist, ob die mildere Maßnahme, die Stilllegung, ausreichend ist. Im Gutachten schreibt man: **292**

Nach § 20 Abs. 2 S. 1 BImSchG soll die zuständige Behörde die Stilllegung oder Beseitigung der ungenehmigten Anlage anordnen. Im Normalfall ist die Behörde verpflichtet, gegen die ungenehmigte Anlage vorzugehen. Nur wenn ein atypischer Sonderfall vorliegt, ist die Behörde in ihrer Entscheidung nicht gebunden. Ein solcher atypischer Sonderfall ist hier nicht ersichtlich.[182] Hier reicht die Stilllegung als mildere Maßnahme aus, um den Gesetzeszweck zu erreichen.

Falls die Behörde zu dem Ergebnis käme, dass ein atypischer Sonderfall vorliegt, wäre dieser Fall genauso wie eine Kann-Vorschrift weiter abzuwickeln. Dann hat die Behörde nämlich Ermessen, ob sie einschreitet oder nicht. **293**

dd) Die Kann-Vorschrift

Sehr oft räumt die Rechtsgrundlage der Behörde Ermessen ein. Ermessensvorschriften erkennt man an Worten wie „kann“, „nach pflichtgemäßem Ermessen“ oder „Behörde ist berechtigt“. Wenn der Wortlaut unklar ist, ist die Norm auszulegen. **294**

Eine Kann-Vorschrift ist auch § 65 Abs. 1 S. 1 LBO BW, weil der teilweise oder vollständige Abbruch der Anlage angeordnet werden kann. Herr Mustersachbearbeiter stellt also fest, dass die Behörde im Rahmen ihres **295**

182 Wenn der Bürger einen atypischen Sonderfall geltend macht oder es sonstige Anzeichen für dessen Vorliegen gibt, ist auf diesen Punkt genauer einzugehen.

Ermessens entscheiden muss, ob sie den Abbruch der Mauer gegen Frau Schröder verfügt oder ob sie noch nicht einschreitet.

(1) Entschließungs- und Auswahlermessen

296 Ein Beispiel für eine umfassende Ermessensentscheidung ist die in der Einführung bereits erörterte polizeiliche Generalklausel (z. B. §§ 3, 1 Abs. 1 PolG BW). Hier hat die zuständige Polizeibehörde bei Vorliegen der Tatbestandsvoraussetzungen zunächst ein Entschließungsermessen, ob sie jetzt schon einschreitet oder noch abwartet. Entscheidet sie sich zum Einschreiten, hat sie ein Auswahlermessen, welche Maßnahme sie zur Gefahrenabwehr wie anwendet. Übrigens gehört auch die Störerauswahl zum Auswahlermessen.

297 In unserem Ausgangsfall hat Herr Mustersachbearbeiter zunächst Entschließungsermessen, ob er jetzt die Abbruchverfügung erlässt. Wenn er sich dafür entscheidet, hat er Auswahlermessen, gegen welchen Störer er diese erlässt. Das haben wir bereits geprüft. Dann muss er sich im Rahmen seines Auswahlermessens z. B. noch überlegen, ob er Frau Schröder eine Frist für den Abbruch einräumt.

(2) Die pflichtgemäße Ausübung des Ermessens nach § 40 (L)VwVfG

298 Ermessen heißt nicht Willkür. Die Behörde ist nach § 40 (L)VwVfG verpflichtet, das ihr vom Gesetzgeber eingeräumte Ermessen pflichtgemäß auszuüben:

> **§ 40 LVwVfG**[183]
> Ist die Behörde ermächtigt, nach ihrem Ermessen zu handeln, hat sie ihr Ermessen entsprechend dem Zweck der Ermächtigung auszuüben und die gesetzlichen Grenzen des Ermessens einzuhalten.

299 Ein später angerufenes Gericht wird nach § 114 S. 1 VwGO prüfen, ob die getroffene Entscheidung innerhalb der gesetzlichen Grenzen des Ermessens liegt und ob die Verwaltungsbehörde von ihrem Ermessen in einer dem

---

183 So auch der Bund und die übrigen Bundesländer mit Ausnahme von § 73 LVwG Schleswig-Holstein:
(1) Die Behörde entscheidet, soweit Rechtsvorschriften nicht bestimmen, dass oder in welcher Weise sie tätig zu werden hat, im Rahmen der ihr erteilten Ermächtigung nach sachlichen Gesichtspunkten unter Abwägung der öffentlichen Belange und der Interessen der einzelnen Person über die von der Behörde zu treffenden Maßnahmen (pflichtgemäßes Ermessen).
(2) Die Maßnahme darf nicht zu einer Beeinträchtigung der einzelnen Person oder der Allgemeinheit führen, die zu dem beabsichtigten Erfolg in einem offenbaren Missverhältnis steht.
(3) Die Behörde hat unter mehreren zulässigen und geeigneten Maßnahmen tunlichst diejenigen anzuwenden, die die Allgemeinheit und die einzelne Person am wenigsten beeinträchtigen.

Zweck der Ermächtigung entsprechenden Weise Gebrauch gemacht hat. So hat die Behörde z. B. keine Auswahl, ob sie den vollständigen oder nur den teilweisen Abbruch der Gabionenmauer anordnet. Wie wir bereits aus § 35 Abs. 1 S. 1 GewO und § 20 Abs. 2 S. 1 BImSchG gelernt haben, stehen diese beiden Entscheidungsmöglichkeiten in einem Stufenverhältnis. Wenn der teilweise Abbruch ausreichend ist, darf auch nur dieser verfügt werden. Diese Überlegungen wollen wir jedoch zunächst noch einmal zurückstellen. Zunächst wollen wir untersuchen, wie man aus der Perspektive des Erstanwenders zu einer sachgerechten Entscheidung kommt.

(3) Ermessensausübung aus der Perspektive des Erstanwenders

(a) Schritt 1: Für die Routinefälle Entscheidungskriterien festlegen

Die Verwaltungsbehörde sollte für den Erlass von belastenden, routinemä- **300** ßig anfallenden Ermessensverwaltungsakten ein allgemeines Konzept haben, um von vornherein dem Gebot auf Gleichbehandlung (Art. 3 GG) so gut wie möglich nachzukommen. So wird zu Recht ein allgemeines Handlungskonzept zur Bekämpfung von etwaigen Schwarzbauten gefordert.[184] Ansonsten besteht die Gefahr, dass Schwarzbauten womöglich nur „verfolgt“ werden, wenn es Nachbarn gibt, die „Anzeige erstatten“, oder sich Sachbearbeiter einzelne Schwarzbauten heraussuchen und dies für den Betroffenen nicht nachvollziehbar ist. Die Verwaltung muss von vornherein den Vorwurf der willkürlichen Ungleichbehandlung vermeiden.[185]

Der Gabionenmauerfall wird in einem allgemeinen Konzept nicht gere- **301** gelt sein, denn wer rechnet schon mit einem so außergewöhnlichen Fall? Dieser unterliegt also tatsächlich der alleinigen Entscheidungskompetenz des Sachbearbeiters. Solche Fälle sind aber die Ausnahme. Die Routinefälle – z. B. der Erlass von Fahrtenbuchauflagen – stellen die Masse der Fälle dar und hier gelten die oben gesagten Grundsätze. Ob die Verantwortung für ein Handlungskonzept dann beim Landrat oder Bürgermeister oder aber beim Gemeinderat bzw. Kreistag liegt, richtet sich nach der Aufgabenart. Das müssen Sie im Kommunalrecht vertiefen.[186] Auch Sachbearbeiter einer Verwaltungsbehörde im gleichen Sachgebiet müssen sich absprechen. Art. 3 Abs. 1 GG gebietet es, dass nicht ein Sachbearbeiter derselben Behörde großzügig nur halbjährige Fahrverbote erteilt und der strengere Sach-

184 *Ramsauer*, NordÖR 2006, S. 282 (285).

185 Nach der Rechtsauffassung des BVerwG lässt sich dem allgemeinen Willkürverbot allerdings nicht entnehmen, wie der Plan oder das Gesamtkonzept beschaffen sein muss: BVerwG, Beschluss vom 11.01.1994 – 4 B 231/93 – juris Rn. 2.

186 Staatliche Aufgaben (Weisungsaufgaben) bzw. Aufgaben des Landratsamts als untere Verwaltungsbehörde = Aufgabe von Landrat bzw. Bürgermeister. Selbstverwaltungsaufgaben (weisungsfreie Aufgaben) = Aufgabe von Kreistag bzw. Gemeinderat.

bearbeiter für vergleichbare Verstöße stets einjährige Fahrverbote festlegt. Hier sind die Führungskräfte gefordert.

(b) Schritt 2: Das Abwägungsmaterial zusammenstellen und Entscheidung treffen

302 Nun prüfen wir, was für den Erlass der Abbruchverfügung und was gegen den Erlass der Abbruchverfügung spricht.[187] Dabei müssen wir berücksichtigen, dass unzulässige Ermessenserwägungen von Anfang an nicht eingestellt werden dürfen. Z.B. haben die Kosten für die Errichtung der Mauer oder die persönliche Situation von Frau Schröder nichts mit der Abrissverfügung zu tun.[188]

Für die Abbruchverfügung spricht, dass durch den Abriss die Gefahr, die von der standunsicheren Gabionenmauer für Menschen oder Tiere ausgeht, die sich in der Nähe aufhalten, beseitigt wird. Gegen die Abbruchverfügung spricht, dass die Mauer nicht nachgewiesen akut einsturzgefährdet ist und gegenwärtig, wenn die Familie Schröder und andere den Bereich um die Mauer tatsächlich nicht betreten, auch keine konkrete Gefahr für Leib oder Leben von Menschen bestände. Auf das Grundstück der Nachbarn droht die Mauer auch nicht umzukippen, zumindest ist aus dem ermittelten Sachverhalt nichts bekannt.

Wenn die Mauer allerdings einstürzt und sich in der Nähe zufällig doch Menschen (z.B. die Kinder des Ehepaars Schröder) aufhalten sollten, kann nicht ausgeschlossen werden, dass diese durch herabstürzende Gabionen zu Schaden kommen. In Anbetracht dieser Gefahr für sehr hochrangige Rechtsgüter wie Leben und Gesundheit von Menschen wäre es ermessensfehlerhaft, wenn die Behörde einfach so lange abwarten würde, bis die Mauer von selbst einstürzt und darauf hofft, dass schon nichts passiert. Denn dass die Mauer irgendwann einmal einstürzen wird, ist ausreichend wahrscheinlich. Die Behörde hat also hier nur ein Entschließungsermessen, ob sie bereits jetzt einschreitet oder Familie Schröder beispielsweise noch etwas Zeit gibt, Herrn Fischer zu ermitteln oder die Mauer freiwillig abzubauen. Auf Dauer kann sie den illegalen Zustand ohnehin nicht dulden.[189]

Herr Mustersachbearbeiter überlegt und meint, dass ein Abwarten ohnehin nicht viel weiterhilft, da Familie Schröder eindeutig gesagt hat, es sei Aufgabe des Landratsamts, den Aufenthaltsort von Herrn Fischer zu ermitteln und dass man dies abwarten wolle. Das Landratsamt wird Herrn Fi-

---

187 Gesamtübersicht bei *Sauter*, LBO BW, Bd. 2, § 65 Rn. 41 bis 60.

188 Weitere Beispiele für sachfremde Überlegungen: *Ramsauer*, NordÖR 2006, S. 282 (284 f.).

189 Vgl. zum Nichteinschreiten auf Dauer: *Sauter*, LBO BW, Bd. 2, § 65 Rn. 44 und 61–63.

schers Aufenthaltsort aber nicht ermitteln. Dass er von selbst auftaucht, wäre purer Zufall. Weiter in die Länge ziehen will Herr Mustersachbearbeiter den Fall auch nicht und entscheidet sich für den Erlass der Abbruchverfügung.[190]

Dann überlegt er sich, wie die Abbruchverfügung aussehen soll. Frau Schröder vorzuschreiben, den Abbruch mit einem Kran durchzuführen, ist nicht zulässig, weil diese Regelung in § 65 Abs. 1 S. 1 LBO BW nicht vorgesehen ist und es auch keine andere Ermächtigungsgrundlage gibt. Möglicherweise sind andere Abbruchmethoden auch kostengünstiger, so dass die Anordnung, den Abbruch mit dem Kran durchzuführen, auch unverhältnismäßig wäre. So gibt Herr Mustersachbearbeiter nur das Ziel der Regelung vor (die Gabionenmauer ist abzureißen) und nicht den Weg, wie der Betroffene dies umsetzen soll (z. B. nicht: mit einem Kran).[191]

Auch sollte die Behörde nicht auf die aberwitzige Idee kommen, wie folgt zu regeln: „Die Gabionenmauer ist abzubauen, in den Hang einzubinden und dann wiederaufzubauen." Die Behörde hat lediglich die Befugnis, den Abbruch zu verlangen. Was Frau Schröder dann aber mit den Gabionen macht, ist ganz allein ihre Sache.

Nun ist noch zu überlegen, ob Herr Mustersachbearbeiter Frau Schröder noch eine Frist vorgeben soll, bis wann der Abbruch der Mauer durchgeführt werden muss. Wenn es keine Spezialvorschrift gibt, die dies vorschreibt, besteht eine solche Verpflichtung nicht. Aus dem Vollstreckungsrecht folgt für befehlende Verwaltungsakte ohnehin, dass dem Betroffenen vor Einleitung von Vollstreckungsmaßnahmen eine Frist eingeräumt werden muss (Androhung mit Fristsetzung nach § 20 Abs. 1 LVwVG BW vor der Anwendung von Zwangsmitteln). Zu Problemen kann es führen, wenn der Sachbearbeiter (in Fällen, in denen nicht die aufschiebende Wirkung nach § 80 Abs. 2 VwGO entfällt)[192] schreibt: „Die Gabionenmauer ist spätestens bis zum Ablauf von zwei Wochen nach Bekanntgabe dieses Bescheids abzubauen." Dieser Verpflichtung braucht Frau Schröder nämlich vorerst dann nicht nachzukommen, wenn sie Widerspruch erhebt. Später stellt sich dann im Widerspruchsverfahren das Problem, welche Frist jetzt gelten soll. Sinnvoll wären daher nur folgende Formulierungen: „Die Gabionenmauer ist innerhalb von einem Monat nach Bestandskraft dieses

---

190 Genauso gut könnte Herr Mustersachbearbeiter z. B. nochmals ein freundliches Schreiben an Familie Schröder schicken und die Akte auf Wiedervorlage legen; er könnte auch den Abschluss eines öffentlich-rechtlichen Vertrags vorschlagen.

191 Ebenso kann die Baurechtsbehörde nicht die Mitteilung des Vollzugs des Abbaus verlangen, weil dafür eine Rechtsgrundlage fehlt; vgl. *Sauter*, LBO BW, Bd. 2, § 65 Rn. 11.

192 Siehe 3. Kapitel.

Bescheids abzubauen“, oder „Die Gabionenmauer ist abzubauen“. Wir wählen die zweite Variante.

Hinweis: Jetzt dürfen Sie aber nicht den Denkfehler machen und meinen, dass eine Zeitangabe am besten nie gemacht wird. Eine Zeitangabe ist natürlich erforderlich, wenn dies zwingend zur Verfügung gehört, z. B. wenn ein Platzverweis für einen bestimmten Tag und eine bestimmte Uhrzeit ausgesprochen werden soll.

(c) Schritt 3: Die Kontrolle der gefundenen Entscheidung

303 Erst jetzt nimmt der Verwaltungsmitarbeiter die Rolle „seines eigenen Richters“ ein und prüft in drei Schritten, ob die Verfügung „Die Gabionenmauer ist abzubauen“ ermessensfehlerfrei ist. Aus diesen drei Schritten formulieren wir im Anschluss dann auch das Rechtsgutachten:

Schritt 1: Feststellen, dass die Rechtsgrundlage Entschließungs- bzw. Auswahlermessen einräumt
§ 65 Abs. 1 S. 1 LBO räumt – wie geprüft – Ermessen ein (Formulierung: „kann“).

Schritt 2: Ermessen entsprechend dem Zweck der Ermächtigungsgrundlage ausüben
Zweck der Ermächtigungsgrundlage nennen
Entscheidungskriterien aufzählen
prüfen, dass kein sachfremdes Entscheidungskriterium genommen wurde
prüfen, dass alle wichtigen Gesichtspunkte eingestellt wurden

Schritt 3: Ermessen innerhalb der gesetzlichen Grenzen ausüben:
Grenzen der Rechtsgrundlage selbst prüfen
Verhältnismäßigkeit der Maßnahme prüfen: Art. 20 Abs. 3 GG (oder Spezialgesetz wie § 5 PolG BW): Maßnahme muss geeignet, erforderlich und angemessen sein
Sonstige gesetzliche Grenzen prüfen: z. B. Art. 3 Abs. 1 GG, Unionsrecht

304 Schritt 3 schauen wir uns genauer an. Zunächst müssen wir ermitteln, welche **Grenzen die Rechtsgrundlage** selbst setzt. § 65 Abs. 1 S. 1 LBO BW ermächtigt nur zur Anordnung des Abbruchs einer Anlage, nicht etwa dazu, den Wiederaufbau der Mauer zu regeln.[193]

305 Weitere gesetzliche Grenze des Ermessens ist der **Grundsatz der Verhältnismäßigkeit.** Der Grundsatz der Verhältnismäßigkeit ergibt sich bereits aus dem Verfassungsrecht (Art. 20 Abs. 3 GG: Rechtsstaatsprinzip). Teilweise wird er auch einfachgesetzlich wiederholt (z. B. § 5 PolG BW). Statt als

193 Weiteres Beispiel: § 30 Abs. 1 PolG BW: Der Platzverweis kann nur für einen bestimmten Ort und eine bestimmte Zeit ausgesprochen werden, also nicht für ganz Deutschland ein Leben lang.

Grenze des Ermessens auf der Rechtsfolgenseite ist bei manchen Ermächtigungsgrundlagen (so auch für § 65 Abs. 1 S. 1 LBO BW) die Erforderlichkeit (und damit auch die Geeignetheit) schon auf Tatbestandsseite zu prüfen. Darauf kommen wir gleich zurück.

Wie bereits in Teil 2 erörtert, ist eine Verwaltungsmaßnahme verhältnismäßig, wenn sie zur Erreichung eines legitimen Zwecks geeignet, erforderlich und angemessen ist.

§ 65 Abs. 1 S. 1 LBO BW dient allgemein der Wiederherstellung ordnungsgemäßer Zustände. Hier will das LRA Ortenaukreis die Gefahr, die von der nicht standsicheren Mauer ausgeht, wirksam bekämpfen. Damit verfolgt sie einen legitimen Zweck.

Die Verfügung des Abbruchs der Gabionenmauer ist **geeignet**, um den eben genannten Zweck zu fördern.

Weiter muss die Maßnahme auch **erforderlich** sein. Es darf also kein milderes, gleich geeignetes Mittel geben, um die Gefahr, die von der nicht standsicheren Mauer ausgeht, zu bekämpfen. Dass es zur Abbruchverfügung keine Alternative gibt, um gegen die Standunsicherheit vorzugehen, haben wir hier schon auf der Tatbestandsseite geprüft, weil § 65 Abs. 1 S. 1 LBO BW dieses als Tatbestandsmerkmal ausdrücklich regelt. In anderen Fällen würde diese Prüfung jetzt erfolgen. In unserem Fall ist an dieser Stelle nur noch zu prüfen, ob der teilweise Abbruch der Mauer ausreicht. Das ist hier nicht so. Damit ist die Verfügung des Abbruchs der ganzen Mauer auch erforderlich.

Schließlich darf die Abbruchverfügung **nicht unangemessen** sein. Durch die Abbruchverfügung darf kein Nachteil herbeigeführt werden, der erkennbar außer Verhältnis zum beabsichtigten Erfolg steht. Abzuwägen sind hier die Schwere des Eingriffs in Frau Schröders Recht auf Eigentum und die Dringlichkeit des Schutzes der Allgemeinheit.

Zu beachten ist dabei, dass der Abbruch hier wegen eines sehr schwerwiegenden Verstoßes gegen das Bauordnungsrecht zum Schutz von Leben, Gesundheit und Eigentum anderer angeordnet wird. Dass bauliche Anlagen standsicher errichtet sein müssen, ist eine der wesentlichsten Anforderungen. Damit hat der Einzelne bei einem Verstoß gegen die gesetzlich geforderte Standsicherheit den Erlass einer Abrissverfügung grundsätzlich hinzunehmen, soweit es wie hier keine mildere Maßnahme zur Herstellung der Standsicherheit gibt. Es ist für Frau Schröder auch nicht unzumutbar, wenn das LRA Ortenaukreis mit dem Erlass nicht ausnahmsweise etwas länger abwartet, nur weil die Mauer nicht akut einsturzgefährdet ist. Die Abrissverfügung ist angemessen und damit insgesamt verhältnismäßig.

306 Schließlich ist noch die Einhaltung der **sonstigen gesetzlichen Grenzen**[194] zu prüfen. Solche drängen sich in unserem Fall nicht auf.

c) Keine Unmöglichkeit

307 Aus § 44 Abs. 2 Nr. 4 (L)VwVfG (und dem Rechtsstaatsprinzip) folgt, dass die Behörde vom Regelungsadressaten nichts verlangen darf, was aus tatsächlichen Gründen niemand ausführen kann. Dies ist die sogenannte **objektive tatsächliche Unmöglichkeit**.

■ Würde die Baurechtsbehörde beispielsweise den Abbruch eines Bauwerks anordnen, obwohl dieses bereits gar nicht mehr vorhanden ist, ist die Regelung objektiv tatsächlich unmöglich.

308 Die Behörde darf auch nichts verlangen, was dem Betroffenen **subjektiv tatsächlich unmöglich** ist. Das folgt aus dem Rechtsstaatsprinzip, Art. 20 Abs. 3 GG. Ein befehlender Verwaltungsakt ist aber nur dann subjektiv tatsächlich unmöglich, wenn eine **höchstpersönliche** Handlung, Duldung oder Unterlassung gefordert wird und der Verpflichtete diese nicht erbringen kann.

■ So wäre das Gebot an einen Hooligan, sich persönlich an einem bestimmten Tag auf dem Polizeirevier zu melden, subjektiv unmöglich, wenn er schon bei Bekanntgabe des Verwaltungsakts seit Tagen im Krankenhaus ans Bett gefesselt liegt und nicht in der Lage ist aufzustehen. Wenn es nicht um eine höchstpersönliche Handlung geht, ist kein Fall der subjektiv tatsächlichen Unmöglichkeit denkbar. Wenn z. B. der Abbruch eines Bauwerks nur durch Spezialisten durchgeführt werden kann, liegt keine Unmöglichkeit vor, wenn man den Bauherrn, der Laie ist, zum Abbruch verpflichtet. Der Bauherr kann den Abbau durch den Spezialisten durchführen lassen. Schickt man die Verfügung dem Bauherrn ins Krankenhaus, ist dies aber unverhältnismäßig, wenn er gar nicht Zeit hat, sich um die Umsetzung zu kümmern.

309 Die Behörde darf auch nicht verlangen, was objektiv (also jedem) oder subjektiv (dem Adressaten) rechtlich verboten ist. Kein Fall der rechtlichen Unmöglichkeit liegt vor, wenn die Behörde das rechtliche Verbot durch eine weitere hoheitliche Anordnung beseitigen kann.

■ Das Landratsamt könnte z. B. eine Abbruchverfügung an Herrn Schröder erlassen, obwohl dieser als Besitzer privatrechtlich die Mauer der Eigentümerin nicht ohne deren Einverständnis abreißen darf. Das Einverständnis kann die Behörde nämlich ersetzen, indem sie entweder Frau Schröder bereits bei der Abbruchver-

---

194 Auch die Unmöglichkeit ist eine gesetzliche Grenze, wir prüfen sie aber separat, damit sie bei der gebundenen Entscheidung nicht vergessen wird.

fügung als Beteiligte nach § 13 Abs. 2 LVwVfG BW hinzuzieht und ihr den Bescheid bekannt gibt. Dann hat die Abbruchverfügung auch für sie Bindungswirkung. Oder die Behörde erlässt gegen sie als Zustandsstörerin gestützt auf § 47 Abs. 1 S. 2 LBO BW eine Duldungsverfügung.[195]

Ein Fall der rechtlichen Unmöglichkeit liegt vor, wenn durch die Regelung vom Betroffenen die Begehung einer Straftat oder einer Ordnungswidrigkeit verlangt wird (siehe § 44 Abs. 2 Nr. 5 (L)VwVfG). **310**

■ **Ein seltenes Praxisbeispiel:** Die Behörde A hat nach § 59b AsylVfG eine Aufenthaltsbeschränkung gegenüber dem Asylbewerber auf den Bereich des A-Bezirks erlassen. Dies geschah in Unkenntnis der Existenz und Gültigkeit einer anderen bereits vorhandenen Aufenthaltsbeschränkung der Behörde B für den B-Bezirk. So hat die Behörde A den Asylbewerber zu einer Ordnungswidrigkeit nach § 86 AsylVfG verpflichtet (Verlassen des B-Bezirks).[196]

Jetzt könnte man auf die Idee kommen, dass die Behörde einen Nichteigentümer, den sie zum Abbruch der Gabionenmauer verpflichtet (z. B. Herrn Schröder), zur Begehung einer Sachbeschädigung nach § 303 StGB verpflichtet. Das ist nicht so[197], weil die Behörde befugt ist, den Eigentümer zur Duldung zu verpflichten (siehe oben).

d) Bestimmtheit, § 37 Abs. 1 (L)VwVfG

Nach § 37 Abs. 1 (L)VwVfG[198] muss ein Verwaltungsakt inhaltlich hinreichend bestimmt sein. Die Behörde muss folgende **Inhaltsbestimmungen** treffen: **311**

Inhaltsbestimmung zum **Regelungsadressaten (wer)**: Es muss erkennbar sein, gegen wen der Verwaltungsakt gerichtet ist. Das ist kein Problem, wenn Regelungs- und Bekanntgabeadressat[199] wie hier dieselbe Person ist. Sind diese verschieden, muss die Behörde sagen, an wen der Verwaltungsakt inhaltlich gerichtet wird. **312**

■ **Beispiel:** Der GmbH soll die Gewerbeausübung untersagt werden (Regelungsadressat). Herr Meyer ist Geschäftsführer der GmbH (Bekanntgabeadressat als gesetzlicher Vertreter). Das macht die Behörde kenntlich, indem sie schreibt:

---

195 Streitig ist, ob die § 47 Abs. 1 S. 2 LBO BW oder § 65 Abs. 1 S. 1 LBO BW i. V. m. Polizeirecht die Rechtsgrundlage für diese Duldungsverfügung ist; vgl. BeckOK BauordnungsR BW/ *Weiblen* BWLBO § 65 Rn. 58.

196 VG Berlin, Beschluss vom 26.06.1995 – 33 X 406.94 –.

197 Vgl. HessVGH, Beschluss vom 12.08.2003 – 3 TG 2166/03 – juris Rn. 4.

198 Nach h. L. ist die Bestimmtheit ein Aspekt der materiellen Rechtmäßigkeit. Teilweise wird sie hingegen zur Form gezählt.

199 Siehe unter IV. dort „Bekanntgabe“.

An die ...GmbH vertreten durch Herrn Meyer ... (Firmenadresse)

Sehr geehrter Herr Meyer, der ... GmbH wird die Ausübung des Gewerbes [...] untersagt.

313 Inhaltsbestimmung zur **getroffenen Regelung (was)**: Was zum Gebot oder Verbot, zur Rechtsgestaltung oder zur Feststellung gehört, hängt von den Anforderungen der Ermächtigungsgrundlage ab.

■ **Beispiel:** In Fall 1 reicht es, wenn genau bestimmt wird, welches Bauwerk in welchem Umfang abgebrochen werden muss. Das Bauwerk wird bezeichnet, indem das Bauwerk benannt wird „Gabionenmauer" und der Standort beschrieben wird „auf dem Flurstück ..., Straße/Ort...". Zu unbestimmt wäre z.B., wenn das Landratsamt verlangen würde, dass „ordnungsgemäße Zustände wiederherzustellen sind."

314 Um keine Inhaltsbestimmung, sondern um bloße Hinweise auf die Rechtslage handelt es sich, wenn die Behörde dem Bürger mitteilt, was ohnehin von Gesetz wegen bereits gilt. Hintergrund für solche Hinweise kann sein, dass die Verwaltung den Bürger beraten oder auch warnen möchte.

■ **Beispiel:** Zusätzlich zur Abrissverfügung erfolgt der Hinweis, dass ein Verstoß gegen die Abrissverfügung nach Maßgabe von § 75 Abs. 3 Nr. 1 LBO BW als Ordnungswidrigkeit verfolgt werden kann.

IV. Formelle Voraussetzungen

1. Einführung und anzuwendende Verfahrensvorschriften (§§ 1, 2, 9 (L)VwVfG)

315 Die Zuständigkeit (erste formelle Voraussetzung) haben wir zum besseren Verständnis bereits oben unter „II. Rechtsgrundlage, Befugnis zum Handeln durch Verwaltungsakt und Zuständigkeit" geprüft.[200] Hier beschäftigen wir uns mit den für den Erlass belastender Verwaltungsakte einschlägigen Verfahrens-, Form- und Bekanntgabevorschriften. Für unseren Ausgangsfall 1 prüfen wir zunächst rückblickend, ob Herr Mustersachbearbeiter alle Verfahrensnormen eingehalten hat oder ob noch bestimmte Verfahrenshandlungen zu ergreifen sind, bevor er den Abriss der Gabionenmauer verfügen darf. Anschließend überlegen wir, in welcher Form er die angedachte Abrissverfügung erlassen und wie er diese bekannt geben sollte.

316 Zunächst ist zu prüfen, welche Verfahrens-, Form- und Bekanntgabevorschriften anwendbar sind. Die allgemeinen Regelungen der §§ 10ff., 35ff.

200 Zur Zuständigkeit bereits weiter oben.

(L)VwVfG sind einschlägig, wenn das (L)VwVfG nach §§ 1, 2 (L)VwVfG anwendbar ist, Ziel des Verfahrens der Erlass eines Verwaltungsakts (§§ 9, 35 (L)VwVfG) ist und soweit keine Spezialregelungen bestehen.

In **Ausgangsfall 1** sind §§ 10 ff., 35 LVwVfG BW anwendbar: 317
- Da eine Behörde der Landesverwaltung Baden-Württemberg öffentlich-rechtlich (nämlich auf dem Gebiet des Bauordnungsrechts) tätig wird, ist nach § 1 LVwVfG BW das LVwVfG BW anwendbar. Ein Ausschlussgrund nach § 2 LVwVfG BW besteht nicht.
- Ziel des Verfahrens ist es, Frau Schröder behördlich unter Berufung auf die LBO BW (auf dem Gebiet des öffentlichen Rechts) einseitig (hoheitlich) zu verpflichten, die Gabionenmauer auf ihrem Grundstück abzureißen (gebietende Einzelfallregelung mit unmittelbarer Außenwirkung), also einen Verwaltungsakt i. S. d. § 35 LVwVfG BW zu erlassen. Damit liegt ein Verwaltungsverfahren i. S. d. § 9 LVwVfG BW vor.
- Das bei Erlass von Abrissverfügungen zu beachtende Verfahren ist weder in der LBO BW noch sonst spezialgesetzlich geregelt.

Der Gesetzgeber hat nur teilweise geregelt, welche formellen Voraussetzungen die Behörde bei der Entscheidungsfindung und dem Erlass belastender Verwaltungsakte zu beachten hat (z. B. Anhörungspflicht nach § 28 Abs. 1 (L)VwVfG). Im Übrigen steht die Ausgestaltung im Verfahrensermessen der Behörde, § 10 (L)VwVfG. Zweck des eingeräumten Ermessens ist die Verwirklichung folgender Hauptziele: 318
- Grundsatz der Verwaltungseffizienz (einfach, zweckmäßig und zügig)
- Grundrechtsschutz durch Verfahren (Schutz des Einzelnen in seinen Freiheits- und Gleichheitsgrundrechten durch ein faires Verfahren)
- Verwirklichung des Rechtsstaatsprinzips
- Verwirklichung des Sozialstaatsprinzips
- Umweltschutz (Art. 20a GG)
- Verwirklichung des Demokratieprinzips (vgl. z. B. § 24 Abs. 1 S. 2 GemO BW = der Gemeinderat legt die Grundsätze der Verwaltung fest)
- ggf. Verwirklichung des Prinzips der Selbstverwaltung (z. B. Art. 28 Abs. 2 GG)

Das eingeräumte Verfahrensermessen kann die Verwaltungsspitze bzw. die Fachaufsichtsbehörde steuern, indem sie Verwaltungsvorschriften erlässt. Ob und in welchem Umfang diese rechtliche Außenwirkung haben, ist streitig. Mehr dazu später im Kapitel „abstrakt-generelle Regelungen der Verwaltung“ und dort „Verwaltungsvorschriften“. 319

2. Verfahren bis zum Erlass des belastenden Verwaltungsakts

a) Einleitung des Verwaltungsverfahrens (§ 22 (L)VwVfG)

320 Soweit kein Spezialgesetz greift, bestimmt sich die Einleitung des Verwaltungsverfahrens nach § 22 (L)VwVfG. Grundsätzlich wird das Verwaltungsverfahren zum Erlass belastender Verwaltungsakte nach § 22 S. 1 (L)VwVfG **von Amts wegen** eingeleitet (**Offizialprinzip**). Dass das Verfahren zwingend einen Antrag voraussetzt und ohne diesen nicht eröffnet werden darf (**Dispositionsmaxime**, § 22 S. 2 Nr. 2 (L)VwVfG), ist bei Erlass belastender Verwaltungsakte nur sehr selten der Fall, ein Beispiel wäre der Antrag nach § 2 Abs. 2 PolG BW.

321 Wenn der Erlass des belastenden Verwaltungsakts eine gebundene Entscheidung ist (z. B. Gewerbeuntersagung, § 35 Abs. 1 S. 1 GewO), ist die Behörde zur Einleitung nach § 22 S. 2 Nr. 1 Var. 1 (L)VwVfG verpflichtet (**Legalitätsprinzip**). Gleiches gilt, wenn ein Dritter den Erlass eines belastenden Verwaltungsakts an einen anderen beantragt und die Möglichkeit besteht, dass er einen Anspruch auf dessen Erlass oder zumindest auf ermessensfehlerfreie Entscheidung über den Antrag hat, § 22 S. 2 Nr. 1 Var. 2 (L)VwVfG.[201] In allen anderen Fällen besteht Ermessen, § 22 S. 1 (L)VwVfG (**Opportunitätsprinzip**). Allerdings muss die Behörde auch bei Ermessensentscheidungen aufgrund des Untersuchungsgrundsatzes den Sachverhalt soweit aufklären, dass sie über die Einleitung des Verfahrens entscheiden kann.[202]

322 In **Ausgangsfall 1** stand die Einleitung des Verwaltungsverfahrens im Ermessen des LRA Ortenaukreis, und das Verfahren wurde von Amts wegen nach Einstufung des Telefonanrufs der Nachbarin als ernsthaft eingeleitet, § 22 S. 1 LVwVfG BW. Ein förmlicher Antrag der Nachbarin i. S. d. § 22 S. 2 Nr. 1 Var. 2 LVwVfG BW liegt nicht vor. Vielmehr hat sie bloß den Sachverhalt mitgeteilt und ein Handeln der Behörde angeregt. Damit ist das LRA Ortenaukreis lediglich verpflichtet, die Nachbarin über die Art der Erledigung zu informieren (Art. 17 GG, Art. 2 Abs. 1 Landesverfassung Baden-Württemberg), worauf sie aber selbst verzichtet hat.

---

201 Hätte die Nachbarin einen förmlichen Antrag auf Erlass einer Abrissverfügung gegen Frau Schröder gestellt und würde die Gabionenmauer an ihr Grundstück angrenzen, hätte sie aus § 65 Abs. 1 S. 1 LBO BW i. V. m. § 13 LBO BW einen Anspruch auf ermessensfehlerfreie Entscheidung, so dass das LRA das Verfahren zwingend einzuleiten hätte. Anders wiederum, wenn die Mauer nicht zwischen den beiden Grundstücken steht, sondern z. B. im Vorgarten. Dann hat die Nachbarin keinen Anspruch auf ermessensfehlerfreie Entscheidung über ihren Antrag.

202 Ähnlich *Peters*, JuS 1991, 54 (57) mit weiteren Nachweisen.

b) Beteiligte, (§§ 11 bis 19 (L)VwVfG)

Beteiligter eines auf Erlass eines belastenden Verwaltungsakts gerichteten Verfahrens ist (soweit spezialgesetzlich nicht geregelt) nach § 13 Abs. 1 Nr. 2 (L)VwVfG jeder, gegen den die Verwaltung den angedachten Verwaltungsakt richten will. 323

■ **Beispiel:** In **Ausgangsfall 1** ist Frau Schröder als diejenige, an die die Abrissverfügung gerichtet werden soll, nach § 13 Abs. 1 Nr. 2 LVwVfG BW Beteiligte.

Dritte sind nur dann Beteiligte, wenn sie nach § 13 Abs. 1 Nr. 1 Var. 1 (L)VwVfG den Erlass eines belastenden Verwaltungsakts an einen anderen förmlich beantragt haben und antragsbefugt sind[203] oder wenn die Behörde sie zu dem Verfahren hinzugezogen hat, § 13 Abs. 1 Nr. 4 (L)VwVfG.

■ **Beispiele:** In **„Ausgangsfall 1"** ist die Nachbarin nicht Beteiligte nach § 13 Abs. 1 Nr. 1 Var. 1 LVwVfG BW, weil sie – wie schon geprüft – keinen Antrag gestellt hat. Auch Herr Schröder ist nicht Beteiligter des Verfahrens. Weder will das LRA die Abrissverfügung auch gegen ihn richten, noch hat es ihn gemäß § 13 Abs. 1 Nr. 4, Abs. 2 LVwVfG BW zu dem Verfahren hinzugezogen. Er ist vielmehr nur Beistand von Frau Schröder nach § 14 Abs. 4 LVwVfG (dazu weiter unten).

„Abwandlung von Ausgangsfall 1": Würde das LRA die Abbruchverfügung nicht gegen Frau Schröder, sondern gegen Herrn Schröder erlassen, könnte es nach § 13 Abs. 2 S. 1 LVwVfG BW Frau Schröder hinzuziehen, damit diese bereits in diesem Verfahren ihre rechtlichen Interessen als Eigentümerin geltend machen kann. Wenn Frau Schröder ihre Hinzuziehung beantragt, ist zu prüfen, ob das LRA sie nach § 13 Abs. 2 S. 2 LVwVfG BW hinzuziehen muss oder ob die Hinzuziehung im Ermessen des LRA steht. Zur Hinzuziehung ist die Behörde nur dann verpflichtet, wenn der Ausgang des Verfahrens für den Dritten rechtsgestaltende Wirkung hat. Das ist der Fall, wenn der angedachte Verwaltungsakt eine bestehende Rechtsposition des Dritten aufhebt oder ändert,[204] nach Teilen der Literatur auch dann, wenn unmittelbar eine Verpflichtung (Gebot oder Verbot) des Dritten begründet wird (str.)[205]. Hier kann der Streit dahinstehen, da die Abrissverfügung, ein befehlender Verwaltungsakt, nur Herrn Schröder, nicht aber Frau Schröder unmittelbar zur Duldung verpflichtet und daher nach allen Auffassungen kein Anspruch auf

---

203 Voraussetzung ist, dass der Antragsteller sich auf ein eigenes Recht beruft, das nicht von vornherein ausgeschlossen ist, so auch: Kopp/Ramsauer/*Ramsauer*/*Schlatmann*, VwVfG, § 13 Rn. 18.

204 Kopp/Ramsauer/*Ramsauer*/*Schlatmann*, VwVfG, § 13, Rn. 41; Stelkens/Bonk/Sachs/*Schmitz*, VwVfG, § 13 Rn. 40.

205 Kopp/Ramsauer/*Ramsauer*/*Schlatmann*, VwVfG, § 13, Rn. 41; a.A. Stelkens/Bonk/Sachs/*Schmitz*, VwVfG, § 13 Rn. 44.

Hinzuziehung besteht. Frau Schröder müsste vom LRA zur Duldung des Abrisses separat durch Duldungsverfügung verpflichtet werden.[206]

324 Beteiligter kann nur sein, wer **beteiligungsfähig** ist. Das sind nach § 11 (L)VwVfG natürliche und juristische Personen, Vereinigungen, die in Bezug auf den Gegenstand des Verfahrens teilrechtsfähig sind, und andere Behörden. Verfahrenshandlungen von oder an nicht beteiligungsfähige Personen bzw. Vereinigungen sind unwirksam.

■ **Beispiele:** In **Ausgangsfall 1** ist Frau Schröder als natürliche Person gemäß § 11 Nr. 1 LVwVfG BW unproblematisch beteiligungsfähig. Abrissverfügungen können auch an juristische Personen des Privatrechts (z. B. Spedition Müller GmbH) oder des öffentlichen Rechts (z. B. Bundesrepublik Deutschland oder Stadt Mannheim) erlassen werden. Zulässig wäre der Erlass einer Abrissverfügung auch gegenüber einer OHG, da diese im Bauordnungsrecht teilrechtsfähig ist.[207] Unzulässig wäre der Erlass einer Abrissverfügung gegenüber einer Erbengemeinschaft oder an „Familie Schröder", da beiden Vereinigungen insoweit die Teilrechtsfähigkeit fehlt.

325 Beteiligte können im Verwaltungsverfahren eigene Verfahrenshandlungen nur vornehmen[208] bzw. Verfahrenshandlungen der Behörde oder Dritter entgegennehmen[209], wenn sie **handlungsfähig** sind. Ansonsten müssen sie sich im Verfahren durch eine handlungsfähige natürliche Person vertreten lassen.

Nicht handlungsfähig sind juristische Personen, Personenvereinigungen und Behörden. Im Verwaltungsverfahren nehmen in ihrem Namen die in § 12 Abs. 1 Nr. 3 bzw. Nr. 4 (L)VwVfG genannten natürlichen Personen die aktiven (z. B. Stellungnahme) und passiven Verfahrenshandlungen (z. B. Entgegennahme eines Schreibens) wahr.

Natürliche Personen sind zum einen nach § 12 Abs. 1 Nr. 1 (L)VwVfG handlungsfähig, wenn sie nach dem bürgerlichen Recht geschäftsfähig (§§ 2, 104, 106 BGB) sind.[210]

---

206 So auch für eine Abbruchverfügung gegen einen Miteigentümer: Kopp/Ramsauer/*Ramsauer/Schlatmann*, § 13 Rn. 42.

207 Ein Praxisproblem ist z. B. die Gewerbeuntersagung, wenn das Unternehmen als OHG, KG oder GbR betrieben wird. Nach der herkömmlichen Rechtsprechung sind Gewerbetreibende nicht die Gesellschaften, sondern die Gesellschafter, so dass eine OHG nicht nach § 11 Nr. 2 LVwVfG beteiligungsfähig ist: vgl.: *Gassner*, Die Personenhandelsgesellschaft als Rechtssubjekt im öffentlichen Recht, S. 179 ff.

208 „Aktive Handlungsfähigkeit".

209 „Passive Handlungsfähigkeit".

210 Ein geschäftsfähiger Betreuter ist, wenn ein Einwilligungsvorbehalt nach § 1903 BGB den Gegenstand des Verfahrens betrifft, nur nach Maßgabe von § 12 Abs. 2 (L)VwVfG handlungsfähig. Beachten Sie bei Betreuern, Pflegern und Ausländern auch § 12 Abs. 3 (L)VwVfG!

■ **Beispiele:** In **Ausgangsfall 1** ist Frau Schröder als Volljährige nach bürgerlichem Recht geschäftsfähig und kann somit nach § 12 Abs. 1 Nr. 1 LVwVfG BW aktiv und passiv Verfahrenshandlungen wirksam vornehmen.

Minderjährige im Alter von 7 bis 17 Jahren (§ 106 BGB) sind nach § 12 Abs. 1 Nr. 2 (L)VwVfG handlungsfähig, soweit sie für den Gegenstand des Verfahrens durch Vorschriften des bürgerlichen Rechts als geschäftsfähig (siehe insbes. §§ 112, 113 BGB) oder durch Vorschriften des öffentlichen Rechts[211] als handlungsfähig anerkannt sind. Ansonsten werden sie durch ihre(n) gesetzlichen Vertreter vertreten.

■ **Beispiel:** Wäre Frau Schröder erst 17 Jahre alt, müsste sie in dem Verfahren durch ihre Eltern vertreten werden, da sie in Bezug auf den Abriss der Gabionenmauer weder nach bürgerlichem Recht als geschäftsfähig noch nach der LBO BW als handlungsfähig anerkannt ist.

Jeder Beteiligte hat nach § 14 Abs. 1 S. 1 (L)VwVfG das Recht, sich im Ver- **326**
fahren durch einen **Bevollmächtigten** (z. B. Rechtsanwalt) vertreten zu lassen. Jeder Beteiligte kann nach § 14 Abs. 4 LVwVfG zu Verhandlungen und Besprechungen mit einem **Beistand** erscheinen. Sonderfälle der Vertretung sind in §§ 15 bis 19 (L)VwVfG geregelt.

■ **Beispiel:** In **Ausgangsfall 1** ist Herr Schröder nicht Bevollmächtigter von Frau Schröder (er vertritt sie nicht), sondern Beistand im Gespräch beim Landratsamt (er handelt neben ihr).

c) Ggf. Mitwirkung anderer Behörden

Teilweise ist die Behörde verpflichtet, an dem Verwaltungsverfahren andere **327**
Behörden oder Stellen mitwirken zu lassen (z. B. § 35 Abs. 4 GewO). Dann ist zu entscheiden, ob bloß eine Stellungnahme eingeholt werden muss (so nach § 35 Abs. 4 GewO) oder ob die andere Behörde bzw. Stelle dem Erlass des belastenden Verwaltungsakts zustimmen muss. Bei der Beteiligung sind die datenschutzrechtlichen Bestimmungen zu beachten.

■ **Beispiel:** In **Ausgangsfall 1** ist eine Beteiligung anderer Behörden weder vorgeschrieben noch angezeigt. Etwas anderes gilt dann, wenn die Baurechtsbehörde die Einhaltung öffentlich-rechtlicher Vorschriften nicht selbst prüfen kann. Dann ist die Mitwirkung anderer Behörden zwar nicht vorgeschrieben, aber zweckmäßig.

211 Das Fachrecht kann vorsehen, dass Minderjährige handlungsfähig sind. So sind z. B. Minderjährige ab 16 Jahren gemäß § 17 Abs. 3 Bundesmeldegesetz im Bereich des Melderechts handlungsfähig.

d) Unparteiischer Sachbearbeiter, §§ 20, 21 LVwVfG

328 Aus dem Rechtsstaatsprinzip folgt, dass nur Bedienstete für die entscheidende Behörde bzw. mitwirkende Behörde oder Stelle tätig werden, auf deren nötige Distanz zur Sache und Unbefangenheit vertraut werden kann. Dies ist einfachgesetzlich allgemein in §§ 20, 21 (L)VwVfG geregelt:

- § 20 Abs. 1, 2, 3 und 5 (L)VwVfG regeln, welche Bedienstete bereits gesetzlich von jeder Mitwirkung[212] ausgeschlossen sind.
- § 20 Abs. 4 (L)VwVfG regelt den Ausschluss von Mitgliedern eines Ausschusses (vgl. § 18 GemO BW).
- § 21 (L)VwVfG regelt den Ausschluss eines Sachbearbeiters durch besondere Anordnung der Behördenleitung und wann diese zu einem solchen Ausschluss verpflichtet ist.

329 Als Sachbearbeiter darf nicht tätig werden, wer selbst Beteiligter i. S. d. § 13 Abs. 1 (L)VwVfG ist (§ 20 Abs. 1 S. 1 Nr. 1 (L)VwVfG) oder wem die Entscheidung einen unmittelbaren[213] Vor- oder Nachteil[214] bringen kann (§ 20 Abs. 1 S. 2 i. V. m. Abs. 1 Nr. 1 (L)VwVfG), wenn kein Ausnahmegrund nach § 20 Abs. 1 S. 3 (L)VwVfG (gemeinsames Interesse einer Bevölkerungs- oder Berufsgruppe) oder nach § 20 Abs. 2 (L)VwVfG (Wahl bzw. Abberufung von einer ehrenamtlichen Tätigkeit) vorliegt. Dasselbe gilt, wenn bestimmte nahestehende Personen des Sachbearbeiters Beteiligte sind bzw. diese den unmittelbaren Vor- oder Nachteil haben. Auch eine Vorbefassung in der Sache außerhalb der amtlichen Tätigkeit führt zum Ausschluss.

---

212 Vgl.: BVerwG, Urteil vom. 30.05.1984 – 4 C 58/81 – juris Rn. 36 ff.: Es ist nicht nur der entscheidende Sachbearbeiter zu prüfen, sondern jeder, der auf Seiten der Verwaltung mitwirkt.

213 Wann ein Vor- oder Nachteil „unmittelbar" ist, ist mitunter sehr schwer zu bestimmen. Das sollten Sie vertiefen.

214 „Vorteil" ist jede Verbesserung der rechtlichen, wirtschaftlichen, sozialen oder sonstigen Position, Nachteil jede Verschlechterung dieser.

Übersicht über den gesetzlichen Ausschluss nach § 20 Abs. 1 (L)VwVfG: 330

Als Sachbearbeiter darf nicht tätig werden:					
Der Beteiligte selbst	**Wer eine dem Beteiligten nahestehende Person ist, und zwar:**				**Wer mit der Sache außerhalb des Amts vorbefasst war**
	Angehöriger des Beteiligten	Gesetzlicher oder rechtsgeschäftlicher Vertreter des Beteiligten	Angehöriger eines Vertreters des Beteiligten in diesem Verfahren	Arbeitnehmer oder bestimmtes Organmitglied des Beteiligten	als Gutachter oder sonst
§ 20 Abs. 1 S. 1 Nr. 1	§ 20 Abs. 1 S. 1 Nr. 2 i. V. m. § 20 Abs. 5	§ 20 Abs. 1 S. 1 Nr. 3	§ 20 Abs. 1 S. 1 Nr. 4 i. V. m. § 20 Abs. 5	§ 20 Abs. 1 S. 1 Nr. 5	§ 20 Abs. 1 S. 1 Nr. 6
Herr Mustersachbearbeiter darf nicht über die Abrissverfügung an sich selbst entscheiden.	Herr Mustersachbearbeiter darf nicht tätig werden, wenn Frau Schröder seine Schwester ist.	Herr Mustersachbearbeiter darf nicht tätig werden, wenn er Betreuer von Frau Schröder ist.	Herr Mustersachbearbeiter darf nicht tätig werden, wenn Frau Schröder in dem Verfahren durch seinen Bruder vertreten wird, der z. B. Rechtsanwalt ist.	Herr Mustersachbearbeiter darf nicht tätig werden, wenn er z. B. nebenberuflich als Angestellter von Frau Schröder arbeitet. Aber: Gegen seinen Arbeitgeber „Landkreis" darf Herr Schröder die Abrissverfügung erlassen.	Herr Mustersachbearbeiter darf nicht tätig werden, wenn er schon einmal ein privates Gutachten über die Standsicherheit erstellt hat.
Wem der Verwaltungsakt einen unmittelbaren Vor- oder Nachteil bringen kann	**Wer [...] einer Person ist, der der Verwaltungsakt einen unmittelbaren Vor- oder Nachteil bringen kann:**				
	[...] Angehöriger	[...] Vertreter	[...] Angehöriger eines Vertreters in diesem Verfahren	[...] Arbeitnehmer bzw. Organteil	
§ 20 Abs. 1 S. 2 i. V. m. Abs. 1 S. 1 Nr. 1	§ 20 Abs. 1 S. 2 i. V. m. Abs. 1 S. 1 Nr. 2	§ 20 Abs. 1 S. 2 i. V. m. Abs. 1 S. 1 Nr. 3	§ 20 Abs. 1 S. 2 i. V. m. Abs. 1 S. 1 Nr. 4	§ 20 Abs. 1 S. 2 i. V. m. Abs. 1 S. 1 Nr. 5	
Herr Mustersachbearbeiter ist Nachbar von Frau Schröder. Durch die Abrissverfügung könnte er einen unmittelbaren Vor- oder Nachteil haben.	Die Schwester von Herrn Mustersachbearbeiter ist Nachbarin von Frau Schröder und könnte einen unmittelbaren Vor- oder Nachteil haben.	Die Betreute von Herrn Mustersachbearbeiterin ist Nachbarin von Frau Schröder und könnte einen unmittelbaren Vor- oder Nachteil haben.	Der Bruder von Herrn Mustersachbearbeiter hat im Namen des Nachbarn von Frau Schröder den Erlass einer Abrissverfügung formlos angeregt.	Herr Mustersachbearbeiter ist Angestellter der Nachbarin von Frau Schröder, die einen unmittelbaren Vor- oder Nachteil haben könnte.	

331 Besteht ein Ausschlussgrund nach § 20 (L)VwVfG, ist § 21 (L)VwVfG nicht mehr zu prüfen. Liegt kein Ausschlussgrund nach § 20 (L)VwVfG vor, besteht im Einzelfall aber ein Grund, der geeignet ist, Misstrauen gegen die unparteiische Amtsführung zu rechtfertigen, greift § 21 (L)VwVfG.

■ **Beispiele:** Der Sachbearbeiter fühlt sich persönlich angegriffen; der Sachbearbeiter prüft bereits eigene rechtliche Schritte gegen die Beteiligte; der Sachbearbeiter ist mit dem Beteiligten zerstritten; …

e) Untersuchungsgrundsatz/Sachverhaltsermittlung, §§ 24 und 26, 27 (L)VwVfG

332 Die Sachverhaltsermittlung ist die wichtigste Arbeit im dreistufigen Arbeitsgang „Sachverhaltsermittlung, Gutachten, Entscheidung".[215] Einem Rechtsunkundigen fällt die Sachverhaltsermittlung schwer, weil er gar nicht weiß, welche Aspekte er für die Entscheidung benötigt. Nachdem wir jetzt wissen, worauf es materiell-rechtlich ankommt, wollen wir chronologisch nachvollziehen, warum Herr Mustersachbearbeiter den Sachverhalt hier hervorragend aufgeklärt hat.

333 Er ist dem Anruf der Nachbarin nachgegangen und hat diesen nicht als groben Unfug, Arbeitsbeschaffungsmaßnahme oder Nachbaranschwärzung abgetan. In der damaligen Situation konnte Herr Mustersachbearbeiter noch nicht über die Abbruchverfügung entscheiden, weil noch nicht alle wichtigen Tatsachen ermittelt waren bzw. feststanden. Er leitete Ermittlungsmaßnahmen ein (§ 24 Abs. 1 S. 1 LVwVfG BW = Sachverhalt von Amts wegen ermitteln).

Herr Mustersachbearbeiter hat erkannt, dass es zunächst einmal bedeutsam ist, ob die Gabionenmauer standsicher ist oder nicht, und will dies aufklären (§ 24 Abs. 2 LVwVfG BW). Er entscheidet, dass die Aufklärung am besten über die Hinzuziehung der sachverständigen Bauaufseherin geht, die sich vor Ort die Mauer einmal ansehen soll (§§ 24 Abs. 1 S. 2, 26 Abs. 1 S. 1 LVwVfG BW „Freibeweis").

Dabei weiß er, dass Frau Bauaufseherin das Grundstück nicht einfach so gegen den Willen der Familie Schröder betreten darf (Art. 13 GG und §§ 47 Abs. 3 LBO BW, 5 PolG BW).

Nachdem die Standsicherheit aufgeklärt ist, überlegt sich der Sachbearbeiter, ob andere mildere Maßnahmen als die Abbruchverfügung in Betracht kommen. Hier fallen ihm keine sinnvollen Maßnahmen ein, er glaubt auch nicht, dass er dies weiter aufklären muss, sondern dass es keine gibt (§ 24 Abs. 2 LVwVfG BW).

---

215 Vgl. *Peters*, JuS 1991, 54.

Er ermittelt sämtliche Tatsachen, die er für die Störerauswahl benötigt, auch die, die gegen die Heranziehung von Frau Schröder sprechen (§ 24 Abs. 2 LVwVfG BW). Dazu hört er Frau Schröder selbst an, damit diese Tatsachen vorbringen kann (§ 24 Abs. 1 S. 2 LVwVfG BW). Den Aufenthaltsort von Herrn Fischer muss er nicht ermitteln, weil er den unbekannten Aufenthaltsort als Entscheidungskriterium bei der Störerauswahl benutzen darf.
Um aufzuklären, was dafür spricht, die Entscheidung vorerst nicht zu erlassen, hat er Familie Schröder angehört und so ermittelt, dass diese den Raum um die Mauer nicht betreten will, aber auch nicht bereit ist, die Mauer abzureißen (§ 24 Abs. 2 LVwVfG BW).
Um aufzuklären, was für die Entscheidung spricht, hat er den sachkundigen Rat der Kollegin eingeholt (§ 26 Abs. 1 S. 1 LVwVfG BW), die sagt, dass die Mauer einstürzen wird, man nur nicht weiß, wie schnell das passiert.
Er weiß, dass er Frau Schröder nach § 26 Abs. 2 LVwVfG BW nicht zur Mitwirkung zwingen kann.

Sie sehen hier, wie wichtig eine vollständige und faire Ermittlung des Sach- **334** verhalts ist. Stimmt der vermeintlich ermittelte Sachverhalt nicht mit der Wirklichkeit überein und liegen daher gar nicht die Voraussetzungen für den Erlass des Verwaltungsakts vor, ist die Entscheidung „falsch" (materiell rechtswidrig)![216]

f) Rechte der Beteiligten, §§ 25, 28, 29, 30 bzw. 3b (L)VwVfG

Gemäß § 25 LVwVfG hat die Behörde eine allgemeine Beratungs- und Aus- **335** kunftspflicht und damit korrespondierend der Beteiligte ein **Recht auf Beratung und Auskunft**. Vor Erlass eines belastenden Verwaltungsakts sollte somit beispielsweise der Beteiligte, der seiner Mitwirkungspflicht nicht nachkommt, darauf hingewiesen werden, dass dann nach Aktenlage entschieden wird.

■ **Beispiel:** In **Ausgangsfall 1** bestand keine weitere Beratungs- oder Auskunftspflicht.

Weiter hat der Beteiligte, in dessen Rechte der belastende Verwaltungsakt **336** eingreift, nach § 28 Abs. 1 (L)VwVfG ein **Recht auf Anhörung**: Vor Erlass des Verwaltungsakts muss die Behörde ihm Gelegenheit geben, sich zu allen entscheidungserheblichen Tatsachen äußern zu können, außer wenn von der Anhörung nach Abs. 3 abgesehen werden muss bzw. nach Abs. 2 abgesehen werden kann. Gibt der Beteiligte eine Stellungnahme ab, muss

216 Zur Vertiefung: *Peters*, JuS 1991, 54 ff.

sich die Behörde damit auseinandersetzten. Die nähere Ausgestaltung der Anhörung (schriftlich, persönlich etc.; Fristsetzung zur Äußerung) steht im Verfahrensermessen der Behörde.

■ **Beispiel:** In **Ausgangsfall 1** musste das LRA Ortenaukreis vor Erlass der Abbruchverfügung gegen Frau Schröder dieser nach § 28 Abs. 1 LVwVfG BW Gelegenheit zur Stellungnahme geben. Ein erstes Gespräch mit Frau Schröder fand am 23.09. im Rahmen der Grundstücksbegehung mit der Bauaufseherin statt. Dies diente allerdings damals nur zur Ermittlung des Sachverhalts (§§ 24, 26 LVwVfG BW) und stellte keine Anhörung dar. Im Gespräch vom 30.09. gab Herr Mustersachbearbeiter dann, nachdem der entscheidungserhebliche Sachverhalt feststand, ausdrücklich Gelegenheit zur Stellungnahme. Frau Schröder nahm diese Gelegenheit wahr und äußerte sich in dem Gespräch selbst bzw. nach § 14 Abs. 4 LVwVfG BW über ihren Ehemann. Das nahm Herr Mustersachbearbeiter ernsthaft zur Kenntnis. Somit war die Anhörung ordnungsgemäß.

337 Nach Maßgabe von § 29 (L)VwVfG hat der Beteiligte ein **Recht auf Akteneinsicht.**[217]

Kein Recht auf Akteneinsicht besteht nach § 29 Abs. 2 (L)VwVfG in folgenden Fällen: Kenntnis des Akteninhalts bringt Nachteile für das Wohl des Bundes oder des Landes; für die Vorgänge besteht ein gesetzliches Geheimhaltungsgebot (z. B. § 23 Abs. 2 ArbSchG, § 30 AO, § 35 SGB I)[218] oder die Vorgänge sind ihrem Wesen nach geheim zu halten z. B. wegen des überwiegenden berechtigten Interesses einer dritten Person.

Vor Abschluss des Verwaltungsverfahrens besteht außerdem kein Anspruch auf Akteneinsicht in Entwürfe zu Entscheidungen und die Arbeiten zu ihrer unmittelbaren Vorbereitung („Schutz der Gedankengänge der Behörde“), § 29 Abs. 1 S. 2 (L)VwVfG.

Zur Art der Gewährung der Akteneinsicht siehe § 29 Abs. 3 (L)VwVfG für schriftliche Akten und § 8 EGovG bzw. § 8 EGovG BW für elektronische Akten.

■ **Beispiel:** In **Ausgangsfall 1** hat Frau Schröder Kopien aus der Akte verlangt und bekommen. Wenn sie komplette Akteneinsicht beantragt hätte, ist fraglich, ob ihr auch Einsicht in den Teil der Akte gewährt werden dürfte, der den Anruf der Nachbarin wiedergibt. Das hängt davon ab, ob der Vorgang nach § 29 Abs. 2 LVwVfG BW seinem Wesen nach geheim gehalten werden muss (die anderen Aus-

---

217 Die Norm regelt nur das Akteneinsichtsrecht von Beteiligten eines Verwaltungsverfahrens. Auskunfts- und Akteneinsichtsrechte sind spezialgesetzlich geregelt, siehe z. B. UIG, VIG, IFG oder die Regelungen zur Einsicht in Protokolle über öffentliche Gemeinderatssitzungen.

218 Streitig ist, ob auch § 30 (L)VwVfG ein solches gesetzliches Geheimhaltungsgebot darstellt.

nahmen greifen hier ersichtlich nicht). Ein überwiegendes öffentliches Interesse an der Geheimhaltung der Daten von Behördeninformanten und ihrer Aussage besteht im Bauordnungsrecht grundsätzlich nicht.[219] In Ausgangsfall 1 liegt auch keine besondere Ausnahmesituation vor. Allerdings überwiegt das Recht der Nachbarin an der Geheimhaltung ihrer personenbezogenen Daten und ihrer Aussage (Art. 2 Abs. 1 GG i.V.m. Art. 1 Abs. 1 GG) hier das Interesse von Frau Schröder auf Auskunft, da die Information der Nachbarin weder als Beweismittel genutzt wird (sie stellt keine Zeugenaussage dar), für die Falllösung also unbedeutend ist, noch Anhaltspunkte dafür vorliegen, dass die Information bewusst oder leichtfertig falsch war, im Gegenteil, ihre Aussagen haben sich bestätigt. Damit müsste der Teil mit ihren personenbezogenen Daten und ihrer Aussage vor Gewährung der Akteneinsicht geschwärzt werden.[220]

Exkurs: Ordnungsgemäße Aktenführung **338**

Über den Entscheidungsprozess, der zum Erlass eines belastenden Verwaltungsakts führt, ist eine schriftliche oder elektronische Akte zu führen, die ordnungsgemäß und vollständig sein muss. Dies folgt bereits (auch für sonstiges Verwaltungshandeln) aus dem Rechtsstaatsprinzip und der Pflicht zur Objektivität,[221] andernfalls wäre außerdem kaum eine effektive Verwaltungskontrolle möglich: Einfachgesetzlich folgt die Pflicht zur Aktenführung auch aus § 29 (L)VwVfG, da ansonsten der Akteneinsichtsanspruch ins Leere liefe.

Ab dem 01.01.2020 sollen Bundesbehörden ihre Akten gemäß § 6 S. 1 EGovG grundsätzlich elektronisch führen. In Baden-Württemberg bestimmt sich die Pflicht zur elektronischen Aktenführung nach Maßgabe von § 6 EGovG BW.

In Ausgangsfall 1 wurde die Akte vorbildlich geführt. Es ist festgehalten, wie es überhaupt zur Einleitung des Verwaltungsverfahrens kam, welche Schritte die Behörde im Einzelnen durchgeführt hat und was im Besprechungstermin von den Teilnehmern gesagt wurde.

---

219 Anders ist die Situation, wenn die Behörde für ihre Aufgabenerfüllung regelmäßig auf Informationen aus der Bevölkerung angewiesen ist und es um den Schutz gewichtiger Rechtsgüter geht (z.B. Behördeninformanten zum Jugendschutz), vgl. BVerwG, NVwZ 2010, 1493 (1494). Hier besteht grundsätzlich ein überwiegendes öffentliche Interesse an der Geheimhaltung, außer wenn Anhaltspunkte bestehen, dass der Behördeninformant wissentlich oder leichtfertig falsch informiert hat, vgl. Stelkens/Bonk/Sachs/*Kallerhof*/*Mayen*, VwVfG, § 29 Rn. 72.

220 Anders noch in der 1. Auflage, in der Zeugenaussagen und Auskünfte von Behördeninformanten gleich behandelt wurden.

221 BVerfG, NJW 1983, 2135.

339 Nach § 30 VwVfG bzw. § 3b LVwVfG BW haben die Beteiligten einen **Anspruch auf Geheimhaltung** ihrer Geheimnisse, insbesondere also auf Geheimhaltung ihrer personenbezogenen Daten (nur natürliche Personen) sowie ihrer Betriebs- und Geschäftsgeheimnisse.

■ **Beispiel:** In **Ausgangsfall 1** darf Herr Mustersachbearbeiter nach Feierabend seinen Freunden also nicht von der Gabionenmauer in Frau Schröders Garten erzählen. Die Baurechtsbehörde darf die erhobenen personenbezogenen Daten an andere Behörden nur weitergeben, wenn sie dazu gesetzlich ermächtigt ist und die andere Behörde die Auskunft verlangen darf.[222]

3. Form

a) Formzwang oder Formfreiheit

340 Nach § 37 Abs. 2 S. 1 (L)VwVfG steht die Form des Verwaltungsakts im Ermessen der Behörde (Formfreiheit), wenn das Spezialgesetz keine bestimmte Form vorschreibt (Formzwang[223]). Vollständig durch automatisierte Einrichtungen dürfen Verwaltungsakte nach § 35a (L)VwVfG nur erlassen werden, wenn dies durch Rechtsvorschriften zugelassen ist und weder ein Ermessen noch ein Beurteilungsspielraum besteht.

341 Hat die Behörde Formwahl, kann sie den Verwaltungsakt mündlich, schriftlich, elektronisch oder anders erlassen (z. B. durch Zeichen wie „Ballspielen verboten“). Zweckmäßigerweise werden aus Beweisgründen – und um Missverständnisse zu vermeiden – belastende Verwaltungsakte an Einzelpersonen schriftlich oder elektronisch verfasst, außer wenn die Zeit hierzu fehlt und eine sofortige Bekanntgabe erforderlich ist. In unserem Fall schreibt die LBO BW für die Abbruchsanordnung keine Form vor; wir wählen aus Zweckmäßigkeitsgründen die Schriftform.[224]

b) Anforderungen nach § 37 Abs. 2 bis 5 (L)VwVfG

342 Je nach gewählter Form sind weitere Vorschriften einzuhalten. Wenn diese nicht durch Spezialgesetz geregelt sind, ist auf das (L)VwVfG zurückzugreifen.

---

222 Hier müssen Sie sich im Laufe der Zeit gute Grundkenntnisse im Datenschutzrecht aneignen.

223 § 45 Abs. 4 S. 1 StVO schreibt vor, dass Verkehrsregelungen in Form von Verkehrszeichen und Verkehrseinrichtungen ergehen müssen und lässt nur für den Ausnahmefall andere Formen für Verkehrsregelungen zu.

224 A.A.: *Ramsauer*, NordÖR 2006, 282 (283): grundsätzliches Schriftlichkeitsgebot im Baurecht; zur Rechtslage in NRW: § 20 Abs. 1 S. 1 OBG NRW schreibt die Schriftform bzw. elektronische Form vor.

Ein **schriftlicher** Verwaltungsakt muss nach § 37 Abs. 3 S. 1 (L)VwVfG die erlassende Behörde erkennen lassen und die Unterschrift oder Namenswiedergabe des Bearbeiters enthalten. Entbehrlich sind Unterschrift und Namenswiedergabe nach § 37 Abs. 5 S. 1 (L)VwVfG, wenn die Regelung automatisiert hergestellt wird, d.h. wenn aus vorgegebenen mathematischen Formeln, die in allen Fällen in derselben Weise zum Einsatz kommen, und den individuellen Datensätzen der Adressaten automatisch die eigentliche Regelung erstellt wird, nicht aber beispielsweise, wenn am PC ein Bescheid neu oder durch „copy and paste" (Kopieren alter Bescheide und/oder Verwendung von Textbausteinen) verfasst wird.[225] **343**

Elektronisch darf der Verwaltungsakt – wenn spezialgesetzlich nicht anders geregelt – nur dann erlassen werden, wenn der Bekanntgabeadressat einen elektronischen Zugang eröffnet hat, § 3a Abs. 1 (L)VwVfG. Wie bei schriftlichen Verwaltungsakten gilt auch hier § 37 Abs. 3 S. 1 (L)VwVfG, ergänzend sind noch § 37 Abs. 3 S. 2 u. S. 3, Abs. 4 (L)VwVfG zu beachten. Schließlich sind elektronische Verwaltungsakte auf Verlangen bei berechtigtem Interesse schriftlich zu bestätigen, § 37 Abs. 2 S. 3 (L)VwVfG. In den meisten Bereichen des besonderen Verwaltungsrechts werden belastende Verwaltungsakte bisher nicht elektronisch erlassen. **344**

Für **mündliche Verwaltungsakte** bestimmt § 37 Abs. 2 S. 2 (L)VwVfG lediglich, dass sie bei berechtigtem Interesse auf Verlangen schriftlich oder elektronisch zu bestätigen sind. **345**

c) Begründung

Nach § 39 Abs. 1 S. 1 (L)VwVfG sind schriftliche oder elektronische sowie schriftlich oder elektronisch bestätigte Verwaltungsakte mit einer Begründung zu versehen, wenn nicht eine Ausnahme nach § 39 Abs. 2 (L)VwVfG vorliegt. **346**

■ **Beispiel:** In Ausgangsfall 1 soll die Abrissverfügung schriftlich erlassen werden, also ist nach § 39 Abs. 1 S. 1 LVwVfG BW grundsätzlich eine Begründung erforderlich. Fraglich ist, ob auf die Begründung nach § 39 Abs. 2 Nr. 2 Var. 1 LVwVfG BW verzichtet werden kann. Dann müsste Frau Schröder die Auffassung des LRA Ortenaukreis über die Sach- und Rechtslage bereits bekannt sein. Nach überzeugender Rechtsaufassung ist dafür zum einen erforderlich, dass die Behörde den Beteiligten zuvor schriftlich oder elektronisch und nicht nur mündlich über die Sach- und Rechtslage informiert hat (z.B. durch Informationsblätter).[226] Außerdem ist allein eine schriftliche Anhörung i.S.d. § 28 (L)VwVfG nicht ausreichend, denn sonst wäre ein Absehen von der Begründung die Regel und nicht die

---

225 BeckOK VwVfG/*Tiedemann*, VwVfG § 37 Rn. 50.

226 Stelkens/Bonk/Sachs/*Stelkens*, VwVfG, § 39 Rn. 92.

Ausnahme.[227] Legt man diese Maßstäbe zu Grunde, so hat Frau Schröder allein aufgrund der mündlichen Anhörung keine Kenntnis über die Auffassung des LRA zur Sach- und Rechtslage. Auch andere Ausnahmegründe greifen nicht. Damit ist die Begründung erforderlich.

347 Nach § 39 Abs. 1 S. 2 (L)VwVfG setzt sich die Begründung aus der Wiedergabe der den Verwaltungsakt tragenden tatsächlichen (Sachverhalt) und rechtlichen Gründe (rechtliche Würdigung) zusammen. Zu den rechtlichen Gründen gehören bei Ermessensentscheidungen nach § 39 Abs. 1 S. 3 (L)VwVfG auch die Gesichtspunkte, von denen die Behörde bei der Ausübung ihres Ermessens ausgegangen ist. Letzteres ist besonders wichtig, denn anhand der Begründung wird später (z.B. im Widerspruchs- oder Klageverfahren) geprüft, ob die Behörde das ihr eingeräumte Ermessen erkannt und ob sie alle für die Entscheidung wesentlichen Punkte in ihre Überlegungen eingestellt hat. Die Rechtsprechung hat hier die sehr umstrittene Rechtsfigur des „**intendierten Ermessens**“ entwickelt. Danach muss die Ermessensausübung nicht näher begründet werden, wenn die Behörde eine Norm vollzieht, die im Regelfall eine bestimmte Ermessensausübung vorgibt und kein Ausnahmefall ersichtlich ist.[228] Die Einzelheiten sind jedoch umstritten, und es ist teilweise schwierig zu beurteilen, welche Normen ein „normales“ und welche ein „intendiertes“ Ermessen einräumen.[229]

■ **Beispiel:** Die Vollziehung von § 65 Abs. 1 S. 1 LBO BW gibt keine genaue Ermessensausübung vor, sondern verlangt eine genaue Analyse der Umstände des Einzelfalls. Die Abrissverfügung ergeht bei Verstoß gegen öffentlich-rechtliche Vorschriften nämlich nicht im Regelfall, sondern nur dann, wenn gewichtige Gründe für ihren Erlass sprechen und der rechtswidrige Zustand auch nicht geduldet werden kann. Insbesondere ist zu würdigen, gegen welche Art von öffentlich-rechtlicher Vorschrift verstoßen wurde. Daher müssen in **Ausgangsfall 1** die Ermessensgründe angegeben werden.

348 Muss die Ermessensausübung begründet werden, ist es wichtig, nicht nur Rechtsbehauptungen aufzustellen.

■ **Negativbeispiel:** Werden im folgenden Auszug die Ermessensgesichtspunkte ordnungsgemäß nach § 39 Abs. 1 S. 3 (L)VwVfG begründet?

---

227 Stelkens/Bonk/Sachs/*Stelkens*, VwVfG, § 39 Rn. 90.

228 BVerwGE 105, 55 (57); wie hier versteht auch Stelkens/Bonk/Sachs/*Stelkens*, VwVfG, § 39 Rn. 70 die Rechtsprechung des BVerwG. Das BVerwG ist also nicht der Auffassung, bei intendiertem Ermessen bestehe keine Pflicht zur Abwägungsentscheidung, sondern lediglich, dass das Selbstverständliche nicht ausführlich in der Begründung dargestellt werden muss.

229 Beispiele für Fallgruppen siehe Stelkens/Bonk/Sachs/*Stelkens*, VwVfG, § 39 Rn. 69.

„Die Entscheidung stand in unserem Ermessen. Das Ermessen haben wir entsprechend § 40 LVwVfG BW ausgeübt. Wir haben den Zweck des Ermessens eingehalten und die Grenzen beachtet. Die Maßnahme ist insbesondere geeignet, erforderlich und angemessen. Die Nachteile, die diese Entscheidung für Sie bringt, stehen nicht außer Verhältnis zum beabsichtigten Erfolg."

Lösung: Nein, das ist eine reine rechtliche Behauptung. Die Gesichtspunkte aus dem Sachverhalt, die hier zu subsumieren sind, werden überhaupt nicht dargestellt.

d) Rechtsbehelfsbelehrung

Nach § 37 Abs. 6 S. 1 (L)VwVfG BW ist einem schriftlichen oder elektronischen Verwaltungsakt[230], der der Anfechtung unterliegt (hier also der Abrissverfügung, die durch Widerspruch angefochten werden kann), eine Rechtsbehelfsbelehrung beizufügen.[231] **349**

Zum **Mindestinhalt** der Rechtsbehelfsbelehrung gehören nach § 37 Abs. 6 S. 1 (L)VwVfG: **350**

- **Art** des statthaften Rechtsbehelfs (Widerspruch[232] oder Klage)[233],
- **Frist**[234] zur Erhebung des Rechtsbehelfs (Widerspruchsfrist nach § 70 Abs. 1 VwGO bzw. Klagefrist nach § 74 Abs. 1 VwGO) sowie

---

230 Eine Rechtsbehelfsbelehrung ist nach § 37 Abs. 6 S. 2 (L)VwVfG auch der schriftlichen oder elektronischen Bestätigung eines mündlichen Verwaltungsakts oder der Bescheinigung nach § 42a Abs. 3 (L)VwVfG beizufügen, wenn die entsprechenden Verwaltungsakte der Anfechtung unterliegen.

231 Mit einer Rechtsbehelfsbelehrung zu versehen sind also insbesondere: Gebote, Verbote, Widerruf oder Rücknahme begünstigender Verwaltungsakte, belastende feststellende Verwaltungsakte wie insbes. Ablehnungen von begünstigenden Verwaltungsakten, begünstigende Verwaltungsakte mit belastenden Nebenbestimmungen sowie Verwaltungsakte mit belastender Drittwirkung, die dem Dritten bekannt gegeben werden.

232 Bei Soldaten: ggf. Beschwerde.

233 Sie müssen also wissen, ob gegen den Verwaltungsakt der Widerspruch oder die Klage statthaft ist, dazu siehe Teil 6.

234 Streitig ist, ob zur Angabe der Frist auch die Angabe des Fristbeginns gehört. Sehr gut dargestellt wird der Meinungsstreit vom VGH BW, Urteil vom 23.01.2018 – 8 S 1294/17 –, der sich dem BVerwG anschließt (BVerwG NJW 1991, 508 [509]) und die Angabe des Fristbeginns entgegen der Rechtsprechung des BFH und des BSG sowie des Kartellsenats des BGH für nicht erforderlich hält. Erfolgt (freiwillig oder verpflichtend) die Angabe „ab Bekanntgabe", ist wiederum streitig, ob der Fristbeginn damit auch dann richtig bezeichnet ist, wenn der Verwaltungsakt tatsächlich zugestellt wurde. BVerwG, NJW 1991, 508 (509) sieht die Bezeichnung „ab Bekanntgabe" jedenfalls als unschädlich an, wenn der Ausgangsbescheid dem Betroffenen persönlich im Wege der Postzustellung zugestellt wurde. Ob das auch im Falle der Ersatzzustellung gilt, ist damit nicht geklärt. Zum Meinungsstreit insgesamt näher siehe Stelkens/Bonk/Sachs/*Stelkens*, VwVfG, § 37 Rn. 190.

- **Name** und **Sitz**[235] der Ausgangsbehörde[236] (wenn gegen den Verwaltungsakt der Widerspruch gegeben ist) bzw. des Gerichts (wenn gegen den Verwaltungsakt direkt Klage zu erheben ist),
- nicht aber die Form[237], in der der Rechtsbehelf zu erheben ist.

351 Zusätzliche (freiwillige) Angaben müssen inhaltlich richtig und vollständig sein.

■ **Beispiel:** Soll über die Form des Widerspruchs belehrt werden, müssen zwingend alle in § 70 Abs. 1 S. 1 VwGO genannten Formen aufgezählt werden.[238]

352 Die Rechtsbehelfsbelehrung ist bereits dann fehlerhaft, wenn ein unzutreffender oder irreführender Zusatz beigefügt ist, der sich generell eignet, die Einlegung des Rechtsbehelfs zu erschweren; auf einen tatsächlichen Irrtum kommt es nicht an.[239]

353 Die Einzelheiten sind (wie Sie hier schon anhand der vielen Fußnoten sehen) sehr umstritten. Auch gibt es ständig neue ungelöste Rechtsfragen, z.B. ob – wenn Angaben zur Rechtsbehelfsform gemacht werden – zwingend auch die E-Mail-Adresse und/oder die De-Mail-Adresse anzugeben sind, an die der Widerspruch als E-Mail mit elektronischer Signatur bzw. als De-Mail in der Sendevariante mit bestätigter sicherer Anmeldung geschickt werden kann.

354 Fasst man alle obigen Ausführungen zusammen, wäre für unseren Ausgangsfall 1 nach der Rechtsprechung des BVerwG folgende Rechtsbehelfsbelehrung ausreichend:[240]

---

235 Wenn eine Behörde eine Hauptstelle und mehrere Außenstellen hat und eine dieser Außenstellen den Bescheid erlässt (z.B. BAPersBw mit Hauptsitz in Köln, Militärringstraße 1000; Außenstelle Stuttgart erlässt den Bescheid) ist streitig, ob als Sitz der Sitz der Hauptstelle oder der der erlassenden Außenstelle anzugeben ist.

236 Ausgangsbehörde ist die Behörde i.S.d. § 1 Abs. 4 VwVfG bzw. § 1 Abs. 2 LVwVfG BW, hier das Landratsamt Ortenaukreis; bei Gemeinden in der Regel der Bürgermeister (bzw. Magistrat) als das die Gemeinde nach außen vertretende Organ, ausnahmsweise der Gemeinderat bei Gemeinderatsbeschlüssen mit unmittelbarer Außenwirkung.

237 So BVerwG, NJW 1991, 508 (509); Beschluss vom 22.12.2017 – 2 B 24/17 – juris; BVerwG, NVwZ 2021, 1061; Kopp/Schenke/*W.-R. Schenke*, VwGO, § 58 Rn. 10; a.A. *Beckermann*, NVwZ 2017, 745; *Brügmann*, DÖV 2020, 1008 (1015).

238 Vor Neufassung des § 70 Abs. 1 VwGO war das noch streitig, siehe z.B. OVG NRW, NVwZ-RR 2016, 930. Nunmehr wird die elektronische Form jedoch ausdrücklich im Gesetzestext aufgeführt und ist nach hier vertretener Rechtsauffassung damit zwingend zu nennen, wenn Angaben zur Form erfolgen. Zu dem Problem insgesamt siehe auch: *Beckermann* NVwZ 2017, 745; Stelkens/Bonk/Sachs/*Stelkens*, VwVfG, § 37 Rn. 192.

239 BVerwG, NJW 1991, 508; NVwZ 2009, 588 (589); *Beckermann*, NVwZ 2017, 745; Stelkens/Bonk/Sachs/*Stelkens*, VwVfG, § 37 Rn. 192.

240 Vgl. BVerwG, Beschluss vom 11.03.2010 – 7 B 36/09 – Rn. 16.

„Gegen diesen Bescheid können Sie innerhalb eines Monats Widerspruch beim Landratsamt Ortenaukreis mit Sitz in Offenburg erheben.“

Eine derart kurze Rechtsbehelfsbelehrung lässt beim Bürger allerdings viele Fragen offen, z. B. in welcher Form der Rechtsbehelf erhoben werden kann, ob die Hinzuziehung eines Rechtsanwaltes vorgeschrieben ist, wie genau die Frist berechnet wird und welche Kosten ein etwaiger Widerspruch auslöst. Deshalb geben bürgerfreundliche Behörden oft freiwillig weitere ergänzende Hinweise (vgl. auch Rn. 385 und die Rechtsbehelfsbelehrung im Musterbescheid in Rn. 391), insbesondere zur vorgeschriebenen Form und zur genauen Adresse der Behörde. Teilweise werden durch Verwaltungsvorschrift auch Muster zur Verfügung gestellt.[241]

Exkurs: Die Verwaltung ist verpflichtet, die Erhebung von Widersprüchen zu ermöglichen. So muss die Verwaltung selbstverständlich auf dem Postwege erreichbar sein. Während der Öffnungszeiten muss die Verwaltung mündliche Widersprüche zur Niederschrift aufnehmen. Schließlich ist die Verwaltung nach Maßgabe der einschlägigen Regelungen (vgl. § 2 EGovG und z.B. § 2 EGovG BW) auch verpflichtet, Möglichkeiten zur elektronischen Erhebung von Widersprüchen zu eröffnen. **355**

4. Bekanntgabe

a) Einführung

Verwaltungsakte sind bekannt zu geben (vgl. § 41 Abs. 1 (L)VwVfG) und werden nur gegenüber demjenigen wirksam, dem sie bekannt gegeben wurden (vgl. § 43 Abs. 1 S. 1 (L)VwVfG). Bekanntgabe ist die Eröffnung des Verwaltungsakts, also die Herstellung eines Zustandes, in dem es nur noch von dem Willen des Empfängers abhängt, ob er von dem Verwaltungsakt Kenntnis nimmt.[242] **356**

Belastende **Individualverfügungen** müssen grundsätzlich **individuell** den Beteiligten des Verwaltungsverfahrens (bzw. deren gesetzlichen Vertretern oder Bevollmächtigten) bekannt gegeben werden. Die **öffentliche Bekanntmachung** ist nach § 41 Abs. 3 S. 1 (L)VwVfG nur zulässig, wenn dies durch ein Gesetz zugelassen ist, z. B. § 10 VwZG oder § 11 LVwZG BW. **357**

---

241 Vgl. auf www.verwaltungsvorschriften-im-internet.de das (inzwischen allerdings überholte, Stand 15.05.2024 noch nicht an die neue Rechtslage angepasste) Rundschreiben des BMI v. 12.08.2013 – V II 1 – 132 120/6 „Belehrung über Rechtsbehelfe nach dem Verwaltungsverfahrensgesetz“.

242 BVerwGE 22,14; 29, 239; BeckOK VwVfG/*Tiedemann*, § 41 Rn. 3.

■ **Beispiel:** In Ausgangsfall 1 wäre es unzulässig, wenn das LRA die Abrissverfügung an Frau Schröder öffentlich (z. B. über das Internet oder die Tageszeitung) bekannt machen würde.

358 Belastende **Allgemeinverfügungen** dürfen öffentlich (also der Allgemeinheit) bekannt gegeben werden, wenn ein Gesetz dies zulässt oder eine Bekanntgabe an die Beteiligten untunlich ist, § 41 Abs. 3 S. 1 u. 2 (L)VwVfG.

■ **Beispiel:** Das Badeverbot in Form einer Allgemeinverfügung wird im Mitteilungsblatt der Gemeinde bekannt gegeben. Die Geschwindigkeitsbeschränkung wird durch Aufstellung des Verkehrszeichens für die Öffentlichkeit sichtbar bekanntgegeben (Spezialregelung durch § 45 Abs. 4 StVO).

b) Bekanntgabeadressat bei der individuellen Bekanntgabe

359 Ist der Beteiligte, für den der Verwaltungsakt bestimmt ist (also der Regelungsadressat) oder der von ihm betroffen wird (also der am Verfahren beteiligte Dritte) handlungsfähig und im Verfahren nicht durch einen Bevollmächtigten vertreten, ist der Verwaltungsakt ihm persönlich bekannt zu geben.

360 Wenn der Beteiligte (Regelungsadressat bzw. der am Verfahren beteiligte Dritte) nicht selbst handlungsfähig ist, muss der Verwaltungsakt seinem gesetzlichen Vertreter bekannt gegeben werden. Das folgt allgemein aus § 12 (L)VwVfG und ist für die Bekanntgabe in Form der Zustellung in § 6 (L)VwZG sogar ausdrücklich geregelt. Solange die Bekanntgabe bzw. Zustellung an den gesetzlichen Vertreter nicht bewirkt ist, ist der Verwaltungsakt gegenüber dem Beteiligten nicht wirksam.

361 Wird der Beteiligte im Verfahren durch einen Bevollmächtigten i. S. d. § 14 Abs. 1 S. 1 (L)VwVfG (z. B. Rechtsanwalt) vertreten, so ist nach der Art der Bekanntgabe zu unterscheiden: Im Fall der Bekanntgabe durch Zustellung greift § 7 (L)VwZG (zwingende Zustellung an den Bevollmächtigten, dessen schriftliche Vollmacht vorliegt, im Übrigen Ermessen), sonst § 41 Abs. 1 S. 2 (L)VwVfG.

362 Die Bekanntgabe kann schließlich auch an einen nur Empfangsbevollmächtigten erfolgen, siehe § 15 (L)VwVfG.

c) Arten der individuellen Bekanntgabe im Inland

363 Die Art der Bekanntgabe hängt zunächst von der gewählten Form des Verwaltungsakts ab. Mündliche Verwaltungsakte können z. B. über Telefon oder im persönlichen Gespräch bekannt gegeben werden. Schriftliche Verwaltungsakte können z. B. bekannt gegeben werden, indem der Betroffene das Schriftstück bei der Behörde abholt, ein Bediensteter das Schriftstück

in den Hausbriefkasten des Bekanntgabeadressaten wirft oder indem die Behörde das Schriftstück mit normalem Brief versendet (siehe § 41 Abs. 2 (L)VwVfG). Eine Sonderregelung enthält § 9 OZG für elektronische Verwaltungsakte. Alle genannten Beispiele sind Fälle, in denen die Bekanntgabe formlos erfolgt (**formlose Bekanntgabe**).

Schriftliche oder elektronische Verwaltungsakte sind **nach dem (L)VwZG zuzustellen (förmliche Bekanntgabe)**, wenn eine Rechtsvorschrift (förmliches Gesetz, Rechtsverordnung oder Satzung) oder eine behördliche Anordnung (die Behörde selbst, eine vorgesetzte Behörde durch Verwaltungsvorschrift) dies anordnet, § 1 Abs. 2 (L)VwZG. In den meisten Fällen wird die Zustellung nicht bereits durch eine Rechtsvorschrift angeordnet. Vielmehr erfolgt sie aufgrund behördlicher Anordnung (Verfahrensermessen) aus Beweisgründen. Die Wahl der Zustellungsart steht im Ermessen der Behörde, § 2 Abs. 3 (L)VwZG. 364

Zu unterscheiden sind zunächst folgende Arten der **Zustellung** des belastenden Verwaltungsakts als **Schriftstück**: 365
- Zustellung durch die Post mit Postzustellungsurkunde nach § 3 (L)VwZG,
- Zustellung durch die Post mittels Einschreiben mit Rückschein oder Einschreiben durch Übergabe, § 4 (L)VwZG,
- Zustellung durch einen Bediensteten der Behörde, der das Schriftstück gegen Empfangsbekenntnis übergibt, § 5 Abs. 1 (L)VwZG (bzw. im Wege der Amtshilfe durch eine andere Behörde),
- Zustellung auf andere Weise (z. B. mit normalem Brief, als Fax) und gegen Empfangsbekenntnis an Rechtsanwälte und andere ausdrücklich aufgelistete Personen und Stellen, § 5 Abs. 4 (L)VwZG.

Der belastende Verwaltungsakt kann auch als **elektronisches Dokument zugestellt** werden, und zwar: 366
- mit normaler E-Mail gegen Empfangsbekenntnis an Rechtsanwälte und andere ausdrücklich aufgelistete Personen und Stellen, § 5 Abs. 4 (L)VwZG, wenn der belastende Verwaltungsakt nicht zwingend schriftlich bzw. in elektronischer Form nach § 3a Abs. 2 (L)VwVfG zu erlassen ist,
- mit elektronischer Signatur, soweit der Empfänger hierfür einen Zugang eröffnet hat (§ 5 Abs. 5–7 (L)VwZG),
- über De-Mail-Dienste gegen Abholbestätigung, § 5a (L)VwZG.

d) Individuelle Bekanntgabe von Verwaltungsakten im Ausland

aa) Einfache Bekanntgabe (telefonisch, per Fax, per E-Mail, mit einfachem Brief)

367 Es ist streitig, ob die die einfache Bekanntgabe eines Verwaltungsakts im Ausland ohne Zustimmung des Fremdstaates als Vornahme eines Hoheitsakts gegen das Völkerrecht in Gestalt des Territorialitätsprinzips verstößt.[243] Teile der Literatur und Rechtsprechung sehen in der einfachen Bekanntgabe von Verwaltungsakten in anderen Staaten ohne deren Zustimmung keine Verletzung des völkerrechtlichen Territorialitätsprinzips und halten diese daher für zulässig.[244] Nach dem Anwendungserlass zur AO Ziffer 1.8.4 zu § 122 AO geht das Bundesfinanzministerium dahingegen davon aus, dass die einfache Bekanntgabe nur möglich sei, wenn der betreffende Staat dies zumindest toleriere. So prüft auch die Verwaltungsrechtsprechung bei der Lösung des Einzelfalls teilweise die Tolerierungspraxis des Auslandes über die entsprechenden Erlasse der Finanzverwaltung.[245] Zumindest in den EU-Mitgliedstaaten dürfte die einfache Bekanntgabe mittlerweile allgemein anerkannt sein, wie z.B. auch die Umsetzung der EU-Dienstleistungsrichtlinie durch § 71b Abs. 6 (L)VwVfG für die Übermittlung eines Briefs durch die Post zeigt.

bb) Bekanntgabe durch Zustellung

368 § 9 VwZG bzw. § 10 LVwZG BW regeln die Zustellung ins Ausland. § 9 Abs. 1 Nr. 1, Nr. 4 VwZG bzw. § 10 Abs. 1 Nr. 1, Nr. 4 LVwZG BW machen die Zustellung von Schriftstücken an den Empfänger durch Einschreiben mit Rückschein über die Post (auch über die ausländische) oder durch Übermittlung elektronischer Dokumente von der völkerrechtlichen Zulässigkeit (also insbesondere von bi- oder multilateralen völkerrechtlichen Verträgen) abhängig. Belgien, Estland, Frankreich, Italien, Luxemburg, Österreich, Schweiz, Spanien und Deutschland haben beispielsweise das Europäische Übereinkommen über die Zustellung von Schriftstücken in Verwaltungssachen im Ausland vom 24.11.1977 unterzeichnet und ratifiziert. Danach richtet die deutsche Behörde ihr Zustellungsersuchen mit dem vorgesehenen Muster direkt an die zentrale Stelle des Auslandes. Welche Behörde das jeweils ist, kann auf der Website des Europarats, CETS No. 094 nachgesehen werden.[246] Mit Österreich gilt außerdem der Deutsch-Österrei-

243 Zum Meinungsstand Stelkens/Bonk/Sachs/*Stelkens*, VwVfG, § 41, Rn. 218 ff.

244 OVG NRW, NWVBl. 2010, 321 (325); VG Karlsruhe, Beschluss vom 09.05.2008 – 3 K 1342/08 – juris Rn. 16; Stelkens/Bonk/Sachs/*Stelkens*, VwVfG, § 41, Rn. 218.

245 VG Düsseldorf, Beschluss vom 18.05.2009 – 7 L 1607/08 – www.justiz.nrw.de.

246 https://www.coe.int/de/web/conventions/full-list?module=signatures-by-treaty&treatynum=094 (zuletzt abgerufen am 15.05.2024).

chische Vertrag über Amts- und Rechtshilfe in Verwaltungssachen vom 31.05.1988.

Im Übrigen erfolgt die Zustellung nach § 9 Abs. 1 Nr. 2 u. 3 VwZG bzw. 369
§ 10 Abs. 1 Nr. 2 u. 3 LVwZG BW auf Ersuchen der Behörde durch die Behörden des fremden Staates oder durch die zuständige diplomatische oder konsularische Vertretung der Bundesrepublik Deutschland, an deutsche Diplomaten in einer deutschen Vertretung im Ausland und ähnliche Personen durch das Auswärtige Amt.

D. Lösungsvorschlag (Mustergutachten)

Jetzt versuchen wir, nur anhand der Ausgangsakte (siehe Teil 1, Fall 1) gut- 370
achtlich zu prüfen, ob das Landratsamt Ortenaukreis Frau Schröder rechtmäßig verpflichten kann, die Gabionenmauer abzureißen. Folgende Schritte haben wir zur Vorbereitung beherzigt:

- ☑ Überlegen Sie dazu zunächst, welches Prüfungsschema Sie benötigen (Ist die angedachte Abrissverfügung ein Verwaltungsakt?)!
- ☑ Entwerfen Sie nun eine Tabelle mit drei Spalten.
- ☑ Tragen Sie in die linke Spalte die einzelnen Prüfungspunkte ein („Rechtsgrundlage“, „formelle Rechtmäßigkeit“, „materielle Rechtsmäßigkeit“ und die Unterpunkte)! Wenn das auswendig noch nicht klappt: siehe Prüfungsschema unter B.
- ☑ Schreiben Sie in die mittlere Spalte in Kurzfassung die Subsumtion zu den einzelnen Prüfungspunkten.
- ☑ Halten Sie in der rechten Spalte fest, wozu Sie ausführlich, kurz oder überhaupt nichts ausführen werden. Vermeiden Sie dabei den typischen Anfängerfehler, in Ihrem Rechtsgutachten sämtliche Punkte erwähnen zu wollen, die wir unter C. erarbeitet haben. Es gilt: Nicht alle, sondern nur die wesentlichen Punkte benennen und nur Problematisches ausführlich erörtern!

Nun formulieren wir das Rechtsgutachten: 371

Gefragt war, ob die Abrissverfügung rechtmäßig erlassen werden kann.

Daher beginnt das Rechtsgutachten mit einem **Obersatz**, in dem die Voraussetzungen genannt werden, die vorliegen müssen, damit die Abrissverfügung rechtmäßig erlassen werden kann.

Dann folgt in den Schritten „Rechtsgrundlage“, „formelle Rechtmäßigkeit“ und „materielle Rechtmäßigkeit“ die Prüfung, ob die gesetzlichen Voraussetzungen, die für den rechtmäßigen Erlass vorliegen müssen, in unserem Sachverhalt vorliegen (**Subsumtion auf der oberen Gliederungs-**

ebene). Die einzelnen Prüfungspunkte wiederum werden gegliedert in: „Unterobersatz" (teilweise nur durch Benennung einer Überschrift eingeleitet), „Untersubsumtion", „Unterergebnis".

Am Schluss ziehen wir das **Gesamtergebnis.**[247]

372 **RECHTSGUTACHTEN**

Die angedachte Abrissverfügung (ein Frau Schröder belastender Verwaltungsakt, § 35 S. 1 LVwVfG BW) ist rechtmäßig, wenn sie auf einer wirksamen und ausreichenden Ermächtigung beruht (Vorbehalt des Gesetzes), das LRA Ortenaukreis sie unter Beachtung der einschlägigen Zuständigkeits-, Verfahrens-, Form- und Bekanntgabevorschriften erlässt und die Anordnung des Abrisses der Gabionenmauer inhaltlich mit der Ermächtigungsgrundlage selbst und dem sonstigen geltenden Recht vereinbar ist (Vorrang des Gesetzes).

I. Rechtsgrundlage

Als Rechtsgrundlage für die Anordnung des Abrisses der Gabionenmauer kommen hier sowohl § 65 Abs. 1 S. 1 LBO BW als auch § 47 Abs. 1 S. 2 LBO BW in Betracht. Als speziellere Norm ist zunächst § 65 Abs. 1 S. 1 LBO BW zu prüfen, der – soweit es um die Anordnung des Abrisses von Anlagen geht, die bereits bei ihrer Errichtung im Widerspruch zu öffentlich-rechtlichen Vorschriften stehen – den Rückgriff auf die bauordnungsrechtliche Generalklausel ausschließt.

II. Formelle Rechtmäßigkeit

1. Zuständigkeit

Das Landratsamt Ortenaukreis (untere Verwaltungsbehörde) ist für den Erlass der Abrissverfügung nach §§ 48 Abs. 1, 46 Abs. 1 Nr. 3 LBO BW i. V. m. § 15 Abs. 1 Nr. 1 LVG BW als untere Baurechtsbehörde **sachlich** und als die untere Baurechtsbehörde, in deren Bezirk das Grundstück mit der Mauer liegt, nach § 3 Abs. 1 Nr. 1 LVwVfG BW auch **örtlich zuständig**.

2. Verfahren

Das LRA Ortenaukreis darf die Abrissverfügung erst erlassen, wenn das Verfahren ordnungsgemäß durchgeführt worden ist.

Der Sachverhalt wurde gemäß §§ 24, 26 LVwVfG BW vollständig aufgeklärt. Den Verfahrensanträgen von Frau Schröder (Beteiligte nach § 13 Abs. 1 Nr. 2 LVwVfG BW) wurde entsprochen: Sie erhielt nach § 29 LVwVfG BW die gewünschte Kopie aus der Akte. Schließlich wurde Frau Schröder im persönlichen Gespräch (zusammen mit ihrem Ehemann als Beistand nach § 14 Abs. 4 LVwVfG BW) gemäß § 28 Abs. 1 LVwVfG BW vor Erlass der sie belastenden Abrissverfügung angehört. Ihre

247 Zahlreiche Übungen zum Gutachtenstil finden Sie in: *Gassner*, Fit für Prüfungen im Verwaltungsrecht.

Einlassung, die sie im Rahmen der Anhörung abgab, wurde von Herrn Mustersachbearbeiter berücksichtigt.

Damit hat das LRA Ortenaukreis das Verfahren ordnungsgemäß durchgeführt.

3. Form

Die Abrissverfügung kann mangels abweichender Spezialvorschrift formfrei erlassen werden, § 37 Abs. 2 S. 1 LVwVfG BW. Aus Beweisgründen bietet sich die Schriftform an. § 37 Abs. 3 S. 1 LVwVfG BW ist dann zu beachten: es sind das LRA Ortenaukreis als erlassende Behörde und Herr Mustersachbearbeiter als für die Behörde handelnder Sachbearbeiter anzugeben, Herr Mustersachbearbeiter muss den Bescheid unterschreiben. Die schriftliche Abrissverfügung ist nach § 39 Abs. 1 S. 1 LVwVfG BW zu begründen. Der Sachverhalt, der der Abbruchsentscheidung zugrunde liegt, ist darzustellen (§ 39 Abs. 1 S. 2 LVwVfG BW). Die rechtliche Begründung umfasst neben der Nennung der Rechtsgrundlage und der Tatbestandsmerkmale einschließlich der Definition von Standsicherheit und der Subsumtion vor allem die Darstellung der Gesichtspunkte, von denen die Behörde bei der Störerauswahl und der Entscheidung über die Abbruchverfügung ausgegangen ist (§ 39 Abs. 1 S. 2 u. 3 LVwVfG BW). Auf Frau Schröders Argumente ist dabei einzugehen.

Nach § 37 Abs. 6 S. 1 LVwVfG BW ist eine Rechtsbehelfsbelehrung beizufügen, in der Frau Schröder zumindest darüber zu belehren ist, dass sie innerhalb von einem Monat Widerspruch beim LRA Ortenaukreis mit Sitz in Offenburg erheben kann. Aus Gründen der Bürgerfreundlichkeit sind weitere Angaben in der Rechtsbehelfsbelehrung zweckmäßig. Sie müssen aber inhaltlich richtig, vollständig und eindeutig sein.

4. Bekanntgabe

Die Verfügung ist Frau Schröder gem. § 41 Abs. 1 S. 1 LVwVfG bekanntzugeben, zweckmäßig aus Beweisgründen ist die Zustellung durch die Post mit Zustellungsurkunde, § 41 Abs. 5 LVwVfG BW, § 3 LVwZG BW.

III. Materielle Voraussetzungen

1. Vorliegen der Tatbestandsvoraussetzungen von § 65 Abs. 1 S. 1 LBO BW

Tatbestandsvoraussetzung für den Erlass einer Abrissverfügung ist nach § 65 Abs. 1 S. 1 LBO BW, dass eine Anlage im Widerspruch zu öffentlich-rechtlichen Vorschriften errichtet wurde und rechtmäßige Zustände nicht auf andere Weise hergestellt werden können.

a) Die Gabionenmauer ist eine bauliche Anlage gemäß § 2 Abs. 1 S. 1 u. 2 LBO BW und damit auch eine Anlage i. S. d. § 65 Abs. 1 S. 1 LBO BW.

b) Sie könnte im Widerspruch zu § 13 LBO BW und damit im Widerspruch zu einer öffentlich-rechtlichen Vorschrift errichtet worden sein.

Nach § 13 Abs. 1 S. 1 LBO BW müssen bauliche Anlagen sowohl im Ganzen als auch in ihren einzelnen Teilen sowie für sich allein standsicher sein. Standsicherheit bedeutet, Sicherheit vor dem Einsturz. Auf eine konkrete Einsturzgefahr kommt es nicht an. Vorgeschrieben ist die Erhaltung eines baulichen Zustands; die bauliche Anlage und ihre sämtlichen Teile müssen die dem Verwendungszweck entsprechenden und nach menschlichem Ermessen üblicherweise zu erwartenden Belastungen des Standvermögens ohne Beeinträchtigung aushalten (VGH BW, Beschluss vom 12.05.1999 – 8 S 963/99 – zitiert nach juris Rn. 3). Daraus ergeben sich Anforderungen an die Konstruktion, den Baugrund, die Gründung und die einzuhaltende Sicherheitsreserve. Standsicherheit im Ganzen bedeutet, dass die bauliche Anlage nach dem Zusammenfügen aller Bauteile sicher steht und in der Lage ist, von innen und von außen auftretende Kräfte aufzunehmen und sicher in den Baugrund abzuleiten (*Sauter*, Landesbauordnung für Baden-Württemberg, Bd. 1, § 13 Rn. 11).

Hier wurde die Gabionenmauer nicht in den Hang eingebunden. Weil dies nicht geschehen ist, kann sie die von außen auftretenden Kräfte – wie hier den aktiven Erddruck des Hangs – nicht sicher aufnehmen und in den Baugrund ableiten.

Damit ist die Gabionenmauer nicht standsicher.

c) Weiter dürften rechtmäßige Zustände (hier die Standsicherheit der Mauer) nicht auf andere Weise hergestellt werden können.

Es dürften also keine milderen bauaufsichtsrechtlichen Maßnahmen zur Herstellung der Standsicherheit der Mauer gegeben sein.

Familie Schröder hat vorgeschlagen, den Bereich um die Mauer nicht zu nutzen. Fraglich ist, ob die Behörde dies durch eine Nutzungsuntersagung oder durch eine sonstige nachträgliche Auflage überhaupt verbindlich regeln könnte. Das kann jedoch dahinstehen, weil dies nicht zur nachträglichen Standsicherheit der Mauer führen würde, sondern allenfalls dazu, die Schadensfolgen eines etwaigen Einsturzes zu minimieren. Auch eine Auflage, den Hang anderweitig sicher zu machen oder die Mauer aufwendig abzustützen, wäre – sofern überhaupt möglich (nach Aussage der Bauaufseherin gibt es keine andere Möglichkeit) – ungleich teurer und damit nicht milder. Andere mildere Maßnahmen sind also nicht ersichtlich.

Damit liegen die Tatbestandsvoraussetzungen für den Erlass der Abrissverfügung vor.

2. Setzen einer rechtmäßigen Rechtsfolge

a) Regelungsadressat

Zunächst ist zu prüfen, gegen wen das Landratsamt die Abbruchverfügung erlassen kann. In Betracht kommt Herr Fischer nach § 6 Abs. 1 PolG BW, weil er als Bauherr (§ 41 LBO BW) die Gabionenmauer ohne Gründung errichtet und damit den Verstoß gegen § 13 LBO BW verursacht hat (Handlungsstörer). Außerdem kommen Frau Schröder als Eigentümerin und Besitzerin des Grundstücks und damit auch der standunsicheren Mauer nach § 7 PolG BW und Herr Schröder als Besitzer in Betracht (Zustandsstörer).

Kommen mehrere Störer in Betracht, hat die Behörde zunächst zu prüfen, wer unter dem Gesichtspunkt der effektiven Gefahrenabwehr die Gefahr am besten beseitigen kann. Herr Fischer ist unbekannt verzogen. Zwar könnten ihm etwaige Bescheide bekannt gemacht werden, §§ 41 Abs. 1, 16 Abs. 1 Nr. 2, 41 Abs. 5 LVwVfG BW, § 11 LVwZG BW. Wahrscheinlich bekommt er von der Sache aber nichts mit, so dass letztendlich das Landratsamt auf Kosten des Steuerzahlers die Mauer abbauen müsste. Damit scheidet er aus. Frau und Herr Schröder können die Mauer nahezu gleich schnell beseitigen bzw. zur Beseitigung veranlasst werden. Keiner verfügt über eine besondere Fachkunde, beide sind in Anbetracht der voraussichtlichen Kosten von 1000–1500 € in etwa gleich leistungsfähig. Es ist sachgerecht, wenn das LRA mit Hinblick auf das Alleineigentum Frau Schröder heranzieht.

b) Maßnahme/Regelung

§ 65 Abs. 1 S. 1 LBO BW räumt der Behörde Ermessen ein. Das Ermessen hat das Landratsamt Ortenaukreis nach § 40 LVwVfG BW pflichtgemäß entsprechend dem Zweck der Ermächtigungsgrundlage und innerhalb der gesetzlichen Grenzen auszuüben.

aa) Das LRA Ortenaukreis muss das eingeräumte Ermessen erkennen und ausüben (kein Ermessensnichtgebrauch). Hier ist nicht ersichtlich, dass das LRA Ortenaukreis sich in der Entscheidung für gebunden hält. Die Entscheidungskriterien hat es zusammengestellt.

bb) Das LRA Ortenaukreis muss das Ermessen entsprechend dem Zweck der Ermächtigungsgrundlage ausüben (kein Ermessensfehlgebrauch).

Gesetzeszweck von § 65 Abs. 1 S. 1 LBO BW ist die Wiederherstellung ordnungsgemäßer Zustände. Hier wird das LRA Ortenaukreis tätig, um die latente Einsturzgefahr der standunsicheren Mauer ohne weitere Zeitverzögerung zu bekämpfen. Zweckwidrige Überlegungen hat das LRA Ortenaukreis nicht in die Entscheidung eingestellt.

Damit handelt es entsprechend dem Zweck der Ermächtigungsgrundlage.

cc) Weiter darf die Anordnung des Abrisses der Gabionenmauer weder gegen die Grenzen von § 65 Abs. 1 S. 1 LBO BW noch gegen sonstige gesetzliche Grenzen verstoßen.

Die angedachte Abrissverfügung hält sich im Rahmen der Ermächtigung (§ 65 Abs. 1 S. 1 LBO BW), wonach die Anordnung des teilweisen oder vollständigen Abbruchs einer Anlage zulässig ist.

Als sonstige gesetzliche Grenze ist hier der Verhältnismäßigkeitsgrundsatz (Art. 20 Abs. 3 GG) zu prüfen. Eine Maßnahme ist verhältnismäßig, wenn sie zur Erreichung eines legitimen Zwecks geeignet, erforderlich und angemessen ist.

Die Anordnung des Abrisses fördert die Bekämpfung der Einsturzgefahr und ist somit geeignet.

Wie bereits auf Tatbestandsebene geprüft, gibt es keine mildere, gleich geeignete Maßnahme. Auch reicht ein nur teilweiser Abbruch der Gabionenmauer nicht aus. Die Anordnung ist damit erforderlich.

Schließlich muss die Abrissverfügung angemessen sein. Für Frau Schröder darf kein Nachteil herbeigeführt werden, der erkennbar außer Verhältnis zum beabsichtigten Erfolg steht. Dies ist im Rahmen einer Gesamtgüterabwägung zu bewerten.

Die Abrissverfügung stellt einen empfindlichen Eingriff in Frau Schröders Recht auf Eigentum (Art. 14 Abs. 1 GG) dar, wobei hier allerdings zu berücksichtigen ist, dass durch den Abriss der Gabionenmauer die Drahtkörbe nicht in ihrer Substanz zerstört werden, sondern für den etwaigen Wiederaufbau der Mauer wieder verwendet werden können.

Die Abrissverfügung dient der Durchsetzung einer der wichtigsten Anforderungen an bauliche Anlagen, nämlich der Durchsetzung der Standsicherheit. Von der nicht standsicher errichteten Mauer geht eine Gefahr für Leben, Gesundheit und Eigentum anderer aus, zu deren Schutz der Staat verpflichtet ist (Art. 2 Abs. 2 S. 1 GG, Art. 14 Abs. 1 GG).

Auch wenn derzeit keine akute Einsturzgefahr besteht, stellt es keinen unangemessenen Eingriff in Frau Schröders Recht auf Eigentum dar, wenn das LRA Ortenaukreis sich hier und heute für den bestmöglichsten Schutz dieser Rechtsgüter und damit für die Anordnung des Abrisses entscheidet. Auf Dauer dürfte das LRA Ortenaukreis auf ein Einschreiten im Hinblick auf die zunehmende Wahrscheinlichkeit eines Einsturzes ohnehin nicht verzichten. Die Abrissverfügung ist also angemessen und somit insgesamt verhältnismäßig.

Der Abbruch kann ermessensfehlerfrei angeordnet werden.

c) Bestimmtheit

Nach § 37 Abs. 1 LVwVfG BW ist die Abrissverfügung inhaltlich hinreichend bestimmt zu formulieren. Sie könnte beispielsweise wie folgt tenoriert werden: „Sehr geehrte Frau Schröder, die Gabionenmauer auf Flurstück 2035 in Willstätt ist abzubrechen." So ist genau ersichtlich, an wen sich die Verfügung richtet und welche bauliche Anlage abzureißen ist.

(Hinweis: Zum Prüfungspunkt „keine Unmöglichkeit" schreiben Sie nichts, weil die Erfüllung der Abbruchverfügung ganz offensichtlich nicht unmöglich ist und Frau Schröder auch nicht das Gegenteil behauptet.)

IV. Gesamtergebnis

Die angedachte Abrissverfügung kann formell und materiell rechtmäßig erlassen werden.

E. Ablauf des Entscheidungsprozesses

Chronologisches Prüfungsschema – Zeile für Zeile abarbeiten[248] 373

Prüfungsschritt	Materielle Voraussetzungen	Formelle Voraussetzungen
Beginn der Prüfung	Rechtsgrundlage suchen	Zuständigkeit prüfen Verfahren einleiten
Sachverhaltsermittlung entsprechend der Rechtsauffassung der Behörde	Feststellen, welche Tatbestandsvoraussetzungen zu prüfen sind	Untersuchen/Beweis erheben, ob die Tatbestandsvoraussetzungen vorliegen/ggf. Hinzuziehung Dritter, Beratung, Akteneinsicht gewähren, Bestellung Empfangsbevollmächtigter oder Vertreter von Amts wegen
	Rechtsfolgenseite prüfen, wenn Ermessen besteht: Gesichtspunkte sammeln, Entscheidungskriterium festlegen, überlegen, welche Entscheidung man treffen will, in welcher Handlungsform, Keine Unmöglichkeit	
Anhörung zu dem Ermittlungsergebnis		Anhörung der Beteiligten zur Ermittlung des Tatbestands, zu den Gesichtspunkten für die Ermessensausübung und zur beabsichtigten Entscheidung
	Entscheidung nach der Anhörung noch einmal überprüfen	
Entscheidung treffen	Prüfen, ob der Tatbestand erfüllt ist; ob Maßnahme und die Störerauswahl recht- und zweckmäßig sind; dass keine Unmöglichkeit vorliegt	Noch einmal prüfen, ob Zuständigkeit und Verfahren eingehalten wurden
Ausfertigung des Verwaltungsakts	Tenor muss bestimmt genug formuliert werden, ggf. Hinweise auf die Rechtslage geben	Form einschließlich Begründung und Rechtsbehelfsbelehrung, ggf. rechtliche Hinweise, Amtssprache deutsch
Bekanntgabe		Bekanntgabe
Aktenführung über das komplette Verfahren von der Einleitung bis zur Bekanntgabe		

248 Der Prozess stoppt, wenn die Behörde sich entscheidet, keinen Verwaltungsakt zu erlassen.

F. Die Gebührenfestsetzung

374 Ob für den Erlass eines belastenden Verwaltungsakts eine Gebühr festgesetzt wird, richtet sich nach dem Gebührenrecht. Die Gebühren, die **Bundesbehörden für ihre öffentlich-rechtlichen Tätigkeiten** erheben, sind teilweise durch spezielles Bundesgesetz geregelt. Im Übrigen gilt das Bundesgebührengesetz (BGebG). § 22 Abs. 3 und 4 BGebG ermächtigten die Bundesverwaltung zum Erlass entsprechender Gebührenverordnungen (vgl. z.B. BSH-Gebührenverordnung).

Die Gebühren, die Behörden der **unmittelbaren oder mittelbaren Landesverwaltung** für ihre öffentlich-rechtlichen Tätigkeiten erheben (hier: Erlass belastender Verwaltungsakte) sind teilweise bundesgesetzlich geregelt. Gibt es eine solche Regelung nicht bzw. geht es ohnehin um einen belastenden Verwaltungsakt aufgrund von Landesrecht, richtet sich die Gebührenentscheidung nach Landesrecht. Die Gebührensituation in allen Bundesländern darzustellen, würde dieses Buch sprengen. Darum hier nur eine Übersicht zur groben Orientierung für die Rechtslage in Baden-Württemberg.

375

§ 31a StVZO (Bund) Fahrtenbuchauflage	**§ 35 GewO (Bund): Gewerbeuntersagung**	**§ 65 Abs. 1 S. 1 LBO BW (Land): Abrissverfügung**	**§§ 3, 1 Abs. 1 PolG: Ortspolizeimaßnahme**
Bundesgesetzlich: § 6a Abs. 2 StVG i.V.m. §§ 1, 2 GebOSt i.V.m. Ziff. 252 Anlage zur GebOSt (Bund)	**Landesgesetzlich:** Landratsamt: § 4 Abs. 3 LGebG i.V.m. der RechtsVO des Landratsamts Gemeinde: § 4 Abs. 3 LGebG, § 11 Abs. 1 KAG i.V.m. der Satzung der Gemeinde, die untere Verwaltungsbehörde bzw. Baurechtsbehörde ist		**Landesgesetzlich:** §§ 2 Abs. 1, 11 Abs. 1 KAG BW i.V.m. der Satzung der Gemeinde
Subsidiär: VwKostG[249]	Subsidiär: LGebG bzw.KAG/LGebG und AO		KAG/LGebG/AO

376 In unserem Fall müssen wir also in die Rechtsverordnung des Landratsamts Ortenaukreis über die Gebühren als untere Verwaltungsbehörde[250] schauen und finden dort im Gebührenverzeichnis Ziff. 52.10.07.08 „Gebühr für sonstige Entscheidungen im Rahmen des Bauordnungsrechts und des Landesseilbahngesetzes“, dass die Gebühr 73 € je Stunde beträgt. Damit ist bei einem Zeitaufwand von 2 Stunden eine Gebühr von 146 € zu erheben.[251]

---

249 Das VwKostG wurde zwar mit Wirkung vom 15.08.2013 durch Art. 5 Abs. 1 Satz 2 Gesetz vom 07.08.2013 (BGBl. I S. 3154) aufgehoben. Gemäß § 6a Abs. 3 S. 1 StVG gilt es aber fort.

250 Siehe Homepage des LRA Ortenaukreis: Gebührenverordnung in der Fassung vom 03.03.2020 (zuletzt abgerufen am 16.05.2024).

251 Das Gebührenrecht enthält weitere Bestimmungen. So regelt § 16 LGebG z.B., wie die Gebührenentscheidung zu begründen ist.

G. Der Bescheid

I. Die Bestandteile des Bescheids

1. Überblick

Unter einem Bescheid verstehen wir ein Schriftstück oder elektronisches Dokument, das mindestens einen Verwaltungsakt enthält. Aufgebaut werden Bescheide wie folgt: 377
- Briefkopf (Rubrum)
- Einleitung
- Tenor
- Begründung (soweit nicht nach Spezialgesetz oder § 39 Abs. 2 (L)VwVfG entbehrlich)
- Rechtsbehelfsbelehrung
- ggf. weitere Rechtshinweise
- Grußformel und Unterschrift (zur Entbehrlichkeit siehe § 37 Abs. 5 (L)VwVfG)

2. Der Briefkopf und die Einleitung

Aus dem Briefkopf muss nach § 37 Abs. 3 (L)VwVfG die erlassende Behörde (Absender) hervorgehen. Hier werden auch weitere Angaben zu der Behörde gemacht wie telefonische und postalische Erreichbarkeit, Öffnungszeiten etc. Ebenfalls wird der Sachbearbeiter aufgenommen. Weiter gehört in den Briefkopf die Angabe des Bekanntgabeadressaten und ggf. die Zustellungsart. 378

Der Bescheid wird mit der Nennung des Betreffs und ggf. des Bezugs und dem Verweis auf Anlagen, mit einer Anrede und einem Einleitungssatz (z. B. „Es ergeht folgender Bescheid“) eingeleitet. 379

3. Der Tenor/die Tenorierung

Der Tenor enthält die getroffene(n) Entscheidung(en), also: 380
- mindestens eine Hauptregelung (= Hauptverwaltungsakt)
- ggf. weitere Nebenregelungen zum Verwaltungsakt (Nebenbestimmungen[252]; Anordnung der sofortigen Vollziehung[253])

252 Siehe dazu das 8. Kapitel hier in Teil 3.
253 Siehe dazu das 2. Kapitel in Teil 3.

– sowie ggf. akzessorische Verwaltungsakte[254] (Androhung eines Zwangsmittels bei Nichterfüllung des Hauptverwaltungsakts[255]; Gebührenfestsetzung für den Erlass des Hauptverwaltungsakts[256]).

381 In unserem Fall ist die Abbruchverfügung der Hauptverwaltungsakt und akzessorischer Verwaltungsakt dazu die Gebührenfestsetzung[257]. Diese werden im Tenor als Nummer 1 und 2 getrennt dargestellt. Es ist darauf zu achten, dass der Tenor nach § 37 Abs. 1 (L)VwVfG inhaltlich hinreichend bestimmt formuliert wird. In der Regel soll der Tenor keine Rechtsnormen enthalten, sondern knapp und verständlich geschrieben sein.[258] Auch sollte hier noch keine Begründung erfolgen. Wichtige Rechtshinweise wie z. B. der Verweis auf ein Merkblatt oder die Angabe des Kassenzeichens für die Gebührenzahlung dürfen hinzugefügt werden.

4. Die Begründung

382 Die Begründung des belastenden Verwaltungsakts besteht nach § 39 Abs. 1 S. 2 u. 3 (L)VwVfG aus der Wiedergabe der **tatsächlichen** und **rechtlichen** Gründe (einschließlich der Gesichtspunkte für die Ermessensausübung), die dem Verwaltungsakt zugrunde liegen (auch: „Sachverhalt" und „rechtliche Würdigung" genannt).

383 Zur **tatsächlichen Begründung** gehören zunächst alle Tatsachen, die im Gutachten zur Subsumtion gebraucht wurden, um die formelle und materielle Rechtmäßigkeit des Hauptverwaltungsakts und ggf. der sonstigen Regelungen beurteilen zu können. In der Regel wird der Sachverhalt chronologisch aufgebaut. Am Ende erfolgt die Schilderung des Verfahrens. Hier ist immer darzustellen, ob eine Anhörung erfolgt ist und welche Stellungnahme der Bürger im Rahmen seiner Anhörung abgegeben hat. Auch weitere Verfahrenshandlungen (z. B. Beweiserhebung) werden wiedergegeben. Wenn der Sachverhalt umstritten ist, müssen die Positionen des Bürgers und der Verwaltungsbehörde dargestellt werden.

---

254 Akzessorische Verwaltungsakte sind in ihrer Wirksamkeit von einem anderen Verwaltungsakt abhängig. Wird dieser andere Verwaltungsakt aufgehoben oder in sonstiger Weise unwirksam, erledigt sich auch der akzessorische Verwaltungsakt („auf sonstige Weise", vgl. § 43 Abs. 2 (L)VwVfG).

255 Siehe dazu das 3. Kapitel hier in Teil 3.

256 Siehe dazu hier zuvor unter F.

257 In Baden-Württemberg soll nach § 16 Abs. 1 S. 2 LGebG BW die Gebührenentscheidung zusammen mit der Sachentscheidung ergehen. So auch § 13 Abs. 1 S. 2 BGebG.

258 Eine Ausnahme wäre z. B. ein Feststellungsbescheid wie „Ihr Hund wird als gefährlicher Hund im Sinne von § 2 PolVOgH BW eingestuft." Hier gehört die Wiedergabe der Rechtsnorm zwingend in den Tenor.

Die **rechtliche Begründung** wird getrennt nach den Nummern in der Tenorierung aufgebaut. In unserem Beispiel werden also zunächst die Abbruchverfügung und anschließend die Gebührenentscheidung rechtlich begründet. Die Gliederung entspricht der des Gutachtens (Rechtsgrundlage, formelle und materielle Rechtmäßigkeit). Allerdings erfolgen Ausführungen zur formellen Rechtmäßigkeit in der Regel nur zu problematischen Punkten; manche Behörden erläutern grundsätzlich immer ihre sachliche und örtliche Zuständigkeit. Immer darzustellen sind die Rechtsgrundlage, die Tatbestandsvoraussetzungen (einschließlich der Subsumtion) sowie bei Ermessensentscheidungen nach § 39 Abs. 1 S. 3 (L)VwVfG die ermessensleitenden Überlegungen. Wie umfangreich die einzelnen Punkte darzustellen sind – also ob ein Merkmal z. B. umfangreich zu definieren ist – hängt vom Einzelfall ab. Auf in Literatur und Rechtsprechung umstrittene Punkte und auf Einwände des Betroffenen ist immer einzugehen. **384**

5. Die Rechtsbehelfsbelehrung

Sie haben bereits oben (Rn. 349 ff.) gesehen, welche Mindestangaben die Rechtsbehelfsbelehrung enthalten muss (Rn. 354). Viele empfehlen der Verwaltung mittlerweile, keine Zusatzangaben zu machen, weil hier so vieles streitig ist. Was aber verliert die Verwaltung tatsächlich? Ggf. verlängert sich lediglich die Widerspruchsfrist auf ein Jahr. Das Risiko können Sie als Verwaltung zumindest dann, wenn der Verwaltungsakt keine Drittwirkung hat, getrost eingehen. Ich möchte Ihnen Mut zur bürgerfreundlichen Rechtsbehelfsbelehrung machen und gehe hier außerdem einen innovativen Weg, indem ich den Punkt „FAQ zum Widerspruchsverfahren“ ergänze. **385**

6. Ggf. weitere Rechtshinweise

In bzw. nach der Tenorierung, in der rechtlichen Begründung oder vor bzw. nach der Rechtsbehelfsbelehrung können weitere Rechtshinweise gegeben werden wie z. B. welche Rechtsfolgen drohen, wenn der Bürger das auferlegte Verbot oder Gebot nicht beachtet, was einzelne Begriffe bedeuten etc. **386**

7. Grußformel und Unterschrift

Der Bescheid schließt mit einer Grußformel und – sofern nicht nach § 37 Abs. 5 (L)VwVfG entbehrlich – mit der Unterschrift des Sachbearbeiters, § 37 Abs. 3 LVwVfG. **387**

II. Der Sprachstil im Bescheid

388 Anders als im Gutachten, das mit einer Rechtsfrage beginnt und in dem dann schrittweise die Antwort entwickelt wird, steht zum Zeitpunkt der Anfertigung des Bescheids das Ergebnis bereits fest. Das hat auch Einfluss auf den Sprachstil: Anders als im Gutachtenstil („Obersatz", „Subsumtion" und „Ergebnis") wird im Bescheidstil zunächst das Ergebnis benannt und anschließend begründet.

389

Gutachtenstil		Bescheidstil	
Die Gabionenmauer ist im Widerspruch zu öffentlich-rechtlichen Vorschriften errichtet worden, wenn sie entgegen § 13 Abs. 1 S. 1 LBO BW standunsicher errichtet worden ist.	Obersatz („Wenn …, dann …")	Die Gabionenmauer ist im Widerspruch zu öffentlich-rechtlichen Vorschriften errichtet worden,	Ergebnis
Die Gabionenmauer wurde nicht in den Hang eingebunden. So kann sie die von außen auftretenden Kräfte (hier den aktiven Erddruck des Hangs) nicht sicher aufnehmen und in den Baugrund ableiten.	Definition und Subsumtion (Definition hier kombiniert mit der Subsumtion)	denn sie ist entgegen § 13 Abs. 1 S. 1 LBO BW standunsicher errichtet worden. Die Gabionenmauer wurde nämlich nicht in den Hang eingebunden und kann daher die von außen auftretenden Kräfte (hier den aktiven Erddruck des Hangs) nicht sicher aufnehmen und in den Baugrund ableiten.	Begründung
Damit ist die Gabionenmauer nicht standsicher und im Widerspruch zu öffentlich-rechtlichen Vorschriften errichtet worden.	Ergebnis		

390 Am wichtigsten ist es, dass der Bürger Ihre Ausführungen verstehen kann. Gerade bei der rechtlichen Würdigung sollten Sie sich überlegen, wer Adressat ist. Wenn Sie einem Rechtsanwalt antworten, können Sie die Formulierungen aus dem Gutachten übernehmen und in den Bescheidstil übersetzen. Ich möchte Sie ermuntern, Schreiben an den Bürger anders zu formulieren, wenn Sie die nötige Zeit haben (bei Masseverwaltungsakten wie z. B. Gebührenbescheiden geht das natürlich nicht). Das ist für den Studienanfänger einfach (der hat sich nämlich das sog. Juristendeutsch noch nicht angeeignet!), für den ausgebildeten Juristen sehr schwer.

III. Musterbescheid

Hier folgt nun der Bescheid, in den Kästchen folgen zusätzliche Hinweise. **391**

§ 37 Abs. 3 S. 1 LVwVfG

Landratsamt Ortenaukreis

Musterweg 20, 77652 Offenburg

Bearbeiter(in): Max Mustersachbearbeiter
Telefon: 05123/86676433–123
Telefax: 05123/86676433–4123
E-Mail: m.mustersachb@lra-ortenaukreis.de
Unser Zeichen: 1234567

Postzustellungsurkunde

Frau Isabelle Schröder
Musterstraße 25
78123 Willstätt

§ 41 Abs. 5 LVwVfG,
§ 3 LVwZG BW

Offenburg, den 17.10. …

Abriss der Gabionenmauer auf Flurstück 2035 in Willstätt

Sehr geehrte Frau Schröder,

Tenor: Er enthält in den Nummern 1 und 2 jeweils eine Regelung (also insgesamt zwei Verwaltungsakte). Die Regelungen müssen bestimmt genug sein, § 37 Abs. 1 LVwVfG.

es ergeht folgender Bescheid:

1. Die Gabionenmauer auf Flurstück 2035 in Willstätt (Musterstraße 25) ist abzubauen.
2. Für diesen Bescheid ist eine Gebühr in Höhe von 146 € zu zahlen.

§ 39 Abs. 1 LVwVfG (Begründung der Verwaltungsakte Nr. 1 u. 2)

Begründung

§ 39 Abs. 1 S. 2 LVwVfG: Begründung (tatsächliche Gründe = Sachverhalt wird geschildert)

I. Sachverhalt

Sie sind Eigentümerin des oben genannten Flurstücks, auf dem vom Voreigentümer, Herrn Karl Fischer, eine Fertigmauer in Form einer Gabionenmauer errichtet wurde. Herr Fischer ist mittlerweile unbekannt ins Ausland verzogen. Die Mauer steht in Hanglage. Sie wurde auf einer ebenen, ca. 5 cm starken Schotterschicht errichtet. Eine Einbindung in den Hang erfolgte nicht.

Hier wird zum Schluss aufgeführt, welche Verfahrenshandlungen die Behörde vorgenommen hat (Beweiserhebung, Gewährung von Akteneinsicht und Anhörung des Betroffenen)

Zur Beurteilung der Standsicherheit wurde Auskunft bei unserer Bauaufseherin eingeholt. Wegen des Ergebnisses wird auf die Aktennotiz S. 2 der Akten verwiesen, von der Sie bereits eine Kopie erhalten haben. Am 30.09. ... fand bei uns im Hause ein Gespräch zusammen mit Ihnen und Ihrem Ehemann statt. In dem Gespräch wurden Sie zur Abbruchverfügung angehört und auf die Gebühren hingewiesen. Sie machen geltend, dass letztendlich Herr Fischer die Schuld für die fehlerhafte Aufstellung der Mauer trage. Das Landratsamt solle daher dessen Aufenthaltsort ermitteln und sich an Herrn Fischer wenden. Außerdem halten Sie eine Abrissverfügung nicht für notwendig, weil nach Ihrer Auffassung keine akute Einsturzgefahr gegeben sei. Sie haben auch versichert, darauf zu achten, dass sich niemand in dem Bereich der Mauer aufhalten werde, bis Herr Karl Fischer die Mauer abgerissen hat.

II. Rechtliche Würdigung

Rechtsnorm und Text der Rechtsnorm werden angegeben.

Hier in 1) wird die Nr. 1 des Tenors (Abbruchverfügung) begründet.

1) Rechtsgrundlage für die Abbruchsanordnung ist § 65 Absatz 1 Satz 1 Landesbauordnung Baden-Württemberg (abgekürzt: LBO BW). Darin heißt es, dass der teilweise oder vollständige Abbruch einer Anlage, die im Widerspruch zu öffentlich-rechtlichen Vorschriften errichtet wurde, angeordnet werden kann, wenn nicht auf andere Weise rechtmäßige Zustände hergestellt werden können.

Bescheidstil: Wir nennen das Ergebnis. Danach folgt die Begründung, und zwar zunächst die Definition und dann die Subsumtion bzw. Ermessensausübung. Damit der Bürger nicht mit Juristendeutsch k.o. geschlagen wird, entwickeln wir die Definitionen aus seinen und unseren Argumenten und übernehmen nicht einfach Formulierungen aus einer Gerichtsentscheidung oder einem Kommentar. Wir definieren auch nicht aus Liebe zur Definition, sondern nur, wenn es problematisch ist. Die Subsumtion ist die eigentliche Leistung! Rechtsnormen und Text der Rechtsnorm werden bei kritischen Punkten angegeben.

a) Die Gabionenmauer ist eine bauliche Anlage, die im Widerspruch zu öffentlich-rechtlichen Vorschriften, nämlich zu der in § 13 Absatz 1 Satz 1 LBO BW vorgeschriebenen Standsicherheit errichtet worden ist. § 13 Absatz 1 Satz 1 LBO BW schreibt vor, dass bauliche Anlagen sowohl im Ganzen als auch in ihren einzelnen Teilen für sich allein standsicher sein müssen.

Wenn wir Sie richtig verstanden haben, sind Sie wie wir der Auffassung, dass die Mauer nicht standsicher ist, weil Herr Fischer diese nicht in den Hang eingebunden hat. So kann die Mauer den aktiven Erddruck des Hangs nicht ordnungsgemäß in den Boden ableiten. Selbst wenn keine akute Einsturzgefahr besteht, hat das auf die Standunsicherheit keinen Einfluss. Mit der Reglung in § 13 Absatz 1 Satz 1 LBO BW soll die Gefahr schon im Ansatz verhindert werden, zur akuten Einsturzgefahr will man es erst gar nicht kommen lassen (Verwaltungsgerichtshof Baden-Württemberg, Beschluss vom 12.05.1999, Aktenzeichen 8 S 963/99).

Ein anderes Mittel, die Gabionenmauer standsicher zu machen, sehen wir nicht. Sie haben zwar glaubhaft versichert, dafür sorgen zu wollen, dass der Bereich um die Mauer herum nicht betreten wird. Diese von Ihnen freiwillig angebotene Maßnahme würde auch die Gefahr, dass Menschen bei einem Einsturz zu Schaden kommen, reduzieren. Sie führt aber nicht dazu, dass die Gabionenmauer selbst auf Dauer standsicher wird.

b) Damit stand die Entscheidung über die Abrissverfügung in unserem Ermessen.

aa) Als mögliche Adressaten für die Abbruchverfügung kamen neben Ihnen (nach § 7 Polizeigesetz – PolG) noch Ihr Mann (ebenfalls nach § 7 PolG) und Herr Fischer (nach § 6 Absatz 1 PolG, § 41 LBO BW) in Betracht. Gegen die Heranziehung von Herrn Fischer haben wir uns entschieden, weil dessen Aufenthaltsort unbekannt ist und so die Gefahr nicht effektiv beseitigt werden kann. Zwar hätte Ihr Ehemann die Gefahr ebenso wie Sie effektiv beseitigen können. Im Hinblick auf Ihr Alleineigentum am Grundstück erschien es uns sachgerecht, die Abrissverfügung allein gegen Sie zu richten.

bb) Weiter haben wir uns entschieden, die Abbruchverfügung schon jetzt zu erlassen und nicht noch etwas zu warten. Ein weiteres Abwarten hilft aus unserer Sicht nicht weiter. Es ist ungewiss, ob Herr Fischer in naher Zukunft wieder auftaucht. Weiter steht fest, dass die Mauer früher oder später dem Erddruck nicht standhalten wird und dann einstürzt. Zwar ist ungewiss, wann dies passiert. Auch ist die Gefahr, dass Personen tatsächlich zu Schaden kommen, nicht besonders groß. Diese Gefahr verringert sich auch noch einmal dadurch, dass Sie sich freiwillig bereit erklärt haben, darauf zu achten, dass niemand den Bereich betritt. Dennoch ist die Gefahr, dass aus Zufall z. B. ein Kind in diesem Bereich doch einmal spielt und durch eine einstürzende Mauer zu Schaden kommen könnte, auch nicht vollkommen ausgeschlossen. Weiter haben Sie auch deutlich zu erkennen gegeben, dass sie freiwillig die Mauer nicht abbauen werden, so dass ein weiteres Abwarten unsererseits auch in dieser Hinsicht nichts bringt.

2) Die Gebührenfestsetzung beruht auf §§ 1, 2, 4 Landesgebührengesetz i. V. m. Nr. 52.10.07.08 des Gebührenverzeichnisses als Anlage zur Rechtsverordnung des Landratsamts Ortenaukreis vom 03.03.2020. Danach ist je Zeitstunde eine Gebühr von 73 € zu erheben. Hier betrug der Zeitaufwand rund 2 Stunden. Bitte zahlen Sie die Gebühr unter Angabe des Buchungszeichens 1234567. Ein Überweisungsträger liegt bei.

Rechtsbehelfsbelehrung

Gegen diesen Bescheid können Sie innerhalb eines Monats nach Bekanntgabe (hier: nach der Zustellung durch Postzustellungsurkunde) Widerspruch beim Landratsamt Ortenaukreis mit Sitz in Offenburg (postalische Adresse siehe Briefkopf) erheben.

Zur Form, in der Sie den Widerspruch erheben müssen, hier einige Hinweise:

Sie können Ihren Widerspruch schriftlich (auch per Fax) erheben oder ihn direkt im Landratsamt Ortenaukreis zur Niederschrift mündlich vortragen.

Zusätzlich besteht die Möglichkeit, den Widerspruch elektronisch zu erheben. Das geht allerdings nicht mit einfacher E-Mail, sondern nur nach Maßgabe der § 3a Absatz 2 und Absatz 3 Verwaltungsverfahrensgesetz (und § 9a Absatz 5 des Onlinezugangsgesetzes)[259] und nur, soweit die Behörde, bei der der Widerspruch zu erheben ist, hierfür den Zugang eröffnet hat.[260]

Beim Landratsamt Ortenaukreis können Sie derzeit wie folgt elektronisch Widerspruch erheben:

1. Möglichkeit: Widerspruch als elektronisches Dokument mit qualifizierter elektronischer Signatur

Wichtig ist, dass die elektronische Datei mit einer **qualifizierten elektronischen Signatur** versehen wird. Eine qualifizierte elektronische Signatur wird von sogenannten qualifizierten Vertrauensdiensteanbietern herausgegeben, d.h. von privaten Anbietern, die von staatlichen Stellen geprüft wurden. Eine Anbieterliste und mehr Informationen zur qualifizerten elektronischen Signatur finden Sie auf:

https://www.bundesnetzagentur.de/cln_121/EVD/DE/Uebersicht_eVD/start.html

Die signierten Dateien können Sie u.a. über unser Kontaktformular oder per einfacher Mail an uns übermitteln (landratsamt@ortenaukreis.de).

2. Möglichkeit: Widerspruch mit De-Mail in der Versandart nach § 5 Abs. 5 De-Mail-Gesetz erheben

Bitte beachten Sie, dass Sie diese Möglichkeit nur dann nutzen können, wenn Sie selbst bereits über eine De-Mail-Adresse verfügen – eine einfache E-Mail-Adresse reicht hierfür nicht aus. Um rechtswirksam Widerspruch einlegen zu können, muss Ihr De-Mail-Postfach in der Lage sein, absenderbestätigte De-Mails zu verschicken. Bitte achten Sie darauf, diese Option beim Versand auszuwählen. Für die Erhebung des Widerspruchs mit De-Mail steht ausschließlich folgende zentrale Adresse zur Verfügung: post@ortenaukreis.de-mail.de

Häufige Fragen zum Widerspruchsverfahren

Benötige ich einen Rechtsanwalt?
Nein.

Kann ich den Widerspruch fristwahrend auch bei der zuständigen Widerspruchsbehörde erheben?
Ja.

Muss ich den Widerspruch begründen?
Nein, eine Begründung hilft uns aber bei der Bearbeitung Ihres Widerspruchs.

---

259 In Kraft seit 24.07.2024 (Gesetz vom 19.07.2024, BGBl. 2024 I Nr. 245).

260 Zur Frage, welche elektronischen Zugänge die Behörden eröffnen müssen, siehe § 2 EGovG und die entsprechenden landesrechtlichen Regelungen, z. B. § 2 EGovG BW.

Fallen für mich Kosten an?
Wenn Ihr Widerspruch keinen Erfolg hat, müssen Sie in der Regel die Kosten des Widerspruchsverfahrens tragen (Ausnahme: Die Ausgangsbehörde hat Fehler gemacht, die im Widerspruchsverfahren geheilt wurden). Die genaue Höhe der Kosten hängt vom Einzelfall ab. Genauere Auskünfte gibt die zuständige Widerspruchsbehörde (hier Regierungspräsidium Freiburg).

Bekomme ich meine Kosten erstattet?
Wenn Ihr Widerspruch Erfolg hat oder wir Verfahrens- oder Formfehler gemacht haben, die im Widerspruchsverfahren geheilt wurden, tragen wir die Kosten des Widerspruchsverfahrens und damit auch Ihre Kosten, soweit sie erstattungsfähig sind. Die Kosten eines Bevollmächtigten (i. d. R. Rechtsanwalt) werden übernommen, wenn die Hinzuziehung für das Verfahren notwendig war.

Erhalte ich eine Eingangsbestätigung?
Ja, nach hausinterner Regelung spätestens nach einer Woche.

Wie schnell bekomme ich eine Entscheidung?
Im Regelfall soll über den Widerspruch innerhalb von 3 Monaten entschieden werden.

Wie berechne ich die Widerspruchsfrist?
Die Fristberechnung hängt von der Art der Bekanntgabe ab. Hier nur ein Beispiel für den Standardfall: Der Bescheid wurde mit Postzustellungsurkunde am 04.05. zugestellt. Dann haben Sie bis zum Ablaufe des 04.06. (24.00 Uhr) Zeit, Widerspruch zu erheben. Ist der 04.06. ein Samstag, Sonntag oder Feiertag, verschiebt sich das Fristende auf den nächsten Werktag um 24.00 Uhr.

Ich habe die Frist versäumt.
Bei schuldloser Fristsäumnis besteht die Möglichkeit der Wiedereinsetzung. Setzen Sie sich umgehend mit uns in Verbindung.

Wenn Sie weitere Fragen haben, zögern Sie nicht uns anzusprechen.

Mit freundlichen Grüßen
Max Mustersachbearbeiter

Eine Kopie dieses Bescheids nimmt das LRA Ortenaukreis zu den Akten. **392**

Der Bescheid (amtliches Schriftstück) wird in der Poststelle des Landratsamts wie folgt „verpackt“ und abgeschickt:

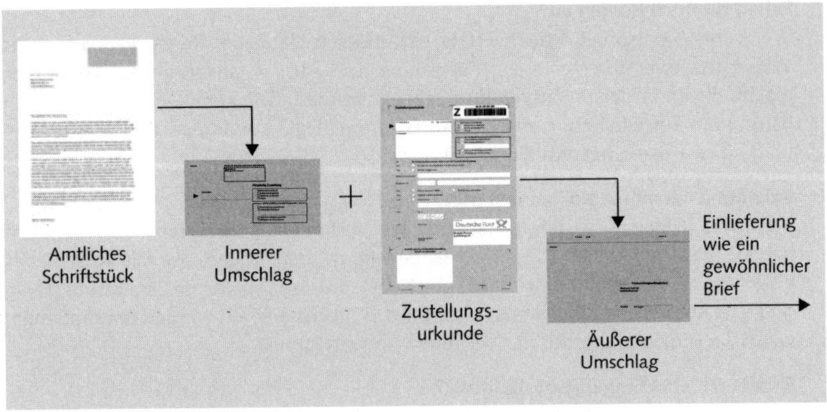

Quelle: www.deutschepost.de[261]

393 Die Deutsche Post oder ein anderer Anbieter stellt das Schreiben zu, ergänzt die Zustellungsurkunde mit den Angaben zur Zustellung und schickt diese dann zurück an das Landratsamt. Dort wird die Zustellungsurkunde als Nachweis der Bekanntgabe zu den Akten genommen.

H. Vertiefungshinweise zum Erlass belastender Verwaltungsakte

Zahlreiche Übungsfälle finden Sie z. B. in: *Gassner*, Fit für Prüfungen im Verwaltungsrecht.

I. Vertiefung „Rechtsgrundlagen"

1. Überblick über sonstige Rechtsgrundlagen

394 Jeder belastende Verwaltungsakt bedarf einer Ermächtigung durch oder aufgrund eines formellen Gesetzes (Parlamentsgesetz). Rechtsgrundlagen können damit insbesondere sein:
- EU-Verordnungen
- Förmliche Bundes- oder Landesgesetze
- Rechtsverordnungen oder Satzungen, die auf einem formellen Gesetz beruhen
- Widerrufsvorbehalt, Auflagenvorbehalt etc. in einem Verwaltungsakt, der auf einem formellen Gesetz beruht

261 Auf der Homepage der Deutschen Post finden Sie auch die Zustellungsurkunde in Großformat.

Auch die Rechtsgrundlage selbst muss rechtmäßig bzw. verfassungsmäßig sein. Bei Anhaltspunkten ist also beispielsweise die Rechtmäßigkeit der Rechtsverordnung, auf die der Verwaltungsakt gestützt wird, zu prüfen. **395**

Bei der Suche nach der richtigen Rechtsgrundlage gilt der lex specialis-Grundsatz. Außerdem kann sich die Behörde nur auf die Rechtsgrundlage berufen, für deren Ausführung sie zuständig ist. **396**

Im Folgenden werden ausgewählte Rechtsgrundlagen in einer Kurzübersicht dargestellt. **397**

2. Befehlende Verwaltungsakte

a) Ordnungsverfügungen

Abfallrecht **398**
Anordnungen jeglicher Art bei Abfällen (§ 62 KrWG)

Bauordnungsrecht
Nutzungsuntersagung nach § 65 Abs. 1 S. 2 LBO BW; Abbruchverfügung nach § 65 Abs. 1 S. 1 LBO BW; sonstige Verfügungen nach der Generalermächtigung § 47 Abs. 1 S. 2 LBO BW

Bodenschutzrecht
Untersuchungsanordnung (§ 9 Abs. 2 BBodSchG); sonstige Anordnungen (§ 10 Abs. 1 S. 1 BBodSchG)

Gewerberecht
Besonderes Gewerberecht
Anordnungen nach § 1 LGastG i. V. m. § 5 Abs. 1 GastG bei einem erlaubnispflichtigen bzw. nach § 1 LGastG i. V. m. § 5 Abs. 2 GastG bei einem erlaubnisfreien Gaststättengewerbe

Allgemeines Gewerberecht (GewO)
Betriebsuntersagung, weil der Betrieb ohne erforderliche Erlaubnis betrieben wird (§ 15 Abs. 2 S. 1 GewO); Gewerbeuntersagung bei Unzuverlässigkeit (§ 35 Abs. 1 S. 1 GewO)

Immissionsschutzrecht[262]
Anordnung der Untersagung, Stilllegung oder Beseitigung einer genehmigungsbedürftigen Anlage (§ 20 BImSchG); Untersagung einer nicht genehmigungsbedürftigen Anlage (§ 25 BImSchG); sonstige Anordnungen bei nicht

262 Hier nur Anlagenimmissionsschutzrecht nach BImSchG.

genehmigungsbedürftigen Anlagen (§ 24 BImSchG); nachträgliche Auflagen (§ 17 BImSchG)

Polizeirecht
Polizeiliche Generalklausel (§§ 3, 1 Abs. 1 PolG BW)
(zuständig ist in Baden-Württemberg die Gemeinde als Ortspolizeibehörde)
z. B. Meldeauflage gegen einen Hooligan, Hausräumungsverfügung gegen Hausbesetzer, Leinenzwang für einen innerörtlich nicht angeleinten Hund, wenn der Leinenzwang nach der örtlichen Polizeiverordnung angeordnet ist nach §§ 3, 1 Abs. 1 PolG BW i. V. m. § X (innerörtlicher Leinenzwang) der örtlichen Polizeiverordnung

Polizeiliche Standardmaßnahmen
(zuständig ist die Gemeinde als Ortspolizeibehörde und/oder der Polizeivollzugsdienst)
z. B. Platzverweis (§ 30 Abs. 1 PolG BW); Beschlagnahme einer Wohnung zur Unterbringung eines Obdachlosen (§ 38 Abs. 1 Nr. 1 i. V. m. § 9 PolG BW); Anordnung der Ingewahrsamnahme eines Selbstmordgefährdeten (§ 33 Abs. 1 Nr. 2c PolG BW)

Straßenrecht
Beseitigungsanordnung einer unerlaubten Sondernutzung von Landes-, Kreis- oder Gemeindestraßen nach § 16 Abs. 8 S. 1 StrG BW

Straßenverkehrsrecht
Anordnung von Verkehrszeichen nach § 45 Abs. 1 S. 1 StVO (oder § 45 Abs. 1 S. 2 StVO, § 45 Abs. 3 StVO; ...)

Tierschutzrecht
Tierhalteverbot nach § 16a Abs. 1 S. 2 Nr. 3 Tierschutzgesetz; sonstige Verfügungen nach § 16a Abs. 1 S. 1 Tierschutzgesetz

Versammlungsrecht[263]
Verbot einer Versammlung (§ 15 Abs. 1 VersG); Auflagen für eine Versammlung (§ 15 Abs. 1 VersG); Auflösung einer Versammlung (§ 15 Abs. 3 VersG); Ausschluss einzelner Teilnehmer nach §§ 18 Abs. 3 bzw. 19 Abs. 4 VersG

263 In Baden-Württemberg gibt es noch kein Landesversammlungsgesetz.

b) Geldforderungsbescheide

Abgabenbescheide 399
z. B. Hundesteuerbescheid nach der aufgrund von § 9 Abs. 3 KAG BW erlassenen Hundesteuersatzung der jeweiligen Gemeinde

Kostenbescheide
z. B. Kostenbescheid für Ersatzvornahme oder unmittelbaren Zwang (§ 31 Abs. 1 LVwVG BW); Kostenbescheid für Kosten der unmittelbaren Ausführung (§ 8 Abs. 2 S. 1 PolG BW); Kostenbescheid für den Einsatz der Feuerwehr (§ 34 Abs. 1 S. 2 oder Abs. 2 FeuerwehrG BW)

Rückzahlungsforderungen
z. B. Bescheid zur Rückforderung erbrachter Leistungen bei Widerruf bzw. Rücknahme eines Verwaltungsakts mit Wirkung für die Vergangenheit § 49a Abs. 1 S. 2 (L)VwVfG

3. Belastende rechtsgestaltende Verwaltungsakte

Rücknahme und Widerruf von begünstigenden Verwaltungsakten

Besonderes Verwaltungsrecht 400
z. B. Entziehung der Fahrerlaubnis nach § 3 StVG i. V. m. § 46 FeV; Entlassung eines Bundesbeamten nach § 32 BBG, Rücknahme der Ernennung eines Bundesbeamten nach § 14 BBG, Rücknahme und Widerruf der Gemeinschaftslizenz für den Güterkraftverkehr nach Art. 7 Abs. 2 Verordnung (EG) Nr. 1072/2009; Rücknahme und Widerruf der Gaststättenerlaubnis nach § 1 LGastG i. V. m. § 15 GastG; Widerruf einer immissionsschutzrechtlichen Genehmigung nach § 21 BImSchG

Allgemeines Verwaltungsrecht
Rücknahme und Widerruf nach §§ 48, 49 LVwVfG

4. Belastende feststellende Verwaltungsakte

a) Ablehnung eines Antrags

Antrag auf Erlaubnis, Zulassung, Bewilligung etc. 401
Rechtsgrundlage für die Ablehnung ist die Norm, die dem Antragsteller einen Anspruch auf Erlass des beantragten Verwaltungsakts bzw. auf ermessensfehlerfreie Entscheidung über seinen Antrag einräumt.
Z. B. Ablehnung einer beantragten Güterkraftverkehrserlaubnis wegen fehlender Zuverlässigkeit nach § 3 Abs. 2 GüKG i. V. m. Art. 3 Abs. 1 lit. b und Art. 6 VO 1071/2009.

Antrag auf Einschreiten gegen Dritte
Rechtsgrundlage für die Ablehnung ist die Rechtsgrundlage, die dem Antragsteller einen Anspruch auf Erlass bzw. ermessensfehlerfreie Entscheidung über den Erlass des begehrten Verwaltungsakts einräumt.
Z. B. §§ 3, 1 Abs. 1 PolG BW für die Ablehnung eines Antrags eines Hauseigentümers auf Einschreiten gegen einen Störer, der auf seinem Privatgrundstück parkt.

b) Sonstige

402 **Ordnungsrecht**
z. B. Feststellung, dass ein bestimmter Hund gefährlich im Sinne von § 2 PolVOgH BW ist.[264]

Sonstige Rechtsgebiete
Feststellung des Vorliegens eines Hinderungsgrunds nach § 29 Abs. 5 GemO BW

II. Vertiefung „Zuständigkeit"

403 Sachlich oder örtlich zuständig können im Eilfall auch andere Behörden sein (Eilzuständigkeit, § 3 Abs. 4 LVwVfG und § 2 Abs. 1 PolG BW).

404 Teilweise gibt es ein Selbsteintrittsrecht der Aufsichtsbehörden (z. B. § 110 Abs. 2 PolG BW).

405 Kommunen können durch öffentlich-rechtliche Koordinationsverträge Zuständigkeiten auf einen anderen Rechtsträger verlagern.[265] Der Gesetzgeber kann auch sonst Verwaltungsbehörden ermächtigen, die Zuständigkeit zu delegieren.

406 Wechsel der örtlichen Zuständigkeit während eines laufenden Verfahrens beurteilen sich nach § 3 Abs. 3 (L)VwVfG.

III. Vertiefung „Materielle Voraussetzungen"

1. Vorliegen der Tatbestandsvoraussetzungen

407 Die Tatbestandsmerkmale hängen immer von der jeweiligen Rechtsgrundlage und damit vom Fachrecht („besonderes Verwaltungsrecht") ab.

408 In manchen Fällen haben Literatur und Rechtsprechung ungeschriebene Tatbestandsmerkmale entwickelt. Hier hilft leider nur auswendig lernen.

---

264 Streitig, ob dieser Feststellungsbescheid rechtlich zulässig ist: *Gassner*, VBlBW 2011, 376 ff.
265 Vgl. hierzu „Erlass öffentlich-rechtlicher Verträge".

■ So regelt § 30 Abs. 1 PolG BW im Wortlaut beispielsweise nicht, für welches Schutzgut eine Gefahr oder Störung drohen muss. Ungeschriebenes Tatbestandsmerkmal ist hier „Gefahr oder Störung der öffentlichen Sicherheit oder Ordnung“.[266]

In anderen Fällen kann es erforderlich sein, Tatbestandsvoraussetzungen eingeschränkt auszulegen.

■ So besteht entgegen des Wortlauts von § 14 VersG keine 48-stündige Anmeldepflicht für Spontanversammlungen.

Im Ordnungsrecht muss regelmäßig ein Schaden für ein bestimmtes Schutzgut drohen („Gefahr“) oder bereits eingetreten sein („Störung“). Je nach Fachrecht reicht sogar ein Gefahrenverdacht. Im Gabionenmauer-Fall war eine Störung zu prüfen („Verstoß gegen öffentlich-rechtliche Vorschriften“). Je nach einschlägiger Rechtsgrundlage ist der „Grad der Gefahr“ sehr unterschiedlich („Vorsorge“, „Gefahrenverdacht“, „abstrakte Gefahr“, „konkrete Gefahr im Einzelfall“, „unmittelbare Gefahr“, „Störung“). **409**

■ **Beispiel Fahrtenbuchauflage:** Die Behörde kann nach § 31a Abs. 1 StVZO gegenüber dem Fahrzeughalter für ein auf ihn zugelassenes Fahrzeug die Führung eines Fahrtenbuchs anordnen, wenn die Feststellung eines Fahrzeugführers nach einer Zuwiderhandlung gegen Verkehrsvorschriften nicht möglich war. Hier reicht der Verstoß in der Vergangenheit. Es muss keine konkrete Gefahr im Einzelfall bestehen, dass mit dem Fahrzeug des Fahrzeughalters zukünftig weitere Verstöße begangen werden. Es reicht die abstrakte Gefahr für die Sicherheit und Leichtigkeit des Verkehrs, die aufgrund des früheren Verstoßes gesetzlich vermutet wird.

Für Maßnahmen nach §§ 3, 1 Abs. 1 PolG BW muss eine konkrete Gefahr im Einzelfall vorliegen. Eine konkrete Gefahr liegt vor, wenn aufgrund der Prognose im Einzelfall bei ungehindertem Geschehensablauf der Eintritt eines Schadens für das Schutzgut hinreichend wahrscheinlich ist.

2. Rechtsfolgenseite/Regelungsadressat

Im Ordnungsrecht müssen Sie den Störerbegriff weiter vertiefen.[267] Das besondere Ordnungsrecht kann speziell regeln, gegen wen belastende Verwaltungsakte erlassen werden können, wie z. B. § 4 BBodSchG oder §§ 28 ff. IfSG. **410**

Bei § 6 PolG BW ist es im Einzelfall schwierig festzustellen, wann jemand durch sein Verhalten eine Gefahr verursacht hat (Stichwort: „Zweckveranlasser“, „latenter Störer“, „Scheinstörer“, „Anscheinsstörer“).

266 *Trurnit*, VBlBW 2009, 205–210.

267 Vertiefungshinweis: *Schenke*, Polizei- und Ordnungsrecht, Rn. 293 ff.

411 Wenn über das Vermögen desjenigen, an den die Verwaltung eigentlich den belastenden Verwaltungsakt richten wollte, das Insolvenzverfahren eröffnet worden ist, stellt sich die Frage, ob der Verwaltungsakt weiterhin an diesen gerichtet werden darf oder ob nunmehr der Insolvenzverwalter Adressat des Verwaltungsaktes ist.

Zunächst ist zu prüfen, ob der Regelungsadressat, wenn er die Verfügung erfüllen will, auf Gegenstände zurückgreifen muss, die zur Insolvenzmasse gehören. Über solche Gegenstände darf nämlich nur noch der Insolvenzverwalter verfügen, § 80 Abs. 1 InsO. Der belastende Verwaltungsakt kann nur gegen den Insolvenzverwalter gerichtet werden. Zu prüfen ist dann, ob beim Insolvenzverwalter die Voraussetzungen von §§ 6 ff. PolG BW bzw. nach Spezialgesetz vorliegen.

■ **Beispiel:** Mit dem Firmenwagen einer OHG wurde eine Verkehrsordnungswidrigkeit begangen, der Fahrer konnte nicht ermittelt werden. Die Behörde will nun gegen die OHG als Halterin eine Fahrtenbuchauflage erlassen. Jetzt wird das Insolvenzverfahren eröffnet. Der Wagen gehört damit zur Insolvenzmasse. Nach der Rechtsprechung besteht eine unvertretbare Handlungspflicht der OHG.[268] Damit würde die OHG durch eine Fahrtenbuchauflage zu einer unmöglichen Handlung verpflichtet, da sie über das Firmenfahrzeug nach § 80 Abs. 1 InsO nicht mehr verfügen darf. Sie kann also gar kein Fahrtenbuch führen. Gegen den Insolvenzverwalter kann eine Fahrtenbuchauflage nicht erlassen werden, weil während seiner Tätigkeit als Insolvenzverwalter mit dem Fahrzeug keine Verkehrsordnungswidrigkeit begangen worden ist. Als Halter ist nach § 31a StVZO aber nur derjenige verantwortlich, der im Zeitpunkt des Verstoßes Halter war. Soll der Abriss eines Firmengebäudes gegen die GmbH, gegen die das Insolvenzverfahren eröffnet worden ist, verfügt werden, weil das Gebäude standunsicher ist, kann diese Abrissverfügung nach § 80 Abs. 1 InsO nur gegen den Insolvenzverwalter als Zustandsstörer nach § 7 PolG BW gerichtet werden, weil das Gebäude zur Insolvenzmasse gehört. Eine Ausnahme besteht, wenn der Insolvenzverwalter eine Freigabeerklärung abgegeben hat.[269]

Im Übrigen sind die öffentlichen Verantwortlichkeiten des Insolvenzverwalters sehr umstritten.[270]

Wenn über das Vermögen eines Gewerbetreibenden das Insolvenzverfahren eröffnet worden ist, ist dieser zugleich finanziell unzuverlässig bzw. finanziell nicht leistungsfähig. Fraglich ist dann, in welchem Rangverhältnis das Gewerberecht, das für diesen Fall die Gewerbeuntersagung bzw. den Widerruf einer erteilten Erlaubnis vorsieht, und das Insolvenzverfahren, das die

---

268 OVG Berlin, Beschluss vom 28.08.2003 – 8 N 21.02 – juris Rn. 3.

269 BVerwG, Urteil vom 20.01.1984 – 4 C 37/80 –.

270 BVerwGE 122, 75 ff; BGHZ 148, 252 ff., BGHZ 150, 305 ff.

Sanierung und damit die Aufrechterhaltung des Betriebs vorsieht, stehen. Hier hilft zunächst § 12 GewO weiter. Die Einzelheiten sind aber sehr umstritten.[271]

Im Einzelfall ist außerdem zu problematisieren, ob belastende Verwal- **412**
tungsakte im Wege der Rechtsnachfolge auf einen anderen Adressaten übergehen können. Wäre Frau Schröder z. B. nach Bekanntgabe der Abrissverfügung verstorben oder hätte sie ihr Grundstück einem anderen übertragen, stellt sich für die Behörde im Vollstreckungsverfahren die Frage, ob sie die Abbruchverfügung noch einmal erlassen muss, oder ob diese auf den Rechtsnachfolger übergegangen ist.[272] Nicht rechtsnachfolgefähig sind durch Verwaltungsakt auferlegte höchstpersönliche Handlungspflichten (z. B. Meldepflicht, Platzverweis). Im Übrigen ist die Rechtsnachfolge sehr umstritten. Nach der Rechtsprechung des BVerwG können sachbezogene, vertretbare Verhaltenspflichten auf einen Rechtsnachfolger übergehen.[273]

Von der Frage nach der Rechtsnachfolge eines Regelungsadressaten ist **413**
die Frage zu unterscheiden, ob aufgrund eines an eine Kapital- und Personengesellschaft gerichteten Verwaltungsakts später auch gegen Gesellschafter oder Geschäftsführer dieser Gesellschaft vorgegangen werden kann.

■ **Beispiel:** Das LRA hat die OHG verpflichtet, das Betriebsgebäude abzureißen. Dem kommt die OHG nicht nach. Daraufhin reißt das Landratsamt das Gebäude im Wege der Ersatzvornahme ab. Nunmehr soll der Kostenbescheid erlassen werden. Adressat des Kostenbescheids ist die OHG als Adressatin der Abrissverfügung, § 31 Abs. 2 LVwVG BW. Die OHG hat aber nicht ausreichend Geld. Der Sachbearbeiter überlegt, gegen die Gesellschafter vorzugehen, weil diese nach § 128 HGB für die OHG-Schulden haften. Es gibt jedoch keine Rechtsgrundlage im öffentlichen Recht, gegen die OHG einen Kostenbescheid zu erlassen. Die Verwaltung muss gegen die Gesellschafter durch Leistungsklage vor dem Verwaltungsgericht vorgehen.[274]

---

271 OVG Hamburg, Beschluss vom 26.01.2011 – 5 Bs 239/10 –: Insolvenzverfahren hat wegen der ganzheitlichen Betrachtungsweise unabhängig von der höchstpersönlichen Wirkung des Gewerberechts immer Vorrang; a.A: HessVGH, Urteil vom 21.11.2002 – 8 UE 3195/01 –.

272 Vgl. dazu das 4. Kapitel: Vollstreckung der Abrissverfügung gegen den Rechtsnachfolger des verpflichteten Eigentümers.

273 BVerwG, NVwZ 2012, 888. So auch schon zuvor für noch nicht durch Verwaltungsakt konkretisierte öffentlich-rechtliche Verhaltenspflichten: BVerwG, NVwZ 2006, 928.

274 Ist eine Personenhandelsgesellschaft durch befehlenden Verwaltungsakt verpflichtet worden, kann aus diesem Verwaltungsakt nur gegen die Personenhandelsgesellschaft vollstreckt werden. Wenn die Behörde gegen den haftenden Gesellschafter vorgehen will, muss sie zunächst prüfen, ob sie den Gesellschafter selbst als Handlungsstörer durch Verwaltungsakt verpflichten kann und dann diesen vollstreckt. Ist dies nicht möglich, kann die Behörde Leistungsklage gegen den haftenden Gesellschafter erheben, weil dieser nach § 128 HGB für die öffentliche Verpflichtung der Personenhandelsgesellschaft aus dem Verwaltungsakt haftet: *Gassner*, Die Personenhandelsgesellschaft als Rechtssubjekt im öffentlichen Recht, S. 265 ff.

IV. Vertiefung „Sonstige formelle Voraussetzungen"

414 Verknüpfen Sie (z.B. in Form von Vergleichstabellen) Ihr Wissen zum allgemeinen Verwaltungsrecht mit Ihrem Wissen zum besonderen Verwaltungsrecht und Ihrem Wissen zum Abgaben-, Sozialverwaltungs- und Ordnungswidrigkeitenrecht!

415 In diesem Kapitel haben Sie sich einen Überblick über das Verfahren, die Form und die Bekanntgabe belastender Verwaltungsakte nach dem (L)VwVfG („allgemeines Verwaltungsrecht") erarbeitet. Das Fachrecht („besonderes Verwaltungsrecht") kann abweichende Bestimmungen treffen oder sonst Einfluss auf die Anwendbarkeit der Normen des (L)VwVfG haben. So entscheidet sich z.B. nach dem Fachrecht, ob Minderjährige handlungsfähig i.S.d. § 12 Abs. 1 Nr. 2 (L)VwVfG sind.

416 Sie werden später als Verwaltung nicht nur mit Verfahren nach dem (L)VwVfG zu tun haben, sondern belastende Verwaltungsakte auch nach besonderen Verfahrensvorschriften erlassen müssen, z.B. im Bußgeldverfahren nach dem OWiG, im spezialgesetzlich geregelten Enteignungsverfahren, im Verfahren nach der Abgabenordnung oder im Bereich der Sozialverwaltung nach SGB I, SGB X oder sonstigen Vorschriften.

2. Kapitel: Die sofortige Vollziehbarkeit des Verwaltungsakts

A. Ausgangsfall, Lernziele/-inhalte und Kurzeinführung

I. Ausgangsfall, Lernziele/-inhalte

417 **Die Abbruchverfügung wurde laut Zustellungsurkunde am 18.10. ... zugestellt. Am 22.10. ... geht beim LRA Ortenaukreis folgendes Schreiben des Rechtsanwalts Abelt (mit Nachweis der Prozessvollmacht) ein:**

Rechtsanwalt Heiner Abelt
Heerweg 3
78123 Willstätt

Landratsamt Ortenaukreis
Musterweg 20
77652 Offenburg

Willstätt, den 21.10. …

Widerspruch gegen Ihren Bescheid vom 17.10. …/Abrissverfügung Gabionenmauer

Mandantin: Isabelle Schröder, Musterstraße 25, 78123 Willstätt

Sehr geehrte Damen und Herren,

im Namen meiner Mandantin erhebe ich Widerspruch und bitte um Übersendung der Akte. Eine Kopie der Prozessvollmacht übersende ich anbei. Begründung folgt nach Akteneinsicht.

Mit freundlichen Grüßen

gez. Heiner Abelt

■ **Aufgabe 1:** Das LRA Ortenaukreis möchte, dass die Abrissverfügung trotz des Widerspruchs zügig umgesetzt wird. Prüfen Sie gutachtlich, ob das LRA Ortenaukreis rechtmäßig die sofortige Vollziehung der Abrissverfügung anordnen kann.

■ **Aufgabe 2:** Entwerfen Sie die entsprechende Anordnung der sofortigen Vollziehung.

In diesem Kapitel lernen Sie zu prüfen, welche Rechtsfolge (Wirkung) die Erhebung eines Widerspruchs (einer Anfechtungsklage) für die Durchsetzbarkeit bzw. Wirksamkeit eines Verwaltungsakts hat. Außerdem lernen sie gutachtlich zu beurteilen, ob die rechtlichen Voraussetzungen für die behördliche Anordnung der sofortigen Vollziehung eines Verwaltungsakts vorliegen, und eine solche Anordnung der sofortigen Vollziehung zu entwerfen. **418**

Lerninhalte sind: **419**

☑ Grundsatz der aufschiebenden Wirkung von Widersprüchen und Anfechtungsklagen

☑ Rechtsnatur der aufschiebenden Wirkung

☑ Wegfall der aufschiebenden Wirkung von Gesetzes wegen

☑ Wegfall der aufschiebenden Wirkung aufgrund behördlicher Anordnung

Zum Aufbau dieses Kapitels: Unterkapitel A. führt in die Grundlagen der aufschiebenden Wirkung ein. Unter B. finden Sie ein Prüfungsschema für die rechtmäßige Anordnung der sofortigen Vollziehung. In C. lernen Sie gutachtlich zu prüfen, ob die Behörde die sofortige Vollziehung anordnen kann. Die Lösung zur ersten Aufgabe finden sie in Unterkapitel D. In Unterkapitel E. lernen Sie, eine die Anordnung der sofortigen Vollziehung zu entwerfen. Hier finden Sie auch die Lösung zur zweiten Aufgabe. Das Kapitel schließt in F. mit weiteren kleinen Übungen und Vertiefungshinweisen. **420**

II. Vorläufiger Rechtsschutz durch Eintritt der aufschiebenden Wirkung

421 Mit Bekanntgabe wird der Verwaltungsakt nach § 43 Abs. 1 (L)VwVfG wirksam. Der Einzelne kann den Verwaltungsakt hinnehmen. Dann wird er nach einem Monat (vgl. § 70 Abs. 1 VwGO) formell **bestandskräftig**, d.h. er ist nicht mehr mit ordentlichem Rechtsbehelf (Widerspruch bzw. Klage, Berufung, Revision) anfechtbar. Will der Einzelne den Verwaltungsakt nicht hinnehmen, muss er rechtzeitig Widerspruch (bzw. in den Fällen des § 68 Abs. 1 S. 2 VwGO Klage) erheben. Damit solange „nichts passiert", bis über den Rechtsbehelf entschieden ist, sieht § 80 Abs. 1 VwGO vor, dass Widerspruch bzw. Anfechtungsklage **aufschiebende Wirkung** haben (Suspensiveffekt).

■ **Beispiele:** Frau Schröder erhebt vertreten durch ihren Rechtsanwalt Widerspruch gegen die Abrissverfügung. Der Widerspruch hat, da keine der Ausnahmen in § 80 Abs. 2 VwGO greift, aufschiebende Wirkung, § 80 Abs. 1 S. 1 VwGO. Erhebt ein Beamter gegen seine Entlassung nach § 32 BBG (rechtsgestaltender Verwaltungsakt) Widerspruch, so hat der Widerspruch nach § 80 Abs. 1 S. 2 VwGO aufschiebende Wirkung.

422 Die **Rechtsnatur** der aufschiebenden Wirkung ist streitig. Heute[275] werden dazu im Wesentlichen nur noch zwei Theorien vertreten, die im Ergebnis kaum zu Unterschieden führen: Nach Auffassung der Rechtsprechung und großer Teile der Literatur wird die (sehr weit verstandene) Vollziehbarkeit des Verwaltungsakts bis zur bestands- bzw. rechtskräftigen Entscheidung über den Widerspruch bzw. die Klage gehemmt (**Vollziehbarkeitstheorie**).[276] Nach der **eingeschränkten Wirksamkeitstheorie** ist der Verwaltungsakt schwebend unwirksam. Mit bestands- bzw. rechtskräftiger Entscheidung wird der Verwaltungsakt ex tunc wirksam.[277]

Nach beiden Auffassungen führt die aufschiebende Wirkung dazu, dass es der Verwaltung untersagt ist, in Bezug auf Folgemaßnahmen von der Wirksamkeit des Verwaltungsakts auszugehen.[278]

■ **Beispiele:** Befehlende Verwaltungsakte (hier die Abrissverfügung) dürfen nicht vollstreckt werden, wenn Widerspruch bzw. Klage aufschiebende Wirkung haben

---

275 Anders noch nach der sogenannten strengen Wirksamkeitstheorie, nach der der Verwaltungsakt erst ex tunc mit der bestandskräftigen Entscheidung über den Widerspruch bzw. der rechtskräftigen Entscheidung über die Klage wirksam wurde. Diese Theorie ist indes schon mit dem Wortlaut von § 43 Abs. 1 (L)VwVfG nicht vereinbar.

276 BVerwGE 66, 218 (222); *Detterbeck*, VerwR, Rn. 1478 unter Berufung auf § 43 Abs. 2 (L) VwVfG.

277 *Schenke*, Verwaltungsprozessrecht, Rn. 1022 ff.

278 BVerwGE 13, 1 (6).

(vgl. z.B. § 2 LVwVG BW[279]). Die Dienstbezüge eines Beamten, dessen Widerspruch gegen seine Entlassung aufschiebende Wirkung hat, müssen vorläufig weiter bezahlt und der Beamte muss vorläufig weiter beschäftigt werden.

Die aufschiebende Wirkung eines Rechtsbehelfs **endet** nach § 80b Abs. 1 S. 1 VwGO mit der **Unanfechtbarkeit** des Verwaltungsakts oder, wenn die Anfechtungsklage im ersten Rechtszug abgewiesen worden ist, **drei Monate nach Ablauf der gesetzlichen Begründungsfrist** des gegen die abweisende Entscheidung gegebenen Rechtsmittels. 423

■ **Beispiele:** Frau Schröder erhebt gegen die Abrissverfügung Widerspruch. Dieser hat aufschiebende Wirkung. Frau Schröders Widerspruch wird durch Widerspruchsbescheid zurückgewiesen.

Variante 1: Frau Schröder lässt die Klagefrist verstreichen. Mit Ablauf der Klagefrist wird die Abrissverfügung unanfechtbar. Damit endet auch die aufschiebende Wirkung ihres Widerspruchs.

Variante 2: Frau Schröder erhebt rechtzeitig Klage. Ihre Klage hat aufschiebende Wirkung. Das Verwaltungsgericht Freiburg weist ihre Klage am 10.02. zurück und lässt die Berufung nicht zu. Frau Schröder beantragt durch ihren Rechtsanwalt die Zulassung der Berufung (§ 124a Abs. 4 S. 1 VwGO). Die aufschiebende Wirkung endet dann nach 5 Monaten, also mit Ablauf des 10.07.: gesetzliche Begründungspflicht beträgt 2 Monate (§ 124a Abs. 4 S. 4 VwGO) + 3 Monate.

Aus der Perspektive der Verwaltung als Erstanwenderin, die an einer zügigen Durchsetzung ihrer Verwaltungsakte interessiert ist, spielt somit die tatsächliche Dauer des Widerspruchs- und Klageverfahrens eine große Rolle. Über die Dauer von Widerspruchsverfahren werden keine Gesamtstatistiken veröffentlicht, die der gerichtlichen Verfahren hingegen wird statistisch erfasst und veröffentlicht. Beispielsweise dauerte ein erstinstanzliches Verfahren vor den Verwaltungsgerichten im Jahre 2016 im Bundesdurchschnitt 9,3 Monate (ohne Asylkammern: 11,4 Monate).[280] 1,8 % der Verfahren dauerten mehr als 36 Monate, insgesamt 27,7 % mehr als 12 Monate. In den einzelnen Bundesländern bestehen extreme Unterschiede (Rheinland-Pfalz: 3,6 Monate durchschnittliche Verfahrensdauer; Mecklenburg-Vorpommern: 18,9 Monate durchschnittliche Verfahrensdauer). 424

279 Andere Bundesländer: Art. 19 Abs. 1 BayVwZVG; § 5a Gesetz über das Verfahren der Berliner Verwaltung i. V. m. § 6 Abs. 1 VwVG Bund; § 15 Abs. 1 VwVG Bbg; § 11 Abs. 1 S. 2 BremVwVG; § 18 Abs. 1 VwVG Hamb.; § 2 Hess. VwVG; § 110 VwVfG M-V i. V. m. § 80 Abs. 1 SOG M-V; § 70 Abs. 1 Nds. VwVG i. V. m. § 64 Abs. 1 Nds. SOG; § 55 Abs. 1 VwVG NRW; § 2 VwVG Rheinland-Pfalz, § 2 SächsVwVG; § 71 VwVG LSA i. V. m. § 53 Abs. 1 SOG LSA; § 229 Landesverwaltungsgesetz Schleswig-Holstein; § 19 ThürVwZVG. Für den Bund: § 6 Abs. 1 VwVG Bund.

280 https://www.destatis.de/DE/Publikationen/Thematisch/Rechtspflege/GerichtePersonal/Verwaltungsgerichte2100240167004.pdf?__blob=publicationFile (Stand: 30.06.2018).

425 Nun gibt es Fälle, in denen ein öffentliches oder privates Interesse daran besteht, dass der Verwaltungsakt trotz eines laufenden Rechtsbehelfsverfahrens sofort umgesetzt wird. Hier sind zwei Konstellationen zu unterscheiden: Der Gesetzgeber sieht bei bestimmten Verwaltungsakten generell vor, dass die Regelung sofort umgesetzt werden kann. Rechtsbehelfe gegen solche Verwaltungsakte haben schon per Gesetz keine aufschiebende Wirkung, §§ 80 Abs. 2 S. 1 Nr. 1 bis Nr. 3a, S. 2 VwGO. Die Behörde muss nichts weiter veranlassen. Für andere Verwaltungsakte hat der Gesetzgeber die Verwaltungsbehörden nach § 80 Abs. 2 S. 1 Nr. 4 VwGO ermächtigt, im Ausnahmefall die sofortige Vollziehung des Verwaltungsakts anzuordnen.

III. Automatischer Wegfall der aufschiebenden Wirkung von Gesetzes wegen

426 Nach § 80 Abs. 2 S. 1 Nr. 1 VwGO sind Abgaben- und Kostenbescheide sofort vollziehbar. Öffentliche Abgaben sind Steuern, Gebühren, Beiträge und sonstige Sonderabgaben, die zur Deckung des Finanzbedarfs des Hoheitsträgers erhoben werden. Unter Kosten versteht man Gebühren und Auslagen, die für die Durchführung eines Verwaltungsverfahrens auferlegt werden.[281]

Hintergrund ist, dass der Verwaltungsrechtsträger sich auf den tatsächlichen Zufluss solcher Geldmittel verlassen können muss, die seiner Finanzierung dienen und die er im Haushaltsplan als Einnahme eingeplant hat.

■ **Beispiele:** Anforderungen von Gewerbesteuer, Erschließungsbeitrag, Wassergebühren, Kreisumlage; Gebühr für die Fotokopie in Fall 1 für Frau Schröder.

427 Nach § 80 Abs. 2 S. 1 Nr. 2 VwGO entfällt bei unaufschiebbaren Maßnahmen des Polizeivollzugsdienstes die aufschiebende Wirkung. Hintergrund dieser Regelung ist, dass der Polizeivollzugsdienst im Gegensatz zu den Ordnungsbehörden in der Regel vor Ort sehr kurzfristig Regelungen zur Gefahrenabwehr treffen muss.

■ **Beispiele:** Auflösung einer Demo nach § 15 Abs. 3 VersG Bund im Eilfall durch die Vollzugspolizei; auch Straßenverkehrszeichen sind i. d. R. nach § 80 Abs. 2 S. 1 Nr. 2 VwGO analog sofort vollziehbar (Analogie = Anwendung einer Norm auf einen Sachverhalt, den die Norm nicht unmittelbar erfasst, der aber vergleichbar ist, siehe Rn. 63).

428 Nach § 80 Abs. 2 S. 1 Nr. 3 VwGO entfällt die aufschiebende Wirkung in anderen durch Bundesgesetz oder für Landesrecht durch Landesgesetz vor-

281 Zum obigen Absatz: Kopp/Schenke/*W.-R. Schenke*, VwGO, § 80 Rn. 57 ff.

geschriebenen Fällen. Zugleich bestimmt § 80 Abs. 2 S. 2 VwGO, dass die Länder auch bestimmen können, dass Rechtsbehelfe gegen Maßnahmen der Verwaltungsvollstreckung keine aufschiebende Wirkung haben, wenn die Maßnahmen durch die Länder nach Bundesrecht getroffen werden. Einen weiteren Fall des gesetzlichen Wegfalls der aufschiebenden Wirkung regelt § 80 Abs. 2 S. 1 Nr. 3a VwGO.

■ **Beispiele für § 80 Abs. 2 S. 1 Nr. 3 VwGO:** §§ 2a Abs. 6 Straßenverkehrsgesetz, § 212a BauGB, § 12 LVwVG BW[282]

Wenn die Behörde einen belastenden Verwaltungsakt erlässt, bei dem die aufschiebende Wirkung des Widerspruchs von Gesetzes wegen entfällt, sollte sie darauf und auf die Möglichkeit, bei Gericht die Anordnung der aufschiebenden Wirkung beantragen zu können, in der Rechtsbehelfsbelehrung hinweisen. Dies könnte wie folgt aussehen: 429

Rechtsbehelfsbelehrung
... Bitte beachten Sie, dass Ihr Widerspruch keine aufschiebende Wirkung hat. Trotz Ihres Widerspruchs kann also das Vollstreckungsverfahren eingeleitet werden. Die Anordnung der aufschiebenden Wirkung Ihres Widerspruchs können Sie beim Verwaltungsgericht ... mit Sitz in ... beantragen.

IV. Wegfall der aufschiebenden Wirkung durch behördliche Anordnung

Wenn die aufschiebende Wirkung nicht bereits gesetzlich entfällt, ermächtigt § 80 Abs. 2 S. 1 Nr. 4 VwGO Ausgangs- und Widerspruchsbehörde die sofortige Vollziehung des Verwaltungsakts unter bestimmten Voraussetzungen anzuordnen; und zwar entweder bereits zusammen mit dem Verwaltungsakt in einem Bescheid (dazu Kapitel 4) oder separat. 430

Die behördliche Anordnung der sofortigen Vollziehung ist nach h.M. kein Verwaltungsakt, sondern nur ein Annex (Anhängsel) zum Verwaltungsakt, weil es an einer selbständigen Regelung fehlt.[283] 431

§ 80 Abs. 2 S. 1 Nr. 4 VwGO ist eine schwer zu handhabende Norm, da es sich hierbei um eine sogenannte **Kopplungsvorschrift** handelt: Der unbestimmte Rechtsbegriff „besonderes öffentliches Interesse" auf der Tatbestandsseite wird mit dem behördlichem Ermessen auf der Rechtsfolgenseite verknüpft und bereits das Tatbestandsmerkmal „besonderes öffentliches Interesse" macht eine Abwägungsentscheidung erforderlich.[284] 432

---

282 Eine solche Regel haben auch alle anderen Bundesländer, z.B. Art. 21a S. 1 Bay VwZVG.
283 Zum Meinungsstreit: *Schenke*, Verwaltungsprozessrecht, Rn. 1046.
284 Schoch/Schmidt-Aßmann/Pietzner/*Schoch*, VwGO, § 80 Rn. 203.

B. Prüfungsschema für die Anordnung der sofortigen Vollziehung

Beachte: Es sind im Gutachten nicht stets alle Prüfungspunkte anzusprechen!

433 **I. Rechtsgrundlage: § 80 Abs. 2 S. 1 Nr. 4 VwGO**

II. Formelle Voraussetzungen für die Anordnung der sofortigen Vollziehung

1. Zuständigkeit für die Anordnung der sofortigen Vollziehung

a) die Behörde, die den Verwaltungsakt erlassen hat

b) oder die Widerspruchsbehörde (solange der Widerspruch bei ihr anhängig ist)

2. Verfahren bis zur Anordnung der sofortigen Vollziehung

a) Einleitung von Amts wegen oder auf Antrag nach § 80a Abs. 1 Nr. 1 oder Abs. 2 VwGO

b) Beteiligte

c) ggf. Mitwirkung anderer Behörden (i. d. R.: keine Mitwirkung)

d) unparteiischer Sachbearbeiter

e) Untersuchungsgrundsatz, Beweiserhebung

f) Rechte der Beteiligten: Anhörung analog § 28 Abs. 1 (L)VwVfG (streitig)

3. Form der Anordnung der sofortigen Vollziehung

a) Anordnung selbst ist formfrei, aber nach § 80 Abs. 3 VwGO schriftlich zu begründen

b) § 37 Abs. 3–5 (L)VwVfG analog bei Schriftform beachten

c) Begründung des besonderen Interesses nach § 80 Abs. 3 S. 1 VwGO

d) Hinweis auf die Möglichkeit eines Antrags bei Gericht nach § 80 Abs. 5 VwGO (keine Rechtspflicht, Ermessen der Behörde); ggf. sonstige Rechtshinweise (keine Rechtspflicht)

4. Bekanntgabe der Anordnung der sofortigen Vollziehung

Erlass zusammen mit dem Verwaltungsakt oder später separat

III. Materielle Voraussetzungen für die Anordnung der sofortigen Vollziehung

1. Vorliegen der Tatbestandsvoraussetzungen von § 80 Abs. 2 S. 1 Nr. 4 VwGO

a) wirksamer, noch nicht bestandskräftiger und nicht kraft Gesetzes sofort vollziehbarer Verwaltungsakt

b) Öffentliches Interesse (oder Interesse eines Beteiligten) an der sofortigen Vollziehung des Verwaltungsakts überwiegt das Interesse des Rechtsbehelfsführers an der aufschiebenden Wirkung seines Rechtsbehelfs

2. Rechtsfolgenseite von § 80 Abs. 2 S. 1 Nr. 4 VwGO

a) I.d.R. Ermessen; u. U. Ermessensreduzierung auf Null

b) Bestimmtheit

C. Rechtmäßige Anordnung der sofortigen Vollziehung

I. Rechtsgrundlage und Zuständigkeit

1. Rechtsgrundlage

Rechtsgrundlage ist § 80 Abs. 2 S. 1 Nr. 4 VwGO.[285] Wie gewohnt zerlegen wir in Tatbestands- und Rechtsfolgenseite, was hier nicht ganz so einfach ist: Aus § 80 Abs. 2 S. 1 Nr. 4 VwGO folgt die Befugnis für die Behörde, die sofortige Vollziehung im öffentlichen Interesse oder im überwiegenden Interesse eines Beteiligten besonders anzuordnen. Tatbestandsseite ist damit, dass die Anordnung der sofortigen Vollziehung im öffentlichen Interesse oder im überwiegenden Interesse eines Beteiligten ist, Rechtsfolge ist die Anordnung der sofortigen Vollziehung nach Ermessen. 434

2. Zuständigkeit

Die Zuständigkeit ist in § 80 Abs. 2 S. 1 Nr. 4 VwGO geregelt. Danach ist sowohl die Ausgangsbehörde zuständig als auch die Widerspruchsbehörde, solange das Widerspruchsverfahren bei ihr anhängig ist. 435

II. Materielle Voraussetzungen

1. Tatbestandsvoraussetzungen

Es muss ein **wirksamer**, noch **nicht bestandskräftiger Verwaltungsakt** vorliegen, der **nicht schon nach § 80 Abs. 2 S. 1 Nr. 1 bis Nr. 3a bzw. S. 2 VwGO** sofort vollziehbar ist. 436

■ **Beispiel:**

Die Abbruchverfügung ist ein **Verwaltungsakt** i. S. d. § 35 S. 1 LVwVfG BW.

Sie wurde hier durch Postzustellung am 18.10. ... zugestellt und damit **wirksam**, § 43 Abs. 1 LVwVfG BW. Sie ist weiterhin wirksam. Hätte Frau Schröder die Mauer zwischenzeitlich freiwillig abgebaut, hätte sich die Abbruchverfügung auf andere Weise erledigt und wäre nach § 43 Abs. 2 LVwVfG unwirksam geworden.

Die Abbruchverfügung ist **noch nicht formell bestandskräftig**. Frau Schröder hat rechtzeitig Widerspruch erhoben.

Die Abrissverfügung ist **nicht bereits von Gesetzes wegen** nach § 80 Abs. 2 S. Nr. 1 bis 3a VwGO **sofort vollziehbar**.

---

285 Bzw. i. V. m. § 80a VwGO, dazu später bei den Vertiefungshinweisen.

437 Weitere Tatbestandsvoraussetzung[286] ist, dass die Anordnung der sofortigen Vollziehung **im öffentlichen Interesse bzw. im überwiegenden Interesse eines Beteiligten** erfolgt. § 80 Abs. 3 S. 1 VwGO bezeichnet dies als das besondere Interesse an der sofortigen Vollziehung. Das „besondere Interesse" ist ein unbestimmter Rechtsbegriff. Da der Gesetzgeber gemäß § 80 Abs. 1 VwGO von der Regel der aufschiebenden Wirkung eines Rechtsbehelfs ausgeht (Regelfall), muss das „besondere Interesse" als „Ausnahmefall" verstanden werden. Ein besonderes Interesse an der sofortigen Vollziehung liegt vor, wenn im Einzelfall das öffentliche Interesse bzw. das Interesse eines Beteiligten an der dringenden, sofortigen Vollziehung des Verwaltungsakts schon vor der Entscheidung über den Rechtsbehelf das Interesse des Betroffenen an der aufschiebenden Wirkung seines Rechtsbehelfs (also dessen Grundrecht auf effektiven Rechtsschutz aus Art. 19 Abs. 4 GG) überwiegt. Die Abwägung ist eine gerichtlich voll überprüfbare Einzelfallentscheidung. Diese Abwägung ist streng von einer Ermessensausübung zu unterscheiden. Bei der Abwägung in § 80 Abs. 2 S. 1 Nr. 4 VwGO im Rahmen „besonderes Interesse" gibt es nur richtig oder falsch. Was richtig ist, entscheidet später einmal ein Gericht. Bei der Ermessensausübung kann die Behörde dahingegen Lösung A oder Lösung B für sachgerechter halten, beide Lösungen akzeptiert das Gericht später als rechtmäßig.

■ **Beispiele:** Im Bereich der **Gefahrenabwehr** sind die Überlegungen für den Erlass des Verwaltungsakts **oftmals identisch** mit den Überlegungen für den Erlass der Anordnung der sofortigen Vollziehung[287]: Entzieht die Behörde z. B. eine Fahrerlaubnis wegen Abhängigkeit von harten Drogen (§§ 3 Abs. 1 StVG, 46 Abs. 1 FeV), ist die Entziehung nicht schon kraft Gesetzes sofort vollziehbar.[288] Die Behörde wird regelmäßig die sofortige Vollziehung anordnen, um zu verhindern, dass der Drogenabhängige während des laufenden Rechtsbehelfsverfahrens weiterhin Auto fahren darf. Hier überwiegt das öffentliche Interesse, Leben, Gesundheit und Eigentum anderer schon während des laufenden Rechtsbehelfsverfahrens zu schützen, das Interesse des Betroffenen an der aufschiebenden Wirkung seines Rechtsbehelfs. Das ist in vielen anderen Fällen im Bereich des Gefahrenabwehrrechts ähnlich.

---

286 Streitig ist, ob das besondere Interesse, das durch eine Interessensabwägung ermittelt wird, wie hier auf der Tatbestandsseite oder im Rahmen der Ermessensausübung erst auf der Rechtsfolgenseite zu prüfen ist, vgl. zum Meinungsstand: Schoch/Schmidt-Aßmann/Pietzner/*Schoch*, VwGO, § 80 Rn. 202 f.

287 Vgl. Schoch/Schmidt-Aßmann/Pietzner/*Schoch*, VwGO, § 80, Rn. 210–216 mit weiteren Beispielen.

288 Anders die Entziehung der Fahrerlaubnis bei Punktetätern, § 4 Abs. 9 StVG.

Dahingegen ist die Abrissverfügung ein Beispiel dafür, dass allein die Überlegungen für den Erlass des Verwaltungsakts (Wiederherstellung ordnungsgemäßer Zustände) den Erlass der Anordnung der sofortigen Vollziehung nicht stützen. Die Gefahr eines nicht unerheblichen wirtschaftlichen Nachteils durch den Substanzverlust (Bauvorhaben wird abgerissen und in der Substanz zerstört) wiegt i.d.R. schwerer als die Nachteile, die mit dem vorläufigen weiteren Bestand dieses Baukörpers für die öffentlichen Belange verbunden sind. Das öffentliche Interesse an der sofortigen Vollziehung überwiegt nur dann, wenn der Bau offensichtlich rechtswidrig ist und die Beseitigung einem Nutzungsverbot gleichkommt, weil sie ohne Substanzverlust und andere hohe Kosten zu bewerkstelligen ist; wenn die Vorbildwirkung eines illegal ausgeführten Vorhabens eine Nachahmung in solchem Maße schon bis zum bestands- oder rechtskräftigen Abschluss der Hauptsache befürchten lässt, dass der Ausweitung der Störung der öffentlichen Sicherheit oder Ordnung rasch vorgebeugt werden muss; wenn ein beharrlicher und notorischer Schwarzbauer nur auf diese Weise erfolgversprechend an der Fortsetzung seiner rechtswidrigen Betätigung gehindert werden kann oder wenn die von dem Bauwerk ausgehende Gefahr für die öffentliche Sicherheit und Ordnung ein sofortiges Einschreiten durch Beseitigung der baulichen Anlagen erfordert.[289]

2. Rechtsfolge

Die Anordnung steht im Ermessen der Behörde. Bei der Ermessensaus- 438
übung darf die Behörde keine zweckwidrigen Überlegungen einstellen. Die gesetzlichen Grenzen des Ermessens haben wir zum größten Teil schon im Tatbestand geprüft, da ein besonderes öffentliches Interesse nur gegeben ist, wenn das Interesse an der sofortigen Vollziehung das Interesse an der aufschiebenden Wirkung überwiegt. In Betracht käme hier im Einzelfall noch die Prüfung von Art. 3 Abs. 1 GG. Normalerweise ist der Punkt „Ermessen" also unproblematisch und muss im Gutachten gar nicht dargestellt werden. Das Ermessen kann im Ausnahmefall auf Null reduziert sein. Wenn es nämlich nicht um das öffentliche Interesse, sondern um das überwiegende Interesse eines Beteiligten an der sofortigen Vollziehung geht, liegt im Interesse des Beteiligten regelmäßig eine Ermessensreduzierung auf Null vor. Das Ermessen ist auch dann auf Null reduziert, wenn es zwar nicht um das überwiegende Interesse eines Beteiligten geht, aber um den Schutz besonders wichtiger Rechtsgüter, die ein sofortiges Einschreiten der Behörde gebieten. Das Ermessen kann beim Vollzug von Unionsrecht ebenfalls auf Null reduziert sein, wenn das Effektivitätsprinzip dies erfordert.

289 OVG MV, Beschluss vom 06.02.2008 – 3 M 9/08 – juris Rn. 4 ff.

439 Die Anordnung der sofortigen Vollziehung muss bestimmt sein. Dies folgt analog § 37 Abs. 1 (L)VwVfG bzw. aus dem Rechtsstaatsprinzip. Insbesondere muss deutlich sein, welcher Verwaltungsakt sofort vollziehbar sein soll.

III. Formelle Voraussetzungen

1. Verfahren

440 Da die Anordnung der sofortigen Vollziehung nach h. M. kein Verwaltungsakt ist, ist das (L)VwVfG nicht unmittelbar anwendbar. Streitig ist, ob und welche Vorschriften des (L)VwVfG analog gelten. Nach der hier vertretenen Rechtsauffassung regeln §§ 80, 80a VwGO die Rechtmäßigkeitsvoraussetzungen nicht abschließend, so dass entgegen der wohl h. M. analog auf das (L)VwVfG zurückzugreifen ist.[290]

441 Die Einleitung des Verfahrens ist nach § 80 Abs. 2 S. 1 Nr. 4 VwGO immer von Amts wegen möglich. Bei begünstigenden Verwaltungsakten mit belastender Drittwirkung oder bei belastenden Verwaltungsakten mit begünstigender Drittwirkung haben Regelungsadressat bzw. Dritte ein Antragsrecht auf Anordnung der sofortigen Vollziehung, siehe § 80a Abs. 1 Nr. 1 oder Abs. 2 VwGO.[291]

442 Auf Seiten der Behörde darf analog §§ 20, 21 (L)VwVfG keine ausgeschlossene bzw. befangene Person mitwirken (streitig[292]), siehe dazu aber auch analog § 20 Abs. 3 (L)VwVfG bei Gefahr im Verzug.

443 Von praktischer Bedeutung ist der Streit, ob vor der Anordnung der sofortigen Vollziehung analog § 28 Abs. 1 (L)VwVfG eine Anhörung zu erfolgen hat. Wer wie hier vertreten die Norm analog für anwendbar hält, muss prüfen, ob auf die Anhörung analog § 28 Abs. 2 Nr. 1 (L)VwVfG wegen besonderer Eilbedürftigkeit verzichtet werden kann. Die h. M. hält eine Anhörung grundsätzlich für entbehrlich, nur wenn durch den Erlass der Vollziehungsanordnung vollendete Tatsachen geschaffen werden sollen und eine Anhörung ohne Gefährdung des Vollzugszwecks möglich und zumutbar ist, ergebe sich aus rechtsstaatlichen Gründen eine Anhörungspflicht.[293]

---

290 A.A. als hier die wohl h. M. Nachweise bei: *Schenke*, Verwaltungsprozessrecht, Rn. 1051.

291 Zum Antragsrecht des Betroffenen bzw. von Dritten nach § 80a VwGO: siehe Vertiefungshinweise.

292 Hält man das (L)VwVfG anders als hier vertreten auch analog für nicht anwendbar, ist ein etwaiger Verstoß anhand des Rechtsstaatsprinzips zu prüfen.

293 *Schenke*, Verwaltungsprozessrecht, Rn. 1051.

2. Form

Für die Anordnung der sofortigen Vollziehung selbst besteht kein Formzwang. Sie muss jedoch nach § 80 Abs. 3 S. 1 VwGO grundsätzlich schriftlich begründet werden, sofern keine Notstandsmaßnahme nach Satz 2 vorliegt. Zweckmäßigerweise erfolgt daher auch die Anordnung selbst schriftlich. Wie beim Verwaltungsakt muss analog § 37 Abs. 3 (L)VwVfG die erlassende Behörde und eine Unterschrift bzw. Namenswiedergabe des bearbeitenden Sachbearbeiters erkennbar sein. **444**

Das besondere Interesse an der sofortigen Vollziehung ist schriftlich zu begründen (§ 80 Abs. 3 S. 1 VwGO). Nur unter den Voraussetzungen von § 80 Abs. 3 S. 2 VwGO (Notstandsmaßnahme) kann die schriftliche Begründung entfallen. **445**

Eine Pflicht zum Hinweis auf gerichtlichen Rechtsschutz besteht nicht. Es ist aber gute Verwaltungspraxis, einen Rechtshinweis zu geben, dass nach § 80 Abs. 5 VwGO beim Verwaltungsgericht die Wiederherstellung der aufschiebenden Wirkung beantragt werden kann. **446**

3. Bekanntgabe

Die Anordnung der sofortigen Vollziehung kann mit dem belastenden Verwaltungsakt verbunden werden und im gleichen Bescheid erfolgen. Erfolgt sie zusammen mit dem belastenden Verwaltungsakt, wird sie genau wie dieser bekannt gegeben. **447**

Ebenso kann die Anordnung der sofortigen Vollziehung separat erst nach Bekanntgabe des Verwaltungsakts erfolgen. Wird sie im Wege der Zustellung bekannt gegeben, sind die Vorschriften des (L)VwZG einzuhalten. **448**

Mit der Bekanntgabe wird die Anordnung der sofortigen Vollziehung wirksam. § 41 Abs. 2 (L)VwVfG gilt allerdings nicht, da die Norm eine Sonderregelung für Verwaltungsakte ist und ihr kein allgemeiner Rechtsgedanke zugrunde liegt, der sich auf andere Willenserklärungen der Verwaltung übertragen ließe. **449**

D. Lösungsvorschlag (gutachtliche Prüfung)

RECHTSGUTACHTEN **450**

I. Rechtsgrundlage

Rechtsgrundlage für die Anordnung der sofortigen Vollziehung der Abrissverfügung vom 17.10. … ist § 80 Abs. 2 S. 1 Nr. 4 VwGO. Danach können Ausgangs- oder Widerspruchsbehörde die sofortige Vollziehung eines Verwaltungsakts anordnen, wenn dies im öffentlichen Interesse oder im überwiegenden Interesse eines Beteiligten ist.

II. Formelle Voraussetzungen

1. Zuständigkeit

Das LRA Ortenaukreis ist nach § 80 Abs. 2 S. 1 Nr. 4 VwGO als die Behörde, die die Abrissverfügung erlassen hat, unproblematisch für die Anordnung deren sofortiger Vollziehung zuständig.

2. Verfahren

Ob vor Erlass der Anordnung der sofortigen Vollziehung der durch den Verwaltungsakt belastete Beteiligte analog § 28 Abs. 1 LVwVfG BW anzuhören ist, ist streitig. Die h. M. lehnt die analoge Anwendung grundsätzlich ab und fordert aus rechtsstaatlichen Gründen nur dann eine Anhörung, wenn vollendete Tatsachen geschaffen werden und eine Anhörung ohne Gefährdung des Vollzugszwecks möglich und zumutbar ist. Hier kann der Streit jedoch dahinstehen, da Frau Schröder bereits vor Erlass der Abrissverfügung zu den für deren Erlass entscheidungserheblichen Tatsachen angehört worden ist. Dies sind dieselben Tatsachen, auf die nun auch die Anordnung der sofortigen Vollziehung gestützt werden soll. Damit ist eine Anhörung bereits erfolgt.

3. Form

Die Anordnung der sofortigen Vollziehung wird zweckmäßigerweise schriftlich erlassen, weil das besondere öffentliche Interesse nach § 80 Abs. 3 S. 1 VwGO schriftlich besonders zu begründen ist. Bei der Begründung ist darauf zu achten, dass die Behörde die Gesichtspunkte aufführt, die sie zu ihrer Abwägungsentscheidung bewogen haben. Nach Ermessen der Verwaltung folgt ein Hinweis auf die Möglichkeit des Antrags auf gerichtliche Wiederherstellung der aufschiebenden Wirkung des Widerspruchs nach § 80 Abs. 5 VwGO.

4. Bekanntgabe

Die Anordnung der sofortigen Vollziehung ist bekannt zu geben. Zweckmäßig erscheint hier die Bekanntgabe im Wege der Zustellung nach §§ 5 Abs. 4, 7 Abs. 1 S. 2 LVwZG BW an den Rechtsanwalt gegen Empfangsbekenntnis mit Wirkung für und gegen Frau Schröder.

III. Materielle Voraussetzungen

1. Vorliegen der Tatbestandsvoraussetzungen

Voraussetzung für die Anordnung der sofortigen Vollziehung ist, dass ein wirksamer, noch nicht bestandskräftiger und nicht von Gesetzes wegen sofort vollziehbarer Verwaltungsakt vorliegt und ein besonderes Interesse an der sofortigen Vollziehung besteht.

a) Die Abrissverfügung (Verwaltungsakt i. S. d. § 35 S. 1 LVwVfG BW) wurde mit Zustellung am 18.10. … wirksam (§ 43 Abs. 1 LVwVfG BW). Sie ist noch nicht bestandskräftig und nicht von Gesetzes wegen nach § 80 Abs. 1 S. 2 Nr. 1, 2, 3 oder 3a VwGO sofort vollziehbar.

b) Ein besonderes Interesse an der Anordnung der sofortigen Vollziehung eines Verwaltungsakts besteht, wenn das öffentliche Interesse bzw. das Interesse eines Beteiligten an der Vollziehung des Verwaltungsakts schon während des laufenden Rechtsbehelfsverfahrens das Interesse des Betroffenen an der aufschiebenden Wirkung seines Rechtsbehelfs überwiegt.

Dass die Abrissverfügung formell oder materiell rechtswidrig sein könnte und damit schon Frau Schröders Interesse an der aufschiebenden Wirkung ihres Widerspruchs überwiegen würde, ist nicht ersichtlich. Im Gegenteil ist die Abrissverfügung wie oben geprüft formell und materiell rechtmäßig, insbesondere ist die Mauer nachweislich nicht standsicher.

Weiter besteht ein öffentliches Interesse daran, dass die Mauer bereits während des laufenden Rechtsbehelfsverfahrens abgerissen wird, um einen Einsturz zu verhindern und um somit Schäden für Leben, Gesundheit oder Eigentum anderer bereits jetzt zu verhindern. Zwar ist die Wahrscheinlichkeit eines zeitnahen Einsturzes nicht sonderlich groß. Angesichts der besonderen Wichtigkeit der bedrohten Rechtsgüter hat Frau Schröders Interesse, vorerst die Abrissverfügung nicht umsetzen zu müssen, jedoch zurückzustehen.

Hinzu kommt noch, dass durch den Abriss keine vollendeten Tatsachen geschaffen werden, weil die Gabionenmauer nicht in ihrer Substanz zerstört wird und die einzelnen Drahtkörbe jederzeit wieder aufgebaut werden können. Aber auch ohne diesen Aspekt besteht an der Anordnung der sofortigen Vollziehung des Abrisses einer nachweislich standunsicheren baulichen Anlage ein überwiegendes öffentliches Interesse.

2. Rechtsfolge

Damit steht die Anordnung der sofortigen Vollziehung im Ermessen des LRA Ortenaukreis. Gesichtspunkte, von der Anordnung der sofortigen Vollziehung abzusehen, sind hier nicht ersichtlich. Die Anordnung der sofortigen Vollziehung ist bestimmt genug, wenn sie auf den Bescheid des Landratsamts vom 17.10., hier Ziffer 1 (Abbruchverfügung), bezogen wird.

E. Entwurf einer Anordnung der sofortigen Vollziehung

I. Vorbemerkung

Die separate Anordnung der sofortigen Vollziehung ähnelt im Aufbau dem Bescheid und besteht wie dieser aus den Bestandteilen: „Briefkopf“, „Tenor = Anordnung der sofortigen Vollziehung“, „Begründung“, „Rechtshinweis (freiwillig)“ und „Grußformel sowie Unterschrift“. Im Tenor sollte erklärt werden, was die Anordnung der sofortigen Vollziehung bedeutet (freiwilli- **451** ger Rechtshinweis). Ansonsten ist der Tenor zwar nicht unbestimmt, für den Laien aber unverständlich. Bei der Begründung ist darauf zu achten, dass die Gesichtspunkte, auf denen die Abwägungsentscheidung beruht (das besondere Interesse) dargestellt werden.

II. Musteranordnung

452 **Landratsamt Ortenaukreis**

Landratsamt Ortenaukreis,
Musterweg 20, 77652 Offenburg

Bearbeiter(in): Max Mustersachbearbeiter
Telefon: 05123/86676433-123
Telefax: 05123/86676433-4123
E-Mail: m.mustersachb@lra-ortenaukreis.de

Gegen Empfangsbekenntnis

Rechtsanwalt Heiner Abelt
Heerweg 3
78123 Willstätt

Offenburg, den 29.10. …

Abriss der Gabionenmauer auf Flurstück 2035 in Willstätt
hier: Anordnung der sofortigen Vollziehung gegenüber Ihrer Mandantin Isabelle Schröder, Musterstraße 25, 78123 Willstätt

Sehr geehrter Herr Abelt,

zunächst bestätigen wir hiermit, dass der Widerspruch Ihrer Mandantin (Ihr Schreiben vom 21.10. …) hier am 22.10. … und damit fristgerecht eingegangen ist. Außerdem übersenden wir wie beantragt die Behördenakten. Wir bitten um Rückgabe der vollständigen Akten innerhalb von zwei Wochen. Für die Aktenübersendung erfolgt ein separater Gebührenbescheid. Bitte lassen Sie uns die Begründung des Widerspruchs bis zum 20.11. … zukommen, sofern Sie eine solche abgeben möchten.

Außerdem geben wir Ihnen hiermit die an Ihre Mandantin gerichtete Anordnung der sofortigen Vollziehung bekannt. Bitte bestätigen Sie den Eingang auf dem beigefügten Empfangsbekenntnis und lassen Sie uns dieses zeitnah zukommen.

Mit freundlichen Grüßen

Max Mustersachbearbeiter

Anlage: Formular „Empfangsbestätigung“ (bitte ausgefüllt zurücksenden) und Anordnung der sofortigen Vollziehung

Absender: 453

An das

Landratsamt Ortenaukreis
Bauamt/Herrn Max Mustermann
Musterweg 20

777652 Offenburg

Empfangsbestätigung

Hiermit bestätige ich den Erhalt des folgenden Schriftstücks:

Anordnung der sofortigen Vollziehung vom 29.10. .../Frau Isabelle Schröder

erhalten am: (bitte ausfüllen)

Ort, Datum: Unterschrift:

Landratsamt Ortenaukreis 454

Landratsamt Ortenaukreis,
Musterweg 20, 77652 Offenburg

Bearbeiter(in): Max Mustersachbearbeiter
Telefon: 05123/86676433-123
Telefax: 05123/86676433-4123
E-Mail: m.mustersachb@lra-ortenaukreis.de

Frau Isabelle Schröder
Musterstraße 25
78123 Willstätt

Offenburg, den 29.10. ...

Abriss der Gabionenmauer auf Flurstück 2035 in Willstätt
hier: Anordnung der sofortigen Vollziehung

Sehr geehrte Frau Schröder,

hiermit erlassen wir folgende Anordnung:

Die sofortige Vollziehung von Ziffer 1 unseres Bescheids vom 17.10. ... wird angeordnet.

Hinweis: Ihr Widerspruch vom 21.10. ... hat damit keine aufschiebende Wirkung. Sie sind bereits jetzt zum Abriss verpflichtet. Kommen Sie der Verpflichtung nicht freiwillig nach, können wir das Vollstreckungsverfahren einleiten.

Der Hinweis bereits im Tenor empfiehlt sich, weil in der Tenorierung Rechtsbegriffe verwendet werden, die nicht jedermann geläufig sind.

Begründung

I. Sachverhalt

Mit Bescheid vom 17.10. … haben wir den Abriss der Gabionenmauer auf Ihrem Grundstück verfügt, nachdem wir Ihnen zunächst Gelegenheit zur Stellungnahme gegeben hatten. Gegen diesen Bescheid haben Sie über Ihren Rechtsanwalt mit Schreiben vom 21.10. … Widerspruch erhoben, der hier am 22.10. … einging.

II. Rechtliche Würdigung

Rechtsgrundlage für die Anordnung der sofortigen Vollziehung ist § 80 Abs. 2 S. 1 Nr. 4 Verwaltungsgerichtsordnung (VwGO). Danach können wir als Behörde, die die Abrissverfügung erlassen hat, die sofortige Vollziehung anordnen, wenn ein besonderes Interesse an der Anordnung der sofortigen Vollziehung der Abrissverfügung besteht.

> § 80 Abs. 3 VwGO schreibt diesen Teil der Begründung zwingend vor.

Hier besteht ein besonderes Interesse an der sofortigen Vollziehung, weil das öffentliche Interesse am sofortigen Abriss der Gabionenmauer schon während des laufenden Widerspruchsverfahrens Ihr Interesse am Aufschub der Vollziehung überwiegt.

Unsere Abrissverfügung ist formell und materiell rechtmäßig, insbesondere ist die Mauer nachweislich standunsicher. Die Gefahren, die von der nachweislich nicht standsicheren Mauer für andere ausgehen (Leben, Gesundheit und Eigentum) müssen schon jetzt wirksam bekämpft werden, das Ende des Widerspruchsverfahrens bzw. eines etwaigen Klageverfahrens kann nicht abgewartet werden. Zwar besteht keine akute Einsturzgefahr. Wegen der Wichtigkeit der bedrohten Rechtsgüter ist allerdings Eile geboten. Hinzu kommt, dass durch den Abriss keine vollendeten Tatsachen geschaffen werden. Es handelt sich bei der Gabionenmauer um eine Fertigmauer. Die einzelnen Drahtkörbe werden nicht in ihrer Substanz beeinträchtigt und können jederzeit wieder aufgebaut werden.
Das uns eingeräumte Ermessen haben wir ermessensfehlerfrei ausgeübt.

Rechtshinweis

Sie können beim Verwaltungsgericht Freiburg einen Antrag auf Wiederherstellung der aufschiebenden Wirkung Ihres Widerspruchs vom 21.10. … gegen die Abrissverfügung vom 17.10. … stellen.

Mit freundlichen Grüßen
Max Mustersachbearbeiter

F. Übungen und Vertiefungshinweise

I. Übungen

1) Raserfall: Die Straßenverkehrsbehörde hat auf der Landstraße Tempo 70 angeordnet und das Schild von der zuständigen Straßenbaubehörde aufstellen lassen. Hiergegen hat Raser R Widerspruch erhoben. Er behauptet, dass sein Widerspruch aufschiebende Wirkung hat und er somit vorerst 100 km/h fahren darf, wie auf Landstraßen allgemein zulässig. Die Polizei meint, gegen das Schild kann er gar nicht Widerspruch erheben. Wer hat Recht? **455**

2) Versammlungsfall: Die zuständige Behörde will eine Versammlung nach § 15 Abs. 1 VersG Bund für den kommenden Samstag verbieten. Sollte die sofortige Vollziehung angeordnet werden?

3) Vorgartenmauer: Bauherr B hat im Vorgarten eine Steinmauer errichtet, um zu verhindern, dass ständig Hunde über sein Grundstück laufen und hier ihre Notdurft verrichten. Nach den örtlichen Bauvorschriften im Bebauungsplan ist eine Einfriedung des Vorgartens nur mit Hecken zulässig. Die Behörde hat den Abriss der Steinmauer verfügt. Bauherr B erhebt Widerspruch und beruft sich auf die Nichtigkeit des gesamten Bebauungsplans. Die Behörde überlegt, ob sie die sofortige Vollziehung anordnen soll. Nachahmer sind nicht zu befürchten.

4) Gebührenfall: Hat der Widerspruch, den Herr Abelt im Namen von Frau Schröder erhoben hat, auch hinsichtlich Ziffer 2 des Bescheids (siehe Rn. 391: Aufforderung, die Gebühr von 146 € zu zahlen) aufschiebende Wirkung?

Zu 1) Raserfall: Zwar ist das Tempo 70-Schild ein Verwaltungsakt im Sinne einer Allgemeinverfügung nach § 35 S. 2, 3. Var. LVwVfG und so der Widerspruch zulässig. Der Widerspruch hat gemäß § 80 Abs. 2 S. 1 Nr. 2 VwGO analog aber keine aufschiebende Wirkung. Es handelt sich beim Verkehrszeichen zwar nicht um eine unaufschiebbare Maßnahme des Polizeivollzugsdienstes. § 80 Abs. 2 S. 1 Nr. 2 VwGO gilt aber analog, denn es besteht kein Unterschied, ob der Verkehr durch Handzeichen eines Polizisten oder durch Verkehrszeichen geregelt wird. Raser R darf also 70 km/h trotz Widerspruchs nicht überschreiten. **456**

Zu 2) Versammlungsfall: Wenn der Veranstalter gegen das Versammlungsverbot Widerspruch erheben würde, hätte dieser Widerspruch aufschiebende Wirkung, § 80 Abs. 1 S. 1 VwGO. Die Versammlung am kommenden Samstag könnte zunächst nicht verhindert werden. Darum sollte bereits mit dem Versammlungsverbot die sofortige Vollziehung nach § 80 Abs. 2 S. 1 Nr. 4 VwGO angeordnet werden. Das öffentliche Interesse für die sofortige Vollziehung überwiegt bereits dann, wenn das Versammlungsverbot nach § 15 Abs. 1 VersG ermessensfehlerfrei erlassen werden kann. **457**

458 **Zu 3) Vorgartenmauer:** Das öffentliche Interesse an der sofortigen Vollziehung müsste das Interesse des Bauherrn am Aufschub der Vollziehung überwiegen, § 80 Abs. 2 S. 1 Nr. 4 VwGO. Hier hat die Behörde ein Interesse daran, dass rechtmäßige Zustände hergestellt werden. Ein Interesse darüber hinaus ist nicht erkennbar. Auf der anderen Seite hat der Bauherr ein Interesse daran, dass sein Widerspruch aufschiebende Wirkung hat. Der Abriss der Steinmauer bedeutet einen Substanzverlust. So wie ursprünglich kann die Mauer nicht wiederaufgebaut werden. Nachahmer sind während des laufenden Rechtsbehelfsverfahrens nicht zu befürchten. Es ist auch nicht zu erkennen, dass Bauherr B rechtsmissbräuchlich Widerspruch erhoben hat. Damit überwiegt das öffentliche Interesse an der sofortigen Vollziehung nicht. Die Anordnung der sofortigen Vollziehung nach § 80 Abs. 2 S. 1 Nr. 4 VwGO wäre rechtswidrig.

459 **Zu 4) Gebührenfall:** Der Widerspruch von Herrn Abelt im Namen von Frau Schröder bezieht sich hier nicht ausdrücklich nur auf die Abrissverfügung, sondern richtet sich zugleich gegen die Gebührenentscheidung (§ 24 S. 2 LGebG BW). Grundsätzlich entfällt die aufschiebende Wirkung gemäß § 80 Abs. 2 S. 1 Nr. 1 VwGO bei Widersprüchen gegen Abgaben- und Kostenbescheide. Unter Kosten versteht man Gebühren und Auslagen, die für die Durchführung eines Verwaltungsverfahrens auferlegt werden. Dies trifft grundsätzlich auch auf die Gebühr über 146 € zu, sie wird für die Durchführung des Abrissverfahrens auferlegt. Allerdings ist die Gebührenentscheidung akzessorisch, denn mit Aufhebung der Abrissverfügung würde auch sie unwirksam. Daher ist umstritten, ob dem Widerspruch insofern aufschiebende Wirkung zukommt. Nach der mittlerweile h.M. soll § 80 Abs. 2 S. 1 Nr. 1 VwGO auch die mit einer Sachentscheidung verbundene unselbstständige Kostenanforderung erfassen.[294] Nach dieser Auffassung wäre die Gebührenentscheidung über 146 € bereits mit ihrer Bekanntgabe sofort vollziehbar. Gegen diese Auffassung sprechen jedoch die Akzessorietät der Gebührenentscheidung und der Gesetzeszweck von § 80 Abs. 1 VwGO: Denn solange der Widerspruch gegen die Hauptentscheidung (hier Abrissverfügung) aufschiebende Wirkung hat, muss der Betroffene nach § 80 Abs. 1 VwGO vor allen negativen Folgen verschont bleiben, die von der Verwaltungsbehörde aus der Hauptentscheidung abgeleitet werden können, und somit auch vor der Gebührenzahlung. Folgt man dieser zweiten Auffassung, hat der Widerspruch von Frau Schröder sowohl in Bezug auf die Abrissverfügung als auch in Bezug auf die Gebührenfestsetzung zunächst auf-

---

294 Meinungsstreit und Nachweise ausführlich dargestellt in Schoch/Schneider/*Schoch*, VwGO § 80 Rn. 139–143.

schiebende Wirkung. Da das Landratsamt nunmehr aber nach Eingang des Widerspruchs die sofortige Vollziehung der Hauptentscheidung (Abrissverfügung) angeordnet hat, greift ab diesem Zeitpunkt § 80 Abs. 2 S. 1 Nr. 1 VwGO: nunmehr ist auch die Gebührenentscheidung sofort vollziehbar.

II. Vertiefungshinweise

1. Weitere Bedingungen für den Eintritt des Suspensiveffekts

Streitig ist, ob die aufschiebende Wirkung eines Rechtsbehelfs auch eintritt, **460** wenn dieser unzulässig ist. Nach richtiger Rechtsauffassung ist zwischen den einzelnen Zulässigkeitsvoraussetzungen zu differenzieren: So entfällt die aufschiebende Wirkung, wenn der Verwaltungsrechtsweg nicht eröffnet ist, gar kein Verwaltungsakt vorliegt, keine Klage- bzw. Widerspruchsbefugnis gegeben ist, der Verwaltungsakt durch Ablauf der Rechtsbehelfsfristen bereits formell bestandskräftig geworden ist oder das Fehlen einer sonstigen Zulässigkeitsvoraussetzung offensichtlich ist.[295]

2. Detailprobleme zu § 80 Abs. 2 S. 1 Nr. 1 bis 3a und S. 2 VwGO

Die Fälle von § 80 Abs. 2 S. 1 Nr. 3 VwGO lernen Sie erst kennen, wenn Sie **461** ins besondere Verwaltungsrecht einsteigen. Überprüfen Sie deshalb bei jedem Spezialgesetz, das Sie neu kennenlernen, ob angeordnete Maßnahmen hiernach per Gesetz sofort vollziehbar sind.

3. Die Anordnung der sofortigen Vollziehung auf Antrag eines Bürgers

In § 80 Abs. 2 S. 1 Nr. 4 VwGO wird die Anordnung der sofortigen Vollzie- **462** hung allein in die Entscheidungskompetenz der Behörde gestellt. § 80a VwGO räumt dem Einzelnen daneben ein Recht auf Beantragung der Anordnung der aufschiebenden Wirkung ein. Erlässt die Behörde einen belastenden Verwaltungsakt, der einen Dritten begünstigt, kann dieser Dritte unter den Voraussetzungen von § 80a Abs. 2 VwGO die Anordnung der sofortigen Vollziehung beantragen. Im umgekehrten Fall, also wenn die Behörde einen begünstigenden Verwaltungsakt erlassen hat, der den Dritten belastet und dieser deswegen gegen den begünstigenden Verwaltungsakt Widerspruch erhebt, kann der Begünstigte unter den Voraussetzungen von § 80a Abs. 1 Nr. 1 VwGO die Anordnung der sofortigen Vollziehung beantragen. Dann kommt dem Widerspruch des Dritten keine aufschiebende Wirkung zu. Diese Problematik sollten Sie vertiefen, sobald Sie den 6. Teil dieses Buchs bearbeitet haben.

---

295 Wie hier: *Schenke*, Verwaltungsprozessrecht, Rn. 1029 ff.

4. Die Aussetzung der Vollziehung, §§ 80 Abs. 4, 80a Abs. 1 Nr. 2 VwGO

463 Die Behörde kann auch die Aussetzung der sofortigen Vollziehung verfügen. Dies sollten Sie vertiefen, wenn Sie den 6. Teil dieses Buchs bearbeitet haben.

5. Europarechtskonforme Auslegung von § 80 Abs. 2 S. 1 Nr. 4 VwGO

464 Schließlich ist hier sogar das Unionsrecht zu beachten. Aufgrund des Effektivitätsgrundsatzes nach Art. 4 Abs. 3 EUV (effet utile) überwiegt das öffentliche Interesse bei der Rückforderung von europarechtswidrigen Beihilfen immer das private Interesse an der aufschiebenden Wirkung. Die Behörde ist durch den effet utile außerdem in ihrer Entscheidung gebunden und muss die Beihilfe unter Anordnung der sofortigen Vollziehung zurückfordern.[296] Das vertiefen wir in Teil 5 (Rücknahme und Widerruf unionsrechtswidriger Verwaltungsakte).

3. Kapitel: Die Vollstreckung befehlender Verwaltungsakte

A. Ausgangsfall, Lernziele/-inhalte und Grundlagen

I. Ausgangsfall

465 **Landratsamt Ortenaukreis**

Akte: Flurstück 2035 (Musterstraße 25), 78123 Willstätt/Frau Schröder

Aktennotiz vom 05.11. ...

Die Mauer steht noch immer. Nach Rücksprache mit der Amtsleitung soll die Abrissverfügung zwangsweise vor Wintereinbruch durchgesetzt werden. Das günstigste von 3 eingeholten Pauschalangeboten liegt bei 900 € (Firma Müller Gartenbau GmbH). Alle angefragten Gartenbauer stehen auch kurzfristig zur Verfügung.

Max Mustersachbearbeiter

■ **Aufgabe 1:** Prüfen Sie, ob und welches Zwangsmittel nun rechtmäßig angedroht werden kann. Gehen Sie davon aus, dass die Anordnung der sofortigen Vollziehung (Rn. 452) dem Rechtsanwalt gemäß § 5 Abs. 4 LVwVG BW nach der von diesem unterzeichneten Empfangsbestätigung am 31.10.2024 bekannt gegeben wurde.

---

296 EuGH, Urteil vom 05.10.2006 – C 232/05 –.

■ **Aufgabe 2:** Entwerfen Sie die entsprechende Anordnung.

II. Lernziele/-inhalte und Überblick über dieses Kapitel

In diesem Kapitel geht es um die **rechtmäßige zwangsweise Durchsetzung von Verwaltungsakten** durch die Verwaltung (Verwaltungsvollstreckung).[297] 466
Lerninhalte sind:
- ☑ Überblick über das Vollstreckungsrecht
- ☑ Befehlende Verwaltungsakte als Vollstreckungstitel
- ☑ Verfahrensschritte und Unterschiede bei der Vollstreckung von Geldforderungen und sonstigen befehlenden Verwaltungsakten
- ☑ Rechtmäßigkeitsvoraussetzungen für die Vollstreckung von Geldforderungen und sonstiger befehlender Verwaltungsakte
- ☑ Entwurf praktischer Entscheidungen (insbes. Androhung von Zwangsmitteln, Kostenbescheide, Pfändungs- und Einziehungsverfügung)

Unterkapitel A. gibt einen kurzen Überblick über die Grundlagen des Vollstreckungsrechts. Unter B. finden Sie Prüfungsschemata zur Prüfung der Rechtmäßigkeitsvoraussetzungen der einzelnen Vollstreckungsmaßnahmen. In C. geht es um die gutachtliche Prüfung der Rechtmäßigkeit der Androhung von Zwangsmitteln. Einen Lösungsvorschlag zu Aufgabe 1 des Ausgangsfalls finden Sie unter D. Das Unterkapitel E. führt in den Entwurf der Androhung von Zwangsmitteln ein, hier finden Sie auch den Lösungsvorschlag zu Aufgabe 2 des Ausgangsfalls. Die Unterkapitel F. und G. setzen den Ausgangsfall weiter fort (Abbau der Mauer durch das LRA im Wege der Ersatzvornahme) und geben einen Überblick über Kostenbescheide sowie Pfändungs- und Einziehungsverfügungen.

III. Grundlagen

Im **Privatrecht** braucht der Gläubiger die Hilfe der Organe der Rechtspflege. 467
Er verklagt z.B. den Schuldner vor Gericht, damit jener zur geschuldeten Leistung verurteilt wird. Das vollstreckungsfähige und vollstreckbare Urteil kann der Gläubiger durch Organe der Rechtspflege vollstrecken lassen.

---

297 Wie die Verwaltung öffentlich-rechtliche Pflichten ohne Verwaltungsakt anstelle und auf Kosten des Pflichtigen gleich selbst ausführt, sehen Sie im 5. Kapitel zur „unmittelbaren Ausführung“, hier auch zum in Baden-Württemberg nicht vorgesehenen „sofortigen Vollzug“. Das Verwaltungsvollstreckungsverfahren findet im Falle des § 61 (L)VwVfG auch beim öffentlich-rechtlichen Vertrag Anwendung und in manchen Bundesländern sogar bei manchen privaten Geldforderungen (§ 66 Hess VwVG, § 71 RhPfl VwVG).

Geldforderungen werden nach §§ 803 ff. ZPO, sonstige Forderungen nach §§ 883 ff. ZPO vollstreckt.

468 Im **Verwaltungsrecht** schafft sich die Verwaltung durch den Erlass des befehlenden Verwaltungsakts den vollstreckungsfähigen Titel selbst. Diesen Grundverwaltungsakt vollstreckt die Behörde auch selbst. Das Verwaltungsverfahren, das dabei zu beachten ist, ist zum Teil spezialgesetzlich geregelt (z. B. §§ 58a ff. Aufenthaltsgesetz, § 64 Abs. 2 LBO BW, §§ 63 ff. PolG BW). Ansonsten greifen die Behörden des Landes Baden-Württemberg auf das Landesverwaltungsvollstreckungsgesetz Baden-Württemberg (LVwVG) zurück.[298]

469 Wie bei der Zwangsvollstreckung von privatrechtlichen Forderungen ist auch bei der Vollstreckung von Verwaltungsakten zwischen der Vollstreckung von **Geldleistungspflichten** (§§ 13 ff. LVwVG)[299] und **sonstigen Handlungs-, Duldungs- oder Unterlassenspflichten** (§§ 18 ff. LVwVG)[300] zu **unterscheiden**.

■ **Beispiele:** In Ziffer 1 des Tenors des Bescheids aus dem 1. Kapitel wurde Frau Schröder verpflichtet, die Gabionenmauer abzubauen (sonstige Handlungspflicht). In Ziffer 2 des Tenors wurde sie zur Zahlung einer Gebühr von 146 € verpflichtet (Geldleistungspflicht). Diese beiden Verwaltungsakte werden unterschiedlich vollstreckt.

---

298 Bundesbehörden: VwVG, UZwG (unmittelbarer Zwang durch Bundesbeamte), UZwGBw (unmittelbarer Zwang durch Soldaten); Landesbehörden der anderen Bundesländer: Bay-Verwaltungszustellungs- und Vollstreckungsgesetz; § 8 BlnVwVfG i. V. m. VwVG; VwVG Bbg; Bremisches Verwaltungsvollstreckungsgesetz und Bremisches Gesetz über die Vollstreckung von Geldforderungen im Verwaltungsrechtswege; VwVG Hamburg; VwVG Hessen; Verwaltungsverfahrens-, Zustellungs- und Vollstreckungsgesetz des Landes Mecklenburg-Vorpommern; VwVG Niedersachsen; VwVG NRW; VwVG Rheinland-Pfalz; VwVG Saarland; VwVG Sachsen; VwVG Sachsen-Anhalt; Allgemeines Verwaltungsgesetz für das Land Schleswig-Holstein; Thüringer Verwaltungszustellungs- und Vollstreckungsgesetz.

299 Vgl. für den Bund: §§ 1 ff. VwVG.

300 Vgl. für den Bund: §§ 6 ff. VwVG.

Die Vollstreckung von sonstigen befehlenden Verwaltungsakten (siehe Schemata bei B I) 470

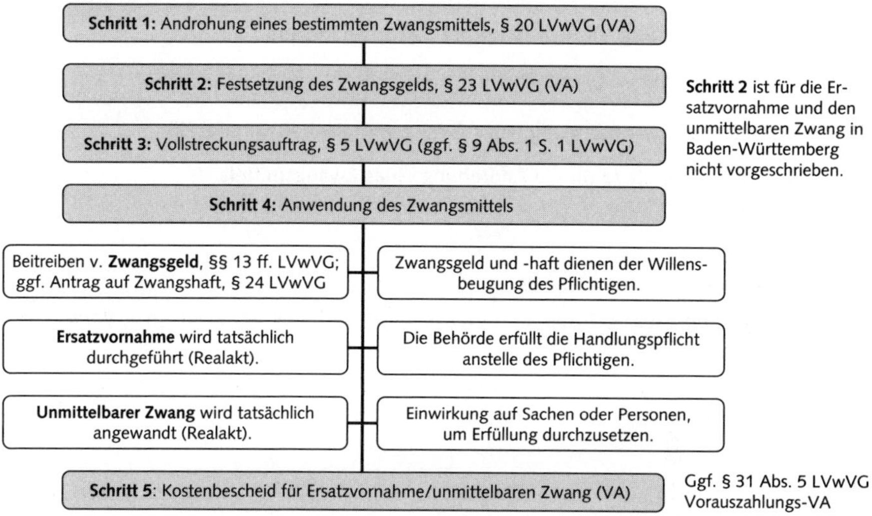

Die Vollstreckung von Verwaltungsakten, die zu einer Geldleistung verpflichten (siehe B II) 471

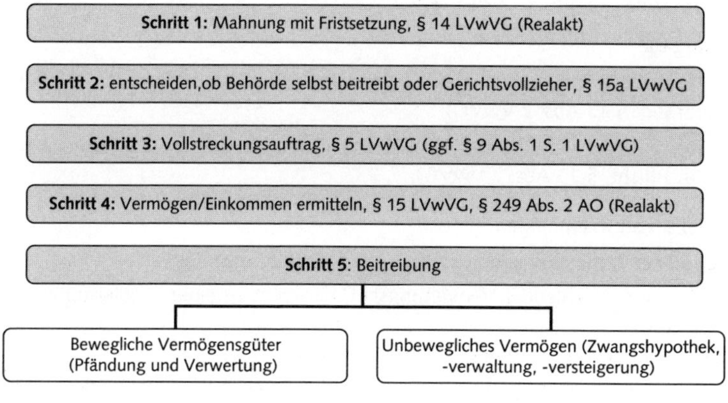

B. Prüfungsschemata

I. Vollstreckung sonstiger befehlender Verwaltungsakte

1. Die Androhung eines bestimmten Zwangsmittels

Beachte: Es sind im Gutachten nicht stets alle Prüfungspunkte anzusprechen!

472 **Rechtsnatur der Androhung eines Zwangsmittels: Verwaltungsakt**

I. Rechtsgrundlage für die Androhung eines Zwangsmittels
Landesbehörden BW: § 20 Abs. 1 LVwVG BW (Bundesbehörden: § 13 Abs. 1 VwVG)

II. Formelle Voraussetzungen

1. Zuständigkeit: § 4 Abs. 1 LVwVG BW (Bundesbehörden: siehe §§ 7, 8 VwVG)

2. Verfahren
normal nach (L)VwVfG, Ausnahme: Verzicht auf Anhörung, § 28 Abs. 2 Nr. 5 (L)VwVfG

3. Form
- a) Schriftformzwang, § 20 Abs. 1 S. 1 LVwVG BW (Bund: § 13 Abs. 1 S. 1 VwVG)
- b) Besonderheiten der Schriftform nach § 37 Abs. 3 u. 5 (L)VwVfG
- c) Begründung der Androhung nach § 39 Abs. 1 (L)VwVfG
- d) Rechtsbehelfsbelehrung nach § 37 Abs. 6 (L)VwVfG
- e) Hinweis auf die voraussichtlichen Kosten der Ersatzvornahme, § 20 Abs. 5 LVwVG BW (Bund: § 13 Abs. 4 S. 1 VwVG)

4. Bekanntgabe

zusammen mit Grundverwaltungsakt oder separat: § 20 Abs. 2 LVwVG BW (Bundesbehörden: § 13 Abs. 2 VwVG)

§ 41 Abs. 1 (L)VwVfG BW; ggf. LVwZG BW (Bundesbehörden: Zustellung nach VwZG ist Pflicht, § 13 Abs. 7 VwVG)

III. Materielle Voraussetzungen

1. Vorliegen der Tatbestandsvoraussetzungen für die Androhung
- a) wirksamer, befehlender Verwaltungsakt, der nicht zu einer Geldleistung verpflichtet
  §§ 1, 18 LVwVG BW (Bund: § 6 Abs. 1 VwVG)
- b) VA ist bestandskräftig o. bereits vollziehbar nach § 80 Abs. 2 oder § 80b Abs. 1 VwGO
  § 2 LVwVG BW (Bund: § 6 Abs. 1 VwVG)

c) kein Vollstreckungshindernis, § 11 LVwVG BW (Bund: § 15 Abs. 3 VwVG) (Zweck der Vollstreckung ist noch nicht erreicht, kann durch Vollstreckungsmittel erreicht werden)

2. Setzen einer rechtmäßigen Rechtsfolge

a) Regelungsadressat
(grds. Regelungsadressat des GrundVAs, Ausnahme § 3 LVwVG BW)

b) Ermessen
aa) Entschließungsermessen („ob der Vollstreckung"): § 2 LVwVG BW (Bund: § 6 Abs. 1 VwVG)
bb) Auswahlermessen (Zwangsmittel, Reihenfolge, Frist): §§ 19, 20, 23 ff. LVwVG (Bund: §§ 9 ff. VwVG)

c) Bestimmtheit
Zwangsmittel § 20 Abs. 3 S. 1 u. 2, Abs. 4 LVwVG BW; Frist § 37 Abs. 1 LVwVfG BW; (Bund: § 13 VwVG, § 37 Abs. 1 VwVfG)

2. Die Festsetzung von Zwangsmitteln (in BW: nur bei Zwangsgeld erforderlich)

Beachte: Es sind im Gutachten nicht stets alle Prüfungspunkte anzusprechen!

Rechtsnatur der Festsetzung eines Zwangsmittels: Verwaltungsakt 473

I. Rechtsgrundlage
§ 23 LVwVG (in BW: nur bei Zwangsgeld vorgeschrieben); Bund: § 14 VwVG (für alle Zwangsmittel vorgeschrieben)

II. Formelle Voraussetzungen für die Festsetzung

1. Zuständigkeit: wie oben bei der Androhung

2. Verfahren: wie oben bei der Androhung: (L)VwVfG; keine Anhörung, § 28 Abs. 2 Nr. 5 LVwVfG

3. Form
BW: Schriftformzwang, § 23 LVwVG (im Übrigen wie oben die Androhung)
Bund: § 14 VwVG schreibt nicht die Schriftform vor

4. Bekanntgabe
§ 41 Abs. 1 (L)VwVfG; ggf. (L)VwZG

III. Materielle Voraussetzungen für die Festsetzung

1. Vorliegen der Tatbestandsvoraussetzungen der Rechtsgrundlage

a) wirksamer, befehlender Verwaltungsakt, der nicht zu einer Geldleistung verpflichtet (wie oben bei Androhung)

b) VA ist bestandskräftig o. bereits vollziehbar nach § 80 Abs. 2 oder § 80b Abs. 1 VwGO (wie oben bei Androhung)

c) Zwangsgeld (bzw. Bund: Zwangsmittel) wurde zuvor wirksam angedroht (§ 20 LVwVG BW; Bund: § 13 VwVG)

d) Ablauf der angedrohten Frist

e) kein Vollstreckungshindernis: insbesondere keine Erfüllung der Verpflichtung durch den Betroffenen bis zum Zeitpunkt des Erlasses des Festsetzungsbescheids, § 11 LVwVG BW (Bund: § 15 Abs. 3 VwVG)

2. Setzen einer rechtmäßigen Rechtsfolge

a) Regelungsadressat

b) Ermessen
Entschließungsermessen: wie oben (§ 2 LVwVG BW; Bund: § 6 Abs. 1 VwVG)
kein Auswahlermessen: es kann nur das angedrohte Zwangsgeld (Bund: Zwangsmittel) festgesetzt werden

c) Bestimmtheit, § 37 Abs. 1 (L)VwVfG

Hinweis: Das Zwangsgeld kann nur im Wege der Beitreibung durchgesetzt werden, wenn es zuvor festgesetzt wurde, denn die Androhung ist noch kein Leistungsbescheid. Anders ist die Rechtslage z.B. in Bayern, vgl. Art. 31 Abs. 3 S. 2 BayVwZVG.

3. Die Durchführung der Ersatzvornahme bzw. des unmittelbaren Zwangs

Beachte: Es sind im Gutachten nicht stets alle Prüfungspunkte anzusprechen!

474 **Rechtsnatur der Durchführung der Ersatzvornahme bzw. des unmittelbaren Zwangs: Realakt (h. M.)**

I. Rechtsgrundlage

1. Spezialgesetz

2. (L)VwVG

a) Ersatzvornahme: § 25 LVwVG BW (Bund: § 10 VwVG)

b) unmittelbarer Zwang: § 26 LVwVG BW ggf. i.V.m. § 27 oder § 28 LVwVG BW (Bund: § 12 VwVG)

II. Formelle Voraussetzungen für die Anwendung des Zwangsmittels

1. Zuständigkeit
BW: § 4 Abs. 1 LVwVG BW/Amtshilfe durch Polizeivollzugsdienst (§ 105 Abs. 5 PolG BW)
Bund: §§ 7, 8 VwVG

2. Verfahren
BW: §§ 5 bis 9 LVwVG; allgemeine Verfahrensgrundsätze
Bund: § 15 VwVG; allgemeine Verfahrensgrundsätze

3. Form
BW: Nachträgliche Niederschrift nach § 10 Abs. 1 und 2 LVwVG BW (keine Rechtmäßigkeitsvoraussetzung)

4. Benachrichtigung
BW: Übersendung der Niederschrift nach § 10 Abs. 3 LVwVG (keine Rechtmäßigkeitsvoraussetzung)

III. Materielle Voraussetzungen für die Anwendung

1. wirksamer, befehlender Verwaltungsakt, der nicht zu einer Geldleistung verpflichtet (wie oben bei Androhung)
2. VA ist bestandskräftig o. bereits vollziehbar nach § 80 Abs. 2 oder § 80b Abs. 1 VwGO (wie oben bei Androhung)
3. Zwangsmittel wurde zuvor wirksam angedroht (§ 20 LVwVG BW; Bund: § 13 VwVG) und Ablauf der angedrohten Frist oder: Entbehrlichkeit der Androhung nach § 21 LVwVG BW (Bund: § 13 Abs. 1 S. 1 VwVG i. V. m. § 6 Abs. 2 VwVG)
4. Bund: Festsetzung des Zwangsmittels nach § 14 VwVG (BW: keine Festsetzung erforderlich)
5. kein Vollstreckungshindernis: insbesondere keine Erfüllung der Verpflichtung durch den Betroffenen (§ 11 LVwVG BW; Bund: § 15 Abs. 3 VwVG)
6. Vorliegen der speziellen Voraussetzungen des Zwangsmittels
7. kein Verstoß gegen sonstiges Recht (insbes. Verhältnismäßigkeit nach § 19 Abs. 2 und 3 LVwVG)

4. Die Beantragung von Zwangshaft

Beachte: Es sind im Gutachten nicht stets alle Prüfungspunkte anzusprechen!

Rechtsnatur: kein VA mangels Regelungswirkung (streitig)[301] **475**

I. Rechtsgrundlage für die Beantragung von Zwangshaft
§ 24 Abs. 1 S. 1 LVwVG BW (Bund: § 16 Abs. 1 S. 1 VwVG)

II. Formelle Voraussetzungen (Ordnungsgemäßer Antrag beim Verwaltungsgericht)

1. Zuständigkeit für den Antrag: die Vollstreckungsbehörde, § 4 Abs. 1 LVwVG BW (Bund: §§ 7, 8 VwVG)

2. Form
Ordnungsgemäßer Antrag nach Maßgabe der VwGO an das Verwaltungsgericht

---

301 Musterfall zur Vertiefung: *Weber*, KommJur 2006 Heft 9, 331; zur Rechtsnatur: Kopp/Ramsauer/*Ramsauer*, VwVfG, § 35 Rn. 113.

III. Materielle Voraussetzungen für die Beantragung der Zwangshaft

1. Vorliegen der Tatbestandsvoraussetzungen von § 24 Abs. 1 S. 1 LVwVG (Bund: § 16 Abs. 1 S. 1 VwVG)

a) In der Androhung des Zwangsgelds wurde auf die Zulässigkeit der Zwangshaft hingewiesen

b) Das Zwangsgeld ist rechtmäßig festgesetzt worden

c) Das Zwangsgeld ist uneinbringlich
aa) Beitreibungsversuch hat nicht zum Erfolg geführt
bb) oder: Zahlungsunfähigkeit des Pflichtigen ist offenkundig

d) Derjenige, dessen Zwangshaft beantragt wird, ist Pflichtiger

2. Vereinbarkeit des Inhalts des Antrags mit dem sonstigen Recht
insbes. Verhältnismäßigkeit (ggf. Verschulden berücksichtigen/erst unmittelbaren Zwang versuchen)

5. Kostenbescheid für die Ersatzvornahme bzw. den unmittelbaren Zwang

Beachte: Es sind im Gutachten nicht stets alle Prüfungspunkte anzusprechen!

476 **Rechtsnatur des Kostenbescheids: Verwaltungsakt**

I. Rechtsgrundlage (hier nur Bad.-Württ.)

1. für Kosten der Ersatzvornahme:

a) durch Dritte:
- Auslagen, die an Dritten zu zahlen sind: §§ 25, 31 Abs. 1 u. 4 LVwVG i. V. m. § 8 Abs. 1 Nr. 8 LVwVGKO BW
- (ggf. noch weitere Auslagen nach § 8 LVwVGKO BW)
- Gebühr: §§ 25, 31 Abs. 1 u. 4 LVwVG i. V. m. § 6 Abs. 3 LVwVGKO BW

b) durch die Behörde selbst:
- Gebühr: §§ 25, 31 Abs. 1 u. 4 LVwVG i. V. m. § 6 Abs. 1, 2 LVwVGKO BW
- Sonstige Auslagen: § 8 LVwVGKO BW

2. für Kosten des unmittelbaren Zwangs:
- Gebühr: § 31 Abs. 1 u. 4 LVwVG, § 7 LVwVGKO BW
- Auslagen: § 31 Abs. 1 u. 4 LVwVG, § 8 LVwVGKO BW

II. Formelle Voraussetzungen (hier nur Bad.-Württ.)

1. Zuständigkeit, § 4 Abs. 1 LVwVG

2. Verfahren
normales Verfahren nach LVwVfG; insbesondere ist die Anhörung erforderlich nach § 28 Abs. 1 LVwVfG, Kostenbescheid ist kein Fall von § 28 Abs. 2 Nr. 5 LVwVfG

3. Form
normale Rechtsbehelfsbelehrung: Widerspruch hat aufschiebende Wirkung, Kostenbescheid ist kein Fall von § 80 Abs. 2 S. 1 Nr. 1 oder Nr. 3 VwGO i. V. m. § 12 LVwVG!

4. Bekanntgabe

III. Materielle Voraussetzungen

1. Vorliegen der Tatbestandsvoraussetzungen der Rechtsgrundlage

a) Amtshandlung nach den LVwVG, § 31 Abs. 1 LVwVG
  aa) Ersatzvornahme (§ 25 LVwVG) bzw. unmittelbarer Zwang (§ 26 LVwVG) wurde durchgeführt
  bb) Ersatzvornahme bzw. unmittelbarer Zwang war rechtmäßig (Prüfungsschema Rechtmäßigkeit hier einbauen)

b) Kosten sind entstanden, jeweiliger § in der LVwVGKO BW

2. Setzen einer rechtmäßigen Rechtsfolge

a) Regelungsadressat = § 31 Abs. 2 LVwVG Kostenschuldner = i. d. R. Adressat des Grundverwaltungsakts

b) Ermessen oder gebundene Entscheidung (streitig)

c) Bestimmtheit, § 37 Abs. 1 LVwVfG

II. Vollstreckung von Verwaltungsakten, die zur Geldleistung verpflichten

Von der Darstellung der Prüfungsschemata für die Schritte 1 bis 4 (z.B. Rechtmäßigkeit der Mahnung) wird abgesehen. Als Prüfungsschema für Schritt 5 stellen wir die Pfändungs- und Einziehungsverfügung dar. Vorab erfolgt zum besseren Verständnis eine Übersicht über die verschiedenen Beitreibungsakte. **477**

Wichtige Beispiele für die Beitreibung:

Bargeld: Der Vollstreckungsbeamte nimmt dem Betroffenen das Bargeld weg. Durch die Wegnahme erfolgen Pfändung (§ 15 Abs. 1 LVwVG, § 286 Abs. 1 AO) und Verwertung (§ 15 Abs. 1 LVwVG, § 296 Abs. 2 AO) in einem Akt (Verwaltungsakt).

Schmuck: Schmuck wird weggenommen (§ 15 Abs. 1 LVwVG, § 286 Abs. 1 AO) und durch Versteigerung verwertet (§ 15 Abs. 1 LVwVG, § 296 Abs. 1 AO). Die Wegnahme (Pfändung) und die Versteigerungsanordnung sind Verwaltungsakte.

Möbel: Wenn der Gerichtsvollzieher sie nicht mitnehmen kann, erfolgt die Pfändung durch Anbringung eines Pfandsiegels (§ 15 Abs. 1 LVwVG, § 286 Abs. 2 AO), die Verwertung durch Versteigerung (§ 15 Abs. 1 LVwVG, § 296 Abs. 1 AO). Pfändung und Versteigerungsanordnung sind Verwaltungsakte.

Geldforderung des Pflichtigen gegen Dritte: Hierunter fällt z. B. die Lohnforderung, die der Betroffene gegen seinen Arbeitgeber (Drittschuldner) hat, oder das Guthaben des Betroffenen auf einem Bankkonto (Bank ist Drittschuldnerin): Die Behörde erlässt eine Pfändungsverfügung nach § 15 Abs. 1 LVwVG, § 309 Abs. 1 und 2 AO und eine Einziehungsverfügung nach § 314 AO. Beide Verfügungen sind gegenüber dem Regelungsadressaten des Grundverwaltungsakts Verwaltungsakte, die allerdings ausnahmsweise schon mit Bekanntgabe an den Drittschuldner wirksam werden. Das Verhältnis zwischen Behörde und Drittschuldner ist privatrechtlicher Natur.

Grundstück mit Haus (unbewegliche Sache): Die Verwaltungsbehörde kann nach § 15 Abs. 1 LVwVG, § 322 Abs. 3 AO beim zuständigen Grundbuchamt einen Antrag auf Eintragung einer Sicherungshypothek (Zwangshypothek) stellen.[302] Der Eintrag dient lediglich der Absicherung, aber noch nicht der Befriedigung der Geldforderung. Nur ausnahmsweise kann die Behörde nach § 322 Abs. 4 AO, §§ 15, 146 ZVG beim Vollstreckungsgericht die Zwangsversteigerung des Grundstücks oder die Zwangsverwaltung beantragen.[303] Nach umstrittener Auffassung der Finanzgerichte handelt es sich bei diesen Anträgen um Verwaltungsakte.[304]

Pfändungs- und Einziehungsverfügung (2 Verwaltungsakte gegen Schuldner)

478 **Rechtsnatur: Sowohl die Pfändungs- als auch die Einziehungsverfügung sind Verwaltungsakte gegen den Schuldner**

I. Rechtsgrundlage (hier nur: Bad.-Württ.)

1. **Pfändungsverfügung:** § 15 Abs. 1 LVwVG, § 309 Abs. 1 und 2 AO
2. **Einziehungsverfügung:** § 15 Abs. 1 LVwVG, § 314 AO

II. Formelle Voraussetzungen (hier nur: Bad.-Württ.)

1. **Zuständigkeit**

   § 4 Abs. 1 LVwVG = Vollstreckungsbehörde

2. **Pfändungs- und Einziehungsverfügung an den Drittschuldner**

   a) **Verfahren**
      Keine Anhörung nach § 28 Abs. 2 Nr. 5 LVwVfG, sonstige Verfahrensgrundsätze des LVwVfG, Beteiligter ist nur der Schuldner des Leistungsbescheids

   b) **Form nach § 15 Abs. 1 LVwVG i. V. m. AO**
      Schriftform nach § 309 Abs. 1 S. 1 AO, Begründung: die dem Drittschuldner zuzustellende Pfändungs- und Einziehungsverfügung darf nur die Geldsumme nennen (§ 309 Abs. 2 S. 2 AO, Anwendungsbereich str.)

---

302 Musterformular: *App*, in: Brandmüller/Brandmüller, Vertrags- und Formularbuch Recht und Steuern, Loseblatt, Fach 11 B.IV.1.

303 Checkliste bei *App*, BuW 2003, S. 161 ff.

304 BFH, Urteil vom 17.10.1989 – VII R 77/88 – zitiert nach juris Rn. 5.

c) **Bekanntgabe**
Nach §§ 309 Abs. 2 S. 1, 314 Abs. 2 AO werden Pfändungs- und Einziehungsverfügung durch Zustellung an den Drittschuldner wirksam.

3. **Mitteilung an den Schuldner des Leistungsbescheids (hier nur: Bad.-Württ.)**
   a) **Verfahren (wie oben)**
   b) **Form nach § 15 Abs. 1 LVwVG i.V.m. AO**
   Schriftform nach § 309 Abs. 1 S. 1 AO, Begründung: die Mitteilung an den Schuldner muss nach § 260 AO auch den Schuldgrund enthalten.
   c) **Anzeige (keine Wirksamkeitsvoraussetzung)**
   Nach §§ 309 Abs. 2 S. 3, 314 Abs. 2 AO ist die Zustellung an den Drittschuldner dem Schuldner des Leistungsbescheids mitzuteilen.

III. Materielle Voraussetzungen

1. **Vorliegen der Tatbestandsvoraussetzungen**
   a) Leistungsbescheid i.S.v. §§ 1, 13 Abs. 1 LVwVG
   b) bestandskräftig oder sofort vollstreckbar, § 2 LVwVG (§ 80 Abs. 2 S. 1 Nr. 1 VwGO beachten!)
   c) Fälligkeit der Leistung
   d) Mahnung, § 14 LVwVG
   e) Nichtleistung innerhalb der Mahnfrist
   f) kein Vollstreckungshindernis nach § 11 LVwVG (beachte Insolvenz!)
2. **Setzen einer rechtmäßigen Rechtsfolge**
   a) Regelungsadressat ist der Schuldner aus dem Leistungsbescheid
   b) Ermessen, § 2 LVwVG
   c) Bestimmtheit

C. Die rechtmäßige Androhung von Zwangsmitteln

I. Rechtsgrundlage und Zuständigkeit

Sofern spezialgesetzlich nicht anders geregelt, vollstrecken Landesbehörden nach ihren Landesvollstreckungsgesetzen (Bad.-Württ. nach LVwVG BW, kurz: LVwVG) und Bundesbehörden nach dem VwVG. Rechtsgrundlage für die Androhung nach LVwVG BW ist § 20 Abs. 1 LVwVG (Bund: § 13 Abs. 1 VwVG). **479**

Da § 20 LVwVG nicht als Befugnis für den Erlass einer Androhung konzipiert ist, sondern als Zulässigkeitsvoraussetzung für die Anwendung von Zwangsmitteln, fehlen in dieser Rechtsgrundlage die Tatbestandsmerkmale. Diese ergeben sich aus §§ 1, 2, 11 und 18 LVwVG (Bund: §§ 6 Abs. 1, 15 Abs. 3 VwVG). **480**

481 Zuständig für die Androhung ist die Vollstreckungsbehörde, d. h. nach § 4 Abs. 1 LVwVG die Behörde, die den Verwaltungsakt erlassen hat (Bund: §§ 7, 8 VwVG).

482 Fraglich ist, ob die Androhung eines Zwangsmittels ein Verwaltungsakt ist und somit die Voraussetzungen für den Erlass eines Verwaltungsakts eingehalten werden müssen. Normalerweise ist die Androhung einer späteren Verwaltungsmaßnahme selbst nämlich kein Verwaltungsakt, da das Merkmal „Regelung" fehlt.

■ **Beispiel:** „Sie betreiben Ihr Güterkraftverkehrsgewerbe ohne erforderliche Erlaubnis. Wenn Sie Ihren Betrieb nicht innerhalb von 4 Wochen einstellen bzw. keine Erlaubnis beantragen, drohen wir Ihnen die Betriebsuntersagung nach § 15 Abs. 2 S. 1 GewO an." Hier liegt kein Verwaltungsakt vor, da noch keine Regelung getroffen wird.

Die **Androhung** eines bestimmten Zwangsmittels **ist ein Verwaltungsakt.**[305] Die Verwaltung legt sich nämlich verbindlich auf das Zwangsmittel fest, das sie androht. Will sie ein anderes Zwangsmittel anwenden, muss sie dieses vorher erst wieder androhen. Die Androhung ist ein belastender, verfahrensrechtsgestaltender Verwaltungsakt im Verwaltungsvollstreckungsverfahren, der den nächsten Verfahrensschritt (Festsetzung Zwangsgeld/Anwendung von Ersatzvornahme oder unmittelbarem Zwang) zulässig macht und die Verwaltung auf das angedrohte Zwangsmittel beschränkt. Sie ist akzessorisch zu dem zu vollstreckendem Verwaltungsakt.

II. Materielle Voraussetzungen

1. Tatbestandsvoraussetzungen

a) Mit Zwangsmitteln vollstreckungsfähiger Verwaltungsakt liegt vor

483 Nach § 1 LVwVG sind nur solche Verwaltungsakte **vollstreckungsfähig**, die zu einer Geldleistung oder einer sonstigen Handlung, Duldung oder Unterlassung verpflichten (befehlende Verwaltungsakte). Weiter kann nach § 18 LVwVG ein Zwangsmittel nur für befehlende Verwaltungsakte angedroht werden, die nicht zu einer Geldleistung verpflichten. Geldleistungen werden nämlich nicht mit Zwangsmitteln vollstreckt, sondern nach § 13 Abs. 1 LVwVG beigetrieben. Es muss gemäß §§ 1, 18 LVwVG also ein Verwaltungsakt vorliegen, der zu einem anderen Tun als zur Leistung einer Geldzah-

---

305 Für diese Auffassung spricht auch die Regelung der Rechtsbehelfsmöglichkeiten gegen die Androhung bei der Vollstreckung durch Bundesbehörden in § 18 VwVG: dies nennt man rechtsvergleichende Auslegung.

lung, zu einem Dulden oder zu einem Unterlassen verpflichtet (Bund: § 6 Abs. 1 VwG).

Handeln, das keine Geldleistung ist „Mache! (außer: Zahle!)“	**Dulden (unvertretbares Gebot)** „Dulde!“	**Unterlassen (unvertretbares Verbot)** „Unterlasse!“
Unvertretbares Gebot	„Sie haben die Vollziehung der an Ihre Ehefrau erlassenen Abrissverfügung vom 17.10. ... (siehe Anhang) zu dulden.“	„Ihnen wird untersagt, am ... zwischen ... und ... Uhr den in der Anlage eingezeichneten Marktplatz in Willstätt zu betreten.“
„Sie haben sich am ... um ... in ... persönlich zu melden“.		
Vertretbares Gebot		
„Die Gabionenmauer in ... ist abzubauen.“		

Nicht vollstreckungsfähig sind rechtsgestaltende oder feststellende Verwaltungsakte:

Rechtsgestaltender Verwaltungsakt	**Feststellender Verwaltungsakt**
„Die Ihnen mit Bescheid vom ... erteilte Erlaubnis für den Güterkraftverkehr wird widerrufen.“	„Ihr Schäferhund Benno ist ein gefährlicher Hund im Sinne von § 2 PolVOgH.“
Dem Bürger wird durch den rechtsgestaltenden Verwaltungsakt ein Recht erteilt oder ein eingeräumtes Recht entzogen. Durch den feststellenden Verwaltungsakt wird das Bestehen oder Nichtbestehen eines Rechtsverhältnisses festgestellt. Dass das Gewerbe jetzt nicht weiter ausgeübt werden darf bzw. dass der Halter seinen Hund Benno anleinen und ihm einen Maulkorb anlegen muss, ist nicht im Verwaltungsakt geregelt, sondern ergibt sich als Handlungspflicht aus dem Gesetz (§ 3 Abs. 1 GüKG bzw. § 4 PolVOgH). Hält sich der Bürger nicht an die gesetzliche Handlungspflicht, kann (bzw. muss) die Behörde einen befehlenden Verwaltungsakt erlassen (§ 15 Abs. 2 S. 1 GewO bzw. §§ 3, 1 Abs. 1 PolG i. V. m. § 4 PolVOgH). Erst dieser befehlende Verwaltungsakt ist dann vollstreckungsfähig.	

Der Verwaltungsakt muss gegenüber demjenigen, gegen den er vollstreckt **484**
werden soll, wirksam sein.[306] Er wird nach § 43 Abs. 1 (L)VwVfG mit Bekanntgabe an den Betroffenen wirksam und bleibt nach § 43 Abs. 2 (L)VwVfG solange wirksam, bis er aufgehoben[307] oder erledigt[308] ist. Ein nichtiger Verwaltungsakt ist von Anfang an unwirksam, §§ 43 Abs. 3, 44 Abs. 1 und 2 (L)VwVfG.[309]

306 Das ergibt sich auch aus § 19 Abs. 4 LVwVG.

307 Zur Aufhebung durch Widerruf und Rücknahme siehe Teil 5. Zur Aufhebung durch Abhilfe- oder Widerspruchsbescheid oder Gerichtsentscheidung: siehe Teil 6.

308 Erledigung durch Zeitablauf: z. B. Platzverweis für den 15.03.2011 hat sich am 16.03.2011 durch Zeitablauf erledigt; sonstige Erledigung: Einsturz der Gabionenmauer.

309 Zur Nichtigkeit: siehe Teil 4.

b) Vollstreckbarkeit des Verwaltungsakts

485 Der Verwaltungsakt ist **zum einen** nach § 2 Nr. 1 LVwVG (Bund: § 6 Abs. 1 VwVG) **vollstreckbar**, wenn er **unanfechtbar** geworden ist. Unanfechtbar sind solche Verwaltungsakte, gegen die kein ordentlicher Rechtsbehelf mehr besteht. Hätte Frau Schröder beispielsweise gegen die Abbruchverfügung keinen Widerspruch innerhalb der Monatsfrist erhoben, wäre der Verwaltungsakt mit Ablauf der Monatsfrist unanfechtbar geworden.

486 Die Behörde muss aber nicht bis zur Unanfechtbarkeit warten. Nach § 2 Nr. 2 LVwVG (Bund: § 6 Abs. 1 VwVG) ist der Verwaltungsakt **auch vollstreckbar, wenn die aufschiebende Wirkung eines Rechtsbehelfs entfällt**. Den Wegfall der aufschiebenden Wirkung haben wir im 2. Kapitel bereits kennengelernt. Die aufschiebende Wirkung eines Rechtsbehelfs entfällt nach § 80 Abs. 2 VwGO (durch Gesetz oder nach § 80 Abs. 2 S. 1 Nr. 4 VwGO durch Anordnung der sofortigen Vollziehung) oder spätestens nach der in § 80b Abs. 1 VwGO geregelten Frist (Faustregel 5 Monate nach Zustellung des Urteils des Verwaltungsgerichts in erster Instanz).

c) Kein Vollstreckungshindernis

487 Nach § 11 LVwVG (Bund: § 15 Abs. 3 VwVG) darf die Androhung eines Zwangsmittels nicht erfolgen, wenn der Zweck der Vollstreckung bereits erreicht ist oder sich zeigt, dass der Zweck durch die Vollstreckung nicht erreicht werden kann. Zweck der Vollstreckung und ihrer Androhung ist die Erfüllung des befehlenden Verwaltungsakts.

488 Der Zweck der Androhung ist erreicht, wenn der Betroffene den Verwaltungsakt mittlerweile erfüllt hat (z. B. hat Frau Schröder die Mauer mittlerweile abgebaut). Dies ergibt sich auch aus § 19 Abs. 4 LVwVG.

489 Der Zweck der Androhung des Zwangsmittels kann nicht erreicht werden, wenn der Verwaltungsakt vom Pflichtigen nicht (mehr) erfüllt werden kann:[310]

„Wegfall der Verfügungsmacht nach § 80 InsO durch Eröffnung des Insolvenzverfahrens“: Die Spedition Müller GmbH wurde verpflichtet, das standunsichere Betriebsgebäude abzureißen. Mittlerweile wurde das Insolvenzverfahren eröffnet. Damit geht die Verfügungsmacht auf den Insolvenzverwalter über, § 80 InsO. Gegen die Spedition Müller GmbH kann nicht vollstreckt werden (Ausnahme: Freigabeerklärung durch den Insolvenzverwalter).[311] Es müsste eine erneute Abrissverfügung gegen den Insolvenzverwalter erlassen werden.

---

310 Hat sich der Verwaltungsakt bereits erledigt oder ist der Verwaltungsakt wegen Unmöglichkeit nach § 44 Abs. 2 Nr. 4 oder 5 LVwVfG nichtig, liegt nach § 1 LVwVG, § 43 Abs. 2 bzw. Abs. 3 LVwVfG schon kein wirksamer Verwaltungsakt vor.

311 BVerwG, Urteil vom 20.01.1984 – 4 C 37/80 –.

„Subjektive tatsächliche Unmöglichkeit einer höchstpersönlichen Pflicht“: Gegen den Hooligan H. ergeht die Anordnung, zu bestimmten Uhrzeiten während der Fußballweltmeisterschaft beim Polizeirevier vorzusprechen. H. wird jetzt nach einem schweren Motorradunfall für die komplette Zeitdauer der Fußballweltmeisterschaft auf der Intensivstation liegen und ist nicht in der Lage aufzustehen. Nach § 11 LVwVG liegt ein Vollstreckungshindernis vor, da H. sich nicht melden kann. **„Änderung der zugrundeliegenden Rechtsnormen“:** Der Bauherr wurde verpflichtet, die Mauer abzureißen, weil sie nach den örtlichen Bauvorschriften unzulässig war. Jetzt wurden diese geändert und erlauben solche Mauern. Zwar ist die Erfüllung (Abriss) möglich, der Zweck der Erfüllung ist jedoch weggefallen.

2. Rechtsfolge

a) Regelungsadressat[312]

Die Androhung kann grundsätzlich nur an den Regelungsadressaten des Grundverwaltungsakts ergehen, da nur dieser durch die Verwaltung zu einem Handeln, Dulden oder Unterlassen durch Verwaltungsakt verpflichtet wurde. **490**

■ **Beispiel:** Aus dem Grundverwaltungsakt gegen die Spedition Müller GmbH kann nicht gegen die Gesellschafter oder den Geschäftsführer vollstreckt werden.

Richtet sich der Grundverwaltungsakt gegen mehrere Personen, muss die Behörde nach pflichtgemäßem Ermessen entscheiden, wem sie jetzt ein bestimmtes Zwangsmittel androht. **491**

Gegen einen anderen als den Regelungsadressaten des Grundverwaltungsakts kann aus dem Grundverwaltungsakt nur vollstreckt werden, wenn dieser Rechtsnachfolger im Sinne des § 3 LVwVG ist. Eine Rechtsnachfolge in eine höchstpersönliche Handlungspflicht kann es von vornherein nicht geben. Ob ein vertretbares Gebot bzw. Verbot im Wege der Rechtsnachfolge übergehen kann, bestimmt sich nach dem jeweiligen Fachgesetz. **492**

■ **Beispiel:** Die Abbruchverfügung wirkt auch gegenüber dem Rechtsnachfolger.[313]

Auch wenn dem ursprünglichen Regelungsadressaten die Vollstreckung bereits angedroht wurde, ist diese gegenüber dem Rechtsnachfolger zu wiederholen, da die Androhung nur höchstpersönlich erfolgt und die Androhung nicht im Wege der Rechtsnachfolge übergehen kann.

---

312 Ebenso ist es vertretbar, den Punkt „Regelungsadressaten“ bereits auf der Tatbestandsseite zu prüfen.

313 BeckOK BauordnungsR BW/*Weiblen*, 28. Ed. 01.04.2024, BWLBO § 65 Rn. 61 ff.

b) Ermessen

aa) Das „Ob“ der Androhung

493 Ob die Behörde den Grundverwaltungsakt vollstreckt, steht nach § 2 LVwVG in ihrem Ermessen, das sie nach § 40 LVwVfG pflichtgemäß auszuüben hat. Die Behörde hat somit Entschließungsermessen, ob sie überhaupt eine Androhung erlässt oder auf die Vollstreckung vorerst verzichtet und ob sie die Androhung zusammen mit dem Grundverwaltungsakt oder später erlässt (anders für Bundesbehörden[314]). Beispielsweise wäre die Androhung des Abrisses einer baulichen Anlage unverhältnismäßig, wenn absehbar wäre, dass die bauliche Anlage durch eine Änderung des Bebauungsplans kurz nach der voraussichtlichen Durchführung der Vollstreckung genehmigungsfähig wird. Die Androhung eines Zwangsmittels ist auch unverhältnismäßig, wenn der Zweck durch ein milderes Mittel als durch die Vollstreckung des Grundverwaltungsakts erreicht werden kann. Hier wird geprüft, ob der Grundverwaltungsakt (immer noch) das mildeste Mittel ist.[315]

Ein zulässiges Ermessenskriterium für den Erlass der Androhung zusammen mit dem Grundverwaltungsakt ist z. B. die Verwaltungseffizienz; ein zulässiges Ermessenskriterium, von der Androhung vorerst abzusehen, ist die Prognose, der Bürger werde der Verpflichtung voraussichtlich nachkommen. Unzulässig wäre es, wenn die Verwaltung auf Dauer den Verstoß des Bürgers gegen einen befehlenden Verwaltungsakt wissentlich duldet, ohne dass ein besonderer Ausnahmefall vorliegt.

494 Die Behörde muss, bevor sie das Zwangsmittel androht, nicht ohne Anlass nochmals prüfen, ob der Grundverwaltungsakt und ggf. die Anordnung der sofortigen Vollziehung recht- und zweckmäßig erlassen wurden. Das hat sie ja bereits schon bei Erlass dieser Maßnahmen verantwortungsvoll geprüft. Die Behörde darf daher bereits während eines laufenden Widerspruchsverfahrens auf die Recht- und Zweckmäßigkeit des Grundverwaltungsakts und der Anordnung der sofortigen Vollziehung vertrauen und in die Vollstreckung übergehen.[316] Weiß die Behörde allerdings positiv, dass

314 Anders für den Bund: Nach § 13 Abs. 2 S. 2 VwVG soll die Androhung zusammen mit dem Grundverwaltungsakt ergehen, wenn Rechtsbehelfe gegen diesen keine aufschiebende Wirkung haben.

315 Vgl. dazu BVerwG, Urteil vom 15.02.1990 – 4 C 45/87 – Rn. 26 für die Entscheidung zwischen Vollstreckung eines Baugebots durch Zwangsgeld oder Enteignung des Grundstücks als alternative Maßnahme.

316 Stellt sich später heraus, dass die Behörde doch einen Fehler gemacht hat, der zur Rechtswidrigkeit des Grundverwaltungsakts oder der Anordnung der sofortigen Vollziehung führt, hat der Bürger gegen die Behörde einen Anspruch auf Rückgängigmachung der Vollstreckungsmaßnahmen (Folgenbeseitigungsanspruch). Diesen Folgenbeseitigungsanspruch

der Grundverwaltungsakt oder die Anordnung der sofortigen Vollziehung rechtswidrig ist, darf sie selbstverständlich nicht vollstrecken, sonst verstößt sie gegen das Willkürverbot (Art. 3 Abs. 1 GG) und übt ihr Entschließungsermessen fehlerhaft aus.[317]

bb) Das „Wie" der Androhung

(1) Auswahl eines der in § 19 Abs. 1 LVwVG genannten Zwangsmittel

Entscheidet sich die Behörde für den Erlass der Androhung, muss sie entscheiden, welches der in § 19 Abs. 1 LVwVG aufgezählten Zwangsmittel sie androht: **495**

- Zwangsgeld in bestimmter Höhe (mit oder ohne Hinweis auf die Zulässigkeit von Zwangshaft)
- Ersatzvornahme
- Unmittelbarer Zwang

Die Auswahl des Zwangsmittels steht im pflichtgemäßen Ermessen der Behörde, das sie nach § 40 LVwVfG entsprechend dem Zweck und innerhalb der gesetzlichen Grenzen von § 20 LVwVG auszuüben hat.

(2) Ausgewähltes Zwangsmittel muss grundsätzlich zulässig (geeignet) sein; unmittelbarer Zwang nur als Ultima Ratio

Als gesetzliche Grenze ist zunächst zu prüfen, ob im zu entscheidenden Fall tatsächlich alle drei Zwangsmittelarten zulässig sind oder die Auswahl beschränkt ist. **496**

> Die **Androhung eines Zwangsgeldes**, um den Willen des Pflichtigen zu beugen, damit dieser seiner Verpflichtung nachkommt, ist in Höhe von mindestens 10 und höchstens 50000 € nach § 23 LVwVG grundsätzlich zulässig und kann nach § 24 Abs. 1 LVwVG mit dem Hinweis auf die Zulässigkeit der Zwangshaft bei Uneinbringlichkeit des Zwangsgeldes verbunden werden.
> Die **Androhung der Ersatzvornahme**[318] ist nach § 25 LVwVG nur zulässig, wenn eine vertretbare Handlung durchgesetzt werden soll. Bei höchstpersönlichen Handlungspflichten, bei Duldungs- oder Unterlassenspflichten ist die Erfüllung durch die Behörde nicht möglich.

---

kann der Bürger bereits im vorläufigen Rechtsschutzverfahren nach § 80 Abs. 5 S. 3 VwGO bzw. im Hauptverfahren nach § 113 Abs. 1 S. 2 und 3 VwGO geltend machen.

317 Wenn der Betroffene nach einem erfolglosen Anfechtungswiderspruch Anfechtungsklage gegen die Androhung eines Zwangsmittels beim Gericht erhebt, prüft das Gericht in diesem Verfahren allerdings nicht die Rechtmäßigkeit des Grundverwaltungsakts.

318 Beachte: Der Begriff der Ersatzvornahme ist uneinheitlich, vgl. z.B. §§ 10, 12 VwVG Bund. Auf Bundesebene stellt die selbstständige Vornahme einer vertretbaren Handlung durch die Behörde keine Ersatzvornahme, sondern unmittelbaren Zwang dar. Ersatzvornahme auf Bundesebene ist also nur die Durchführung der vertretbaren Handlung durch einen Dritten.

(Unzulässig: Androhung an Hooligan: „Für den Fall, dass Sie sich am Samstag, den … nicht persönlich bei uns um … Uhr melden, drohen wir Ersatzvornahme an.“ Der Hooligan freut sich: Er kann zum Fußballspiel und der Behördenmitarbeiter meldet sich???!!!)

Die **Androhung von unmittelbarem Zwang** ist nach § 26 Abs. 1 S. 1 LVwVG grundsätzlich zur Durchsetzung von Handlungs-, Duldungs- oder Unterlassenspflichten durch die Einwirkung auf Personen oder Sachen durch einfache körperliche Gewalt, Hilfsmittel der körperlichen Gewalt oder Waffengebrauch geeignet, nach § 26 Abs. 2 LVwVG jedoch nur zulässig, wenn Zwangsgeld oder Ersatzvornahme nicht zum Erfolg geführt haben oder deren Anwendung untunlich ist. Untunlich kann die Androhung von Zwangsgeld oder Ersatzvornahme z. B. aufgrund der wirtschaftlich schwierigen Situation des Pflichtigen sein.

Damit kommt bei **unvertretbaren Handlungen, Duldungen und Unterlassungen** grundsätzlich für die erste Androhung nur die Androhung eines Zwangsgelds in Betracht. Die nachrangige Androhung des unmittelbaren Zwangs kann mit dieser Androhung aber verbunden werden, § 20 Abs. 3 S. 2 LVwVG. Nur wenn das Zwangsgeld voraussichtlich nicht zum Ziel führen wird, ist die sofortige Androhung von unmittelbarem Zwang möglich.[319]

Bei **vertretbaren Handlungen** stehen Zwangsgeld und Ersatzvornahme als Zwangsmittel zur Verfügung, der unmittelbare Zwang ebenfalls wieder nur nachrangig.

(3) Auswahl nach § 19 Abs. 2 LVwVG (Erforderlichkeit)

497 Bei der Auswahl unter den zulässigen Zwangsmitteln hat die Behörde nach § 19 Abs. 2 LVwVG das Zwangsmittel anzudrohen, das den Pflichtigen und die Allgemeinheit voraussichtlich am wenigsten beeinträchtigen wird.

(aa) Bei der Vollstreckung von unvertretbaren Handlungs-, Duldungs- und Unterlassenspflichten beschränkt sich die Auswahl wie oben erörtert von vornherein grundsätzlich auf das Zwangsgeld. Hier ist im Rahmen der Erforderlichkeit dann zu prüfen, in welcher Höhe das Zwangsgeld ausreichend ist, um den Pflichtigen zu bewegen, seiner Verpflichtung freiwillig nachzukommen. Dabei sind unter anderem dessen Vermögensverhältnisse und der Wert der Erfüllungsleistung zu berücksichtigen.

(bb) Bei der Vollstreckung von vertretbaren Handlungspflichten hat die Behörde zu entscheiden, ob sie die Ersatzvornahme oder ein Zwangsgeld in der Höhe, die voraussichtlich ausreicht, den Pflichtigen zur freiwilligen Erfüllung zu bewegen, androht. Wird sich der Wille des Pflichtigen durch das Zwangsgeld voraussichtlich nicht brechen lassen, kommt von Anfang an nur die An-

319 Beispiele: VGH BW, Beschluss vom 16.05.1980 – 8 S 102/80 – zitiert nach juris Rn. 13 ff., VG Stuttgart, Beschluss vom 22.12.1998 – 4 K 5551/98 –.

drohung der Ersatzvornahme in Betracht. Ansonsten stehen beide Zwangsmittel in Baden-Württemberg gleichrangig nebeneinander.[320] Hier hat die Behörde Ermessen[321] und muss lediglich ein sachgerechtes Ermessenskriterium finden, warum sie sich für das eine oder das andere entscheidet; Entscheidungskriterien können z. B. sein: höherer Verwaltungsaufwand oder Schwierigkeiten bei der Anwendung der Ersatzvornahme; endgültige Durchsetzung der Verpflichtung und dadurch Einsparung weiteren Verwaltungsaufwands bei der Anwendung der Ersatzvornahme; Erprobung der Reaktion des Betroffenen mittels Androhung von Zwangsgeld.

(4) Das angedrohte Zwangsmittel muss angemessen sein (§ 19 Abs. 3 LVwVG)

Nach § 19 Abs. 3 LVwVG darf durch die spätere Anwendung des Zwangs- **498**
mittels kein Nachteil herbeigeführt werden, der erkennbar außer Verhältnis zum Zweck der Vollstreckung steht.

(5) Bemessung einer angemessenen Frist

Nach § 20 Abs. 1 S. 2 LVwVG muss eine Frist für die freiwillige Erfüllung **499**
durch den Pflichtigen eingeräumt werden und diese Frist muss angemessen sein. Soll eine Duldung oder Unterlassung erzwungen werden, steht die Anberaumung einer Frist im Ermessen der Behörde, § 20 Abs. 1 S. 2, 2. HS LVwVG. Die Unterscheidung, ob ein Tun oder Unterlassen erzwungen werden soll, ist nicht immer einfach.

■ **Beispiel:** Untersagt wird ein Gewerbebetrieb mit 10 Mitarbeitern. Gerade sind zwei neue Aufträge eingegangen. Die Gewerbeuntersagung erfüllt der Betreiber, indem er den 10 Mitarbeitern wegen Betriebsaufgabe kündigt, die neuen Aufträge rückabwickelt und noch viele weitere Aktivitäten vornimmt. Hier liegt der Schwerpunkt in einem aktiven Tun. Richtet sich die Gewerbeuntersagung gegen einen 1-Mann-Betrieb, der darin besteht, vom häuslichen Arbeitszimmer aus bei eBay Sachen zu ersteigern und diese nach Erhalt in betrügerischer Absicht immer zu reklamieren und nur teilweise zu bezahlen, liegt der Schwerpunkt darin, die Gewerbeausübung zukünftig zu unterlassen.

Man kann sich hier helfen, indem man grundsätzlich für jede Verpflichtung prüft, welche Frist für den konkreten Sachverhalt angemessen ist. So ist im zweiten Fall „sofort nach Erhalt dieser Androhung" angemessen, während im ersten Fall z. B. nur eine Frist von 4 Monaten angemessen sein mag.

---

320 Anders die Situation auf Bundesebene: dort ist nach § 11 Abs. 1 S. 2 VwVG bei vertretbaren Handlungen in der Regel vorrangig die Ersatzvornahme anzudrohen; nach Art. 32 S. 2 BayVwZVG ist hingegen die Ersatzvornahme nur zulässig, wenn ein Zwangsgeld keinen Erfolg erwarten lässt.

321 VGH BW, Urteil vom 04.12.2003 – 5 S 2781/02 – zitiert nach juris Rn. 24.

Bei der Bemessung der Frist ist auch zu berücksichtigen, ob der Pflichtige der Verpflichtung innerhalb dieser Frist im Hinblick auf eine etwaige „privatrechtliche Unmöglichkeit" überhaupt nachkommen kann.

■ **Beispiel:** Wenn Herr Fischer zum Abriss verpflichtet worden wäre, darf er gegenüber Frau Schröder die Mauer gegen deren Willen abreißen, wenn die Behörde Frau Schröder zum Dulden durch eine sofort vollziehbare Duldungsverfügung verpflichtet hat. So bemisst die Behörde die Frist um die Zeit länger, die sie selbst für den Erlass der Duldungsverfügung braucht, sie räumt Herrn Fischer z. B. eine Frist von 5 Wochen ein und begründet dies: „Bei der Bemessung der Frist wurde berücksichtigt, dass Frau Schröder unsere Duldungsverfügung voraussichtlich innerhalb der nächsten Woche bekannt gegeben sein wird. Damit ist die Erfüllung Ihrerseits spätestens ab nächster Woche auch privatrechtlich möglich."

(6) Mehrere Zwangsmittel, § 20 Abs. 3 S. 2 LVwVG

500 Die Androhung des wie oben dargestellt ermittelten Zwangsgelds kann mit der Androhung eines zweitrangig anzuwendenden Zwangsmittels verbunden werden, § 20 Abs. 3 S. 2 LVwVG. Dass hier dann eventuell zwei oder mehr Zwangsmittel angewandt werden, bis die Verpflichtung erfüllt ist, ist nach § 19 Abs. 4 LVwVG zulässig.[322]

c) Nicht zu prüfen: Keine Unmöglichkeit

501 Da die Androhung selbst als rechtsgestaltender Verwaltungsakt nicht unmöglich sein kann, entfällt dieser Prüfungspunkt. Ist die Erfüllung der Verpflichtung dem Pflichtigen tatsächlich unmöglich, liegt wie erörtert ein Vollstreckungshindernis nach § 11 LVwVG vor. Kann der Pflichtige der Verpflichtung nur nachkommen, wenn die Behörde einen Dritten zuvor zur Duldung verpflichtet hat, ist dies – wie oben geprüft – bei der Fristbestimmung für die Androhung zu berücksichtigen.

d) Bestimmtheit

502 Zunächst muss für den Betroffenen nach § 37 Abs. 1 LVwVfG erkennbar sein, für welchen Verwaltungsakt ein Zwangsmittel angedroht wird.

503 Die Fristsetzung ist bestimmt genug nach § 37 Abs. 1 LVwVfG, wenn der Betroffene ausrechnen kann, ab wann die Behörde das Zwangsmittel anwenden wird.

504 Nach § 20 Abs. 3 S. 1 muss ein bestimmtes Zwangsmittel angedroht werden. Hier richtet sich die Bestimmtheit nach dem einzelnen Zwangsmittel.

---

322 Die Rechtslage auf Bundesebene und in den einzelnen Bundesländern ist sehr kompliziert, vgl. § 13 Abs. 3 und Abs. 6 S. 2 VwVG. Zur Vertiefung: Engelhardt/App/Schlatmann/*Troidl*, VwVG – VwZG, § 13 VwVG Rn. 4 u. 11 ff.

Beim **Zwangsgeld** ist nach § 20 Abs. 3 S. 1, Abs. 4 LVwVG der bestimmte Betrag anzugeben:
„Für den Fall, ..., drohen wir Ihnen hiermit ein Zwangsgeld an in Höhe von 500 €“

Bei der **Ersatzvornahme** reicht nach § 20 Abs. 3 S. 1 LVwVG die Formulierung:
„Für den Fall, ..., drohen wir Ihnen hiermit die Ersatzvornahme an.“

Da der Bürger aber vielleicht nicht weiß, was unter der Ersatzvornahme zu verstehen ist, formulieren Sie besser:[323]
„Für den Fall, ..., drohen wir Ihnen hiermit die Ersatzvornahme an. Wir werden dann ein Unternehmen beauftragen, die Gabionenmauer auf Ihre Kosten abzureißen.“

Beim **unmittelbaren Zwang** reicht nach § 20 Abs. 3 S. 1 LVwVG die Formulierung (streitig):[324]
„Für den Fall, ..., drohen wir Ihnen hiermit unmittelbaren Zwang an.“

Rechtssicherer ist folgende Formulierung:
„Für den Fall, ..., drohen wir Ihnen hiermit die Wegnahme der Erlaubnisurkunde durch den Polizeivollzugsdienst an.“

Die Reihenfolge der Zwangsmittel ist nach § 20 Abs. 3 S. 2 LVwVG be- **505**
stimmt genug, wenn für den Betroffenen erkennbar ist, welches Zwangsmittel zu welchem Zeitpunkt droht.

III. Formelle Voraussetzungen[325]

1. Verfahren

Da im (L)VwVG keine weiteren Verfahrensvorschriften enthalten sind und **506**
die Androhung eines Zwangsmittels ein Verwaltungsakt ist, ist auf das (L)VwVfG zurückzugreifen. Von der Anhörung des Pflichtigen vor Erlass der Androhung kann gemäß § 28 Abs. 2 Nr. 5 (L)VwVfG abgesehen werden. Es empfiehlt sich manchmal, den Betroffenen trotzdem anzuhören, insbesondere um gleichzeitig mit der Anhörung zu ermitteln, ob die Behörde bei der Fristbemessung alle wichtigen Gesichtspunkte berücksichtigt hat. So

323 Beachte: zusätzlich sind bei der Ersatzvornahme die voraussichtlichen Kosten anzugeben. Das ist aber keine Frage der Bestimmtheit der Androhung, sondern eine formelle Voraussetzung.

324 Streitig, a. A. HessVGH, Urteil vom 10.01.1983 – VIII OE 185/79 –.

325 Zuständigkeit bereits oben geprüft.

wird ein Sachbearbeiter allein kaum richtig einschätzen können, welche Frist z.B. für die Gewerbeeinstellung angemessen ist.

2. Form

507 Nach § 20 Abs. 1 S. 1 LVwVG besteht Schriftformzwang (Bund: § 13 Abs. 1 S. 1 VwVG). § 37 Abs. 3–5 (L)VwVfG sind zu beachten, die Androhung ist zu begründen, § 39 Abs. 1 (L)VwVfG. Die Androhung erfolgt mit Rechtsbehelfsbelehrung, in der über die Möglichkeit der Erhebung des Widerspruchs belehrt wird, § 37 Abs. 6 (L)VwVfG.

Es empfiehlt sich (keine Pflicht), darauf hinzuweisen, dass ein etwaiger Widerspruch nach § 12 LVwVG keine aufschiebende Wirkung hat und die Möglichkeit besteht, beim Verwaltungsgericht die Anordnung der aufschiebenden Wirkung zu beantragen, § 80 Abs. 5 VwGO (anders § 18 VwVG Bund: hier haben Widerspruch und Klage gegen die Androhung des Zwangsmittels aufschiebende Wirkung).

Wird Ersatzvornahme angedroht, sind nach § 20 Abs. 5 LVwVG (Bund: § 13 Abs. 4 VwVG) die voraussichtlichen Kosten anzugeben. Dies ist eine gesetzlich normierte formelle Hinweispflicht, ein Verstoß führt nicht zur Rechtswidrigkeit der Androhung des Zwangsmittels.[326]

3. Bekanntgabe

508 Eine besondere Form der Bekanntgabe ist in Baden-Württemberg nicht vorgeschrieben. Die Androhung kann nach § 20 Abs. 2 LVwVG zusammen mit dem Grundverwaltungsakt oder separat erlassen werden. Im Übrigen gelten § 41 LVwVfG und das LVwZG.[327]

IV. Gebühr

509 Ergeht die Androhung nicht zusammen mit der Grundverfügung, ist sie gebührenpflichtig, § 31 Abs. 4 LVwVG, § 5 Abs. 1 Landesverwaltungsvollstreckungsgesetzkostenordnung Baden-Württemberg (LVwVGKO). Die Gebühr beträgt nach § 5 Abs. 2 LVwVGKO 15 €.

---

326 Zur Rechtsnatur der Angabe der voraussichtlichen Kosten vergleiche auch: NdsOVG, Urteil vom 30.08.1984 – 3 110/81 –. Demnach gehört der Kostenvoranschlag weder zur Inhaltsbestimmung der Ersatzvornahme (§ 37 Abs. 1 LVwVfG) noch ist dies ein selbständiger Verwaltungsakt.

327 Zum Teil strenger als Baden-Württemberg: nach § 13 Abs. 7 S. 1 VwVG ist die Androhung von Zwangsmitteln durch Bundesbehörden zwingend zuzustellen.

D. Lösungsvorschlag

RECHTSGUTACHTEN 510

Das LRA Ortenaukreis kann rechtmäßig ein Zwangsmittel androhen, wenn es die Androhung auf eine wirksame Ermächtigungsgrundlage stützen kann und die formellen und materiellen Voraussetzungen für den Erlass der Androhung gegeben sind.

I. Rechtsgrundlage und Zuständigkeit

Richtige Rechtsgrundlage für die Androhung eines Zwangsmittels ist hier mangels spezialgesetzlicher Regelung § 20 Abs. 1 LVwVG, der allgemein die Androhung eines Zwangsmittels für Verwaltungsakte regelt, die durch Behörden der (un)mittelbaren Landesverwaltung Baden-Württemberg vollstreckt werden.

II. Formelle Voraussetzungen

1. Zuständigkeit

Zuständig für die Androhung eines Zwangsmittels ist nach § 4 Abs. 1 LVwVG die Behörde, die den Verwaltungsakt, der vollstreckt werden soll, erlassen hat, hier also das Landratsamt Ortenaukreis als die Behörde, die die Abrissverfügung erlassen hat.

2. Verfahren

Auf eine Anhörung kann nach § 28 Abs. 2 Nr. 5 LVwVfG verzichtet werden. Da Herr Mustersachbearbeiter die Angemessenheit der Frist auch ohne Anhörung von Frau Schröder einschätzen kann, ist ein Absehen von der Anhörung angesichts der Eilbedürftigkeit auch zweckmäßig.

3. Form

Die Androhung ist nach § 20 Abs. 1 S. 1 LVwVG schriftlich zu erlassen. § 37 Abs. 3–5 LVwVfG sind zu beachten und die Androhung muss nach § 39 Abs. 1 LVwVfG begründet werden. Insbesondere die Ermessensgesichtspunkte bei der Auswahl der angedrohten Zwangsmittel und der Fristsetzung sind nach § 39 Abs. 1 S. 3 LVwVfG zu nennen. Eine Rechtsbehelfsbelehrung, in der über die Möglichkeit des Widerspruchs innerhalb von einem Monat nach Bekanntgabe informiert wird, ist nach § 37 Abs. 6 S. 1 LVwVfG beizufügen. Hier empfiehlt es sich (keine Rechtspflicht), einen Hinweis auf den Wegfall der aufschiebenden Wirkung (§ 12 LVwVG) und auf die Möglichkeit des Antrags auf gerichtliche Anordnung der aufschiebenden Wirkung nach § 80 Abs. 5 VwGO beizufügen. Sofern die Ersatzvornahme angedroht werden sollte, sind nach § 20 Abs. 5 LVwVG noch die voraussichtlichen Kosten der Ersatzvornahme zuzüglich der geschätzten Verwaltungsgebühr und Auslagen anzugeben.

4. Bekanntgabe

Die Androhung des Zwangsmittels ist nach § 41 Abs. 1 LVwVfG entweder demjenigen, für den der Verwaltungsakt bestimmt ist oder der von ihm betroffen ist, oder dessen Bevollmächtigten bekannt zu geben. Frau Schröder hat den Rechtsanwalt mit dem Widerspruch gegen die Abrissverfügung beauftragt. Diese Prozessvollmacht bezieht sich jedoch nicht zwingend auf die Androhung eines Zwangsmittels, da dies ein separates Verwaltungsverfahren darstellt. Um Fehler zu vermeiden, empfiehlt sich hier die einfache Bekanntgabe im Wege eines Einwurfeinschreibens an Frau Schröder. Die Androhung des Zwangsmittels gilt dann nach § 41 Abs. 2 S. 1 LVwVfG BW am dritten[328] Tage nach der Aufgabe bei der Post als bekannt gegeben. Dass der Zugang erfolgte, kann die Behörde durch den Nachweis von der Post im Streitfalle ausreichend beweisen. Würde die Behörde die Androhung des Zwangsmittels hingegen zustellen und sollte die hier vertretene Rechtsauffassung, dass die Vollmacht sich nicht auch auf dieses Verfahren erstreckt, falsch sein, läge ein Verstoß gegen § 7 Abs. 1 S. 2 LVwZG vor. Das wird durch die hier vorgeschlagene einfache Bekanntgabe vermieden.

III. Materielle Voraussetzungen

1. Vorliegen der Tatbestandsvoraussetzungen nach §§ 1, 2, 11 und 18 LVwVG

a) Die Verpflichtung, die Gabionenmauer abzubauen, ist eine vertretbare Handlungspflicht, die keine Geldleistung darstellt, und somit nach §§ 1, 18 LVwVG eine mit Zwangsmitteln vollstreckungsfähige Regelung. Die Abrissverfügung ist mit Zustellung durch Übergabe an Frau Schröder am 18.10. ... Frau Schröder bekannt gemacht und also wirksam geworden, §§ 43 Abs. 1, 41 Abs. 1 S. 1, Abs. 5 LVwVfG, § 3 LVwZG, § 177 ZPO.

b) Die Abrissverfügung ist wegen des laufenden Widerspruchsverfahrens noch nicht bestandskräftig. Sie ist aber nach § 2 Nr. 2 LVwVG trotzdem vollstreckbar, weil das Landratsamt die sofortige Vollziehung nach § 80 Abs. 2 S. 1 Nr. 4 VwGO angeordnet hat und der Widerspruch von Frau Schröder somit keine aufschiebende Wirkung hat. Die Anordnung ist Frau Schröder am 31.10. durch Zustellung gegen Empfangsbekenntnis an ihren Rechtsanwalt Herrn Abelt bekannt gemacht worden, § 5 Abs. 4 LVwZG, und damit seit diesem Zeitpunkt wirksam.

c) Ein Vollstreckungshindernis nach § 11 LVwVG liegt nicht vor.

2. Rechtsfolgenseite

a) Regelungsadressat
Die Androhung richtet sich an Frau Schröder als Pflichtige der Abrissverfügung.

b) Ermessen
aa) Die Androhung eines bestimmten Zwangsmittels mit Fristsetzung steht im Entschließungs- und Auswahlermessen der Vollstreckungsbehörde, das diese nach § 40 LVwVfG pflichtgemäß auszuüben hat. Das Entschließungsermessen, also das Ermessen, ob die Behörde die Vollstreckung androht oder darauf vorerst verzichtet, ergibt sich aus § 2 LVwVG. Wegen des baldigen Wintereinbruchs und der Weigerungshaltung von Frau Schröder ist der Erlass der Androhung sachgerecht.

---

328 Beachte Änderung § 41 Abs. 2 zum 01.01.2025!

bb) Beim Auswahlermessen, also bei der Auswahl des Zwangsmittels und der Festlegung der Frist sowie bei der Entscheidung, ob und in welcher Reihenfolge mehrere Zwangsmittel angedroht werden sollen, hat die Behörde insbesondere die Grenzen der §§ 19, 20, 23 ff. LVwVG zu beachten.

(1) Da eine vertretbare Handlung vollstreckt werden soll, kommen nach §§ 19 Abs. 1 Nr. 1, 23 LVwVG die Androhung von Zwangsgeld in Höhe von 10 bis 50000 € mit oder ohne Hinweis auf die Zulässigkeit von Zwangshaft im Falle der Uneinbringlichkeit und nach §§ 19 Abs. 1 Nr. 2, 25 LVwVG die Androhung der Ersatzvornahme in Betracht. Die Androhung von unmittelbarem Zwang (§ 19 Abs. 1 Nr. 3 LVwVG) ist nach § 26 Abs. 2 LVwVG unzulässig, da die Androhung von Zwangsgeld bzw. Ersatzvornahme grundsätzlich erfolgversprechend und damit nicht untunlich ist.

(2) Bei der Auswahl unter diesen zulässigen bzw. geeigneten Zwangsmitteln hat die Behörde nach § 19 Abs. 2 LVwVG das Zwangsmittel anzudrohen, das den Pflichtigen und die Allgemeinheit voraussichtlich am wenigsten beeinträchtigen wird.

(a) In Anbetracht der Einkommens- und Vermögensverhältnisse von Frau Schröder und in Anbetracht der Kosten für den Abbau der Gabionenmauer in Höhe von 900 € erscheint ein Zwangsgeld in Höhe von 400 € erforderlich, aber auch ausreichend, um genug Druck auf Frau Schröder auszuüben, die Mauer nunmehr freiwillig abzureißen. Da ein solches Zwangsgeld voraussichtlich auch beigetrieben werden könnte (Pfändungs- und Einziehungsverfügung an den Arbeitgeber von Frau Schröder), könnte auf den Hinweis der Zulässigkeit der Zwangshaft verzichtet werden.

(b) Alternativ kommt die Ersatzvornahme in Betracht, für die voraussichtlich Kosten von pauschal 900 € zuzüglich einer Verwaltungsgebühr nach § 31 Abs. 4 LVwVG, § 6 Abs. 3 LVwVGKO von höchstens 90 € und etwaige Auslagen nach § 8 LVwVGKO entstehen. Wenn Frau Schröder die Gabionenmauer selbst abbauen würde, hätte sie lediglich die Kosten des Gartenbauers zu bezahlen. Es ist auch nicht auszuschließen, dass sie ein günstigeres Angebot als die 900 € Pauschalkosten bekommen könnte.

Beide Zwangsmittel stehen nach der Rechtslage in Baden-Württemberg dennoch grundsätzlich gleichrangig nebeneinander, so dass sich die Verwaltung aus Zweckmäßigkeitsgründen für die Androhung des Zwangsgeldes oder für die Androhung der Ersatzvornahme entscheiden kann. Um die Ersatzvornahme durchzuführen, hätte Herr Mustersachbearbeiter weiteren Verwaltungsaufwand. Insbesondere wäre die Behörde für die Überwachung der ordnungsgemäßen Ausübung durch den Dritten verantwortlich. Andererseits hat Frau Schröder bisher hartnäckig darauf bestanden, dass die Behörde Herrn Fischer mit dem Abbau der Gabionenmauer verpflichtet. Es könnte also durchaus sein, dass sie sich durch die Androhung eines Zwangsgelds nicht dazu bewegen lässt, selbst für den Abbruch zu sorgen. Wenn der Abbruch noch vor Wintereinbruch durchgeführt werden soll, ist die Ersatzvornahme das erfolgversprechendere Zwangsmittel. Herr Mustersachbearbeiter entscheidet, an erster Stelle ein Zwangsgeld in Höhe von 400 € und für den Fall, dass diese Androhung Frau Schröder unbeeindruckt lässt, schon jetzt die Ersatzvornahme anzudrohen. So wird sich zeigen, ob die Androhung von Zwangsgeld ausreichend ist, Frau Schröder zum freiwilligen Abbau zu bewegen. (Hinweis: In der Praxis würde man nur **ein** Zwangsmittel androhen. Hier soll Problembewusstsein geweckt werden.)

(3) Sowohl das angedrohte Zwangsgeld als auch die zweitrangig angedrohte Ersatzvornahme müssen angemessen sein. Nach § 19 Abs. 3 LVwVG darf durch ihre spätere Anwendung kein Nachteil herbeigeführt werden, der erkennbar außer Verhältnis zum Zweck der Vollstreckung steht. Ein solcher Nachteil ist nicht erkennbar.

(4) Sowohl für die Androhung des Zwangsgelds als auch für die nachrangige Androhung der Ersatzvornahme ist nach § 20 Abs. 1 S. 2 LVwVG eine angemessene Frist zu bestimmen. Bei der Fristbestimmung ist zu berücksichtigen, wie schnell Frau Schröder die Gabionenmauer jetzt selbst abbauen könnte. Bei dem Abbau wird sie auf einen Gartenbauer oder Bauunternehmer angewiesen sein. Wie die Einholung der Pauschalangebote gezeigt hat, sind die Gartenbauer derzeit nicht stark ausgelastet, so dass Aufträge kurzfristig umgesetzt werden können. Andererseits ist der Abbau wegen des bevorstehenden Wintereinbruchs auch eilig. In Anbetracht dieser Tatsache ist es angemessen, Frau Schröder das Zwangsgeld für den Fall anzudrohen, dass sie die Gabionenmauer nicht spätestens bis zum 15.11. ... abbaut. Die Ersatzvornahme wird für den Fall angedroht, dass Frau Schröder trotz der Androhung von Zwangsgeld die Gabionenmauer nicht spätestens bis 20.11. ... abbaut.

c) Bestimmtheit

Nach § 37 Abs. 1 LVwVfG, § 20 Abs. 3 S. 2, Abs. 4 LVwVG müssen sowohl die Androhung des Zwangsgelds in Höhe von 400 € als auch die zweitrangige Androhung der Ersatzvornahme und die Fristsetzung bestimmt genug sein.

IV. Gebühr für die Androhung

Zusammen mit der Androhung wird nach § 31 Abs. 4 LVwVG i.V.m. § 5 LVwVGKO eine Gebühr in Höhe von 15 € festgesetzt.

E. Musterbescheid für die separate Androhung von Zwangsmitteln

I. Bescheidtechnische Regeln

511 Es gelten die Regeln für den belastenden Verwaltungsakt. Bei der Rechtsbehelfsbelehrung ist darauf zu achten, dass ein Widerspruch gegen die Androhung eines Zwangsmittels nach § 80 Abs. 2 S. 1 Nr. 3 VwGO, § 12

LVwVG keine aufschiebende Wirkung hat und auf die Rechtsbehelfsmöglichkeit nach § 80 Abs. 5 VwGO hingewiesen werden sollte (anders Bund: § 18 VwVG).

II. Musterbescheid

Landratsamt Ortenaukreis 512

Landratsamt Ortenaukreis,
Musterweg 20, 77652 Offenburg

Bearbeiter(in): Max Mustersachbearbeiter
Telefon: 05123/86676433-123
Telefax: 05123/86676433-4123
E-Mail: m.mustersachb @lra-ortenaukreis.de

Einwurfeinschreiben
Frau Isabelle Schröder
Musterstraße 25
78123 Willstätt

Offenburg, den 06.11. …

Abriss der Gabionenmauer auf Flurstück 2035 in Wilstätt
hier: Androhung von Zwangsgeld und nachrangig von Ersatzvornahme

Sehr geehrte Frau Schröder,

hiermit ergeht folgende Verfügung:

1) Für den Fall, dass Sie Nummer 1) unseres Bescheids vom 17.10. … weiterhin nicht nachkommen und die Gabionenmauer nicht spätestens bis zum 15.11. … abgebaut haben, drohen wir Ihnen hiermit die Festsetzung eines Zwangsgelds in Höhe von 400 € an.

2) Für den Fall, dass Sie trotz der Androhung des Zwangsgelds die Gabionenmauer nicht spätestens bis zum 20.11. … abgebaut haben, drohen wir Ihnen den Abbruch der Gabionenmauer durch einen von uns beauftragten Unternehmer auf Ihre Kosten an.

Hinweis: Die Kosten würden sich auf voraussichtlich insgesamt 1 000 € für die Ersatzvornahme einschließlich der Gebühr belaufen.

3) Für diese Androhung haben Sie eine Gebühr in Höhe von 15 € zu zahlen.

Hinweis: Diese Gebühr haben Sie auch zu zahlen, wenn Sie die Gabionenmauer bis zum 15.11. … freiwillig abgebaut haben und sich somit sowohl die Androhung des Zwangsgelds als auch die Androhung der Ersatzvornahme erledigt haben.

Begründung

I. Sachverhalt

Mit Bescheid vom 17.10. …, der Ihnen am 18.10. … zugestellt worden ist, haben wir den Abriss der Gabionenmauer auf Ihrem Grundstück verfügt und mit Schreiben vom 29.10. … die sofortige Vollziehung angeordnet. Dieses Schreiben ist am 31.10. …

Ihrem Bevollmächtigten Herrn Rechtsanwalt Abelt zugestellt worden. Bisher haben Sie die Gabionenmauer nicht freiwillig abgebaut. Wir haben mittlerweile drei Kostenvoranschläge eingeholt. Nach dem günstigsten Pauschalangebot der Firma Müller Gartenbau GmbH betragen die Kosten für den Abbruch der Gabionenmauer 900 €.

II. Rechtliche Würdigung

1) Rechtsgrundlage für die Androhung des Zwangsgelds ist § 20 Abs. 1 Landesverwaltungsvollstreckungsgesetz (LVwVG). Nach §§ 1, 18, 2, 11 LVwVG kann ein Zwangsmittel angedroht werden: Die Abbruchverfügung vom 17.10. ... ist durch Zustellung am 18.10. ... wirksam geworden. Die sofortige Vollziehung, die wir mit Schreiben vom 17.10. ... angeordnet haben, wurde mit Zustellung an Ihren Anwalt am 31.10. ... wirksam, so dass Ihr Widerspruch vom 21.10. ... keine aufschiebende Wirkung hat. Da Sie die Mauer bisher nicht freiwillig abgebaut haben, obwohl dies möglich ist, liegt auch kein Vollstreckungshindernis vor.

Nach § 23 LVwVG kann ein Zwangsgeld von 10 bis 50 000 € angedroht werden. In Anbetracht Ihrer Vermögensverhältnisse und der voraussichtlichen Kosten eines Abbruchs von 900 € erscheint uns die Androhung der Festsetzung und Beitreibung eines Zwangsgelds von 400 € erforderlich und angemessen, um Sie zur freiwilligen Durchführung zu bewegen.

Bei der Fristbemessung haben wir berücksichtigt, dass Sie den Abbruch der Mauer voraussichtlich nicht persönlich, sondern durch einen Unternehmer durchführen. Nach unseren Erkenntnissen sind die Gartenbauer bzw. entsprechenden Bauunternehmer derzeit nicht voll ausgelastet, so dass eine kurzfristige Beauftragung und damit die Durchführung des Abbruchs innerhalb von einer Woche möglich sind. Eine längere Frist kam wegen des bevorstehenden Wintereinbruchs nicht in Betracht. In Anbetracht der Eile haben wir auf Ihre Anhörung nach § 28 Abs. 2 Nr. 5 LVwVfG im Vorfeld zu dieser Androhung verzichtet.

2) Neben dem Zwangsgeld konnten wir nach § 20 Abs. 3 S. 2 LVwVG an zweiter Reihe die Ersatzvornahme androhen. Dabei haben wir beachtet, dass mehrere Zwangsmittel nur in einer bestimmten Reihenfolge angedroht werden dürfen. Da der Wintereinbruch kurz bevorsteht, haben wir uns entschieden, schon jetzt nachrangig zum Zwangsgeld die Ersatzvornahme anzudrohen, falls die Androhung von Zwangsgeld erfolglos bleibt. Ab dem 21.11. ... würden wir die Mauer also auf Ihre Kosten abbauen.

3) Die Gebühr von 15 € beruht auf § 31 Abs. 1 u. 4 LVwVG, § 5 Vollstreckungsordnung (LVwVGKO).

Rechtsbehelfsbelehrung und sonstige Rechtshinweise

Gegen diesen Bescheid können Sie innerhalb eines Monats nach Bekanntgabe Widerspruch beim LRA Ortenaukreis mit Sitz in Offenburg erheben. [...][329]

---

329 Siehe Rechtsbehelfsbelehrung in Kapitel 1 zum belastenden Verwaltungsakt.

Bitte beachten Sie folgende Hinweise: Widersprüche und Anfechtungsklagen gegen Vollstreckungsmaßnahmen (hier: Androhung eines Zwangsmittels) haben nach § 12 LVwVG keine aufschiebende Wirkung. Das gilt auch für die Gebührenfestsetzung über 15 €. Beim Verwaltungsgericht Freiburg kann die Anordnung der aufschiebenden Wirkung nach § 80 Abs. 5 VwGO beantragt werden.

Mit freundlichen Grüßen

Max Mustersachbearbeiter

F. Rechtmäßiger Erlass eines Kostenbescheids

I. Fortsetzung des Ausgangsfalls

Unser Ausgangsfall geht weiter. Wir finden folgende weitere Schriftstücke: **513**

1. **Aktennotiz:** Beide Fristen sind abgelaufen und die Mauer steht immer noch. Jetzt soll die Mauer im Wege der Ersatzvornahme abgebaut werden. Von einem Vorauszahlungsbescheid in Höhe von 900 € nach § 31 Abs. 5 LVwVG sieht Herr Mustersachbearbeiter wegen des Verwaltungsaufwands ab. Eine spätere etwaige Beitreibung der Kosten erscheint wegen der Vermögenslage von Frau Schröder auch erfolgreich.
2. **Vollstreckungsauftrag nach § 5 LVwVG:** Danach wird der Außenmitarbeiter Herr Rudolf vom Landratsamt Ortenaukreis mit der Vollstreckung beauftragt.
3. **Werkvertrag mit der Müller Gartenbau GmbH** über den Abbau der Gabionenmauer zum Pauschalbetrag von 900 €.
4. **Niederschrift nach § 10 LVwVG:**

Landratsamt Ortenaukreis/Niederschrift über den Vollstreckungsversuch

Hier: Abbau der Gabionenmauer in Musterstraße 25, 78123 Willstätt im Wege der Ersatzvornahme

Am: Montag, den 24.11. ...

Beginn: Ankunft am Haus: 10.00 Uhr (Abfahrt LRA Ortenaukreis um 9.30 Uhr)

Ende: Verlassen des Grundstücks: 14.30 Uhr (Rückkehr im LRA Ortenaukreis um 15.00 Uhr)

Anwesend:
Herr Herbert Schubert, Müller Gartenbau GmbH
Herr Felix Scharf, Müller Gartenbau GmbH
Frau Isabelle Schröder

Herr Gerhard Schröder
Herr Heiner Rudolf, LRA Ortenaukreis

Teilweise anwesend: (von 11.00 Uhr bis 11.30 Uhr)
Frau Karin Schurr, Polizeidirektion Offenburg
Herr Manfred Merwald, Polizeidirektion Offenburg

Darstellung der wesentlichen Vorgänge:
Ich habe den Termin der Ersatzvornahme am Vortag Frau Schröder telefonisch angekündigt. Diese hat ohne weiteren Kommentar aufgelegt. Als die Mitarbeiter der GmbH und ich um 10.00 Uhr am Gartentor klingelten, weigerten sich Herr und Frau Schröder zunächst, uns die Gartentür aufzumachen. Ihren Schäferhund ließen sie unangeleint im Garten laufen. Nachdem alles gute Zureden nichts half, habe ich über Handy die Polizeidirektion gegen 10.30 Uhr um Hilfe gebeten. Die Polizeistreife traf gegen 11.00 Uhr ein. Nachdem dann Herr Merwald von der Polizeidirektion Offenburg ernsthaft mit dem Ehepaar Schröder geredet hatte und mehrere schaulustige Nachbarn von der Polizei aufgefordert werden mussten, den Bereich um das Gartentor zu verlassen, nahm Frau Schröder unter Tränen den Hund an die Leine. Herr Schröder öffnete die Gartentür und ließ uns ohne weitere Zwischenfälle die Gabionenmauer abbauen. Die Firma konnte um 11.15 Uhr mit der Arbeit starten. Um 14.30 Uhr hatte die Firma die Arbeit beendet.

Offenburg, den 24.11. ... Rudolf

5. **Rechnung der Firma Müller Gartenbau GmbH** über 970 € (900 € und 70 € Mehraufwand für die Wartezeit von über einer Stunde für zwei Mitarbeiter)
6. **Anhörungsschreiben vor Erlass des Kostenbescheids (§ 28 LVwVfG)**
7. **Rückantwort von Frau Schröder:** Ein Kostenbescheid kann nach Auffassung von Frau Schröder nicht erlassen werden, weil sich das Landratsamt unter Anwendung von körperlicher und psychischer Gewalt illegal Zugang zu ihrem Grundstück verschafft habe. Sie sei vor allen Nachbarn gedemütigt worden. Die Aktion hätte besser in den Abendstunden durchgeführt werden sollen, wenn es bereits dunkel sei, dann hätte niemand etwas mitbekommen. Außerdem habe sie selbst einen Kostenvoranschlag des Gartenbauers Schuster aus Willstätt zu einem Stundenpreis von 240 €, so dass sich die Kosten höchstens nur auf 780 € belaufen könnten für 3 Stunden und 15 Minuten.

■ **Aufgabe**: Prüfen Sie gutachtlich, ob das LRA Ortenaukreis die Erstattung der entstandenen Kosten und Auslagen rechtmäßig durch Kostenbescheid festsetzen kann.[330]

---

330 Der Entwurf eines Kostenbescheids wird hier nicht geübt. Siehe dazu ein ähnliches Beispiel im 5. Kapitel, dort G.

II. Lösungsvorschlag

RECHTSGUTACHTEN 514

Die entstandenen Kosten und Auslagen können rechtmäßig durch Kostenbescheid festgesetzt werden, wenn das LRA Ortenaukreis hierzu ermächtigt ist und die formellen und materiellen Voraussetzungen vorliegen.

I. Rechtsgrundlage für die Forderung der Erstattung der 970 €

Richtige Rechtsgrundlage für die Aufforderung an Frau Schröder, die an die Müller Gartenbau GmbH zu zahlenden bzw. gezahlten 970 € an das LRA Ortenaukreis zu erstatten, sind §§ 25, 31 Abs. 1 u. 4 LVwVG i. V. m. § 8 Abs. 1 Nr. 8 LVwVGKO.

II. Formelle Voraussetzungen

1) Zuständig für den Erlass des Kostenbescheids ist die Vollstreckungsbehörde, nach § 4 Abs. 1 LVwVG also das LRA Ortenaukreis.

2) Vor Erlass des Kostenbescheids wurde Frau Schröder – wie nach § 28 Abs. 1 LVwVfG erforderlich – angehört. Eine Ausnahme nach § 28 Abs. 2 Nr. 5 LVwVfG besteht nämlich nicht, da der Kostenbescheid keine Maßnahme **in** der Verwaltungsvollstreckung, sondern **nach** der Verwaltungsvollstreckung ist.

3) Der Kostenbescheid ergeht zweckmäßigerweise schriftlich, §§ 37 Abs. 3–5, 39 Abs. 1 LVwVfG sind einzuhalten und eine Rechtsbehelfsbelehrung ist beizufügen (§ 37 Abs. 6 LVwVfG).

4) Der Kostenbescheid kann durch normalen Brief an Frau Schröder bekannt gegeben werden (§ 41 Abs. 1 S. 1, Abs. 2 LVwVfG).

III. Materielle Voraussetzungen

1. Tatbestandsvoraussetzungen für den Erlass des Kostenbescheids

a) Nach § 31 Abs. 1 LVwVG muss eine Amtshandlung im Sinne des LVwVG vorliegen. Das ist hier die Ersatzvornahme nach § 25 LVwVG. Anstelle von Frau Schröder hat das Landratsamt die vertretbare Handlung „Abbau Mauer" durchgeführt.

b) Die Amtshandlung muss ferner auch rechtmäßig gewesen sein. Dies ist ein ungeschriebenes und allgemein anerkanntes Tatbestandsmerkmal.

aa) Rechtsgrundlage für die Durchführung der Ersatzvornahme ist § 25 LVwVG, da – wie geprüft – der Abbruch der Gabionenmauer eine vertretbare Handlung ist. Zuständig für die Durchführung war die Vollstreckungsbehörde, hier also nach § 4 Abs. 1 LVwVG das Landratsamt Ortenaukreis. Dieses konnte die Ersatzvornahme durch eigenes Personal mit eigenen Mitteln durchführen oder sich wie hier zusätzlich eines Verwaltungshelfers bedienen und die Müller Gartenbau GmbH per Werkvertrag mit dem Abbruch beauftragen.[331]

---

331 Beim Abschluss des Werkvertrags hat die Behörde zu bedenken, dass Frau Schröder möglicherweise nach Vertragsschluss die Mauer doch freiwillig abreißt. Hier sollten entspre-

bb) Die Ersatzvornahme muss auch materiell rechtmäßig gewesen sein. Zu prüfen ist, ob die Ersatzvornahme im Zeitpunkt der Durchführung zulässig war. Zu diesem Zeitpunkt war die Abrissverfügung immer noch wirksam und sofort vollziehbar, so dass die Voraussetzungen von §§ 1, 18, 2 LVwVG vorlagen. Es bestand auch kein Vollstreckungshindernis, § 11 LVwVG. Die Ersatzvornahme war im Zeitpunkt der Durchführung immer noch wirksam angedroht, § 20 Abs. 1 LVwVG. Die in der Androhung eingeräumte Frist war abgelaufen. Zwar war erstrangig ein Zwangsgeld angedroht. Eine Festsetzung des Zwangsgeldes war aber nur bis zum 20.11. möglich. Ab dem 21.11. war die Ersatzvornahme angedroht.

cc) Zu prüfen ist weiter, ob bei der Durchführung der Ersatzvornahme auch die formellen Voraussetzungen eingehalten worden sind. Der Vollstreckungsauftrag nach § 5 LVwVG lag vor. Der Außenmitarbeiter Herr Rudolf durfte mit den Mitarbeitern der Müller Gartenbau GmbH nach § 6 Abs. 1 S. 1 LVwVG das Grundstück von Frau Schröder betreten. Da der Vollstreckungsbeamte nicht wusste, ob er eventuell den Willen des Ehepaars Schröder brechen müsste, durfte er nach § 7 S. 2 LVwVG den Polizeivollzugsdienst um Unterstützung bitten. Die Vollstreckungsmaßnahme wurde nach § 9 LVwVG nicht zur Unzeit durchgeführt. Zuvor wurde Frau Schröder über den Termin sogar in Kenntnis gesetzt. Damit wurde die Ersatzvornahme rechtmäßig und auch im Übrigen formell fehlerfrei durchgeführt.

c) Die Kosten in Höhe von 970 €, die hier als Auslage geltend gemacht werden sollen, sind tatsächlich entstanden.[332] Dass zuvor in der Androhung Kosten in Höhe von 900 € zugrunde gelegt worden sind, ist unerheblich.

2. Rechtsfolge

a) Der Kostenbescheid ergeht nach § 31 Abs. 2 LVwVG an den Kostenschuldner. Dies ist Frau Schröder als Regelungsadressatin des Grundverwaltungsakts.

b) Die Erhebung der Kosten steht nach Teilen der Rechtsprechung entgegen des Wortlauts in § 31 Abs. 1 LVwVG im Ermessen der Vollstreckungsbehörde.[333] In der Regel sind die Kosten aber auch nach dieser Auffassung zu erheben, wenn keine außergewöhnlichen Umstände vorliegen. Solche Umstände sind hier nicht ersichtlich. Zur Prüfung der Rechtmäßigkeit des Ausgangsbescheids ist die Behörde nicht verpflichtet: Nach der Rechtsprechung des BVerwG wird bei allen Maßnahmen im Vollstreckungsrecht nur die Zulässigkeit der Vollstreckung nach §§ 1 ff. LVwVG, nicht aber die Rechtmäßigkeit des Ausgangsbescheids geprüft, weil dies dem Widerspruchs- und Klageverfahren gegen den Ausgangsbescheid vorbehalten bleibe und es Sache des Betroffenen sei, diese rechtzeitig durchzuführen.[334] Hier ist auch kein Verstoß gegen das Willkürverbot ersichtlich. Dass Frau Schröder ein günstigeres Angebot vorweisen kann, macht die Forderung der Be-

---

chende Regelungen getroffen werden, was der Beauftragte in diesem Fall höchstens in Rechnung stellen darf, wenn ein Pauschalpreis vereinbart wird.

332 Wir unterstellen hier, dass die Nachforderung der 70 € zivilrechtlich möglich ist.

333 VGH BW, Urteil vom 13.02.2007 – 1 S 822/05 – zitiert nach juris Rn. 20 ff.

334 BVerwG, Urteil vom 25.09.2008 – 7 C 5/08 – zitiert nach juris Rn. 12 und 14.

hörde noch nicht unverhältnismäßig. Dies ist bei der Einholung von Pauschalangeboten regelmäßig der Fall.

c) Der Kostenbescheid muss nach § 37 Abs. 1 LVwVfG bestimmt genug sein. Die geforderte Auslage muss genau beziffert werden, der Zahlungsgrund (Kosten der Ersatzvornahme) muss erkennbar sein.

3. Ergebnis

Damit kann der Betrag in Höhe von 970 € rechtmäßig durch Kostenbescheid festgesetzt werden.

IV. Sonstiges

Neben der Auslage ist nach § 6 Abs. 3 LVwVGKO eine Gebühr für die Ersatzvornahme zu erheben. Diese kann hier bis zu 97 € betragen (10 % der Kosten der Ersatzvornahme). Wenn weitere Auslagen entstanden wären, könnten diese ebenfalls nach § 8 LVwVGKO erhoben werden. Hier scheint eine Gebühr von 97 € in Anbetracht des Zeitaufwands angemessen. Damit ergeht folgender Tenor im Kostenbescheid an Frau Schröder:

Sie haben für die am … durchgeführte Ersatzvornahme (Abbruch der Gabionenmauer) Vollstreckungskosten in Höhe von insgesamt **1067 €** zu bezahlen. Diese setzen sich wie folgt zusammen:

a) Auslagen: 970 €

b) Gebühr: 97 €

G. Pfändungs- und Einziehungsverfügung

I. Fortsetzung des Ausgangsfalls

Herr Max Mustersachbearbeiter hat die Bestandskraft des Kostenbescheids abgewartet, weil dieser nicht nach § 80 Abs. 2 S. 1 Nr. 1 VwGO sofort vollziehbar ist. 515
Die Bestandskraft ist zum 10.01. … eingetreten. Frau Schröder zahlt weiter nicht. Jetzt liegen alle Vollstreckungsvoraussetzungen für die Beitreibung der 1067 € nach §§ 1, 13 Abs. 1 und § 2 LVwVG vor. Die Kasse des Landratsamts mahnt den Betrag zunächst noch einmal bei Frau Schröder an, obwohl es einer Mahnung nach § 14 Abs. 4 LVwVG nicht zwingend bedarf. In der Mahnung setzt die Kasse nach § 1 Abs. 1 LVwVGKO eine Mahngebühr von 5,34 € fest.[335] Die Mahnung geht Frau Schröder am 14.02. … zu. Als Frau Schröder daraufhin immer noch nicht bis zum 28.02. … reagiert, entscheidet die Kasse, durch Vollstreckungsauftrag, den Betrag nunmehr nach § 15 Abs. 1 LVwVG selbst beizutreiben. Hierin sind die eigenen Bediensteten geübt, die Hilfe eines Gerichtsvollziehers nach § 15a

335 Ein Hinweis nach § 13 Abs. 2 LVwVG auf Säumniszuschläge erfolgt nicht. § 31 Abs. 6 LVwVG verweist ausdrücklich nicht auf § 20 LGebG.

LVwVG muss nicht in Anspruch genommen werden. Der zuständige Mitarbeiter in der Kasse besorgt sich die Adresse der Arbeitgeberin von Frau Schröder (Frau Apothekerin Heidi Möller), um die 1067 € für die Ersatzvornahme, die Mahngebühr von 5,34 € und die Pfändungsgebühr von 25 € durch Pfändungs- und Einziehungsverfügung beizutreiben.

II. Auszug aus einer Pfändungs- und Einziehungsverfügung an den Drittschuldner

516 **Landratsamt Ortenaukreis ...**[336]

Postzustellungsurkunde

An die
Apotheke Heidi Möller
...

Sehr geehrte Frau Möller,

hiermit erhalten Sie folgende Pfändungs- und Überweisungsverfügung:

1) Pfändungsverfügung nach § 15 LVwVG i. V. m. § 309 AO

Ihre Arbeitnehmerin Frau Isabelle Schröder, Musterstraße 25, ... schuldet dem Landkreis Ortenau einen Betrag von 1097,34 €. Der Betrag ist fällig. Die Voraussetzungen der Vollstreckung durch Beitreibung nach dem Landesverwaltungsvollstreckungsgesetz Baden-Württemberg liegen vor.

a) Zur Deckung dieser Schuld wird hiermit die Forderung sowie der Anspruch auf Leistung von Arbeitslohn, welche Frau Schröder aufgrund ihrer Tätigkeit als angestellte Apothekerin in Ihrem Unternehmen gegen Sie als Drittschuldnerin zusteht und zustehen wird, wegen und bis zur Höhe dieser Schuldbeträge gepfändet.

b) Hiermit geht an Sie das Verbot, den oben angegebenen Betrag an Frau Schröder zu zahlen bzw. den gepfändeten Anspruch – außer an den Landkreis Ortenaukreis – herauszugeben. An Frau Schröder ergeht das Gebot, sich jeder Verfügung über die gepfändete Forderung – insbesondere der Einziehung derselben bzw. des Anspruchs auf Herausgabe oder Leistung – zu enthalten.

Hinweis: Die Vorschriften der Zivilprozessordung zum Pfändungsschutz gelten entsprechend, hiernach ist ein Teil des Arbeitseinkommens unpfändbar.

---

336 In den herkömmlichen Musterformularen und nach *Engelhardt/App* (VwVG – VwZG, AO, § 309 Rn. 4) wird der Schuldgrund (außer bei Steuern) auch dem Drittschuldner mitgeteilt. Nach der hier vertretenen Auffassung ist diese Datenübermittlung nicht erforderlich und somit nicht zulässig.

2) Einziehungsverfügung nach § 15 LVwVG i. V. m. § 314 AO

Die gepfändete Forderung wird hiermit dem Landkreis Ortenaukreis zur Einziehung überwiesen.

Kontonummer: ...... Geldinstitut ...... Bankleitzahl ......

Hinweis: Gültige Zahlungen können Sie mit befreiender Wirkung nur noch an den Landkreis Ortenaukreis leisten. Sie werden gebeten, binnen zwei Wochen vom Tage der Zustellung dieser Verfügung an gerechnet, die auf der Rückseite dieser Verfügung näher genannte Erklärung abzugeben. ...

III. Auszug aus einer Mitteilung an den Schuldner

Landratsamt Ortenaukreis ... 517

An Frau Isabelle Schröder

...

Sehr geehrte Frau Schröder,

die beglaubigte Abschrift der umseitigen Pfändungs- und Einziehungsverfügung, die Frau Heidi Möller am ... zugestellt worden ist, erhalten Sie mit der Aufforderung, sich jeder Verfügung über die gepfändete Forderung, insbesondere der Einziehung derselben bzw. des sonstigen Anspruchs auf Leistung oder Herausgabe zu enthalten. Schuldgrund für den mit der Pfändungs- und Überweisungsverfügung geltend gemachten Betrag ist:

a) Bescheid über die Kosten der Ersatzvornahme für den Abbau der Gabionenmauer: 1067 €

b) Mahngebühr gemäß § 1 Abs. 1 LVwVGKO aufgrund der Mahnung vom ...: 5,34 €

c) Pfändungsgebühr gemäß § 2 Abs. 1 Nr. 2 LVwVGKO i. V. m. Anlage 1 zur LVwVGKO: 25 €

Der genaue Schuldgrund wurde Frau Möller aus Datenschutzgründen nicht mitgeteilt.

(Es folgt die Rechtbehelfsbelehrung.)

4. Kapitel: Belastender Verwaltungsakt, Anordnung der sofortigen Vollziehung und Zwangsmittelandrohung in einem Bescheid

518 **Abwandlung vom Ausgangsfall 1:** Prüfen Sie gutachtlich, ob das LRA Ortenaukreis (siehe Musterakte in Teil 1) in einem Bescheid rechtmäßig den Abriss der Gabionenmauer anordnen, die sofortige Vollziehung des Abrisses verfügen und ein Zwangsgeld in Höhe von 400 € androhen kann.

519 Im 1. Kapitel wurde die Abrissverfügung erlassen, die im 2. Kapitel für sofort vollziehbar erklärt wurde. Im 3. Kapitel wurde ein Zwangsmittel angedroht, für den Fall, dass Frau Schröder die Gabionenmauer nicht innerhalb einer bestimmten Frist selbst abbaut. Das LRA Ortenaukreis hätte alle drei Regelungen bereits zusammen in einem Bescheid treffen können. Es entfällt dann nur die Gebühr für die Androhung der Zwangsmittel. Sie lösen die Aufgabenstellung also, in dem Sie im ersten Teil des Gutachtens prüfen, ob die Voraussetzungen für den Erlass des belastenden Verwaltungsakts vorliegen. Es schließt sich die Prüfung an, ob die sofortige Vollziehung nach § 80 Abs. 2 S. 1 Nr. 4 VwGO angeordnet werden kann. Im dritten Teil des Gutachtens prüfen Sie, ob das Zwangsgeld in Höhe von 400 € rechtmäßig angedroht werden kann.

5. Kapitel: Die unmittelbare Ausführung bzw. der Sofortvollzug

A. Abwandlung von Ausgangsfall 1 und Lernziele/-inhalte

520 **Anruf bei Herrn Mustersachbearbeiter LRA Ortenaukreis (7.11. …)**

Bauaufseherin: „Das Grundstück Musterstraße 25, Willstätt wird im Osten von einer Gabionenmauer eingegrenzt. Davor verläuft ein öffentlicher Gehweg mit angrenzendem Parkstreifen. An einem Ende sind heute Nacht nach starkem Regen 6 Gabionen umgekippt und durch den Aufprall verbogen. Die alleinstehende Eigentümerin Frau Schröder ist für 5 Wochen im Urlaub. Die Mauer ist ohne Fundament auf dem Hang errichtet, so dass die für die Standsicherheit notwendige Einbindung in den Hang fehlt. Auch der Teil, der noch steht, kann jederzeit einstürzen. Wir sollten die Gabionen abbauen. Die Meyer Gabionenwand GmbH bietet das für 1500 € pauschal an. Menge verlangt 1800 €, Schmal 2300 €. Das Grundstück müssen wir betreten, den Kran können wir auf dem Gehweg abstellen. Ein vorsorgliches Abstützen der Mauer wäre viel teurer.

Wenn wir die 5 Wochen abwarten, müssten wir den kompletten Gehweg, die Parkstreifen und wohl auch die Straße so lange absperren."

Aufgabe 1: Prüfen Sie, ob das LRA Ortenaukreis rechtmäßig die Mauer abreißen kann.

Aufgabe 2: Könnten auch die Gemeinde Willstätt oder der Polizeivollzugsdienst die Mauer abreißen, wenn das LRA nicht erreichbar ist (Wochenende) und bis Montag nicht mehr abgewartet werden kann?

Der Fall geht weiter: Das Landratsamt hat die Gabionenmauer nunmehr abbauen lassen und bekommt von der Meyer Gabionenwand GmbH eine Rechnung über 1500 € zugeschickt. Die alleinstehende Frau Schröder (andere Störer gibt es nicht) wird zum Erlass des Kostenbescheids angehört. Sie macht geltend, dass ihr Schwager Gartenbauer in Köln ist und die Mauer für 300 € abgebaut hätte. Außerdem bezichtigt sie das Landratsamt des Hausfriedensbruchs und bezweifelt, ob die Voraussetzungen für ein Einschreiten, zumal noch ohne vorherigen Bescheid, überhaupt vorlagen. Sie meint, das dürfe nur die Polizei.

Aufgabe 3: Entwerfen Sie einen entsprechenden Kostenbescheid.

Gegenstand dieses Kapitels ist die rechtmäßige unmittelbare Ausführung, die nach h. M. ein Realakt ist[337]: Weil das Landratsamt keine Zeit hat, Frau Schröder durch Erlass eines belastenden Verwaltungsakts zum Abbruch zu verpflichten, sorgt es selbst anstelle und auf Kosten von Frau Schröder für den Abbruch. **521**

Hinweis: Studierende des Bundes oder anderer Bundesländer sollten zunächst das Unterkapitel H lesen (Unterscheidung von unmittelbarer Ausführung und Sofortvollzug[338]). In den meisten Bundesländern ist der Fall nicht wie hier als unmittelbare Ausführung, sondern als Sofortvollzug zu lösen!

Zum Aufbau dieses Kapitels: In B. finden Sie ein Prüfungsschema, in C. die Rechtmäßigkeitsvoraussetzungen, in D. bis G. die Lösungsvorschläge zu den Aufgaben 1 bis 3, in H. Hinweise auf die Rechtslage in den anderen Bundesländern und auf Bundesebene und in I. Vertiefungshinweise. **522**

Mit der unmittelbaren Ausführung vervollständigen wir auch gleichzeitig das Arbeitsprogramm der Ordnungsbehörden, was folgende Übersicht verdeutlichen soll. **523**

---

337 *Schenke*, Polizeirecht, Rn. 625.

338 In Baden-Württemberg gibt es den sofortigen Vollzug bzw. Sofortvollzug nicht. Hier werden alle Fälle von der unmittelbaren Ausführung erfasst. Auf Bundesebene und in vielen anderen Bundesländern würde der Fall hier nicht unter dem Stichwort „unmittelbare Ausführung“, sondern als „sofortiger Vollzug“ (vgl. § 6 Abs. 2 VwVG) gelöst.

„Gefahrenabwehrprogramm"

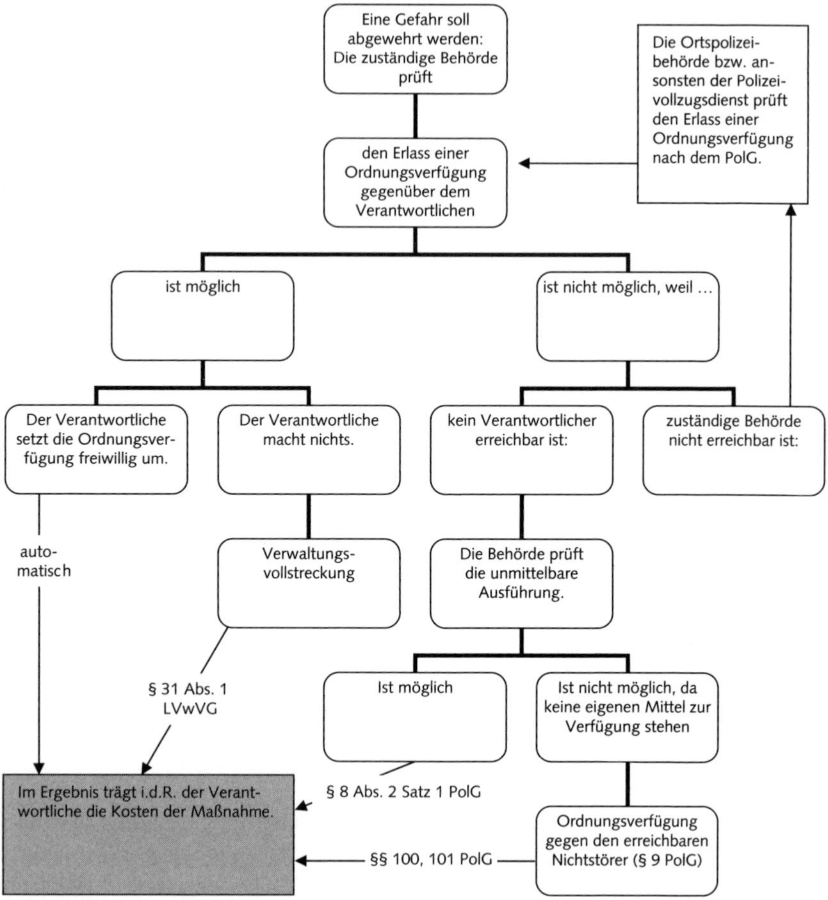

B. Prüfungsschemata

I. Unmittelbare Ausführung nach § 8 Abs. 1 S. 1 PolG BW

Beachte: Es sind im Gutachten nicht stets alle Prüfungspunkte anzusprechen!

Rechtsnatur der unmittelbaren Ausführung: Realakt 524

I. Rechtsgrundlage: Rechtsgrundlage für ersetzten Verwaltungsakt i.V.m. § 8 Abs. 1 S. 1 PolG BW

1. Ermächtigung für den Eingriff: Rechtsgrundlage wie für den Verwaltungsakt (hier z.B. § 65 Abs. 1 S. 1 LBO BW)
2. Befugnis zum Handeln im Wege der unmittelbaren Ausführung: § 8 Abs. 1 S. 1 PolG BW

II. Formelle Voraussetzungen für die unmittelbare Ausführung

1. **Zuständigkeit:** Die Behörde, die für den Erlass des Verwaltungsakts, der durch die unmittelbare Ausführung ersetzt werden soll, zuständig wäre
2. **Benachrichtigung nach § 8 Abs. 1 S. 2 PolG** (lässt die Rechtmäßigkeit der Maßnahme aber unberührt)

III. Materielle Voraussetzungen für die unmittelbare Ausführung

1. **Vorliegen der Tatbestandsvoraussetzungen der Rechtsgrundlage**
   a) Der Verwaltungsakt (z.B. § 65 Abs. 1 S. 1 LBO BW) hätte grds. ergehen können
   b) Die Voraussetzungen für die unmittelbare Ausführung nach § 8 Abs. 1 S. 1 PolG BW liegen vor
2. **Kein Verstoß gegen sonstiges Recht (insbes. Verhältnismäßigkeit)**

II. Kostenbescheid für die unmittelbare Ausführung

Rechtsnatur: Verwaltungsakt 525

I. Rechtsgrundlage: § 8 Abs. 2 S. 1 PolG BW

II. Formelle Voraussetzungen für den Kostenbescheid

1. Zuständigkeit: die Behörde, die die unmittelbare Ausführung durchgeführt hat
2. Verfahren (insbes. Anhörung)
3. Form
4. Bekanntgabe

III. Materielle Voraussetzungen für den Kostenbescheid

1. **Vorliegen der Tatbestandsvoraussetzungen von § 8 Abs. 2 S. 1 PolG BW**
   a) Rechtmäßigkeit der unmittelbaren Ausführung
      aa) es liegt eine unmittelbare Ausführung vor

bb) die unmittelbare Ausführung war formell und materiell rechtmäßig

b) Entstehung von Kosten durch die unmittelbare Ausführung

2. **Setzen einer rechtmäßigen Rechtsfolge**
   a) Regelungsadressat (Kostenschuldner)
   b) Ermessen nach der Rechtsprechung (a. A.: Wortlaut der Norm = gebundene Entscheidung)
   c) Bestimmtheit

C. Rechtmäßige unmittelbare Ausführung

I. Rechtsgrundlage und Zuständigkeit

1. Rechtsgrundlage für die unmittelbare Ausführung

526 Die Verwaltung bedarf einer doppelten Ermächtigung, wenn sie auf Kosten des Störers im Wege der unmittelbaren Ausführung an dessen Stelle eine diesen treffende Handlungsverpflichtung wahrnehmen will. Zum einen muss sie **inhaltlich zu dem Eingriff in die Rechtsgüter des Betroffenen** ermächtigt sein, zum anderen muss sie befugt sein, **in Form der unmittelbaren Ausführung** anstatt durch verpflichtenden Verwaltungsakt mit anschließender Vollstreckung zu handeln („Befugnis zur unmittelbaren Ausführung").

527 Selten enthält das Spezialgesetz eine solche doppelte Rechtsgrundlage für die unmittelbare Ausführung.

■ **Beispiel:** Nach § 7 Abs. 3, 1. HS FStrG hat derjenige, der Bundesfernstraßen über das übliche Maß hinaus verunreinigt, die Verunreinigung ohne Aufforderung unverzüglich zu beseitigen. Nach § 7 Abs. 3, 2. HS FStrG kann andernfalls die Straßenbaubehörde bzw. auf Bundesautobahnen durch die Gesellschaft privaten Rechts im Sinne des Infrastrukturgesellschaftserrichtungsgesetzes die Verunreinigung sofort ohne Erlass eines Verwaltungsakts auf seine Kosten beseitigen.[339]

528 Enthält das Spezialgesetz keine spezielle Ermächtigung, ist als Rechtsgrundlage für den Eingriff die Rechtsgrundlage heranzuziehen, die auch Rechtsgrundlage für den Erlass des fiktiven Verwaltungsakts wäre. Rechtsgrundlage für das Handeln in der Form der unmittelbaren Ausführung anstatt durch Verwaltungsakt ist § 8 Abs. 1 S. 1 PolG BW.

■ **Beispiel:** Hier will das LRA Ortenaukreis die Mauer abreißen und damit in das Recht auf Eigentum von Frau Schröder eingreifen. Dafür bedarf das LRA einer Er-

339 Vgl. für Landes-, Kreis- und Gemeindestraßen in Baden-Württemberg: § 42 S. 2 StrG BW; weitere Beispiele für lex specialis: § 8 Abs. 7a FStrG, auf Landesebene z. B. § 16 Abs. 8 S. 2 StrG BW.

mächtigungsgrundlage. Das ist wie bereits im 1. Kapitel geprüft § 65 Abs. 1 S. 1 LBO BW. Zum Handeln in Form der unmittelbaren Ausführung ermächtigt § 8 Abs. 1 S. 1 PolG BW. Richtige Rechtsgrundlage ist also § 65 Abs. 1 S. 1 LBO BW i. V. m. § 8 Abs. 1 S. 1 PolG BW.

2. Zuständigkeit

Zuständig ist die für den Erlass des fiktiven Verwaltungsakts zuständige **529**
Behörde.[340]

II. Materielle Voraussetzungen

1. Vorliegen der Tatbestandsvoraussetzungen der Rechtsgrundlage

a) Prüfung der Tatbestandsvoraussetzungen für den fiktiven Verwaltungsakt

Auch wenn die Behörde die Handlung in Form der unmittelbaren Ausfüh- **530**
rung selbst ausführt, müssen die Tatbestandsvoraussetzungen vorliegen, die für den Erlass des befehlenden Verwaltungsakts vorliegen müssen. Ansonsten wäre ein Eingriff in Rechte des Bürgers durch unmittelbare Ausführung zulässig, obwohl ein befehlender Verwaltungsakt in dieser Situation nicht hätte erlassen werden können.

b) Voraussetzungen der unmittelbaren Ausführung, § 8 Abs. 1 S. 1 PolG BW

Nach § 8 Abs. 1 S. 1 PolG BW ist die unmittelbare Ausführung einer Maß- **531**
nahme durch die Polizei nur zulässig, wenn der polizeiliche Zweck durch Maßnahmen gegen die in §§ 6 und 7 PolG BW bezeichneten Personen nicht oder nicht rechtzeitig erreicht werden kann. Das ist der Fall, wenn Störer nach §§ 6, 7 PolG BW[341] überhaupt nicht bekannt sind und mit zumutbarem Aufwand auch nicht ermittelt werden können oder ein oder mehrere Störer bekannt, aber derzeit tatsächlich oder rechtlich nicht erreichbar sind, und weitere Störer entweder nicht vorhanden sind oder nicht mit zumutbarem Aufwand ermittelt werden können:

---

340 Davon, dass nicht nur die Polizeibehörde, sondern auch die besondere Ordnungsbehörde auf § 8 PolG BW zurückgreifen kann, geht die Rechtsprechung in Baden-Württemberg ohne Weiteres aus, vgl. z. B. VGH BW, Beschluss vom 05.10.2001 – 8 S 2583/00 – zur unmittelbaren Ausführung durch das Landratsamt als untere Verwaltungsbehörde. In der Literatur ist dies umstritten: Nachweise bei *Wolf/Stephan/Deger*, Polizeigesetz für Baden-Württemberg, 6. Aufl., § 8 Rn. 11.

341 Störer sind nur die, deren Störereigenschaft feststeht. Verdächtigte sind noch keine Störer.

■ **Beispiel 1**: Die Gefahr muss so schnell beseitigt werden, dass nur eine mündliche Anordnung in Betracht kommt. Der Störer ist weder anwesend noch telefonisch erreichbar (Telefonnummer nicht bekannt und Ermittlung zu aufwendig). Der Verwaltungsakt kann somit nicht bekannt gegeben werden.

■ **Beispiel 2:** Die Anordnung könnte schriftlich ergehen und im Wege der Ersatzzustellung nach § 41 Abs. 1 und 5 LVwVfG, § 3 LVwZG, § 180 S. 2 ZPO durch Einlegung in den Briefkasten auch wirksam werden. Allerdings weiß die Behörde, dass der Regelungsadressat von den Anordnungen erst viel später erfahren wird.

2. Kein Verstoß gegen sonstiges Recht

532 Die unmittelbare Ausführung darf nicht gegen sonstiges höherrangiges Recht verstoßen (insbes. nicht gegen den Grundsatz der Verhältnismäßigkeit).

III. Formelle Voraussetzungen

533 Für die unmittelbare Ausführung (Realakt) gelten keine besonderen formellen Voraussetzungen. Allerdings schreibt § 8 Abs. 1 S. 2 PolG BW die unverzügliche Unterrichtung des Betroffenen über die Durchführung der unmittelbaren Ausführung vor.

D. Lösungsvorschlag zu Aufgabe 1

534 **RECHTSGUTACHTEN**

Das LRA Ortenaukreis kann rechtmäßig ohne Erlass einer Abrissverfügung die Mauer auf Kosten von Frau Schröder abreißen, wenn die Voraussetzungen für die unmittelbare Ausführung der Maßnahme vorliegen und diese auch im Übrigen mit dem höherrangigen Recht vereinbar ist.

I. Rechtsgrundlage

Als Rechtsgrundlage für den Abbruch der Gabionenmauer durch das LRA Ortenaukreis im Wege der unmittelbaren Ausführung ohne vorherigen Erlass einer Abbruchverfügung kommt § 65 Abs. 1 S. 1 LBO BW i. V. m. § 8 Abs. 1 S. 1 PolG BW in Betracht. Wörtlich ermächtigt § 8 Abs. 1 S. 1 PolG BW zwar nur die Polizei. Nach richtiger Rechtsauffassung handelt es sich bei § 8 Abs. 1 S. 1 PolG BW wie auch bei §§ 6, 7, 9 PolG BW um eine im gesamten Ordnungsrecht anwendbare Norm.

II. Formelle Voraussetzungen

1. Zuständig ist die Behörde, die für den Erlass des Verwaltungsakts zuständig wäre, an dessen Stelle die unmittelbare Ausführung tritt. Für den Erlass der Ab-

bruchverfügung wäre das LRA Ortenaukreis nach §§ 48 Abs. 1, 46 Abs. 1 Nr. 3 LBO BW, § 15 Abs. 1 Nr. 1 LVG BW sachlich und nach § 3 Abs. 1 Nr. 1 LVwVfG örtlich zuständig.

2. Nach § 8 Abs. 1 S. 2 PolG BW ist Frau Schröder über die Durchführung der unmittelbaren Ausführung unverzüglich zu unterrichten. Das ist allerdings keine Rechtmäßigkeitsvoraussetzung.

III. Materielle Rechtmäßigkeit

1. Vorliegen der Tatbestandsvoraussetzungen

Das LRA Ortenaukreis ist ermächtigt, die Mauer ganz oder teilweise im Wege der unmittelbaren Ausführung abzubauen, wenn die Tatbestandsvoraussetzungen für den Erlass einer fiktiven Abbruchsanordnung nach § 65 Abs. 1 S. 1 LBO BW vorliegen und die unmittelbare Ausführung nach § 8 Abs. 1 S. 1 PolG BW zulässig ist.

a) Voraussetzungen für eine Abbruchverfügung, § 65 Abs. 1 S. 1 LBO BW
Die Voraussetzungen für den Erlass einer Abbruchverfügung liegen vor, wenn eine Anlage im Widerspruch zu öffentlich-rechtlichen Vorschriften errichtet worden ist und rechtmäßige Zustände auf andere Weise nicht hergestellt werden können. [...] (Siehe Kapitel 1).

b) Voraussetzungen der unmittelbaren Ausführung, § 8 Abs. 1 S. 1 PolG BW
Der Abbruch der Gabionenmauer im Wege der unmittelbaren Ausführung von § 65 Abs. 1 S. 1 LBO BW durch die zuständige Baurechtsbehörde ist nach § 8 Abs. 1 S. 1 PolG BW nur zulässig, wenn der Zweck von § 65 Abs. 1 S. 1 LBO BW durch eine Abbruchverfügung gegen die in §§ 6, 7 PolG BW (bzw. Spezialgesetz) bezeichneten Personen nicht oder nicht rechtzeitig erreicht werden kann. Das ist der Fall, wenn solche Personen überhaupt nicht bekannt sind und mit zumutbarem Aufwand auch nicht ermittelt werden können oder ein oder mehrere solche Personen zwar bekannt, aber derzeit tatsächlich oder rechtlich nicht erreichbar sind, und weitere Verantwortliche entweder nicht vorhanden sind oder nicht mit zumutbarem Aufwand ermittelt werden können. Nach Aktenlage ist dem LRA Ortenaukreis eine Störerin bekannt, nämlich Frau Schröder als Zustandsstörerin nach § 7 PolG BW, weil von der nicht standsicheren Gabionenmauer, deren Eigentümerin sie ist, die Gefahr ausgeht. Der Abbruch der akut einsturzgefährdeten Mauer ist sehr eilig. Mündlich kann die Abbruchverfügung nicht erlassen werden, weil Frau Schröder nicht anwesend und telefonisch nicht erreichbar ist. Von einer schriftlichen Abbruchverfügung würde sie erst nach ihrem Urlaub erfahren. Die Ermittlung weiterer Störer scheidet wegen der Eilbedürftigkeit aus. Damit liegen die Tatbestandsvoraussetzungen für die unmittelbare Ausführung nach § 8 Abs. 1 S. 1 PolG BW vor.

2. Kein Verstoß gegen sonstiges Recht

Die unmittelbare Ausführung darf nicht gegen sonstiges Recht verstoßen.

(1) Das Betreten des Grundstücks ist dem Landratsamt nach § 47 Abs. 3 LBO BW gestattet. Das Landratsamt kann die Firma Meyer als Verwaltungshelferin hinzuziehen.

(2) Schließlich muss die Maßnahme wie jedes Verwaltungshandeln verhältnismäßig sein (Art. 20 Abs. 3 GG). Die unmittelbare Ausführung muss also zur Verfolgung eines legitimen Zwecks geeignet, erforderlich und angemessen sein.

Die unmittelbare Ausführung ist geeignet, um schnellstmöglich die Standunsicherheit zu beseitigen und so die Gefahren, die von einem etwaigen Einsturz ausgehen, zu unterbinden.

Sie müsste auch erforderlich sein. Kommen mehrere gleich geeignete Mittel in Betracht, ist das den Betroffen am wenigsten belastende Mittel zu wählen. Gleich geeignete Mittel sind hier nicht ersichtlich, da bei einem weiteren Abwarten ein Einsturz nicht ausgeschlossen werden kann. Damit ist die unmittelbare Ausführung geeignet.

Sie müsste auch angemessen sein. Durch die unmittelbare Ausführung darf für Frau Schröder kein Nachteil herbeigeführt werden, der erkennbar außer Verhältnis zum beabsichtigten Erfolg steht. Hier wird durch den Abbau der Mauer in das Eigentum von Frau Schröder eingegriffen. Im Regelfall ist der unmittelbare Abbau einer baulichen Anlage durch die Behörde unangemessen, da der Betroffene einen Substanzverlust erleidet und ihm gleichzeitig die Möglichkeit genommen wird, die Maßnahme durch einen Rechtsbehelf im Vorfeld abzuwehren. Hier besteht allerdings eine akute Einsturzgefahr. Schon deswegen ist die unmittelbare Ausführung nicht unangemessen. Hinzu kommt, dass die einzelnen Gabionen als Fertigteile erhalten bleiben und jederzeit wieder aufgebaut werden können. Die unmittelbare Ausführung ist insgesamt verhältnismäßig.

IV. Gesamtergebnis

Das LRA Ortenaukreis kann die Gabionenmauer auf Kosten von Frau Schröder im Wege der unmittelbaren Ausführung rechtmäßig abbauen lassen.

E. Die Notzuständigkeit (Aufgabe 2)

I. Rechtsgrundlage und Zuständigkeit

535 **Allgemeines zur Zuständigkeit für die Gefahrenabwehr:** In Aufgabe 2 überlegt die Gemeinde Willstätt, ob sie die Gabionenmauer im Wege der unmittelbaren Ausführung abbricht. Wie oben geprüft, ist dafür eigentlich das LRA Ortenaukreis als besondere Ordnungsbehörde zuständig. Nach § 2 Abs. 1 PolG BW hat die Polizei die notwendigen vorläufigen Maßnahmen zu treffen, wenn zur Wahrnehmung einer polizeilichen Aufgabe im Sinne des § 1 Abs. 1 PolG BW nach gesetzlicher Vorschrift eine andere Stelle zu-

ständig ist und deren rechtzeitiges Tätigwerden bei Gefahr im Verzug nicht erreichbar erscheint (Not- bzw. Eilzuständigkeit der Polizei). Dabei ist als Polizei zunächst nach §§ 105 Abs. 1, 111 Abs. 2, 107 Abs. 4 S. 1 PolG die Gemeinde als Ortspolizeibehörde sachlich zuständig. Der Polizeivollzugsdienst handelt nach § 105 Abs. 2 PolG BW nur, wenn auch die Ortspolizeibehörde nicht erreichbar ist.

Rechtsgrundlage und Zuständigkeit: Auf die Spezialermächtigung (hier **536** § 65 Abs. 1 S. 1 LBO BW i. V. m. § 8 Abs. 1 S. 1 PolG BW) kann sich die Polizei nur stützen, wenn dies im Spezialgesetz auch vorgesehen ist, ansonsten kommen nur die §§ 27 ff. PolG BW oder §§ 3, 1 Abs. 1 PolG BW i. V. m. § 8 Abs. 1 S. 1 PolG BW in Betracht.[342]

Da die LBO BW keine Notzuständigkeit der Ortspolizeibehörde kennt und der Abbruch der Mauer auch keine der in §§ 27 ff. PolG BW aufgezählten Standardmaßnahmen ist, kommen damit als Rechtsgrundlage für den Abbruch der Gabionenmauer im Wege der unmittelbaren Ausführung durch die Gemeinde Willstätt nur §§ 3, 1 Abs. 1 PolG BW i. V. m. § 8 Abs. 1 S. 1 PolG BW in Betracht. Die Gemeinde Willstätt ist hierfür nach § 2 Abs. 1 S. 1 PolG BW i. V. m. §§ 105 Abs. 1, 111 Abs. 2, 107 Abs. 4 S. 1 PolG BW sachlich und nach § 113 Abs. 1 S. 2 PolG BW örtlich zuständig.

II. Materielle Voraussetzungen

Auf der Tatbestandsseite sind die Tatbestandsvoraussetzungen von §§ 3, 1 **537** Abs. 1 PolG zu prüfen. Dann müsste eine Gefahr bzw. Störung für die öffentliche Sicherheit oder Ordnung vorliegen. Das Schutzgut öffentliche Sicherheit umfasst alle Individualrechtsgüter, den Staat und seine Einrichtungen sowie das geschriebene Recht (objektive Rechtsordnung).[343] Hier sind als Individualrechtsgüter die körperliche Unversehrtheit und das Eigentum anderer sowie als geschriebenes Recht § 13 LBO BW und möglicherweise sogar §§ 222, 229 StGB betroffen. Hinsichtlich § 13 LBO BW besteht eine Störung durch die standunsichere Mauer (der Verstoß gegen § 13 LBO BW dauert an). Für die Individualrechtsgüter „körperliche Unversehrtheit" und „Eigentum" liegt eine hinreichende Wahrscheinlichkeit des Schadenseintritts vor, weil die Mauer einstürzen kann und Menschen und Sachen dadurch zu Schaden kommen können.[344]

---

342 Streitig, vgl. hierzu: *Wolf/Stephan/Deger*, Polizeigesetz für Baden-Württemberg, § 2 Rn. 10.

343 Vgl. *Wolf/Stephan/Deger*, Polizeigesetz für Baden-Württemberg, § 1 Rn. 41 ff.

344 Wegen der Störung der objektiven Rechtsordnung ist eine Subsidiarität nach § 2 Abs. 2 PolG BW nicht zu prüfen. Außerdem ist die körperliche Unversehrtheit nach §§ 222, 229 StGB auch durch Normen des öffentlichen Rechts geschützt.

538 Auf der Rechtsfolgenseite ist die gesetzliche Grenze von § 2 Abs. 1 S. 1 PolG BW zu beachten. Danach darf die Ortspolizeibehörde in der Regel nur vorläufige Maßnahmen treffen. Z. B. wäre ein einsturzgefährdetes Gebäude zunächst nur zu evakuieren und weiträumig abzusichern. In unserem Fall liegt ein absoluter Ausnahmefall vor, der auch den Abbau der Gabionenmauer erlaubt, weil das insoweit ebenfalls nur eine vorläufige Sicherung ist. Die einzelnen Gabionen können ja jederzeit wieder zusammengesetzt werden.

III. Formelle Voraussetzungen[345]

539 Neben der Benachrichtigung von Frau Schröder nach § 8 Abs. 1 S. 2 PolG BW ist auch eine Benachrichtigung des Landratsamts Ortenaukreis nach § 2 Abs. 1 S. 2 PolG BW erforderlich.

F. Rechtmäßiger Kostenbescheid (§ 8 Abs. 2 S. 1 PolG BW)

I. Rechtsgrundlage und Zuständigkeit

540 Rechtsgrundlage für den Erlass des Kostenbescheids ist § 8 Abs. 2 S. 1 PolG BW. Dort ist nämlich geregelt, dass die in den §§ 6 und 7 PolG BW bezeichneten Personen zum Ersatz der Kosten verpflichtet sind, die der Polizei durch die unmittelbare Ausführung einer Maßnahme entstehen. Geldleistungsansprüche aufgrund öffentlich-rechtlicher Normen macht die Verwaltung durch Verwaltungsakt geltend. Zuständig für den Erlass des Kostenbescheids ist die Behörde, die die unmittelbare Ausführung durchgeführt hat, d. h. hier das Landratsamt Ortenaukreis.

II. Materielle Voraussetzungen

1. Vorliegen der Tatbestandsvoraussetzungen von § 8 Abs. 2 S. 1 PolG BW

a) Rechtmäßigkeit der unmittelbaren Ausführung

541 Zunächst muss eine unmittelbare Ausführung gemäß § 8 Abs. 1 S. 1 PolG BW durchgeführt worden sein. Hat die Polizei z. B. die Feuerwehr verständigt und ist diese im Rahmen ihrer Aufgaben nach § 2 Feuerwehrgesetz BW tätig geworden, liegt keine unmittelbare Ausführung vor.[346]

345 Zuständigkeit bereits oben geprüft.

346 Diese Kosten wären nach § 34 Feuerwehrgesetz BW geltend zu machen. Zum Vorrang der Feuerwehrkosten: VGH BW, Urteil vom 30.11.2010 – 1 S 1120/10 –.

Weiterhin muss die unmittelbare Ausführung rechtmäßig gewesen sein. Hier ist also zu prüfen, ob die materiellen und formellen Voraussetzungen der unmittelbaren Ausführung vorgelegen haben (siehe unter C). 542

b) Entstehung von Kosten durch die unmittelbare Ausführung

Der Behörde müssen durch die unmittelbare Ausführung Kosten entstanden sein. Die 1500 €, die das Landratsamt der Meyer Gabionenwand GmbH zahlen muss, sind unproblematisch solche Kosten.[347] 543

2. Rechtsfolgenseite

a) Regelungsadressat

Die Entscheidung, welcher bzw. welche Störer mit welchen Anteilen zum Kostenersatz herangezogen werden, steht im Ermessen der Behörde, das diese nach § 40 LVwVfG auszuüben hat. 544

b) Ermessen oder gebundene Entscheidung

Nach dem Wortlaut von § 8 Abs. 2 S. 1 PolG BW liegt eine gebundene Entscheidung vor. Nach der Rechtsprechung des VGH BW steht die Entscheidung, ob und in welcher Höhe vom Störer die Kosten der unmittelbaren Ausführung verlangt werden, jedoch im Ermessen der Behörde.[348] Dabei geht der Verwaltungsgerichtshof davon aus, dass die Behörde im Regelfall einen Kostenbescheid in voller Höhe erlässt. Anders ist die Situation z. B., wenn es um sehr hohe Gesamtkosten geht, die dem Zustandsstörer aufgebürdet werden sollen. Hier ist denkbar, diesen nur anteilig an den entstandenen Kosten zu beteiligen. 545

---

347 Streitig ist, ob daneben auch entsprechend der LVwVGKO Gebühren und Auslagen erhoben werden dürfen. Nach BVerwG, NJW 1981, 1571 darf nur der tatsächliche Mehraufwand berechnet werden; ein Großteil der Literatur wie z. B. *Schenke*, Polizei- und Ordnungsrecht, Rn. 767 geht davon aus, dass die gleichen Gebühren und Auslagen wie bei der Ersatzvornahme oder dem unmittelbaren Zwang erhoben werden dürfen. Für diese Auffassung spricht, dass die unmittelbare Ausführung in Baden-Württemberg den sofortigen Vollzug, der in anderen Bundesländern nach dem Verwaltungsvollstreckungskostengesetz berechnet wird, mit einschließt. Zur Vermeidung von Rechtsunklarheiten sieht das Innenministerium in Ziffer 15.6 der Gebührenverordnung des Innenministeriums vom 12.07.2011, GBl. S. 404 einen Gebührentatbestand für die unmittelbare Ausführung vor. Allerdings sollten die Gebühren nicht höher liegen als für Ersatzvornahme oder unmittelbaren Zwang.

348 VGH BW, Urteil vom 17.09.1990 – 1 S 2805/89 –.

c) Bestimmtheit

546 Nach § 37 Abs. 1 LVwVfG muss bestimmt sein, welchen Geldbetrag wer an wen für welche Leistung der Behörde zu entrichten hat.

III. Formelle Voraussetzungen[349]

547 Hier gelten die gleichen Regelungen wie bei jedem anderen belastenden Verwaltungsakt. Insbesondere ist der Betroffene vor Erlass des Kostenbescheids nach § 28 Abs. 1 LVwVfG anzuhören. Zweckmäßigerweise ergeht der Kostenbescheid schriftlich. Er ist dann nach § 39 Abs. 1 LVwVfG zu begründen und nach § 37 Abs. 6 LVwVfG mit einer Rechtsbehelfsbelehrung zu versehen.

IV. Sonstiges

548 Ein Widerspruch gegen den Kostenbescheid hat aufschiebende Wirkung (kein Fall von § 80 Abs. 2 S. 1 Nr. 1 VwGO).

Die Anordnung der sofortigen Vollziehung der Zahlungsforderung kommt i. d. R. nicht in Betracht. Es besteht kein überwiegendes Interesse, dass die Behörde das Geld schon vor Bestandskraft bekommt. Anders ist die Situation z.B. nur, wenn es um für die jeweilige Behörde sehr hohe Kosten geht oder Tatsachen für die spätere Uneinbringlichkeit vorliegen.

G. Musterkostenbescheid (Auszug)

549 Sehr geehrte Frau Schröder,

hiermit ergeht folgende Verfügung:

Sie haben uns die Kosten für den am 07.11. … durchgeführten Abbruch der Gabionenmauer auf Ihrem Grundstück Musterstraße 25 in Willstätt zu erstatten. Die Kosten betragen 1500 € und beruhen auf der beigefügten Rechnung der Firma Meyer Gabionenwand GmbH.[350]

Begründung

I. Sachverhalt

…

349 Zuständigkeit bereits oben geprüft.

350 Je nach Rechtsauffassung wäre daneben noch eine Gebühr nach § 6 Abs. 3 LVwVGKO analog festzusetzen.

II. Rechtliche Würdigung

1) Rechtsgrundlage für diesen Kostenbescheid ist § 8 Abs. 2 S. 1 Polizeigesetz Baden-Württemberg (PolG BW). Hier ist wörtlich geregelt, dass die in den §§ 6 und 7 PolG BW bezeichneten Personen, wenn der Polizei durch die unmittelbare Ausführung einer Maßnahme Kosten entstehen, zu deren Ersatz verpflichtet sind. Vom Wortlaut ermächtigt die Vorschrift lediglich die Polizei im Sinne des Polizeigesetzes (also Vollzugspolizei und allgemeine Polizeibehörden wie z. B. die Ortspolizeibehörde) und nicht uns als untere Baurechtsbehörde. Die §§ 5 bis 9 PolG BW stellen aber gleichzeitig allgemeine Verwaltungsgrundsätze dar, die sich an alle Ordnungsbehörden richten. Daher dürfen wir § 8 PolG BW anwenden.

2) Der in unserem Auftrag durchgeführte Abbruch der Gabionenmauer war entgegen Ihrer Rechtsauffassung eine rechtmäßige unmittelbare Ausführung.

a) Rechtsgrundlage für die unmittelbare Ausführung waren § 65 Abs. 1 S. 1 Landesbauordnung Baden-Württemberg (LBO BW) i. V. m. § 8 Abs. 1 S. 1 PolG BW. Danach kann die zuständige Behörde eine Anlage teilweise oder ganz im Wege der unmittelbaren Ausführung abbrechen, wenn die Tatbestandsvoraussetzungen für den Erlass einer fiktiven Abbruchsanordnung nach § 65 Abs. 1 S. 1 LBO BW vorliegen und die unmittelbare Ausführung nach § 8 Abs. 1 S. 1 PolG BW zulässig ist. Unsere Zuständigkeit ergibt sich aus §§ 48 Abs. 1, 46 Abs. 1 Nr. 3 LBO BW, § 15 Abs. 1 Nr. 1 Landesverwaltungsgesetz Baden-Württemberg (LVG) und § 3 Abs. 1 Nr. 1 Landesverwaltungsverfahrensgesetz (LVwVfG).

Entgegen Ihrer Rechtsauffassung ist es also gesetzlich nicht von vornherein ausgeschlossen, dass die Behörde auch ohne vorherigen Erlass eines Verwaltungsakts einschreitet.

b) Wären Sie damals vor Ort gewesen, hätten wir Sie mündlich oder schriftlich durch Bescheid zum Abbau der Gabionenmauer nach § 65 Abs. 1 S. 1 LBO BW verpflichtet. Entgegen Ihrer Stellungnahme lagen die Voraussetzungen dafür vor. Die Gabionenmauer stand im Widerspruch zu öffentlich-rechtlichen Vorschriften und auf andere Weise konnten rechtmäßige Zustände nicht hergestellt werden. Die Gabionenmauer war nach § 13 LBO BW nämlich nicht standsicher, da sie, wie unsere sachkundige Bauaufseherin festgestellt hat, ohne Fundament in den Hang eingebunden und damit nicht ordnungsgemäß im Hang gegründet war. Ein vorläufiges Abstützen hätte die Mauer nicht auf Dauer standsicher gemacht. Weitere Maßnahmen, um die Standsicherheit zu erreichen, kamen nicht in Betracht.

Nach § 7 PolG BW waren Sie als Eigentümerin des Grundstücks und damit auch der nicht standsicheren Gabionenmauer, von der die Gefahr ausging, als sogenannte Zustandsstörerin verantwortlich. Weitere etwaige Verantwortliche waren und sind uns nicht bekannt.

c) Der Zweck dieser fiktiven Abbruchverfügung nach § 65 Abs. 1 S. 1 LBO BW hätte damals nicht rechtzeitig erreicht werden können. Sie waren am 07.11. ... verreist. Wir hätten Sie erst nach der erwarteten Rückkehr am 12.12. ... wieder erreicht. Am

07.11. ... waren bereits 6 Gabionen umgekippt, der Einsturz der gesamten Mauer war während Ihrer Abwesenheit zu befürchten.

d) Der Abbruch ist auch im Übrigen materiell rechtmäßig.

aa) Zum Betreten Ihres Grundstücks waren wir nach § 47 Abs. 3 LBO BW berechtigt. Entgegen Ihrer Rechtsauffassung liegt also kein Hausfriedensbruch vor.

bb) Der Abbruch ist verhältnismäßig. Der Abbruch ist geeignet, die von der Mauer ausgehende Einsturzgefahr wirksam zu bekämpfen. Der Abbruch war auch erforderlich. Andere, gleich geeignete Maßnahmen gab es nicht, insbesondere wäre eine 5-wöchige Straßensperrung für die Allgemeinheit unzumutbar gewesen.

cc) Schließlich war der Abbruch nicht unangemessen. Zwar kommt der Abbruch einer baulichen Anlage im Wege der unmittelbaren Ausführung im Normalfall nicht in Betracht, da der Bauherr dadurch einen Substanzverlust erleidet und – wie Sie zu Recht vertreten – vor vollendete Tatsachen gestellt wird. Hier bestand allerdings eine akute Einsturzgefahr und damit einhergehend eine Gefahr für das Leben und die Gesundheit anderer. Schon aus diesem Grunde war der sofortige Abbruch nicht unangemessen. Hinzu kommt, dass es sich bei der Gabionenmauer nur um verbundene Fertigteile handelt, die ohne Substanzverlust auseinander- und wieder aufgebaut werden können. Ein tatsächlicher Substanzverlust liegt somit nicht vor.

3) Die uns entstandenen Kosten in Höhe von 1500 € können Sie auch der beigefügten Rechnung der Firma Meyer Gabionenwand entnehmen.

4) a) Sie sind Kostenschuldnerin, da Sie aufgrund Ihres Eigentums für die standunsichere Gabionenmauer verantwortlich waren.

b) Ob und in welcher Höhe wir Sie zu den entstandenen Kosten heranziehen, steht in unserem Ermessen. Dabei stellen wir regelmäßig die vollen Kosten in Rechnung, wenn nicht besondere Gründe für ein Abweichen vorliegen. Ein solcher Ausnahmefall liegt nicht vor. Dass Sie einen Schwager in Köln haben, der die Gabionenmauer für 300 € hätte abbauen können, war uns damals nicht bekannt. Dieses günstige Angebot haben Sie allein aufgrund der Schwägerschaft erhalten. Sie machen nicht geltend, dass das Angebot der Firma Meyer Gabionenwand unverhältnismäßig hoch sei und wir uns hier nicht sorgfältig um ein günstiges Angebot bemüht hätten. Der beigefügten Aktennotiz können Sie entnehmen, dass zwei weitere von uns telefonisch eingeholte Angebote höher lagen.

Hinweis: Zur Überweisung können Sie den beigefügten Überweisungsträger verwenden. Zahlungsempfänger und Verwendungszweck haben wir bereits für Sie eingetragen. Bitte beachten Sie, dass die Kosten an das Landratsamt unter Angabe des Buchungszeichens ... und nicht an die Meyer Gabionenwand GmbH zu zahlen sind.

(Es folgen Rechtsbehelfsbelehrung, Grußformel und Unterschrift.)

H. Andere Bundesländer und Bund

Der Bund und die Länder haben das Eingreifen von Behörden ohne vorausgegangen Verwaltungsakt unterschiedlich geregelt. **550**

Baden-Württemberg, Hamburg und Sachsen kennen **ausschließlich die unmittelbare Ausführung**. Diese ist entweder spezialgesetzlich oder auffangweise im allgemeinen Polizei- bzw. Ordnungsrecht (z.B. § 6 Abs. 1 SächsPolG) geregelt. Das Vollstreckungsrecht enthält keine Regelungen zur Vollstreckung ohne Verwaltungsakt. **551**

Auf Bundesebene und in allen anderen Bundesländern hingegen ist zwischen dem **sofortigen Vollzug** und der **unmittelbaren Ausführung einer Maßnahme** zu unterscheiden. **552**

In der Regel ist der **sofortige Vollzug** (zumindest auffangweise) in dem jeweiligen Vollstreckungsgesetz geregelt. **553**

Bund: § 6 Abs. 2 VwVG; Bayern: Art. 35 BayVwZVG; Berlin: § 8 Abs. 1 S. 1 BlnVwVfG i. V. m. § 6 Abs. 2 VwVG; Brandenburg: § 27 Abs. 1 S. 2 VwVG Bbg; Bremen: § 11 Abs. 2 BremVwVG; Hessen: § 72 Abs. 2 HessVwVG; NRW: § 55 Abs. 2 VwVG NRW; RP: § 61 Abs. 2 LVwVG RP; Saarland: § 18 Abs. 2 SVwVG; Schleswig-Holstein: § 230 LVwG; Thüringen: § 54 ThürVwVG.

In Mecklenburg-Vorpommern, Niedersachsen und Sachsen-Anhalt ist der sofortige Vollzug abweichend nicht im Vollstreckungsrecht, sondern im allgemeinen Ordnungsrecht geregelt.

Mecklenburg-Vorpommern: § 81 SOG MV; Niedersachsen: § 64 Abs. 2 Nds. POG; Sachsen-Anhalt: § 71 Abs. 1 VwVG LSA i. V. m. § 53 Abs. 2 SOG LSA.

Die **unmittelbare Ausführung** ist teilweise spezialgesetzlich, sonst im einschlägigen allgemeinen Polizei- bzw. Ordnungsrecht geregelt (z.B. § 19 Abs. 1 Bundespolizeigesetz, § 8 Abs. 1 HessSOG). **554**

Die **Abgrenzung** von Sofortvollzug und unmittelbarer Ausführung ist im Einzelnen streitig. Nach Teilen der Literatur ist sofortiger Vollzug die Ersatzvornahme bzw. die Anwendung von unmittelbarem Zwang (Verwaltungsvollstreckung) ohne vorangegangenen Verwaltungsakt gegen den (mutmaßlichen) Willen des Betroffenen, unmittelbare Ausführung das Einschreiten in den übrigen Eilfällen.[351] Andere stellen ausschließlich auf die jeweilige Gesetzessystematik der einschlägigen Regelungen ab; so soll die unmittelbare Ausführung nach § 19 Abs. 1 Bundespolizeigesetz beispielsweise als Spezialregelung Anwendungsvorrang vor § 6 Abs. 2 VwVG haben.[352] **555**

351 So *Schenke*, Polizei- und Ordnungsrecht, Rn. 623.

352 So *Wehr*, BPolG, 3. Aufl. 2021, § 19 Rn. 8.

■ **Beispiele:** Wäre Ausgangsfall 1 nach Landesrecht zu lösen, das sowohl die unmittelbare Ausführung als auch den Sofortvollzug regelt, wären nach der hier vertretenen Rechtsauffassung die Vorschriften für den sofortigen Vollzug anzuwenden (Vollstreckung ohne vorangegangene Abrissverfügung gegen den mutmaßlichen Willen der Betroffenen).

I. Vertiefungshinweise

556 Bei der unmittelbaren Ausführung ist vieles umstritten:[353] So wird entgegen der h. M. teilweise vertreten, die unmittelbare Ausführung habe sehr wohl Verwaltungsaktscharakter. Streitig ist, ob auch Maßnahmen ohne Eingriffs- oder Zwangscharakter wie Rettungsmaßnahmen erfasst werden. Schließlich halten einige einen Rückgriff der besonderen Ordnungsbehörden wie hier der Baurechtsbehörde auf § 8 PolG BW für ausgeschlossen.

Praxisrelevant ist die unmittelbare Ausführung insbesondere im Zusammenhang mit dem Abschleppen bzw. Umsetzen falsch abgestellter Fahrzeuge.

6. Kapitel: Der Erlass begünstigender Verwaltungsakte

A. Ausgangsfall, Lernziele und -inhalte

557 Den Ausgangsfall 2 fassen wir wie folgt zusammen:

> Herr Karl Müller hat die Spedition Müller GmbH mit Sitz im Stadtkreis Freiburg gegründet. Als Geschäftsführer und Verkehrsleiter hat er seinen Sohn Martin Müller eingestellt. Dieser war bereits früher Verkehrsleiter bei einer anderen Spedition. Die Spedition Müller GmbH plant den Einsatz eines Lkws mit 7,5 Tonnen für Gütertransporte innerhalb von Deutschland. Herr Martin Müller hat sich bei Frau Mustermann (zuständige Sachbearbeiterin der Stadt Freiburg) telefonisch über die Formalitäten erkundigt. Am 05.08. … hat er im Namen der Spedition Müller GmbH den Erlass einer Güterkraftverkehrserlaubnis ohne Ausfertigungen auf einem Standardformular bei der Stadt Freiburg beantragt und alle erforderlichen Unterlagen eingereicht. Das Eigenkapital der GmbH beträgt 20 000 €. In den Registerauszügen sind keine Einträge vorhanden. Alle notwendigen Unbedenklichkeitsbescheinigungen liegen vor. Frau Mustermann hat der GmbH mitgeteilt, dass alle Unterlagen vollständig sind und voraussichtlich bis Ende August über den

353 Vgl.: *Kastner* in: Möstl/Trurnit, BeckOK Polizeirecht Baden-Württemberg, PolG, § 8 Rn. 1 ff.

Antrag entschieden werden kann. Zugleich hat sie dem Bundesamt für Logistik und Mobilität, der Industrie- und Handelskammer Südlicher Oberrhein, der zuständigen Fachgewerkschaft und dem zuständigen Verband des Verkehrsgewerbes Gelegenheit zur Stellungnahme binnen zwei Wochen gegeben. Keine Stelle hat Bedenken geäußert.

■ **Frage:** Wie ist über den Antrag auf Erlass der Erlaubnis zu entscheiden?

In diesem Kapitel lernen Sie den recht- und zweckmäßigen Erlass begünstigender Verwaltungsakte.[354] Die Ausgangsfrage lautet: „Wie ist über den Antrag des Bürgers auf Erlass eines ihn begünstigenden Verwaltungsakts zu entscheiden?“ Die Entscheidung ist gutachterlich vorzubereiten und im Anschluss ist die praktische Entscheidung zu entwerfen. Dabei sind folgende Ergebnisse denkbar: **558**

- **Erteilung der Erlaubnis:** Das Rechtsgutachten folgt unter C, ein Musterbescheid unter D.
- **Ablehnung des Antrags:** Rechtsgutachten und Musterbescheid folgen unter E.
- **Erlass mit Nebenbestimmungen:** siehe 7. Kapitel

Unter B. finden Sie Prüfungsschemata[355] und unter F. Hinweise zur Vertiefung.

B. Prüfungsschemata

I. Prüfungsschema für den Erlass begünstigender Verwaltungsakte

Beachte: Es sind nicht stets alle Punkte im Gutachten darzustellen!

I. Rechtsgrundlage/Anspruchsgrundlage für den Erlass des begünstigenden Verwaltungsakts **559**

1. Ermächtigung für die begünstigende Regelung (ggf. Wirksamkeit der Ermächtigungsgrundlage)

2. Befugnis zum Handeln durch Verwaltungsakt

354 Zugleich steigen wir vertieft ins Unionsrecht ein und beschäftigen uns näher mit dem Thema „Rechtssubjekt“.

355 Das Prüfungsschema ist im Prinzip dasselbe wie beim belastenden Verwaltungsakt. Größere Bedeutung als beim belastenden Verwaltungsakt haben die Prüfungspunkte „Einleitung auf ordnungsgemäßen Antrag“, „Frist“ und bei Maßnahme „Erlass von Nebenbestimmungen“.

II. Formelle Voraussetzungen für den Erlass des begünstigenden Verwaltungsakts

1. Zuständigkeit

a) sachliche Zuständigkeit (einschließlich: funktioneller, instanzieller und Organzuständigkeit)

b) örtliche Zuständigkeit

2. Verfahren

a) Ordnungsgemäße Einleitung (i. d. R. nur auf Antrag)

b) Beteiligte (Antragsteller; muss beteiligungs- und handlungsfähig sein; schon oben bei a) prüfen)

c) ggf. Mitwirkung anderer Behörden

d) unparteiischer Sachbearbeiter

e) Untersuchungsgrundsatz, Beweiserhebung

f) Rechte der Beteiligten, insbesondere Anhörung vor Ablehnung bzw. Erlass von Nebenbestimmungen (streitig)

3. Form des Verwaltungsakts

a) Formzwang oder Formfreiheit

b) ggf. Besonderheiten bei der gewählten Form

c) Begründung

d) Rechtsbehelfsbelehrung

e) ggf. Hinweise auf die Rechtslage (Zweckmäßigkeitsentscheidung)

4. Formelle Frist, innerhalb der der Verwaltungsakt zu erlassen ist

5. Bekanntgabe des Verwaltungsakts

III. Materielle Voraussetzungen für den Erlass des begünstigenden VAs

1. Vorliegen der Tatbestandsvoraussetzungen der Rechtsgrundlage

a) Zulässigkeit des Antrags

b) Sonstige Voraussetzungen

2. Setzen einer rechtmäßigen Rechtsfolge

a) Regelungsadressat = Antragsteller

b) Maßnahme (Hauptregelung)

aa) „Ob“ der Entscheidung: gebunden oder Ermessen/Erlass oder Ablehnung

bb) „Wie“ der Entscheidung: ggf. Beifügen von Nebenbestimmungen

(1) Nebenbestimmungen nach Spezialgesetz

(2) Nebenbestimmungen, um Versagungsgründe auszuräumen

(3) sonstige Nebenbestimmungen (nur bei Ermessensentscheidungen)

c) keine Unmöglichkeit

d) Bestimmtheit

II. Begünstigende Verwaltungsakte, auf die ein Anspruch besteht

1. Entscheidung über das „Ob“ des begünstigenden Verwaltungsakts

560

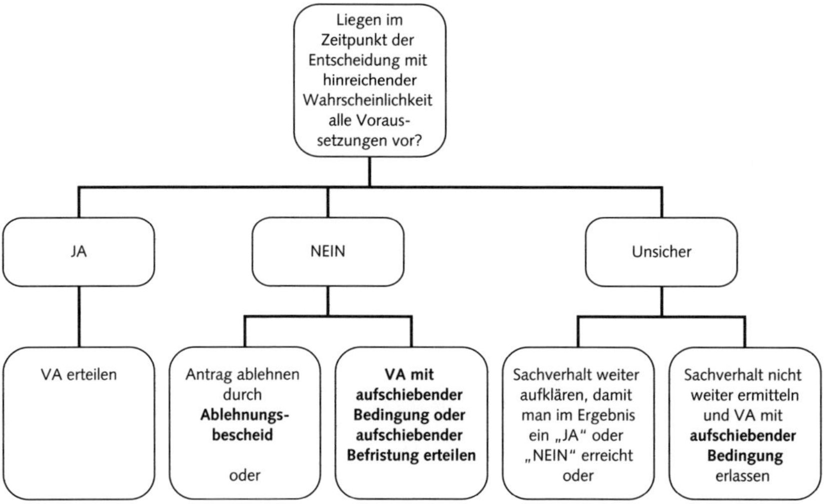

2. Erlass weiterer Nebenbestimmungen

561

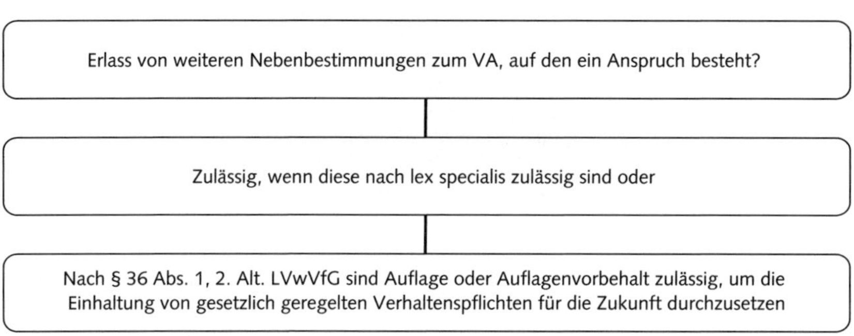

III. Begünstigende Verwaltungsakte, auf die kein Anspruch besteht

562

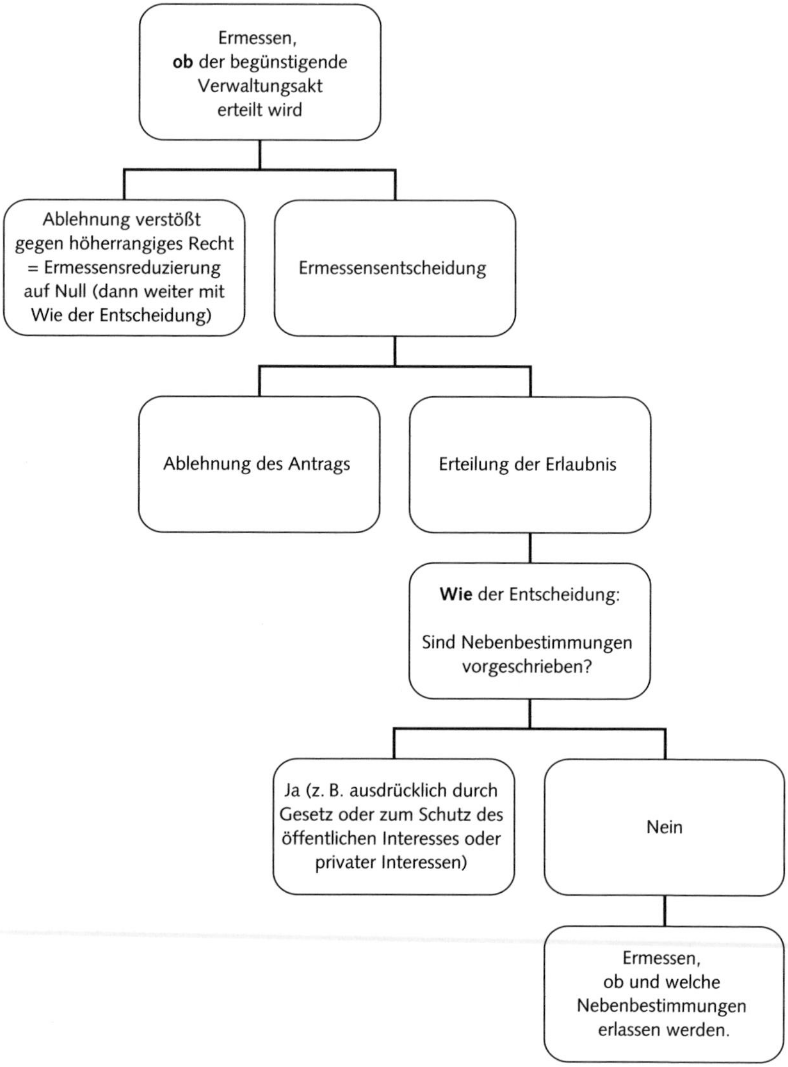

C. Rechtmäßiger Erlass begünstigender Verwaltungsakte

I. Rechtsgrundlage

1. Allgemeines

In welchen Fällen auch der Erlass eines den Adressaten begünstigenden Verwaltungsakts einer Ermächtigung durch formelles Gesetz bedarf, ist eine Frage der Reichweite des Vorbehalts des Gesetzes (Art. 20 Abs. 3 GG)[356] und im Einzelnen umstritten. Nach der Wesentlichkeitstheorie des BVerfG sind für das Staat-Bürger-Verhältnis wesentliche Fragen durch die Gesetzgebungsorgane im förmlichen Gesetzgebungsverfahren zu regeln (siehe dazu auch Teil 2). **563**

Im Bereich der **Ordnungsverwaltung (Gefahrenabwehr)** lässt sich für begünstigende Verwaltungsakte immer eine Rechtsgrundlage finden. Hier hat der Gesetzgeber bestimmte Tätigkeiten zum Zwecke der Gefahrenabwehr von der Erteilung einer Erlaubnis abhängig gemacht, entweder in Form eines präventiven Verbots mit Erlaubnisvorbehalt oder in Form eines repressiven Verbots mit Befreiungsvorbehalt.[357] Beim präventiven Verbot mit Erlaubnisvorbehalt ist eine Tätigkeit nur verboten, damit die Behörden vor Aufnahme dieser Tätigkeit prüfen können, ob alle Voraussetzungen vorliegen. Die Behörde ist aber verpflichtet, die Erlaubnis auf Antrag zu erteilen, wenn keine Versagungsgründe vorliegen. **564**

■ **Beispiel „präventives Verbot“:** Die Erlaubnis für das Seebewachungsgewerbe ist zu erteilen, wenn die Voraussetzungen von § 31 Abs. 1 GewO und keine Versagungsgründe nach § 31 Abs. 2 S. 3 GewO vorliegen.

Beim repressiven Verbot mit Befreiungsvorbehalt ist die Tätigkeit generell unerwünscht und verboten. Vom Verbot kann im Einzelfall eine Befreiung erteilt werden.

■ **Beispiel „repressives Verbot“:** Das Aufstellen von Hindernissen im Straßenraum ist nach § 32 Abs. 1 StVO verboten. Im Ausnahmefall kann die Verwaltung nach § 46 Abs. 1 Nr. 8 StVO eine Befreiung von diesem Verbot erteilen.

Auch für die meisten Fälle im Bereich der **Leistungsverwaltung** gibt es zwischenzeitlich förmliche Gesetze.[358] Nicht durchgängig durch förmliche Gesetze geregelt sind Subventionen zur Förderung der Wirtschaft, der Um- **565**

---

356 Im Sozialrecht ist der Vorbehalt des Gesetzes einfachgesetzlich ausdrücklich geregelt, § 31 SGB I.

357 Die spätere Befreiung/Ausnahmebewilligung nennt man auch „Dispens“.

358 Im Sozialrecht ist der Vorbehalt des Gesetzes einfachgesetzlich ausdrücklich geregelt, § 31 SGB I.

welt, des Vereinswesens und sonstiger Zwecke. Hier stellt sich dann, wenn ein förmliches Gesetz fehlt, tatsächlich im Einzelfall die Frage, ob es ausreicht, wenn für die Subventionierung ausreichend Haushaltsmittel zur Verfügung stehen oder ob ein förmliches Gesetz erforderlich ist.[359]

566 Fassen wir zusammen: Meist werden Sie eine Rechtsgrundlage finden und müssen sich dann der Frage nach dem Vorbehalt des Gesetzes auch nicht ausführlich stellen.

2. Die Suche nach der passenden Rechtsgrundlage in Fall 2

567 Wie schon bei der Suche nach der passenden Rechtsgrundlage für den Erlass belastender Verwaltungsakte gehen wir nach dem Grundsatz „Spezialgesetz vor allgemeinem Gesetz“ (siehe Rn. 52) vor. Es geht also um die Frage nach dem **Anwendungsbereich** der einzelnen Gesetze. Auf das allgemeine Gewerberecht (GewO) greifen wir nur zurück, wenn bzw. soweit der Güterkraftverkehr nicht spezialgesetzlich geregelt ist. Tatsächlich ist der Güterkraftverkehr spezialgesetzlich geregelt, nämlich der **grenzüberschreitende Güterkraftverkehr** in der VO 1072/2009[360] (siehe dort Art. 3 u. 4: „Gemeinschaftslizenz“), der rein **innerdeutsche Güterkraftverkehr** im Güterkraftverkehrgesetz (GüKG). In Fall 2 werden nur innerhalb von Deutschland Transporte durchgeführt, einschlägig ist also das GüKG.

Exkurs: Tipps zur Einarbeitung in ein neues Sachgebiet

Zum Einstieg in ein neues Rechtsgebiet stellt man die anzuwendenden Gesetze, Verwaltungsvorschriften sowie Muster und Prüfungsschemata in einer Handakte zusammen. Die Handakte „Güterkraftverkehr“ wird unterteilt in „Gemeinschaftslizenz“ und „Erlaubnis für den Güterkraftverkehr (nationale Lizenz)“. Die VO 1072/2009 gehört zur „Gemeinschaftslizenz“, das GüKG zur „Erlaubnis für den Güterkraftverkehr“. Ergänzend gelten für beide Erlaubnisse die VO 1071/2009, die Berufszugangsverordnung für den Güterkraftverkehr (GBZugV), die Kostenverordnung für den Güterkraftverkehr (GüKKostV) sowie die Verwaltungsvorschrift des Bundesverkehrsministeriums (GüKVwV). EU-Vorschriften findet man unter **http://eur-lex.europa.eu**, Bundesrecht unter **www.gesetze-im-internet.de** bzw. **www.verwaltungsvorschriften-im-internet.de**. Auch die Bundesländer haben ihre Landesgesetze und Verwaltungsvorschriften im Internet veröffentlicht. Zur historischen Auslegung[361] des GüKG empfiehlt sich auch, die Gesetzesbegründung hinzuzuziehen: Bundestag-Drucksache 17/6262.[362]

---

359 Übungsfälle hierzu finden Sie in: *Gassner*, Fit für Prüfungen im Verwaltungsrecht, 1. Aufl. 2019.

360 Verordnung (EG) Nr. 1072/2009 des Europäischen Parlaments und des Rates vom 21.10.2009.

361 Mit der Gesetzesbegründung kann man den Willen des Gesetzgebers herausfinden (historische Auslegung).

362 Zu finden auf: http://dipbt.bundestag.de.

Nun ist im GüKG die etwaige Rechtsgrundlage zu suchen. Auch Rechtsgrundlagen für begünstigende Verwaltungsakte erkennt man daran, dass sie aus Tatbestands- und Rechtsfolgenseite bestehen. Die Verwaltung wird zur Erteilung der Erlaubnis berechtigt oder verpflichtet (Rechtsfolgenseite), wenn die Voraussetzungen für die Erteilung vorliegen (Tatbestandsvoraussetzungen). Wir finden § 3 Abs. 2 GüKG: **568**

> **§ 3 Abs. 2 GüKG**
> Die Erlaubnis wird einem Unternehmer, dessen Unternehmen seinen Sitz im Inland hat, für die Dauer von bis zu zehn Jahren erteilt, wenn er die in Artikel 3 Absatz 1 der Verordnung (EG) Nr. 1071/2009 des Europäischen Parlaments und des Rates vom 21. Oktober 2009 zur Festlegung gemeinsamer Regeln für die Zulassung zum Beruf des Kraftverkehrsunternehmers und zur Aufhebung der Richtlinie 96/26/EG (ABl. L 300 vom 14.11.2009, S. 51) genannten Voraussetzungen für die Ausübung des Berufs eines Kraftverkehrsunternehmers erfüllt.

Ergänzend ziehen wir § 3 Abs. 1 i. V. m. §§ 1, 2 GüKG heran. Diese Normen regeln zwar zunächst nur ein an den Unternehmer gerichtetes präventives Verbot mit Erlaubnisvorbehalt. Dem Unternehmer ist nämlich die Tätigkeit „Betreiben gewerblichen Güterverkehrs" ohne Erlaubnis verboten. Gleichzeitig ergibt sich aus den Normen aber auch, welche Tätigkeit überhaupt erlaubnispflichtig ist. So sind beispielsweise Transporte mit Fahrzeugen bis zu 3,5 Tonnen nicht erlaubnispflichtig, § 1 Abs. 1 GüKG.

Fassen wir zusammen: Rechtsgrundlage ist § 3 Abs. 2 GüKG. Der Anwendungsbereich ist eröffnet, weil nur innerdeutsche und keine grenzüberschreitenden Transporte durchgeführt werden. Nach § 3 Abs. 2 GüKG gilt: **569**

Wenn folgende Voraussetzungen vorliegen:	– Antragsteller ist Unternehmer – Unternehmen hat seinen Sitz im Inland – betrieben wird eine erlaubnispflichtige Tätigkeit i. S. d. § 3 Abs. 1 GüKG (anhand von §§ 1, 2 GüKG prüfen) – Voraussetzungen nach VO 1071/2009 liegen vor
dann gilt folgende Rechtsfolge:	– „Ob" der Entscheidung: Die Erlaubnis ist dem Unternehmer zu erteilen (gebundene Entscheidung) – „Wie" der Entscheidung: Mit einer Befristung (Nebenbestimmung i. S. d. § 36 Abs. 2 Nr. 1 LVwVfG) von bis zu 10 Jahren.

II. Formelle Voraussetzungen

1. Zuständigkeit

a) Theoretische Grundlagen

570 Wie beim belastenden Verwaltungsakt muss die Behörde auch für den begünstigenden zuständig sein. Im Regelfall führen (un)mittelbare Landesbehörden die Gesetze aus, einige Bundesgesetze werden von (un)mittelbaren Bundesbehörden ausgeführt. Die sachliche Zuständigkeit ist immer anhand von Spezialgesetz zu prüfen. Bei der örtlichen Zuständigkeit ist auffangweise auf § 3 Abs. 1 (L)VwVfG zurückzugreifen. § 3 Abs. 1 Nr. 1 (L)VwVfG greift, wenn der begünstigende Verwaltungsakt eine Regelung für das unbewegliche Vermögen trifft (z. B. Baugenehmigung für ein Grundstück), ein an einen bestimmten Ort gebundenes Recht gewährt (z. B. Gaststättenerlaubnis = Recht, in bestimmten Räumen einer Gaststätte zu betreiben, § 3 GastG) oder ein ortsgebundenes Rechtsverhältnis regelt (z. B. Verleihung von ortsgebundenen Nutzungsrechten durch Verwaltungsakt; ortsgebundene Beleihung durch Verwaltungsakt). Ansonsten sind § 3 Abs. 1 Nr. 2 bis 4 (L)VwVfG zu prüfen.

571 Hat der Antragsteller den Erlass eines begünstigenden Verwaltungsakts bei einer unzuständigen Behörde gestellt und nimmt er auf einen entsprechenden Hinweis der Behörde den Antrag nicht zurück, sondern besteht auf eine Entscheidung, ist der Antrag abzulehnen.

b) Die Zuständigkeit in Fall 2

572 **Sachlich** zuständig sind nach § 3 Abs. 7 S. 1 GüKG die nach Landesrecht zuständigen Behörden.[363] In Baden-Württemberg sind für die Erteilung von Erlaubnissen nach dem GüKG gemäß § 1 Nr. 1 GüKZuVO BW die unteren Verwaltungsbehörden sachlich zuständig. Welche Behörden das sind, ergibt sich § 15 Abs. 1 LVG BW. In den Stadtkreisen sind nach § 15 Abs. 1 Nr. 2 LVG BW die Gemeinden zuständig (Verbandskompetenz), innerhalb der Gemeinden nach § 15 Abs. 2 LVG die Bürgermeister mit ihrer Verwaltung (Organkompetenz). In den Landkreisen sind nach §§ 15 Abs. 1 Nr. 1, 19 Abs. 1 Nr. 1 lit. f LVG BW die Landratsämter sachlich zuständig.[364]

---

363 Das wäre auch ohne diese Regelung bereits nach dem GG der Fall: Die Ausführung von Bundesgesetzen ist grundsätzlich Ländersache, wenn nicht ausnahmsweise eine Zuständigkeit von Bundesbehörden vorgesehen ist.

364 Beispiel Landkreis Ortenaukreis: Sachlich zuständig ist ausschließlich das LRA Ortenaukreis, also nicht die Großen Kreisstädte (wie z. B. Offenburg oder Kehl) oder die Verwaltungsgemeinschaften mit den Aufgaben einer unteren Verwaltungsbehörde (wie z. B. die vereinbarte Verwaltungsgemeinschaft Oberkirch, Renchen, Lautenbach).

Auch die **örtliche Zuständigkeit** ist hier spezialgesetzlich in § 3 Abs. 7 S. 2 u. 3 GüKG geregelt, so dass es keines Rückgriffs auf § 3 Abs. 1 Nr. 2 LVwVfG BW bedarf. Nach Satz 2 ist örtlich die Erlaubnisbehörde zuständig, in deren Zuständigkeitsbereich das Unternehmen des Antragstellers seine Niederlassung im Sinne von Art. 5 der VO 1071/2009 hat. An dieser Stelle stellen wir formal lediglich auf den von der Firma angegebenen Sitz (Freiburg nach Handelsregisterauszug) ab. Ob die Firma hier nur einen Scheinsitz hat, prüfen wir bei den materiellen Voraussetzungen. **573**

Fassen wir zusammen: Im Ausgangsfall 2 ist der Oberbürgermeister der Stadt Freiburg (Stadtkreis) nach § 15 Abs. 1 Nr. 2, Abs. 2 LVG BW sachlich[365] und nach § 3 Abs. 7 S. 2 GüKG örtlich zuständig. **574**

Exkurs: Die Erteilung von Erlaubnissen nach dem GüKG ist keine Selbstverwaltungsangelegenheit der Stadt Freiburg (also keine weisungsfreie Aufgabe), sondern Pflichtaufgabe nach Weisung (staatliche Aufgabe).

2. Verfahren

a) Anwendbare Verfahrensvorschriften

Während belastende Verwaltungsakte i. d. R. im einfachen Verwaltungsverfahren nach Spezialgesetz (hier zunächst nach vorrangigem Unionsrecht, **575**

365 Bayern: Kreisverwaltungsbehörden: kreisfreie Gemeinden und Landkreise, § 17 ZuStV Bay i. V. m. Art. 9 Abs. 1 S. 1, 2. HS GO, Art. 53 Abs. 1 S. 1, 37 Abs. 2 LKrO Bay. Berlin: Landesamt für Bürger- und Ordnungsangelegenheiten, § 2 Abs. 4 S. 1 ASOG Berlin i. V. m. Nr. 33 Abs. 9 lit. b des Zuständigkeitskatalogs Ordnungsaufgaben (ZuStKat Ord). Brandenburg: Landesamt für Bauen und Verkehr, § 2 Abs. 1 Nr. 2 StGÜZV Brandenburg). Bremen: Senator für Umwelt, Bau, Verkehr und Europa, überregionalen Verkehr und Außenhandel, § 1 Nr. 1 GütKrVZustBek Bremen. Hamburg: Behörde für Wirtschaft, Verkehr und Innovation, Abschn. I (1) und I (2) Nr. 1 der Anordnung über Zuständigkeiten nach dem Güterkraftverkehrsrecht vom 13.07.1998, Amtl. Anz. 1998, S. 2001. Hessen: Regierungspräsidium, § 22 VRZustVO HE. Mecklenburg-Vorpommern: Landräte und Oberbürgermeister der kreisfreien Städte, § 1 Abs. 1 S. 1 GüKZustLVO M-V. Niedersachsen: Landkreise und kreisfreie Städte, § 17 Abs. 2 Nr. 1 ZustVO-Verkehr Nds. Nordrhein-Westfalen: Kreisordnungsbehörde: Kreise und kreisfreie Städte, § 37 Nr. 1 StrVGüBefZustVO NRW i. V. m. § 3 Abs. 1 OBG NRW. Rheinland-Pfalz: Landesbetrieb Mobilität, § 1 Nr. 1 der Landesverordnung über Zuständigkeiten im Güterkraftverkehrsrecht. Saarland: Landesbetrieb für Straßenbau, § 28 Abs. 1 Nr. 1 StVZustG Saarland. Sachsen Landkreise und Kreisfreie Städte, § 20 SächsStrVRG. Sachsen-Anhalt: Landkreise und kreisfreie Städte § 1 GüK-ZustVO Sachsen-Anhalt. Schleswig-Holstein: Landrätinnen und Landräte und Bürgermeisterinnen und Bürgermeister d. kreisfreien Städte, § 1 GüKVR-ZustVO Schleswig-Holstein). Thüringen: Landkreise und kreisfreie Städte: § 1 Nr. 1 Thüringer Verordnung über die Bestimmung von Zuständigkeiten auf dem Gebiet des Güterkraftverkehrs.

sonst nach nationalem Recht) bzw. auffangweise nach §§ 10 ff. (L)VwVfG[366] erlassen werden, finden beim Erlass bestimmter begünstigender Verwaltungsakte die in §§ 63 ff. (L)VwVfG geregelten besonderen Verfahrensvorschriften Anwendung, wenn das einschlägige Fachgesetz hierauf verweist.

Auf das **förmliche Verfahren**, das in §§ 63 ff. (L)VwVfG geregelt ist, wird relativ selten verwiesen (§ 36 Bundesberggesetz verweist auf das VwVfG Bund).
Große Bedeutung hat das in §§ 72 ff. (L)VwVfG geregelte **Planfeststellungsverfahren**. Gegenstand des Planfeststellungsverfahrens sind regelmäßig raumbedeutsame Vorhaben wie z. B. die Errichtung und der Betrieb von Deponien nach § 35 Abs. 2 KrWG.[367]

Schließlich regeln §§ 71a ff. (L)VwVfG das **Verfahren über eine einheitliche Stelle**. Dies ist z. B. nach § 6b GewO für die Erteilung bestimmter gewerberechtlicher Erlaubnisse zugelassen. Die Einführung des Verfahrens über eine einheitliche Stelle beruht auf der EU-Dienstleistungsrichtlinie.[368]

576 In Fall 2 richtet sich das Verfahren ausschließlich nach dem Spezialgesetz (Art. 10 ff. VO 1071/2009 als vorrangiges Unionsrecht und GüKG als nationales Spezialgesetz) und den §§ 10 ff. LVwVfG BW. Die besonderen Verfahrensvorschriften sind nicht anwendbar. Insbesondere kann die Spedition Müller GmbH das Verfahren nicht über eine einheitliche Stelle abwickeln. Nach Art. 2 Abs. 2 lit. d der EU-Dienstleistungsrichtlinie sind Verkehrsdienstleistungen vom Anwendungsbereich ausgenommen. So gibt es im GüKG auch keine mit § 6b GewO vergleichbare Vorschrift. Im Güterkraftverkehrsrecht kommt als Besonderheit noch hinzu, dass das Unionsrecht Anwendungsvorrang vor den Verfahrensvorschriften nach dem LVwVfG hat.

b) Ordnungsgemäße Einleitung des Verwaltungsverfahrens

577 Anders als das Verwaltungsverfahren für den Erlass eines belastenden Verwaltungsakts wird das Verfahren für den Erlass von begünstigenden Verwaltungsakten regelmäßig durch einen Antrag und nicht von Amts wegen eingeleitet (Dispositionsmaxime), vgl. Art. 11 Abs. 1 S. 1 Verordnung (EG) 1071/2009. Liegt ein Antrag auf Erlass eines Verwaltungsakts vor, ist die Behörde nach § 22 S. 2 Nr. 1 (L)VwVfG verpflichtet, über den Antrag zu

---

366 Bundesbehörden erlassen Verwaltungsakte nach dem VwVfG, Landesbehörden nach ihren Landesverwaltungsverfahrensgesetzen (die teilweise wiederum auf das VwVfG Bund verweisen).

367 Oft enthält das Spezialgesetz dann wiederum Spezialvorschriften, die §§ 72 ff. (L)VwVfG verdrängen.

368 Zur Umsetzung in Deutschland: http://www.bmwi-wegweiser.de/start/ (Stand: 08.05.2018).

entscheiden, auch wenn der Antrag unzulässig oder unbegründet ist. Umgekehrt darf sie ohne erforderlichen Antrag nicht tätig werden, § 22 S. 2 Nr. 2 (L)VwVFG.

Der Antrag ist regelmäßig sowohl formelle als auch materielle Voraussetzung für die Erteilung des begünstigenden Verwaltungsakts (Doppelnatur). **578**

In Fall 2 liegt ein Antrag der Spedition Müller GmbH vor, über den Frau Mustermann jetzt entscheidet. Anträge sind zulässig, wenn die folgenden Voraussetzungen vom Antragsteller eingehalten werden. **579**

aa) Beteiligungs- und Handlungsfähigkeit des Antragstellers, ggf. ordnungsgemäße Vertretung; Antragsbefugnis

Nach § 13 Abs. 1 Nr. 1 Var. 1 (L)VwVfG BW ist der Antragsteller mit seiner Antragstellung automatisch Beteiligter des Verwaltungsverfahrens. Da der Antrag eine Verfahrenshandlung ist, muss der Antragsteller beteiligungs- und handlungsfähig sein, §§ 11, 12 (L)VwVfG. **580**

Bei der Antragstellung und im weiteren Verfahren kann sich der Antragsteller (außer bei höchstpersönlichen Anträgen) durch einen Bevollmächtigten vertreten lassen, § 14 Abs. 1 (L)VwVfG. **581**

Der Antragsteller muss antragsbefugt sein, d. h. er muss im Regelfall den Erlass eines begünstigenden Verwaltungsakts an sich selbst beantragen. Durch Spezialgesetz kann geregelt sein, dass im eigenen Namen auch der Erlass von begünstigenden Verwaltungsakten an andere beantragt werden kann. **582**

bb) Bestimmtheit des Antrags/Mindestangaben

Der Antrag muss bestimmt genug sein. Teilweise schreibt das Spezialgesetz auch vor, welche Mindestangaben zu machen sind. Der Antrag auf Erlaubnis für den Güterkraftverkehr muss die in § 10 Abs. 1 GBZugV aufgezählten Angaben enthalten. Diese Angaben hat die GmbH gemacht. **583**

cc) Form des Antrags

Teilweise gibt das Spezialgesetz eine besondere Form für den Antrag vor. **584**

■ **Beispiele:** Nach § 3 Abs. 1 S. 1 GastVO BW ist der Antrag auf Erteilung einer Gaststättenerlaubnis schriftlich zu stellen. Der Seebewachungszulassung (§ 31 GewO) ist nach § 2 Abs. 3 SeebewachV über das elektronische Portal des Bundesamtes für Wirtschaft und Ausfuhrkontrolle zu beantragen. Bundestrennungsgeld ist nach § 9 Abs. 1 S. 1 TrennungsgeldVO schriftlich oder elektronisch zu beantragen.

Schreibt das Gesetz „schriftlich oder elektronisch" oder die Verwendung eines Antragsformulars mit Unterschriftsfeld vor, dann genügt die elektronische Antragstellung mit einfacher Mail ohne Originalunterschrift des **585**

Bürgers.[369] Nur wenn ausschließlich die Schriftform vorgegeben ist, sind für die ersatzweise elektronische Antragstellung zwingend § 3a Abs. 2 und 3 (L)VwVfG sowie § 9a Abs. 5 OZG zu beachten.

586 Umstritten ist, ob die Behörde dem Bürger die Verwendung bestimmter Formblätter durch Verwaltungsvorschrift zwingend vorschreiben darf. Die h.M. lehnt dies zu Recht ab, denn ein Formzwang kann für den Bürger verpflichtend nur aufgrund eines Parlamentsgesetzes, einer Rechtsverordnung oder einer Satzung geregelt werden.[370] Besteht ein solcher Formzwang nicht, ist die Behörde verpflichtet, den formfrei gestellten Antrag entgegenzunehmen und zu bearbeiten.

587 In Fall 2 besteht kein Formzwang. Allerdings kann der Meinungsstreit hier dahinstehen, da die Spedition Müller GmbH freiwillig das von der Stadt Freiburg bereitgestellte Antragsformular, das der Ziffer 3 der GüK-VwV vom 08.04.2009 i.V.m. Anlage 1 entspricht, verwendet hat.

dd) Frist für die Antragstellung

588 Teilweise sieht das Gesetz eine bestimmte Frist für die Antragstellung vor. Bei unverschuldeter Fristsäumnis ist eine Wiedereinsetzung in den vorigen Stand nach § 32 (L)VwVfG dann nur möglich, wenn es sich bei der Frist um keine Ausschlussfrist handelt.

■ **Beispiel:** Bundestrennungsgeld ist nach § 9 Abs. 1 S. 1 TrennungsgeldVO innerhalb der Ausschlussfrist von einem Jahr zu beantragen. Eine Wiedereinsetzung in den vorigen Stand ist somit nicht möglich.

b) Beteiligte bzw. mitwirkende Dritte; Beteiligung der Öffentlichkeit

589 Bereits oben haben wir erörtert, dass der Antragsteller automatisch Beteiligter nach § 13 Abs. 1 Nr. 1 Var. 1 (L)VwVfG ist. Auch im weiteren Verfahren hat er die Stellung eines Beteiligten. Er kann zu Verhandlungen und Besprechungen mit einem Beistand erscheinen (§ 14 Abs. 4 (L)VwVfG) oder sich im Verfahren durch einen Bevollmächtigten vertreten lassen, der dann in seinem Namen die aktiven[371] und passiven[372] Verfahrenshandlungen vornimmt (§ 14 Abs. 1 (L)VwVfG).

Vertiefung: Bei höchstpersönlichen Verfahrenshandlungen ist die Vertretung nach der Natur der Sache oder kraft ausdrücklicher Regelung ausgeschlossen. Streitig ist, ob

---

369 Vgl. BT-Drs. 18/10183, S. 64ff. zum EGovG.

370 Vom Erfordernis einer Rechtsgrundlage geht auch der Bundesgesetzgeber aus, vgl. BT-Drs. 18/10183. A.A. Kopp/Ramsauer/*Ramsauer*, VwVfG, § 22 Rn. 53.

371 Z.B. Ergänzung eines Antrags, Akteneinsicht.

372 Z.B. Entgegennahme von Verwaltungsakten im Wege der Zustellung.

nach Art. 2 Abs. 1 GG grundsätzlich ein Recht auf Heranziehung eines Rechtsbeistands besteht. So stellt sich bei Leistungs-, Eignungs- und ähnlichen Prüfungen z. B. die Frage, ob der Bewerber zu einem Vorstellungsgespräch mit Rechtsbeistand erscheinen darf, obwohl dies nach § 2 Abs. 3 S. 2 (L)VwVfG ausgeschlossen ist.[373]

Weiter geht es um die Frage, ob am Verwaltungsverfahren neben dem Antragsteller noch andere private Dritte oder gar die Öffentlichkeit mitwirken. 590

Oft ist das durch Spezialgesetz geregelt. Dann haben die Dritten bzw. die Öffentlichkeit im Verwaltungsverfahren auch nur die durch Spezialgesetz geregelte Stellung, sie sind nicht automatisch Beteiligte des Verfahrens.

■ **Beispiel:** Wer als Dritter in welcher Position in dem auf den Erlass einer Baugenehmigung gerichteten Verfahren mitwirkt, ist spezialgesetzlich in den Landesbauordnungen geregelt. In Baden-Württemberg z. B. § 55 LBO BW, dort auch zur Mitwirkung der Öffentlichkeit.[374]

Im Übrigen ist für die Mitwirkung der Öffentlichkeit auf § 25 Abs. 3 (L)VwVfG und für die Beteiligung Dritter durch Hinzuziehung auf § 13 Abs. 2 (L)VwVfG zurückzugreifen.

Zum Ausgangsfall: Außer der Spedition Müller GmbH ist niemand am 591
Verfahren beteiligt. Private Dritte oder die Öffentlichkeit wirken an dem Verfahren auch nicht mit.

Die Spedition Müller GmbH ist als juristische Person, in deren Namen der Antrag gestellt wurde, nach § 11 Nr. 1 LVwVfG BW beteiligungsfähig. Allerdings ist die Spedition Müller GmbH als juristische Person nicht selbst, sondern nur durch ihren gesetzlichen Vertreter nach § 12 Abs. 1 Nr. 3 LVwVfG BW handlungsfähig. Gesetzlicher Vertreter der Spedition Müller GmbH ist gemäß § 35 Abs. 1 S. 1 GmbHG Herr Martin Müller als Geschäftsführer. Er stellt im Namen der Spedition Müller GmbH die Anträge (aktive Handlungsfähigkeit) und nimmt später die Entscheidung der Behörde entgegen (passive Handlungsfähigkeit).

Ein Bevollmächtigter nach § 14 Abs. 1 LVwVfG wurde hier nicht bestellt, auch gibt es keinen Beistand nach § 14 Abs. 4 LVwVfG. Die Sonderregeln von §§ 15 bis 19 LVwVfG finden in unserem Fall keine Anwendung.

c) Ggf. Mitwirkung anderer Behörden (und Fachstellen)

Andere Behörden sind am Verfahren zu beteiligen, wenn dies durch Spezi- 592
algesetz vorgeschrieben ist. Das Spezialgesetz bestimmt dann auch, ob die

373 Näher dazu siehe *Maurer/Waldhoff*, VerwR, § 19 Rn. 38.

374 Näher dazu siehe BeckOK BauordnungsR BW/*Gassner*, Kommentierung zu § 55 LBO BW.

andere Behörde der Erteilung des begünstigenden Verwaltungsakts zustimmen muss (Zustimmung, Einvernehmen) oder ob sie nur angehört wird.

■ **Beispiel:** Nach § 31 GewO darf die Zulassung für das Seebewachungsgewerbe nur im Benehmen mit der Bundespolizei erteilt werden. Das ist mehr als eine Anhörung, aber weniger als eine Zustimmung (keine Bindung).

593 **Zum Ausgangsfall:** Nach § 3 Abs. 5a S. 1 GüKG sind das BALM, die zuständige Industrie- und Handelskammer und der zuständige Verband des Verkehrsgewerbes sowie die fachlich zuständige Gewerkschaft zuvor als Fachstellen anzuhören. An die Stellungnahmen der Fachstellen ist die Stadt Freiburg nach dem GüKG nicht gebunden.

d) Unparteiischer Sachbearbeiter, §§ 20, 21 (L)VwVfG

594 Wie auch beim Erlass des belastenden Verwaltungsakts gilt, dass nur Bedienstete für die entscheidende bzw. mitwirkende Behörde tätig werden dürfen, auf deren notwendige Distanz zur Sache und Unbefangenheit vertraut werden kann. Dies ist spezialgesetzlich bzw. in §§ 20, 21 (L)VwVfG geregelt.

e) Untersuchungsgrundsatz/Sachverhaltsermittlung

595 Auch beim Erlass von begünstigenden Verwaltungsakten gilt der Untersuchungsgrundsatz (§ 24 (L)VwVfG): Die Behörde hat den entscheidungserheblichen Sachverhalt von Amts wegen zu ermitteln und bestimmt Art und Umfang der Ermittlungen. Sie bedient sich der nach ihrem Ermessen erforderlichen Beweismittel (§ 26 Abs. 1 (L)VwVfG). Nach Spezialgesetz können bestimmte Beweismittel vorgegeben sein.

■ **Beispiel:** In § 10 Abs. 2 GBZugV ist geregelt, welche Beweismittel bei Beantragung einer Güterkraftverkehrserlaubnis vorzulegen sind. Gleichzeitig ist damit geregelt, welche Beweismittel die Behörde erheben muss.[375]

596 Soweit nicht anders geregelt, trifft den Beteiligten wie beim Erlass belastender Verwaltungsakte nach § 26 Abs. 2 (L)VwVfG nur eine Mitwirkungsobliegenheit. Er kann also nicht durch Verwaltungsakt zur Mitwirkung verpflichtet werden. Legt der Antragsteller die erforderlichen Unterlagen trotz Aufforderung allerdings nicht vor, wird sein Antrag abgelehnt. Es ist nämlich dann nicht bewiesen, dass die weiteren Erteilungsvoraussetzungen vorliegen.[376]

---

375 Siehe auch Art. 11 Abs. 1 S. 1 und Art. 11 Abs. 4 VO 1071/2009.

376 Vgl. BVerwGE 8, 29.

■ **Beispiel:** Nach § 2 Abs. 8 StVG kann die Fahrerlaubnisbehörde die Vorlage von ärztlichen Gutachten oder Gutachten einer amtlich anerkannten Begutachtungsstelle für Fahreignung verlangen, wenn Tatsachen bekannt werden, die Bedenken gegen die Eignung oder Befähigung des Antragstellers begründen. Die Vorlage des Gutachtens kann aber nicht durch Verwaltungsakt angeordnet werden.

Exkurs: Mit Verwaltungsakt durchsetzbare Mitwirkungspflichten („Auskunftspflichten") werden im Bereich des Ordnungsrechts durch Spezialgesetz in der Regel für die Zeit nach Erteilung einer Erlaubnis gesetzlich normiert. **597**

■ **Beispiel:** Nach § 29 GewO können die dort genannten Gewerbetreibenden durch Verwaltungsakt zur Auskunft verpflichtet werden.

Zum Ausgangsfall: In § 10 Abs. 2 GBZugV ist geregelt, welche Unterlagen bei Antragstellung vorgelegt werden müssen, und in § 10 Abs. 1 GBZugV, wann weitere verlangt werden können. **598**

Unternehmereigenschaft und Sitz in Deutschland muss die Spedition Müller GmbH durch den Auszug aus dem Handelsregister nachweisen. Die Vertretungsberechtigung von Herrn Martin Müller wird zusätzlich durch den Geschäftsführervertrag nachgewiesen.
Die eigene persönliche Zuverlässigkeit (Spedition Müller GmbH) und die des Verkehrsleiters (Martin Müller) werden geprüft anhand des Unternehmensregisters[377], des Führungszeugnisses von Martin Müller (der gleichzeitig Geschäftsführer und Verkehrsleiter ist) und der Auskünfte aus dem Gewerbe- und dem Verkehrszentralregister.[378] Wenn es Einträge gäbe, würde die Behörde diese weiter prüfen.
Die finanzielle Leistungsfähigkeit wird durch Unbedenklichkeitsbescheinigungen (des Finanzamts, der Gemeinde, der Träger der Sozialversicherung und der Berufsgenossenschaft) und die Eigenkapitalbescheinigung nach Art. 7 VO 1071/2009 des Steuerberaters belegt.[379]
Die fachliche Eignung von Herrn Müller wird durch die Vorlage der Fachkundebescheinigung der IHK nach Art. 8 Abs. 8 VO 1071/2009 nachgewiesen.

---

377 Vgl. dazu Art. 11 Abs. 4, 2. Unterabsatz VO 1071/2009: ab dem 01.01.2013 wird auch dieser notwendig.

378 Vgl. dazu www.bundesjustizamt.de (Gewerbezentralregister und Bundeszentralregister) und www.kba.de (Verkehrszentralregister). Im Gewerbezentralregister werden auch juristische Personen und sonstige Zusammenschlüsse geführt.

379 Geschäftsbücher können teilweise über www.ebundesanzeiger.de eingesehen werden.

f) Rechte der Beteiligten

599 Gerade bei der Beantragung eines begünstigenden Verwaltungsakts sind Behörden zur **Beratung** und **Auskunft** verpflichtet, § 25 Abs. 1 u. 2 (L)VwVfG.[380]

■ Beispiel **„So nicht"**: Der Antragsteller wird im Unklaren gelassen, ob sein Antrag überhaupt eingegangen ist bzw. wann über diesen entschieden wird. Noch schlimmer: Statt den Antrag sofort auf Vollständigkeit zu prüfen, erhält der Antragsteller häppchenweise immer neue Behördenschreiben, in denen weitere Unterlagen angefordert werden.

600 Die Beteiligten des Verfahrens haben nach Maßgabe von § 30 VwVfG (bzw. § 3a LVwVfG BW) einen Anspruch auf **Geheimhaltung** insbes. ihrer personenbezogenen Daten und/oder Betriebs- und Geschäftsgeheimnisse vor unbefugter Offenbarung durch die Behörde. Einen solchen Anspruch haben aber auch am Verfahren nicht Beteiligte, natürliche Personen z. B. schon nach Art. 2 Abs. 1 i. V. m. Art. 1 Abs. 1 GG (Recht auf informationelle Selbstbestimmung).

601 Streitig ist, ob ein Beteiligter vor der Ablehnung seines Antrags oder vor Erlass von nicht beantragten Nebenbestimmungen gemäß § 28 Abs. 1 (L)VwVfG zu den entscheidungserheblichen Tatsachen **anzuhören** ist. Die Rechtsprechung verneint das.[381] In der Verwaltungspraxis spielt dieser Streit meist keine Bedeutung: Eine „bürgerorientierte" Verwaltung hört den Antragsteller vor der Ablehnung seines Antrags oder vor Erlass von nicht beantragten Nebenbestimmungen immer an.

602 Für alle Beteiligten besteht nach Maßgabe von § 29 Abs. 1 (L)VwVfG ein **Recht auf Akteneinsicht**. Wie beim belastenden Verwaltungsakt kann die Akteneinsicht in den Fällen des § 29 Abs. 2 (L)VwVfG verweigert werden.

Hinweis: § 29 Abs. 1 (L)VwVfG gewährt nur den Beteiligten ein Akteneinsichtsrecht. Zum allgemeinen Informationsanspruch siehe IFG (bzw. nach dem entsprechenden Landesrecht wie in BW das LIFG BW); zum Umweltinformationsanspruch siehe UIG (bzw. nach dem entsprechenden Landesrecht wie in BW das Umweltverwaltungsgesetz).

g) Frist, innerhalb der über den Verwaltungsakt zu entscheiden ist

603 Teilweise ist die Frist, innerhalb der der Verwaltungsakt zu erlassen ist, gesetzlich vorgeschrieben. In der Regel dient die Vorschrift zumindest auch

---

380 Beachte auch die zusätzlichen Pflichten der Gemeinden in Baden-Württemberg nach § 94 LVwVfG BW. Vgl. ebenso die Informationsportale im Internet wie www.service-bw.de.

381 BVerwGE 66, 184; a. A. Kopp/Ramsauer/*Ramsauer*, VwVfG, § 28 Rn. 26, 26a, 27; *Maurer/Waldhoff*, VerwR, § 19 Rn. 28.

dem Schutz der Interessen des Antragstellers, so dass er auf die Einhaltung der Frist einen Anspruch hat.

■ **Beispiel** (§ 54 Abs. 5 S. 1 Var. 1 LBO BW): Über den Bauantrag ist im normalen Verfahren binnen 2 Monate zu entscheiden.

Ist eine Frist nicht vorgeschrieben, so folgt aus § 10 S. 2 (L)VwVfG, dass Verfahren zügig durchzuführen sind. Auch diese Vorschrift dient zumindest auch dem Schutz der Interessen des Antragstellers.

Je nach Rechtsnatur der Fristregelung haben Verstöße unterschiedliche **604** Rechtsfolgen. In einigen Fällen hat die Fristsäumnis der Behörde materielle Wirkung: Die Erlaubnis gilt als erteilt, wenn über den Antrag nicht innerhalb der bestimmten Frist entschieden worden ist (vgl. § 42a (L)VwVfG: Genehmigungsfiktion). Das muss aber gesetzlich angeordnet sein.

■ **Beispiel:** Entscheidet die zuständige Behörde über den Antrag auf Reisegewerbekarte (§ 55 Abs. 2 GewO) nicht innerhalb von 3 Monaten nach ordnungsgemäßer Antragstellung, gilt diese nach § 6a Abs. 1 GewO als erteilt.

In den meisten Fällen hat der Verstoß lediglich mittelbare Rechtsfolgen. Der Antragsteller kann nach drei Monaten Verpflichtungsklage auf Erlass des unterlassenen Verwaltungsakts in Form der Untätigkeitsklage erheben (§ 75 S. 1 Var. 2 VwGO). Auch kann der Fristverstoß zur Amtshaftung (Art. 34 GG, § 839 BGB) führen.

3. Form

Oft besteht nach dem Fachrecht **Formzwang**. Beim Erlass begünstigender **605** Verwaltungsakte sind insbesondere folgende durch Gesetz, Rechtsverordnung oder Satzung angeordnete Formvorschriften von Bedeutung:

- **Urkundsform im engeren Sinne (i. S. d. § 44 Abs. 2 Nr. 1 (L)VwVfG):** Es ist vorgeschrieben, dass der Verwaltungsakt in Form einer bestimmten Urkunde zu erlassen ist, deren Inhalt ebenfalls gesetzlich vorgegeben ist, und dass die Urkunde auszuhändigen ist.

  ■ **Beispiele:** Einbürgerung durch Aushändigung der Einbürgerungsurkunde (vgl. § 16 StAG[382]) oder Beamtenernennung durch Aushändigung der Ernennungsurkunde (vgl. § 8 Abs. 2 BeamtStG bzw. § 10 Abs. 2 BBG).

382 Die Einbürgerungsurkunde erfolgt nach den Mustern in Anlage 1 und Anlage 1a der Allgemeinen Verwaltungsvorschrift über Urkunden in Staatsangehörigkeitssachen vom 18.06.1975 (StAUrkVwV).

- **Urkundsform im weiteren Sinne:** Hier wird der Behörde die Verwendung bestimmter Vordrucke vorgeschrieben, aber nicht die Aushändigung der Urkunde angeordnet.

  ■ **Beispiel:** Reisegewerbekarte nach §§ 55, 60c GewO

- **Schriftform:** Hier ist lediglich die Schriftform angeordnet. Die Ausgestaltung der Erlaubnis obliegt den Behörden selbst. Soweit nichts anderes geregelt ist, kann die Schriftform durch die in § 3a Abs. 2 u. 3 (L)VwVfG genannten elektronischen Formen ersetzt werden.
- **Schriftlich oder elektronisch:** Schreibt ein Gesetz vor, dass der Verwaltungsakt schriftlich oder elektronisch erlassen werden kann, so ist mit elektronisch nicht § 3a Abs. 2 u. 3 (L)VwVfG gemeint (diese Form ersetzt ja bereits die Schriftform), sondern die einfache elektronische Form, also z. B. der Erlass von Verwaltungsakten mit einfacher E-Mail.

606 Besteht **Formfreiheit**, entscheidet die Verwaltung nach eigenem Ermessen (vgl. § 37 Abs. 2 (L)VwVfG), sehr oft abstrakt-generell durch Verwaltungsvorschrift, im Übrigen im Einzelfall. Aus Beweisgründen ist i. d. R. die Schriftform oder die elektronische Form (einfache E-Mail) zweckmäßig. Die elektronische Form setzt nach § 3 Abs. 1 (L)VwVfG allerdings voraus, dass der Einzelne hierfür den Zugang eröffnet hat.

607 Ergeht der Verwaltungsakt schriftlich oder elektronisch, sind § 37 Abs. 3 bis Abs. 6, § 39 (L)VwVfG bzw. die spezialgesetzlichen Vorgaben zu beachten (Bezeichnung der Behörde, Angabe des Namens des Sachbearbeiters, ggf. Unterschrift des Sachbearbeiters; Begründung und Rechtsbehelfsbelehrung).

608 Auf die **Begründung** eines schriftlichen oder elektronischen begünstigenden Verwaltungsakts kann nach § 39 Abs. 2 Nr. 1 (L)VwVfG verzichtet werden, wenn die Behörde dem Antrag entspricht und nicht in Rechte eines anderen eingreift. Teilweise gelten Sonderregelungen wie z. B. für die Begründung der Baugenehmigung (vgl. § 58 Abs. 1 S. 5 LBO BW).

609 Eine **Rechtsbehelfsbelehrung** ist nach § 37 Abs. 6 S. 1 (L)VwVfG erforderlich, wenn der Verwaltungsakt angefochten werden kann. Anfechtbar sind die Ablehnung eines begünstigenden Verwaltungsakts, ein begünstigender Verwaltungsakt mit Nebenbestimmungen oder sonstigen Einschränkungen, die nicht beantragt wurden, und ein begünstigender Verwaltungsakt mit belastender Drittwirkung. Damit entfällt die Rechtsbehelfsbelehrungspflicht dann, wenn dem Antrag auf Erteilung eines begünstigenden Verwaltungsakts vollumfänglich entsprochen wurde und der begünstigende Verwaltungsakt nicht in Rechte Dritter eingreift.

610 Wenn es zweckmäßig ist (keine Rechtspflicht der Behörde), können weitere **Hinweise zur Rechtslage** gegeben werden.

4. Bekanntgabe

Hier bestehen keine Unterschiede zur Bekanntgabe belastender Verwaltungsakte (siehe Rn. 356 ff.). **611**

III. Materielle Voraussetzungen

1. Allgemeines

Der Erlass eines begünstigenden Verwaltungsakts ist materiell rechtmäßig, wenn die Voraussetzungen der Ermächtigungsgrundlage vorliegen und der begünstigende Verwaltungsakt inhaltlich auch mit dem sonstigen Recht vereinbar ist. Meist ist zunächst erforderlich, dass ein zulässiger Antrag vorliegt (siehe Rn. 578 ff.). **612**

2. Vorliegen der Tatbestandsvoraussetzungen der Rechtsgrundlage

Welche Tatbestandsvoraussetzungen im Übrigen (also über den zulässigen Antrag hinaus) vorliegen müssen, ist aus der einschlägigen Rechtsgrundlage zu erarbeiten, hier also nach § 3 Abs. 2 GüKG. **613**

614

Tatbestands-merkmal	Definition	Subsumtion
Anwendbarkeit des GüKG	Das GüKG gilt nur für den nationalen gewerblichen Güterkraftverkehr. Sollen grenzüberschreitende Transporte durchgeführt werden, richtet sich die Erlaubnispflicht nach der VO 1072/2009	Hier nur in Deutschland, GüKG ist also anwendbar
Antragsteller ist Unternehmer	Unternehmer ist das Rechtssubjekt, in dessen Namen das Gewerbe betrieben wird	Die Spedition Müller GmbH ist mit dem Eintrag ins Handelsregister als juristische Person entstanden (§§ 13 Abs. 1, 11 Abs. 1 GmbHG) und als solche unstreitig Unternehmerin[383]
Unternehmen hat seinen Sitz im Inland		Die Spedition Müller GmbH hat ihren Sitz in Freiburg und damit im Inland

383 Unternehmer sind also weder Herr Karl Müller als Alleingesellschafter noch Herr Martin Müller als Geschäftsführer der GmbH. Hätten diese die Erlaubnis ausdrücklich auf den eigenen Namen beantragt, müsste die Erlaubnis abgelehnt werden, da nicht sie, sondern die GmbH das Güterkraftverkehrsgewerbe betreibt.

Tatbestands-merkmal	Definition	Subsumtion
betrieben wird eine erlaubnispflichtige Tätigkeit nach § 3 Abs. 1 GüKG	Was **Güterkraftverkehr** ist, ist in § 1 Abs. 1 GüKG legaldefiniert. Wann Güterkraftverkehr **gewerblich** ist, ergibt sich aus § 1 Abs. 4 GüKG. **Keine Erlaubnispflicht** besteht in den Fällen des § 2 GüKG oder wenn der Unternehmer bereits im Besitz einer Gemeinschaftslizenz ist (§ 5 GüKG, Art. 3 VO 1072/2009[384]).	Die Spedition Müller GmbH betreibt mit einem 7,5-Tonner gewerblichen Güterkraftverkehr, eine Ausnahme von der Erlaubnispflicht besteht nicht.
Voraussetzungen nach Art. 3 Abs. 1 VO 1071/2009 liegen vor	(1) Unternehmen muss nach Art. 3 Abs. 1 lit. a i. V. m. Art. 5 VO 1071/2009 eine **tatsächliche und dauerhafte Niederlassung in Deutschland** haben. (2) Der Unternehmer muss nach Art. 3 Abs. 1 lit. b VO 1071/2009 i. V. m. Art. 6 VO 1071/2009 **zuverlässig** sein (keine Aberkennung der Zuverlässigkeit nach § 3 Abs. 5b GüKG; kein schwerster Verstoß im Sinne von Anhang IV VO 1071/2009; keine Unzuverlässigkeit nach § 2 Abs. 1 GBZugV[385]) (3) Der Unternehmer muss nach Art. 3 Abs. 1 lit. c i. V. m. Art. 7 VO 1071/2009 **finanziell leistungsfähig** sein. Die finanzielle Leistungsfähigkeit wird in der Regel durch die Eigenkapitalbescheinigung nach Art. 7 Abs. 1 Unterabsatz 1 der Verordnung nachgewiesen, aus der sich ein ausreichendes Eigenkapital ergeben muss. (4) Nach Art. 3 Abs. 1 lit. d i. V. m. Art. 8 VO 1071/2009 muss der Unternehmer, der selbst Verkehrsleiter ist, auch die geforderte **fachliche Eignung** besitzen. Ansonsten muss sein angestellter oder bestellter Verkehrsleiter die fachliche Eignung haben. Dies wird durch eine Bescheinigung über die fachliche Eignung nach dem Muster in Anhang II und III der Verordnung nachgewiesen.	Die Spedition Müller GmbH erfüllt alle Voraussetzungen

384 Amtsblatt der Europäischen Union vom 14.11.2009 – L 300/72 –.

385 In § 2 Abs. 3 GBZugV wird der unbestimmte Rechtsbegriff „Unzuverlässigkeit" mithilfe von sogenannten „Regelbeispielen" näher bestimmt. Von Regelbeispielen spricht man, wenn in einer Norm Beispielsfälle für das Vorliegen eines unbestimmten Rechtsbegriffs aufgezählt werden. Man erkennt sie an dem Wort „insbesondere" oder „in der Regel". Regelbeispiele definieren den unbestimmten Rechtsbegriff nicht abschließend: Neben den in § 2 Abs. 3 GBZugV aufgezählten Fällen sind also weitere Fälle denkbar, die zur Unzuverlässigkeit führen können. Außerdem sind Regelbeispiele nur ein Indiz für das Vorliegen des Tatbestandsmerkmals: Im Normalfall führt jeder der in § 2 Abs. 3 GBZugV aufgezählten Verstöße zur Unzuverlässigkeit des Unternehmers. Wenn im Einzelfall aber besondere Umstände vorliegen, die der Gesetzgeber nicht bedacht hat, liegt trotz des als Regelbeispiels aufgezählten Verstoßes keine Unzuverlässigkeit des Unternehmers vor.

Exkurs: „Rechtsträger im öffentlichen Recht" (Vertiefungshinweise): Wir wollen an dieser Stelle am Beispiel „Unternehmer im Sinne des GüKG" noch einmal genauer betrachten, wie wir grundsätzlich ermitteln, wer Rechtsträger bzw. Rechtssubjekt im öffentlichen Recht sein kann. 615

Dabei sehen wir uns zunächst Ziffer 8 der GüKVwV an:

(1) Der einzelne Mensch ist im öffentlichen Recht allgemein als Rechtsträger anerkannt. Er ist nur dann nicht tauglicher Rechtsträger, wenn dies in einem bestimmten Spezialgesetz so geregelt ist.[386] Ist der einzelne Mensch zugleich Kaufmann im Sinne des Handelsgesetzbuchs (HGB), wird er ins Handelsregister mit einem bestimmten Namen (Firma) eingetragen, der den Zusatz „e. K.", „e. Kfm." oder „e. Kfr." enthält, § 19 Abs. 1 Nr. 1 HGB. Herr Karl Müller hätte die Spedition in unserem Fall beispielsweise auch unter der Firma „Karl Müller Spedition e. K." als Einzelunternehmer führen können. Rechtsträger bleibt aber der hinter dem bestimmten Namen (Firma) stehende Einzelkaufmann.

(2) Die als juristische Person des Privatrechts anerkannten Zusammenschlüsse wie die Kapitalgesellschaften (GmbH oder AG) oder z. B. der rechtsfähige Verein sind im öffentlichen Recht als Rechtsträger anerkannt. Voraussetzung ist, dass sie rechtlich existent sind. Die GmbH entsteht z. B. erst mit dem Eintrag ins Handelsregister, § 11 Abs. 1 GmbHG. Darum muss die Spedition Müller GmbH auch einen beglaubigten Auszug aus dem Handelsregister vorlegen, um ihre rechtliche Existenz beweisen zu können. Alternativ kann die Behörde den Eintrag im Handelsregister unter www.handelsregister.de[387] überprüfen.

(3) Die Erbengemeinschaft kann nicht Rechtsträgerin im öffentlichen Recht sein. Hier ist jeder einzelne Miterbe Rechtsträger und somit auch Unternehmer im Sinne des GüKG. Allerdings wird nur eine Erlaubnisurkunde benötigt.

(4) Schwierig sind die Fälle, in denen das Unternehmen in Form einer Personengesellschaft geführt werden soll. Bei der Gesellschaft bürgerlichen Rechts (GbR) und den Personenhandelsgesellschaften (Offene Handelsgesellschaft – OHG – und Kommanditgesellschaft – KG) ist fraglich, ob hier jeder einzelne Gesellschafter Unternehmer ist oder die Personengesellschaft als solche. Nach Ziffer 8 GüKVwV wird nur eine Erlaubnisurkunde benötigt und die Personengesellschaft offenbar als Unternehmerin anerkannt. Eine andere Auffassung ließe sich auch nicht mit der Legaldefinition „Unternehmen" nach Art. 2 Nr. 4 VO 1071/2009 vereinbaren, der keinen Unterschied zwischen Unternehmen und Unternehmer macht. Nach richtiger Auffassung hat das öffentliche Recht dem Zivilrecht zu folgen und sowohl die Personenhandelsgesellschaft als auch

---

386 Z. B. dürfen nach §§ 2b Abs. 1, 32 Abs. 1 Kreditwesengesetz erlaubnispflichtige Kreditinstitute nicht in der Form eines Einzelkaufmanns betrieben werden.

387 Siehe auch: www.unternehmensregister.de.

die GbR allgemein als Rechtsträgerin im öffentlichen Recht anzuerkennen. Bisher ist dies zwar in einzelnen Gebieten des besonderen Verwaltungsrechts, nicht aber auch im allgemeinen Gewerberecht anerkannt.[388]

(5) Schließlich sind taugliche Rechtsträger im öffentlichen Recht auch die nach EU-Recht gegründeten Gesellschaften wie z. B. die Europäische Aktiengesellschaft (SE) und die aufgrund der Gründungstheorie anzuerkennenden ausländischen juristischen Personen nach dem Recht der EU-Mitgliedstaaten, wie z. B. die britische Limited.[389]

616 **Exkurs ins Unionsrecht (Vertiefungshinweise):** Da § 3 Abs. 2 GüKG auf VO 1071/2009 verweist, wollen wir an dieser Stelle einen kleinen Exkurs ins Europarecht wagen und die Kenntnisse zu „EU-Richtlinien" und „EU-Verordnungen" weiter vertiefen.

EU-Verordnungen wie hier die VO 1071/2009 sind nach Artikel 288 Abs. 2 des Vertrags über die Arbeitsweise der Europäischen Union (AEUV) in allen Teilen verbindlich und gelten unmittelbar in den Mitgliedstaaten. So legt Art. 3 Abs. 1 VO 1071/2009 nunmehr mit Wirkung ab dem 04.12.2011 mit unmittelbarer Wirkung für alle EU-Mitgliedstaaten die Berufszugangsvoraussetzungen für den Güterkraftverkehr fest. Darum werden in § 3 Abs. 2 S. 1 GüKG die Berufszugangsvoraussetzungen auch nicht noch einmal extra aufgezählt. Der Verweis auf Art. 3 Abs. 1 der VO 1071/2009 ist deklaratorisch. Dass die VO 1071/2009 unmittelbar geltendes Recht ist, schließt aber nicht aus, dass sie zusätzlich Durchführungsermächtigungen bzw. Durchführungsverpflichtungen für die einzelnen Mitgliedstaaten enthalten kann. So regeln die EU-Mitgliedstaaten z. B. nach Art. 6 Abs. 1 Unterabsatz 1 der Verordnung zunächst selbst, unter welchen Voraussetzungen Unternehmen und Verkehrsleiter zuverlässig sind.

EU-Richtlinien sind nach Artikel 288 Abs. 3 AEUV hinsichtlich des Ziels für jeden Mitgliedstaat, an den sie gerichtet sind, verbindlich. Der Mitgliedstaat ist zur Umsetzung verpflichtet. Dabei hat der Mitgliedstaat aber die Wahl der Form und der Mittel. So waren die Berufszugangsvoraussetzungen ursprünglich nicht in einer EU-Verordnung enthalten, sondern in der Richtlinie 96/26/EG. Die in dieser Richtlinie enthaltenen Vorgaben hatte der deutsche Gesetzgeber in § 3 Abs. 2 und 3 GüKG in der bis zum 03.12.2011 geltenden Fassung umgesetzt:[390]

---

388 Vertiefungshinweis: *Gassner*, Die Personenhandelsgesellschaft als Rechtssubjekt im öffentlichen Recht, 2009.

389 Vergleiche dazu auch Ziffer 9 der GüKVwV.

390 Wenn der deutsche Gesetzgeber eine EU-Richtlinie nicht rechtzeitig umsetzt, ist diese nach Ablauf der Umsetzungsfrist trotzdem unmittelbar geltendes Recht, wenn die Richtlinie vom

§ 3 Abs. 2 S. 1 GüKG in der Fassung bis zum 03.12.2011
(2) Die Erlaubnis wird einem Unternehmer, dessen Unternehmen seinen Sitz im Inland hat, für die Dauer von fünf Jahren erteilt, wenn
1. der Unternehmer und die zur Führung der Güterkraftverkehrsgeschäfte bestellte Person zuverlässig sind,
2. die finanzielle Leistungsfähigkeit des Unternehmens gewährleistet ist und
3. der Unternehmer oder die zur Führung der Güterkraftverkehrsgeschäfte bestellte Person fachlich geeignet ist.

Exkurs ins allgemeine Gewerberecht: Zuverlässig im Sinne von § 35 GewO ist ein Unternehmer, der nach dem Gesamteindruck seines Verhaltens die Gewähr dafür bietet, dass er das Gewerbe zukünftig ordnungsgemäß betreibt.[391] 617

3. Rechtsfolge

a) Adressat

Die Entscheidung über den Antrag ergeht immer an den Antragsteller. Ob dem Antragsteller der beantragte begünstigende Verwaltungsakt zu erteilen ist, ist auf der Tatbestandsseite zu prüfen. Daher kann dieser Prüfungspunkt im Gutachten auch als Selbstverständlichkeit weggelassen werden. 618

b) Maßnahme

aa) Das „Ob der Entscheidung"

Liegen die Tatbestandsvoraussetzungen der Rechtsgrundlage vor, ist zu prüfen, ob die Rechtsgrundlage die Behörde zum Erlass des Verwaltungsakts verpflichtet (gebundene Entscheidung) oder dessen Erlass in das Ermessen der Behörde stellt. 619

■ **Beispiele für gebundene Entscheidungen:** Güterkraftverkehrserlaubnis (§ 3 Abs. 2 GüKG), Baugenehmigung (§ 58 Abs. 1 LBO BW), Gaststättenerlaubnis (§ 1 LGastG BW i. V. m. §§ 2 Abs. 1, 3 Abs. 1, 4 Abs. 1 GastG).

■ **Beispiele für Ermessensentscheidungen:** Erteilung einer Sondernutzungserlaubnis für eine Gemeindestraße in BW (§ 16 Abs. 1 und 2 StrG BW).

Liegen die Tatbestandsvoraussetzungen der Rechtsgrundlage nicht vor, steht es im Ermessen der Behörde, ob sie den Antrag durch Ablehnungsbescheid ablehnt oder den begehrten Verwaltungsakt mit Nebenbestimmun- 620

Inhalt her unbedingt und hinreichend bestimmt ist, um im Einzelfall angewendet zu werden. Der Verwaltungssachbearbeiter ist dann also verpflichtet, die EU-Richtlinie direkt anzuwenden; vgl.: EuGHE 1982, 53.

391 BVerwG, Urteil vom 02.02.1982 – 1 C 146/80 – zitiert nach juris Rn. 13.

gen erlässt, wenn durch die Nebenbestimmungen die Tatbestandsvoraussetzungen „hergestellt“ werden können (dazu später noch genauer). Ansonsten ist der Antrag zwingend abzulehnen.

bb) Das „Wie der Entscheidung“

621 Auch hier ist zu prüfen, ob bzw. inwieweit das „Wie der Entscheidung“ der Behörde verpflichtend vorgegeben und/oder ob bzw. inwieweit die Behörde Ermessen hat.

■ **Beispiele:** Die **Güterkraftverkehrserlaubnis** ist nach § 3 Abs. 2 GüKG zwingend zu befristen, sie darf nicht ohne Befristung erteilt werden. In der Regel ist sie für eine Dauer von genau 10 Jahren zu erteilen, auch wenn es in der Norm „bis zu“ heißt. Das ergibt sich schon nach der Gesetzesbegründung[392] (historische Auslegung, siehe Rn. 57) sowie mit Hinblick auf das Verhältnismäßigkeitsprinzip und das Recht auf Berufsfreiheit. Nur im atypischen Ausnahmefall hat die Behörde Ermessen, ob sie die Erlaubnis für eine kürzere Dauer erteilt. Bei der Erteilung der **Sondernutzungserlaubnis** für eine Gemeindestraße in BW muss die Behörde lediglich beachten, dass diese zwingend entweder zu befristen oder mit Widerrufsvorbehalt zu erteilen ist (§ 16 Abs. 1 S. 2 StrG BW). Im Übrigen steht die nähere Ausgestaltung im Ermessen der Behörde.

622 Bestimmt die Behörde keinen Gültigkeitsbeginn, wird der begünstigende Verwaltungsakt mit seiner Bekanntgabe wirksam, § 43 Abs. 1 (L)VwVfG. Soll die erlaubnispflichtige Tätigkeit erst zu einem späteren Zeitpunkt aufgenommen werden dürfen, kann der Gültigkeitsbeginn der Erlaubnis auf diesen Zeitpunkt gelegt werden (aufschiebende Befristung), wenn kein zwingendes Spezialgesetz entgegensteht. Verwendet die Verwaltung ein Muster, in das Ausstellungsdatum und der erste Gültigkeitstag der Erlaubnis einzutragen sind, wird als erster Gültigkeitstag in der Regel das Ausstellungsdatum eingetragen, auch wenn der Verwaltungsakt zu diesem Zeitpunkt mangels Bekanntgabe noch nicht wirksam geworden ist, § 43 Abs. 1 (L)VwVfG. Die Rückwirkung eines begünstigenden Verwaltungsakts ist im Gegensatz zur Rückwirkung eines belastenden Verwaltungsakts grundsätzlich unproblematisch.

c) Keine Unmöglichkeit

623 Ein begünstigender Verwaltungsakt kann nicht erteilt werden, wenn etwas Unmögliches geregelt wird. Da Bürger selten eine für sie günstige, aber unmögliche Regelung beantragen werden, ist dieser Punkt kaum von Relevanz.

---

392 Bundestagsdrucksache 17/6262, S. 14 (Begründung zu Nummer 4, zu Buchstabe a).

d) Bestimmtheit

aa) Inhaltsbestimmung

Auch der begünstigende Verwaltungsakt und etwaige Nebenbestimmungen müssen gemäß § 37 Abs. 1 (L)VwVfG inhaltlich hinreichend bestimmt erlassen werden. Was die Behörde in der Erlaubnis anzugeben hat, damit sie bestimmt genug ist, hängt vom jeweiligen Rechtsgebiet ab. 624

Die Güterkraftverkehrserlaubnis ist hier mit folgenden Inhaltsbestimmungen zu treffen: 625

- Inhaltsbestimmung zum Unternehmer (Erlaubnisinhaber)
  „Spedition Müller GmbH, … (Anschrift)"
  (alternativ ginge auch z. B.: Spedition Müller GmbH, Amtsgericht Freiburg, Handelsregisternummer)
- Inhaltsbestimmung zur erlaubten Tätigkeit
  „Erlaubnis für den gewerblichen Güterkraftverkehr"
- räumliche Inhaltsbestimmung
  „Güterverkehr nach § 3 GüKG (innerdeutscher Güterverkehr)"
- Inhaltsbestimmung der Nebenbestimmung
  „Erlaubnis mit einem Gültigkeitszeitraum vom … bis zum …"

bb) Exkurs: ggf. weitere Hinweise auf die Rechtslage

Zu überlegen ist nur noch, ob es zweckmäßig ist, weitere Rechtshinweise zu erteilen. Eine Rechtspflicht dazu besteht nur, wenn das durch Spezialgesetz vorgeschrieben ist. 626

■ **Beispiel:** Der Spedition Müller GmbH könnte z. B. noch der Hinweis gegeben werden, dass die Erlaubnis nicht übertragbar ist. Oft halten die zuständigen Behörden Informationsbroschüren für die Unternehmer bereit – wie z. B. Informationsbroschüren zur Einhaltung der Lenk- und Ruhezeiten im Güterkraftverkehrsgewerbe. Bei solchen rechtlichen Hinweisen handelt es sich weder um eine Inhaltsbestimmung noch um eine Nebenbestimmung.

IV. Die Anordnung der sofortigen Vollziehung

Hat der begünstigende Verwaltungsakt keine belastende Drittwirkung, bedarf es der Anordnung der sofortigen Vollziehung nicht. 627

■ **Beispiel:** Die Güterkraftverkehrserlaubnis wird ohne Anordnung der sofortigen Vollziehung erteilt.

Wenn ein Dritter gegen den begünstigenden Verwaltungsakt Widerspruch erhebt, hat der Widerspruch nach § 80 Abs. 1 VwGO grundsätzlich auf- 628 schiebende Wirkung.[393] Der Begünstigte kann dann nach § 80a Abs. 1 Nr. 1 VwGO die Anordnung der sofortigen Vollziehung des begünstigenden Verwaltungsakts durch die Behörde beantragen. Die Behörde kann auch von vornherein von Amts wegen die sofortige Vollziehung anordnen.

■ **Beispiel:** Der Nachbar erhebt Widerspruch gegen die Gaststättenerlaubnis. Hier kann die Behörde die sofortige Vollziehung der Gaststättenerlaubnis anordnen.

629 Die sofortige Vollziehung wird nicht angeordnet, wenn der Drittwiderspruch kraft Gesetzes keine aufschiebende Wirkung hat.

■ **Beispiel:** Der Nachbarwiderspruch gegen die Baugenehmigung hat nach § 212a Abs. 1 BauGB keine aufschiebende Wirkung.

V. Gebührenentscheidung

630 Auch für den Erlass eines begünstigenden Verwaltungsakts werden i. d. R. Gebühren erhoben. Ist Rechtsgrundlage für den begünstigenden Verwaltungsakt eine bundesrechtliche Regelung, kann der Bundesgesetzgeber bestimmen, dass die Gebühr bundeseinheitlich geregelt wird. Besteht eine solche bundesgesetzliche Regelung nicht bzw. ist Rechtsgrundlage für den Erlass des begünstigenden Verwaltungsakts eine landesrechtliche Regelung, bestimmt sich die Gebühr nach Landesrecht.[394]

VI. Weiteres Verfahren nach Erteilung der Erlaubnis

631 Frau Mustermann informiert nach Ziffer 14 der GüKVwV das BALM und nach § 4 GüKG die Berufsgenossenschaft über die Erteilung der Erlaubnis. Nach Art. 11 Abs. 2 VO 1071/2009, § 15 Abs. 2 GüKG, § 4 VUDat-DV meldet Frau Mustermann die Daten über die zugelassene Spedition Müller GmbH dem Bundesamt für Logistik und Mobilität zum Eintrag in die Verkehrsunternehmensdatei.

---

393 Nach h. M. allerdings nicht, wenn der Widerspruch offensichtlich unzulässig bzw. rechtsmissbräuchlich ist.

394 Gebühren für Genehmigungen, die der EU-Dienstleistungsrichtlinie unterfallen, dürfen nach Art. 13 Abs. 2 der Richtlinie nicht höher sein als die Kosten des Genehmigungsverfahrens.

VII. Lösungsvorschlag (gutachtliche Prüfung)

RECHTSGUTACHTEN **632**

Die beantragte Erlaubnis ist zu erteilen, wenn die formellen und materiellen Voraussetzungen hierfür vorliegen.

I. Rechtsgrundlage

Als Rechtsgrundlage für den etwaigen Erlass der Erlaubnis für den Güterkraftverkehr kommt § 3 Abs. 2 GüKG in Betracht, da hier eine Erlaubnis nur für innerdeutsche Transporte, nicht aber auch für grenzüberschreitende Transporte beantragt wird, so dass Art. 3 u. 4 der VO 1072/2009 nicht zur Anwendung kommen.

II. Formelle Voraussetzungen

1. Zuständigkeit

Die Stadt Freiburg, bei der der Antrag gestellt wurde, müsste sachlich und örtlich für den Erlass der Güterkraftverkehrserlaubnis zuständig sein.

Sachlich zuständig sind in Baden-Württemberg nach § 3 Abs. 7 S. 1 GüKG i. V. m. § 1 Nr. 1 GüKZuVO BW die unteren Verwaltungsbehörden, und zwar nach §§ 15 Abs. 1, 19 Abs. 1 Nr. 1 lit. f LVG BW in den Landkreisen die Landratsämter und in den Stadtkreisen die Gemeinden. Innerhalb der Gemeinden liegt die Organkompetenz beim Bürgermeister und seiner Verwaltung, § 15 Abs. 2 LVG BW. Örtlich zuständig ist nach § 3 Abs. 7 S. 2 GüKG das Landratsamt bzw. die Gemeinde, in deren Bezirk das Unternehmen nach Art. 5 VO 1071/2009 seine Niederlassung hat.

Hier hat die Spedition Müller GmbH laut Handelsregisterauszug ihren Sitz im Stadtkreis Freiburg.

Damit ist die Stadt Freiburg, genauer der Oberbürgermeister mit seiner Verwaltung, sachlich und örtlich zuständig.

2. Verfahren

Die Erlaubnis kann nur erlassen werden, wenn die einschlägigen Verfahrensvorschriften beachtet wurden. Hier hat die Spedition Müller GmbH einen ordnungsgemäßen Antrag mit allen erforderlichen Unterlagen gestellt, sodass das Verfahren gemäß § 22 S. 2 Nr. 1 LVwVfG ordnungsgemäß eingeleitet wurde. Die nach § 3 Abs. 5a S. 1 GüKG zu beteiligenden Behörden wurden angehört. Auch im Übrigen ist kein Verfahrensverstoß ersichtlich.

Aus Art. 11 Abs. 3 VO 1071/2009 ergibt sich, dass der Antragsteller ein Recht darauf hat, dass über seinen Antrag innerhalb von 3 Monaten entschieden wird. Allerdings führt der Verstoß nicht zur Genehmigungsfiktion, da eine solche im GüKG geregelt sein müsste, aber fehlt.

3. Form

Die Erlaubnis wäre nach § 10 Abs. 4 GBZugV schriftlich gemäß dem Musterformular nach der Anlage 1 der GBZugV zu erteilen. Sie bedürfte keiner Begründung nach § 39 Abs. 2 Nr. 1 LVwVfG BW, wenn dem Antrag der Spedition Müller GmbH vollumfänglich entsprochen wird, da sie nicht in Rechte Dritter eingreift. Dann wäre nach § 37 Abs. 6 S. 1 LVwVfG BW auch keine Rechtsbehelfsbelehrung erforderlich. Ergeht die Erlaubnis hingegen mit Nebenbestimmungen, sind Begründung und Rechtsbehelfsbelehrung beizufügen.

Stellt sich heraus, dass die Erlaubnis abzulehnen ist, besteht nach § 37 Abs. 2 LVwVfG BW Formfreiheit. Zweckmäßig ist aus Beweisgründen die Schriftform. Dann sind ebenfalls Begründung und Rechtsbehelfsbelehrung beizufügen.

4. Bekanntgabe

Erlaubnis oder Ablehnungsbescheid sind Herrn Martin Müller als gesetzlichem Vertreter der Spedition Müller GmbH nach §§ 41 Abs. 1 S. 1, 12 Abs. 1 Nr. 3 LVwVfG mit Wirkung für und gegen die Spedition Müller GmbH bekannt zu geben. Zweckmäßig ist die Bekanntgabe mit einfachem Brief, § 41 Abs. 2 LVwVfG BW.

III. Materielle Voraussetzungen

1. Tatbestandsvoraussetzungen

Tatbestandsvoraussetzung für die Erteilung der bis zu 10 Jahre befristeten Güterkraftverkehrserlaubnis ist nach § 3 Abs. 2 GüKG, dass erstens ein zulässiger Antrag vorliegt, dass zweitens der Antragsteller Unternehmer mit Unternehmenssitz im Inland ist, dass er drittens einen erlaubnispflichtigen Güterkraftverkehr i. S. d. § 3 Abs. 1 GüKG betreibt und dass er viertens die Voraussetzungen von Art. 3 Abs. 1 VO 1071/2009 erfüllt.

a) Zulässiger Antrag

Die Spedition Müller GmbH hat in zulässiger Weise einen Antrag auf Erlaubnis gestellt.

b) Unternehmer mit Unternehmenssitz im Inland

Die Spedition Müller GmbH ist als juristische Person des Privatrechts unproblematisch Unternehmerin i. S. d. GüKG (siehe auch §§ 11 Abs. 1, 13 Abs. 1 GmbHG i. V. m. Ziffer 8 der GüKVwV). Sie hat ihren Sitz in Freiburg und damit im Inland.

c) Betreiben eines gemäß § 3 Abs. 1 GüKG erlaubnispflichtigen Güterkraftverkehrsgewerbes

Nach § 3 Abs. 1 GüKG ist, soweit unionsrechtlich nicht mit unmittelbarer Rechtswirkung etwas anderes geregelt ist, das Betreiben eines gewerblichen Güterkraftverkehrsgewerbes i. S. d. § 1 Abs. 4 GüKG erlaubnispflichtig, soweit keine Ausnahme nach § 2 GüKG greift. Gewerblicher Güterkraftverkehr liegt nach § 1 Abs. 4 vor, wenn geschäftsmäßig oder entgeltlich Güter mit Kraftfahrzeugen befördert werden, die einschließlich Anhänger ein höheres Gesamtgewicht als 3,5 Tonnen haben, und wenn diese Beförderung keinen Werkverkehr im Sinne der Abs. 2 und 3 darstellt.

Abweichendes Unionsrecht greift hier nicht, insbesondere ist für die Tätigkeit der Spedition Müller GmbH keine Gemeinschaftslizenz nach Art. 3 u. 4 der VO

1072/2009 erforderlich. Hier soll geschäftsmäßig die Beförderung von Gütern mit insgesamt einem Kraftfahrzeug mit einem zulässigen Gesamtgewicht von 7,5 Tonnen (also von mehr als 3,5 Tonnen) für externe Auftraggeber (also nicht als Werkverkehr) durchgeführt werden.

Damit besteht nach § 3 Abs. 1 GüKG Erlaubnispflicht.

d) Weitere Voraussetzungen nach Art. 3 Abs. 1 VO 1071/2009

aa) Niederlassung nach Art. 3 Abs. 1 a) und 5 der Verordnung

Die Spedition Müller GmbH muss ihre tatsächliche Niederlassung in Deutschland haben. Laut Handelsregisterauszug ist Hauptsitz und Niederlassung in Freiburg. Anzeichen dafür, dass hier nur ein Scheinsitz vorliegen könnte, bestehen nicht.

bb) Persönliche Zuverlässigkeit nach Art. 3 Abs. 1 b) und Art. 6 der Verordnung

(1) Keine Unzuverlässigkeit nach Art. 6 Abs. 3 VO 1071/2009, § 3 Abs. 5b GüKG

Die Spedition Müller GmbH ist eine neu gegründete GmbH. So kann gegen diese auch noch gar kein Untersagungsverfahren vorliegen. Zu prüfen ist, ob gegen Herrn Martin Müller eine bestandskräftige Untersagung aufgrund seiner früheren Tätigkeit als Verkehrsleiter vorliegt. Der Auszug aus dem Gewerbezentralregister von Herrn Müller zeigt, dass ihm die Führung von Güterkraftverkehrsgeschäften bisher nicht nach § 3 Abs. 5b GüKG untersagt worden ist.

(2) Keine Unzuverlässigkeit nach Anhang IV der Verordnung

Nach dem Auszug aus dem Gewerbezentral-, dem Bundeszentral- und dem Verkehrszentralregister von Herrn Martin Müller hat dieser in der Vergangenheit keinen Verstoß im Sinne des Anhangs IV der VO 1071/2009 begangen.

(3) Sonstige Unzuverlässigkeitsgründe

Auch sonst ergeben sich aus § 2 Abs. 3 GBZugV keine Gesichtspunkte, dass die Spedition Müller GmbH unzuverlässig sein könnte.

cc) Finanzielle Leistungsfähigkeit nach Art. 3 Abs. 1 c) und 7 der Verordnung

Die GmbH ist nach Art. 7 Abs. 1 der Verordnung finanziell leistungsfähig, wenn sie für das eingesetzte Fahrzeug über ein Eigenkapital und Reserven in Höhe von mindestens 9000 € verfügt. Nach der vorgelegten Bescheinigung des Steuerberaters beträgt das Eigenkapital sogar 20000 €. Anzeichen, dass die Bescheinigung fehlerhaft sein könnte, bestehen nicht. Die finanzielle Leistungsfähigkeit ist damit nachgewiesen.

dd) Fachliche Eignung nach Art. 3 Abs. 1 d) und 8 VO 1071/2009

Die fachliche Eignung nach Art. 8 VO 1071/2009 kann die Spedition durch die Bescheinigung der IHK über die erfolgreich abgelegte Fachkundeprüfung des Herrn Martin Müller nach Art. 8 Abs. 8 i. V. m. Anhang II und III VO 1071/2009 nachweisen.

Damit liegen die Tatbestandsvoraussetzungen für den Erlass des begünstigenden Verwaltungsakts vor.

2) Rechtsfolge

a) Regelungsadressat

Die Entscheidung über den Antrag erfolgt gegenüber dem Antragsteller, hier gegenüber der Spedition Müller GmbH.

b) Maßnahme (Hauptregelung)/Nebenbestimmungen

aa) „Ob" der Entscheidung

Da alle Tatbestandsvoraussetzungen vorliegen, ist die Erlaubnis für den Güterkraftverkehr nach § 3 Abs. 2 GüKG der Spedition Müller GmbH für einen Gültigkeitszeitraum von bis zu 10 Jahren zu erteilen (gebundene Entscheidung)

bb) „Wie" der Entscheidung

Bei § 3 Abs. 2 S. 1 GüKG handelt es sich hinsichtlich des Gültigkeitszeitraums um eine Soll-Vorschrift. Wenn wie hier kein Ausnahmefall vorliegt, ist die Erlaubnis für 10 Jahre zu erteilen. Als ersten Gültigkeitstag trägt Frau Mustermann das Ausstellungsdatum ein, da ein späterer Beginn (aufschiebende Bedingung) nicht beantragt worden ist.

c) Bestimmtheit, § 37 Abs. 1 LVwVfG

Die Erlaubnis ist bestimmt, wenn die Spedition Müller GmbH mit Adresse oder unter Angabe des Registergerichts mit HRB-Nummer angegeben wird, und erkennbar ist, dass es sich um eine Erlaubnis nach § 3 Abs. 1 S. 1 GüKG mit einer Gültigkeit von 10 Jahren handelt.

IV. Gesamtergebnis

Da sowohl die formellen als auch die materiellen Voraussetzungen vorliegen, ist die beantragte Erlaubnis für die Dauer von 10 Jahren zu erteilen.

V. Gebührenfestsetzung

Für die Erteilung der Erlaubnis ist nach § 22 Abs. 2 GüKG i. V. m. Ziffer 1.1 der Anlage zur GüKKostV eine Gebühr zwischen 120 € und 700 € zu erheben. Für unseren Fall unterstellen wir, dass die Stadt Freiburg durch eine interne Verwaltungsvorschrift für den Normalfall eine Gebühr von 150 € festgelegt hat.

D. Der Bescheid

I. Bescheidtechnische Regeln

633 Sind Vordrucke vorgeschrieben, beschränkt sich die Tätigkeit der Behörde regelmäßig auf das Ausfüllen dieses Musterformulars.[395] Ein begünstigender Bescheid, der wie beantragt erteilt wird, besteht aus:

- Kopf/Rubrum
- Tenor
- Grußformel und Unterschrift

395 Bzw. auf das Versenden an zentrale Stellen wie z. B. die Bundesdruckerei (Führerschein, elektronischer Aufenthaltstitel, Personalausweis, Reisepass).

II. Musterbescheid

634

Erlaubnisurkunde für den gewerblichen Güterkraftverkehr

Nummer	Land	Bezeichnung der zuständigen Behörde

Dem Unternehmen

Name, Rechtsform und Anschrift

wird auf Grund des § 3 des Güterkraftverkehrsgesetzes (GüKG) die Erlaubnis für den gewerblichen Güterkraftverkehr erteilt.

Besonderheiten:

Diese Urkunde ist bei allen Beförderungen mitzuführen und Kontrollberechtigten auf Verlangen zur Prüfung auszuhändigen.

Sie ist nicht übertragbar.

Ändern sich unternehmerbezogene Angaben, die in der Erlaubnisurkunde genannt sind, so sind das Original und die Ausfertigungen der Erlaubnisbehörde vorzulegen.

Diese Erlaubnis gilt **unbefristet**

befristet vom ______ **bis zum** ______

Erteilt in ______ am ______

Unterschrift der Erlaubnisbehörde und Dienstsiegel

E. Die Ablehnung eines begünstigenden Verwaltungsakts

I. Ablehnung eines Antrags, weil es keiner Erlaubnis bedarf

635 In der Regel wird der Bürger keinen Antrag auf Erlass einer Erlaubnis für eine Tätigkeit stellen, wenn ihm von der Behörde die Auskunft gegeben wird, dass die Tätigkeit erlaubnisfrei ist. Würde der Bürger einen solchen Antrag stellen, wäre der Antrag abzulehnen. Wenn die Rechtslage kompliziert ist, kann der Bürger aber ein Interesse daran haben, dass die Behörde ihm verbindlich die Erlaubnisfreiheit bestätigt. In diesen Fällen kann er einen Antrag auf Erlass eines feststellenden begünstigenden Verwaltungsakts stellen.[396] Auf diese Möglichkeit (Antragsänderung) ist der Bürger, bevor ein entsprechender Antrag auf Erlaubnis abgelehnt wird, hinzuweisen (§ 25 Abs. 1 (L)VwVfG).

II. Ablehnung eines Antrags wegen eines Versagungsgrunds

1. Abwandlung des Ausgangsfalls

636 Die Spedition Müller GmbH hat die Erlaubnis für den Güterkraftverkehr mit einem 7,5 Tonnen-Fahrzeug beantragt. Wie sich aus den eingereichten Unterlagen ergibt, ist Herrn Martin Müller nach § 3 Abs. 5b GüKG wegen Unzuverlässigkeit als Verkehrsleiter bei seinem früheren Arbeitgeber die Führung von Güterkraftgeschäften bestandskräftig untersagt worden. Eine Gestattung der Wiederaufnahme nach § 3 Abs. 5b GüKG ist derzeit nicht möglich. Die zuständige Sachbearbeiterin hat sowohl Herrn Martin Müller als auch den Vater als Gesellschafter der GmbH angeschrieben und mitgeteilt, dass Herr Martin Müller als Verkehrsleiter und Geschäftsführer nicht akzeptiert werden kann. Vater und Sohn schreiben zurück, dass Herr Martin Müller trotzdem Geschäftsführer und Verkehrsleiter der Spedition Müller GmbH werden bzw. bleiben soll. Beide versichern, dass Herr Martin Müller seine Lektion gelernt habe und zukünftig keine Verstöße mehr begehen werde. Außerdem sei Gesellschafter Herr Karl Müller, gegen den nichts vorliege. Wenn die Erlaubnis nicht erteilt werde, sei Martin Müller arbeitslos und koste den Staat Geld.

■ **Frage:** Ist eine Ablehnung rechtmäßig?

2. Allgemeines

637 Ein Verwaltungsakt, auf den ein Anspruch besteht, darf nur abgelehnt werden, wenn die gesetzlichen Tatbestandsvoraussetzungen der Anspruchs-

---

396 *Kopp*, GewArch 1986, 41 ff.

grundlage nicht vorliegen.[397] Einen Verwaltungsakt, dessen Erteilung allgemein im Ermessen der Behörde steht und auf dessen Erlass auch nicht im speziellen Einzelfall ausnahmsweise wegen Ermessensreduzierung auf Null ein Anspruch besteht, kann die Verwaltung nicht nur bei Fehlen der Tatbestandsvoraussetzungen, sondern auch aufgrund einer Ermessensentscheidung ablehnen. Sie muss das Ermessen nur rechtsfehlerfrei ausüben, d.h. mit der Ablehnung einen legitimen Zweck verfolgen und auch im Übrigen die gesetzlichen Grenzen des Ermessens einhalten.

Eine Anordnung der sofortigen Vollziehung erfolgt nicht. Zwar hat auch **638** ein Widerspruch gegen den Ablehnungsbescheid, der ein feststellender Verwaltungsakt ist, nach § 80 Abs. 1 S. 2 VwGO aufschiebende Wirkung. Das bedeutet aber nicht, dass dem Antragsteller vorläufig erlaubt ist, was er beantragt hat. Hierfür hat er ja gerade keine nach dem Gesetz erforderliche Erlaubnis. Will der Antragsteller eine vorläufige Erlaubnis erreichen, kann er dieses Ziel nur über einen Antrag beim Verwaltungsgericht nach § 123 VwGO verfolgen. Die Verwaltung ist mangels Rechtsgrundlage zu derartigen vorläufigen Regelungen nicht ermächtigt.

3. Lösungsvorschlag

RECHTSGUTACHTEN **639**

Die Ablehnung der beantragten Güterkraftverkehrserlaubnis ist rechtmäßig, wenn die Spedition Müller GmbH keinen Anspruch auf Erlass der beantragten Erlaubnis hat und die formellen und materiellen Voraussetzungen für den Erlass eines Ablehnungsbescheids beachtet werden.

I. Rechtsgrundlage [...]

Rechtsgrundlage für die Entscheidung über den Antrag der Spedition Müller GmbH auf Erlass einer Güterkraftverkehrserlaubnis für den innerdeutschen Güterverkehr ist § 3 Abs. 2 GüKG.

II. Formelle Voraussetzungen

1. Zuständigkeit

Die Stadt Freiburg, genauer der Oberbürgermeister, ist für die Entscheidung nach § 3 Abs. 7 S. 1 GüKG i.V.m. § 1 Nr. 1 GüKZuVO BW i.V.m. § 15 Abs. 1 Nr. 2 und Abs. 2 LVG BW sachlich und nach § 3 Abs. 7 S. 2 GüKG als untere Verwaltungsbehörde, in deren Bezirk die Spedition Müller GmbH nach Art. 5 VO 1071/2009 ihre Niederlassung hat, auch örtlich zuständig.

397 Dann steht es im Ermessen der Behörde, ob sie den Antrag ablehnt oder mit Nebenbestimmungen erlässt, die die Erfüllung der Tatbestandsvoraussetzungen sicherstellen.

2. Verfahren

Die Erlaubnis kann nur abgelehnt werden, wenn die einschlägigen Verfahrensvorschriften beachtet wurden. Das Verfahren wurde ordnungsgemäß auf Antrag der Spedition Müller GmbH eingeleitet, § 22 S. 2 Nr. 1 LVwVfG BW. Die nach § 3 Abs. 5a S. 1 GüKG zu beteiligenden Behörden wurden angehört. Frau Mustersachbearbeiterin hat vor der Ablehnung die Spedition angehört. Damit kann dahinstehen, ob nach § 28 Abs. 1 LVwVfG BW auch vor Erlass eines Ablehnungsbescheids eine Anhörung durchzuführen ist bzw. ob die Spedition bereits mit der Antragstellung Gelegenheit hatte, zu allen entscheidungserheblichen Tatsachen Stellung zu nehmen. Auch im Übrigen ist kein Verfahrensverstoß ersichtlich.

3. Form

Die Ablehnung ist formfrei (§ 37 Abs. 2 LVwVfG BW), zweckmäßig ist die Schriftform. § 37 Abs. 3 bis 5 LVwVfG BW sind zu beachten, die Ablehnung ist nach § 39 Abs. 1 S. 1 LVwVfG BW zu begründen. Dazu sind nach S. 2 u. 3 die rechtlichen und tatsächlichen Gründe für die Ablehnung aufzuführen. Nach § 37 Abs. 6 S. 1 LVwVfG BW ist eine Rechtsbehelfsbelehrung beizufügen, in der die Spedition Müller GmbH mindestens darüber belehrt wird, dass sie innerhalb eines Monats nach Bekanntgabe des Ablehnungsbescheids bei der Stadt Freiburg mit Sitz in Freiburg Widerspruch erheben kann. Zusätzliche Angaben müssen richtig und vollständig sein.

4. Frist

Gemäß Art. 11 Abs. 3 VO 1071/2009 ist innerhalb von drei Monaten über die Ablehnung zu entscheiden.

5. Bekanntgabe

Der Ablehnungsbescheid ist Herrn Martin Müller als gesetzlichem Vertreter der Spedition Müller GmbH nach §§ 41 Abs. 1 S. 1, 12 Abs. 1 Nr. 3 LVwVfG mit Wirkung für und gegen die Spedition Müller GmbH bekannt zu geben. Da kein Bedarf besteht, den Zugang des Ablehnungsbescheids zu beweisen (insbes. tritt bei Güterkraftverkehrserlaubnissen keine Genehmigungsfiktion ein), ist die Bekanntgabe mit einfachem Brief zweckmäßig, § 41 Abs. 2 LVwVfG BW.

III. Materielle Voraussetzungen

1. Vorliegen der Tatbestandsvoraussetzungen

Tatbestandsvoraussetzung für die Erteilung der bis zu 10 Jahre befristeten Güterkraftverkehrserlaubnis nach § 3 Abs. 2 GüKG ist, dass erstens ein zulässiger Antrag vorliegt, dass zweitens der Antragsteller Unternehmer mit Unternehmenssitz im Inland ist, dass er drittens einen erlaubnispflichtigen Güterkraftverkehr i. S. d. § 3 Abs. 1 GüKG betreibt und dass er viertens die Voraussetzungen von Art. 3 Abs. 1 VO 1071/2009 erfüllt. Ein zulässiger Antrag liegt vor. Die Spedition Müller GmbH ist unproblematisch Unternehmer mit Unternehmenssitz im Inland (Freiburg). Auch will sie erlaubnispflichtigen Güterkraftverkehr i. S. d. § 3 Abs. 1 GüKG betreiben. Allerdings müsste sie auch die weiteren Voraussetzungen nach Art. 3 Abs. 1 VO 1071/2009 erfüllen, d. h. insbesondere gemäß Art. 3 Abs. 1 lit. b i. V. m. Art. 6 VO 1071/2009 zuverlässig sein. Nach Art. 6 Abs. 1 S. 1 VO

1071/2009 müssen sowohl das Unternehmen selbst als auch der Verkehrsleiter zuverlässig sein. Herrn Martin Müller ist bereits die Führung von Güterkraftverkehrsgeschäften nach § 3 Abs. 5b GüKG untersagt worden. Damit gilt er nach Art. 6 Abs. 3 VO 1071/2009 als unzuverlässig. Die Spedition Müller GmbH ist ebenfalls unzuverlässig, weil sie sich als juristische Person das Verhalten ihres gesetzlichen Vertreters, also des Geschäftsführers, zurechnen lassen muss und überdies Herrn Martin Müller auch noch als Verkehrsleiter einsetzt. Damit liegt ein Versagungsgrund vor. *[... es folgt die Prüfung der übrigen Tatbestandsvoraussetzungen, da im Gutachten alle Punkte zu prüfen sind. Da diese hier logisch nicht von der Tatbestandsvoraussetzung „Zuverlässigkeit" abhängen, sondern gleichrangig sind, erfolgt die Prüfung im normalen Gutachten und nicht hilfsgutachtlich. Geschickter ist es allerdings, die unproblematischen Punkte (anders als hier) bereits vorab zu prüfen und dann mit dem Tatbestandsmerkmal zu enden, das nicht vorliegt. Übrigens: Im späteren Bescheid wird nur der Versagungsgrund aufgeführt.]*

2. Rechtsfolge

Da die Spedition unzuverlässig ist und somit ein Versagungsgrund vorliegt, hat die Spedition Müller GmbH keinen Anspruch auf Erteilung der Erlaubnis. Zu prüfen ist, ob der Versagungsgrund durch den Erlass einer Nebenbestimmung ausgeräumt werden könnte. Theoretisch möglich wäre der Erlass der Erlaubnis mit der aufschiebenden Bedingung (§ 36 Abs. 2 Nr. 2 LVwVfG), dass ein zuverlässiger neuer Geschäftsführer und ein zuverlässiger neuer Verkehrsleiter bestellt werden. Rechtsgrundlage hierfür wäre § 3 Abs. 4 GüKG. Eine solche Bedingung wäre aber schon nicht geeignet, den Versagungsgrund auszuräumen, denn die GmbH will Herrn Müller nicht auswechseln. Zum anderen wäre diese Bedingung unbestimmt, da die Behörde lediglich den Gesetzeswortlaut wiederholt und keine Konkretisierung des Einzelfalls trifft. Anders wäre es z. B., wenn die GmbH einen neuen Geschäftsführer und einen neuen Verkehrsleiter namentlich angeboten hätte, die Behörde deren Zuverlässigkeit bereits geprüft hätte und jetzt die tatsächliche Anstellung dieser beiden Personen zur Bedingung macht. Das ist hier nicht der Fall. So ist der Antrag abzulehnen.

Der Ablehnungsbescheid ist hinreichend bestimmt (§ 37 Abs. 1 LVwVfG BW), wenn der Antragsteller erkennt, welchen Antrag die Behörde ablehnt.

IV. Die Ablehnung ist damit sowohl formell als auch materiell rechtmäßig.

V. Gebührenentscheidung

Die Gebühr für die Ablehnung beträgt nach Ziffer 7 der Anlage Gebührenverzeichnis zu § 1 GüKKostV bis zu 75 % der Gebühr für die Erteilung der Erlaubnis. Hier sind im Hinblick auf den nicht allzu großen Zeitaufwand 100 € angemessen.

III. Ablehnungsbescheid

640 Der Ablehnungsbescheid ist ein belastender, feststellender Verwaltungsakt und ist wie folgt aufgebaut:
- Briefkopf (Rubrum)
- Tenor
- Begründung
- Rechtsbehelfsbelehrung
- Ggf. Hinweise zur Rechtslage
- Grußformel und Unterschrift

641 Der **Tenor** sähe hier wie folgt aus:

> 1. Der Antrag der Spedition Müller GmbH vom … auf Erteilung einer Erlaubnis für den Güterkraftverkehr wird hiermit abgelehnt.
> 2. Für diese Entscheidung wird eine Gebühr von 100 € festgesetzt.

642 Bei der **Begründung** ist Folgendes zu beachten:
- Besteht auf die Erteilung der Begünstigung ein Anspruch, ist darzulegen, warum anstelle der Ablehnung nicht die Begünstigung mit Nebenbestimmungen erteilt worden ist.
- Steht die Erteilung des Verwaltungsakts im Ermessen der Behörde, sind die Ermessensgesichtspunkte, die die Behörde für ihre Entscheidung berücksichtigt hat, darzustellen.

F. Vertiefungshinweise

I. Überblick über weitere Rechtsgrundlagen

1. Begünstigende rechtsgestaltende Verwaltungsakte

a) Erteilung einer Erlaubnis

aa) Erlaubnis/Genehmigung/Konzession bei präventivem Verbot mit Erlaubnisvorbehalt

643 **Baurecht:** Genehmigung eines Bauvorhabens (§ 58 LBO BW)

Gewerberecht (Allgemeines): Erteilung einer gewerberechtlichen Erlaubnis für bestimmte stehende Gewerbe nach §§ 30 ff. GewO; Erlaubnis für das Reisegewerbe (§ 55 Abs. 2 GewO); Festsetzung Markt, Messe Ausstellung (§ 69 GewO)

Gewerberecht (Besonderes): Gemeinschaftslizenz für den Güterkraftverkehr (Art. 4 [EG] Nr. 1072/2009); Erteilung einer Gaststättenerlaubnis (§ 1 LGastG i. V. m. §§ 2, 3, 4 GastG)

Immissionsschutzrecht: immissionsschutzrechtliche Genehmigung (§§ 4, 6 BImSchG)

Straßenverkehrsrecht: Fahrerlaubnis (§ 2 Abs. 1, 2 StVG); Kraftfahrzeugzulassung (§ 3 Abs. 1 FZV)

Waffenrecht: Erlaubnis zum Erwerb und Besitz von Waffen, §§ 2 Abs. 2, 4, 10 WaffenG

bb) Erlaubnis bei repressivem Verbot mit Befreiungsvorbehalt

Baurecht: Ausnahme von Vorschriften des Bebauungsplans (§ 31 Abs. 1 **644**
BauGB), Befreiungen von Vorschriften des Bebauungsplans (§ 31 Abs. 2 BauGB); Abweichungen, Befreiungen und Ausnahmen von bauordnungsrechtlichen Vorschriften (§ 56 LBO BW); i. d. R. werden die Befreiungen und Ausnahmen nicht selbständig, sondern im Rahmen der Baugenehmigung erteilt

Gewerberecht: Gestattung nach § 12 GastG, Verkürzung der Sperrzeit einer Gaststätte (§ 12 GastGVO); § 8 HwO

Naturschutzgesetz: Zulassung eines Eingriffs (§ 15 Abs. 5 und 6 Naturschutzgesetz)

Straßenrecht/Straßenverkehrsrecht: Sondernutzungserlaubnis (§ 16 Abs. 1 und 2 StrG, § 8 Abs. 1 und 2 FStrG); Erlaubnis für übermäßige Straßennutzung (§ 29 Abs. 2 StVO); Ausnahmen und Erlaubnisse von den Verboten der StVO (§ 46 StVO); Erlaubnis für die Durchführung von Groß- und Schwerverkehrstransporten (§ 29 Abs. 3 StVO); Ausnahme vom Mindestalter für die Erteilung der Fahrerlaubnis (§§ 74 Abs. 1 Nr. 1, 10 FeV); Ausnahmen von Verboten nach dem Sonn- und Feiertagsgesetz (§ 12 Abs. 1 Sonn- und FeiertagsG); Ausnahme von den Vorschriften der StVZO (§ 70 StVZO); Ausnahme von Anbauverboten (§ 9 Abs. 8 FStrG bzw. § 22 Abs. 1 StrG BW)

Waffenrecht: Ausnahme vom Verbot bestimmter Waffen nach §§ 2 Abs. 3, 40 Abs. 4 WaffenG

Waldgesetz: Genehmigung einer organisierten Veranstaltung im Wald (§ 37 Abs. 2 Landeswaldgesetz); Aufbau eines Grills im Wald (§ 41 Abs. 1 Landeswaldgesetz)

Wasserrecht: Bewilligung bzw. Erlaubnis (§§ 8 ff., 12 Abs. 2 WHG)

b) Zuwendungs-/Subventionsbescheid

z. B. Gewährung einer Förderung in Höhe von 100 € für einen örtlichen **645**
Verein nach Haushaltsplan und einer Vereinsförderungsrichtlinie des Gemeinderats

c) Erteilung einer Zulassung zu einer bestimmten Einrichtung

646 z. B. Zulassung zu einer kommunalen öffentlichen Einrichtung, § 10 Abs. 2 S. 2 GemO BW; Zulassung nach § 70 GewO

d) Erteilung einer Zusicherung nach § 38 LVwVfG

aa) Normalfall: Ermessensentscheidung

647 z. B. Zusicherung der Erteilung einer Gaststättenerlaubnis, wenn der IHK-Nachweis über die Fachkunde erbracht worden ist.

bb) Ausnahmefall: gebundene Entscheidung

648 Ein Ausländer möchte eingebürgert werden. Zuvor muss er auf seine alte Staatsangehörigkeit verzichten. Hier sieht die Allgemeine Verwaltungsvorschrift zum Staatsangehörigkeitsrecht (StAR-VwV) den Erlass einer Einbürgerungszusicherung vor:

> *8.1.2.6.1 Einbürgerungszusicherung*
> Soweit dies zur Aufgabe der ausländischen Staatsangehörigkeit erforderlich ist, ist dem Einbürgerungsbewerber eine schriftliche Einbürgerungszusicherung (vergleiche § 38 des Verwaltungsverfahrensgesetzes) zu erteilen. Durch sie wird ihm die Einbürgerung für den Fall zugesagt, dass er die Aufgabe seiner Staatsangehörigkeit nachweist. In der Regel ist die Einbürgerungszusicherung auf zwei Jahre zu befristen. Die Verlängerung der Frist ist zulässig. Die Einbürgerungszusicherung wird unter dem Vorbehalt erteilt, dass sich die für die Einbürgerung maßgebliche Sach- oder Rechtslage bis zum Ablauf der Frist nicht ändert (...).

e) Sonstiges

649 **Beamtenrecht:** Beamtenernennung, § 8 Beamtenstatusgesetz, § 10 Bundesbeamtengesetz

Staatsangehörigkeitsrecht: Einbürgerung, § 16 Staatsangehörigkeitsgesetz

2. Begünstigende feststellende Verwaltungsakte

a) Nach Spezialgesetz

650 **Baurecht:** Bauvorbescheid (§ 57 LBO BW)

Kommunalrecht: Feststellung des Vorliegens eines Ablehnungsgrundes nach § 16 Abs. 2 GemO

Staatsangehörigkeitsrecht: Staatsangehörigkeitsausweis, § 30 StAG

b) Nach lex generalis

651 auf Antrag aufgrund von § 38 LVwVfG analog möglich (z. B. begehrt der Antragsteller die verbindliche Feststellung, dass eine bestimmte Tätigkeit erlaubnisfrei ist)

II. Themen für den Fortgeschrittenen

1. Repressive Verbote mit Befreiungsvorbehalt

Innerhalb der Gruppe „repressive Verbote mit Befreiungsvorbehalt“ gibt es große Unterschiede bei der Prüfung der Tatbestandsvoraussetzungen: **652**

Bei der Sondernutzung nach § 16 Abs. 1 und 2 StrG oder der Erlaubnis nach § 29 Abs. 2 StVO wird im Tatbestand nur geprüft, ob eine erlaubnispflichtige Tätigkeit ausgeübt wird (Sondernutzung bzw. übermäßige Straßennutzung). Die Güterabwägung findet dann im Rahmen der Ermessensausübung statt.

Befreiungen wie z. B. nach § 31 Abs. 2 BauGB oder § 74 FeV dagegen können nur erteilt werden, wenn besondere, auf der Tatbestandseite genannte Voraussetzungen vorliegen.

2. Spezialgesetz und Konzentrationswirkung

Insbesondere bei der Erteilung von Erlaubnissen ist zu prüfen, welches Gesetz als Spezialgesetz anzuwenden ist. Einer Erlaubnis für den Güterkraftverkehr nach § 3 GüKG bedarf nicht, wer eine Gemeinschaftslizenz hat bzw. benötigt, § 5 GüKG. **653**

Eine immissionsschutzrechtliche Genehmigung nach dem BImSchG hat Konzentrationswirkung und schließt z. B. die Baugenehmigung mit ein, § 13 BImSchG. Eine straßenrechtliche Sondernutzungserlaubnis wird nach § 16 Abs. 6 StrG BW nicht erteilt, wenn das Vorhaben einer Erlaubnis nach der StVO (z. B. § 29 Abs. 2 StVO) oder einer Baugenehmigung nach § 58 LBO BW bedarf. **654**

3. Erlass eines dinglichen Verwaltungsakts

Wenn Sie vertieft ins öffentliche Sachenrecht einsteigen, müssen Sie sich auch mit dem Erlass von dinglichen Verwaltungsakten im Sinne des § 35 S. 2, 2. Alt. LVwVfG beschäftigen, wie z. B. der Widmung einer Straße nach § 5 Abs. 1 StrG BW bzw. § 2 FStrG. Meist haben dingliche Verwaltungsakte keine drittschützende Wirkung. Der dingliche Verwaltungsakt ist kein begünstigender Verwaltungsakt im Sinne von § 48 Abs. 1 S. 2 (L)VwVfG. **655**

4. Besonderheiten im Verfahren

Als Fortgeschrittener müssen Sie sich mit der Beweislast und dem Gefahrenbegriff im Ordnungsrecht beschäftigen. **656**

Die **Baugenehmigung** kann nach § 58 Abs. 1 LBO BW nur erteilt werden, wenn keine von der Baurechtsbehörde zu prüfenden öffentlich-rechtlichen Vorschriften entgegenstehen.

Die **Gaststättenerlaubnis** ist nach § 1 LGastG BW i.V.m. § 4 Abs. 1 GastG zu versagen, wenn der Betreiber unzuverlässig ist, die Räume nicht geeignet bzw. nicht barrierefrei nutzbar sind, von den Räumlichkeiten insbesondere schädliche Umwelteinwirkungen zu befürchten sind oder Lage bzw. Verwendung sonst dem öffentlichen Interesse widersprechen sowie wenn der Betreiber die Fachkunde von sich oder seinem Stellvertreter nicht durch eine IHK-Bescheinigung nachweisen kann.

Erlaubnisse, bei denen das Vorliegen weiterer Voraussetzungen geprüft wird:

Die Fahrerlaubnis ist nach § 2 Abs. 2 S. 1 Straßenverkehrsgesetz (StVG) zu erteilen, wenn der Bewerber seinen Wohnsitz im Inland hat, das erforderliche Mindestalter erreicht hat, zum Führen von Kraftfahrzeugen geeignet und zum Führen ausgebildet worden ist, die Befähigung zum Führen von Kraftfahrzeugen in einer theoretischen und praktischen Prüfung nachgewiesen hat, die Grundzüge der Versorgung Unfallverletzter im Straßenverkehr beherrscht oder Erste Hilfe leisten kann und keine in einem Mitgliedstaat der EU oder einem anderen Vertragsstaat des EWR-Raums erteilte Fahrerlaubnis dieser Klasse besitzt.

Wenn der Sachverhalt eindeutig ist, macht es keinen Unterschied, ob das Nichtvorliegen von Versagungsgründen oder das Vorliegen weiterer Voraussetzungen geprüft wird. Probleme entstehen, wenn das Vorliegen von Versagungsgründen bzw. das Vorliegen weiterer Voraussetzungen nicht beweisbar ist. Steht nicht eindeutig fest, ob ein Versagungsgrund vorliegt, hat die Behörde die sogenannte „Beweislast“, die Erlaubnis ist dann zu erteilen. Müssen weitere Voraussetzungen gegeben sein, deren Vorliegen ungewiss ist, geht die Beweislast zu Lasten des Antragstellers. Sein Antrag ist abzulehnen.[398]

657 Weiter müssen Sie die besonderen Verfahrensarten und hier insbesondere das Planfeststellungsverfahren vertiefen.

5. Die Bedeutung des Europarechts

658 Große Bedeutung hat das Europarecht. Den Einfluss im Güterkraftverkehrsrecht haben Sie bereits gesehen. Aber auch im Subventionsrecht, bei der Vergabe von Konzessionen und beim Erlass von begünstigenden Verwaltungsakten, die unter die EU-Dienstleistungsrichtlinie fallen, sind Kenntnisse im Europarecht essentiell erforderlich.

---

398 Str., vgl. für die Fahrerlaubnis: *Hentschel/König/Dauer*, Straßenverkehrsrecht, StVG, § 2 Rn. 7 m.w.N.

6. Die Anerkennung deutscher/ausländischer Zulassungen

Teilweise werden durch EU-Recht in allen EU-Mitgliedstaaten anerkannte Erlaubnisse eingeführt. 659

■ **Beispiele:** EU-Fahrerlaubnis, Gemeinschaftslizenz für den Güterkraftverkehr, Schengen Visum

Auch aufgrund sonstiger internationaler Abkommen sind Zulassungen gegenseitig anerkannt.

■ **Beispiel:** Durchführung von Gütertransporten in Staaten der Europäischen Konferenz der Verkehrsminister (CEMT) mit CEMT-Genehmigung; Anerkennung von internationalen Führerscheinen; Anerkennung von Reisepässen.
Große Probleme bereitet immer noch die internationale gegenseitige Anerkennung bestimmter Zeugnisse.

7. Kapitel: Erlass von Verwaltungsakten mit Nebenbestimmungen

A. Abwandlung von Ausgangsfall 2, Lernziele/-inhalte

Sachverhalt wie in Ausgangsfall 2 mit folgender Abwandlung: Martin Müller hat bereits einen eigenen Betrieb und soll daher nur für ein halbes Jahr Geschäftsführer und Verkehrsleiter werden, um beim Aufbau zu helfen. Danach muss Karl Müller einen anderen Geschäftsführer und Verkehrsleiter suchen. Die Stadt Freiburg hat von einem Geschäftspartner von Martin Müller gehört, dass Herr Karl Müller erwägt, seinen zweiten Sohn Ulrich zum Geschäftsführer zu machen. Ulrich war bis vor kurzem Verkehrsleiter in einer Spedition in Bonn. Ihm ist vor 7 Wochen nach § 3 Abs. 5b GüKG die Führung von Güterkraftverkehrsgeschäften wegen zahlreicher schwerwiegender Verstöße untersagt worden, die Untersagung ist bestandskräftig. Die Stadt Freiburg hört die Spedition Müller GmbH zu diesen Tatsachen an. Die Spedition Müller GmbH bestätigt die Aussagen des Geschäftspartners. 660

■ **Frage:** Die Stadt Freiburg bittet um Prüfung, ob die Erteilung einer auf 6 Monate befristeten Güterkraftverkehrserlaubnis rechtmäßig wäre bzw. ob alternativ durch sonstige Nebenbestimmungen sichergestellt werden kann, dass Ulrich nicht Geschäftsführer wird. (→ Lösungsvorschlag siehe E)

661 In diesem Kapitel lernen Sie den recht- und zweckmäßigen Erlass von Verwaltungsakten mit **Nebenbestimmungen,** vgl. § 36 (L)VwVfG. Dabei geht es um folgende Lerninhalte:

- Funktionen von Nebenbestimmungen (Sicherstellung der Rechtmäßigkeit des Verwaltungsakts und sonstige Zwecke), ➔ dazu sofort siehe unten
- Begriff, Arten und Abgrenzung zu Inhalts- und Zweckbestimmungen, nachträglichen Anordnungen und bloßen Rechtshinweisen, ➔ dazu siehe C
- Rechtmäßigkeitsvoraussetzungen für den Erlass von Nebenbestimmungen, ➔ dazu siehe D (allgemein), E (Mustergutachten) sowie B (Prüfungsschema)
- Formulierung von Nebenbestimmungen im Bescheid, ➔ dazu siehe F

662 Nebenbestimmungen zu Verwaltungsakten werden insbesondere erlassen, wenn der angedachte **Verwaltungsakt ohne Nebenbestimmung rechtswidrig wäre**: So können Nebenbestimmungen zu begünstigenden Verwaltungsakten tatsächliche oder rechtliche Hindernisse ausräumen, die dem Erlass des Verwaltungsakts entgegenstehen. Ohne die Nebenbestimmung müsste der Verwaltungsakt abgelehnt werden. Durch Nebenbestimmungen zu **belastenden Verwaltungsakten** kann die Belastung eingeschränkt werden, wenn ein belastender Verwaltungsakt ohne die Begrenzung rechtswidrig (z. B. unverhältnismäßig) wäre.

663 Darüber hinaus können Nebenbestimmungen auch aus anderen Gründen erlassen werden: So können dem Adressaten eines begünstigenden Verwaltungsakts zusätzliche Pflichten auferlegt werden. Weiter können Nebenbestimmungen ermöglichen, dass der Verwaltungsakt automatisch oder durch Behördenhandeln bei zukünftigen Änderungen der Sach- oder Rechtslage entsprechend angepasst wird. Schließlich können mit Nebenbestimmungen zusätzliche, über den Verwaltungsakt hinausgehende Zwecke verfolgt werden.

B. Prüfungsschemata

I. Rechtmäßiger Erlass einer Nebenbestimmung

Beachte: Es sind im Gutachten nicht stets alle Prüfungspunkte anzusprechen!

I. Rechtsgrundlage für den Erlass einer Nebenbestimmung (ggf. Wirksamkeit der Ermächtigungsgrundlage) 664

1. Nebenbestimmung zu einem begünstigenden Verwaltungsakt, auf den ein Anspruch besteht:

a) Spezialgesetz: z.B. § 5 Abs. 1 GastG, § 12 BImSchG, § 3 Abs. 2 u. Abs. 4 GüKG

b) Auffangnorm: § 36 Abs. 1 Var. 2 (L)VwVfG

2. Nebenbestimmung zu einem begünstigenden Verwaltungsakt, auf den kein Anspruch besteht

a) Spezialgesetz: z.B. § 16 Abs. 1 S. 2 StrG BW, § 46 Abs. 3 S. 1 StVO

b) Auffangnorm: § 36 Abs. 2 (L)VwVfG

3. Nebenbestimmung zu sonstigen (belastenden oder neutralen) Verwaltungsakten

a) Spezialgesetz: z.B. § 30 Abs. 2 S. 3 PolG BW

b) Auffangnorm: § 36 Abs. 2 (L)VwVfG

II. Formelle Voraussetzungen für den Erlass einer Nebenbestimmung

1. Zuständigkeit

i.d.R. folgt die Zuständigkeit aus der Zuständigkeit für die Hauptregelung/den Verwaltungsakt

Problemfälle: wenn mit der Nebenbestimmung Zwecke verfolgt werden, die zum Aufgabenbereich einer anderen Behörde gehören

2. Verfahren

Anhörung des Adressaten eines begünstigenden Verwaltungsakts nach § 28 Abs. 1 (L)VwVfG (streitig)

Im Übrigen wie bei der Hauptregelung/dem Verwaltungsakt

3. Form des Verwaltungsakts

Formzwang/-freiheit wie bei der Hauptregelung/dem Verwaltungsakt

Bei elektronischer oder Schriftform: Begründung u. Rechtsbehelfsbelehrung (Spezialgesetz, sonst §§ 39, 37 Abs. 6 S. 1 (L)VwVfG)

4. Bekanntgabe

Zwingend zusammen mit der Hauptregelung/dem Verwaltungsakt

III. Materielle Voraussetzungen für den Erlass einer Nebenbestimmung

1. Vorliegen der Tatbestandsvoraussetzungen der Rechtsgrundlage

a) Tatbestandsvoraussetzungen des Spezialgesetzes

b) Tatbestandsvoraussetzungen von § 36 Abs. 1 Var. 2 (L)VwVfG:
aa) Anwendbarkeit (kein Spezialgesetz/Verwaltungsakt/begünstigend/gebundene Entscheidung/nicht nebenbestimmungsfeindlich)
bb) Sicherstellung der gesetzlichen Voraussetzungen des Verwaltungsakts (Einzelheiten streitig)

c) Tatbestandsvoraussetzungen von § 36 Abs. 2 (L)VwVfG
kein Spezialgesetz/Verwaltungsakt/belastend, neutral oder begünstigende Ermessensentscheidung/nicht nebenbestimmungsfeindlich

2. Setzen einer rechtmäßigen Rechtsfolge

a) Regelungsadressat = Adressat der Hauptregelung/des Verwaltungsakts

b) Maßnahme (Erlass der Nebenbestimmung)
„Ob" der Nebenbestimmung: gebunden oder Ermessen (§ 40 (L)VwVfG)
„Wie" der Nebenbestimmung: gebunden oder Ermessen (§ 40 (L)VwVfG)
bei der Ermessensausübung: insbes. § 36 Abs. 3 (L)VwVfG und Verhältnismäßigkeitsgrundsatz beachten!

c) keine Unmöglichkeit der Erfüllung der Nebenbestimmung

d) Bestimmtheit der Nebenbestimmung

II. Einbau der Rechtmäßigkeitsprüfung ins Hauptprüfungsschema

665 **I. Rechtsgrundlage für den Erlass der Hauptregelung/des Verwaltungsakts**

II. Formelle Voraussetzungen für den Erlass der Hauptregelung/des Verwaltungsakts

III. Materielle Voraussetzungen für den Erlass der Hauptregelung/des Verwaltungsakts

1. Tatbestandsvoraussetzungen

2. Setzen einer rechtmäßigen Rechtsfolge

a) Regelungsadressat der Hauptregelung/des Verwaltungsakts

b) Maßnahme

- Hauptregelung („Ob der Hauptregelung")
  - gebundene Entscheidung
  - Ermessensentscheidung (wenn die Rechtsgrundlage Ermessen einräumt und keine Ermessensreduzierung auf Null besteht oder wenn die Voraussetzungen für den Erlass eines begünstigenden Verwaltungsakts, auf den von Gesetzes wegen ein Anspruch besteht, nicht vorliegen, aber kein Zwang zur Ablehnung besteht)
- „Wie der Hauptregelung": hier die Prüfung einbauen, ob der Erlass von Nebenbestimmungen rechtmäßig ist
  - Angedachte Nebenbestimmung benennen

- Rechtsgrundlage für den Erlass der Nebenbestimmung herausarbeiten
- Formelle Voraussetzungen für den Erlass der Nebenbestimmung prüfen (i. d. R. kann nach oben auf die Prüfung der formellen Voraussetzungen für die Hauptregelung/den Verwaltungsakt verwiesen werden)
- Materielle Voraussetzungen für den Erlass der Nebenbestimmung (Tatbestandsvoraussetzungen und Setzen einer rechtmäßigen Rechtsfolge) prüfen

c) Keine Unmöglichkeit der Hauptregelung und der Nebenbestimmung

d) Bestimmtheit der Hauptregelung und der Nebenbestimmung

C. Grundlagen

I. Begriff und Arten von Nebenbestimmungen, Abgrenzungen

1. Begriff der Nebenbestimmung

Nebenbestimmungen sind behördliche[399] Zusatzbestimmungen zu einem **666** Verwaltungsakt[400], die zusammen mit dem Verwaltungsakt erlassen werden,[401] mit dem Verwaltungsakt stehen und fallen (strenge Akzessorietät) und den Verwaltungsakt ergänzen, einschränken oder in anderer Weise modifizieren, aber weder Inhaltsbestimmung (vgl. § 37 Abs. 1 (L)VwVfG), Zweckbestimmung (vgl. § 49 Abs. 3 (L)VwVfG) noch Anordnung der sofortigen Vollziehung (§ 80 Abs. 2 S. 1 Nr. 4 VwGO) sind.[402]

2. Wichtige Abgrenzungen

Keine Nebenbestimmungen, sondern selbstständige belastende Verwal- **667** tungsakte sind die sogenannten **nachträglichen Auflagen bzw. Anordnungen** wie z. B. nachträgliche Anordnungen nach § 17 BImSchG oder nachträgliche Auflagen nach § 31 Abs. 2 S. 2 Hs. 2 GewO.

■ **Beispiel:** Der A-GmbH wurde eine Erlaubnis für das Seebewachungsgewerbe erteilt. Jetzt stellt sich heraus, dass sie Bewachungseinsätze auf ausländischen Schiffen nicht anzeigt. Daher wird sie vom zuständigen BAFA nunmehr durch

399 Abgrenzung zu gesetzlichen Regelungen: § 8 S. 1 GastG ist eine gesetzliche Befristung, keine Nebenbestimmung.

400 Abgrenzung zu selbstständigen Verwaltungsakten, die gemeinsam mit dem Hauptverwaltungsakt in einem Bescheid ergehen wie z. B. die Gebührenfestsetzung (selbstständiger Verwaltungsakt) oder die Androhung von Zwangsmitteln (selbstständiger Verwaltungsakt).

401 Abgrenzung zu den sogenannten nachträglichen Anordnungen und Auflagen, die tatsächlich selbstständige Verwaltungsakte sind.

402 Vgl. Kopp/Ramsauer/*Ramsauer*, VwVfG, § 36 Rn. 8.

selbstständigen Verwaltungsakt nach § 31 Abs. 2 S. 2 Hs. 2 GewO verpflichtet, zukünftig innerhalb von 24 Stunden nach Einschiffung der Wachpersonen auch Einsätze auf ausländischen Schiffen anzuzeigen. Eine echte Nebenbestimmung (Auflage) wäre diese Anordnung nur dann, wenn sie bereits zusammen mit der Erlaubnis erlassen worden wäre.

668 Abzugrenzen sind weiter die **behördlichen Inhaltsbestimmungen**. Sie sind integraler Bestandteil des Hauptverwaltungsakts. Durch sie bestimmt die Behörde den Inhalt des Verwaltungsakts näher, wozu sie durch § 37 Abs. 1 (L)VwVfG verpflichtet ist. Welcher Grad der Konkretisierung erforderlich ist, richtet sich nach dem jeweiligen Fachrecht.[403]

■ **Beispiel:** „Der B-GmbH wird eine Gaststättenerlaubnis für den Betrieb einer Eisdiele mit Alkoholausschank in der Musterstraße 123, Untergeschoss, Raum links in Freiburg erteilt.“ Die Benennung des Adressaten (B-GmbH), der Art der Erlaubnis (Gaststättenerlaubnis), die erlaubte Tätigkeit (Betrieb einer Eisdiele mit Alkoholausschank in den benannten Räumlichkeiten) sind Inhaltsbestimmungen. Durch sie wird konkretisiert, wem was erlaubt wird.

669 Zur Inhaltsbestimmung gehört auch die irreführend als „modifizierte Auflage“ bezeichnete Erteilung einer Erlaubnis unter Abweichung vom ursprünglichen Antrag.

■ **Beispiel:** Die Baugenehmigungsbehörde trägt mit Zustimmung des Bauherrn in grüner Farbe Änderungen in die Bauunterlagen ein, um den Bauantrag in Einklang mit den zu beachtenden baurechtlichen Vorschriften zu bringen. Ohne den „Grüneintrag“ müsste der Antrag abgelehnt werden. Hierbei handelt es sich nicht um Nebenbestimmungen. Vielmehr wird inhaltlich bestimmt, welches Bauvorhaben genehmigt wird und dabei der ursprüngliche Antrag des Bauherrn geändert.[404]

670 Eine besondere Form der Inhaltsbestimmung ist i. d. R. auch die sogenannte **behördliche Zweckbestimmung.**[405] Durch sie konkretisiert die Behörde, für welchen bestimmten Zweck Sach- oder Geldleistungen gewährt werden (vgl. auch § 14, 26 Abs. 1 HGrG, §§ 23, 44 Abs. 1 BHO/LHO).

---

403 Teilweise ist das sehr schwer zu beurteilen, vor allem dann, wenn das Fachrecht Inhalts- und Nebenbestimmungen in einer Norm zusammenfasst wie z. B. § 13 WHG.

404 Vgl. VGH BW, NVwZ-RR 1994, 133–134.

405 Wie hier: Stelkens/Bonk/Sachs/*Stelkens*, VwVfG, § 36 Rn. 102; Kopp/*Ramsauer*, VwVfG, § 36 Rn. 10. Nach dieser Auffassung ist die Zweckbestimmung i. d. R. Inhaltsbestimmung, kann nach den Umständen des Einzelfalls aber auch eine Nebenbestimmung (Auflage, Bedingung oder sonstige Nebenbestimmung) sein. A.A.: BeckOK VwVfG/*Tiedemann*, VwVfG, § 36 Rn. 75 (immer sonstige Nebenbestimmung).

■ **Beispiele:** „Für den Bau der Mensa wird eine Zuwendung in Höhe von 10.000 € gewährt." Das ist keine Nebenbestimmung, sondern eine Zweckbestimmung.

Schließlich sind **bloße Rechtshinweise** abzugrenzen: Hier will die Behörde keine verbindliche Regelung treffen, sondern nur über die bestehende Rechtslage aufklären. Ob die Behörde nur einen bloßen Rechtshinweis geben oder eine verbindliche Regelung treffen wollte, ist im Einzelfall auszulegen. **671**

■ **Beispiel:** „Bitte beachten Sie, dass die Gaststättenerlaubnis erlischt, wenn Sie den Betrieb nicht innerhalb eines Jahres nach Erteilung der Erlaubnis beginnen oder seit einem Jahr nicht mehr ausgeübt haben." Das ist keine Nebenbestimmung, sondern ein bloßer Rechtshinweis auf eine bestehende Rechtlage, nämlich auf § 8 GastG.

3. Arten von Nebenbestimmungen

In § 36 Abs. 2 (L)VwVfG werden die wichtigsten fünf Nebenbestimmungen aufgezählt und legaldefiniert, der Katalog ist aber nicht abschließend. **672**

673

Befristung	Die Behörde befristet die Gültigkeit des Verwaltungsakts: – „gültig ab einem bestimmten Zeitpunkt" – „gültig bis zu einem bestimmten Zeitpunkt" – „gültig für einen bestimmten Zeitraum". *Zeitpunkt: bestimmtes Kalenderdatum (z. B. 10.05.2018) oder gewiss eintretendes Ereignis (z. B. mit Vollendung des 18. Lebensjahres).*
Bedingung	Die Behörde macht die Gültigkeit des Verwaltungsakts von einem Ereignis abhängig, dessen Eintritt ungewiss ist: – „gültig ab dem ungewissen Eintritt eines bestimmten Ereignisses" – „gültig bis zum ungewissen Eintritt eines bestimmten Ereignisses" *Das Ereignis muss eine von der Außenwelt wahrnehmbare Tatsache sein (nicht: Bewertung oder behördeninterner Vorgang).*[406] *Das Ereignis kann auch ein Tun/Dulden/Unterlassen des Adressaten des Verwaltungsakts sein (sogenannte Potestativbedingung)*[407]

406 BVerwG, NVwZ 2015, 1764 (1765 f.).

407 Z. B.: „Die Baugenehmigung wird unter der aufschiebenden Bedingung des Nachweises von drei Stellplätzen erteilt."

Widerrufsvorbehalt	Die Behörde behält sich vor, den Verwaltungsakt später zu widerrufen.[408]
Auflage	Die Behörde erteilt den begünstigenden Verwaltungsakt und verpflichtet den Adressaten zusätzlich zu einem Tun, Dulden oder Unterlassen. Der begünstigende Verwaltungsakt gilt unabhängig davon, ob der Bürger der Auflage nachkommt oder nicht. Die Auflage hingegen ist akzessorisch zur Hauptregelung: Sie gilt nur, wenn von der Hauptregelung Gebrauch gemacht wird.[409]
Auflagenvorbehalt	Die Behörde behält sich vor, später Auflagen zu erlassen.[410]
Sonstige Nebenbestimmungen	Beispiele: – Vorbehalt einer nachträglichen Befristung oder Bedingung; – Bestimmung, dass der Verwaltungsakt vorläufig ist (streitig[411]): Vorbehalt der Nachprüfung (vgl. § 164 AO) oder Vorläufigkeitserklärung (vgl. § 165 AO)

II. So geht die Ausgangsbehörde am besten vor

674 Zunächst ist zu überlegen, ob die zusätzliche Bestimmung zum Verwaltungsakt als Inhaltsbestimmung, Zweckbestimmung, Nebenbestimmung oder bloß als rechtlicher Hinweis ergehen soll bzw. muss.[412]

Inhaltsbestimmung:

– Was gehört zwingend zum Inhalt des Verwaltungsakts, d.h. was soll durch die Hauptregelung abgedeckt sein (Inhaltsbestimmung)?

---

408 Lies: § 49 Abs. 2 S. 1 Nr. 1 Var. 2 (L)VwVfG! Ohne einen solchen Widerrufsvorbehalt ist ein Widerruf nämlich nur möglich, wenn nach § 49 Abs. 2 S. 1 Nr. 1 Var. 1 (L)VwVfG ein Spezialgesetz die Behörde zum Widerruf ermächtigt oder einer der Widerrufsgründe nach § 49 Abs. 2 u. Abs. 3 (L)VwVfG vorliegt. Mehr dazu in Teil 5: „Aufhebung von Verwaltungshandeln".

409 Wird die Auflage nicht erfüllt, kann die Behörde die Auflage wie einen normalen befehlenden Verwaltungsakt im Wege der Zwangsvollstreckung durchsetzen (Androhung und Anwendung von Zwangsmitteln, siehe dazu hier in Teil 3, 4. Kapitel) oder den begünstigenden Verwaltungsakt nach § 49 Abs. 2 S. 1 Nr. 2 (L)VwVfG widerrufen (siehe dazu in Teil 5).

410 Erlässt die Behörde dann später wie vorbehalten „nachträgliche Auflagen", stellen diese selbstständige belastende Verwaltungsakte dar. Rechtsgrundlage für ihren Erlass ist dann nicht ein Gesetz, eine Rechtsverordnung oder eine Satzung, sondern der Auflagenvorbehalt in dem begünstigenden Verwaltungsakt.

411 Wie hier „sonstige Nebenbestimmung": BFH, NVwZ 1997, 103; Koenig/*Fritsch*, Abgabenordnung, Kommentar, 3. Aufl. 2014, § 120 Rn. 2; a.A. „Inhaltsbestimmung": BeckOK VwVfG/*Tiedemann:* VwVfG, § 36 Rn. 5.

412 Das folgende Prüfungsschema in Anlehnung an Stelkens/Bonk/Sachs/*Stelkens*, VwVfG, § 36 Rn. 6.

Zweckbestimmung (ebenfalls Inhaltsbestimmung)
- Wird eine Zuwendung/Subvention gewährt? Dann muss angegeben werden, für welchen bestimmten Zweck die Zuwendung/Subvention gewährt wird (Zweckbestimmung)!

Nebenbestimmung:
- Ab wann soll der Verwaltungsakt gültig sein (Befristung/Bedingung)? Soll das von einem bestimmten Zeitpunkt abhängen (Befristung) oder von dem ungewissen Eintritt eines Ereignisses (Bedingung[413])?
- Soll der Verwaltungsakt automatisch unwirksam werden (auflösende Bedingung, auflösende Befristung)?[414]
- Soll der Verwaltungsakt aufhebbar (Widerrufsvorbehalt) oder vorläufig (Vorbehalt der Nachprüfung) sein?
- Soll der Adressat eines begünstigenden Verwaltungsakts zusätzlich zu einem aktiven Tun, Dulden oder Unterlassen verpflichtet werden (Auflage) bzw. soll es möglich sein, hierzu später zu verpflichten (Auflagenvorbehalt)?

Hinweise auf die Rechtslage:
- Soll keine verbindliche Regelung getroffen werden, sondern der Bürger lediglich auf die bestehende Rechtslage hingewiesen werden?

Bevor die Behörde eine Nebenbestimmung erlässt, muss sie prüfen, ob der Erlass der angedachten Nebenbestimmung rechtmäßig ist. Dazu näher unter D. 675

Dann formuliert die Behörde die Inhaltsbestimmung (bzw. Zweckbestimmung), Nebenbestimmung bzw. den Rechtshinweis und gibt am besten auch genau an, welche Art der Bestimmung sie mit der Regelung trifft. 676

■ **Beispiel (Auszug aus einem Bescheid):** „Die Ihnen in Nr. 1 erteilte Sondernutzungserlaubnis ergeht unter folgender Auflage: Die im Plan eingezeichnete Rettungsgasse ist einzuhalten."

Damit erspart sie sich selbst, dem Adressaten und später den Gerichten Auslegungsprobleme (siehe dazu sogleich unten). So muss im Beispiel oben nicht mehr gerätselt werden, ob es sich bei der Regelung um eine Inhaltsbestimmung, Bedingung, Auflage oder nur um einen Rechtshinweis handelt.

---

413 Einschließlich der sogenannten Potestativbedingung: Die Gültigkeit des Verwaltungsakts hängt von einem Tun des Antragstellers ab.

414 Ggf. auch zu überlegen: Sollen Bedingungen und Befristungen später noch erlassen werden können (Bedingungs- bzw. Befristungsvorbehalt)?

III. Auslegung und Auslegungsprobleme

677 Formuliert die Behörde nicht präzise, bedarf es der Auslegung, was genau die Behörde regeln wollte. Das soll hier anhand der folgenden zwei (teilweise undeutlich formulierten) Praxisbeispiele veranschaulicht werden.

678 **Praxisbeispiel 1:** Die folgenden Regelungen sind Auszug aus einem an die A-GastGmbH gerichteten Bescheid, in dem über ihren Antrag auf Erteilung einer Sondernutzungserlaubnis nach § 16 StrG BW entschieden wird:

679 Der A-GastGmbH wird wie beantragt eine Sondernutzungserlaubnis unter der Maßgabe der folgenden Bestimmungen erteilt:

1. Der in der Anlage eingezeichnete Teil der Fußgängerzone vor dem Restaurant Krone (Musterstraße 133, 76543 Freiburg) mit einer Gesamtfläche von 50 qm wird als gastronomischer Außenbereich des Restaurants Krone genutzt.
   Verwaltungsakt ist die Sondernutzungserlaubnis. Zur Inhaltsbestimmung der Sondernutzungserlaubnis gehört, welche Art von Erlaubnis (Sondernutzungserlaubnis) wem (A-GastGmbH) für welche Sondernutzung (gastronomischer Außenbereich) auf welcher Fläche (50 qm, genaue Lage siehe Plan) erteilt wird. Hierbei handelt es sich nicht um Nebenbestimmungen!
2. Die Sondernutzungserlaubnis ist ab Bekanntgabe 5 Jahre gültig, jeweils für folgenden Zeitraum: 01. Juni bis 30. September.
   Das ist eine Nebenbestimmung (Befristung).
3. Die Erlaubnis wird mit der Maßgabe erteilt, dass die in der Anlage eingezeichnete Rettungsgasse einzuhalten ist.
   Das könnte vom Wortlaut eine Inhaltsbestimmung (Sondernutzungserlaubnis gilt für den Bereich der Rettungsgasse nicht), eine Bedingung oder eine Auflage sein. Bei Unklarheiten gilt: Auslegung zugunsten des Betroffenen, also: Auflage.
4. Die Erlaubnis ist stets widerruflich.
   Das ist eine Nebenbestimmung (Widerrufsvorbehalt).
5. Die Erlaubnis ergeht mit der Maßgabe, dass eine gültige Haftpflichtversicherung besteht.
   Das ist eine Nebenbestimmung, unklar ist: Bedingung oder Auflage. Besser also: klar formulieren!
6. Den Erlass weiterer Regelungen behalten wir uns vor.
   Das ist eine Nebenbestimmung. Unklar bleibt, ob ein Auflagen-, ein Befristungs- und/oder ein Bedingungsvorbehalt gemeint ist. Besser also: klar formulieren!

7. Die sofortige Vollziehung von Nr. 1 bis 6 wird angeordnet.
   Das ist keine Nebenbestimmung, sondern eine sonstige akzessorische Regelung zum Verwaltungsakt.
8. Außerhalb des Gültigkeitszeitraums darf kein gastronomischer Außenbetrieb stattfinden.
   Das ist keine Nebenbestimmung, sondern nur ein Hinweis auf die Rechtslage.
9. Es wird eine Gebühr von 2000 € festgesetzt.
   Das ist keine Nebenbestimmung, sondern ein selbstständiger Verwaltungsakt.

Praxisbeispiel 2: Die folgenden Regelungen sind Auszug aus einem an den FC Berlau e.V gerichteten Bescheid, in dem über einen Antrag auf Vereinsförderung entschieden wird. **680**

Für die Sanierung des Fußballplatzes im Frühjahr 2018 erhält der FC Berlau e.V. wie beantragt einen Zuschuss in Höhe von 1000 €, d.h. 10 % der voraussichtlichen Gesamtkosten von 10.000 €. Der Zuwendungsbescheid ergeht unter dem Vorbehalt des Widerrufs. **681**

Die Gewährung der Subvention in Höhe 1000 € ist ein Verwaltungsakt. „Sanierung Fußballplatz" ist eine Zweckbestimmung (keine Nebenbestimmung). Der Vorbehalt des Widerrufs ist eine Nebenbestimmung. Der Tenor ist sehr schlecht formuliert: Was muss passieren, damit der Zuwendungsbescheid widerrufen werden kann? Soll die Zuwendung auf genau 1.000 € (oder ggf. weniger bei weniger Gesamtkosten) oder auf 10 % der Gesamtkosten festgesetzt werden?

D. Der recht- und zweckmäßige Erlass von Nebenbestimmungen

I. Rechtsgrundlage für den Erlass von Nebenbestimmungen

Zunächst ist zu prüfen, ob das Spezialgesetz, auf dem der Verwaltungsakt beruht, auch den Erlass der angedachten Nebenbestimmung regelt. **682**

■ **Beispiel:** § 5 Abs. 1 GastG regelt, unter welchen Voraussetzungen die Gaststättenerlaubnis mit einer Auflage verbunden werden kann.

Fehlt eine spezialgesetzliche Rechtsgrundlage, können Nebenbestimmungen zu begünstigenden Verwaltungsakten, auf die nach der ermächtigenden Rechtsnorm ein Anspruch besteht, nur unter den Voraussetzungen von § 36 Abs. 1 Var. 2 (L)VwVfG erlassen werden. **683**

■ **Beispiel:** § 5 Abs. 1 GastG regelt nur den Erlass von Auflagen. Da auf die Gaststättenerlaubnis von Gesetzes wegen ein Anspruch besteht (vgl. §§ 2, 4 GastG), beurteilt sich die Rechtmäßigkeit des Erlasses von sonstigen Nebenbestimmungen nach § 36 Abs. 1 Var. 2 LVwVfG.

684 Im Übrigen ermächtigt § 36 Abs. 2 (L)VwVfG die Behörde zum Erlass von Nebenbestimmungen zu begünstigenden Verwaltungsakten, auf die kein Anspruch besteht, und von Nebenbestimmungen zu belastenden sowie neutralen Verwaltungsakten nach pflichtgemäßem Ermessen.

■ **Beispiel:** Subventionsbescheide, auf deren Erlass kein Anspruch besteht, können nach Maßgabe von § 36 Abs. 2 (L)VwVfG mit Nebenbestimmungen erlassen werden.

II. Formelle Voraussetzungen

685 Grundsätzlich folgt die Zuständigkeit für den Erlass der Nebenbestimmung aus der Zuständigkeit für den Erlass des Verwaltungsakts. Problematisch sind die Fälle, in denen die Behörde durch die Nebenbestimmung nicht nur die Rechtmäßigkeit des Verwaltungsakts sicherstellen will, sondern zusätzliche Zwecke verfolgt. Dann dürfen diese Zwecke nicht zum ausschließlichen Aufgabenbereich einer anderen Behörde gehören.[415]

■ **Beispiel:** Die kleine Gemeinde Willstätt erteilt eine Sondernutzungserlaubnis für den Betrieb einer Eisdiele in der Fußgängerzone. Sie darf die Sondernutzungserlaubnis nicht mit Nebenbestimmungen versehen, für deren Erlass abschließend das Landratsamt als Gewerbeaufsichtsbehörde zuständig ist, vgl. § 36 Abs. 3 (L)VwVfG.

686 Streitig ist, ob der Adressat vor Erlass eines begünstigenden Verwaltungsakts mit Nebenbestimmungen nach § 28 Abs. 1 (L)VwVfG zu den entscheidungserheblichen Tatsachen anzuhören ist (siehe dazu ausführlich schon Rn. 601).

687 Schriftliche oder elektronische Verwaltungsakte mit Nebenbestimmunen sind nach Maßgabe von § 39 (L)VwVfG zu begründen und nach Maßgabe von § 37 Abs. 6 S. 1 (L)VwVfG mit einer Rechtsbehelfsbelehrung zu versehen.

688 Die Nebenbestimmung muss zwingend zusammen mit dem Verwaltungsakt ergehen und bekannt gegeben werden. Ansonsten handelt es sich um einen selbstständigen Verwaltungsakt.

---

415 Stelkens/Bonk/Sachs/*Stelkens*, VwVfG, § 36 Rn. 25 u. 147.

III. Materielle Voraussetzungen für den Erlass von Nebenbestimmungen zu Verwaltungsakten, auf die ein Anspruch besteht (§ 36 Abs. 1 Var. 2 (L)VwVfG)

1. Tatbestandsvoraussetzungen

a) Anwendbarkeit von § 36 Abs. 1 Var. 2 (L)VwVfG

§ 36 Abs. 1 Var. 2 (L)VwVfG ist anwendbar, **689**

☑ wenn bzw. soweit kein Spezialgesetz zum Erlass der angedachten Nebenbestimmung ermächtigt (vgl. § 36 Abs. 1 Var. 1 (L)VwVfG),

■ **Beispiel:** § 5 GastG regelt die Auflage (nicht aber sonstige Nebenbestimmungen) spezialgesetzlich. Soweit ist der Rückgriff ausgeschlossen.

☑ wenn Ziel der Erlass eines begünstigenden Verwaltungsakts (§§ 35, 48 Abs. 1 S. 2 (L)VwVfG) ist, auf den ein Anspruch besteht[416]

■ **Beispiel:** dauerhafte Gaststättenerlaubnis nach § 2 GastG

☑ und der Erlass der angedachten Nebenbestimmung nicht durch Spezialgesetz ausgeschlossen ist.

■ **Beispiel:** Die Ernennung zum Beamten auf Lebenszeit ist bedingungsfeindlich.[417]

b) Anordnungsgrund: Sicherstellung der gesetzlichen Voraussetzungen

Weiter muss die angedachte Nebenbestimmung dazu dienen, **sicherzustellen, dass die gesetzlichen Voraussetzungen des Verwaltungsakts** erfüllt werden. Das ist der Fall, **690**

1. wenn der Antragsteller zum Zeitpunkt der Entscheidung wegen fehlender bzw. nicht nachgewiesener formeller und/oder materieller Voraussetzungen keinen Anspruch auf den Erlass des Verwaltungsakts hat und dieses Hindernis durch die Nebenbestimmung beseitigt wird;
2. oder wenn mit der Nebenbestimmung sichergestellt werden soll, dass der Begünstigte in der Zukunft seinen durch den Verwaltungsakt begründeten gesetzlichen Pflichten nachkommt,
   a) indem die gesetzliche Pflicht schon jetzt konkretisiert wird und der Begünstigte durch Erlass einer Auflage zu einem Tun, Dulden oder Unterlassen verpflichtet wird,
   b) indem sich die Behörde den Erlass einer solchen Auflage vorbehält,

---

416 Das ist der Fall, wenn nach der Rechtsgrundlage grundsätzlich ein Anspruch besteht. Es kommt also nicht darauf an, ob auch im Einzelfall die gesetzlichen Voraussetzungen erfüllt werden.

417 BVerwG, NVwZ 1989, 281; 1993, 372.

c) nicht aber, indem sich die Behörde für den Fall des Verstoßes oder für eine sonstige Änderung der Sach- oder Rechtslage den Widerruf vorbehält oder eine auflösende Bedingung (bzw. Befristung) erlässt (im Einzelnen streitig).

aa) Näher zu Nr. 1 („Versagungsgründe aus dem Weg räumen")

691 Unproblematisch zulässig sind aufschiebende Bedingungen (bzw. aufschiebende Befristungen), die sicherstellen, dass mit Eintritt der Bedingung bzw. des bestimmten Zeitpunkts die Voraussetzungen für den Erlass des Verwaltungsakts vorliegen, wenn diese zum Zeitpunkt der Entscheidung über den Verwaltungsakt noch nicht vorliegen oder noch nicht nachgewiesen sind.[418]

■ **Beispiel:** Die Erteilung einer Gaststättenerlaubnis unter der aufschiebenden Bedingung des Nachweises der sogenannten IHK-Bescheinigung räumt den Versagungsgrund „Nichtvorliegen einer IHK-Bescheinigung (§ 4 S. 1 Nr. 4 GastG)" aus dem Weg.[419]

692 Besteht zum Zeitpunkt der Erteilung ein Versagungsgrund oder sind die Voraussetzungen für die Erteilung bisher nicht nachgewiesen, ist die Erteilung eines dennoch bereits gültigen Verwaltungsakts unzulässig, wenn keine Sonderregeln bestehen. Die Verwaltung verstößt nämlich sonst gegen das Gesetz, wenn sie dem Begünstigten für einen bestimmten Zeitraum eine Erlaubnis erteilt, ohne dass zu diesem Zeitpunkt alle Tatbestandsvoraussetzungen für die Erteilung der Erlaubnis vorliegen.[420]

■ **Beispiel:** Die Erteilung einer endgültigen Gaststättenerlaubnis i. S. d. §§ 2 Abs. 1 S. 1 GastG mit der Auflage, die IHK-Bescheinigung innerhalb von 2 Monaten beizubringen, ist unzulässig: Die Behörde verstößt gegen § 4 S. 1 Nr. 4 GastG. Zur Möglichkeit der Erteilung einer vorläufigen Erlaubnis nach Ermessen der Behörde siehe § 11 GastG.

693 Allerdings ist es eine Frage des Einzelfalls und des Fachrechts, ob zum Zeitpunkt der Entscheidung tatsächlich ein Versagungsgrund besteht bzw. das Vorliegen der Tatbestandsvoraussetzungen bisher nicht nachgewiesen wurde.

---

418 *Heitsch*, DÖV 2003, 367 (372).

419 Zum Erlass der Bedingung ist die Behörde nicht gezwungen. Die Entscheidung steht in ihrem Ermessen. Sie kann die Erlaubnis wegen der fehlenden Bescheinigung auch ablehnen. Alternativ kann die Behörde dem Antragsteller in solchen Fällen auch empfehlen, vorerst keinen Antrag auf die Erlaubnis, sondern nur einen Antrag auf Zusicherung der Erteilung der Erlaubnis zu stellen, § 38 (L)VwVfG.

420 *Heitsch*, DÖV 2003, 367 (373).

■ **Beispiel:** Ein Versagungsgrund nach § 4 S. 1 Nr. 3 GastG besteht nur dann, wenn die schädlichen Lärmbelästigungen, die von der Gaststätte ausgehen, auch nicht durch eine Auflage nach § 5 Abs. 1 Nr. 3 GastG in den Griff zu bekommen sind. Ähnliches gilt für andere „Gefahrprognosen".

bb) Näher zu Nr. 2a) („Zukunft sichern durch Auflage")

Zusammen mit dem begünstigenden Verwaltungsakt kann die Behörde den Begünstigten in Form einer Auflage ein Gebot oder ein Verbot auferlegen. **694**
Voraussetzung hierfür ist, dass sich erstens aus dem Gesetz eine bestimmte Verhaltenspflicht des Begünstigten ergibt, die an das Innehaben des Verwaltungsakts geknüpft ist, und dass zweitens die hinreichende Wahrscheinlichkeit besteht, dass diese Pflichten nicht freiwillig erfüllt werden, auch wenn (als mildere Maßnahme) ein entsprechender Rechtshinweis erteilt wird. Der Grad der erforderlichen Wahrscheinlichkeit eines Schadenseintritts bestimmt sich danach, welches Schutzgut „auf dem Spiel steht": Ist der möglicherweise eintretende Schaden sehr groß, ist die Gefahr bereits dann hinreichend wahrscheinlich, wenn der Schadenseintritt nur entfernt möglich erscheint.[421]

■ **Beispiel:** Eine Hebamme will eine Privatentbindungsanstalt betreiben (erlaubnispflichtig nach § 30 GewO). Die Konzessionsbehörde kann der Betreiberin im Wege einer Auflage eine Belehrungs- und Dokumentationspflicht aufgeben, dass die Frauen bei der Aufnahme darüber aufklärt werden, dass es sich um eine von Hebammen geleitete Einrichtung handelt und Ärzte nur in Komplikationsfällen herangezogen werden und sich das Geburtshaus insofern von einer medizinischen Behandlung wie im Krankenhaus unterscheidet. Rechtsgrundlage hierfür ist in Baden-Württemberg z. B. § 36 Abs. 1 Var. 1 LVwVfG BW i. V. m. §§ 1 Abs. 1, 2, 3, 6 Abs. 1 HebBO BW i. V. m. Anlage 1 (Richtlinie für die Dokumentation der Hebammenhilfe).[422]

cc) Näher zu Nr. 2b) („Zukunft sichern durch Auflagenvorbehalt")

Teile der Rechtsprechung machen zwischen dem Erlass von Auflagen und Auflagenvorbehalten keinen Unterschied und halten auch den Auflagenvorbehalt unproblematisch für zulässig.[423] Beim Auflagenvorbehalt ist aber eine differenzierte Betrachtungsweise erforderlich. **695**

Hat der Gesetzgeber den Erlass „nachträglicher Anordnungen oder Auflagen" abschließend geregelt („gesetzlicher Auflagenvorbehalt"), kommt ein darüber hinausgehender behördlicher Auflagenvorbehalt nicht in Betracht. **696**

---

421 BVerwG, NJW 1970, 1890.

422 Vgl. BayVGH, GewArch 2002, 74.

423 OVG Rh.-Pf., Urteil vom 18.06.1999 – 2 A 10717/99 – juris Rn. 33; VG Frankfurt, Urteil vom 07.09.2010 – 12 K 2463/09.F – juris Rn. 15.

■ **Beispiel:** § 5 Abs. 1 GastG, § 58 Abs. 6 S. 1 LBO BW: Hier ergibt die Gesetzesauslegung unter Berücksichtigung der Gewerbe- bzw. Berufsfreiheit nach Art. 12 GG bei § 5 Abs. 1 GastG bzw. der Eigentumsfreiheit nach Art. 14 GG bei § 58 Abs. 6 S. 1 LBO BW, dass der Gesetzgeber abschließend geregelt hat, unter welchen Voraussetzungen nachträgliche Auflagen ergehen können. Die Verwaltung könnte im eigenen Auflagenvorbehalt also nur diese Voraussetzungen wiederholen, so dass der behördliche Auflagenvorbehalt nicht erforderlich ist. Einen neuen Spielraum kann sich die Verwaltung durch den Erlass eines Auflagenvorbehalts hier nicht eröffnen.

697 Weiter ist ein pauschaler Auflagenvorbehalt nicht möglich. Es ist hinzunehmen, dass jede Gefahrprognose unsicher und ein späterer Gefahreneintritt theoretisch immer zu befürchten ist (abstrakter Gefahrenverdacht/Prognoseunsicherheit). Die Behörde muss also einen sachlichen Grund für den Auflagenvorbehalt im konkreten Einzelfall haben (konkreter Gefahrenverdacht im Einzelfall, der in naher Zukunft aufgeklärt wird).

■ **Beispiel:** Die Erlaubnis soll bereits jetzt erteilt werden. Nach Inbetriebnahme muss noch ein Sachverständigengutachten erstellt werden. Je nach Ergebnis können dann weitere Auflagen erforderlich werden. Hier liegt ein konkreter Anlass für den Auflagenvorbehalt vor. **Gegenbeispiel:** Die Behörde befürchtet, dass in Zukunft irgendetwas passieren könnte (wie in jedem anderen Fall auch) und behält sich deshalb pauschal den Auflagenvorbehalt vor (Prognoseunsicherheit).

698 Auch wenn die Behörde einen Auflagenvorbehalt bei einem nur abstrakten Gefahrenverdacht nicht erlassen darf, ist sie nicht machtlos, wenn in diesen Fällen später tatsächlich eine konkrete Gefahr eintritt. Zum einen ist der Widerruf der Erlaubnis möglich (nach Spezialgesetz oder § 49 Abs. 2 S. 1 Nr. 3 bzw. Nr. 5 LVwVfG). Ebenso besteht die Möglichkeit, nachträglich Anordnungen zu erlassen (nach Spezialgesetz oder als „Minusmaßnahme" zum Widerruf).

dd) Näher zu Nr. 2c) („Zukunft sichern durch Widerrufsvorbehalt, auflösende Bedingung oder auflösende Befristung")

699 Äußerst problematisch und umstritten ist die Frage, ob „Sicherstellung der Voraussetzungen des Verwaltungsakts" auch bedeutet, dass sich die Behörde durch Nebenbestimmungen so absichern darf, dass sie in der Zukunft jederzeit prüfen kann, ob sie den begünstigenden Verwaltungsakt, auf den ein Anspruch besteht, auch dann noch einmal erteilen würde, wenn sie nun über den Erlass zu entscheiden hätte.[424]

---

424 So lehnt z.B. im Gewerberecht *Schulze-Werner*, GewArch 2004, 9ff. den Erlass derartiger Nebenbestimmungen unter Berufung auf Art. 12 GG ab, während die Rechtsprechung teil-

Nach der hier vertretenen Rechtsauffassung ist § 36 Abs. 1 Var. 2 (L)VwVfG keine ausreichende Rechtsgrundlage und die Verwaltung zu einer Anpassung begünstigender Verwaltungsakte, auf die ein Anspruch besteht und die nicht kraft Spezialgesetzes aufschiebend bedingt, befristet oder widerruflich ergehen dürfen, nur bei Vorliegen der in § 49 Abs. 2 Nr. 2 bis Nr. 5 und Abs. 3 (L)VwVfG geregelten Widerrufsgründe befugt. 700

2. Rechtsfolgenseite

Ob und welche Nebenbestimmungen die Behörde erlässt, steht grundsätzlich in ihrem Ermessen, das sie nach § 40 (L)VwVfG ermessensfehlerfrei auszuüben hat (kein Ermessensnichtgebrauch, kein Ermessensfehlgebrauch, keine Ermessensüberschreitung). 701

Die Behörde darf nach § 36 Abs. 3 LVwVfG nur den **Zweck** verfolgen, dass die gesetzlichen Voraussetzungen des Verwaltungsakts erfüllt werden. Andere Gesichtspunkte laufen dem Zweck des Verwaltungsakts, auf den ein Anspruch besteht, zuwider.[425] 702

Gesetzliche Grenze sind insbesondere der **Verhältnismäßigkeitsgrundsatz und die Grundrechte**. 703

Beachte: Eine vorgeschriebene Rangfolge gibt es nach dem Gesetz nicht. So ist z. B. der Erlass einer Auflage nicht automatisch stets das mildere Mittel im Verhältnis zum Erlass einer Bedingung.

Die Verwaltung kann durch Verwaltungsvorschriften die Ausübung des Ermessens im Einzelfall lenken (sogenannte ermessenslenkende Verwaltungsvorschriften). 704

So schließt Nr. 4 GüKVwV beispielsweise die Erteilung einer Erlaubnis unter der Bedingung „Eintrag ins Handelsregister" für den Regelfall aus.

---

weise derartige Nebenbestimmungen zu Baugenehmigungen zulässt, vgl. BVerwG, NVwZ 1983, 472; VGH BW, VBlBW 1983, 24 f.

425 Bei gebundenen Entscheidungen darf die Behörde also nur dann einen weiteren Zweck verfolgen, wenn sie durch Spezialgesetz zum Erlass der Nebenbestimmung berechtigt ist (§ 36 Abs. 1 Var. 1 (L) LVwVfG) und hiernach andere Zwecke als die bloße Sicherstellung der gesetzlichen Voraussetzungen verfolgt werden dürfen. Beispiel: Nach § 12 Abs. 1 S. 2 BImSchG soll zur Sicherstellung der Anforderungen nach § 5 Abs. 3 BImSchG bei Abfallentsorgungsanlagen im Sinne des § 4 Abs. 1 Satz 1 eine Sicherheitsleistung auferlegt werden.

a) Keine Unmöglichkeit

705 Hier gelten die Ausführungen zum Erlass rechtmäßiger Verwaltungsakte entsprechend (siehe Rn. 307 ff.).

b) Bestimmtheit

706 Hauptregelung und Nebenbestimmung müssen inhaltlich hinreichend bestimmt sein (§ 37 Abs. 1 (L)VwVfG). Insbesondere bei der Formulierung der Nebenbestimmungen im Tenor ist höchste Sorgfalt erforderlich. Hilfreich ist es, im Tenor genau anzugeben, welche Art von Nebenbestimmung erlassen werden soll und diese dann zusätzlich für den Bürger noch zu erklären.

■ **Beispiel:** „Dieser Bescheid ergeht unter der aufschiebenden Bedingung, dass [...]. Hinweis: Sie dürfen den Betrieb also erst aufnehmen, wenn Sie [...].“

707 Streitig ist, ob die Verwaltung, wenn sie **„Musternebenbestimmungskataloge“** (ermessenslenkende Verwaltungsvorschrift, welche Nebenbestimmungen vorgeschrieben werden sollen) verwendet, auf diesen Musternebenbestimmungskatalog nur hinweisen oder ob sie auch die für den Fall passenden Nebenbestimmungen heraussuchen muss, damit die Nebenbestimmung inhaltlich hinreichend bestimmt ist. Nach richtiger Rechtsauffassung muss die Verwaltung die geltenden Nebenbestimmungen bezeichnen, denn es kann nicht Aufgabe des Bürgers sein, sich die passenden Nebenbestimmungen erst selbst besorgen zu müssen.[426]

IV. Materielle Voraussetzungen für den Erlass begünstigender Ermessensverwaltungsakte mit Nebenbestimmungen (§ 36 Abs. 2 (L)VwVfG)

708 **Tatbestandsvoraussetzung** für den Erlass von Nebenbestimmungen nach § 36 Abs. 2 (L)VwVfG ist lediglich, dass die Norm anwendbar ist, also kein Spezialgesetz den Erlass der angedachten Nebenbestimmung regelt bzw. ausschließt und die Nebenbestimmung zu einem Verwaltungsakt ergeht, auf dessen Erlass kein Anspruch besteht (siehe § 36 Abs. 1 Var. 2 (L)VwVfG).

■ **Beispiel:** Soweit gesetzlich nichts anderes geregelt ist, besteht auf Subventionsbescheide kein Anspruch. Der Erlass von Nebenbestimmungen zu Subventionsbescheiden ist grds. auch nicht gesetzlich ausgeschlossen. Damit ist der Erlass von Nebenbestimmungen zu Subventionsbescheiden, auf die kein Anspruch besteht, nach § 36 Abs. 2 (L)VwVfG grundsätzlich zulässig.

---

426 So überzeugend: Stelkens/Bonk/Sachs/*Stelkens*, VwVfG, § 36, Rn. 29 ff.

Es steht im **Ermessen** der Behörde, ob sie den begünstigenden Verwaltungsakt überhaupt erteilt bzw. mit welchen Nebenbestimmungen sie ihn erteilt. Das Ermessen ist gemäß § 40 (L)VwVfG entsprechend dem **Zweck** der Ermächtigung und innerhalb der **gesetzlichen Grenzen** des Ermessens auszuüben. 709

Anders als der Erlass von Nebenbestimmungen zu begünstigenden Verwaltungsakten, auf die ein Anspruch besteht, muss die Behörde nicht zwingend den **Zweck** verfolgen, mit der Nebenbestimmung die gesetzlichen Voraussetzungen des Verwaltungsakts sicherzustellen bzw. eine auf dem begünstigenden Verwaltungsakt beruhende gesetzliche Verhaltenspflicht schon jetzt zu konkretisieren. Vielmehr darf die Behörde grundsätzlich auch andere Zwecke verfolgen. 710

■ **Beispiele:** So kann sich die Behörde durch den Erlass von Nebenbestimmungen für die Zukunft die Möglichkeit einer Neuentscheidung (z. B. einer anderen Ermessensgewichtung) vorbehalten. Dies geht durch eine auflösende Befristung oder Bedingung, den Widerrufsvorbehalt oder den Auflagenvorbehalt.

Sie kann Subventionen durch Nebenbestimmungen „lenken" (z. B. Zuschüsse an Sportvereine mit der Auflage von bestimmten Umweltschutzmaßnahmen, Vergabe von Sportförderungen nur an Sportler, die sich regelmäßig Dopingkontrollen unterziehen).

Bei der Ermessensausübung sind die **gesetzlichen Grenzen** zu beachten. Zunächst darf nach **§ 36 Abs. 3 (L)VwVfG** die Nebenbestimmung nicht dem Zweck des Verwaltungsakts zuwiderlaufen. Das ist für jeden Einzelfall sorgfältig zu prüfen. Dies ist ein Schwerpunkt bei der Prüfung der Rechtmäßigkeit von Nebenbestimmungen zu begünstigenden Verwaltungsakten, auf die kein Anspruch besteht. Weiter sind die **sonstigen gesetzlichen Grenzen** zu beachten (insbesondere **Verhältnismäßigkeitsgrundsatz und Grundrechte**). 711

V. Materielle Voraussetzungen für den Erlass von Nebenbestimmungen zu belastenden Verwaltungsakten (§ 36 Abs. 2 (L)VwVfG)

Der Erlass von Nebenbestimmungen zu belastenden Verwaltungsakten ist nach § 36 Abs. 2 (L)VwVfG an keine besonderen Voraussetzungen geknüpft und steht grundsätzlich im Ermessen der Verwaltungsbehörde. Das Ermessen ist gemäß § 40 (L)VwVfG auszuüben. 712

Auflagen und Auflagenvorbehalte zu belastenden Verwaltungsakten sind schon nach dem Wortlaut von § 36 Abs. 2 Nr. 4 (L)VwVfG rechtlich unzulässig. Will die Behörde zu einem weiteren Tun, Dulden oder Unterlas- 713 sen verpflichten, handelt es sich nicht um Auflagen, sondern um selbständige zusätzliche Hauptregelungen (Verwaltungsakte), die einer Ermächtigungsgrundlage bedürfen.

■ **Beispiel:** Die Stadt Freiburg widerruft nach § 3 Abs. 5 S. 2 GüKG die Erlaubnis für den Güterkraftverkehr unter Anordnung der sofortigen Vollziehung (§ 80 Abs. 2 S. 1 Nr. 4 VwGO). Gleichzeitig will sie die Rückgabe der Erlaubnisurkunde anordnen. Dies ist keine Auflage, sondern ein selbständiger Verwaltungsakt (§ 52 S. 1 LVwVfG BW).

714 Die behördliche Anordnung des **Vorbehalts des Widerrufs** eines belastenden Verwaltungsakts ist rechtlich zulässig. Dafür besteht aber in der Regel kein Bedarf, da er schon von Gesetzes wegen nach § 49 Abs. 1 (L)VwVfG i. d. R. ohne Probleme zulässig ist (Ausnahme: Widerruf eines belastenden Verwaltungsakts mit begünstigender Drittwirkung).

715 Soweit spezialgesetzlich nichts anderes geregelt ist, ist die **Befristung** belastender Verwaltungsakte grundsätzlich zulässig. Von großer Praxisrelevanz ist die Befristung belastender Dauerverwaltungsakte[427], wenn diese ohne die Befristung rechtswidrig wären. Das ist insbesondere der Fall, wenn die dauerhafte Belastung unverhältnismäßig ist oder die Tatbestandsvoraussetzungen für eine dauerhafte Belastung gar nicht vorliegen.

■ **Beispiele:** Ein Platzverweis (§ 30 Abs. 1 PolG BW) darf nur für die Dauer der Gefahr oder Störung angeordnet werden. Eine unbefristete Fahrtenbuchauflage bei einem einmaligen Geschwindigkeitsverstoß wäre unverhältnismäßig.

■ **Gegenbeispiel:** Die Befristung einer Gewerbeuntersagung ist unzulässig: Das ergibt sich schon aus § 35 Abs. 6 GewO (Wiedergestattung). Gleiches gilt für den Widerruf oder die Rücknahme begünstigender Verwaltungsakte. Über die Zuverlässigkeit ist bei erneuter Antragstellung zu entscheiden.

716 Ähnliches gilt für den Erlass belastender Verwaltungsakte unter einer **auflösenden Bedingung**.

717 In der Regel unzulässig ist der Erlass belastender Verwaltungsakte unter einer **aufschiebenden Bedingung**. In der Regel darf die Behörde den belastenden Verwaltungsakt erst dann erlassen, wenn die Tatbestandsvoraussetzungen für den Erlass vorliegen.

---

427 Wenn sich das Tun, Dulden oder Unterlassen, zu dem verpflichtet wird, sich also nicht durch eine einmalige Handlung erledigt (wie z. B. der einmalige Abriss eines Hauses), sondern dauerhaft etwas zu tun, zu dulden oder zu unterlassen ist.

VI. Nebenregelungen zu Nebenbestimmungen

1. Anordnung der sofortigen Vollziehung der Nebenbestimmung

Nach der Rechtsprechung des BVerwG kann grds. gegen alle Nebenbestimmungen isoliert Widerspruch bzw. Anfechtungsklage erhoben werden.[428] Ein isolierter Anfechtungswiderspruch bzw. eine isolierte Anfechtungsklage haben dann aber nach § 80 Abs. 1 VwGO grundsätzlich aufschiebende Wirkung. Daher ist für jede Nebenbestimmung zu prüfen, ob die sofortige Vollziehung nach § 80 Abs. 2 S. 1 Nr. 4 VwGO angeordnet werden soll. **718**

■ **Beispiel:** Die Ausländerbehörde erteilt eine Duldung mit der Auflage „Erwerbstätigkeit ist verboten". Der Ausländer ficht die Auflage isoliert hat. Sein Widerspruch hat aufschiebende Wirkung nach § 80 Abs. 1 VwGO. Die Behörde prüft daher die Anordnung der sofortigen Vollziehung der Auflage.[429]

Die sofortige Vollziehung einer Nebenbestimmung kann dann angeordnet werden, wenn das öffentliche Interesse (oder das Interesse eines Berechtigten) an der sofortigen Geltung der Nebenbestimmung das Interesse des Berechtigten, von der Nebenbestimmung vorerst während des laufenden Rechtsbehelfsverfahrens verschont zu bleiben, überwiegt.[430] **719**

2. Androhung eines bestimmten Zwangsmittels bei nicht fristgerechter Erfüllung einer Auflage

Wenn die Behörde schon jetzt befürchtet, dass die angedachten Nebenbestimmungen nicht eingehalten werden, wird sie in der Regel die Erlaubnis ablehnen. **720**

Auflagen können nach dem (L)VwVG vollstreckt werden. Schon mit Erlass des begünstigenden Verwaltungsakts kann eine Auflage wie oben dargestellt für sofort vollziehbar erklärt werden (sofern sie nicht bereits von Gesetzes wegen sofort vollziehbar ist) und für den Falle der Nichterfüllung der Auflage innerhalb einer bestimmten Frist ein bestimmtes Zwangsmittel angedroht werden (vgl. § 13 VwVG, § 20 Abs. 1 LVwVG BW). **721**

Die Bedingung, insbesondere die sogenannte Potestativbedingung, die an ein Tun, Dulden oder Unterlassen des Begünstigten anknüpft, ist hingegen nicht vollstreckbar. **722**

---

428 Genauer siehe dazu in Teil 6.

429 VG Sigmaringen, Beschluss vom 14.02.2003 – 4 K 2305/02 – juris Rn. 18.

430 Vgl. OVG LSA, Beschluss vom 19.12.2023 – 3 M 87/23 – juris.

■ **Beispiel:** Erlass einer Baugenehmigung unter der Bedingung, die errichteten Dachaufbauten, Balkone und Geländer im 2. Dachgeschoss zu entfernen. Die Bedingung ist nicht vollstreckbar.[431]

E. Lösung zum Ausgangsfall (Gutachten)

Beachte: Hier wird einmal ein anderer Aufbau als sonst gewählt (nicht zwingend): Die formellen Voraussetzungen werden in zwei Teilen geprüft (Zuständigkeit und Verfahren vor der materiellen Rechtmäßigkeit, Form und Bekanntgabe nach der materiellen Rechtmäßigkeit).

723 **RECHTSGUTACHTEN**

Die angedachte Entscheidung über den Antrag der Spedition Müller GmbH auf Erteilung einer Güterkraftverkehrserlaubnis, hier die Erteilung einer auf 6 Monate befristeten oder mit sonstigen Nebenbestimmungen versehenen Güterkraftverkehrserlaubnis, ist rechtmäßig, wenn die formellen und materiellen Voraussetzungen beachtet werden.

I. Rechtsgrundlage

Rechtsgrundlage für die Entscheidung über den Antrag der Spedition Müller GmbH auf Erlass einer Güterkraftverkehrserlaubnis für den innerdeutschen Güterverkehr ist § 3 Abs. 2 GüKG.

II. Formelle Voraussetzungen (Teil 1 Zuständigkeit und Verfahren)

1. Zuständigkeit

Die Stadt Freiburg, genauer der Oberbürgermeister, ist für die Entscheidung nach § 3 Abs. 7 S. 1 GüKG i. V. m. § 1 Nr. 1 GüKZuVO BW i. V. m. §§ 15 Abs. 1 Nr. 2 und Abs. 2 LVG BW sachlich und nach § 3 Abs. 7 S. 2 GüKG als die untere Verwaltungsbehörde, in deren Bezirk die Spedition Müller GmbH nach Art. 5 VO 1071/2009 ihre Niederlassung hat, auch örtlich zuständig.

2. Verfahren

Über den Antrag auf Erlaubnis kann nur entschieden werden, wenn die einschlägigen Verfahrensvorschriften beachtet wurden. Das Verfahren wurde ordnungsgemäß auf Antrag der Spedition Müller GmbH eingeleitet, § 22 S. 2 Nr. 1 LVwVfG BW. Die nach § 3 Abs. 5a S. 1 GüKG zu beteiligenden Behörden wurden angehört. Streitig ist, ob nach § 28 Abs. 1 LVwVfG BW auch vor der Ablehnung begünstigender Verwaltungsakte bzw. vor Erlass begünstigender Verwaltungsakte mit belastenden Nebenbestimmungen dem Antragsteller Gelegenheit zur Stellungnahme zu geben ist. Dieser Streit kann jedoch dahinstehen, da der Spedition Müller GmbH hier nach der Antragstellung ausdrücklich Gelegenheit gegeben

431 Fall nach VG Sigmaringen, Beschluss vom 09.01.2003 – 9 K 2018/02 –.

wurde, sich zur der Problematik der Nachbesetzung des Geschäftsführerpostens zu äußern. Damit wäre, sofern erforderlich, eine ordnungsgemäße Anhörung erfolgt. Auch im Übrigen ist kein Verfahrensverstoß ersichtlich. Gemäß Art. 11 Abs. 3 VO 1071/2009 ist innerhalb von drei Monaten über die Ablehnung zu entscheiden.

III. Materielle Voraussetzungen

1. Vorliegen der Tatbestandsvoraussetzungen

Tatbestandsvoraussetzung nach § 3 Abs. 2 GüKG ist, dass erstens ein zulässiger Antrag vorliegt, dass zweitens der Antragsteller Unternehmer mit Unternehmenssitz im Inland ist, dass er drittens einen erlaubnispflichtigen Güterkraftverkehr i. S. d. § 3 Abs. 1 GüKG betreibt und dass er viertens die Voraussetzungen von Art. 3 Abs. 1 VO 1071/2009 erfüllt. Die Spedition Müller GmbH hat einen zulässigen Antrag gestellt und ist unproblematisch Unternehmer mit Unternehmenssitz im Inland (Freiburg). Auch will sie erlaubnispflichtigen Güterkraftverkehr i. S. d. § 3 Abs. 1 GüKG betreiben. Problematisch ist, ob sie nach Art. 3 Abs. 1 lit. b i. V. m. Art. 6 VO 1071/2009 zuverlässig ist. Nach Art. 6 Abs. 1 S. 1 VO 1071/2009 müssen sowohl das Unternehmen selbst als auch der Verkehrsleiter zuverlässig sein. Maßgeblich sind die Verhältnisse zum Zeitpunkt über die Entscheidung des Antrags. Insoweit ist irrelevant, dass beabsichtigt ist, in einem halben Jahr Herrn Ulrich Müller zum Geschäftsführer und zum Verkehrsleiter zu ernennen. Gegenwärtig ist die Spedition Müller GmbH zuverlässig. [... es folgt die Prüfung der übrigen Tatbestandsvoraussetzungen, siehe 7. Kapitel]. Damit liegen die Tatbestandsvoraussetzungen vor.

2. Rechtsfolge

a) „Ob" der Entscheidung: Ermessen oder gebundene Entscheidung

Da wie oben geprüft derzeit alle Tatbestandsvoraussetzungen vorliegen, hat die Spedition Müller GmbH einen Anspruch auf Erteilung der Erlaubnis für den Güterkraftverkehr („Ob" der Entscheidung).

b) „Wie" der Entscheidung

aa) Ermessen oder gebundene Entscheidung

Nach § 3 Abs. 2 GüKG ist die Erlaubnis für eine Gültigkeit von bis zu 10 Jahren zu erteilen. „Von bis zu 10 Jahren" bedeutet unter Berücksichtigung von Art. 12 GG, dass im Normalfall die Erlaubnis für genau 10 Jahre zu erteilen ist („Sollentscheidung"), wenn kein Ausnahmefall vorliegt. Hier steht mit hinreichender Wahrscheinlichkeit fest, dass Herr Martin Müller nach einem halben Jahr durch seinen derzeit unzuverlässigen Bruder Ulrich Müller als Geschäftsführer und Verkehrsleiter ersetzt werden soll. Dadurch würde die Spedition Müller GmbH nach Art. 3 Abs. 1 lit. b i. V. m. Art. 6 Abs. 3 VO 1071/2009 nach Erteilung der Erlaubnis unzuverlässig. Somit liegt ein Ausnahmefall vor. Die Spedition Müller GmbH hat keinen Anspruch auf uneingeschränkte Erteilung einer 10-jährigen Erlaubnis, sondern nur einen Anspruch auf ermessensfehlerfreie Entscheidung, ob die Erlaubnis wie beantragt uneingeschränkt oder mit Nebenbestimmungen erteilt wird.

bb) In Betracht kommende Nebenbestimmungen

Um sicherzustellen, dass die Spedition Müller GmbH nicht nachträglich unzuverlässig wird, könnte die Güterkraftverkehrserlaubnis befristet (vgl. § 36 Abs. 2 Nr. 1 LVwVfG BW) für ein halbes Jahr erteilt werden. Ebenso ist die Erteilung unter der auflösenden Bedingung (§ 36 Abs. 2 Nr. 1 LVwVfG BW) denkbar für den Fall, dass Herr Ulrich Müller, solange ihm die Ausübung der Güterkraftverkehrsgeschäfte nicht wiedergestattet worden ist, zum Geschäftsführer und/oder zum Verkehrsleiter ernannt wird. Schließlich besteht die Möglichkeit, die Erlaubnis mit der Auflage (§ 36 Abs. 2 Nr. 4 LVwVfG BW) zu erteilen, dass die Spedition Müller GmbH z. B. vier Wochen vor Arbeitsaufnahme eines neuen Geschäftsführers und/oder neuen Verkehrsleiters als Nachfolger von Herrn Martin Müller den vollständigen Namen und die Adresse des Nachfolgers bzw. der Nachfolger mitteilt. Unzweckmäßig ist der Erlass eines Widerrufsvorbehalts, da die Erlaubnis ohnehin und nur nach Maßgabe von § 3 Abs. 5 S. 2 GüKG widerruflich ist.

cc) Rechtsgrundlage für den Erlass der angedachten Nebenbestimmungen

Rechtsgrundlage für den Erlass der oben angedachten Nebenbestimmungen ist § 3 Abs. 4 GüKG, wonach die Erlaubnis (aufschiebend oder auflösend) befristet, unter (aufschiebenden oder auflösenden) Bedingungen oder mit Auflagen erteilt werden kann. Ein Rückgriff auf § 36 Abs. 1 Var. 2 LVwVfG BW ist also ausgeschlossen und auf den Streit, ob Verwaltungsakte, auf deren Erlass ein Anspruch besteht, auch auflösend bedingt oder befristet ergehen dürfen, kommt es somit nicht an.

dd) Materielle Voraussetzungen für den Erlass der angedachten Nebenbestimmungen

Zu prüfen ist, ob die Tatbestandsmerkmale von § 3 Abs. 4 GüKG vorliegen. In § 3 Abs. 4 GüKG werden diese nicht ausdrücklich genannt. Die Norm dient dazu sicherzustellen, dass die gesetzlichen Voraussetzungen auf Dauer eingehalten werden. Es müsste also die hinreichende Wahrscheinlichkeit bestehen, dass während des Gültigkeitszeitraums der Erlaubnis die Voraussetzungen für ihre Erteilung entfallen oder sonstige Rechtsverstöße drohen. Hier besteht die Gefahr, dass die Spedition durch die Beschäftigung eines unzuverlässigen Geschäftsführers und/oder Verkehrsleiters unzuverlässig wird. Damit liegen die Tatbestandsvoraussetzungen für den Erlass einer Nebenbestimmung vor.

Der Erlass der Nebenbestimmung steht im Ermessen der Behörde, dass diese gemäß § 40 LVwVfG entsprechend dem Zweck und innerhalb der Grenzen von § 3 Abs. 4 GüKG auszuüben hat.

Zweckmäßig erscheint der Erlass der angedachten Auflage, da die Stadt Freiburg so sehr zeitnah vom Wechsel erfährt und die etwaigen erforderlichen Maßnahmen ergreifen kann, während sie bei einer auflösenden Bedingung ggf. erst später von dem Wechsel erfährt. Eine Befristung erscheint weniger zweckmäßig, da ggf. der Geschäftsführerwechsel schon vor Ablauf eines halben Jahres eintreten könnte.

Mit diesen Überlegungen hält sich die Stadt Freiburg innerhalb des Gesetzeszwecks von § 3 Abs. 4 GüKG, die gesetzlichen Voraussetzungen während des Gültigkeitszeitraums der Erlaubnis sicherzustellen.

Die angedachte Auflage darf nicht gegen die gesetzlichen Grenzen des Ermessens verstoßen. Sie muss insbesondere verhältnismäßig sein. Die Auflage ist geeignet, da sie den Zweck, die Zuverlässigkeit der GmbH weiter zu gewährleisten, fördert. Sie müsste auch erforderlich sein. Es dürfte also keine die Spedition weniger belastende, aber gleich geeignete Maßnahme geben. Die beiden anderen angedachten Nebenbestimmungen und auch ein konkretes Beschäftigungsverbot von Herrn Ulrich Müller in Form einer Auflage wären nicht milder. Damit ist die Auflage erforderlich. Schließlich darf die Auflage nicht unangemessen sein, also keinen Nachteil für die Spedition herbeiführen, der außer Verhältnis zum beabsichtigten Erfolg steht. Eine Anzeigepflicht nach einer Änderung in der Geschäftsführung bzw. Verkehrsleitung besteht nach § 10 Abs. 5 GBZugV ohnehin schon von Gesetzes wegen. Diese wird hier lediglich zeitlich vorgezogen. Damit ist die Auflage nicht unangemessen und somit insgesamt verhältnismäßig.[432]

3. Keine Unmöglichkeit von Hauptregelung und Nebenbestimmung

[...]

4. Bestimmtheit von Hauptregelung und Nebenbestimmung

[...]

IV. Formelle Voraussetzungen (Teil 2 Form und Bekanntgabe)

1. Form

Die Erlaubnis mit Nebenbestimmung ist nach § 10 Abs. 4 GBZugV schriftlich gemäß dem Musterformular nach der Anlage 1 der GBZugV zu erteilen. Der Erlass der Auflage ist nach § 39 Abs. 1 S. 1 LVwVfG BW zu begründen. Dazu sind nach § 39 Abs. 1 S. 2 u. 3 LVwVfG BW die rechtlichen und tatsächlichen Gründe aufzuführen. Da die Spedition Müller GmbH die Auflage anfechten kann, ist gemäß § 37 Abs. 6 S. 1 LVwVfG BW eine Rechtsbehelfsbelehrung beizufügen, in der die Spedition Müller GmbH mindestens darüber belehrt wird, dass sie innerhalb eines Monats nach Bekanntgabe des Bescheids bei der Stadt Freiburg mit Sitz in Freiburg Widerspruch erheben kann. Zusätzliche Angaben müssen richtig und vollständig sein.

2. Bekanntgabe

Die Erlaubnis mit Nebenbestimmungen ist Herrn Martin Müller als gesetzlichem Vertreter der Spedition Müller GmbH nach §§ 41 Abs. 1 S. 1, 12 Abs. 1 Nr. 3 LVwVfG BW mit Wirkung für und gegen die Spedition Müller GmbH bekannt zu geben. Da kein Bedarf besteht, den Zugang der Erlaubnis zu beweisen (insbes. tritt bei Güterkraftverkehrserlaubnissen keine Genehmigungsfiktion ein), ist die Bekanntgabe mit einfachem Brief zweckmäßig, § 41 Abs. 2 LVwVfG BW.

432 Ebenso ist es vertretbar, die Erlaubnis wie oben angesprochen auf 6 Monate befristet oder auflösend bedingt zu erteilen.

F. Nebenbestimmungen im Bescheid

I. Bescheidtechnische Regeln

724 Ergeht ein begünstigender Verwaltungsakt[433] mit Nebenbestimmungen, die der Antragsteller nicht ausdrücklich beantragt hat,[434] sieht der Bescheid wie folgt aus:
- Rubrum
- Tenor (Hauptregelung und Nebenbestimmungen und ggf. Anordnung der sofortigen Vollziehung der Nebenbestimmungen)
- Sachliche und rechtliche Begründung der Nebenbestimmungen
- Rechtsbehelfsbelehrung
- Grußformel und Unterschrift

II. Mustertenorierungen und Rechtsbehelfsbelehrung

725 **I. Tenorierung**

1. Hauptregelung
„Ihnen wird hiermit die Erlaubnis für … erteilt."

2. Nebenbestimmung

a) Befristung
„Die in Ziffer 1 erteilte Erlaubnis gilt bis zum …/gilt ab …/gilt für den Zeitraum von … bis …"

b) Bedingung
„Die in Ziffer 1 erteilte Erlaubnis ergeht unter der aufschiebenden Bedingung, dass Sie noch … Hinweis: Solange diese Voraussetzung nicht erfüllt ist, ist die Erlaubnis nicht gültig."
„Die in Ziffer 1 erteilte Erlaubnis ergeht unter der auflösenden Bedingung, dass … Hinweis: Sobald dieses Ereignis eintritt, verliert die Erlaubnis automatisch ihre Gültigkeit."

c) Widerrufsvorbehalt
„Die in Ziffer 1 erteilte Erlaubnis ergeht stets widerruflich[435]"
oder: „Wir behalten uns den Widerruf der in Ziffer 1 erteilten Erlaubnis vor für den Fall, dass …"

---

433 Für belastende Verwaltungsakte mit Nebenbestimmungen besteht ohnehin eine Begründungs- und Rechtsbehelfspflicht.

434 Wird dem Antrag vollumfänglich entsprochen und nicht in Rechte Dritter eingegriffen, ergeht der Verwaltungsakt ohne Begründung und ohne Rechtsbehelfsbelehrung.

435 A.A. BeckOK VwVfG/*Tiedemann*, VwVfG, § 36 Rn. 53: Voraussetzungen müssen benannt werden.

d) Auflage
„Zusätzlich ergeht die Auflage, dass Sie noch ... (tun bis zum ... /dulden/ unterlassen)."

e) Auflagenvorbehalt
„Wir behalten uns den Erlass weiterer Auflagen vor.[436]"
oder: „Für den Fall, dass ..., behalten wir uns den Erlass weiterer Auflagen vor."

3. Ggf. Anordnung der sofortigen Vollziehung von Hauptregelung und Nebenbestimmung
„Ziffer 1 und Ziffer 2 werden für sofort vollziehbar erklärt."

4. Ggf. Androhung eines Zwangsmittels
(geht nur für die Auflage)

II. Rechtsbehelfsbelehrung[437]

Gegen diesen Bescheid können Sie innerhalb eines Monats nach Bekanntgabe Widerspruch[438] bei [...] mit Sitz in [...][439] erheben.[440]

Der Widerspruch kann schriftlich, in elektronischer Form nach § 3a Abs. 2 (L)VwVfG oder zur Niederschrift erhoben werden. [...].[441]

436 A. A. BeckOK VwVfG/*Tiedemann*, VwVfG, § 36, Rn. 69: Voraussetzungen sind zu nennen.

437 Eine Belehrung über die Zulässigkeit oder die Unzulässigkeit der isolierten Anfechtung von Nebenbestimmungen erfolgt aus Gründen der Rechtssicherheit besser nicht. Hier sind die Einzelheiten nämlich sehr umstritten. Grundsätzlich ist die isolierte Anfechtung zwar zulässig, in manchen Fällen wiederum aber nicht.

438 Bzw. „Klage", soweit der Widerspruch nach § 68 Abs. 1 S. 2 VwGO unstatthaft ist.

439 Bei Widerspruch: Ausgangsbehörde z. B. „beim Landratsamt Ortenaukreis mit Sitz in Offenburg"; bei der Klage: für die Klage zuständiges Verwaltungsgericht z. B.: „beim Verwaltungsgericht Stuttgart mit Sitz in Stuttgart".

440 Das sind die gesetzlichen Mindestbestandteile der Rechtsbehelfsbelehrung nach § 37 Abs. 6 S. 1 (L)VwVfG.

441 Diese Belehrung ist freiwillig, siehe dazu ausführlich hier in Teil 3, 1. Kapitel.

8. Kapitel: Abschluss öffentlich-rechtlicher Verträge

A. Ausgangsfall, Lernziel/-inhalte

726 **Fall 1 (öffentlich-rechtlicher Vertrag anstelle einer Abrissverfügung)**

Fallabwandlung Gabionenmauer: Das Grundstück von Frau Schröder liegt an einer derzeit noch stark befahrenen Durchgangsstraße. In 10 Monaten (30.06.2025) wird die neue Umgehungsstraße fertig sein. Das Ehepaar Schröder hat auf dem Grundstück eine (standsichere) Gabionenmauer errichtet, die den Festsetzungen 2.2.3 und 2.2.4 des Bebauungsplans widerspricht. Eine Befreiung von den Festsetzungen des Bebauungsplans wird vom angehörten Gemeinderat rechtmäßig abgelehnt. Das Landratsamt Ortenaukreis erwägt eine Abrissverfügung. Das Ehepaar Schröder zeigt sich kooperativ, möchte die Mauer aber noch die 10 Monate bis zur Eröffnung der Umgehungsstraße stehen lassen, um sich vor dem Verkehrslärm zu schützen. Eine Nachahmungsgefahr durch andere Angrenzer besteht nicht.

Fall 2 (öffentlich-rechtlicher Vertrag zwischen Verwaltungsrechtsträgern)

Die Gemeinde R. will mit der Großen Kreisstadt O. (beide Baden-Württemberg, Regierungsbezirk Freiburg) einen Abwasserzweckverband gründen.

■ **Aufgabe 1:** Prüfen Sie gutachtlich, ob das LRA Ortenaukreis und das Ehepaar Schröder vertraglich den Abbruch der Mauer bis zum 30.06.2025 vereinbaren können.

■ **Aufgabe 2:** Prüfen Sie gutachtlich, ob die beiden Gemeinden den Abwasserzweckverband vertraglich vereinbaren können.

■ **Aufgabe 3:** Entwerfen Sie den entsprechenden Vertrag über den Abriss der Gabionenmauer zu Fall 1.

727 Gegenstand dieses Kapitels sind **öffentlich-rechtliche Verträge i. S. d. §§ 54 ff. (L)VwVfG**. Sie lernen gutachterlich zu prüfen, ob ein öffentlich-rechtlicher Vertrag rechtmäßig abgeschlossen werden kann, und (einfache) öffentlich-rechtliche Verträge zu entwerfen. Die öffentlich-rechtlichen Verträge sind in §§ 54 bis 61 (L)VwVfG nur rudimentär geregelt. Ergänzend sind nach § 62 (L)VwVfG die übrigen Vorschriften des (L)VwVfG und entsprechend die Regelungen des BGB sowie zahlreiche Spezialvorschriften des besonderen Verwaltungsrechts anzuwenden.

728 Lerninhalte dieses Kapitels sind:

☑ Begriff des öffentlich-rechtlichen Vertrags i. S. d. §§ 54 ff. (L)VwVfG und Arten

☑ Rechtliche Voraussetzungen für den Abschluss öffentlich-rechtlicher Verträge
☑ Aufbau öffentlich-rechtlicher Verträge

Später beschäftigen wir uns noch mit: 729
☑ Folgen von Rechtsverstößen bei Abschluss öffentlich-rechtlicher Verträge[442]
☑ Aufhebung von öffentlich-rechtlichen Verträgen[443]
☑ Rechtsschutz bzw. gerichtliche Durchsetzung öffentlich-rechtlicher Verträge[444]

Öffentlich-rechtliche Verträge sind in § 54 S. 1 (L)VwVfG legaldefiniert. 730
Berücksichtigt man den Anwendungsbereich des (L)VwVfG (§§ 1, 2 (L)VwVfG), so ist ein öffentlich-rechtlicher Vertrag i. S. d. § 54 S. 1 (L)VwVfG die Einigung einer Verwaltungsbehörde im Namen ihres Verwaltungsträgers[445] mit mindestens einem anderen Rechtssubjekt (Bürger oder anderer Verwaltungsträger) über die Begründung, Änderung oder Aufhebung eines Rechtsverhältnisses auf dem Gebiet des Verwaltungsrechts. „Auf dem Gebiet des Verwaltungsrechts" ist ein Vertrag, wenn er dem Vollzug von verwaltungsrechtlichen Normen dient, sich auf eine verwaltungsrechtliche Berechtigung oder Verpflichtung des Bürgers bezieht oder die Verwaltung zu einem verwaltungsrechtlichen Handeln (z. B. Erlass eines Verwaltungsakts) verpflichtet. Abzugrenzen sind also privatrechtliche Verträge, völkerrechtliche Verträge, verfassungsrechtliche Verträge, Regierungsverträge und Verträge der Verwaltung nach dem Sozialgesetzbuch, dem Abgabenrecht, dem Ordnungswidrigkeitenrecht oder sonstigen in § 2 (L)VwVfG vom Anwendungsbereich des (L)VwVfG ausgeschlossenen Rechtsgebieten.

■ **Beispiele:** Die Gemeinde verzichtet durch Stellplatzablösungsvertrag gegenüber dem Bauherrn auf die Herstellung von Stellplätzen gegen einen bestimmten Geldbetrag (öffentlich-rechtlicher Vertrag i. S. d. § 54 S. 1 LVwVfG).

■ **Gegenbeispiele:** Die Gemeinde verkauft ein Grundstück (privatrechtlicher Vertrag). ZDF-Staatsvertrag der 16 Bundesländer (Regierungsvertrag). Doppelbesteuerungsabkommen Deutschland-China (völkerrechtlicher Vertrag), Koalitionsvereinbarung zwischen Fraktionen (verfassungsrechtlicher Vertrag[446]).

---

442 Siehe Teil 4.

443 Siehe Teil 5.

444 Siehe Teil 6.

445 Streitig ist, ob es auch öffentlich-rechtliche Verträge nur zwischen Privaten gibt, die nicht Behörde i. S. d. § 1 (L)VwVfG sind. Solche Verträge sind jedenfalls keine Verträge im Sinne des (L)VwVfG, *Mauer/Waldhoff*, § 14 Rn. 15.

446 Streitig, vgl. HessFG, Urteil vom 29.04.2010 – 7 K 2390/09 –.

731 Innerhalb der öffentlich-rechtlichen Verträge ist in Bezug auf das Verhältnis zwischen den Vertragspartnern zwischen **koordinations- und subordinationsrechtlichen** Verträgen zu unterscheiden. Die Unterscheidung ist wichtig, weil für den koordinationsrechtlichen Vertrag (Vertrag im Gleichordnungsverhältnis) nach dem (L)VwVfG weniger strenge Voraussetzungen als für den subordinationsrechtlichen Vertrag (Vertrag in einem Über-Unterordnungsverhältnis) gelten (vgl. §§ 56, 59 Abs. 2 (L)VwVfG).

Ein **koordinationsrechtlicher Vertrag** liegt vor, wenn ein Vertrag im Gleichordnungsverhältnis geschlossen wird. Das ist jedenfalls dann der Fall, wenn Vertragspartner ausschließlich Verwaltungsträger sind, die im Gleichordnungsverhältnis stehen.

Subordinationsrechtliche Verträge sind nach § 56 S. 2 (L)VwVfG Verträge, die die Behörde anstelle eines Verwaltungsakts schließt. Zum Handeln in Form eines Verwaltungsakts ist die Behörde insbesondere befugt, wenn sie mit dem Adressaten des Verwaltungsakts (Privatperson) in Bezug auf den Regelungsgegenstand in einem Über-Unterordnungsverhältnis steht.[447] Unterformen sind der Vergleichsvertrag nach § 55 (L)VwVfG und der Austauschvertrag nach § 56 (L)VwVfG.

Streitig ist die Einordnung von Verträgen zwischen Verwaltungsträgern und Privatpersonen in Rechtsgebieten, in denen der Verwaltungsträger gegenüber der Privatperson in Bezug auf den Regelungsgegenstand nicht zum Handeln durch Verwaltungsakt berechtigt ist, Verwaltung und Privatperson zur Erfüllung öffentlicher Aufgaben aber zusammenarbeiten arbeiten wollen (sogenannter **kooperationsrechtlicher Vertrag**).[448] Auch wenn der Musterentwurf zur Novellierung der §§ 54 ff. VwVfG, der die Einführung des Kooperationsvertrags als weitere Unterform des subordinationsrechtlichen Vertrags vorsieht,[449] noch nicht gesetzlich umgesetzt ist, spricht schon nach heutiger Rechtslage vieles dafür, alle Verträge auf dem Gebiet des Verwaltungsrechts zwischen Verwaltungsträgern und Privatpersonen (also auch Kooperationsverträge) als **subordinationsrechtliche Verträge** einzuord-

---

447 Näher zur VA-Befugnis siehe hier Teil 3, 1. Kapitel. Subordinationsrechtliche Verträge können auch zwischen Verwaltungsträgern geschlossen werden, wenn die Behörde des einen Verwaltungsträgers berechtigt wäre, gegenüber dem anderen Verwaltungsträger durch Verwaltungsakt zu handeln (Stichworte „formelle Polizeipflichtigkeit von Hoheitsträgern", „Maßnahmen der Rechtsaufsicht über Selbstverwaltungsträger in Form von Verwaltungsakten").

448 Vergleiche zum Meinungsstreit: *Grziwotz*, Vertragsgestaltung im öffentlichen Recht, 2002, Rn. 74 ff.

449 *Schmitz*, in: Bauer/Büchner/Brosius-Gersdorf (Hrsg.), Verwaltungskooperation, KWI Schriften 1, Universität Potsdam 2008, „Kooperationsverträge – Zur bevorstehenden Novellierung des Vertragsrechts im Verwaltungsverfahren", S. 51 ff. (53).

nen.[450] Zum einen müssen sowohl zum Schutz des Vertragspartners aber auch im öffentlichen Interesse die strengeren Voraussetzungen des § 56 (L)VwVfG gelten. Zum anderen ist zu beachten, dass eine viel stärkere Gesetzesbindung als bei Verträgen unter Verwaltungsträgern besteht (Beachtung des GWB, der Freiheitsgrundrechte [z. B. Art. 12 GG], des Gleichheitsgebots [Art. 3 GG], des GWB sowie des EU-Rechts).

■ **Beispiele für koordinationsrechtliche Verträge:** Vereinbarung eines Abwasserzweckverbandes zwischen der Gemeinde R. und der Großen Kreisstadt O. (koordinationsrechtlicher Vertrag).

■ **Beispiele für subordinationsrechtliche Austauschverträge anstatt von Verwaltungsakten:** Vereinbarung des Abrisses der Gabionenmauer zwischen dem Land Baden-Württemberg, vertreten durch das LRA Ortenaukreis und Frau und Herrn Schröder (subordinationsrechtlicher Vertrag in Form eines Austauschvertrags); Abschluss eines Vertrags über die Gewährung eines Zuschusses für bestimmte Umweltmaßnahmen.

■ **Beispiele für kooperationsrechtliche Verträge:** Nach § 2 Abs. 2 S. 2 GKZ wird durch öffentlich-rechtlichen Vertrag ein Privater in einen Abwasserzweckverband aufgenommen. Anstatt Ausgleichsflächen als Festsetzung im Bebauungsplan zu regeln (also durch Satzung), werden nach § 1a Abs. 3 S. 4 BauGB vertragliche Vereinbarungen nach § 11 BauGB mit einer Privatperson getroffen. Anstatt ein Baugebiet selbst zu erschließen, vereinbart die Gemeinde die Erschließung mit einem Privatinvestor (Erschließungsvertrag). Folgekostenvertrag nach § 11 Abs. 1 S. 2 Nr. 3 BauGB: Ein Bauherr möchte auf einem Grundstück ein Bauvorhaben verwirklichen, das er nur umsetzen kann, wenn die Gemeinde den bestehenden Bebauungsplan ändert. Die Gemeinde ist bereit, ein Änderungsverfahren einzuleiten, wenn der Bauherr sich vertraglich verpflichtet, die Kosten für das Änderungsverfahren zu übernehmen, die der Gemeinde nach § 4b BauGB durch die Beauftragung eines Planungsbüros entstehen.[451]

Im Übrigen kann wie im Zivilrecht zwischen einzelnen Vertragsarten unter- **732**
schieden werden, wie insbesondere zwischen Verpflichtungs- und Verfügungsverträgen sowie zwischen gegenseitigen Verträgen („echter Austauschvertrag: Leistung gegen Gegenleistung") und einseitigen Verträgen („hinkender Austauschvertrag").

---

450 So auch BVerwG, Urteil vom 16.05.2000 – 4 C 4/99 –.

451 Ein hinkender, planungsbeeinflussender Austauschvertrag liegt vor, wenn die Gemeinde keinerlei Rechtsanspruch des Bauherrn begründen will, ein echter Austauschvertrag, wenn die Gemeinde sich verpflichtet, das Verfahren bis zum Beschluss des Gemeinderats über die Planänderung durchzuführen: BVerwG, Urteil vom 16.05.2000 – 4 C 4/99 – zitiert nach juris Rn. 21.

733 **Zum Aufbau dieses Kapitels:** Unter B. finden Sie wie gewohnt zunächst das Prüfungsschema, das alle rechtlichen Voraussetzungen, die bei Abschluss von öffentlich-rechtlichen Verträgen zu beachten sind, stichwortartig zusammenfasst. Das Unterkapitel C. führt Sie dann im Einzelnen in die rechtlichen Voraussetzungen ein. In D. und E. finden Sie Lösungsvorschläge zur gutachtlichen Prüfung der beiden Ausgangsfälle. In Unterkapitel F. lernen Sie die Grundlagen für den Entwurf öffentlich-rechtlicher Verträge. Hier finden Sie auch ein Muster für den zu Ausgangsfall 1 verlangten Vertragsentwurf. Das Kapitel schließt mit Vertiefungshinweisen in Unterkapitel G.

B. Prüfungsschema: Rechtmäßiger Abschluss öffentlich-rechtlicher Verträge

Beachte: Es sind im Gutachten nicht stets alle Prüfungspunkte anzusprechen!

734 **I. Rechtsgrundlage**

1. Austauschvertrag (Vertrag anstelle eines Verwaltungsakts)

a) Befugnis zum Handeln durch Vertrag:
Spezialgesetz oder §§ 54, 56 (L)VwVfG

b) ggf. Erfordernis einer speziellen Ermächtigung wegen des Inhalts

2. Vergleichsvertrag (Einigung in einem Über-Unterordnungsverhältnis über eine ungewisse Sach- oder Rechtslage)

a) Befugnis zum Handeln durch Vertrag:
Spezialgesetz oder §§ 54, 55 (L)VwVfG

b) ggf. Erfordernis einer speziellen Ermächtigung wegen des Inhalts

3. Koordinationsrechtlicher Vertrag

a) Befugnis zum Handeln durch Vertrag:
Spezialgesetz oder § 54 S. 1 (L)VwVfG

b) ggf. Erfordernis einer speziellen Ermächtigung wegen des Inhalts

II. Formelle Voraussetzungen

1. Zuständigkeit

a) Bei Verträgen anstelle von Verwaltungsakten: Die Behörde, die auch für den Erlass des Verwaltungsakts zuständig wäre

b) sonst: Zuständigkeit folgt aus der Norm, durch die der Behörde die Wahrnehmung der Aufgabe zugewiesen wird

2. Verfahren

a) Antrag und Annahme, § 62 S. 2 (L)VwVfG i. V. m. §§ 145 ff. BGB

b) allgemeine Verfahrensvorschriften nach § 62 S. 1 (L)VwVfG i. V. m. §§ 11 ff. (L)VwVfG

c) ggf. sonstige besondere Verfahrensvorschriften

3. Form

a) Spezialgesetz, sonst Schriftformzwang nach § 57 (L)VwVfG

b) Unterschriften aller Vertragspartner; streitig: auf einer Urkunde nach § 62 S. 2 (L)VwVfG, § 126 Abs. 2 BGB

4. ggf. Zustimmung Dritter oder einer anderen Behörde

a) Zustimmung Dritter, in deren Rechte der Vertrag eingreift (§ 58 Abs. 1 (L)VwVfG)

b) Zustimmung einer anderen Behörde, die bei Erlass eines Verwaltungsakts zustimmen müsste (§ 58 Abs. 2 (L)VwVfG)

c) Zustimmung einer anderen Behörde nach Spezialgesetz (z. B. Genehmigung durch Aufsichtsbehörde)

5. ggf. Bekanntgabe des Vertrags an Aufsichtsbehörden, Dritte oder die Öffentlichkeit

III. Materielle Voraussetzungen

1. Vorliegen der Tatbestandsvoraussetzungen der Rechtsgrundlage

a) Austauschvertrag (§ 56 (L)VwVfG)

aa) Zulässigkeit der Leistung des Verwaltungsträgers (Prüfung entfällt bei unechten Austauschverträgen)

bb) Zulässigkeit der Gegenleistung des Bürgers (Vertragspartner)

b) Vergleichsvertrag (§ 55 (L)VwVfG)

aa) Ungewissheit über eine bestehende Sach- und/oder Rechtslage

bb) Einigung durch gegenseitiges Nachgeben

c) Koordinationsrechtlicher Vertrag (Spezialgesetz bzw. § 54 S. 1 (L)VwVfG)

aa) Tatbestandsvoraussetzungen der speziellen Ermächtigungsgrundlage müssen vorliegen

bb) § 54 S. 1 (L)VwVfG schreibt keine bestimmten Tatbestandsvoraussetzungen vor

2. Ordnungsgemäße Ermessensausübung

a) Kein Ermessensnichtgebrauch

b) Kein Ermessensfehlgebrauch

c) Keine Ermessensüberschreitung (Vereinbarkeit des Vertrags mit dem sonstigen höherrangigen Recht: sonstige Zulässigkeit des Vertrags nach § 54 S. 1 (L)VwVfG)

C. Rechtliche Voraussetzungen für den Abschluss öffentlich-rechtlicher Verträge

735 Wie schon bei Erlass von Verwaltungsakten sind auch beim angedachten Abschluss öffentlich-rechtlicher Verträge folgende Rechtsfragen zu unterscheiden:

- **„Rechtsgrundlage“:**
  - Darf die Verwaltung überhaupt durch öffentlich-rechtlichen Vertrag handeln (Zulässigkeit der Vertragsform als Handlungsform der Verwaltung)?
  - Bedarf der Vertrag wegen des angedachten Inhalts einer speziellen gesetzlichen Ermächtigung (Reichweite des Vorbehalts des Gesetzes bzw. spezieller Gesetzesvorbehalte)? Falls ja: ist die Ermächtigungsgrundlage wirksam?
- **„Formelle Voraussetzungen“**: Ist die Behörde, die den Vertrag schließen will, zuständig und wie kann sie den Vertrag verfahrens- und formfehlerfrei erlassen (Vorrang des Gesetzes)?
- **„Materielle Voraussetzungen“**: Ist der angedachte Vertragsinhalt mit dem geltenden Recht vereinbar (Vorrang des Gesetzes)?

I. Rechtsgrundlage

1. Allgemeine Zulässigkeit des Handelns durch öffentlich-rechtlichen Vertrag

736 § 54 S. 1 (L)VwVfG stellt klar, dass Verwaltungsträger[452] grundsätzlich berechtigt sind, mit anderen Rechtssubjekten (Privatpersonen[453] oder anderen Verwaltungsträgern) in Form von öffentlich-rechtlichen Verträgen konkrete verwaltungsrechtliche Rechten und Pflichten zu begründen, aufzuheben oder zu ändern **(Befugnis zum Handeln durch öffentlich-rechtlichen Vertrag)**.

737 Die Befugnis zum Handeln durch öffentlich-rechtlichen Vertrag kann nach dem einschlägigen Fachrecht ausgeschlossen sein **(Vertragsformverbot)**.

■ **Beispiele:** Ernennungen zum Beamten müssen nach dem Beamtenrecht zwingend in der Form eines Verwaltungsakts erfolgen (vgl. § 8 Abs. 2 BeamtStG). Ein

---

452 Juristische Personen des öffentlichen Rechts, in Bezug auf den Vertragsgegenstand teilrechtsfähige Organe bzw. Organteile einer juristischen Person des öffentlichen Rechts und ausnahmsweise Privatpersonen als Beliehene, sofern Vertragsgegenstand Rechte und Pflichten aus dem Beliehenenverhältnis sind.

453 Natürliche Personen, juristische Personen des Privatrechts und sonstige in Bezug auf den Vertragsgegenstand teilrechtsfähige Vereinigungen des Privatrechts.

öffentlich-rechtlicher Vertrag, durch den das Beamtenverhältnis begründet werden soll, wäre also unzulässig. Gleiches gilt für die Einbürgerung (§ 16 StAG). Zulässig sind aber öffentlich-rechtliche Verträge, durch die sich die Behörde nur verpflichtet, jemanden einzubürgern oder zum Beamten zu ernennen.

Ein Vertragsformverbot besteht weiter für Prüfungsentscheidungen, vgl. § 2 Abs. 3 Nr. 2 VwVfG. So kann beispielsweise durch öffentlich-rechtlichen Vertrag nicht das Bestehen der Fahrprüfung (§ 17 FeV) vereinbart werden.

Auch die Festsetzung von Steuern kann nicht durch öffentlich-rechtlichen Vertrag, sondern nur durch Steuerbescheid erfolgen (vgl. § 155 Abs. 1 AO).

Nach § 53 Abs. 2 SGB X ist ein Vertragsabschluss nur über Sozialleistungen zulässig, soweit die Erbringung der Leistung im Ermessen des Leistungsträgers steht.

2. Richtige Rechtsgrundlage je nach Vertragsart

§ 54 S. 1 (L)VwVfG ist zugleich die allgemeine Rechtsgrundlage für Verwal- **738**
tungsträger, die in einem Gleichordnungsverhältnis stehen, untereinander verwaltungsrechtliche Rechten und Pflichten in Form von Verträgen zu regeln **(koordinationsrechtlicher Vertrag).**[454] Sehr häufig wird § 54 S. 1 (L)VwVfG allerdings durch Spezialvorschriften verdrängt (siehe unten).

Will ein Verwaltungsträger mit einer Privatperson[455] einen öffentlich- **739**
rechtlichen Vertrag schließen, ermächtigen dazu § 54 S. 1 u. 2 (L)VwVfG **(subordinationsrechtlicher Vertrag)**. Hier ist dann noch weiter zu differenzieren, ob ein Vergleichsvertrag (§ 54 (L)VwVfG) oder ein Austauschvertrag (§ 56 (L)VwVfG) geschlossen werden soll.

3. Spezielle Ermächtigung

Die Rechtsgrundlage für den Abschluss öffentlich-rechtlicher Verträge kann **740**
auch spezialgesetzlich geregelt sein.

■ **Beispiele:** §§ 59 ff. GemO BW für die Vereinbarung einer Verwaltungsgemeinschaft; §§ 1 ff. GKZ BW für die Gründung eines Zweckverbandes und den Abschluss einer öffentlich-rechtlichen Vereinbarung; § 16 LVG BW für die Vereinbarung einer gemeinsamen Dienststelle mehrerer unterer Verwaltungsbehörden; nach § 3 Abs. 1 AGPStG BW können sich Gemeinden desselben Landkreises zu einem einheitlichen Standesamtsbezirk zusammenschließen; es werden Gemeindegebietsänderungsverträge abgeschlossen, § 8 Abs. 2 GemO BW.

§ 11 BauGB ermächtigt die Gemeinden zum Abschluss städtebaulicher Verträge.

---

454 Nach a. A. können auch Private koordinationsrechtliche Verträge schließen.

455 Oder einem anderen Verwaltungsträger, der ihm untergeordnet ist (Beispiel: Land Baden-Württemberg und Universität Mannheim).

741 Eine solche spezielle Ermächtigung ist erforderlich, soweit der **Vorbehalt des Gesetzes** greift.

■ **Beispiele:** So darf ein Verwaltungsträger eine ihm zugewiesene Zuständigkeit im Außenverhältnis zu dem Bürger durch koordinationsrechtlichen Vertrag nur dann einer anderen Stelle zuweisen, wenn er hierzu ausdrücklich gesetzlich ermächtigt wird, da Zuständigkeitsregelungen für das Staat-Bürger-Verhältnis wesentliche normative Regelungen sind, die dem Gesetzgeber vorbehalten sein müssen.

Der Verwaltungsträger darf einer Privatperson eine Subvention durch subordinationsrechtlichen Austauschvertrag nach h. M. nur dann ohne gesetzliche Grundlage allein aufgrund von Haushaltsmitteln (und ggf. Subventionsrichtlinien) gewähren, wenn die Leistung nicht wesentlich für das Staat-Bürger-Verhältnis ist. So kann beispielsweise Jugendorganisationen von Parteien nicht allein aufgrund von §§ 54 S. 1 u. 2, 56 (L)VwVfG ein Zuschuss gewährt werden, vielmehr bedarf es hierfür zusätzlich einer Rechtsgrundlage.

Keiner speziellen Ermächtigung hingegen bedarf es, wenn der Bürger durch den Vertrag auf ein Freiheits- oder Gleichheitsrecht bzw. eine sonstige Rechtsposition verzichtet. Der Vertrag stellt keinen Eingriff dar. So kann sich der Bürger beispielsweise durch subordinationsrechtlichen Vertrag freiwillig zu einer Zahlung oder sonstigen Handlung verpflichten. Durch einseitigen Verwaltungsakt hingegen (Eingriff) dürfte der Bürger nur dann zur Zahlung oder sonstigen Handlung verpflichtet werden, wenn der belastende Verwaltungsakt auf eine Rechtsgrundlage gestützt werden kann.

II. Formelle Voraussetzungen

1. Zuständigkeit

742 Die Behörde (Verwaltungsorgan), die im Namen des Verwaltungsträgers den öffentlich-rechtlichen Vertrag mit dem Vertragspartner schließt, muss sachlich und örtlich zuständig sein.

743 Wird ein subordinationsrechtlicher Vertrag anstelle eines Verwaltungsakts geschlossen, ist die Behörde (Verwaltungsorgan) für den Vertragsschluss zuständig, die auch für den Erlass des Verwaltungsakts zuständig wäre.

744 Ansonsten ergibt sich die Zuständigkeit der Behörde aus der Norm, mit der ihr die Wahrnehmung der Aufgabe, die Gegenstand des Vertrags ist, zugewiesen wurde.

2. Verfahren

a) Einleitung des Verfahrens

Die Initiative für den Vertragsschluss geht letztendlich von der Behörde aus (§ 22 S. 1 (L)VwVfG: Einleitung von Amts wegen). Der Bürger kann den Vertragsabschluss zwar anregen, hat aber, anders als beim Antrag auf Erlass eines Verwaltungsakts, grundsätzlich kein förmliches Antragsrecht. **745**

b) Beteiligte; Beteiligungs- und Handlungsfähigkeit; Vertragspartner

Beteiligte i. S. d. § 13 (L)VwVfG gibt es nur bei subordinationsrechtlichen Verträgen mit Privatpersonen. Nach § 13 Abs. 1 Nr. 3 (L)VwVfG ist Beteiligter dann die Privatperson, mit der die Behörde den öffentlich-rechtlichen Vertrag schließen will bzw. geschlossen hat.[456] **746**

Diese Person muss nach § 11 (L)VwVfG beteiligungsfähig sein. Ist sie nicht handlungsfähig (§ 12 (L)VwVfG), handelt in ihrem Namen ihr gesetzlicher Vertreter bzw. bei juristischen Personen und Vereinigungen der gesetzliche Vertreter oder ein besonders Beauftragter. In dem Verfahren kann sich die Privatperson durch einen Bevollmächtigten vertreten lassen und/oder einen Beistand hinzuziehen, § 14 (L)VwVfG.

Auf Behördenseite ist zu berücksichtigen, dass Verträge grundsätzlich nur im Namen von Verwaltungsträgern (juristische Personen des öffentlichen Rechts[457]) geschlossen werden können. **747**

Vertiefungshinweis: Ausnahmsweise können Verträge auch im Namen von Organen oder Organteilen eines Verwaltungsträgers geschlossen werden, wenn diese für den Vertragsgegenstand als teilrechtsfähig anerkannt sind. So können innerhalb einer juristischen Person des öffentlichen Rechts Verträge (sog. In-Sich-Verträge) zwischen Organen bzw. Organteilen nur dann geschlossen werden, wenn diese mit eigenen subjektiven Rechten (Organrechten) ausgestattet sind und Gegenstand des Vertrags solche Organrechte sind.[458]

c) Keine ausgeschlossene bzw. befangene Person auf Behördenseite

§§ 20, 21 (L)VwVfG sind gemäß § 62 S. 1 (L)VwVfG grundsätzlich auch beim Abschluss öffentlich-rechtlicher Verträge zu beachten. **748**

---

456 Darüber hinaus kann die Behörde Dritte nach § 13 Abs. 2 (L)VwVfG zum Verfahren hinzuziehen. Dritte, in deren Rechte durch den Vertrag eingegriffen wird, sind von Amts wegen zwingend am Verfahren zu beteiligen. Solange sie dem Vertrag nicht zustimmen, ist dieser ihnen gegenüber nämlich unwirksam, siehe § 58 Abs. 1 (L)VwVfG.

457 Also z. B. im Namen einer Gemeinde, eines Landkreises, eines Bundeslandes, der Bundesrepublik Deutschland, einer rechtsfähigen Hochschule.

458 Vgl. *Hartmeyer* in: Schlegel/Voelzke, jurisPK-SGB X, 3. Aufl. 2023, § 53 SGB X, Rn. 40.

d) Sonstige Verfahrensvorschriften

749 Nach § 62 S. 2 (L)VwVfG i. V. m. §§ 145 ff. BGB kommen öffentlich-rechtliche Verträge durch Angebot und Annahme zustande.

750 Weiter sind das für den handelnden Verwaltungsträger einschlägige Organisationsrecht (z. B. GemO, LKrO, LHG) und das für den Vertragsgegenstand einschlägige Fachrecht zu beachten.

■ **Beispiel:** Wenn eine Gemeinde mit einer anderen Gemeinde einen Zweckverband gründen will, ist für die Entscheidung im Innenverhältnis nach §§ 24 Abs. 1 S. 2, 39 Abs. 2 Nr. 17, 44 Abs. 2 S. 3 GemO BW der Gemeinderat zuständig. Die Beschlussfassung im Gemeinderat erfolgt nach §§ 37, 34 ff., 18 GemO BW. Der Bürgermeister ist ermächtigt, als gesetzlicher Vertreter der Gemeinde den Beschluss zu vollziehen und den Vertrag im Namen der Gemeinde abzuschließen, §§ 43 Abs. 1, 42 Abs. 1 S. 2 GemO BW.

Ist für einen bestimmten Verwaltungsakt, an dessen Stelle nun der öffentlich-rechtliche Vertrag geschlossen werden soll, die Mitwirkung Dritter oder die Beteiligung der Öffentlichkeit vorgesehen, gelten diese Verfahrensvorschriften auch hier.

§ 126 Abs. 2 GemO BW schreibt vor, dass Verträge zwischen der Gemeinde und dem Bürgermeister vor Vertragsabschluss der Rechtsaufsichtsbehörde vorzulegen sind.

751 Die Rechte der Beteiligten sind zu beachten, §§ 62 S. 1, 25, 29 (L)VwVfG, § 30 VwVfG bzw. § 3b LVwVfG BW.

3. Form des Vertragsschlusses

752 Für öffentlich-rechtliche Verträge besteht nach § 57 (L)VwVfG **Schriftformzwang**, wenn durch andere Rechtsvorschriften (formelle Gesetze[459], Rechtsverordnungen, Satzungen) keine andere Form vorgeschrieben ist.[460] Der Schriftformzwang hat Warn[461]- und Beweisfunktion.

753 Welcher Organwalter den Vertrag im Namen des Verwaltungsträgers unterzeichnen muss, richtet sich nach dem einschlägigen Organisationsrecht.

■ **Beispiel:** Öffentlich-rechtliche Verträge für eine Gemeinde unterzeichnet grundsätzlich der Bürgermeister als gesetzlicher Vertreter der Gemeinde (§ 42 Abs. 1 S. 2 GemO BW). Im Übrigen sind insbesondere §§ 53, 54 GemO BW zu beachten.

---

459 Z. B. § 62 S. 2 (L)VwVfG i. V. m. § 311b Abs. 1 S. 1 BGB.

460 *Detterbeck*, VerwR, Rn. 807.

461 Schutz vor übereilten Vertragsschlüssen.

Streitig ist, ob nach § 62 S. 2 (L)VwVfG die strengen Vorschriften des § 126 BGB gelten und auf einer Urkunde alle Vertragspartner unterschreiben müssen[462] oder ob ein Briefwechsel[463] ausreichend ist.[464] 754

4. Ggf. Zustimmung Dritter und anderer Behörden zum Vertrag

Greift der öffentlich-rechtliche Vertrag in **Rechte eines Dritten** ein, wird er nach **§ 58 Abs. 1 (L)VwVfG** erst wirksam, wenn der Dritte dem Vertragsschluss zustimmt („keine Verträge zu Lasten Dritter"). Dritte können Privatpersonen sein oder ausnahmsweise juristische Personen des öffentlichen Rechts, wenn diese eigene subjektive Rechte haben, in die eingegriffen wird (z.B. Recht einer Gemeinde auf Selbstverwaltung). Ein Eingriff liegt dann vor, wenn der öffentlich-rechtliche Vertrag anstelle eines Verwaltungsakts mit Drittwirkung ergeht oder sonst unmittelbar rechtsgestaltende Wirkung für Dritte hat („Verfügungsvertrag"). Streitig ist, ob ein Eingriff auch dann vorliegt, wenn sich der Verwaltungsträger durch den Vertrag zum Erlass eines Verwaltungsakts mit belastender Drittwirkung verpflichtet („Verpflichtungsvertrag").[465] Dagegen spricht das Abstraktionsprinzip (Trennung von Verpflichtungs- und Verfügungsgeschäft).[466] 755

■ **Beispiel:** Vereinbaren das Land Baden-Württemberg, vertreten durch das Landratsamt Ortenaukreis, und der Bauherr die Zulässigkeit eines Bauvorhabens und die Befreiung von nachbarschützenden Abstandsvorschriften durch öffentlich-rechtlichen Vertrag (Vertrag anstelle einer drittbelastenden Baugenehmigung), ist der Vertrag nur mit Zustimmung des belasteten Angrenzers wirksam. Verpflichtet sich das Landratsamt gegenüber dem Bauherrn durch öffentlich-rechtlichen Vertrag, eine Baugenehmigung unter Befreiung von nachbarschützenden Normen zu erteilen (Verpflichtungsvertrag), bedarf der Vertrag nach der hier vertretenen Rechtsauffassung nicht der Zustimmung des Angrenzers. Allerdings kann der Bauherr die Erteilung der Baugenehmigung dann nicht erfolgreich einklagen, wenn die Befreiung von der nachbarschützenden Abstandsvorschrift rechtswidrig ist (Fall der unmöglichen Leistung).

---

462 So *Detterbeck*, VerwR, Rn. 807.

463 So BVerwG, NVwZ 2005, 1083 bei einem Vertragsschluss zwischen zwei Verwaltungsträgern (koordinationsrechtlicher Vertrag).

464 Nach dem Musterentwurf zur Novellierung der §§ 54 ff. VwVfG soll klargestellt werden, dass entgegen § 126 BGB für die Schriftform ausreicht, wenn Angebot und Annahme jeweils schriftlich erfolgen, vgl. *Heribert Schmitz*, in: Bauer/Büchner/Brosius-Gersdorf (Hrsg.), Verwaltungskooperation, KWI Schriften 1, Universität Potsdam 2008, „Kooperationsverträge – Zur bevorstehenden Novellierung des Vertragsrechts im Verwaltungsverfahren", S. 51 (56).

465 Zum Meinungsstand: BeckOK VwVfG/*Spieth*, VwVfG § 58 Rn. 7 ff.

466 Vgl. NdsOVG, NVwZ 2000, 1309 (1310); VGH BW, VBlBW 2006, 240 (240 f.).

756 Wird ein öffentlich-rechtlicher Vertrag (Austauschvertrag oder Vergleichsvertrag) anstatt eines Verwaltungsakts, bei dessen Erlass durch Spezialgesetz die Zustimmung, Genehmigung oder das Einvernehmen einer anderen Behörde vorgeschrieben ist, vereinbart, so wird der Vertrag nach § 58 Abs. 2 (L)VwVfG erst wirksam, wenn die Behörde die Genehmigung oder Zustimmung bzw. das Einvernehmen erteilt hat.

■ **Beispiel:** Ein öffentlich-rechtlicher Vertrag über die Zulässigkeit eines Bauvorhabens, in dem das Landratsamt von Festsetzungen des Bebauungsplans befreit, wird erst wirksam, wenn die betroffene Gemeinde ihr Einvernehmen erteilt, da eine entsprechende Baugenehmigung nach § 36 Abs. 1 S. 1 BauGB des Einvernehmens der Gemeinde bedarf.

757 Außerdem kann spezialgesetzlich eine Zustimmungs- bzw. Genehmigungspflicht durch Aufsichtsbehörden oder andere Stellen vorgeschrieben sein. Das ist insbes. für koordinationsrechtliche Verträge häufig der Fall.

■ **Beispiel:** Nach § 25 Abs. 4 S. 1 GKZ BW bedarf die öffentlich-rechtliche Vereinbarung zwischen Gemeinden und Landkreisen bzw. nach § 29 GKZ BW auch zwischen Zweckverbänden und Rechtsträgern gemeindefreier Grundstücke der Genehmigung der zuständigen Rechtsaufsichtsbehörde.

5. Bekanntgabe des Vertrags

758 Grundsätzlich müssen öffentlich-rechtliche Verträge nicht bekannt gegeben werden, da sie mit Einigung der Vertragspartner wirksam werden und den Vertragspartnern ja bekannt sind. Teilweise ist für öffentlich-rechtliche Verträge aber eine Veröffentlichungspflicht vorgeschrieben.

759 Für koordinationsrechtliche Verträge, die zu einer Verschiebung der Zuständigkeit führen, verlangt schon das Rechtsstaatsprinzips zwingend die Bekanntmachung. Das wird einfachgesetzlich zur Klarstellung geregelt.

■ **Beispiel:** § 25 Abs. 5 S. 1 GKZ BW schreibt die öffentliche Bekanntmachung der öffentlich-rechtlichen Vereinbarung und der Genehmigung durch jeden Vertragspartner vor. Die öffentlich-rechtliche Vereinbarung wird nach § 25 Abs. 5 S. 2 GKZ BW frühestens mit der letzten Bekanntgabe wirksam.

760 Auch das Fachrecht kann Veröffentlichungspflichten vorsehen.

■ **Beispiel:** Wird eine Baugenehmigung für ein Bauvorhaben innerhalb eines angemessenen Sicherheitsabstandes von einem Störfallbetrieb erteilt, ist die Baugenehmigung nach § 55 Abs. 4 LBO BW öffentlich bekannt zu machen. Würde anstelle der Baugenehmigung ein öffentlich-rechtlicher Vertrag geschlossen (unüblich), wäre auch dieser öffentlich bekannt zu machen.

III. Materielle Voraussetzungen bei Austauschverträgen

1. Tatbestandsvoraussetzungen nach § 56 (L)VwVfG

a) Zulässigkeit der Leistung der Behörde (genauer: des Verwaltungsträgers)

Sofern im Austauschvertrag eine Leistung des Verwaltungsträgers vereinbar wird, muss diese rechtlich zulässig sein. 761

Austauschverträge, in denen eine Leistung des Verwaltungsträgers vereinbart wird, heißen **echte Austauschverträge**. Innerhalb dieser Verträge kann (wie im Zivilrecht) zwischen Verpflichtungs- und Verfügungsverträgen unterschieden werden. Bei Verpflichtungsverträgen ist Leistung des Verwaltungsträgers das verwaltungsrechtliche Tun, Dulden oder Unterlassen, zu dem er sich durch den Vertrag verpflichtet. Bei Verfügungsverträgen besteht die Leistung des Verwaltungsträgers in dem verwaltungsrechtlichen Recht, das durch den Vertrag eingeräumt, geändert oder aufgehoben wird. 762

■ **Beispiel:** Die Behörde (genauer: der Verwaltungsträger) verpflichtet sich durch öffentlich-rechtlichen Vertrag, dem Vertragspartner einen bestimmten Verwaltungsakt (z. B. eine Baugenehmigung) zu erteilen bzw. von der Erteilung eines bestimmten Verwaltungsakts (z. B. von einer Abrissverfügung) abzusehen (Austauschvertrag in Form eines Verpflichtungsvertrags anstelle einer Zusicherung nach § 38 (L)VwVfG).

Die Behörde räumt dem Vertragspartner durch öffentlich-rechtlichen Vertrag die Befugnis ein, ein bestimmtes Bauvorhaben verwirklichen zu dürfen (Austauschvertrag in Form eines Verfügungsvertrags).

Die Rechtmäßigkeitsprüfung hängt vom Inhalt der Leistung ab. Verpflichtet sich die Behörde zur Erteilung eines den Vertragspartner begünstigenden Verwaltungsakts (z. B. Verpflichtung zur Erteilung einer Baugenehmigung) oder räumt sie dem Vertragspartner schon durch den Vertrag ein Recht ein (z. B. Gewährung einer Subvention, Gewährung des Rechts zu bauen), ist die Leistung rechtmäßig, wenn auch die Zusicherung des begünstigenden Verwaltungsakts (Zusicherung der Baugenehmigung) bzw. der Erlass des begünstigenden Verwaltungsakts (Subventionsbewilligungsbescheid, Baugenehmigung) materiell rechtmäßig wäre. 763

■ **Beispiel:** Zum Erlass einer bestimmten Satzung, Rechtsverordnung oder Verwaltungsvorschrift kann sich der Verwaltungsrechtsträger gegenüber einer Einzelperson weder durch Zusage, Verwaltungsakt noch durch öffentlich-rechtlichen Vertrag verpflichten. Für den Bebauungsplan als Satzung stellt § 1 Abs. 3 S. 2 BauGB dies noch einmal ausdrücklich klar.

764 Verpflichtet sich die Behörde zum dauerhaften oder vorübergehenden Nichterlass eines belastenden Verwaltungsakts bzw. verzichtet sie (teilweise) auf den Erlass eines belastenden Verwaltungsakts, ist die Leistung rechtmäßig, wenn der (vorübergehende) Nichterlass des belastenden Verwaltungsakts ermessensfehlerfrei ist.

■ **Beispiel:** Zum Nichterlass einer Gewerbeuntersagung kann sich die Behörde gegenüber einem unzuverlässigen Gewerbetreibenden nicht verpflichten, da sie nach § 35 Abs. 1 S. 1 GewO bei Unzuverlässigkeit des Gewerbetreibenden zum Einschreiten verpflichtet ist (gebundene Entscheidung). Zur Duldung einer unter Verstoß gegen öffentlich-rechtliche Vorschriften errichteten Anlage kann sich die Behörde verpflichten, wenn sie nicht ausnahmsweise wegen der Umstände des Einzelfalls (also wegen einer Ermessensreduzierung auf Null) zum Erlass einer Abrissverfügung nach § 65 Abs. 1 S. 1 LBO BW verpflichtet ist. Nach § 20 LVwVG, § 65 Abs. 1 S. 1 LBO BW kann die Behörde einen Austauschvertrag darüber schließen, von einer Androhung eines Zwangsmittels für eine bestimmte Dauer noch abzusehen. Gegenstand des Austauschvertrags kann aber nicht die Einigung auf ein bestimmtes Zwangsmittel sein.

765 Beim sogenannten „**hinkenden Austauschvertrag**" wird nur eine Gegenleistung des Bürgers, nicht aber eine Leistung des Verwaltungsträgers vereinbart. Dass der Verwaltungsträger etwas tut, duldet oder unterlässt, ist hier also nicht Vertragsgegenstand, sondern entweder Bedingung für die Wirksamkeit des Vertrages oder Geschäftsgrundlage des Vertrags.[467] Hier entfällt dann die Prüfung der Rechtmäßigkeit der Leistung des Verwaltungsträgers.

b) Zulässigkeit der Gegenleistung des Bürgers

766 Hat der Bürger (die Privatperson) auf die Leistung der Behörde einen Anspruch, so kann nach § 56 Abs. 1 (L)VwVfG nur eine solche Gegenleistung des Bürgers vereinbart werden, die bei Erlass eines Verwaltungsaktes Inhalt einer Nebenbestimmung nach § 36 (L)VwVfG sein könnte. Das ist der Fall, wenn ein Spezialgesetz zu ihrem Erlass ermächtigt (§ 36 Abs. 1 Var. 1 (L)VwVfG) oder durch ihren Erlass rechtliche Versagungsgründe ausgeräumt werden sollen (§ 36 Abs. 1 Var. 2 (L)VwVfG) und die Nebenbestimmung den Umständen nach angemessen ist (vgl. § 56 Abs. 1 S. 2 (L)VwVfG).

■ **Beispiel:** Gastwirt G vereinbart mit der zuständigen Behörde durch öffentlich-rechtlichen Vertrag die Zulässigkeit der Ausübung seines Gaststättengewerbes. In dem Vertrag verpflichtet er sich, Lärmschutzfenster einzubauen. Außerdem verpflichtet er sich zur Zahlung von 10.000 € für die Aufklärungskampagne des Land-

467 BVerwG, Urteil vom 16.05.2000 – 4 C 4/99 – zitiert nach juris Rn. 24.

ratsamts „Finger weg vom Alkohol“. Die übernommene Pflicht, Lärmschutzfenster einzubauen, ist rechtlich zulässig, denn Lärmschutzmaßnahmen könnten ihm auch durch eine Auflage zur Gaststättenerlaubnis nach § 36 Abs. 1 Var. 1 LVwVfG i. V. m. § 5 Abs. 1 Nr. 3 GastG auferlegt werden und sind nicht unangemessen. Die Verpflichtung zur Zahlung von 10.000 € hingegen ist unzulässig, denn sie kann nach § 36 Abs. 1 LVwVfG nicht Gegenstand einer Auflage zur Gaststättenerlaubnis sein, da es weder ein entsprechendes ermächtigendes Spezialgesetz gibt (Var. 1) noch durch die Zahlungspflicht von 10.000 € rechtliche Versagungsgründe, die der Erteilung der Gaststättenerlaubnis entgegenstehen, ausgeräumt werden (Var. 2).

Im Übrigen (also wenn kein Anspruch auf die Leistung des Verwaltungsträgers besteht) ist die Gegenleistung des Bürgers (der Privatperson) nach § 56 Abs. 1 (L)VwVfG zulässig, wenn sie: 767

a) für einen bestimmten Zweck im Vertrag vereinbart wird,
b) der Behörde zur Erfüllung ihrer öffentlichen Aufgaben dient,
c) den gesamten Umständen nach angemessen ist und
d) im sachlichen Zusammenhang mit der vertraglichen Leistung der Behörde steht (Kopplungsverbot)

■ **Beispiel:** Die Spedition Müller GmbH verpflichtet sich, auf ihrem Firmengelände für 5 weitere Jahre eine Streuobstwiese (ca. 3.000 qm) zu unterhalten. Dafür erhält sie einen Zuschuss der Stadt Freiburg in Höhe von 1.000 € jährlich. Zweck der Gegenleistung ist der „Umweltschutz“. Die Gegenleistung der Spedition dient der Erfüllung des örtlichen Umweltschutzes, also einer Aufgabe der Stadt Freiburg. Sie steht nicht außer Verhältnis zum gezahlten Zuschuss. Der sachliche Zusammenhang zwischen „Unterhaltung der Streuobstwiese“ und „Zuschuss für Umweltmaßnahmen“ ist gegeben.

Teilweise ist die Zulässigkeit der Gegenleistung des Bürgers auch spezialgesetzlich geregelt. Eine solche spezialgesetzliche Ermächtigung ist nach richtiger Rechtsauffassung mit Hinblick auf den Gleichheitsgrundsatz (Art. 3 Abs. 1 GG) insbesondere für die Vereinbarung von Ablösungssummen erforderlich (also dann, wenn sich der Bürger von gesetzlichen Vorschriften „freikauft“).[468] 768

■ **Beispiel:** So regelt § 37 Abs. 6 LBO BW, dass sich ein Bürger zur Zahlung eines von der Gemeinde festgelegten Geldbetrags anstelle des Nachweises ausreichender Stellplätze verpflichten darf, damit die Gemeinde ihre Zustimmung zur Baugenehmigung erteilt. Gesetzlich vorgegebener Zweck der Gegenleistung ist die Herstellung oder Modernisierung von Parkeinrichtungen an anderer Stelle oder von Einrichtungen, die den Bedarf an Parkeinrichtungen verhindern. Diese bezweckten

---

468 Ebenso *Grziwotz*, Vertragsgestaltung im öffentlichen Recht, Rn. 377 zur Unzulässigkeit der Vereinbarung einer Ablösung zur Befreiung von der Verpflichtung, einen privaten Spielplatz zu errichten.

Maßnahmen dienen der Gemeinde zur Erfüllung ihrer öffentlichen Aufgabe „Verkehrsplanung". Die Gegenleistung ist angemessen, wenn die Summe, zu deren Zahlung sich der Bürger verpflichtet, in etwa dem Wert des Stellplatzes entspricht (eingesparte Kosten) oder sich an den Kosten, die die Gemeinde durch die „Ersatzbeschaffung des eingesparten Stellplatzes" hat, orientiert. Hier besteht auch ein Sachzusammenhang zwischen der Gegenleistung des Bürgers (Zahlung der Ablösesumme) und der Leistung der Gemeinde (Zustimmung zur Baugenehmigung unter Verzicht auf den Stellplatznachweis).

2. Ordnungsgemäße Ermessensausübung

769 Die Entscheidung, ob anstelle eines Verwaltungsakts ein Austauschvertrag geschlossen wird, steht regelmäßig im Ermessen der Behörde.

770 Die Behörde hat das Ermessen gemäß §§ 62 S. 1, 40 LVwVfG entsprechend dem Zweck der Ermächtigung und innerhalb der gesetzlichen Grenzen auszuüben. Der Verwaltungsrechtsträger kann sich also nicht auf die im Privatrecht geltende Vertragsfreiheit berufen, sondern ist an das Unionsrecht, das Verfassungsrecht und das sonstige höherrangige Recht (formelle Bundes- und Landesgesetze, Rechtsverordnungen, Satzungen) gebunden.

771 Aus Gründen der Verwaltungseffektivität kann nach § 61 Abs. 1 S. 1 LVwVfG mit dem Privaten vereinbart werden, dass dieser sich hinsichtlich der Erfüllung der Gegenleistung der sofortigen Zwangsvollstreckung unterwirft. Dann muss die Verwaltung den Privaten nicht auf dem Gerichtsweg auf Erfüllung verklagen (allgemeine Leistungsklage), sondern kann die Vereinbarung der Gegenleistung wie einen Verwaltungsakt nach dem LVwVG vollstrecken.

772 Wird der Vertrag anstelle eines gebührenpflichtigen Verwaltungsakts vereinbart, ist auch der öffentlich-rechtliche Vertrag gebührenpflichtig. Die Gebühr ist durch separaten Gebührenbescheid festzusetzen. Ein entsprechender Hinweis auf die Rechtslage sollte im Vertrag zur Sicherheit aufgenommen werden. Die Kostenlast für externe Kosten (Vertragsabschlusskosten für Einschaltung eines Notars oder Rechtsanwalts) kann vertraglich der einen oder anderen Vertragspartei auferlegt werden.[469]

---

469 Nach BVerwG, Urteil vom 12.07.2006 – 10 C 9/05 – kann für die ergebnislose Teilnahme von Behördenmitarbeitern an Verhandlungen über einen Vertrag im Nachhinein aber keine Gebühr erhoben werden.

IV. Materielle Voraussetzungen bei Vergleichsverträgen

1. Tatbestandsvoraussetzungen

Voraussetzung für den Abschluss eines Vergleichsvertrags ist nach § 55 (L)VwVfG, dass die **Sach- und/oder Rechtslage**, über die die Einigung erzielt werden soll, **tatsächlich ungewiss** ist und diese Ungewissheit durch ein **gegenseitiges Nachgeben** beseitigt wird. Eine Ungewissheit der Sachlage besteht zum einen, wenn die Aufklärung unmöglich ist. Zum anderen besteht eine Ungewissheit über die Sachlage, wenn die Aufklärung einen unverhältnismäßigen Aufwand erfordern würde. Eine Ungewissheit über die Rechtslage besteht, wenn die Rechtslage weder gesetzlich noch durch die Rechtsprechung hinreichend geklärt ist. **773**

2. Ordnungsgemäße Ermessensausübung

Das „Ob" und das „Wie" des Abschlusses eines Vergleichsvertrags stehen im Ermessen der Behörde, die das Ermessen gemäß §§ 62 S. 1, 40 (L)VwVfG entsprechend dem Zweck von § 55 (L)VwVfG und innerhalb der gesetzlichen Grenzen auszuüben hat. **774**

Zweck von § 55 (L)VwVfG ist es, dass die Behörde abwägt, ob sie sich zugunsten der Verfahrensökonomie für den Abschluss eines Vergleichsvertrags entscheidet, um zeitraubende und teure Prozesse zu vermeiden, oder ob sie unter Anwendung des Untersuchungsgrundsatzes und der Beweislastregeln sowie der eigenen Rechtsauffassung über den Erlass bzw. den Nichterlass des Verwaltungsakts entscheidet und dadurch ggf. ein Gerichtsverfahren auslöst. **775**

Gesetzliche Grenze ist das höherrangige Recht. Besondere Bedeutung hat hier der Gleichheitsgrundsatz (Art. 3 Abs. 1 GG). Wenn der Vergleichsvertrag zu einer Ungleichbehandlung gleicher Sachverhalte führen würde, muss die Behörde nach ordnungsgemäßer Aufklärung des Sachverhalts unter Anwendung der Beweislastregeln entscheiden und darf sich nicht einer etwaigen Kontrolle durch die Gerichte entziehen.[470] **776**

V. Materielle Voraussetzungen bei koordinationsrechtlichen Verträgen

1. Tatbestandsvoraussetzungen

Oft sind koordinationsrechtliche Verträge spezialgesetzlich geregelt. Dann müssen die im Spezialgesetz vorgeschriebenen Voraussetzungen vorliegen. **777**

---

470 *Grziwotz*, Vertragsgestaltung im öffentlichen Recht, 2002, Rn. 24.

■ **Beispiel:** Einen Zweckverband können nach §§ 2 Abs. 1 S. 1, 29 GKZ BW Gemeinden, Landkreise, Zweckverbände sowie Rechtsträger gemeindefreier Grundstücke gründen, nach § 2 Abs. 2 S. 1 GKZ BW könnten sonstige Personen des öffentlichen Rechts aufgenommen werden.[471]

778 Wird der koordinationsrechtliche Vertrag aufgrund von § 54 S. 1 (L)VwVfG erlassen, müssen keine besonderen weiteren Voraussetzungen vorliegen. Der Vertrag muss lediglich mit dem sonstigen höherrangigen Recht vereinbar sein (siehe ordnungsgemäße Ermessensausübung, dort gesetzliche Grenzen).

2. Ordnungsgemäße Ermessensausübung

779 Die Entscheidung über den Vertragsschluss steht regelmäßig im Ermessen der Behörde.

■ **Beispiel für eine Ausnahme:** Nach § 11 Abs. 1 GKZ BW können Verwaltungsrechtsträger von der Rechtsaufsichtsbehörde zum Vertragsabschluss verpflichtet werden. Die Rechtsaufsichtsbehörde kann den Vertragsabschluss aber nicht zwangsweise durchsetzen, sondern muss bei einer Weigerung der Verwaltungsrechtsträger nach § 11 Abs. 2 GKZ BW vorgehen.

780 Das Ermessen ist gemäß §§ 62 S. 1, 40 (L)VwVfG entsprechend dem Zweck von § 54 S. 1 (L)VwVfG und innerhalb der gesetzlichen Grenzen auszuüben.

■ **Beispiel** Der Abschluss des öffentlich-rechtlichen Vertrags darf nicht gegen Unionsrecht verstoßen.

D. Lösung von Ausgangsfall 1

781 **I. Rechtsgrundlage**

Als Rechtsgrundlage für die vertragliche Vereinbarung des Abrisses der Gabionenmauer bis zum 30.06.2025 kommen §§ 54, 56 LVwVfG BW in Betracht.

Das setzt nach § 54 S. 1 LVwVfG BW zunächst voraus, dass vertraglich ein Rechtsverhältnis auf dem Gebiet des öffentlichen Rechts begründet, geändert oder aufgehoben wird und kein spezialgesetzliches Vertragsformverbot besteht.

Weiter müsste die Behörde gemäß § 54 S. 2 LVwVfG BW gegenüber dem Vertragspartner grundsätzlich zum Handeln durch Verwaltungsakt berechtigt sein,

471 Werden nach § 2 Abs. 2 S. 2 GKZ BW auch Privatpersonen beteiligt, liegt kein koordinationsrechtlicher, sondern ein subordinationsrechtlicher Vertrag vor.

d. h. Behörde und Vertragspartner müssen sich in einem Über-Unterordnungsverhältnis gegenüberstehen.

Schließlich ist nach § 56 LVwVfG BW Voraussetzung, dass zumindest der Bürger durch den Vertrag dem Verwaltungsträger einen Anspruch bzw. ein Recht einräumt.

Hier wollen sich Frau und Herr Schröder vertraglich zum Abriss der Gabionenmauer, die im Widerspruch zu öffentlich-rechtlichen Vorschriften errichtet wurde, verpflichten. Damit gehen sie gegenüber dem Landratsamt Ortenaukreis (genauer: dem Land Baden-Württemberg) eine Verpflichtung auf dem Gebiet des Bauordnungsrechts, also auf dem Gebiet des öffentlichen Rechts ein.

Weder nach der LBO BW noch nach sonstigem höherrangigen Recht ist das Handeln durch öffentlichen Vertrag unzulässig.

Das Landratsamt Ortenaukreis steht im einen Überordnungsverhältnis zu Frau und Herrn Schröder und wäre nach § 65 Abs. 1 S. 1 LBO BW grundsätzlich befugt, beide einseitig in Form eines Verwaltungsakts zum Abriss zu verpflichten.

Wie bereits oben geprüft, verpflichten sich Frau und Herr Schröder gegenüber dem LRA Ortenaukreis zum Abriss der Gabionenmauer und räumen diesem somit einen Erfüllungsanspruch ein. Gleichzeitig verzichtet das LRA Ortenaukreis vorübergehend auf den Erlass einer Abrissverfügung und verpflichtet sich, die illegale Mauer bis zum 30.06.2025 zu dulden. Damit ist der Abschluss eines echten Austauschvertrags angedacht. Richtige Rechtsgrundlage sind §§ 54, 56 LVwVfG BW.

II. Formelle Voraussetzungen

1. Zuständigkeit

Zuständig für den Abschluss des Austauschvertrags ist das LRA Ortenaukreis als die Behörde, die für die Abrissverfügung wie oben geprüft nach §§ 48 Abs. 2, 46 Abs. 1 Nr. 3 LBO BW, § 15 Abs. 1 Nr. 1 LVG BW sachlich und nach § 3 Abs. 1 Nr. 1 LVwVfG örtlich zuständig wäre. Das LRA Ortenaukreis wird hier als staatliche Behörde tätig und schließt den Vertrag im Namen des Landes Baden-Württemberg, § 1 Abs. 3 S. 2 LKrO BW.

2. Verfahren

Besondere Verfahrensvorschriften sind hier nicht weiter zu beachten.

3. Form

Der Vertrag muss nach § 57 LVwVfG BW schriftlich geschlossen werden. Streitig ist, ob dazu eine Urkunde erforderlich ist oder ob der Austausch von Schriftsätzen (Angebot und Annahme) ausreichend ist. Nach richtiger Rechtsauffassung genügt auch der Austausch von Schriftsätzen, denn dadurch sind Warnfunktion und Beweisfunktion ausreichend gewahrt. Da eine abschließende gerichtliche Entscheidung aber noch aussteht, sollte der Vertragsschluss aus Gründen der Rechtssicherheit auf einer von allen Vertragspartnern (Vertreter des Landratsamts für das Land Baden-Württemberg, Frau Schröder, Herr Schröder) unterzeichneten Urkunde erfolgen. Zeichnungsbefugt für das Landratsamt ist der nach dem Geschäftsverteilungsplan zuständige Sachbearbeiter.

4. Ggf. Zustimmung Dritter oder anderer Behörden

Zu prüfen ist, ob für die Wirksamkeit des Vertrags die Zustimmung Dritter nach § 58 Abs. 1 LVwVfG BW erforderlich ist. Das wäre der Fall, wenn der Vertrag (hier die Duldung der rechtswidrigen Errichtung der Gabionenmauer bis zum 30.06.2025) einen Eingriff in die Rechte eines Dritten darstellte. Dann müsste die Anlage im Widerspruch zu nachbarschützenden Normen errichtet worden sein. Hier ist die Mauer lediglich im Widerspruch zu den örtlichen Bauvorschriften errichtet worden, die nur aus gestalterischen Gründen erlassen worden sind und denen nach dem Bebauungsplan keine drittschützende Wirkung zukommt. Damit ist eine Zustimmung von Angrenzern oder sonstigen Nachbarn nicht erforderlich. Ebenso besteht keine Zustimmungspflicht anderer Behörden nach § 58 Abs. 2 LVwVfG BW.

III. Materielle Voraussetzungen für den Vertragsabschluss

1. Vorliegen der Tatbestandsvoraussetzungen von § 56 LVwVfG BW

a) Zulässigkeit der Leistung des LRA Ortenaukreis

Die Leistung des LRA Ortenaukreis, hier also der vorübergehende Verzicht auf Erlass einer Abrissverfügung und die Duldung des illegalen Zustands bis zum 30.06.2025 müsste rechtmäßig sein. Das ist am Maßstab von § 65 Abs. 1 S. 1 LBO BW zu beurteilen. Grundsätzlich steht die Entscheidung, ob bzw. bis wann der Abriss von Anlagen, die im Widerspruch zu öffentlich-rechtlichen Vorschriften errichtet wurden und deren Rechtmäßigkeit nicht auf andere Weise hergestellt werden kann, im Ermessen der Behörde. Eine Ermessensreduzierung auf Null, also eine Pflicht der Behörde zum sofortigen Einschreiten, ist hier nicht ersichtlich. Ein Ermessensfehlgebrauch oder eine Ermessensüberschreitung sind ebenfalls nicht ersichtlich, insbesondere beabsichtigt das LRA Ortenaukreis nicht, den illegalen Zustand auf Dauer zu dulden. Damit ist die Leistung des LRA Ortenaukreis zulässig.

b) Zulässigkeit der Gegenleistung von Frau und Herrn Schröder

Die Gegenleistung von Frau und Herrn Schröder, also die vertragliche Verpflichtung zum Abriss der Gabionenmauer bis zum 30.06.2025, ist nach § 56 Abs. 1 LVwVfG BW zulässig, wenn sie für einen bestimmten Zweck im Vertrag vereinbart wird, der Behörde zur Erfüllung ihrer öffentlichen Aufgaben dient, den gesamten Umständen nach angemessen ist und im sachlichen Zusammenhang mit der vertraglichen Leistung der Behörde steht. Das ist bei der vertraglichen Übernahme von Verpflichtungen, die dem Bürger von der Behörde durch gebietenden Verwaltungsakt auferlegt werden könnten, unproblematisch der Fall. Hier könnte das LRA Ortenaukreis Herrn und Frau Schröder wie geprüft nach § 65 Abs. 1 S. 1 LBO BW, § 7 PolG BW als Eigentümer bzw. Inhaber der tatsächlichen Gewalt über die rechtswidrig errichtete Mauer ebenso durch Verwaltungsakt zum Abriss der Gabionenmauer verpflichten. Damit ist die Gegenleistung zulässig.

2. Ordnungsgemäße Ermessensausübung

Die Entscheidung, ob und mit welchem Inhalt der Abriss der Gabionenmauer durch Austauschvertrag mit Frau und Herrn Schröder vereinbart wird, steht im Ermessen des LRA Ortenaukreis. Warum der Abschluss ermessensfehlerhaft sein sollte, ist nicht ersichtlich.

IV. Gesamtergebnis

Der angedachte Austauschvertrag kann formell und materiell rechtmäßig geschlossen werden.

E. Lösung von Ausgangsfall 2

I. Rechtsgrundlage **782**

Als Rechtsgrundlage für den Gründungsvertrag für den Abwasserzweckverband zwischen der Gemeinde R. und der Großen Kreisstadt O. kommen §§ 1, 2 Abs. 1 S. 1 GKZ BW in Betracht. Mit der Vereinbarung sollen Zuständigkeiten der beiden Gemeinden übertragen werden (Verbandskompetenz).

II. Formelle Voraussetzungen

1. Zuständigkeit

Zuständige Behörde i. S. d. § 1 Abs. 2 LVwVfG sind im Außenverhältnis die beiden Bürgermeister als gesetzliche Vertreter der beiden Gemeinden (§ 42 Abs. 1 S. 2 GemO).

2. Verfahren

Intern ist für die Entscheidung über den Vertragsschluss jeweils der Gemeinderat zuständig, §§ 24 Abs. 1 S. 2, 39 Abs. 2 Nr. 17, 44 Abs. 2 S. 3 GemO BW. Dieser entscheidet über den Vertragsentwurf durch Gemeinderatsbeschluss per Abstimmung mit einfacher Mehrheit, §§ 37, 34 ff., 18 GemO BW.

3. Form

Die Vereinbarung ist nach § 57 LVwVfG BW schriftlich zu treffen. Dazu unterschreiben beide Bürgermeister die vereinbarte Verbandssatzung auf derselben Urkunde, §§ 62 S. 2 LVwVfG BW, § 126 BGB.

4. Ggf. Zustimmung Dritter bzw. anderer Behörden

Nach § 7 GKZ BW muss die Vereinbarung der Rechtsaufsichtsbehörde, also nach § 28 Abs. 2 Nr. 2 GKZ BW dem Regierungspräsidium Freiburg zur Genehmigung vorgelegt werden.

5. Öffentliche Bekanntmachung

Nach § 8 Abs. 1 GKZ BW müssen sowohl die Verbandssatzung als auch die Genehmigung der Rechtsaufsichtsbehörde öffentlich bekannt gemacht werden. Das geht entweder, indem das Regierungspräsidium Freiburg beides nach § 8 Abs. 1 GKZ BW in seinem Bekanntmachungsorgan, dem Gemeinsamen Amtsblatt des Landes Baden-Württemberg, bekannt macht oder nach § 8 Abs. 1 S. 2 GKZ BW die Bekanntmachung in einer anderen Form bestimmt, also z. B. die öffentliche Bekanntmachung durch beide Gemeinden in beiden Gemeinden durch die jeweils vorgeschriebene Form der öffentlichen Bekanntmachung auf Kosten des Regierungspräsidiums. Nach § 8 Abs. 2 S. 1 GKZ entsteht der Zweckverband erst am Tag nach der öffentlichen Bekanntmachung der Verbandssatzung und der Genehmigung der Rechtsaufsichtsbehörde.

III. Materielle Voraussetzungen für den Vertragsabschluss

1. Vorliegen der Tatbestandsvoraussetzungen nach §§ 1, 2 Abs. 1 S. 1 GKZ BW i. V. m. § 54 S. 1 LVwVfG

Vertragsgegenstand muss nach §§ 1, 2 Abs. 1 S. 1 GKZ BW die Gründung eines Zweckverbands sein, um bestimmte Aufgaben, zu deren Erledigung die Vertragspartner berechtigt oder verpflichtet sind, für alle Mitglieder oder für einzelne gemeinsam zu erfüllen. Hier geht es um die Erfüllung der den beiden Gemeinden nach § 56 WHG, § 46 Wassergesetz BW obliegenden Abwasserbeseitigungspflicht durch den Zweckverband für beide Gemeinden. Beide Gemeinden sind Selbstverwaltungsrechtsträger und stehen hier gleichgeordnet zueinander. Private werden nach § 2 Abs. 2 S. 2 GKZ BW nicht beteiligt. Damit soll ein koordinationsrechtlicher Zweckverbandsgründungsvertrag abgeschlossen werden.

Nach § 54 S. 1 LVwVfG dürfen dem Vertragsschluss keine sonstigen Rechtsvorschriften entgegenstehen. Aus sonstigen Rechtsvorschriften darf sich also weder ein Vertragsformverbot ergeben noch ein Verbot bezüglich des angestrebten Inhalts des Vertrags.

Hier ist zunächst zu prüfen, ob das Fachgesetz den Vertragsabschluss bzw. den Vertragsinhalt verbietet. Weder schließen das WHG und das WG BW, die die Abwasserbeseitigung spezialgesetzlich regeln, die Vereinbarung über eine Verlagerung der Abwasserbeseitigungspflicht auf eine andere juristische Person des öffentlichen Rechts aus, noch wird eine bestimmte Form der kommunalen Zusammenarbeit bei der Abwasserbeseitigung vorgeschrieben. Das Wasserrecht erlaubt damit die Gründung eines Abwasserzweckverbandes.

Neben dem Fachgesetz können sich auch aus anderen Rechtsvorschriften weitere Zulässigkeitsanforderungen ergeben. Hier kommt § 102 Abs. 1 und 7 GemO BW in Betracht. Nach h. M. ist die Abwasserbeseitigung als Pflichtaufgabe gemäß § 102 Abs. 4 S. 1 Nr. 1 GemO BW kein wirtschaftliches Unternehmen.[472] Weitere Rechtsnormen, die dem Vertragsabschluss entgegenstehen könnten, gibt es nicht. Damit ist der Vertragsabschluss tatbestandsmäßig zulässig.

---

472 BeckOK KommunalR BW/*Müller*, 24. Ed. 01.02.2024, GemO § 102 Rn. 18.

2. Fehlerfreie Ermessensausübung

Die Entscheidung, ob und wie der Zweckverbandsgründungsvertrag vereinbart wird, steht im Ermessen der Gemeinderäte beider Gemeinden. Gemäß §§ 62 S. 1, 40 LVwVfG BW ist das Ermessen entsprechend dem Zweck der Ermächtigungsgrundlage und innerhalb der gesetzlichen Grenzen auszuüben. Bei dieser Ermessensausübung sind die Handlungsalternativen einander gegenüberzustellen, die Gesichtspunkte zu sammeln und gegeneinander abzuwägen. Hier gibt es sehr viele Aspekte wie z. B. politische (Gemeinderat verliert seine Kompetenz, Bürgerschaft kann später gegen Beschlüsse einer Verbandsversammlung des Zweckverbands nicht wie gegen Beschlüsse des Gemeinderats ein Bürgerbegehren einleiten), betriebswirtschaftliche, steuerrechtliche Aspekte, ...[473]

Gesetzliche Grenzen sind die Regeln des GKZ BW. § 6 GKZ BW schreibt die Einigung über die Verbandssatzung mit einem bestimmten Pflichtinhalt vor. Nach § 9 GKZ BW kann der Vertrag daneben auch eine Einigung über den Ausgleich von Vor- und Nachteilen, die sich aus der Bildung des Zweckverbands ergeben, enthalten. Nach § 20 GKZ BW kann bestimmt werden, dass die für den Eigenbetrieb geltenden Vorschriften Anwendung finden.

Weitere gesetzliche Grenzen sind hier nicht ersichtlich.

IV. Gesamtergebnis

Der angedachte Gründungsvertrag kann formell und materiell rechtmäßig geschlossen werden.

F. Muster von öffentlich-rechtlichen Verträgen

I. Hinweise zur Vertragsgestaltung

Für Standardverträge können Sie in der Regel auf Mustervorschläge zurückgreifen. Je individueller der öffentlich-rechtliche Vertrag ist, desto schwieriger ist es, die einzelnen Vertragsklauseln rechtssicher auszuformulieren. Der Entwurf solcher Verträge ist daher in der Regel den Juristen der Rechtsabteilung vorbehalten, bei schwierigen Spezialgebieten werden externe Rechtsanwälte beauftragt. Hier geht es daher nur um die Grundlagen. **783**

Verträge sind wie folgt aufgebaut: **784**
- Rubrum
- Überschrift mit Bezeichnung der Vertragsart und unter Nennung der Vertragspartner mit vollständiger Adresse

473 Aus Platzgründen hier verkürzt, vgl. Leitfaden Kooperationen und Fusionen in der Wasserversorgung des Ministeriums für Umwelt und Verkehr und des Innenministeriums Baden-Württemberg, der GPA, des Städtetags und des Gemeindetags Baden-Württemberg.

- Präambel
  „Dem Vertrag liegt folgender Sachverhalt zugrunde … Dem Vertrag liegt folgende Rechtslage zugrunde …"
- Eingangsformel
  „Die Vertragsparteien schließen nach § … folgenden Vertrag"
- Tenor/Vertragsregelungen
- Regelungen des Vertragsgegenstandes
- Nebenregelungen
- Ggf. genaue Aufzählung der in den Vertrag einbezogenen Nebenbestimmungen aus einem allgemeinen Nebenbestimmungskatalog
- Schlussvorschrift
- Datum und Unterschrift jedes Vertragspartners
- Ggf. Anlagen

II. Muster für den Abschluss eines Austauschvertrags (Fall 1)

785 **Öffentlich-rechtlicher Vertrag anstelle einer Abbruchverfügung**

zwischen

dem Land Baden-Württemberg, vertreten durch das LRA Ortenaukreis, vertreten durch Herrn Landrat M. Müller, vertreten durch Max Mustersachbearbeiter kraft Geschäftsverteilungsplans *(Adresse…)*

und

Frau Isabelle und Gerhard Schröder *(es folgt die Adresse des Ehepaars Schröder)*

Präambel:

Auf dem Grundstück von Frau Schröder (siehe Anschrift oben) befindet sich eine Gabionenmauer, die den Festsetzungen 2.2.3 und 2.2.4 des Bebauungsplans „Am Hain II" vom 01.10.2000 widerspricht. Den übrigen öffentlich-rechtlichen Vorschriften entspricht die Mauer nach derzeitiger Aktenlage. Da eine Befreiung von den Festsetzungen des Bebauungsplans vom Gemeinderat nach § 31 Abs. 2 BauGB abgelehnt worden ist und der rechtmäßige Zustand auf andere Weise nicht erreichbar ist, kann das Landratsamt Ortenaukreis nach § 65 Abs. 1 S. 1 LBO BW den Abbruch der Gabionenmauer mit einer kostenpflichtigen Verfügung gegenüber Frau Schröder als Eigentümerin und Besitzerin und gegenüber Herrn Schröder als Besitzer anordnen. Frau und Herr Schröder haben ursprünglich um ein vorübergehendes Dulden des illegalen Zustands gebeten, bis die derzeit in Bau befindliche Umgehungsstraße fertig gestellt ist. Nach derzeitiger Sachlage geht eine Nachahmungsgefahr von der Mauer nicht aus. Ein, allerdings zeitlich befristetes, vorübergehendes Dulden ist aus Sicht des Landratsamts sachgerecht.

Eingangsformel:

Nach § 56 LVwVfG, § 65 Abs. 1 S. 1 LBO BW schließen die Parteien folgende Vereinbarung:

§ 1 Abbauverpflichtung

Die Eheleute Schröder verpflichten sich gesamtschuldnerisch[474] gegenüber dem Land Baden-Württemberg, die obengenannte Gabionenmauer abzubauen. Für die Durchführung des Abbaus wird eine Frist bis zum 30.06.2025 vereinbart.

§ 2 Gegenleistung

Das Land Baden-Württemberg verpflichtet sich, bis zum 30.06.2025 die Gabionenmauer auf dem Grundstück zu dulden und keine Abrissverfügung wegen des Verstoßes gegen die Festsetzungen 2.2.3 und 2.2.4 des Bebauungsplans zu erlassen.

§ 3 Unterwerfung unter die sofortige Vollstreckung

Frau und Herr Schröder unterwerfen sich der sofortigen Vollstreckung aus diesem Vertrag gemäß § 61 Abs. 1 LVwVfG. Das bedeutet, dass das Landratsamt Ortenaukreis berechtigt ist, die Abbauverpflichtung aus § 1 dieses Vertrages bei Nichterfüllung im Wege der Verwaltungsvollstreckung durchzusetzen. Dies gilt unabhängig davon, ob die derzeit im Bau befindliche Umgehungsstraße überhaupt fertig gestellt wird, und unabhängig davon, ob die Freigabe für den öffentlichen Verkehr tatsächlich bis zum 30.06.2025 erfolgt ist.

§ 4 Sonstiges[475]

Frau und Herr Schröder verpflichten sich gesamtschuldnerisch, im Falle einer entgeltlichen oder unentgeltlichen Veräußerung des Grundstücks im zugrundeliegenden Verpflichtungsgeschäft den Vertragspartner mit dem Abbruch der Gabionenmauer zum 30.06.2025 zu verpflichten.

Willstätt, den 07.09.2024 — Offenburg, den 08.09.2024

Isabelle Schröder — Gerhard Schröder — Max Mustersachbearbeiter

---

474 Haften zwei oder mehr Personen als Gesamtschuldner, so bedeutet das, dass gem. den §§ 421 ff. BGB jeder die volle Leistung schuldet, der Gläubiger der Leistung also gegen jeden der Gesamtschuldner vorgehen kann und von ihm die geschuldete Leistung vollständig verlangen und gegebenenfalls durch Vollstreckung erwirken kann. Ein Ausgleich findet im Innenverhältnis der Gesamtschuldner statt, so dass die übrigen dem einen Schuldner, der voll geleistet hat, ihren Anteil erstatten müssen.

475 Eine Abbruchsverfügung gegenüber dem Eigentümer ist nach allg. A. ein dinglicher Verwaltungsakt, der mit dem Eigentümerwechsel auf den neuen Eigentümer übergeht (HessVGH, BauR 2015, 636 [637]). Ob dies auch für eine vertragliche Vereinbarung gilt, ist bislang gerichtlich nicht geklärt. Daher wird diese Klausel aufgenommen.

G. Vertiefungshinweise

786 Sie müssen die **Abgrenzung** von öffentlich-rechtlichen Verträgen **zu sonstigem Verwaltungshandeln** vertiefen. So ist es z.B. mitunter zweifelhaft, ob ein zustimmungsbedürftiger Verwaltungsakt oder ein öffentlich-rechtlicher Vertrag vorliegt. Ebenso kann die Unterscheidung von Zusicherung[476] bzw. Zusage[477] und öffentlich-rechtlichen Verträgen schwierig sein. Mitunter ist fraglich, ob ein öffentlich-rechtlicher oder ein privatrechtlicher Vertrag vorliegt, insbesondere bei Verträgen, die sowohl einen verwaltungsrechtlichen als auch einen privatrechtlichen Teil enthalten (Mischverträge). Schließlich kann anstelle eines verbindlichen Vertrags eine unverbindliche Absprache vorliegen.

787 Ersetzen öffentlich-rechtliche Verträge wie in unserem Fall 1 Verwaltungsakte oder schließen Verwaltungsträger kooperationsrechtliche Verträge ist die rechtliche Zulässigkeit des öffentlich-rechtlichen Vertrags relativ einfach zu beantworten. Schwieriger zu beurteilen ist die Zulässigkeit öffentlich-rechtlicher Verträge, in denen Regelungen getroffen werden, die sonst (insbesondere durch Verwaltungsakt) nicht getroffen werden dürften.

788 Ebenfalls schwierig zu beantworten ist die Frage, ob öffentlich-rechtliche Verträge, die unter Verstoß gegen bestimmte Rechtsvorschriften abgeschlossen worden sind (rechtswidrige öffentlich-rechtliche Verträge) rechtswirksam werden und bleiben (dazu siehe Teil 4 „Fehlerlehre“) und wie vertragliche Regelungen später aufgehoben werden können (dazu siehe Teil 5 „Aufhebung von Verwaltungshandeln“).

789 Sofern sich der Bürger nicht der sofortigen Vollstreckung unterworfen hat, kann die Behörde die durch den Vertrag begründeten Pflichten nicht durch Verwaltungsakt und dessen Verwaltungsvollstreckung durchsetzen. Vielmehr muss sie den Bürger beim zuständigen Verwaltungsgericht auf Leistung aus dem öffentlich-rechtlichen Vertrag verklagen (dazu siehe Teil 6 „Rechtsschutz“).

790 **Ihr Grundwissen zur Kooperation der Verwaltung mit Privaten müssen Sie vertiefen.** Das folgende Schaubild gibt einen Überblick über mögliche Kooperationsformen zwischen Verwaltung und Privaten und die Einordnung der einzelnen Vertragstypen, die allerdings streitig ist.

---

476 Einseitiges Versprechen der Behörde, einen Verwaltungsakt (nicht) zu erlassen, § 38 (L) VwVfG.

477 Behördliches Versprechen eines sonstigen Tuns, Duldens oder Unterlassens.

Schaubild zur Kooperation mit Privaten[478]

<table>
<tr><th colspan="2">Verwaltung handelt mit Mitteln des Privatrechts</th><th colspan="2">Verwaltung handelt mit Mitteln des öffentlichen Rechts</th></tr>
<tr><td colspan="4">Für einmalige Aufgabe (Verantwortung nach außen bleibt beim Verwaltungsrechtsträger)</td></tr>
<tr><td colspan="2">Verwaltungsrechtsträger schließt privatrechtliche Verträge mit Privaten</td><td colspan="2">Verwaltungsrechtsträger schließt einen öffentlich-rechtlichen Vertrag oder erlässt einen Verwaltungsakt</td></tr>
<tr><td colspan="2">Verwaltungshelfer i. e. S.
z. B. Werkvertrag mit dem Abschleppunternehmer (erlaubt nach § 25 LVwVG); z. B. Dienstvertrag zur Ausarbeitung von Planungsunterlagen mit einem Planungsbüro (erlaubt nach § 4b BauGB)</td><td colspan="2">Erschließungsvertrag nach § 124 BauGB; Vertragsnaturschutz nach § 3 Abs. 2 BNatSchG (Alternative: Bewilligung der Subvention durch VA und Abschluss eines privatrechtlichen Darlehensvertrags)</td></tr>
<tr><td colspan="4">Für Daueraufgaben</td></tr>
<tr><td colspan="2">Verantwortung für die Aufgabenerfüllung bleibt beim Verwaltungsrechtsträger.</td><td colspan="2">Verantwortung für die Aufgabenerfüllung geht über.</td></tr>
<tr><td>Funktionelle Privatisierung/Erfüllungsprivatisierung</td><td>formelle Privatisierung/Organisationsprivatisierung</td><td>auf eine andere Person des öffentl. Rechts</td><td>auf eine Person des Privatrechts</td></tr>
<tr><td>Verwaltungshelfer i. w. S.
z. B. Beauftragung Dritter, um diese an der Abfallentsorgung zu beteiligen (erlaubt nach § 22 KrWG)</td><td>Verwaltungsrechtsträger nimmt öffentliche Aufgaben in privatrechtlicher Organisationsform wahr
100 % Tochterunternehmen des Verwaltungsrechtsträgers (z. B. Stadtwerke GmbH)
Unternehmen mit anderen Verwaltungsrechtsträgern (GmbH zweier Gemeinden)
Gemischtes Unternehmen
Mit Privaten</td><td>Zweckverband mit Privaten, § 2 Abs. 2 S. 2 GKZ = subordinationsrechtlicher Vertrag</td><td>Beleihung/ Materielle Privatisierung (Aufgabenprivatisierung)
z. B. § 4 Abs. 5 Universitätsklinika-Gesetz BW</td></tr>
</table>

Schließlich müssen Sie beurteilen können, ob §§ 97 ff. GWB zu beachten **791**
sind.

---

478 Einordnung ist streitig.

9. Kapitel: Überblick über sonstiges Verwaltungshandeln

A. Schlichtes Verwaltungshandeln

792 Unter dem Begriff „schlichtes Verwaltungshandeln (Realakt)" – der Begriff wird unterschiedlich definiert – fassen wir hier das nach öffentlichem Recht zu beurteilende Verwaltungshandeln zusammen, das keine unmittelbaren Rechtsfolgen im Verhältnis zum Bürger bzw. innerhalb der Verwaltung setzt.

793 Dazu gehört zunächst **rein tatsächliches Handeln**.

■ **Beispiel:** Streife fahren; Warnungen; Gefahrerforschungsmaßnahmen; Rettungsmaßnahmen; Auskünfte; Hinweise und Mitteilungen der Behörden.

Nach Eintritt der Bestandskraft einer Gewerbeuntersagung (Verwaltungsakt) meldet der Sachbearbeiter diese zur Eintragung ins Gewerbezentralregister (Realakt). Nach Erlass des Subventionsbescheids (Verwaltungsakt) überweist die Verwaltung das Geld (Realakt). Nach Androhung der Ersatzvornahme (Verwaltungsakt) führt die Verwaltung die Ersatzvornahme durch (nach h. M. Realakt). Zusammen mit dem Verwaltungsakt gibt die Verwaltung Hinweise auf die Rechtslage (Realakt).

794 Als schlichtes Verwaltungshandeln bezeichnen wir hier auch alle **unselbstständigen Verfahrenshandlungen**, die die Verwaltung vor Erlass der unmittelbaren Regelung trifft.

■ **Beispiel:** Vor Entziehung der Fahrerlaubnis (Verwaltungsakt) fordert der Sachbearbeiter die Vorlage eines medizinisch-psychologischen Gutachtens nach der FeV an (Realakt); vor Erlass der Baugenehmigung (Verwaltungsakt) erklärt der Gemeinderat sein Einvernehmen nach §§ 36, 31 Abs. 2 BauGB zu einer Befreiung von einer Festsetzung des Bebauungsplans (Realakt: Verwaltungsinternum).

795 Auch schlichtes Verwaltungshandeln der Verwaltung bedarf, wenn es einen Eingriff in die Rechte des Einzelnen darstellt, einer Ermächtigung (Vorbehalt) und darf nicht gegen das geltende Recht verstoßen (Vorrang des Gesetzes).

B. Beschlüsse von Kollegialorganen

796 Wenn nicht ein einzelner Verwaltungsmitarbeiter, sondern ein Kollegialorgan der Verwaltung für Verwaltungshandeln zuständig ist, erfolgt die Entscheidung für oder gegen das Verwaltungshandeln durch Beschluss. Beschlüsse sind Mittel der Willensbildung und Willensäußerung von Kollegialorganen in Form von Wahlen und Abstimmungen. Der Beschluss ist keine

neue Handlungsform der Verwaltung, sondern kann je nach Beschlussinhalt einer der bereits bekannten Handlungsformen zugeordnet werden.

Beschlüsse können schlichtes Verwaltungshandeln (Realakt) sein. **797**

■ **Beispiel für Gemeinderatsbeschlüsse:** Der Beschluss über das Einvernehmen nach §§ 36, 31 Abs. 2 BauGB ist ein **unselbständiger Realakt**.

Beschlüsse können Regelungen mit direkter Außenwirkung sein. **798**

■ **Beispiel für Gemeinderatsbeschlüsse:** Satzungsbeschluss (z. B. Beschluss eines Bebauungsplans nach § 10 Abs. 1 BauGB) und Beschluss über Rechtsverordnungen sind Gemeinderatsbeschlüsse mit direkter Außenwirkung. Der Gemeinderat kann auch einige Verwaltungsakte erlassen: Nach § 21 Abs. 4 GemO BW Nichtzulassung eines Bürgerbegehrens; Widmung einer öffentlichen Straße nach § 5 Abs. 1 StrG BW; die Benennung einer innerörtlichen Straße nach § 5 Abs. 4 GemO BW.

Meist haben Beschlüsse keine direkte Außenwirkung, sondern verpflichten **799** nur intern das ausführende Organ zur Umsetzung. Dies können abstrakt-generelle Verpflichtungen sein (Verwaltungsvorschriften) oder Einzelfallregelungen.

■ **Beispiele:** Richtlinie für die Erteilung von Sondernutzungserlaubnissen oder Geschäftsordnung des Gemeinderats; interne Weisung an den Bürgermeister, ein bestimmtes Grundstück zu verkaufen. Der Bürgermeister ist nach § 43 Abs. 1 GemO BW zur Umsetzung verpflichtet.

Für alle Beschlüsse schreibt das jeweils einschlägige Verwaltungsrecht die **800** Einhaltung bestimmter Vorschriften zur Beschlussfassung vor.

■ **Beispiel Gemeinderatsbeschluss:** Ordnungsgemäße Einladung zur Gemeinderatssitzung nach § 34 GemO BW; Gemeinderatssitzung ist i. d. R. öffentlich, § 35 GemO BW; die Gemeinderatssitzung muss nach § 36 GemO BW ordnungsgemäß geleitet werden; der Gemeinderat muss nach § 37 Abs. 2 GemO BW beschlussfähig sein; an der Beratung und an der Beschlussfassung dürfen befangene Gemeinderäte, ein befangener Bürgermeister oder ein befangener Beigeordneter nach §§ 18, 32 Abs. 1 S. 1, 52 GemO BW nicht mitwirken; ein befangener Sachbearbeiter ist nach §§ 20, 21 LVwVfG BW vom Sachvortrag ausgeschlossen; die nach § 37 Abs. 6 bzw. Abs. 7 GemO BW oder Spezialgesetz erforderliche Mehrheit muss für die Beschlussfassung erreicht werden.

10. Kapitel: Erlass von abstrakt-generellen Regelungen durch die Verwaltung

A. Ausgangsfälle, Lernziele/-inhalte

801 **Fortsetzung des Gabionenmauerfalls:** Nachdem Frau Schröder die Mauer abgebaut hat, laufen ständig fremde Hunde auf ihr Grundstück und verrichten dort ihre Notdurft. Sie beschwert sich, wie viele andere Bewohner, die Angst vor den freilaufenden Hunden haben, bei der Gemeinde Willstätt. Auch der Bauhof der Gemeinde Willstätt hat sich schon beschwert, dass in den Grünanlagen ständig freilaufende Hunde herumspringen und Spaziergänger sich belästigt fühlen.

■ **Aufgabe:** Prüfen Sie gutachtlich, ob und wie rechtmäßig ein innerörtlicher Leinenzwang für Hunde angeordnet werden kann. Falls der Gemeinderat zu beteiligen ist, berücksichtigen Sie dabei bitte, dass einige Gemeinderäte selbst Hundehalter sind. Hinweis: Nach der ordnungsgemäßen Bekanntmachungssatzung der Gemeinde Willstätt werden Satzungen der Gemeinde durch Bereitstellung im Internet bekannt gemacht.

802 Gegenstand dieses Kapitels sind **abstrakt-generelle Regelungen der Verwaltung**. Die Verwaltung kann Gesetze im materiellen Sinne (Rechtsverordnungen und Satzungen) oder Innenrecht der Verwaltung (Verwaltungsvorschriften) erlassen.

803 **Rechtsverordnungen** sind abstrakt-generelle Regelungen von Exekutivorganen zur Regelung staatlicher Angelegenheiten (Weisungsaufgaben) aufgrund einer gesetzlichen Verordnungsermächtigung.

■ **Beispiele:** Straßenverkehrsordnung des Bundesverkehrsministeriums, FFH-Verordnung des Regierungspräsidiums Stuttgart, Polizeiverordnung des Oberbürgermeisters der Stadt Mannheim

804 **Öffentlich-rechtliche**[479] **Satzungen** sind abstrakt-generelle Regelungen eines Selbstverwaltungsträgers im Rahmen der ihm verliehenen Autonomie zur Regelung der eigenen Selbstverwaltungsaufgaben. Grundsätzlich können nur rechtlich selbstständige Selbstverwaltungsträger (z. B. Landkreis, Gemeinde, Zweckverband, rechtsfähige Hochschule) und nicht Organe der unmittelbaren Bundes- und Landesverwaltung Satzungen erlassen.[480] In-

---

479 Auch im Privatrecht gibt es Satzungen (z. B. Vereinssatzung nach § 25 BGB).

480 So ist bislang z. B. die Rechtsnatur von Satzungen rechtlich unselbstständiger Hochschulen wie z. B. der Hochschule des Bundes für öffentliche Verwaltung (nichtrechtsfähige Körperschaft des öffentlichen Rechts) ungeklärt. Nach herkömmlicher Dogmatik können nur juristische Personen des öffentlichen Rechts Satzungen erlassen, vgl. *Maurer/Waldhoff*, VerwR, § 4 Rn. 24; *Detterbeck*, VerwR, Rn. 95.

nerhalb des Selbstverwaltungsträgers ist i. d. R. das Hauptorgan zuständig (z. B. Kreistag, Gemeinderat, Verbandsversammlung, Senat der Hochschule).

■ **Beispiele:** Bebauungsplan einer Gemeinde, Promotionssatzung einer Universität

Verwaltungsvorschriften[481] sind abstrakt-generelle Regelungen innerhalb der Verwaltungsorganisation, die von übergeordneten Instanzen (Aufsichtsbehörden, Leitungsorganen) oder Vorgesetzten an nachgeordnete Behörden oder Bedienstete ergehen und dazu dienen, die Einheitlichkeit der Verwaltung in Organisations- und Verfahrensfragen oder bei der sachlichen Erledigung von Verwaltungsaufgaben sicherzustellen.[482] Nach h. M. sind Verwaltungsvorschriften grundsätzlich nur für die betroffenen Verwaltungsstellen bzw. Verwaltungsdienste, nicht aber für Außenstehende verbindlich (keine unmittelbare Außenwirkung). **805**

■ **Beispiele:** Geschäftsverteilungsplan des Landratsamts Ortenaukreis; Allgemeine Verwaltungsvorschrift der Bundesregierung zum Güterkraftverkehrsrecht[483]; Richtlinie zur Vereinsförderung in der Großen Kreisstadt Mosbach[484].

Lernziele dieses Kapitels sind: **806**

☑ Sie können die Begriffe „Rechtsverordnung", „Satzung", „Verwaltungsvorschrift" definieren.
☑ Sie können gutachtlich prüfen, ob Rechtsverordnungen, Satzungen und Verwaltungsvorschriften rechtmäßig erlassen werden können (Erlassperspektive). Insbesondere können Sie beurteilen, ob die Verwaltung zum Handeln durch Rechtsverordnung, Satzung oder Verwaltungsvorschrift befugt ist oder ob die Regelung dem Gesetzgeber vorbehalten ist.
☑ Sie können beurteilen, ob und inwieweit Verwaltungsvorschriften unmittelbare, mittelbare oder keine Außenwirkung haben.
☑ Sie können Rechtsverordnungen, Satzungen und Verwaltungsvorschriften entwerfen.

---

481 Andere Bezeichnungen: Richtlinie, Erlass, Dienstvorschrift, technische Anleitung. Die Regierung in Baden-Württemberg engt den Begriff Verwaltungsvorschrift weiter ein. Verwaltungsvorschriften sind nach Ziffer 2.3 und 3.3 der VwV Regelungen (Verwaltungsvorschrift der Landesregierung und der Ministerien zur Erarbeitung von Regelungen vom 27.07.2010, GABl. 2010, S. 277) nur abstrakte und verbindliche Weisungen, die von einer übergeordneten Behörde an eine untergeordnete Behörde ergehen. Innerbehördliche Verwaltungsvorschriften werden nach Ziffer 2.4 VwV Regelungen „innerdienstliche Anordnungen" genannt.

482 *Detterbeck*, VerwR, Rn. 100; *Maurer/Waldhoff*, VerwR, § 24 Rn. 1.

483 www.verwaltungsvorschriften-im-internet.de.

484 www.mosbach.de.

807 Später beschäftigen wir uns noch mit folgenden Lerninhalten:

☑ Folgen von Rechtsverstößen beim Erlass von Rechtsverordnungen, Satzungen und Verwaltungsvorschriften und Verwerfungskompetenz der Verwaltung[485]

☑ Aufhebung von Rechtsverordnungen, Satzungen und Verwaltungsvorschriften[486]

☑ Rechtsschutz gegen Rechtsverordnungen, Satzungen und Verwaltungsvorschriften[487]

808 Wie gewohnt finden Sie unter B. zunächst Prüfungsschemata für den rechtmäßigen Erlass von Rechtsverordnungen, Satzungen und Verwaltungsvorschriften. Anders als für Verwaltungsakte und öffentlich-rechtliche Verträge ist das Verfahren für den Erlass abstrakt-genereller Regelungen durch die Verwaltung nicht einheitlich geregelt. Hier ist eine Vielzahl von Rechtsnormen zu beachten (Grundgesetz, Landesverfassung, Verwaltungsorganisationsgesetze, Fachgesetze etc.). Einzelne Verfahrensschritte werden teilweise auch nur verwaltungsintern durch Verwaltungsvorschriften gelenkt (z. B. in Baden-Württemberg durch die VwV Regelungen).

809 Die gutachterliche Prüfung des rechtmäßigen Erlasses von Rechtsverordnungen (C), Satzungen (D) und Verwaltungsvorschriften (E) folgt im Anschluss. Unter F. finden Sie Hinweise zum Entwurf abstrakt-genereller Regelungen. In G. lösen wir den Ausgangsfall.

B. Prüfungsschemata

I. Rechtmäßiger Erlass einer Rechtsverordnung

Beachte: Es sind im Gutachten nicht stets alle Prüfungspunkte anzusprechen!

810 **I. Rechtsgrundlage und Rechtsverordnungs-Befugnis**

a) Rechtsverordnungen bedürfen unabhängig von ihrem Inhalt einer Ermächtigung durch formelles Bundes- oder Landesgesetz

b) Die gesetzliche Ermächtigung selbst muss verfassungsmäßig sein (insbes. Art. 80 Abs. 1 GG bzw. Landesverfassung beachten)

---

485 Fehlerlehre in Teil 4.

486 Aufhebung von Verwaltungsregelungen in Teil 5.

487 Verwaltungskontrolle durch die Gerichte in Teil 6.

II. Formelle Voraussetzungen für den Erlass der Rechtsverordnung

1. Zuständigkeit

2. Verfahren

Keine allgemeinen Verfahrensvorschriften,

ggf. spezielle Regelungen (insbes. zur Mitwirkung bzw. Zustimmung/Genehmigung durch andere Stellen; zur Beteiligung der Öffentlichkeit; zur Beschlussfassung durch Kollegialorgane)

3. Form

a) Schriftformzwang

b) Zitiergebot

c) Erkennbarkeit des Verordnungsgebers

d) Ausfertigung der Originalurkunde durch den gesetzlichen Vertreter

e) ggf. Hinweis auf Rechtsbehelfsmöglichkeiten (z. B. § 4 Abs. 4 S. 4, Abs. 5 GemO BW)

4. Bekanntmachung (Verkündung)

Verkündungsgesetze des Bundes bzw. der Länder

5. ggf. Anzeige an die Aufsichtsbehörde

III. Materielle Voraussetzungen für den Erlass der Rechtsverordnung

1. Vorliegen der Tatbestandsvoraussetzungen der Rechtsgrundlage

2. Setzen einer rechtmäßigen Rechtsfolge

a) Richtiger Geltungsbereich/richtige Regelungsadressaten

b) Ordnungsgemäße Ausübung des Verordnungsermessens

c) Keine Regelung darf unmöglich sein; die Regelungen dürfen nicht widersprüchlich sein

d) Jede Regelung muss bestimmt genug sein

II. Rechtmäßiger Erlass einer Satzung

I. Rechtsgrundlage und Satzungsbefugnis **811**

a) Spezialgesetzliche Ermächtigung oder kraft allgemeiner Satzungsbefugnis für eigene Angelegenheiten

b) Die spezialgesetzliche Ermächtigung muss verfassungsmäßig sein; kraft allgemeiner Satzungsbefugnis können Satzungen nur erlassen werden, soweit der Vorbehalt des Gesetzes nicht greift.

II. Formelle Voraussetzungen für den Erlass der Satzung

1. Zuständigkeit

a) Zuständigkeit des Verwaltungsrechtsträgers (Verbandskompetenz)

b) Zuständigkeit des Organs (Organkompetenz)

2. Verfahren

Keine allgemeinen Verfahrensvorschriften,

ggf. spezielle Regelungen (insbes. zur Mitwirkung bzw. Zustimmung/Genehmigung durch andere Stellen; zur Beteiligung der Öffentlichkeit; zur Beschlussfassung durch Kollegialorgane)

3. Form

a) Schriftformzwang

b) Erkennbarkeit des Satzungsgebers

c) Ausfertigung der Originalurkunde durch den gesetzlichen Vertreter

d) ggf. Hinweis auf Rechtsbehelfsmöglichkeiten und Heilungsvorschriften (z. B. § 4 Abs. 4 S. 4 GemO BW)

4. Bekanntmachung (Verkündung)

(z. B. Gemeindesatzungen in Baden-Württemberg nach § 4 Abs. 3 S. 1 GemO BW, § 1 DVO GemO BW)

5. ggf. Anzeige an die Aufsichtsbehörde

(z. B. Anzeige jeder Satzung nach § 4 Abs. 3 S. 3 GemO BW an die Rechtsaufsichtsbehörde)

III. Materielle Voraussetzungen für den Erlass der Satzung

1. Vorliegen der Tatbestandsvoraussetzungen der Rechtsgrundlage

2. Setzen einer rechtmäßigen Rechtsfolge

a) Richtiger Geltungsbereich/Richtige Regelungsadressaten

b) Ordnungsgemäße Ausübung des Satzungsermessens

c) Keine Regelung darf unmöglich sein; die Regelungen dürfen nicht widersprüchlich sein

d) Jede Regelung muss bestimmt genug sein

III. Rechtmäßiger Erlass einer Verwaltungsvorschrift

812 **I. Rechtsgrundlage**

1. Spezielle Ermächtigungsgrundlage oder Erlass kraft Leitungs- und Weisungskompetenz
2. Kein Erfordernis zur Regelung durch Gesetz, Rechtsverordnung oder Satzung

II. Formelle Voraussetzungen für den Erlass der Verwaltungsvorschrift

1. Zuständigkeit

2. Verfahren

keine allgemeinen Verfahrensvorschriften, ggf. spezielle Verfahrensvorschriften (insbes. zur Mitwirkung bzw. Genehmigung oder Zustimmung durch andere Stellen)

3. Form

a) Schriftform

b) Erkennbarkeit der Behörde, die die Verwaltungsvorschrift erlässt

c) Ausfertigung der Originalurkunde

4. Bekanntmachung der Verwaltungsvorschrift

Rechtmäßigkeitsvoraussetzung nur für Verwaltungsvorschriften mit unmittelbarer Außenwirkung (streitig)

5. ggf. Anzeige an die Aufsichtsbehörde

III. Materielle Voraussetzungen für den Erlass der Verwaltungsvorschrift

1. Vorliegen der Tatbestandsvoraussetzungen der Rechtsgrundlage

2. Setzen einer rechtmäßigen Rechtsfolge

a) Geltungsbereich/Regelungsadressat sind nur Verwaltungsmitarbeiter

b) Ordnungsgemäße Ausübung des Ermessens

c) Keine Regelung darf unmöglich sein; die Regelungen dürfen nicht widersprüchlich sein

d) Jede Regelung muss bestimmt genug sein

C. Rechtmäßiger Erlass einer Rechtsverordnung

I. Rechtsgrundlage

Für den Erlass von Rechtsverordnungen gilt ein **spezieller Gesetzesvorbehalt**. Nach Art. 80 Abs. 1 S. 1 GG dürfen Exekutivorgane Rechtsverordnungen in Sachbereichen, für die der Bund die Gesetzgebungskompetenz hat, nur erlassen, wenn sie hierzu durch ein formelles Bundesgesetz ausdrücklich ermächtigt sind. Entsprechendes gilt in den Ländern (z.B. Art. 61 Abs. 1 S. 1 Landesverfassung BW[488]); hier muss das Exekutivorgan durch formelles Landesgesetz ausdrücklich zum Erlass von Rechtsverordnungen ermächtigt werden. **813**

488 Wenn eine entsprechende Regelung in den Landesverfassungen fehlt wie in Hessen, gelten zumindest Art. 80 Abs. 1 S. 1 u. 2 GG über die Homogenitätsklausel (Art. 28 Abs. 1 GG) entsprechend.

■ **Beispiele für Rechtsgrundlagen zum Erlass von Rechtsverordnungen:** § 22 Abs. 2 GüKG (formelles Bundesgesetz) ermächtigt zum Erlass der GüKKostV.

§ 17 PolG BW (formelles Landesgesetz) ermächtigt die allgemeinen Polizeibehörden des Landes Baden-Württemberg zum Erlass von Polizeiverordnungen[489]; zum Erlass von Polizeiverordnungen ermächtigen auch: § 15 Abs. 2 Bestattungsgesetz BW, § 8 Kurortegesetz und § 70 LWaldG. Zum Erlass von sonstigen Rechtsverordnungen ermächtigen: § 21 Abs. 2 WG BW, § 4 Abs. 2 und 3 LGebG BW, § 11 GastVO BW.

814 Das formelle Bundes- bzw. Landesgesetz selbst muss zum Zeitpunkt des Erlasses der Rechtsverordnung **schon in Kraft** getreten und **formell und materiell verfassungsmäßig** sein. Das Gesetz ist materiell verfassungswidrig, wenn wesentliche, dem Gesetzgeber vorbehaltene Angelegenheiten auf die Exekutive delegiert werden (Delegationsverbot aufgrund des Vorbehalts des Gesetzes und des Parlamentsvorbehalts). Weiter muss das Gesetz dem Bestimmtheitsgebot des Art. 80 Abs. 1 S. 2 GG bzw. der entsprechenden landesverfassungsrechtlichen Regelung genügen, also Inhalt, Zweck und Ausmaß der erteilten Ermächtigung bestimmen. Außerdem können nach Art. 80 Abs. 1 S. 1 GG nur die Bundesregierung, ein Bundesminister oder die Landesregierungen zum Erlass von Rechtsverordnungen ermächtigt werden. Diese können durch das Gesetz auch ermächtigt werden, die Ermächtigung durch Rechtsverordnung weiter zu übertragen, Art. 80 Abs. 1 S. 4 GG. Die Landesverfassungen enthalten keine entsprechenden Regelungen. Hier können durch Landesgesetz alle Verwaltungsorgane zum Erlass von Rechtsverordnungen ermächtigt werden. Im Übrigen gelten die allgemeinen Anforderungen an die Verfassungsmäßigkeit von Gesetzen.

II. Formelle Voraussetzungen

1. Zuständigkeit

815 Die Zuständigkeit für den Erlass der Rechtsverordnung ergibt sich i. d. R. aus dem ermächtigenden Bundes- bzw. Landesgesetz, in den Fällen der Weiterermächtigung (Art. 80 Abs. 1 S. 4 GG, siehe oben) aus der entsprechenden Rechtsverordnung. Werden Rechtsverordnungen von Selbstver-

---

489 Die Bezeichnung ist in den Bundesländern unterschiedlich: „Polizeiverordnungen“ nach §§ 109 BremPolG, 59 SaarlPolG, § 32 SächsPBG; „Verordnung zur Gefahrenabwehr“ nach §§ 56 Abs. 1 S. 1 BerlASOG; 1 Abs. 2 HambSOG; „Gefahrenabwehrverordnung“ nach § 71 HessSOG, § 69 RHPfPoG, § 93 ff. SachsAnhSOG; „Verordnung über die öffentliche Sicherheit und Ordnung“ nach § 175 SchlHVwG, § 17 MVSOG; „ordnungsbehördliche Verordnung“ nach § 24 BrandOBG, § 25 Abs. 1 NWOBG, § 27 Abs. 1 ThürOBG; „Verordnungen“ nach Art. 42 BayLStVG, § 55 NdsPOG.

waltungsträgern erlassen, bestimmt sich die Organzuständigkeit auffangweise nach dem Organisationsrecht des Selbstverwaltungsträgers.

■ **Beispiele:** § 17 Abs. 1 PolG BW ermächtigt die allgemeinen Polizeibehörden zum Erlass von Polizeiverordnungen. Dies sind nach § 107 PolG BW die zuständigen Ministerien als oberste Landespolizeibehörden, die Regierungspräsidien als Landespolizeibehörden, die unteren Verwaltungsbehörden als Kreispolizeibehörden und die Gemeinden als Ortspolizeibehörden. Nach § 21 S. 1 PolG BW sind die Ministerien innerhalb ihres Geschäftsbereichs, die Regierungspräsidien, die Landratsämter und die Gemeinden für ihren Dienstbezirk oder Teile ihres Dienstbezirks zuständig. Für die Gemeinden ist der Bürgermeister als Organ zuständig, § 21 S. 2 PolG BW.

§ 18 Abs. 1 S. 1 GastG ermächtigt die Landesregierungen u. a. zur Festsetzung der Sperrzeiten für Schank- und Speisewirtschaften durch Rechtsverordnung. Nach § 18 Abs. 1 S. 4 GastG werden die Landesregierungen zur Subdelegation ihrer Zuständigkeit durch Rechtsverordnung ermächtigt. Davon hat die Landesregierung Baden-Württemberg durch § 1 Abs. 5 GastVO Gebrauch gemacht und die eigene Zuständigkeit weiter delegiert auf die Gemeinden, die Landratsämter, die Regierungspräsidien und das Innenministerium.

Innerhalb der Gemeinde ist für den Erlass der Sperrzeitverordnung nach § 44 Abs. 3 S. 1 Hs. 2 GemO BW der Gemeinderat zuständig.

2. Verfahren

Das Verfahren zum Erlass von Rechtsverordnungen ist **nicht allgemein** 816
gesetzlich geregelt. Soweit bestimmte Verfahrensschritte nicht durch Spezialgesetz vorgegeben sind, steht die Ausgestaltung des Verfahrens im Ermessen des die Rechtsverordnung erlassenden Verwaltungsorgans. Verwaltungsintern kann es bei der Ermessensausübung durch Verwaltungsvorschriften gebunden sein (z. B. VwVReg Baden-Württemberg[490]). Der Verstoß gegen Verwaltungsvorschriften führt allerdings nicht zur Rechtswidrigkeit der Rechtsverordnung.

Die **Einleitung des Verfahrens** erfolgt grundsätzlich von Amts wegen 817
durch das zum Erlass der Rechtsverordnung ermächtigte Verwaltungsorgan. Ein subjektiv-öffentliches Antragsrecht Einzelner besteht grundsätzlich nicht.

Spezialgesetzlich kann eine **Rechtsfolgenabschätzung und Nachhaltig-** 818
keitsprüfung (z. B. im Bereich des Umweltschutzrechts) vorgeschrieben sein. Im Übrigen steht sie im Ermessen der erlassenden Stelle.

490 Verwaltungsvorschrift der Landesregierung und der Ministerien zur Erarbeitung von Regelungen (VwV Regelungen) vom 27.07.2010 (GABl. S. 277), zuletzt geändert durch Nr. 1 ÄndVwV vom 26.07.2016 (GABl. S. 560).

819 Oft ist spezialgesetzlich die **Mitwirkung anderer Stellen bzw. die Beteiligung der Öffentlichkeit** gesetzlich vorgeschrieben. Die Mitwirkung kann als bloße Anhörungspflicht oder als zwingende Zustimmungspflicht geregelt sein.

■ **Beispiele:** Nach Art. 80 Abs. 2 GG bedürfen u.a. Rechtsverordnungen auf Grund von Bundesgesetzen, die von den Ländern als eigene Angelegenheit ausgeführt werden, der Zustimmung des Bundesrats. Für den Erlass von Polizeiverordnungen der Ortspolizeibehörden, die länger als einen Monat gelten, ist nach § 23 Abs. 2 PolG BW die Zustimmung des Gemeinderats erforderlich. In diesen beiden Fällen ist die Mitwirkung der anderen Stelle als zwingende Zustimmungspflicht geregelt. Ohne die Zustimmung ist die Rechtsverordnung unwirksam.

Nach § 4 Abs. 1 S. 3 BImSchG muss eine Anhörung beteiligter Kreise (§ 51 BImSchG) erfolgen, wenn durch Rechtsverordnung bestimmt werden soll, welche Anlagen einer immissionsschutzrechtlichen Genehmigung bedürfen.[491]

820 Über den Erlass der Rechtsverordnung entscheiden Kollegialorgane (wie z.B. der Gemeinderat über die Sperrzeitverordnung) durch ordnungsgemäße Beschlussfassung, ansonsten entscheidet der Leiter des die Rechtsverordnung erlassenden Verwaltungsorgans (z.B. der Verkehrsminister über die Straßenverkehrsordnung).

821 Das Fachgesetz kann vorsehen, dass Rechtsverordnungen vor der Bekanntgabe der Aufsichtsbehörde vorzulegen sind (zur Genehmigungspflicht siehe oben).

3. Form

822 Die Rechtsverordnung ist **schriftlich** zu erlassen (Art. 20 Abs. 3 GG: Rechtsstaatsprinzip).

823 Der **Verordnungsgeber** muss erkennbar sein. Dies folgt schon aus dem Rechtsstaatsprinzip, Art. 20 Abs. 3 GG, und ist teilweise (deklaratorisch) durch einfaches formelles Gesetz geregelt (z.B. § 20 Abs. 1 Nr. 2 PolG BW).

824 Die Rechtsgrundlage(n), die zum Erlass der Rechtsverordnung ermächtigt/ermächtigen, ist/sind anzugeben **(Zitiergebot)**. Dies folgt verfassungsrechtlich aus Art. 80 Abs. 1 S. 3 GG bzw. der Landesverfassung (z.B. Art. 61 Abs. 1 S. 3 Landesverfassung BW) und ist teilweise auch durch einfaches formelles Gesetz geregelt wie z.B. § 20 Abs. 1 Nr. 1 PolG BW.[492]

---

491 Eine unterbliebene Anhörung macht die Rechtsverordnung aber nicht rechtswidrig, da die Anhörung kein verfahrensrechtliches Mitwirkungsrecht darstellt.

492 Nach BVerfGE 101, 1 (42f.) ist das Zitiergebot außerdem schon zwingende Folge des Demokratie- und Rechtsstaatsprinzips. Damit gilt es nach dem BVerfG auch für Rechtsverordnungen, die auf Landesgesetz beruhen, wenn die Landesverfassung bzw. das einfache Landes-

Aus dem einfachen Gesetz können sich **weitere Formerfordernisse** ergeben. **825**

■ **Beispiel:** Nach § 20 Abs. 1 Nr. 3 PolG BW in der Polizeiverordnung darauf hinzuweisen, dass die nach § 23 erforderliche Zustimmung erteilt worden ist.

Die Originalurkunde ist vom Leiter der erlassenden Stelle bzw. seinem Vertreter zu unterschreiben **(Ausfertigung)**. Das folgt allgemein schon aus dem Rechtsstaatsprinzip (Art. 20 Abs. 3 GG) und wird für Rechtsverordnungen der (un)mittelbaren Bundesverwaltung durch Art. 82 Abs. 1 S. 2 GG, für Rechtsverordnungen der (un)mittelbaren Landesverwaltung durch die entsprechende Bestimmung in der Landesverfassung (z.B. Art. 63 Abs. 2 Landesverfassung Baden-Württemberg) ausdrücklich geregelt. **826**

Teilweise ist das Beifügen einer **Rechtsbehelfsbelehrung** vorgeschrieben. **827**

■ **Beispiel:** So müssen Rechtsverordnungen der Gemeinde nach § 4 Abs. 5 GemO BW wie Satzungen mit dem Hinweis nach § 4 Abs. 4 S. 4 GemO BW erfolgen.

Soweit die Form nicht durch Gesetz oder Rechtsverordnung geregelt ist, hat das erlassende Verwaltungsorgan Ermessen. Verwaltungsintern kann es bei der Ermessensausübung durch Verwaltungsvorschriften gebunden sein (z.B. VwVReg Baden-Württemberg[493]). Der Verstoß gegen Verwaltungsvorschriften führt allerdings nicht zur Rechtswidrigkeit der Rechtsverordnung. **828**

4. Bekanntgabe (Verkündung)

Rechtsverordnungen müssen wie alle Rechtsnormen öffentlich bekannt gegeben (verkündet) werden, das folgt ebenfalls schon aus dem Rechtsstaatsprinzip (Art. 20 Abs. 3 GG) und wird für Rechtsverordnungen der (un)mittelbaren Bundesverwaltung durch Art. 82 Abs. 1 S. 2 GG, für Rechtsverordnungen der (un)mittelbaren Landesverwaltung durch die entsprechende Bestimmung in der Landesverfassung (Art. 63 Abs. 2 Landesverfassung Baden-Württemberg) ausdrücklich geregelt. **829**

---

gesetz das Zitiergebot nicht ausdrücklich vorschreiben. Streitig ist, ob in Rechtsverordnungen, die der Umsetzung von Unionsrecht dienen, neben dem ermächtigenden Bundes- bzw. Landesgesetz auch die unionsrechtlichen Grundlagen anzugeben sind. Nach BVerwGE 118, 70 (73 f.) ergibt sich eine solche Pflicht aus dem Zitiergebot nicht, da dieses nur der Sicherung der Trennung von Legislative und Exekutive diene, nicht aber sicherstellen soll, dass die Vereinbarkeit der Rechtsverordnung mit höherrangigem Recht geprüft werden könne.

493 Verwaltungsvorschrift der Landesregierung und der Ministerien zur Erarbeitung von Regelungen (VwV Regelungen) vom 27.07.2010 (GABl. S. 277), zuletzt geändert durch Nr. 1 ÄndVwV vom 26.07.2016 (GABl. S. 560).

830 Organe der (un)mittelbaren Bundesverwaltung verkünden ihre Rechtsverordnungen nach dem „Verkündungs- und Bekanntmachungsgesetz“, Organe der (un)mittelbaren Landesverwaltung nach den Verkündungsgesetzen der Länder.

■ **Beispiel:** In Baden-Württemberg veröffentlichen Ministerien und Regierungspräsidien ihre Rechtsverordnungen nach § 2 VerkG im Gesetzblatt Baden-Württemberg. Gemeinden veröffentlichen ihre Rechtsverordnungen gemäß § 5 VerkG in der für die öffentliche Bekanntmachung von Satzungen vorgeschriebenen Form. Rechtsverordnungen der Landratsämter als untere Verwaltungsbehörde werden gemäß § 6 Abs. 1 Nr. 1 VerkG so verkündet, wie es für eine Satzung des Landkreises vorgeschrieben ist. Für die Bekanntgabe von Plänen, Karten und zeichnerischen Darstellungen gilt § 3 VerkG.

5. Anzeige der Rechtsverordnung an Aufsichtsbehörden

831 Das Fachgesetz kann die Anzeige der Rechtsverordnung nach deren Verkündung bei der Aufsichtsbehörde vorsehen (Anzeigepflicht).

■ **Beispiel:** Polizeiverordnungen der Orts- oder Kreispolizeibehörde sind nach § 24 Abs. 1 PolG BW der nächsthöheren Fachaufsichtsbehörde nach deren Verkündung anzuzeigen.

III. Materielle Voraussetzungen

1. Tatbestandsvoraussetzungen der Rechtsgrundlage

832 Die Rechtsverordnung darf nur erlassen werden, soweit die Tatbestandsvoraussetzungen der Ermächtigungsgrundlage vorliegen.

■ **Beispiele:** Alkoholkonsumverbote können Ortspolizeibehörden in Baden-Württemberg durch Polizeiverordnung regeln, wenn die in § 18 Abs. 1 Nr. 1 bis 4 PolG BW bestimmten Tatbestandsvoraussetzungen vorliegen. Das Bundesverkehrsministerium kann nach § 6 Abs. 1 Nr. 1 lit. b StVG Rechtsverordnungen u. a. über das Mindestalter der Führer von Fahrzeugen erlassen, wenn dies zur Erhaltung der Sicherheit oder Ordnung auf öffentlichen Straßen erforderlich ist.

2. Rechtsfolgenseite

a) Adressaten der einzelnen Normen in der Rechtsverordnung

833 Wer Normadressat der Rechtsverordnung sein darf, richtet sich nach dem Fachrecht.

■ **Beispiel:** Eine Polizeiverordnung nach § 17 PolG BW muss die Vorgaben über die polizeiliche Verantwortlichkeit nach §§ 6 ff. PolG BW einhalten. Nichtstörer dürfen nur unter den Voraussetzungen von § 9 PolG BW als Regelungsadressaten vorgesehen werden.[494]

Außerdem können der Rechtsverordnung nur die Adressaten unterworfen werden, für die der Verordnungsgeber die Verordnungskompetenz hat.

b) Ermessen des Verordnungsgebers

Das förmliche Gesetz kann den Verordnungsgeber zum Erlass der Rechtsverordnung verpflichten („Pflichtrechtsverordnung“) oder den Erlass der Rechtsverordnung in das Entschließungsermessen des Verordnungsgebers stellen („Kann-Rechtsverordnung“). Die nähere Ausgestaltung der einzelnen Regelungen der Rechtsverordnung steht immer im Ermessen des Verordnungsgebers. **834**

aa) Kein Ermessensfehlgebrauch

Der Erlass der Rechtsverordnung insgesamt und jede einzelne Regelung der Rechtsverordnung müssen dem **Zweck des ermächtigenden Gesetzes** entsprechen. **835**

■ **Beispiel:** § 17 PolG BW ermächtigt die Polizeibehörden, allgemeinverbindliche Verbote und Gebote zu erlassen, um abstrakte Gefahren abzuwehren. Regelungen, die nur polizeiliche Aufgaben erleichtern sollen, sind unzulässig.[495]

bb) Keine Ermessensüberschreitung

Die einzelnen Regelungen der Rechtsverordnung und die Rechtsverordnung müssen zunächst die **Grenzen des ermächtigenden Bundes- bzw. Landesgesetzes** einhalten. **836**

■ **Beispiel:** Nach § 17 Abs. 1 PolG darf die Polizeiverordnung nur polizeiliche Verbote und Gebote für eine unbestimmte Anzahl von Fällen enthalten, die sich an eine unbestimmte Anzahl von Personen richten. Zulässig sind auch präventive Verbote mit Erlaubnisvorbehalt bzw. repressive Verbote mit Befreiungsvorbehalt und als mildere Maßnahme Anzeigepflichten.[496] Hilfsnormen, in denen bei den Verbots- und Gebotsnormen verwendete Begriffe näher bestimmt werden, sind zulässig. Nach § 26 Abs. 1 PolG BW kann in der Polizeiverordnung vorgesehen werden, dass vorsätzliche oder fahrlässige Zuwiderhandlungen gegen bestimmte Verbote bzw. Gebote der Polizeiverordnung als Ordnungswidrigkeiten geahndet werden (sogenannte Bewehrungsvorschriften). Außerdem kann die Polizeiverordnung Regelungen zur örtlichen und zeitlichen Gültigkeit enthalten.

---

494 Vgl. *Schenke*, Polizei- und Ordnungsrecht, Rn. 686.

495 *Schenke*, Polizei- und Ordnungsrecht, Rn. 685.

496 BeckOK PolR BW/*Reinhardt*, 31. Ed. 01.12.2023, BWPolG § 17 Rn. 14.

837 Außerdem müssen die Rechtsverordnung insgesamt und ihre einzelnen Regelungen mit dem sonstigen höherrangigen Recht vereinbar sein.

838 Dazu gehören zunächst **höherrangige Rechtsverordnungen und alle formellen Bundes- und Landesgesetze**.

■ **Beispiel:** Die vom Innen- und Landwirtschaftsministerium erlassene PolVOgH Baden-Württemberg[497] regelt den Maulkorbzwang für Hunde abschließend. Die Gemeinde als Ortspolizeibehörde darf den Maulkorbzwang für Hunde nicht durch eigene Polizeiverordnung regeln.[498]

Das Gewerberecht (GewO, GastG und sonstige spezialgesetzliche Gewerberegelungen) regelt abschließend die Zulassungspflicht von gewerblicher Tätigkeit. Die Polizeibehörde kann nicht neue Zulassungspflichten durch Polizeiverordnung begründen.

839 Weiter dürfen Rechtsverordnungen nicht gegen das **Verfassungsrecht** verstoßen, insbesondere nicht gegen den Verhältnismäßigkeitsgrundsatz (Art. 20 Abs. 3 GG), den Gleichheitsgrundsatz oder das Willkürverbot (Art. 3 Abs. 1 GG), das Rückwirkungsverbot (Art. 20 Abs. 3 GG) oder die Grundrechte. Zum Bestimmtheitsgebot, zum Gebot der Widerspruchsfreiheit und zum Verbot der Unmöglichkeit siehe weiter unten unter c).

Exkurs zum Rückwirkungsverbot:
Materielle Gesetze (formelle Gesetze, Rechtsverordnungen und Satzungen) dürfen grundsätzlich nicht rückwirkend für einen Zeitpunkt vor ihrer Verkündung in Kraft treten, also nicht rückwirkend einen in der Vergangenheit abgeschlossenen Vorgang regeln **(Verbot der echten Rückwirkung bzw. Verbot der Rückbewirkung von Rechtsfolgen)**. Denn das Vertrauen des Bürgers in den Fortbestand von Regelungen, die auf abgewickelte Sachverhalte einmal Anwendung gefunden haben, schließt eine nachträgliche Verschlechterung der Rechtslage aus. So kann durch eine Polizeiverordnung, die am 01.07.2024 verkündet wird, nicht rückwirkend zum 01.01.2024 ein in der Vergangenheit liegendes Verhalten, das nach alter Rechtslage erlaubt war, nachträglich verboten werden. Ausnahmsweise ist die echte Rückwirkung zulässig, etwa wenn zwingende Gründe des Gemeinwohls die Rückwirkung erfordern oder es kein schutzwürdiges Vertrauen am Fortbestand der alten Rechtslage geben kann, weil diese z. B. offensichtlich rechtswidrig oder verworren war.

---

497 Polizeiverordnung des Innenministeriums und des Ministeriums Ländlicher Raum über das Halten gefährlicher Hunde vom 03.08.2000, GBl. 2000, 574.

498 VG Stuttgart, Beschluss vom 04.08.2003 – 5 K 1950/03 – zitiert nach juris Rn. 6.

Grundsätzlich zulässig ist die sogenannte **unechte Rückwirkung bzw. tatbestandliche Rückanknüpfung**. Hier tritt das Gesetz nicht rückwirkend in Kraft, sondern knüpft lediglich an Sachverhalte an, die in der Vergangenheit liegen, aber noch nicht abgeschlossen sind. Ein Fall der unechten Rückwirkung liegt z.B. vor, wenn eine in der Vergangenheit begonnene, andauernde Tätigkeit zukünftig verboten wird. Im Einzelfall kann die unechte Rückwirkung aber unverhältnismäßig sein, so dass Übergangsregelungen erlassen werden müssen.

Schließlich müssen Rechtsverordnungen mit dem **Unionsrecht** vereinbar **840** sein (insbes. EU-Grundfreiheiten, Diskriminierungsverbot, EU-Grundrechte nach der GRCh, EU-Verordnungen, EU-Richtlinien).

c) Keine Unmöglichkeit, Widerspruchsfreiheit, Bestimmtheit

Die einzelnen Regelungen in der Rechtsverordnung dürfen nichts Unmögli- **841** ches verlangen, müssen in sich widerspruchsfrei sein und dem Bestimmtheitsgrundsatz genügen, Art. 20 Abs. 3 GG.[499]

D. Erlass von Satzungen

I. Rechtsgrundlage und Satzungsbefugnis

Eine juristische Person des öffentlichen Rechts ist zum **Handeln in der** **842** **Form einer Satzung** befugt, wenn ihr dieses Recht **(Satzungsbefugnis oder Satzungsautonomie)** durch den Staat übertragen worden ist.

■ **Beispiele:** So beruht die Satzungsbefugnis der Gemeinden in eigenen Angelegenheiten auf dem Recht auf Selbstverwaltung (Art. 28 Abs. 2 GG), in Baden-Württemberg einfachgesetzlich umgesetzt durch § 4 Abs. 1 S. 1 GemO BW. Die Satzungsbefugnis der staatlichen Hochschulen beruht auf Art. 5 Abs. 3 GG, in Baden-Württemberg einfachgesetzlich umgesetzt durch § 8 Abs. 5 S. 1 LHG BW. Die Industrie- und Handelskammern haben Satzungsautonomie aufgrund des IHKG.

Kraft Satzungsbefugnis bzw. Satzungsautonomie ist der Selbstverwaltungs- **843** träger ermächtigt, in seinen Selbstverwaltungsangelegenheiten für seine Mitglieder (bei Körperschaften), Benutzer (bei Anstalten) bzw. Nutznießer (bei Stiftungen) abstrakt-generelle Regelungen zu treffen.

---

499 Vgl. dazu auch Ziffer 4 der VwV Regelungen.

■ **Beispiele:** Kraft Satzungsbefugnis regelt eine Gemeinde die Errichtung, Zulassung und Benutzung einer öffentlich-rechtlichen Einrichtung (z. B. Hallenbad). Kraft Satzungsbefugnis regelt eine Universität die Errichtung, Zulassung und Benutzung ihrer Bibliothek.

844 Soweit der **Vorbehalt des Gesetzes** (Art. 20 Abs. 3 GG) greift, ist die allgemeine Satzungsbefugnis bzw. Satzungsautonomie nicht ausreichend. Dann bedarf der Satzungsgeber für den Erlass der Satzung einer **speziellen Ermächtigungsgrundlage**.

■ **Beispiele:** Wenn die bauliche Nutzung von Grundstücken in einer Gemeinde geregelt werden soll, bedarf es dafür einer speziellen Rechtsgrundlage. Hier wird nämlich in das Eigentumsrecht der Grundstückseigentümer eingegriffen. Rechtsgrundlage für den Erlass des Bebauungsplans sind §§ 1 Abs. 3 S. 1, 2 Abs. 1 S. 1 und 10 Abs. 1 BauGB.

Prüfungsordnungen der Hochschulen greifen in das Recht auf Berufsfreiheit ein. Sie bedürfen einer speziellen Ermächtigung (z. B. § 32 LHG BW).

Keiner besonderen Rechtsgrundlage bedarf der Satzungsgeber nach der Rechtsprechung des BVerwG, wenn er lediglich von seiner Anstaltsgewalt Gebrauch macht.[500] Danach kann der Satzungsgeber aufgrund seiner Satzungsautonomie im Zusammenhang mit der Zulassung bzw. Benutzung von öffentlichen Einrichtungen belastende Regelungen treffen wie z. B. Verbote oder Haftungsregelungen. Verstöße gegen Ver- oder Gebote in einer Satzung kann der Satzungsgeber allerdings nur dann unter Bewehrung stellen (d. h. die Ahndung als Ordnungswidrigkeit vorsehen), wenn er dazu durch ein formelles Gesetz ermächtigt ist (z. B. § 142 Abs. 1 GemO BW).

845 Kraft Spezialgesetz kann ein Selbstverwaltungsträger vom Gesetzgeber auch ermächtigt werden, Satzungen bei der Wahrnehmung staatlicher Angelegenheiten (also außerhalb der eigenen Angelegenheiten) zu erlassen.

■ Gemeinden dürfen in Baden-Württemberg Satzungen bei Weisungsaufgaben nach § 4 Abs. 1 S. 2 GemO BW nur kraft ausdrücklicher Ermächtigung erlassen. Eine solche Ermächtigung ist § 74 LBO BW, der die Gemeinden auch außerhalb ihrer eigenen Angelegenheiten zum Erlass von örtlichen Bauvorschriften durch Satzung ermächtigt.

500 Vgl. BVerwG, NJW 2004, 2844.

II. Formelle Voraussetzungen

1. Zuständigkeit

Die sachliche und örtliche Zuständigkeit des Verwaltungsträgers, also der juristischen Person des öffentlichen Rechts (**Verbandskompetenz**) ergibt sich entweder aufgrund der speziellen Ermächtigung oder kraft der allgemeinen Satzungsbefugnis. **846**

■ **Beispiel:** Die Verbandskompetenz zur Aufstellung eines Bebauungsplans liegt nach § 1 Abs. 3 BauGB bei der Gemeinde (sachliche Zuständigkeit), und zwar bei derjenigen, für deren Gebiet der Bebauungsplan gelten soll (örtliche Zuständigkeit).

Innerhalb des Selbstverwaltungsträgers (Organkompetenz) ist grundsätzlich das Hauptorgan zuständig. **847**

■ **Beispiel:** Gemeinderat nach §§ 39 Abs. 2 Nr. 3, 44 Abs. 2 S. 3, 70 Abs. 2 S. 1 GemO BW.

2. Verfahren

a) Einleitung des Verfahrens (Gesetzgebungsinitiative)

I.d.R. wird das Verfahren von Amts wegen eingeleitet (Offizialprinzip). Der Selbstverwaltungsträger kann zur Einleitung verpflichtet sein (Legalitätsprinzip bei Pflichtsatzungen bzw. bei bedingten Pflichtsatzungen), die Einleitung kann auch in seinem Ermessen stehen (Opportunitätsprinzip bei Kann-Satzungen). Einzelne haben grundsätzlich weder ein subjektiv-öffentliches Recht auf Erlass einer bestimmten Satzung noch einen Anspruch auf Einleitung eines Satzungsverfahrens. **848**

■ **Beispiele:** Nach § 1 Abs. 3 S. 2 BauGB hat der Einzelne keinen Anspruch auf Aufstellung eines Bebauungsplans. Allerdings kann sich die Gemeinde durch öffentlich-rechtlichen Vertrag gegenüber dem Investor verpflichten, das Verfahren bis zum Beschluss des Gemeinderats über die Planänderung durchzuführen.[501] Nach dem einschlägigen Kommunalverfassungsrecht können die Bürger ein Initiativrecht durch Bürgerbegehren haben.

Weitere Regelungen zur Form der Einleitung des Verfahrens können spezialgesetzlich geregelt sein. **849**

Das Fachgesetz kann vorschreiben, dass die Absicht des Satzungsgebers, eine Satzung aufzustellen, öffentlich bekannt zu machen ist.

---

501 BVerwGE 111, 162.

■ **Beispiele:** Nach § 2 Abs. 1 S. 2 BauGB ist der Beschluss der Gemeinde, einen Bebauungsplan aufzustellen, ortsüblich bekannt zu machen. § 3 Abs. 1 BauGB schreibt die frühzeitige Beteiligung der Bürger vor der Aufstellung des Entwurfs des Bebauungsplans vor.

b) Ggf. Regelungsfolgenabschätzung und Nachhaltigkeitsprüfung

850 Teilweise ist eine Folgenabschätzung spezialgesetzlich vorgeschrieben. Ansonsten steht sie im Verfahrensermessen des Satzungsgebers.

■ **Beispiel:** Bei der Aufstellung von Bauleitplänen ist nach Maßgabe von § 2 Abs. 4 BauGB eine Umweltprüfung vorgeschrieben. So sollen die voraussichtlichen erheblichen Umwelteinwirkungen ermittelt und schließlich bewertet werden.

c) Satzungsentwurf

851 Das Fachgesetz kann Vorschriften zur Erstellung eines Satzungsentwurfes machen, ansonsten steht dies im Verfahrensermessen des Satzungsgebers.

■ **Beispiel:** § 2a BauGB schreibt vor, dass der Entwurf des Bebauungsplans auch eine Begründung haben muss.

d) Mitwirkung anderer Stellen/Beteiligung der Öffentlichkeit

852 Das Fachgesetz kann die Mitwirkung anderer Stellen und/oder die Beteiligung der Öffentlichkeit vorschreiben.

■ **Beispiel:** § 3 Abs. 2 BauGB schreibt die Beteiligung der Öffentlichkeit vor, § 4 BauGB die Beteiligung anderer Behörden.

e) Weitere Verfahrensvorschriften

853 Aus dem Spezialgesetz können sich weitere Verfahrensvorschriften ergeben.

■ **Beispiel:** Nach § 2 Abs. 3 BauGB sind bei Aufstellung von Bebauungsplänen die Belange, die für die Abwägung von Bedeutung sind (Abwägungsmaterial), zu ermitteln und zu bewerten.[502]

f) Verabschiedung der Satzung

854 Die Regeln zur Beschlussfassung ergeben sich aus dem für den Selbstverwaltungsträger einschlägigem Organisationsrecht.

■ **Beispiel:** Bei Satzungen der Gemeinde müssen die Verfahrensvorschriften für die Beschlussfassung nach § 37 i. V. m. §§ 18, 34 ff. GemO BW beachtet werden. Beispielsweise sind Gemeinderäte befangen, wenn sie selbst oder ihnen nahe stehende Personen im Sinne von § 18 Abs. 1 oder 2 GemO BW unmittelbare Vor- oder

---

502 Vgl. *Uechtritz*, ZfBR 2005, 11 (12).

Nachteile aus der Beschlussfassung über eine Satzung haben könnten. I.d.R. fehlt eine solche Unmittelbarkeit beim Erlass von Satzungen. Eine Ausnahme ist der Bebauungsplan, da dieser bereits konkret die Bebaubarkeit von Grundstücken regelt. So ist ein Gemeinderat befangen, wenn er (bzw. eine ihm nahe stehende Person, siehe oben) eine dingliche Berechtigung (z.B. Eigentum) oder eine schuldrechtliche Berechtigung (z.B. Pacht) an einem Grundstück im Planungsgebiet hat oder wenn Belange als Nachbar des Baugebiets zum Abwägungsmaterial nach § 1 BauGB gehören.

Was zum Gegenstand der Beschlussfassung gehört, bestimmt das Fachgesetz. **855**

■ **Beispiel:** Zusammen in einer Satzung kann die Gemeinde den Bebauungsplan (§ 10 Abs. 1 BauGB) und die örtlichen Bauvorschriften (§ 74 LBO BW) regeln. Der Bebauungsplan besteht aus einem zeichnerischen Teil und einem textlichen Teil. Da das BauGB vorschreibt, dass dem BauGB auch noch eine Begründung der im zeichnerischen und textlichen Teil getroffenen Festsetzungen beizufügen ist und ebenso eine zusammenfassende Erklärung nach § 10 Abs. 4 BauGB, gehören auch diese zum Gegenstand der Beschlussfassung. Die Begründung und die zusammenfassende Erklärung müssen vom Gemeinderat autorisiert sein.

g) Ggf. Genehmigung bzw. Vorlagepflicht der Satzung

Das Fachgesetz kann vorschreiben, dass die Satzung der Genehmigung der Aufsichtsbehörde bedarf oder vor Erlass der Rechtsaufsichtsbehörde zumindest vorzulegen ist. **856**

■ **Beispiele für Genehmigungspflichten:** Bebauungspläne, die nicht aus einem Flächennutzungsplan entwickelt werden, bedürfen nach § 10 Abs. 2 S. 1 BauGB der Genehmigung der höheren Verwaltungsbehörde. Grundordnungen von Hochschulen bedürfen in Baden-Württemberg nach § 8 Abs. 4 S. 2 LHG BW der Zustimmung des Wissenschaftsministeriums. Sollen einem Zweckverband durch Verbandssatzung Weisungsaufgaben der Mitglieder übertragen werden, bedarf die Verbandssatzung nach § 7 Abs. 1 S. 3 GKZ BW der Genehmigung der Rechtsaufsichtsbehörde, die über diese nach pflichtgemäßem Ermessen und im Einvernehmen mit der Fachaufsichtsbehörde entscheidet.

■ **Beispiel für Vorlagepflichten:** Nach § 81 Abs. 2 GemO BW sind Haushaltspläne, sofern sie nicht bereits genehmigungspflichtige Regelungen enthalten, der Rechtsaufsichtsbehörde vorzulegen.

3. Form

Schon aus dem Rechtsstaatsprinzip (Art. 20 Abs. 3 GG) folgt, dass Satzungen schriftlich zu erlassen sind (**Schriftformzwang**). Aus dem einfachen **857**

Gesetz oder aus Rechtsverordnungen können sich weitere Formerfordernisse ergeben.

858 Satzungen bedürfen der **Ausfertigung**, d. h. der gesetzliche Vertreter des Selbstverwaltungsträgers (bzw. sein Vertreter) muss die Originalurkunde unterzeichnen. Das ist teilweise einfachgesetzlich geregelt und folgt im Übrigen aus dem Rechtsstaatsprinzip (Art. 20 Abs. 3 GG).

4. Bekanntgabe

859 Satzungen sind **öffentlich bekanntzugeben**. In welcher Form die öffentliche Bekanntgabe zu erfolgen hat, richtet sich nach dem für den jeweiligen Selbstverwaltungsträger einschlägigen Verwaltungsorganisationsrecht bzw. nach Spezialgesetz.

■ **Beispiele:** In der Regel wird der Selbstverwaltungsträger durch das einschlägige Organisationsrecht verpflichtet, durch sogenannte Bekanntmachungssatzung zu regeln, in welcher Form seine Satzungen bekannt gemacht werden (vgl. z. B. § 1 Abs. 1 S. 2 DVO GemO für Gemeinden in Baden-Württemberg oder § 8 Abs. 6 S. 1 LHG BW für staatliche Hochschulen in Baden-Württemberg). Teilweise enthält das Fachrecht weitere Vorgaben (z. B. § 10 Abs. 3 BauGB für die Bekanntmachung von Bebauungsplänen).

5. Ggf. Anzeige von Satzungen bei der Rechtsaufsichtsbehörde

860 Das Gesetz kann für den Fall, dass die Satzung nicht ohnehin zu genehmigen oder vor Bekanntgabe vorzulegen ist, eine allgemeine Anzeigepflicht vorsehen.

■ **Beispiel:** Anzeige von Satzungen nach § 4 Abs. 3 S. 3 GemO BW bei der Rechtsaufsichtsbehörde

III. Materielle Voraussetzungen

1. Tatbestandsvoraussetzungen

861 Beruht die Satzung auf einer **speziellen Ermächtigungsgrundlage**, ergeben sich aus dieser auch die erforderlichen Tatbestandsvoraussetzungen.

■ **Beispiel:** Bebauungspläne dürfen nur aufgestellt werden, wenn die städtebauliche Ordnung dies erfordert, § 1 Abs. 3 S. 1 GemO BW.

862 Wird die Satzung ohne Verstoß gegen den Vorbehalt des Gesetzes lediglich auf die allgemeine Satzungsbefugnis bzw. Satzungsautonomie gestützt,

muss Regelungsgegenstand lediglich eine Selbstverwaltungsangelegenheit sein und ein allgemeines Regelungsbedürfnis bestehen.

2. Setzen einer rechtmäßigen Rechtsfolge

a) Geltungsbereich der Satzung/Regelungsadressaten

Wer als abstrakter Adressat der einzelnen Regelungen vorgesehen werden **863**
darf, richtet sich nach dem räumlichen und persönlichen Umfang der Satzungsautonomie.

■ **Beispiel:** Z.B. ermächtigt § 11 GemO BW die Gemeinde, die Eigentümer von Grundstücken in ihrer Gemeinde zum Anschluss der Grundstücke an die Wasserversorgung zu verpflichten.

b) Satzungsermessen

Zu unterscheiden ist zwischen **gebundenen und nicht gebundenen** Satzun- **864**
gen. Satzungen, die der Satzungsgeber aufstellen muss, heißen **Pflichtsatzungen**. Daneben gibt es **Kann-Satzungen**. Eine Zwischenform sind die **bedingten Pflichtsatzungen**. Hier muss der Satzungsgeber unter bestimmten Bedingungen eine bestimmte Satzung erlassen.

■ **Beispiel für Pflichtsatzung:** Jede Gemeinde in Baden-Württemberg muss eine Satzung erlassen, in der sie regelt, wie Satzungen bekannt zu geben sind (Bekanntmachungssatzung, § 1 Abs. 1 S. 2 DVO GemO BW).

■ **Beispiel für bedingte Pflichtsatzung:** Soll die Ortschaftsverfassung eingeführt werden, geht das nur durch Hauptsatzung, § 68 Abs. 1 S. 1 GemO BW. Es besteht aber keine Pflicht zur Einführung, § 67 GemO BW.

■ **Beispiel für Kann-Satzung:** Regelung der Benutzung einer öffentlich-rechtlichen Einrichtung durch Satzung.

Die Ausgestaltung der Satzung steht im Ermessen des Satzungsgebers. Der **865**
Satzungsgeber darf sein Ermessen nicht willkürlich ausüben (er muss also mit der Satzung einen bestimmten legitimen Zweck verfolgen) und darf auch im Übrigen nicht gegen höherrangiges Recht verstoßen.

Sofern die Satzung auf einer speziellen Ermächtigungsgrundlage beruht, ist das Ermessen entsprechend dem Zweck und innerhalb der Grenzen dieser Ermächtigungsgrundlage – und wie schon zuvor ausgeführt innerhalb der Grenzen des sonstigen höherrangigen Rechts – auszuüben.

■ **Beispiele:** Die Gemeinde regelt die Benutzung eines öffentlichen Hallenbads durch Satzung und sieht dort eine Gebührenfreiheit für alle Gemeinderäte vor. Das stellt einen Verstoß gegen den Gleichheitsgrundsatz (Art. 3 Abs. 1 GG) dar.

Nach der Hundesteuersatzung der Gemeinde entsteht die Hundesteuer als Jahressteuer für das Kalenderjahr am 01.01. eines Jahres für jeden zu diesem Zeitpunkt gehaltenen Hund. Die Gemeinde erhöht am 30.11. des Jahres X den Hundesteuersatz rückwirkend zum 01.01. des Jahres X um 30 €. Hier liegt eine unzulässige echte Rückwirkung vor.

c) Keine Unmöglichkeit, Widerspruchsfreiheit, Bestimmtheit

866 Durch die Regelungen darf vom Adressaten nichts Unmögliches verlangt werden. Einzelne Regelungen dürfen zueinander nicht widersprüchlich sein. Alle Regelungen in der Satzung müssen bestimmt genug sein. Auch dies folgt aus dem Rechtsstaatsprinzip (Art. 20 Abs. 3 GG).

E. Erlass von Verwaltungsvorschriften

I. Arten von Verwaltungsvorschriften

1. Unterscheidung nach dem Inhalt

867 Nach ihrem **Inhalt** können **organisatorische** und **verhaltenssteuernde Verwaltungsvorschriften** unterschieden werden. Organisatorische Verwaltungsvorschriften regeln die Organisation und den Dienstbetrieb der Behörde. Verhaltenssteuernde Verwaltungsvorschriften betreffen die Wahrnehmung einer konkreten Verwaltungsaufgabe, insbesondere den Vollzug einzelner Gesetze.

■ **Beispiele für organisatorische Verwaltungsvorschriften:** Organisationsplan, Geschäftsverteilungsplan, Regelung der Öffnungszeit, Regelung von Zuständigkeit und/oder Verfahren durch Verwaltungsvorschrift.

■ **Beispiele für verhaltenssteuernde Verwaltungsvorschriften:** Bußgeldkataloge[503], Subventionsrichtlinien, TA Lärm, TA Luft.

2. Unterscheidung nach der Stellung zum formellen Gesetz

868 Verwaltungsvorschriften können dazu dienen, eine einheitliche Auslegung der Gesetzestexte zu gewährleisten **(norminterpretierende Verwaltungsvorschriften)**, durch den Gesetzgeber eingeräumte Beurteilungsspielräume auszufüllen **(normkonkretisierende Verwaltungsvorschriften)**, eine einheitliche Ermessensausübung zu gewährleisten **(ermessenslenkende Verwaltungsvorschriften)** sowie in Bereichen, für die eine gesetzliche Rege-

---

503 Sofern diese nicht als Rechtsverordnung erlassen werden wie die Bußgeldkatalogverordnung für Straßenverkehrsordnungswidrigkeiten, § 26a StVG.

lung fehlt, eine einheitliche Verwaltungspraxis sicherzustellen **(gesetzesvertretende Verwaltungsvorschriften)**.

869

norminterpretierend	**normkonkretisierend**	**ermessenslenkend**	**gesetzesvertretend**
Beispiel: Nr. 8 GüK-VwV bestimmt, was unter Unternehmer i. S. d. § 3 GüKG zu verstehen ist.	Beispiel: Nach Nr. 6.1 der TA Lärm beträgt der Immissionsrichtwert für den Beurteilungspegel im reinen Wohngebiet tagsüber 50 dB (A).	Beispiel: Nach Nummer 4 GüKVwV darf einer juristischen Person die Erlaubnis grundsätzlich erst nach Eintragung ins Handelsregister erteilt werden.	Beispiel: Die Gemeinde erlässt eine Förderrichtlinie für ortsansässige Vereine, in der geregelt ist, unter welchen Voraussetzungen Vereine Zuschüsse der Gemeinde erhalten.
Die Verwaltungsvorschrift hilft bei der Auslegung des unbestimmten Rechtsbegriffs „Unternehmer".	Nach § 48 Abs. 1 BImSchG wird die Bundesregierung vom Gesetzgeber u. a. ermächtigt, durch Verwaltungsvorschrift (TA Lärm) zu konkretisieren, bei Überschreitung welcher Richtwerte Geräuschimmissionen eine schädliche Umwelteinwirkung i. S. d. § 3 Abs. 1 BImSchG darstellen. Die TA Lärm tritt hierbei quasi an die Stelle eines technischen Sachverständigen, der Auskunft gibt, was nach dem Stand der Technik schädliche Geräuschimmissionen sind.	Die Verwaltungsvorschrift engt das Ermessen der Verwaltung ein. Theoretisch könnte der juristischen Person vor Eintragung ins Handelsregister bereits eine aufschiebend bedingte Erlaubnis erteilt werden. Diese Möglichkeit wird nunmehr ausgeschlossen.	Für den Sachbereich „Vereinsförderung" fehlt ein formelles Gesetz. Hier wird die einheitliche Subventionsbewilligung durch eine gesetzesvertretende Verwaltungsvorschrift geregelt.

II. Rechtmäßiger Erlass von Verwaltungsvorschriften

1. Rechtsgrundlage bzw. Befugnis zum Handeln durch Verwaltungsvorschrift

Allgemein beruht die Befugnis zum Erlass von Verwaltungsvorschriften auf 870
der **Leitungs- und Weisungskompetenz** der übergeordneten Stelle (Aufsichtsbehörde, Leitung: Vorgesetzter bzw. Hauptorgan) und bedarf keiner besonderen gesetzlichen Ermächtigung.[504] Soweit dennoch eine gesetzliche Ermächtigung besteht, hat diese nur deklaratorische Bedeutung.

■ **Beispiele:** Das Ministerium für Landesentwicklung und Wohnen Baden-Württemberg ist kraft seiner Weisungskompetenz als oberste Baurechtsbehörde (§§ 20

504 BVerfGE 26, 338 (396); BVerwGE 67, 222 (229).

Abs. 1 S. 2, 21 LVG BW i. V. m. § 46 Abs. 1 Nr. 1 LBO BW) ermächtigt, zum Vollzug der LBO BW alle unteren Baurechtsbehörden bindende Verwaltungsvorschriften zu erlassen.

Der Wirtschaftsminister ist kraft seiner Leitungsfunktion als Vorgesetzter ermächtigt, die telefonische Erreichbarkeit der Bediensteten des Ministeriums zu regeln.

Der Gemeinderat ist als Hauptorgan der Gemeinde (§ 24 Abs. 1 S. 1 u. 2 GemO BW) befugt, in weisungsfreien Angelegenheiten der Gemeinde (Selbstverwaltungsaufgaben) die Grundsätze der Verwaltung durch Verwaltungsvorschrift zu regeln, also z. B. eine ermessenslenkende Verwaltungsvorschrift zur einheitlichen Entscheidung über Sondernutzungserlaubnisse zu erlassen.[505]

871 Eine **gesetzliche Ermächtigung** für den Erlass von Verwaltungsvorschriften ist dann erforderlich, wenn das Verwaltungsorgan, das die Verwaltungsvorschrift erlassen will, gegenüber den untergeordneten Stellen bzw. Verwaltungsbediensteten, die durch die Verwaltungsvorschrift gebunden werden sollen, für die zu regelnde Frage keine Leitungs- oder Weisungskompetenz hat.[506]

■ **Beispiele:** Nach Art. 84 Abs. 2 GG i. V. m. § 23 Abs. 1 GüKG wird die Bundesregierung ermächtigt, Verwaltungsvorschriften zur Durchführung von Rechtsakten der EU, des GüKG und der auf dem GüKG beruhenden Rechtsverordnungen zu erlassen. Ohne diese Regelung wäre die Bundesregierung dazu nicht berechtigt, denn sie hat gegenüber den Ländern keine allgemeine Leitungs- oder Weisungskompetenz.

2. Formelle Voraussetzungen

872 **Zuständigkeit** und Befugnis zum Erlass einer Verwaltungsvorschrift sind in der Regel miteinander verbunden (siehe oben).

873 Allgemein ist für den Erlass von Verwaltungsvorschriften kein bestimmtes **Verfahren** vorgeschrieben. Zu beachtende Verfahrensvorschriften können sich aus dem einschlägigen Fachrecht ergeben.

■ **Beispiele:** Zustimmung des Bundesrats bei Verwaltungsvorschriften nach Art. 84 Abs. 2 GG; Beschlussfassung von Verwaltungsvorschriften durch den Gemeinderat nach § 37 GemO BW.

874 Verwaltungsvorschriften bedürfen als abstrakt-generelle Regelungen aufgrund des Rechtsstaatsprinzips der **Schriftform**.

---

505 VGH BW, Urteil vom 24.02.1989 – 5 S 2677/88 –.

506 BVerfGE 26, 338 (396).

Die **Veröffentlichung** von Verwaltungsvorschriften ist teilweise durch Gesetz vorgeschrieben. Im Übrigen ist umstritten, ob Verwaltungsvorschriften bereits wirksam werden, wenn sie den Behörden bzw. Verwaltungsbediensteten, an die sie gerichtet werden, bekannt gegeben werden oder ob sie nur mit Veröffentlichung wirksam werden können. Verwaltungsvorschriften, die ausnahmsweise unmittelbare Außenwirkung haben, werden nur mit Veröffentlichung wirksam; das folgt aus dem Rechtsstaatsprinzip (Art. 20 Abs. 3 GG) und dem Recht auf effektiven Rechtsschutz (Art. 19 Abs. 4 GG).[507] Verwaltungsvorschriften mit nur mittelbarer Außenwirkung müssen zwar ebenfalls veröffentlicht werden; hier ist die Veröffentlichung nach h. M. aber keine Wirksamkeitsvoraussetzung.[508] **875**

3. Materielle Voraussetzungen

a) Ggf. Vereinbarkeit mit der gesetzlichen Ermächtigung

Beruht die Verwaltungsvorschrift auf einer ausdrücklichen gesetzlichen Ermächtigung, muss sie mit dieser vereinbar sein. **876**

b) Kein Erfordernis zur Regelung durch Gesetz, Rechtsverordnung oder Satzung

Soweit der **Vorbehalt des Gesetzes** (Art. 20 Abs. 3 GG)[509] greift, dürfen Organisations-, Verfahrens- und Sachfragen nicht durch Verwaltungsvorschrift geregelt werden: So kann eine Verwaltungsvorschrift keine Rechtsgrundlage für den Eingriff in Rechte des Bürgers sein. Auch sonst dürfen nach der Wesentlichkeitstheorie des BVerfG wesentliche Fragen im Staat-Bürger-Verhältnis nicht durch Verwaltungsvorschrift geregelt werden. **877**

■ **Beispiel:** Nach Auffassung der Rechtsprechung müssen Subventionen nicht zwingend durch formelles Gesetz geregelt werden. Vielmehr genügt es, wenn die Haushaltsmittel durch den Haushaltsplan zur Verfügung gestellt werden und die Verwaltung die Subventionsbewilligung durch Verwaltungsvorschrift regelt. Betrifft die Subvention aber für das Staat-Bürger-Verhältnis wesentliche Fragen (z. B. Subventionierung von Jugendverbänden der Parteien), bedürfen sie einer Regelung durch formelles Gesetz. Die Förderung ohne Gesetz ist dann wegen des Verstoßes gegen den Vorbehalt des Gesetzes rechtswidrig.

Sehr umstritten ist die Zulässigkeit der **Umsetzung von EU-Richtlinien** ins deutsche Recht durch Verwaltungsvorschriften. Nach der (umstrittenen) **878**

---

507 BVerwGE 122, 264 (266 ff.).

508 BVerwGE 104, 220 (227); *Maurer/Waldhoff*, VerwR, § 24 Rn. 53.

509 Hier im Sinne von: allgemeiner Gesetzesvorbehalt oder spezieller Gesetzesvorbehalt.

Rechtsprechung des EuGH haben deutsche Verwaltungsvorschriften (konkret die TA Luft) keine Außenwirkung und genügen der Umsetzungspflicht damit nicht, da EU-Richtlinien zwingend durch außenrechtswirksame Rechtsvorschriften umzusetzen seien.[510]

c) Kein Verstoß gegen sonstiges höherrangiges Recht oder gegen höherrangige Verwaltungsvorschriften

879 Die inhaltlichen Regelungen in der Verwaltungsvorschrift müssen auch im Übrigen mit dem geltenden Recht vereinbar sein.

■ **Beispiel:** So dürfen Verwaltungsvorschriften nicht gegen das Gleichheitsgebot (Art. 3 Abs. 1 GG) verstoßen.

Außerdem dürfen sie nicht gegen höherrangige Verwaltungsvorschriften verstoßen.

III. Rechtliche Außenwirkung von Verwaltungsvorschriften

880 Nach h.M. haben Verwaltungsvorschriften grundsätzlich **keine unmittelbare Außenwirkung.**[511] Das bedeutet, dass allein der Verstoß gegen Verwaltungsvorschriften ohne unmittelbare Außenwirkung nicht zur Rechtswidrigkeit des Verwaltungshandelns führt.[512]

■ **Beispiele:** Wird in Fall 1 die Abrissverfügung von einem Verwaltungsbediensteten der Ausländerbehörde des LRA Ortenaukreis erlassen, stellt dies lediglich einen Verstoß gegen den verwaltungsinternen Geschäftsverteilungsplan dar. Das führt nicht zur Rechtswidrigkeit der Abrissverfügung.

Wird durch Verwaltungsakt eine Subvention gewährt, obwohl nach der Subventionsrichtlinie die Voraussetzungen für die Gewährung nicht vorliegen, führt allein der Verstoß gegen die Subventionsrichtlinie nicht zur Rechtswidrigkeit des Verwaltungsakts. Umgekehrt ist die Ablehnung einer Subvention nicht allein deswegen rechtswidrig, weil sie nach der Subventionsrichtlinie zu gewähren wäre.

881 Verwaltungsvorschriften, die die Verwaltung zur Ausgestaltung von Handlungsspielräumen erlässt (gesetzesvertretende, normkonkretisierende, ermessenslenkende Verwaltungsvorschriften) können über den Gleichheits-

---

510 EuGH, NVwZ 1991, 866 (868).

511 *Detterbeck*, VerwR, Rn. 867; *Maurer/Waldhoff*, VerwR, § 24 Rn. 22; a.A. *Ossenbühl*, Festgabe BVerwG, 1978, S. 433: originäre Rechtssetzungskompetenz der Verwaltung und damit rechtliche Außenwirkung.

512 Sofern man ausnahmsweise für bestimmte Verwaltungsvorschriften eine unmittelbare Außenwirkung anerkennt, führt der Verstoß gegen diese zur Rechtswidrigkeit des Verwaltungshandelns.

satz (Art. 3 Abs. 1 GG) **mittelbare Außenwirkung** haben (Selbstbindung der Verwaltung). Verwaltungshandeln ist rechtswidrig, wenn die Verwaltung gegen den Gleichheitssatz verstößt. Das ist der Fall, wenn die Verwaltung in einem einzelnen Fall ohne rechtfertigenden sachlichen Grund von ihrer ständigen, durch die Verwaltungsvorschrift veranlassten Verwaltungspraxis bzw. von einer durch Verwaltungsvorschrift „antizipierten Verwaltungspraxis" abweicht. Voraussetzung ist, dass die Verwaltungspraxis selbst rechtmäßig ist („keine Gleichheit im Unrecht"). Der Einzelne kann sich auf den Verstoß gegen den Gleichheitsgrundsatz dann berufen, wenn die durch die Verwaltungsvorschrift veranlasste Verwaltungspraxis zumindest auch dem Schutz seiner Interessen zu dienen bestimmt ist.

■ **Beispiel:** Im Ergebnis sind die Verwaltungsakte aus dem Beispiel oben (Gewährung bzw. Versagung einer Subvention entgegen der Subventionsrichtlinie) objektiv rechtswidrig, allerdings nicht wegen des Verstoßes gegen die Verwaltungsvorschrift, sondern wegen Verstoßes gegen Art. 3 Abs. 1 GG, sofern die Subventionsrichtlinie und die Verwaltungspraxis ihrerseits rechtmäßig sind. Der Antragsteller kann die gleichheitswidrige Versagung einer Subvention geltend machen, da die Subventionsvorschriften zumindest auch dem Schutz seiner Interessen zu dienen bestimmt sind. Der Konkurrent kann eine gleichheitswidrige Subventionsbewilligung nur erfolgreich geltend machen, wenn er durch diese in eigenen Rechten verletzt ist.

Den Verstoß gegen den Geschäftsverteilungsplan kann Frau Schröder hingegen auch nicht über Art. 3 Abs. 1 GG geltend machen, da die Geschäftsverteilung innerhalb der sachlich zuständigen Behörde ausschließlich dem öffentlichen Interesse und nicht auch dem Schutz ihrer Interessen zu dienen bestimmt ist und der Verstoß somit schon keine Ungleichbehandlung darstellt.

Streitig innerhalb der h. M. ist, ob einzelne Verwaltungsvorschriften ausnahmsweise sogar eine **unmittelbare Außenwirkung** haben. Das BVerwG und Teile der Literatur gehen von einer unmittelbaren Außenwirkung normkonkretisierender Verwaltungsvorschriften aus.[513] Das ist überzeugend, denn der Gesetzgeber delegiert hier seine Rechtssetzungsbefugnis auf die Verwaltung und beschränkt nicht lediglich die Prüfungskompetenz bzw. das Letztentscheidungsrecht der Gerichte. **882**

■ **Beispiel:** So haben die TA Luft und die TA Lärm nach der Rechtsprechung des BVerwG unmittelbare Außenwirkung.

---

513 Nur mittelbare Außenwirkung: *Maurer/Waldhoff*, VerwR, § 24 Rn. 32; EuGH, NVwZ 1991, 866 (868); unmittelbare Außenwirkung: BVerwGE 107, 338 (341); *Detterbeck*, VerwR, Rn. 880: unmittelbare Außenwirkung normkonkretisierender Normen.

Entgegen der h. M. muss dies im Übrigen auch für gesetzesvertretende Verwaltungsvorschriften gelten, wenn der Gesetzgeber seine Rechtssetzungskompetenz ausdrücklich auf die Verwaltung überträgt.

■ **Beispiel:** Wird ein Verwaltungsorgan ermächtigt, seine durch Gesetz begründete Zuständigkeit durch Verwaltungsvorschrift weiter zu delegieren, hat die Zuständigkeitsregelung nach hier vertretener Rechtsauffassung unmittelbare Außenwirkung (vgl. z. B. § 1 Abs. 3 S. 1 UZwG BW). Nach a. A. käme der Regelung mittelbare Außenwirkung zu.

F. Aufbau von abstrakt-generellen Regelungen

I. Regeln zur Aufbautechnik von abstrakt-generellen Regelungen

883 Eine gute Hilfestellung geben Ziffer 4 und 6 der Anlage 1 zur VwV Regelungen. Diese fassen zusammen, was man sich sonst mühsam aus den Gesetzen zusammensuchen muss und ergänzen Lücken. Im Folgenden ist der Aufbau von abstrakt-generellen Verwaltungsregelungen analog den Begrifflichkeiten zum Aufbau eines Verwaltungsakts dargestellt:

- **Rubrum zur Regelung**
- **Überschrift**

  ■ **Beispiel:** „Bebauungsplan „Am Hain II" der Gemeinde Willstätt vom 01.07.2024", „Polizeiverordnung zum innerörtlichen Leinenzwang der Gemeinde Willstätt vom 01.07.2024", „Richtlinie des Landratsamts Ortenaukreis zum Vorgehen gegen Schwarzbauten vom 01.07.2024"
- **Eingangsformel**

  ■ **Beispiel:** „Der Gemeinderat der Gemeinde Willstätt hat am 01.07.2024 aufgrund von § … folgende Satzung beschlossen:"
- **(Präambel, wenn keine Begründung erfolgt)**
- **Die Vielzahl der abstrakt-generellen Regelungen**
  - **Regelung des Geltungsbereichs**
  - **Begriffsbestimmungen, sofern erforderlich**
  - **Inhaltliche Regelungen**
  - **Ggf. Bewehrungen (Ordnungswidrigkeit): nur bei Satzungen und Rechtsverordnungen**
  - **Ggf. Zulassung von Ausnahmen**
  - **Übergangsvorschriften**
  - **Schlussvorschriften**

  - **Inkrafttreten**
    Eine Regelung zum Inkrafttreten sollte immer erfolgen, auch wenn keine abweichende Regelung getroffen wird: „Der Bebauungsplan tritt nach § 10 Abs. 3 S. 4 BauGB mit seiner Bekanntmachung in Kraft." Beachte: Satzungen der Gemeinde treten, wenn es keine Spezialregelung gibt, gemäß § 4 Abs. 3 S. 2 GemO BW am Tage nach ihrer Bekanntmachung in Kraft, Rechtsverordnungen der Landesverwaltung Baden-Württemberg treten nach Art. 63 Abs. 4 S. 2 Landesverfassung Baden-Württemberg mit dem vierzehnten Tag nach Ablauf des Tages in Kraft, an dem sie verkündet worden sind, vgl. auch § 20 Abs. 3 PolG BW.
  - **Außerkrafttreten**
    Es kann zugleich auch das Außerkrafttreten geregelt werden. Nach § 25 Abs. 1 PolG BW treten Polizeiverordnungen mit Ausnahme von Polizeiverordnungen der obersten Landespolizeibehörden 20 Jahre nach ihrem Inkrafttreten außer Kraft. Nach 4.4.3 VwV Regelungen muss das Außerkrafttreten von Verwaltungsvorschriften der unmittelbaren Landesverwaltung geregelt werden. Sie treten spätestens sieben Jahre nach dem Inkrafttreten außer Kraft.
- **Unterschrift/Ausfertigungsvermerk**
  Der gesetzliche Vertreter des Verwaltungsrechtsträgers/der Behörde/der zuständige Vorgesetzte unterschreibt die Originalurkunde unter Angabe des Datums.
- **Anlagen**
  Das Spezialgesetz kann das Beifügen einer Begründung oder sonstiger Anlagen vorschreiben. Die Begründung oder die oben vorgeschlagene Präambel (hier sind die EU-Rechtsverordnungen vorbildlich) helfen später bei der Auslegung des Willens des Regelungsgebers.
- **Rechtsbehelfsbelehrung/Hinweis auf die Folgen von zu späten Einwendungen**
- **Bekanntmachungsvermerk in den Akten oder auf der Originalurkunde**

II. Muster

Vom Abdruck eines Musters wird hier abgesehen. Im Internet finden Sie zahlreiche Satzungen, Rechtsverordnungen und Verwaltungsvorschriften. **884**

G. Lösung des Ausgangsfalls

885 **I. Wahl der Handlungsform und Rechtsgrundlage**

Zunächst überlegt der Bürgermeister, in welcher Handlungsform er den innerörtlichen Leinenzwang für alle Hundehalter allgemeinverbindlich regeln kann. Wegen der Unverbindlichkeit nicht näher in Betracht zieht er die Schaltung einer bloßen Bitte im Mitteilungsblatt der Gemeinde. Auch der Erlass einer Verwaltungsvorschrift scheidet aus, weil dem Bürger durch Verwaltungsvorschrift keine Verbote bzw. Gebote auferlegt werden können. Unzweckmäßig ist der Abschluss von öffentlich-rechtlichen Verträgen mit allen Hundehaltern. Auch die Anordnung von Leinenzwang durch individuellen Verwaltungsakt gegenüber jedem Hundehalter scheidet von vornherein wegen des Verwaltungsaufwandes aus. Näher in Betracht kommen lediglich die Regelung des Leinenzwangs durch Allgemeinverfügung, Satzung oder Rechtsverordnung.

Als Rechtsgrundlage für die Anordnung eines Leinenzwangs durch Allgemeinverfügung gegenüber allen Hundehaltern kommen zunächst §§ 3, 1 Abs. 1, 7 PolG BW in Betracht. Danach kann ein Leinenzwang aber nur konkret für die Hunde angeordnet werden, von denen tatsächlich eine Gefahr oder Störung der öffentlichen Sicherheit oder Ordnung ausgeht. Ein generelles Leinengebot kann also nicht ergehen.

Aufgrund der Anstaltsgewalt könnte die Gemeinde Willstätt für den örtlichen Bereich ihrer öffentlichen Einrichtungen (z. B. Stadtpark) durch benutzungsregelnde Allgemeinverfügung oder durch Satzung einen Leinenzwang einführen, nicht aber für öffentliche Sachen (insbes. öffentliche Straßen) im Gemeingebrauch.

Damit kommt als Rechtsgrundlage für die Einführung eines für alle Hundehalter verbindlichen Leinenzwangs nur § 17 Abs. 1 PolG BW i. V. m. § 1 Abs. 1 PolG BW in Betracht. Danach können die allgemeinen Polizeibehörden zur Abwehr von Gefahren der öffentlichen Sicherheit oder Ordnung polizeiliche Gebote oder Verbote erlassen, die für eine unbestimmte Anzahl von Fällen an eine unbestimmte Anzahl von Personen gerichtet sind (Polizeiverordnungen).

II. Formelle Voraussetzungen

1. Zuständigkeit

Da der innerörtliche Leinenzwang im Gebiet der Gemeinde Willstätt gelten soll, ist diese sachlich und örtlich für den Erlass der Polizeiverordnung zuständig (Verbandskompetenz nach §§ 21 S. 1, 107 Abs. 4 PolG BW). Die Organkompetenz liegt beim Bürgermeister, § 21 S. 2 PolG BW.

2. Verfahren

Nach § 23 Abs. 2 PolG BW bedarf die Polizeiverordnung der Zustimmung des Gemeinderats. Für dessen Beschlussfassung gelten §§ 37, 18 GemO BW. Die Gemeinderäte, die selbst Hundehalter sind, könnten nach § 18 Abs. 1 GemO BW von der Beratung und Beschlussfassung ausgeschlossen sein. Dann müssten sie durch den Erlass des innerörtlichen Leinenzwangs einen unmittelbaren Vor- oder Nachteil haben können. Der Nachteil besteht darin, dass sie dazu verpflichtet werden, die Hunde an der Leine zu führen. Allerdings werden die Gemeinderäte hier nicht als Einzelpersonen individuell, sondern nur als Gruppe der Hundehalter wie jeder andere Hundehalter auch betroffen. In solchen Fällen liegt eine Befangenheit nach § 18 Abs. 3 S. 1 GemO BW (vgl. auch § 20 Abs. 1 S. 3 (L)VwVfG) wegen der fehlenden Unmittelbarkeit nicht vor. Sie dürfen also an der Beratung und Beschlussfassung mitwirken.

3. Form

Die Polizeiverordnung ist schriftlich unter Beachtung von § 20 PolG BW zu erlassen.

4. Bekanntgabe

Die Polizeiverordnung ist nach § 5 Verkündungsgesetz BW in der für die öffentliche Bekanntmachung von Satzungen bestimmten Form zu verkünden. Laut Sachverhalt sieht die Bekanntmachungssatzung der Gemeinde Willstätt nach § 1 Abs. 1 S. 2 DVO GemO BW die öffentliche Bekanntmachung durch Bereitstellung im Internet vor. Damit wird die Polizeiverordnung mit ihrer Bereitstellung im Internet verkündet.

III. Materielle Voraussetzungen

1. Tatbestandsvoraussetzungen

Nach § 17 Abs. 1 PolG BW kann eine Polizeiverordnung nur erlassen werden, wenn sie der Wahrnehmung von Aufgaben nach dem Polizeigesetz dient. Was die Aufgaben nach dem Polizeigesetz sind, ist in § 1 Abs. 1 S. 1 PolG BW definiert. Danach ist es Aufgabe der Polizei, von dem Einzelnen oder dem Gemeinwesen Gefahren abzuwehren, durch die die öffentliche Sicherheit oder Ordnung bedroht wird, oder Störungen der öffentlichen Sicherheit oder Ordnung zu beseitigen, soweit es im öffentlichen Interesse geboten ist. Es muss also eine abstrakte Gefahr für die öffentliche Sicherheit oder Ordnung vorliegen. Die Sachverhalte, an welche die Regelung anknüpft, müssen nach der Lebenserfahrung geeignet sein, im Regelfall Gefahren für die öffentliche Sicherheit oder Ordnung zu verursachen, ein bloßer Gefahrenverdacht reicht nicht.[514] Es entspricht der allgemeinen Lebenserfahrung, dass jeder Hund, der frei geführt wird, womöglich andere Menschen belästigen, fremde Grundstücke betreten und spielenden Kindern Angst einjagen kann. Eine abstrakte Gefahr geht von jedem Hund aus. Innerörtlich halten sich in der Regel oft viele Menschen auf engerem Raum auf. Die geforderte abstrakte Gefahr liegt damit vor.[515]

---

514 *Schenke*, Polizei- und Ordnungsrecht, Rn. 676.

515 Vergleiche zum innerörtlichen Leinenzwang durch Polizeiverordnung: VGH BW, NVwZ 1994, 920.

2. Setzen einer rechtmäßigen Rechtsfolge

a) Regelungsadressat

Nach § 7 PolG BW dürfen polizeiliche Maßnahmen gegen den Eigentümer oder den Inhaber der tatsächlichen Gewalt der Sache gerichtet werden, von der die Gefahr für die öffentliche Sicherheit oder Ordnung ausgeht.[516] Hier geht die abstrakte Gefahr von den unangeleinten Hunden aus, die sich innerörtlich im Gemeindegebiet außerhalb befriedeter (eingezäunter) Privatgrundstücke aufhalten. Damit kann der Leinenzwang für alle Hundehalter angeordnet werden, deren Hunde sich innerörtlich außerhalb befriedeter Privatgrundstücke aufhalten.

b) Verordnungsermessen

Der Erlass der Polizeiverordnung und die Ausgestaltung der einzelnen Regelungen der Rechtsverordnung stehen im Ermessen des Bürgermeisters. Er muss sein Ermessen entsprechend dem Zweck von §§ 17 Abs. 1, 1 Abs. 1 PolG BW ausüben. So müssen die Regelungen der Rechtsverordnung der Gefahrenabwehr dienen und nicht nur der Vereinfachung von Kontrollaufgaben der Polizei. Außerdem muss er die gesetzlichen Grenzen beachten, hier zunächst die gesetzlichen Grenzen von §§ 17 Abs. 1, 1 Abs. 1 PolG BW selbst, im Übrigen die gesetzlichen Grenzen des sonstigen höherrangigen Rechts. Z. B. kann der innerörtliche Leinenzwang nicht für Hunde nur bestimmter Rassen angeordnet werden. Das verstieße gegen Art. 3 Abs. 1 GG und auch gegen die PolVOgH. Jede Regelung muss verhältnismäßig sein. So wäre z. B. die Einführung einer Nachweispflicht für die Hundehalter gegenüber der Gemeinde, wann sie welche Leine gekauft haben, unverhältnismäßig. Eine Verletzung des Eigentumsrechts läge vor, wenn der Leinenzwang für Hunde auch innerhalb von befriedetem Besitztum angeordnet würde.

c) Bestimmtheit

Die einzelnen Regelungen der Rechtsverordnung müssen inhaltlich hinreichend bestimmt formuliert werden

IV. Gesamtergebnis

Damit kann der innerörtliche Leinenzwang formell und materiell rechtmäßig durch Rechtsverordnung angeordnet werden.

---

516 Nichtstörer können durch die Polizeiverordnung nur verpflichtet werden, wenn die Voraussetzungen des § 9 PolG BW vorliegen.

Teil 4: Fehlerfolgenlehre

1. Kapitel: Einführung

In Teil 3 haben wir uns aus der Perspektive der Verwaltung als Erstanwenderin erarbeitet, welche rechtlichen Voraussetzungen die Verwaltung bei ihrem Handeln zu beachten hat und wie sie recht- und zweckmäßig praktische Entscheidungen formuliert. Hier in Teil 4 prüfen wir aus der Kontrollperspektive, welche Folgen es hat, wenn die Verwaltung als Erstanwenderin gegen die in Teil 3 erarbeiteten rechtlichen Voraussetzungen verstößt, d. h. wie der einzelne Verstoß rechtlich sanktioniert wird. **886**

Die Fehlerfolgen sind je nach Art des Verwaltungshandelns sehr unterschiedlich. Zunächst hilft folgende „Faustformel" zur Orientierung: **887**

- Rechtsverstöße bei Erlass von Verwaltungsakten führen grundsätzlich nur zur Rechtswidrigkeit des Verwaltungsakts, der Verwaltungsakt bleibt aber wirksam und wird trotz des Rechtsverstoßes bestandskräftig, wenn er nicht rechtzeitig durch Rechtsbehelf (Widerspruch bzw. Klage) angefochten wird. Zur Nichtigkeit und damit zur Unwirksamkeit des Verwaltungsakts führen nur sehr gravierende Fehler (§ 44 Abs. 1 u. 2 (L)VwVfG).
- Rechtsverstöße der Verwaltung bei Erlass sonstiger Regelungen führen i. d. R. zur Nichtigkeit (Unwirksamkeit) der Maßnahme, Fehler bei Abschluss öffentlich-rechtlicher Verträge allerdings nur, wenn sie in §§ 58, 59 (L)VwVfG genannt sind.

Wie Sie in den folgenden Kapiteln lernen werden, sind die Fehlerfolgen im Einzelnen tatsächlich erheblich komplizierter zu beurteilen, als hier zunächst zur ersten Orientierung dargestellt. **888**

2. Kapitel: Fehler bei Erlass von Verwaltungsakten

A. Ausgangsfall; Lerninhalte und Lernziele

Abwandlung des Gabionenmauerfalls: Die Gabionenmauer ist standsicher, sie wurde aber vor 20 Jahren unter Verstoß gegen die Festsetzungen des rechtmäßigen Bebauungsplans der Gemeinde Willstätt errichtet, der in den Vorgärten Mauern aus gestalterischen Gründen verbietet (örtliche Bauvorschrift nach § 74 LBO **889**

BW). Das LRA Ortenaukreis hatte von der illegalen Mauer bisher keine Kenntnis. Nach Hinweis durch den Außendienst erlässt es an Frau Schröder (Alleineigentümerin des Grundstücks) ohne vorherige Anhörung eine Abrissverfügung. In der Begründung heißt es, dass Rechtsgrundlage § 47 Abs. 1 S. 2 LBO BW sei. Der Abriss sei zwingend anzuordnen, weil illegale Zustände nicht geduldet werden könnten.

■ **Aufgabe 1:** Prüfen Sie gutachtlich, ob allein die Anwendung der falschen Rechtsgrundlage (§ 47 Abs. 1 S. 2 LBO BW statt § 65 Abs. 1 S. 1 LBO BW) zur Rechtswidrigkeit der Abrissverfügung führt.

■ **Aufgabe 2:** Prüfen Sie gutachtlich, ob ein Verstoß gegen § 28 Abs. 1 LVwVfG BW vorliegt und welche Folgen dieser Verstoß hat.

■ **Aufgabe 3:** Prüfen Sie gutachtlich, ob Ermessensfehler vorliegen und ggf. welche Folgen dies hat. Gehen Sie davon aus, dass keine Nachahmungsgefahr besteht und Frau Schröder die örtliche Bauvorschrift im Bebauungsplan nicht kennt.

■ **Aufgabe 4:** Ist die Abrissverfügung wirksam, wenn Frau Schröder in dem Verfahren durch einen Rechtsanwalt vertreten ist, dessen Vollmacht zu den Akten gegeben wurde und die Abrissverfügung unter Verstoß gegen § 7 Abs. 1 S. 2 LVwZG BW nicht dem Rechtsanwalt, sondern Frau Schröder am 10.01. durch die Post mit Zustellungsurkunde zugestellt wurde und sie die Abrissverfügung am 10.03. persönlich dem Rechtsanwalt übergeben hat? Bis wann hätte Frau Schröder Zeit, gegen die Abrissverfügung Widerspruch zu erheben?

890 In diesem Kapitel lernen Sie, gutachtlich zu beurteilen, welche rechtlichen Folgen **Rechtsverstöße** bei Erlass von Verwaltungsakten haben. Lerninhalte sind:

☑ Fehler bei der Bekanntgabe von Verwaltungsakten
☑ Offenbare Unrichtigkeiten nach § 42 (L)VwVfG und Auslegung von Verwaltungsakten
☑ Verstöße gegen Zuständigkeits-, Verfahrens- und Formvorschriften (Nichtigkeit, Heilbarkeit bzw. Unbeachtlichkeit nach §§ 44, 45, 46 (L)VwVfG bzw. Spezialgesetz)
☑ Verstöße gegen materielle Voraussetzungen (Nichtigkeit, Heilbarkeit bzw. Unbeachtlichkeit nach § 44 (L)VwVfG, allgemeinen Rechtsgrundsätzen oder Spezialgesetz)
☑ Fehlende und fehlerhafte Rechtsbehelfsbelehrung
☑ Umdeutung von rechtswidrigen Verwaltungsakten nach § 47 (L)VwVfG

Nicht näher behandelt wird die Genehmigungsfiktion bei nicht fristgerechter Entscheidung nach § 42a (L)VwVfG.

Außerdem beschäftigen wir uns mit den Folgen von Verstößen gegen verwaltungsinterne Weisungen und Verwaltungsvorschriften ohne unmittelbare Außenwirkung, also mit den Verstößen gegen das „Binnenrecht der Verwaltung". 891

B. Prüfungsschemata

I. Allgemeines Prüfungsschema

I. Liegt ein Rechtsverstoß vor? 892

Verstoß gegen Unionsrecht, Verfassungsrecht, formelles Bundes- oder Landesgesetz, Rechtsverordnung, Satzung oder sonstige Regelung mit Außenwirkung

II. Führt der Verstoß zur Unwirksamkeit des Verwaltungsakts?

III. Wenn nicht: Ist der Verstoß heilbar, so dass der Verwaltungsakt mit der Heilung rechtmäßig wird?

Wenn der Verstoß nicht heilbar ist oder nicht geheilt wurde, dann ist der Verwaltungsakt rechtswidrig. Davon zu trennen ist die Frage, was die Rechtswidrigkeit des Verwaltungsakts für den Einzelnen bedeutet. Dazu siehe folgend:

I. Besteht ein Anspruch des Einzelnen, dass der rechtswidrige Verwaltungsakt aufgehoben wird?

1. **Bei fristgerechtem Widerspruch (oder Klage) bzw. Wiedereinsetzung bei unverschuldet versäumter Frist**
   a) Der Einzelne muss durch den Fehler in eigenen Rechten verletzt sein (Ausnahme: Spezialgesetz)
   b) Der Anspruch auf Aufhebung des Verwaltungsakts darf nicht ausnahmsweise ausgeschlossen sein (z. B. nicht nach §§ 46, 47 (L)VwVfG)

2. **Im Übrigen:**
   a) Grundsätzlich hat der Einzelne nach Bestandskraft des Verwaltungsakts keinen Anspruch auf Aufhebung (vor Bestandskraft: streitig)
   b) Ausnahme: Zulässiger und begründeter Antrag auf Wiederaufgreifen des Verfahrens nach § 51 Abs. 1 (L)VwVfG oder Anspruch aus § 48 Abs. 1 (L)VwVfG auf Rücknahme wegen Ermessensreduzierung auf Null bei schwerwiegenden Rechtsverstößen an der Grenze zur Nichtigkeit (Einzelheiten sind streitig)

II. Besteht ein Anspruch des Einzelnen auf Beseitigung der Vollzugsfolgen?

III. Bestehen Sekundäransprüche des Einzelnen (insbes. Schadensersatzansprüche)?

II. Übersicht über Fehlerfolgen nach dem (L)VwVfG

893

Fehlende oder fehlerhafte Bekanntgabe	
Fehlende Bekanntgabe	VA ist unwirksam
Fehlerhafte Bekanntgabe	streitig; h. M.: VA ist wirksam (außer: bei Nichtigkeit); a. A.: VA ist unwirksam; nach beiden Auffassungen: Heilung nach § 8 VwZG bzw. § 9 LVwZG BW prüfen
Fehler bei der Wahl der Rechtsgrundlage; Handeln ohne VA-Befugnis	
Handeln ohne erforderliche, zum Zeitpunkt des Erlasses des Verwaltungsakts wirksame Ermächtigungsgrundlage (Verstoß gegen den Vorbehalt des Gesetzes)	VA ist bei schwerwiegendem und offensichtlichem Verstoß nach § 44 Abs. 1 (L)VwVfG nichtig, sonst materiell rechtswidrig
Handeln aufgrund einer falschen Rechtsgrundlage	Je nach Fallkonstellation unterschiedliche Rechtsfolgen
Handeln ohne VA-Befugnis	VA ist bei schwerwiegendem und offensichtlichem Verstoß nach § 44 Abs. 1 (L)VwVfG nichtig, sonst unheilbar formell rechtswidrig
Verstöße gegen formelle Voraussetzungen	
Sachlich unzuständige Behörde	VA ist bei schwerwiegendem und offensichtlichem Verstoß nach § 44 Abs. 1 (L)VwVfG nichtig (und damit unwirksam), sonst formell rechtswidrig *Heilbar durch Zustimmung der sachlich zuständigen Behörde ist der Fehler nur, wenn ein Spezialgesetz dies vorsieht!*
Örtlich unzuständige Behörde	VA ist nichtig bei Verstoß gegen § 3 Abs. 1 Nr. 1 (L)VwVfG (unbewegliches Vermögen, ortsgebundenes Recht oder Rechtsverhältnis), im Übrigen nur formell rechtswidrig (§ 44 Abs. 2 Nr. 3 und Abs. 3 Nr. 1 (L)VwVfG) *Heilbar durch Zustimmung der örtlich zuständigen Behörde ist der Fehler nur, wenn ein Spezialgesetz (z. B. § 3 Abs. 3 (L)VwVfG) dies vorsieht!* *Der Einzelne hat allein wegen des Verstoßes gegen die örtliche Unzuständigkeit, die nicht bereits zur Nichtigkeit führt, keinen Anspruch auf Aufhebung des formell rechtswidrigen Verwaltungsakts, wenn der Fehler nach § 46 (L)VwVfG unbeachtlich ist.*

Verstöße gegen formelle Voraussetzungen (Fortsetzung)	
Verfahrensverstöße	Lediglich zur formellen Rechtswidrigkeit führen die in § 44 Abs. 3 Nr. 2 bis 4 (L)VwVfG genannten Verfahrensverstöße. Sonstige Verfahrensverstöße führen nach § 44 Abs. 1 (L)VwVfG zur Nichtigkeit, wenn sie besonders schwerwiegend und offensichtlich sind, im Übrigen führen auch sie nur zur formellen Rechtswidrigkeit. *Nachholbar sind der fehlende Antrag, die fehlende Anhörung, der fehlende Beschluss eines verwaltungsintern mitwirkenden Ausschusses oder die fehlende Mitwirkung einer anderen Behörde nach § 45 Abs. 1 Nr. 1, 3, 4, 5 (L)VwVfG.* *Der Einzelne hat allein wegen eines Verfahrensverstoßes, der nicht bereits zur Nichtigkeit führt, keinen Anspruch auf Aufhebung des formell rechtswidrigen Verwaltungsakts, wenn der Fehler nach § 46 (L)VwVfG unbeachtlich ist.*
Formverstöße	Zur Nichtigkeit führen die Verstöße i. S. d. § 44 Abs. 2 Nr. 1 und Nr. 2 (L)VwVfG) und besonders schwerwiegende und offensichtliche Formverstöße (§ 44 Abs. 1 (L)VwVfG). Im Übrigen ist der Verwaltungsakt nur formell rechtswidrig. *Die fehlende Begründung kann nachgeholt werden, § 45 Abs. 1 Nr. 2 (L)VwVfG.* *Der Einzelne hat allein wegen des Verstoßes gegen die Form, die nicht bereits zur Nichtigkeit führt, keinen Anspruch auf Aufhebung des formell rechtswidrigen Verwaltungsakts, wenn der Fehler nach § 46 (L)VwVfG unbeachtlich ist.* Sonderfall: Die fehlende Rechtsbehelfsbelehrung lässt nach h. M. die Rechtmäßigkeit des VAs unberührt.
Verstöße gegen materielle Voraussetzungen	
Erlass des VAs ohne Vorliegen der Tatbestandsvoraussetzungen	VA ist ggf. nach § 44 Abs. 1 (L)VwVfG nichtig, sonst materiell rechtswidrig.
Verstoß gegen § 37 Abs. 1 (L)VwVfG	VA ist ggf. nach § 44 Abs. 1 (L)VwVfG nichtig, sonst materiell rechtswidrig.
VA ist objektiv tatsächlich unmöglich, verlangt die Begehung einer Straftat oder Ordnungswidrigkeit oder ist sittenwidrig	VA ist nach § 44 Abs. 2 Nr. 4–6 (L)VwVfG nichtig und damit unwirksam.
Setzen einer anderen als nach der Rechtsgrundlage zulässigen Rechtsfolge	VA ist ggf. nach § 44 Abs. 1 (L)VwVfG nichtig, sonst materiell rechtswidrig. ▷

Verstöße gegen materielle Voraussetzungen (Fortsetzung)	
Ermessensnichtgebrauch	VA ist ggf. nach § 44 Abs. 1 (L)VwVfG nichtig, sonst materiell rechtswidrig. *Der Ermessensnichtgebrauch wird im Widerspruchsverfahren geheilt, wenn die Widerspruchsbehörde nach ordnungsgemäßer Ermessensausübung am Ausgangsverwaltungsakt festhält!*
Ermessensfehlgebrauch	VA ist ggf. nach § 44 Abs. 1 (L)VwVfG nichtig, sonst materiell rechtswidrig. *Der Ermessensfehlgebrauch ist unbeachtlich, wenn der Verwaltungsakt auch auf sachgerechte Ermessensgesichtspunkte gestützt wurde und diese den Verwaltungsakt selbstständig tragen (Einzelheiten sind streitig).*
Ermessensüberschreitung bzw. Verstoß gegen sonstiges höherrangiges Recht	VA ist ggf. nach § 44 Abs. 1 (L)VwVfG nichtig, sonst materiell rechtswidrig.

C. Fehlerfolgen

I. Fehlende oder fehlerhafte Bekanntgabe

894 Wann eine Bekanntgabe fehlt oder fehlerhaft ist und welche Rechtsfolgen eine fehlerhafte Bekanntgabe hat, ist umstritten. Dies wollen wir uns in den folgenden fünf Schritten erarbeiten.

Vorweg zusammenfassend zu den Rechtsfolgen einer fehlerhaften Bekanntgabe:

Nach einer Auffassung ist sowohl die fehlende als auch die fehlerhafte Bekanntgabe keine Bekanntgabe i. S. d. § 43 Abs. 1 (L)VwVfG.[517]

Nach der wohl h. M. ist nur die fehlende Bekanntgabe keine Bekanntgabe i. d. S. § 43 Abs. 1 (L)VwVfG. Ein fehlerhaft bekannt gegebener Verwaltungsakt ist nach § 43 Abs. 1 (L)VwVfG grundsätzlich wirksam. Er ist nur dann nach § 43 Abs. 3 (L)VwVfG unwirksam, wenn ein Fall der Nichtigkeit (§ 44 Abs. 1 o. Abs. 2 Nr. 1 (L)VwVfG) vorliegt.[518] Streitig innerhalb dieser Auffassung wiederum ist, ob der wirksame Verwaltungsakt dann als „formell rechtswidrig" zu bezeichnen ist.[519]

517 Stelkens/Bonk/Sachs/*Stelkens*, VwVfG, § 41 Rn. 222 ff.

518 BVerwG, NVwZ 1992, 565 f.; *Detterbeck*, VerwR, Rn. 556 ff.

519 So *Detterbeck*, VerwR, Rn. 557 f.: Der Verwaltungsakt ist rechtswidrig, allein wegen dieses Fehlers aber gemäß § 46 (L)VwVfG nicht anfechtbar.

Nach beiden Auffassungen setzt eine fehlerhafte Bekanntgabe keine Widerspruchs- bzw. Klagefrist (§§ 70, 74 VwGO) in Gang. Erst wenn der Fehler nach Maßgabe von § 8 VwZG bzw. § 9 LVwZG BW geheilt ist oder die Behörde den Verwaltungsakt erneut, diesmal fehlerfrei bekannt gegeben hat, läuft die Widerspruchs- bzw. Klagefrist.[520] Streitig wiederum ist, unter welchen Voraussetzungen eine Heilung nach § 8 VwZG bzw. § 9 LVwZG eintritt.

1. Fehlender Bekanntgabewille oder fehlender Zugang

Nach allg. A. sind Verwaltungsakte rechtlich nicht existent („gelten überhaupt nicht"), solange die erlassende Behörde sie niemandem wissentlich bekannt gegeben hat, also wenn Bekanntgabewille und/oder Zugang fehlen. 895

■ **Beispiele:** Die Abrissverfügung liegt als Entwurf noch im Büro von Herrn Mustersachbearbeiter. Frau Schröder kommt zufällig vorbei und nimmt die Abrissverfügung mit. Die Abrissverfügung ist rechtlich nicht existent („fehlender Bekanntgabewille der Behörde"). Herr Mustersachbearbeiter schickt dem Rechtsanwalt von Frau Schröder ein Anschreiben „beigefügt finden Sie die Abrissverfügung an Ihre Mandantin", vergisst aber, die Abrissverfügung beizufügen. Damit ist die Abrissverfügung noch nicht bekannt gegeben („fehlender Zugang").

Für den Einzelnen ist ein ihm individuell bekanntzugebender Verwaltungsakt erst in dem Zeitpunkt wirksam („gilt für ihn"), in dem er ihm bzw. seinem gesetzlichen Vertreter oder seinem Bevollmächtigten von der Behörde willentlich bekannt gegeben wird, § 43 Abs. 1 S. 1 (L)VwVfG i. V. m. § 41 Abs. 1 S. 1 u. 2 (L)VwVfG. 896

■ **Beispiele:** Die Behörde will sowohl Frau Schröder als auch Herrn Schröder zum Abriss verpflichten. Sie schickt jedem der beiden eine Abrissverfügung. Nur die an Frau Schröder adressierte Abrissverfügung kommt an. Für Herrn Schröder ist die Abrissverfügung nicht wirksam.

2. Bekanntgabe an Beteiligungs- oder Handlungsunfähige

Gegenüber nicht Beteiligungsfähigen (vgl. § 11 (L)VwVfG) bekannt gegebene Verwaltungsakte sind unwirksam.[521] 897

---

520 Hier ist dann genau zu prüfen, ob die Rechtsbehelfsbelehrung ordnungsgemäß war. Siehe dazu den Lösungsvorschlag zu Aufgabe 4.

521 Das wird entweder damit begründet, dass die wirksame Bekanntgabe nach § 43 Abs. 1 (L) VwVfG fehlt oder dass der Verwaltungsakt nach § 44 Abs. 1 (L)VwVfG nichtig und damit nach § 43 Abs. 3 (L)VwVfG unwirksam ist.

■ **Beispiel:** Eine an die „Bürgerinitiative Junge Eltern“ gerichtete Baugenehmigung kann gegenüber der „Bürgerinitiative Junge Eltern“ nicht verbindlich werden, da diese keine beteiligungsfähige Personenvereinigung ist.

898 Unwirksam sind auch an handlungsunfähige natürliche Personen bekannt gegebene Verwaltungsakte (z. T. streitig).[522] Allein durch die tatsächliche Kenntnisnahme des gesetzlichen Vertreters wird der Fehler nicht geheilt, da in Bezug auf den gesetzlichen Vertreter der Bekanntgabewille der Behörde fehlt.[523] § 8 VwZG bzw. § 9 LVwZG BW sind also nicht anwendbar, auch nicht analog. Nur eine ausdrückliche oder konkludente Genehmigung durch den gesetzlichen Vertreter[524] oder die zwischenzeitlich eintretende Handlungsfähigkeit und erneute Kenntnisnahme vom Bescheid[525] können den Fehler heilen.

■ **Beispiel:** Der Hundesteuerbescheid wird dem minderjährigen Eigentümer und nicht dessen Eltern bekannt gegeben (Verstoß gegen § 12 Abs. 1 Nr. 2 (L)VwVfG). Auch wenn dieser den Bescheid seinen Eltern übergibt, wird der Hundesteuerbescheid nicht wirksam. Eine konkludente Genehmigung liegt vor, wenn die Eltern im Namen des Kindes nun Widerspruch oder Klage gegen den Hundesteuerbescheid erheben und die mangelnde Bekanntgabe nicht rügen. Ebenfalls wird der Fehler geheilt, wenn der minderjährige Eigentümer nun volljährig wird und erneut Kenntnis von dem Bescheid nimmt.

3. Falsche Bekanntgabeart

899 Nach h. M. werden Fehler bei der gewählten Bekanntgabeart (einfache Bekanntgabe statt Zustellung, öffentliche Bekanntgabe statt Individualbekanntgabe bzw. Individualzustellung)[526], die nicht so gravierend sind, dass sie zur Nichtigkeit des Verwaltungsakts nach § 44 Abs. 1 oder Abs. 2 Nr. 1 (L)VwVfG führen, nach § 8 VwZG bzw. § 9 LVwZG BW durch tatsächlichen Zugang des fehlerhaft zugestellten Dokuments ex nunc geheilt.[527]

---

522 BVerwG, NJW 1985, 576 (577). Streitig im Gefahrenabwehrrecht, siehe hierzu *Schenke*, JuS 2016, 507. Die Unwirksamkeit wird entweder damit begründet, dass die wirksame Bekanntgabe nach § 43 Abs. 1 (L)VwVfG fehlt oder dass der Verwaltungsakt nach § 44 Abs. 1 (L) VwVfG nichtig und damit nach § 43 Abs. 3 (L)VwVfG unwirksam ist.

523 VGH BW, VBlBW 2011, 160.

524 VGH BW, NuR 2006, 440.

525 VGH BW, VBlBW 1991, 65.

526 Zur Problematik, wenn Verwaltungsakte, für die die Schriftform vorgesehen ist, nur mündlich ergehen, siehe weiter unten unter „Formverstoß“:

527 OVG Saarland, Beschluss vom 05.04.2017 – 1 A 132/16 –; SächsOVG, Beschluss vom 14.09.2010 – 5 A 595/08 –; a. A. Stelkens/Bonk/Sachs/*Stelkens*, VwVfG, § 41 Rn. 222 ff.; 237.

Für eine Heilung nach § 8 VwZG bzw. § 9 LVwZG BW ist erforderlich, dass dem Empfangsberechtigten (also dem Regelungsadressaten des Verwaltungsakts bzw. dem vom Verwaltungsakt Betroffenen oder dessen gesetzlichem Vertreter bzw. Bevollmächtigten) der Verwaltungsakt als Dokument (also schriftlich oder elektronisch, nicht aber mündlich) tatsächlich zugeht. Mit „tatsächlicher Zugang" ist der Zeitpunkt gemeint, in dem der Empfangsberechtigte den Bescheid „tatsächlich in den Händen hält".[528] Wird der Fehler nicht geheilt, ist streitig, ob der Verwaltungsakt dann als „unwirksam" oder als „wirksam, aber rechtswidrig" zu bezeichnen ist. Nach beiden Auffassungen läuft dann jedenfalls keine Rechtsbehelfsfrist. 900

■ **Beispiele:**

Wird die an Frau Schröder gerichtete Abrissverfügung öffentlich bekannt gemacht, führt der Verstoß nach § 44 Abs. 1 LVwVfG BW zur Nichtigkeit.

Frau Schröder hat Widerspruch erhoben. Ihr Widerspruch soll mit Widerspruchsbescheid abgewiesen werden. Widerspruchsbescheide sind nach § 73 Abs. 3 S. 1 VwGO zwingend zuzustellen. Die Widerspruchsbehörde gibt den Widerspruchsbescheid nur mit normalem Brief oder Einwurfeinschreiben bekannt (Verstoß gegen §§ 3 ff. VwZG). Der Fehler ist nicht so schwerwiegend, dass er bereits zur Nichtigkeit führt. Der Fehler wird nach § 8 VwZG (bzw. § 9 LVwZG BW) geheilt (und setzt somit den Lauf der Klagefrist in Gang), sobald der Widerspruchsbescheid Frau Schröder tatsächlich zugeht. Wird der Widerspruchsbescheid Frau Schröder mündlich bekannt gegeben, ist eine Heilung nur möglich, wenn ihr der Widerspruchsbescheid als schriftliches oder elektronisches Dokument tatsächlich zugeht.

4. Fehler im Zustellungsvorgang

Wird gegen die zwingenden Zustellungsvorschriften in §§ 3 ff. (L)VwZG verstoßen, ist die Zustellung unwirksam. Der Fehler wird nach § 8 VwZG bzw. § 9 LVwZG BW geheilt, wenn der Verwaltungsakt dem Empfangsberechtigten (dem Regelungsadressaten bzw. Betroffenen bzw. in den Fällen des §§ 6, 7 (L)VwZG dessen gesetzlichem Vertreter bzw. Bevollmächtigten) als schriftliches oder elektronisches Dokument tatsächlich zugeht. 901

■ **Beispiel:** Die Abrissverfügung soll Frau Schröder durch die Post mit Zustellungsurkunde an ihre Wohnadresse zugestellt werden (§ 3 Abs. 2 LVwZG BW i.V.m § 177 ZPO). Der Postbedienstete klingelt. Herr Schröder öffnet. Der Postbedienstete übergibt ihm, ohne nach Frau Schröder (diese sitzt im Wohnzimmer) zu fragen, den Umschlag mit der Abrissverfügung. Das stellt einen Verstoß gegen § 3 Abs. 2 LVwZG BW i. V. m. § 178 Abs. 1 Nr. 1 ZPO dar. Er hätte nach Frau Schröder

528 GS des BFH (BFHE 244, 536 Rn. 63 ff.).

fragen müssen und ihr den Verwaltungsakt zustellen müssen. Erst zu dem Zeitpunkt, zu dem Frau Schröder die Abrissverfügung tatsächlich zugeht, wird diese nach § 9 LVwZG BW wirksam und setzt den Lauf der Widerspruchsfrist (§ 70 VwGO) in Gang.

5. Fehlende oder fehlerhafte Zustellung an den Bevollmächtigten

902 Wird ein Verwaltungsakt entgegen § 7 Abs. 1 S. 2 (L)VwZG nicht dem allgemein oder für das Verfahren bestimmten Bevollmächtigten, dessen Vollmacht sich in den Akten befindet, sondern dem Beteiligten bzw. dessen gesetzlichem Vertreter zugestellt, ist die Zustellung zunächst unwirksam. Der Fehler wird nach § 8 VwZG bzw. § 9 LVwZG BW geheilt, wenn der Verwaltungsakt dem Bevollmächtigten tatsächlich als schriftliches oder elektronisches Dokument zugeht (z. B. weil der Beteiligte ihm den Verwaltungsakt weiterleitet).

■ **Beispiel:** Frau Schröder wird in dem Verfahren durch einen Rechtsanwalt vertreten, dessen Vollmacht sich in den Akten des LRA Ortenaukreis befindet. Dennoch wird die Abrissverfügung Frau Schröder zugestellt. Die Abrissverfügung ist wegen des Verstoßes gegen § 7 Abs. 1 S. 2 LVwZG BW unwirksam. Erst zu dem Zeitpunkt, zu dem Frau Schröder dem Rechtsanwalt die Abrissverfügung übergibt und dieser sie in den Händen hält, wird sie nach § 9 LVwZG BW wirksam.

903 Streitig ist, ob der Verstoß gegen § 7 Abs. 2 (L)VwZG, wonach bei einem Zustellungsbevollmächtigten mehrerer Beteiligter für jeden Beteiligten eine Ausfertigung oder Abschrift zuzustellen ist, zur Unwirksamkeit der Zustellung führt.[529]

■ **Beispiel:** Richtet sich die Abrissverfügung sowohl gegen Frau als auch gegen Herrn Schröder und wird sie an deren gemeinsamen Rechtsanwalt zugestellt, fügt die Behörde aber nicht für beide eine Ausfertigung bei, ist streitig, ob die Zustellung wirksam ist. Teilweise wird § 7 Abs. 2 (L)VwZG für eine bloße Ordnungsvorschrift und nicht für eine zwingende Zustellungsvorschrift gehalten.

II. Behörde wollte etwas anderes als erklärt

904 Wollte die Behörde keinen Verwaltungsakt erlassen, sondern eine andere Maßnahme (bzw. Willenserklärung) treffen, liegt nach dem objektiven Empfängerhorizont aber ein Verwaltungsakt vor, muss die Behörde sich so behandeln lassen, als habe sie einen Verwaltungsakt erlassen (§ 133 BGB

529 Bejahend BPatG, Beschluss vom 02.11.2010 – 21 W (pat) 39/08 –; verneinend: VGH BW, NVwZ-RR 1989, 597.

analog).[530] Sie kann den Verwaltungsakt dann nur nach Maßgabe von §§ 48 ff. (L)VwVfG aufheben.[531]

■ **Beispiel:** Die Behörde schreibt dem Gastwirt: „Der Betrieb ihrer Gaststätte ist wie beantragt zulässig. Sie haben bis zum 10.03. noch die IHK-Bescheinigung vorzulegen" und fügt eine Rechtsbehelfsbelehrung bei. Tatsächlich wollte die Behörde dem Gastwirt nur mitteilen, dass grds. keine Bedenken bestehen, für die Bearbeitung aber noch die IHK Bescheinigung erforderlich ist. Aus der Sicht des objektiven Betrachters wurde die Gaststättenerlaubnis bereits erteilt. Die Behörde kann den Verwaltungsakt nur nach Maßgabe von §§ 48 ff. (L)VwVfG zurücknehmen oder widerrufen.

Entsprechendes gilt, wenn die Behörde im Verwaltungsakt etwas anderes **905** regeln wollte als erklärt. Nur wenn die Unrichtigkeit für den objektiven Empfänger offenbar ist (insbes. offenbarer Schreib- oder Rechenfehler), kann die Behörde den Verwaltungsakt jederzeit nach § 42 (L)VwVfG berichtigen. Ansonsten kann sie den Verwaltungsakt nur nach Maßgabe von §§ 48 ff. (L)VwVfG aufheben.

Sind Verwaltungsakte unklar gefasst, sind sie auszulegen. Unklarheiten **906** bei der Auslegung gehen zu Lasten desjenigen, der sich auf die Regelung beruft, also in der Regel zu Lasten der Behörde.[532]

■ **Beispiele:** Die Stadt Freiburg erlässt die Güterkraftverkehrserlaubnis „unter der Maßgabe, dass das polizeiliche Führungszeugnis vorgelegt wird". Hier ist unklar, ob die Behörde die Vorlage des Führungszeugnisses als Bestimmung oder Auflage aufgeben wollte. Zugunsten der Spedition Müller GmbH ist von einer Auflage auszugehen.

III. Verstöße gegen die (sonstigen) formellen oder materiellen Voraussetzungen

1. Nichtigkeit oder bloße Rechtswidrigkeit von Verwaltungsakten

Verstößt die Verwaltungsbehörde bei Erlass des Verwaltungsakts gegen den **907** Vorbehalt des Gesetzes (Handeln ohne erforderliche Ermächtigungsgrundlage), erlässt sie den Verwaltungsakt ohne VA-Befugnis oder verstößt sie gegen die sonstigen zu beachtenden formellen und materiellen Voraussetzungen, führt der Verstoß **nur dann** zur **Nichtigkeit** und damit nach § 43 Abs. 3 (L)VwVfG zur **Unwirksamkeit** des Verwaltungsakts, wenn es sich

530 BVerwG, NVwZ 2012, 506.

531 §§ 116 bis 124 BGB gelten also nicht, auch nicht analog. Das ist bei öffentlich-rechtlichen Verträgen anders.

532 Vgl. BSGE 37, 155 (160); BeckOK VwVfG/*Tiedemann*, VwVfG, § 36, Rn. 29.

um einen in § 44 Abs. 2 (L)VwVfG ausdrücklich aufgezählten Verstoß handelt oder der Verstoß nach § 44 Abs. 1 (L)VwVfG besonders schwerwiegend und offensichtlich ist. Ein Rechtsverstoß ist besonders schwerwiegend, wenn er mit tragenden Verfassungsprinzipien oder der Rechtsordnung immanenten wesentlichen Wertvorstellungen unvereinbar ist.[533] Offensichtlich ist ein Fehler, wenn sich die Rechtswidrigkeit auch einem verständigen Durchschnittsbürger ohne besonderen juristischen Sachverstand geradezu aufdrängt.[534]

■ **Beispiele für Nichtigkeit nach dem Positivkatalog in § 44 Abs. 2 (L)VwVfG**:

Die Abrissverfügung wird statt vom LRA Ortenaukreis von der örtlich unzuständigen Stadt Freiburg erteilt (nichtig nach § 44 Abs. 2 Nr. 3 LVwVfG BW wegen des Verstoßes gegen § 3 Abs. 1 Nr. 1 LVwVfG BW). Aus der schriftlichen Abrissverfügung ist nicht erkennbar, von welcher Behörde sie erlassen wird (nichtig nach § 44 Abs. 2 Nr. 1 LVwVfG BW). A wird per E-Mail eingebürgert (nichtig nach § 44 Abs. 2 Nr. 2 LVwVfG, weil § 16 StAG die Aushändigung einer Einbürgerungsurkunde vorschreibt).

■ **Beispiele nach dem Negativkatalog in § 44 Abs. 3 (L)VwVfG:** Keine Nichtigkeit, wenn das örtlich unzuständige LRA Ortenaukreis anstelle der Stadt Freiburg die Güterkraftverkehrserlaubnis erteilt (§ 44 Abs. 3 Nr. 1 LVwVfG BW).

■ **Beispiele für Nichtigkeit nach § 44 Abs. 1 (L)VwVfG:**

Die Abrissverfügung wird vom sachlich unzuständigen Finanzamt Offenburg erteilt (nichtig nach § 44 Abs. 1 (L)VwVfG BW: fundamentaler Verstoß gegen die Kompetenzordnung und Fehler ist offensichtlich). **Gegenbeispiel:** Die Festsetzung des Zwangsgeldes wird nur mündlich (statt schriftlich nach § 20 Abs. 1 S. 1 LVwVG BW) angedroht (keine Nichtigkeit nach § 44 Abs. 2 Nr. 2 LVwVfG BW und keine Nichtigkeit nach § 44 Abs. 1 LVwVfG BW, weil Fehler weder besonders schwerwiegend noch offensichtlich ist).

908 Die Nichtigkeit ist grundsätzlich nicht heilbar (Ausnahme: wenn Spezialgesetz dies vorsieht, wie z. B. § 13 Abs. 2 BBG).

909 Die weitaus meisten Rechtsverstöße führen **nur** zur **formellen oder materiellen Rechtswidrigkeit** des Verwaltungsakts, der **Verwaltungsakt** ist trotz des Verstoßes **wirksam**.

2. Heilbarkeit bloß rechtswidriger (nicht nichtiger) Verwaltungsakte

910 Bestimmte Fehler sind heilbar. Mit der Heilung wird der rechtswidrige Verwaltungsakt rechtmäßig.

---

533 BVerwG, NVwZ-RR 2008, 154; Kopp/Ramsauer/*Ramsauer* § 44 Rn. 8.

534 OVG NRW, NVwZ 1988, 74; Kopp/Ramsauer/*Ramsauer* § 44 Rn. 12.

Nach Maßgabe von § 45 (L)VwVfG kann die Verwaltung bestimmte **Verfahrens- und Formfehler** heilen, soweit die Heilung nicht durch Spezialgesetz ausgeschlossen ist. Ansonsten sind Zuständigkeit-, Verfahrens- und Formfehler nur heilbar, wenn ein Spezialgesetz das vorsieht. Mit der Heilung wird der Verwaltungsakt nach h. M. ex tunc rechtmäßig.[535] 911

■ **Beispiel:** Der Verstoß gegen die Begründungspflicht wird nach § 45 Abs. 1 Nr. 2 LVwVfG BW geheilt, in dem die Begründung nachgeholt wird.

Auch **bestimmte materielle Fehler** sind heilbar: Verstöße gegen das **Bestimmtheitsgebot** (§ 37 Abs. 1 (L)VwVfG), die nicht bereits zur Nichtigkeit des Verwaltungsakts führen, können durch nachträgliche Klarstellung geheilt werden.[536] 912

Ermessensnichtgebrauch und **Ermessensfehlgebrauch** der Ausgangsbehörde werden geheilt, wenn im **Widerspruchsverfahren** der Verwaltungsakt der Ausgangsbehörde aufrechterhalten wird, diesmal aber nach fehlerfreier Ermessensausübung (vgl. § 68 Abs. 1 S. 1 VwGO). 913

Im **Gerichtsverfahren** kann die Ausgangsbehörde Ermessensgründe nachschieben, um so einen etwaigen **Ermessensfehlgebrauch** zu heilen; nicht mehr heilbar ist in dieser Phase der Ermessensnichtgebrauch[537] (§ 114 S. 2 VwGO).

■ **Beispiel:** Das LRA Ortenaukreis hat ohne Ermessensausübung den Abriss der nicht standsicheren Gabionenmauer verfügt. Die Abrissverfügung ist wirksam, aber materiell rechtswidrig (Ermessensnichtgebrauch). Im Widerspruchsverfahren kommt die Widerspruchsbehörde nach fehlerfreier Ermessensausübung zu dem Ergebnis, dass es recht- und zweckmäßig ist, den Abriss der Gabionenmauer anzuordnen. Mit Widerspruchsbescheid weist sie daher den Widerspruch von Frau Schröder zurück. Im Widerspruchsbescheid erläutert die Widerspruchsbehörde ihre Ermessensgründe. Damit ist die ursprünglich rechtswidrige Abrissverfügung des LRA Ortenaukreis in Gestalt des Widerspruchsbescheids nun rechtmäßig.

3. Anfechtbarkeit rechtswidriger Verwaltungsakte

Wurde der Fehler nicht geheilt oder ist der Fehler nicht heilbar, hat der Einzelne nicht automatisch einen Anspruch auf Aufhebung des Verwaltungsakts im Widerspruchs- bzw. Klageverfahren. 914

---

535 A.A.: Rechtmäßigkeit nur ex nunc. Nachweise zum Meinungsstreit: Kopp/Ramsauer/*Ramsauer* § 45 Rn. 14.

536 BVerwG, NVwZ-RR 2006, 589; OVG Rh.-Pf., NVwZ 1990, 399.

537 BVerwG, DVBl 2007, 260; Kopp/Schenke/*Ruthig*, VwGO, § 114 Rn. 50.

915 Einen Aufhebungsanspruch hat der Einzelne zum einen nur dann, wenn er durch den objektiv rechtswidrigen Verwaltungsakt in seinen subjektiven öffentlichen Rechten verletzt ist.

■ **Beispiele:** Der Nachbar kann die Rechtswidrigkeit einer Baugenehmigung wegen Verstoßes gegen Abstandsvorschriften nur geltend machen, wenn die verletzte Abstandsvorschrift gerade auch seinem Schutz dient.

916 Außerdem darf der Anspruch auf Aufhebung des rechtswidrigen Verwaltungsakts nicht ausnahmsweise ausgeschlossen sein.

917 Ein wichtiger Ausschlussgrund ist § 46 (L)VwVfG.[538] Danach hat der Einzelne keinen Anspruch auf Aufhebung eines rechtswidrigen, aber wirksamen[539] Verwaltungsakts, der an einem Verfahrens- oder Formfehler leidet oder von der örtlich unzuständigen Behörde erlassen wurde, wenn der Fehler offensichtlich die Entscheidung in der Sache nicht beeinflusst hat (sogenannte relative Verfahrensfehler). Formfehler beeinflussen die Entscheidung in der Sache i. d. R. nicht. Verfahrensfehler wie die fehlende Anhörung, die Mitwirkung eines ausgeschlossenen oder befangenen Sachbearbeiters, die fehlende Mitwirkung einer anderen zu beteiligen Stelle beeinflussen im Grundsatz Ermessensentscheidungen[540], nicht aber gebundene Entscheidungen.

■ **Beispiele:** Die an Frau Schröder gerichtete Abrissverfügung wurde rechtswidrig ohne die nach § 39 LVwVfG BW erforderliche Begründung erlassen. Bisher wurde die Begründung auch nicht nachgeholt. Damit ist die Abrissverfügung weiterhin objektiv rechtswidrig und stellt einen Eingriff in Frau Schröders Recht auf Eigentum (Art. 14 GG) dar. Dennoch hat Frau Schröder nach § 46 LVwVfG BW keinen Anspruch auf Aufhebung der Abrissverfügung im etwaigen Klageverfahren, weil die fehlende Begründung nicht kausal für die Sachentscheidung sein kann.

918 Teilweise wird der Rückgriff auf § 46 (L)VwVfG durch Spezialgesetz ausgeschlossen (sogenannte absolute Verfahrensfehler)[541] oder modifiziert.[542]

---

538 Weitere Beispiele: § 7 Abs. 5 UmwRG; Ämterstabilität im Beamtenrecht steht der Aufhebung einer Beamtenernennung im Rahmen einer Konkurrentenklage entgegen (streitig).

539 § 46 (L)VwVfG greift nicht, wenn der Verwaltungsakt bereits nichtig ist.

540 Im Einzelfall kann der Verfahrensfehler trotz des Vorliegens von Ermessen für die Sachentscheidung ohne Einfluss sein. Zu einer umgekehrten Beweislast führt § 75 Abs. 1a S. 1 (L) VwVfG. Hier ist die Möglichkeit einer anderen Entscheidung im Einzelfall positiv nachzuweisen („gesetzliche Vermutung der Unerheblichkeit").

541 Beispiel: § 4 Abs. 1 UmwRG.

542 Beispiel: § 4 Abs. 1a UmwRG.

Analog § 46 (L)VwVfG ist außerdem ein Ermessensfehlgebrauch unbeachtlich, wenn angesichts der besonderen Umstände des Falles ausgeschlossen werden kann, dass die Behörde bei sachgemäßer Ausübung ihres Ermessens zu einem anderen Ergebnis hätte kommen können.[543] Das ist insbesondere der Fall, wenn eine Ermessensreduzierung auf Null vorliegt oder die Behörde die Entscheidung auf mehrere Ermessenserwägungen stützt, von denen einzelne fehlerhaft sind, die rechtmäßigen Ermessenserwägungen die Entscheidung aber allein tragen.[544] **919**

■ **Beispiele:** Das LRA Ortenaukreis stützt die Abrissverfügung auf folgende zwei Ermessensgründe: Zum einen will das LRA die durch die nicht standsichere Mauer drohenden Gefahren abwehren (rechtmäßige Ermessensausübung, Durchsetzung von § 13 LBO BW). Außerdem seien Hecken aus Gründen des Umweltschutzes vorzugswürdig (fehlerhafte Ermessensausübung, dieser Gesichtspunkt darf in die Ermessensausübung nicht eingestellt werden, da er nicht dem Gesetzeszweck von § 65 Abs. 1 S. 1 LBO BW entspricht, denn der Bau von Mauern ist gesetzlich nicht verboten). Das LRA selbst will den Abriss hier aus zwei selbstständig tragenden Entscheidungsgründen verfügen. Damit ist der Fehler („keine Mauern, sondern Hecken für den Umweltschutz") analog § 46 (L)VwVfG für die Sachentscheidung (Abrissverfügung) unbeachtlich, da das LRA Ortenaukreis die Entscheidung auch ohne diesen Fehler gestützt auf den ersten, sachgemäßen Grund („Durchsetzung von § 13 LBO BW") so erlassen hätte.

IV. Fehlende, unvollständige oder inhaltlich falsche Rechtsbehelfsbelehrung

Der Verstoß gegen § 37 Abs. 6 (L)VwVfG lässt nach h. M. die Rechtmäßigkeit des Verwaltungsakts unberührt. Bei fehlender, unvollständiger oder inhaltlich falscher Rechtsbehelfsbelehrung verlängert sich aber die Widerspruchs- bzw. Klagefrist auf insgesamt ein Jahr, § 58 Abs. 2 VwGO. **920**

V. Verstöße gegen Verwaltungsvorschriften und sonstiges verwaltungsinternes Recht

Allein der Verstoß gegen „verwaltungsinternes Recht" ohne rechtliche Außenwirkung führt nicht zur Rechtswidrigkeit des Verwaltungsakts. **921**

---

543 Kopp/Schenke/*Ruthig*, VwGO, § 114 Rn. 18.

544 Streitig ist insofern, ob es reicht, dass die anderen Gründe rechtlich fehlerfrei sind und die Entscheidung allein tragen könnten (so die Rechtsprechung BVerwG, DVBl 2001, 726) oder ob es (so überzeugender) darauf ankommt, dass die Entscheidung nach dem Willen der Behörde durch die fehlerfreien Erwägungen auch allein gestützt werden soll (Kopp/Schenke/*Ruthig*, VwGO, § 114 Rn. 6a).

Beispiele: Die Abrissverfügung wird nicht (wie sonst üblich) von dem nach dem Geschäftsverteilungsplan zuständigen Herrn Mustersachbearbeiter, sondern von der Kollegin aus der Kämmerei erlassen. Der Verstoß gegen den Geschäftsverteilungsplan (Verwaltungsvorschrift ohne unmittelbare rechtliche Außenwirkung) führt nicht zur Rechtswidrigkeit des Verwaltungsakts.

Die Gemeinde erteilt dem Verein A einen Zuschuss, obwohl die nach der Subventionsrichtlinie vorgesehenen Voraussetzungen für die Zuschusserteilung nicht vorliegen. Anträge anderer Vereine werden in vergleichbaren Fällen immer abgelehnt. Allein der Verstoß gegen eine Verwaltungsvorschrift führt nicht zur Rechtswidrigkeit des Verwaltungsakts.

922 Nur dann, wenn nach Art. 3 Abs. 1 GG eine Ungleichbehandlung vorliegt und diese sachlich nicht gerechtfertigt ist, ist der Verwaltungsakt rechtswidrig.

Beispiele: Der Verstoß gegen den Geschäftsverteilungsplan stellt keine Ungleichbehandlung i. S. d. Art. 3 Abs. 1 GG dar: Allein die Tatsache, dass ein anderer Mitarbeiter der Verwaltung die Abrissverfügung erlässt als in sonstigen Fällen, berührt die Rechtsposition von Frau Schröder nicht.

Die Subventionsbewilligung (siehe Beispiel oben unter Rn. 921) ist wegen des Verstoßes gegen Art. 3 Abs. 1 GG rechtswidrig. Es liegt eine Ungleichbehandlung vor: Gewährung der Subvention trotz fehlender Voraussetzungen nach der Richtlinie an den Verein A. und Ablehnung der Subvention in sonstigen Fällen. Für diese Ungleichbehandlung gibt es keinen sachlich gerechtfertigten Grund (ein solcher wäre z. B. vorhanden, wenn die Verwaltungspraxis anlässlich des Falls zukünftig geändert werden soll).

D. Umdeutung

923 Ist ein Verwaltungsakt formell und/oder materiell rechtswidrig, enthält er aber eine gleichwertige Regelung, die die Behörde formell und materiell rechtmäßig hätte erlassen können, „kann" er unter den Voraussetzungen des § 47 (L)VwVfG in diese Regelung (diesen Verwaltungsakt) umgedeutet werden.

Beispiele für Umdeutungen: Umdeutung: Die rechtswidrige Rücknahme eines Verwaltungsakts (§ 48 (L)VwVfG) wird in die rechtmäßige Abhilfe eines Widerspruchs (§ 72 VwGO) umgedeutet.[545] Die formell fehlerhafte fristlose Entlassung des Beamten wird in eine rechtmäßige fristgerechte Entlassung umgedeutet.[546]

545 Vgl. BayVGH, BayVBl. 1983, 212.
546 BVerwG, NVwZ 1993, 698.

Kein Fall der Umdeutung: Die Abrissverfügung (dieselbe Regelung) wird von der Widerspruchsbehörde korrekt auf § 65 Abs. 1 S. 1 LBO BW statt wie bisher von der Ausgangsbehörde falsch auf § 47 Abs. 1 S. 2 LBO BW gestützt (das ist kein anderer, sondern derselbe Verwaltungsakt).

■ **Beispiele für unzulässige Umdeutungen:** Eine rechtswidrige gebundene Entscheidung wird in eine rechtmäßige Ermessensentscheidung umgedeutet (unzulässig nach § 47 Abs. 3 (L)VwVfG). Ein rechtswidriger Verwaltungsakt wird in einen rechtmäßigen Verwaltungsakt mit für den Betroffenen ungünstigeren Rechtsfolgen umgedeutet (unzulässig nach § 47 Abs. 2 (L)VwVfG).

Umstritten ist, wie der Gesetzeswortlaut *„kann [...] umgedeutet werden“* zu **924** verstehen ist, d.h. welche Rechtsnatur die Umdeutung hat. Teilweise wird vertreten, § 47 (L)VwVfG sei eine Rechtsgrundlage für den Erlass eines „Umdeutungs-Verwaltungsakts“ durch die Behörde. Nach h.M. ist § 47 (L)VwVfG ein Instrument zur Erhaltung des Verwaltungsakts, so dass die Umdeutung bei Vorliegen der Voraussetzungen von § 47 (L)VwVfG automatisch eintritt und sie von der Behörde oder dem Gericht lediglich „erkannt“ wird, nicht aber Gegenstand eines Rechtsbehelfsverfahrens sein kann.[547]

E. Lösungsvorschlag

■ **Lösungsvorschlag zu Aufgabe 1:** **925**

Die Abrissverfügung bedarf als belastende Maßnahme (Eingriff in das Recht auf Eigentum, Art. 14 GG) zwingend einer Ermächtigungsgrundlage. Als solche kommt § 65 Abs. 1 S. 1 LBO BW in Betracht, wonach der Abriss einer Anlage, die im Widerspruch zu öffentlich-rechtlichen Vorschriften errichtet wurde, angeordnet werden kann, wenn rechtmäßige Zustände nicht auf andere Weise hergestellt werden können. Damit ist eine wirksame Rechtsgrundlage vorhanden.

Allerdings hat das LRA Ortenaukreis die Abrissverfügung nicht auf § 65 Abs. 1 S. 1 LBO BW, sondern auf § 47 Abs. 1 S. 2 LBO BW gestützt, der nur greifen würde, wenn der Widerspruch zu öffentlich-rechtlichen Vorschriften erst nach der Errichtung der Anlage entstanden wäre. Allein die falsche Wahl der Rechtsgrundlage führt aber nicht zur materiellen Rechtswidrigkeit eines Verwaltungsakts. Vielmehr ist die Abrissverfügung dennoch rechtmäßig, wenn sie nach § 65 Abs. 1 S. 1 LBO BW formell und materiell rechtmäßig hätte erlassen werden können.

■ **Lösungsvorschlag zu Aufgabe 2:**

Der Erlass der Abrissverfügung könnte gegen § 28 Abs. 1 LVwVfG BW verstoßen. Danach ist vor Erlass eines Verwaltungsakts, der in Rechte eines Beteiligten eingreift, diesem

547 Zum Meinungsstand: Kopp/Ramsauer/*Ramsauer* § 47 Rn. 8 ff.

Gelegenheit zu geben, zu den entscheidungserheblichen Tatsachen Stellung nehmen zu können, soweit nicht ausnahmsweise von der Anhörung abgesehen werden muss (Abs. 3) bzw. darf (Abs. 2).

Die Abrissverfügung ist ein Verwaltungsakt (§ 35 S. 1 LVwVfG BW), verpflichtet Frau Schröder (Beteiligte nach § 13 Abs. 1 Nr. 2 LVwVfG BW) zum Abriss der Mauer und stellt damit einen Eingriff in ihr Recht auf Eigentum (Art. 14 GG) dar. Ausnahmegründe nach Abs. 3 oder 2 sind nicht ersichtlich. Damit hätte Frau Schröder angehört werden müssen. Eine Anhörung ist nicht erfolgt. Folglich war die Abrissverfügung zum Zeitpunkt ihres Erlasses rechtswidrig.

Die fehlende Anhörung kann nach § 45 Abs. 1 Nr. 3, Abs. 2 LVwVfG BW bis zum Abschluss der letzten Tatsacheninstanz eines verwaltungsgerichtlichen Verfahrens nachgeholt werden. Mit der Nachholung wird der Verwaltungsakt nach h. M. ex tunc rechtmäßig. Dazu ist erforderlich, dass Frau Schröder die entscheidungserheblichen Tatsachen mitgeteilt werden und sie Gelegenheit zur Stellungnahme hat. Gelegenheit zur Stellungnahme erhält Frau Schröder, wenn die Begründung der ihr bekannt gegebenen Abrissverfügung alle entscheidungserheblichen Tatsachen enthält, sie im Widerspruchsverfahren dazu Stellung nehmen kann und sich die Ausgangs- und Widerspruchsbehörde dann mit dieser Stellungnahme auseinandersetzen. Damit wird die fehlende Anhörung nachgeholt.

Wird die Anhörung nicht nachgeholt, weil z. B. die Abrissverfügung ohne Begründung erging und Frau Schröder auch sonst im Widerspruchsverfahren die entscheidungserheblichen Tatsachen nicht mitgeteilt wurden, bleibt die Abrissverfügung rechtswidrig. Frau Schröders Anspruch auf Aufhebung des rechtswidrigen Verwaltungsakts wäre dann auch nicht nach § 46 LVwVfG BW ausgeschlossen, denn es ist nicht offensichtlich, dass bei erfolgter Anhörung ebenfalls die Abrissverfügung erlassen worden wäre. Vielmehr ist denkbar, dass Frau Schröder neue Ermessensgesichtspunkte in die Entscheidung hätte einbringen können.

■ Lösungsvorschlag zu Aufgabe 3:

Die Abrissverfügung ist materiell rechtmäßig, wenn sie ermessensfehlerfrei ist. Nach § 40 LVwVfG BW muss die Behörde das ihr eingeräumte Ermessen ausüben (kein Ermessensnichtgebrauch), und zwar entsprechend dem Zweck der Ermächtigungsgrundlage (kein Ermessensfehlgebrauch) und innerhalb der gesetzlichen Grenzen (keine Ermessensüberschreitung). Das LRA Ortenaukreis hielt sich für gebunden und hat das ihm eingeräumte Ermessen überhaupt nicht ausgeübt. Damit ist die Abrissverfügung wegen des Ermessensnichtgebrauchs materiell rechtswidrig. Fraglich ist, ob der Ermessensfehler im Widerspruchsverfahren geheilt werden könnte, indem die Widerspruchsbehörde erstmals Ermessen ausübt und an der Abrissverfügung festhält.

Eine Heilung wäre ausgeschlossen, wenn die Anordnung des Abrisses der Mauer gegen sonstiges höherrangiges Recht verstieße (Ermessensüberschreitung). Zu prüfen ist, ob die Abrissverfügung verhältnismäßig ist. Das wäre der Fall, wenn sie zur Erreichung eines legitimen Zwecks geeignet, erforderlich und angemessen ist. Legitimer Zweck ist hier die Herstellung rechtmäßiger Zustände, nämlich die Durchsetzung der örtlichen Bauvorschriften aus dem Bebauungsplan. Für diesen Zweck ist die Abrissverfügung förderlich und damit geeignet, denn notfalls könnte das LRA Ortenaukreis die Verfügung auch zwangsweise durchsetzen. Die Abrissverfügung ist erforderlich, wenn es kein milderes, gleich geeignetes Mittel gibt. Ein milderes Mittel zur Herstellung ordnungsgemäßer Zustände ist nicht ersichtlich. Die etwaige Änderung des Bebauungsplans steht schon nicht in der Kompetenz des LRA Ortenaukreis. Die Abrissverfügung müsste auch angemessen sein. Sie dürfte für Frau Schröder keine Nachteile herbeiführen, die erkennbar außer Verhältnis zum beabsichtigten Erfolg stehen. Hier will das LRA Ortenaukreis eine allein aus gestalterischen Gründen von der Gemeinde erlassene Bauvorschrift durchsetzen, obwohl die Gemeinde selbst an dem Verstoß seit 20 Jahren keinen Anstoß genommen hat. Insoweit überwiegt das Vertrauen von Frau Schröder in den Bestand der Mauer, zumal sie selbst den Bebauungsplan nicht kannte und keine Nachahmungsgefahr besteht. Die Abrissverfügung ist unangemessen und somit unverhältnismäßig. Sie ist unheilbar materiell rechtswidrig.

Lösungsvorschlag zu Aufgabe 4:

Zu prüfen ist, ob die Abrissverfügung für Frau Schröder wirksam ist. Das setzt nach § 41 Abs. 1 LVwVfG BW voraus, dass sie ihr bekannt gegeben worden ist. Laut Sachverhalt wurde die Abrissverfügung ihr persönlich durch die Post mit Postzustellungsurkunde zugestellt. Das stellt einen Verstoß gegen § 7 Abs. 1 S. 2 LVwZG BW dar, wonach die Abrissverfügung ihrem Rechtsanwalt, dessen Vollmacht zu den Akten gegeben wurde, hätte zugestellt werden müssen. Streitig ist, ob nicht nur die fehlende, sondern auch die fehlerhafte Bekanntgabe dazu führt, dass nach § 41 Abs. 1 LVwVfG BW kein wirksamer Verwaltungsakt vorliegt. Nach h. M. berührt die fehlerhafte Bekanntgabe die Wirksamkeit des Verwaltungsakts nicht, wenn der Fehler nicht so gravierend ist, dass ein Fall der Nichtigkeit vorliegt (§ 44 Abs. 1 oder 2 (L)VwVfG), nach anderer Auffassung liegt schon kein Verwaltungsakt vor.

Dieser Meinungsstreit kann jedoch dahinstehen, wenn der Fehler nach § 9 LVwZG BW geheilt wurde. Das setzt voraus, dass die Abrissverfügung als schriftliches oder elektronisches Dokument dem Empfangsberechtigten (hier dem Rechtsanwalt von Frau Schröder) tatsächlich zugeht. Das war laut Sachverhalt am 10.03. der Fall.

Damit ist die Abrissverfügung jedenfalls spätestens seit dem 10.03. (nach der h. M. bereits seit dem 10.01.) wirksam. Fristbeginn für den Lauf der Widerspruchsfrist ist nach §§ 79 Hs. 2, 31 Abs. 1 LVwVfG BW i. V. m. § 187 Abs. 1 BGB der 11.03. Da die Rechtsbehelfsbelehrung fehlerhaft ist (Frau Schröder muss die Belehrung so verstehen, dass sie einen Monat Zeit hat, nachdem die Abrissverfügung ihr zugestellt worden ist), beträgt die Widerspruchsfrist nicht einen Monat, sondern nach §§ 70 Abs. 2, 58 Abs. 2 VwGO ein Jahr und läuft somit nach §§ 79 Hs. 2, 31 Abs. 1 LVwVfG BW i. V. m. § 188 Abs. 2 Hs. 1 BGB mit Ende des 10.03. des kommenden Jahres ab.

3. Kapitel: Fehler bei Anordnung der sofortigen Vollziehung

926 **Abwandlung des Gabionenmauerfalls:** Das LRA Ortenaukreis verfügt den Abriss der Gabionenmauer. Frau Schröder erhebt Widerspruch. Das LRA Ortenaukreis ordnet die sofortige Vollziehung an, begründet das besondere öffentliche Interesse aber nicht.

- **Aufgabe:** Welche Folge hat der Verstoß gegen § 80 Abs. 3 S. 1 VwGO?

927 Ist die Anordnung der sofortigen Vollziehung eines Verwaltungsakts niemandem bekannt gemacht worden oder leidet sie unter einem Fehler analog § 44 Abs. 2 oder 1 (L)VwVfG, ist sie unwirksam. Ebenfalls ist die Anordnung unwirksam, wenn der Verwaltungsakt, dessen sofortige Vollziehung angeordnet wird, unwirksam ist (Akzessorietät).

928 Im Übrigen führen Verstöße gegen die materiellen oder formellen Voraussetzungen für die Anordnung der sofortigen Vollziehung nur zu deren Rechtswidrigkeit.

929 Streitig ist, ob wie beim Verwaltungsakt eine Heilung analog § 45 (L)VwVfG möglich ist. Nach richtiger Rechtsauffassung ist wegen des Gesetzesvorbehalts eine Analogie zu Lasten des Betroffenen abzulehnen.[548]

930 Die Ausgangs- oder Widerspruchsbehörde kann die Anordnung der sofortigen Vollziehung allerdings neu erlassen.

931 **Lösungsvorschlag:**

Die Anordnung der sofortigen Vollziehung ist als akzessorische Nebenregelung unwirksam, wenn die Abrissverfügung selbst unwirksam ist (wegen fehlender Bekanntgabe, Nichtigkeit oder zwischenzeitlicher Aufhebung bzw. Erledigung). Das ist hier nicht der Fall. Weiter wäre die Anordnung der sofortigen Vollziehung nichtig und damit unwirksam, wenn der Verstoß gegen die Begründungspflicht (§ 80 Abs. 3 S. 1 VwGO) ein besonders schwerwiegender und offensichtlicher Fehler analog § 44 Abs. 1 LVwVfG BW ist. Die fehlende Begründung verstößt nicht eklatant gegen Verfassungsprinzipien oder gegen die der VwGO zugrunde liegenden Wertvorstellungen. Damit liegt kein schwerwiegender Fehler vor. Die Anordnung ist formell rechtswidrig, aber wirksam und damit für Frau Schröder bindend.

Die derzeitig rechtswidrige Anordnung der sofortigen Vollziehung wird zwar nicht bestandskräftig. Ihre Verbindlichkeit für Frau Schröder verliert sie aber nur, wenn sie von der Ausgangs- oder Widerspruchsbehörde oder vom Gericht aufgehoben wird.

---

548 Wie hier: *Schenke*, Verwaltungsprozessrecht, Rn. 1055; a. A.: OVG Berlin-Brandenburg, NVwZ-RR 2008, 727; möglich nach OVG Bremen, NordÖR 1999, 284.

Ein Antrag von Frau Schröder beim VG Freiburg nach § 80 Abs. 5 VwGO auf Wiederherstellung der aufschiebenden Wirkung ihres Widerspruchs gegen die Abrissverfügung hätte Erfolg, weil allein die fehlende Begründung der Anordnung der sofortigen Vollziehung schon zur Aufhebung der Anordnung der sofortigen Vollziehung[549] führt. § 46 (L)VwVfG ist nicht anwendbar, auch nicht analog.

Durch eine nachträgliche Begründung kann der Verstoß nach richtiger Rechtsauffassung (keine Analogie zu Lasten des Betroffenen) auch nicht analog § 45 Abs. 1 Nr. 2 LVwVfG BW geheilt werden. Allerdings können das LRA Ortenaukreis als Ausgangsbehörde und das RP Freiburg als Widerspruchsbehörde im Widerspruchsverfahren die sofortige Vollziehung erneut anordnen, diesmal mit ordnungsgemäßer Begründung des besonderen öffentlichen Interesses. Damit erledigt sich zugleich die alte rechtswidrige Anordnung der sofortigen Vollziehung.

4. Kapitel: Fehler bei Abschluss öffentlich-rechtlicher Verträge

A. Ausgangsfall, Lernziele und Lerninhalte

Abwandlung des Gabionenmauerfalls: Herr Mustersachbearbeiter vereinbart im Namen des Landkreises mit Herrn Schröder (Besitzer) mündlich, dass dieser sich verpflichtet, die Gabionenmauer bis zum 10.03.2025 abzureißen, und das LRA Ortenaukreis im Gegenzug die illegale Mauer bis zum 10.03.2025 duldet. 932

■ **Aufgabe:** Welche Folge haben die fehlende Mitwirkung von Frau Schröder (Alleineigentümerin), der Vertragsschluss im Namen des Landkreises (statt im Namen des Landes Baden-Württemberg) und der Verstoß gegen den Schriftformzwang in § 57 LVwVfG BW?

In diesem Kapitel lernen Sie, gutachtlich die Folgen von Fehlern bei Abschluss öffentlich-rechtlicher Verträge zu beurteilen. Lerninhalte sind: 933

- ☑ Unwirksamkeit von öffentlich-rechtlichen Verträgen nach § 58 (L)VwVfG
- ☑ Nichtigkeit von öffentlich-rechtlichen Verträgen nach § 59 Abs. 1 (L)VwVfG (insbes. nach §§ 125, 134 BGB)
- ☑ Nichtigkeit von subordinationsrechtlichen Verträgen nach § 59 Abs. 2 (L)VwVfG

549 Ob das Gericht die Vollziehungsanordnung lediglich aufhebt oder ob das Gericht die Wiederherstellung der aufschiebenden Wirkung des Widerspruchs anordnet, ist umstritten, siehe dazu *Schenke*, Verwaltungsprozessrecht, Rn. 1078.

B. Übersicht über etwaige Fehlerfolgen

934

Fehler im Einigungsvorgang	
Koordinations- und subordinationsrechtliche Verträge	kein wirksamer Vertragsschluss, wenn keine zwei übereinstimmenden Willenserklärungen vorliegen (§§ 145 ff. BGB)
	Vertragsabschluss ist bei erkennbarem Vorbehalt, Scheingeschäft oder mangelnder Ernsthaftigkeit nichtig (§ 59 Abs. 1 (L)VwVfG i. V. m. §§ 116–118 BGB)
	Vertragsabschlüsse Geschäftsunfähiger, Bewusstloser oder vorübergehend Geistesgestörter sind nichtig (§ 59 Abs. 1 (L)VwVfG i. V. m. §§ 105, 105a BGB)
	Vertragsabschlüsse beschränkt Geschäftsfähiger ohne erforderliche Einwilligung sind ohne Genehmigung des gesetzlichen Vertreters schwebend unwirksam (§ 59 Abs. 1 (L)VwVfG i. V. m. § 108 BGB)
	Vertragsabschlüsse eines Vertreters ohne Vertretungsmacht sind ohne Genehmigung des Vertretenen schwebend unwirksam (§ 59 Abs. 1 (L)VwVfG i. V. m. § 177 BGB); problematisch: Abgrenzung zur fehlenden Verbandskompetenz bzw. Zuständigkeit von Behörde
Handeln ohne erforderliche Rechtsgrundlage (Verstoß gegen den allgemeinen oder einen speziellen Gesetzesvorbehalt)	
Koordinations- und subordinationsrechtliche Verträge	nichtig (streitig): § 59 Abs. 1 (L)VwVfG i. V. m. § 134 BGB i. V. m. Art. 20 Abs. 3 GG (bzw. spezieller Gesetzesvorbehalt)
Handeln unter Verstoß gegen ein Vertragsformverbot	
Koordinations- und subordinationsrechtliche Verträge	nichtig (streitig): § 59 Abs. 1 (L)VwVfG i. V. m. § 134 BGB i. V. m. Vertragsformverbot (a. A.: nichtig nach § 125 BGB oder nach § 54 S. 1 (L)VwVfG; keine Nichtigkeit)
Fehlende Zuständigkeit der vertragsschließenden Behörde	
Subordinationsrechtliche Verträge	nichtig, wenn ein Verwaltungsakt mit entsprechendem Inhalt nichtig wäre (§ 59 Abs. 2 Nr. 1 (L)VwVfG): absolut sachlich unzuständige Behörde (§ 44 Abs. 1 (L)VwVfG) und nach § 3 Abs. 1 Nr. 1 (L)VwVfG örtlich unzuständige Behörde (§ 44 Abs. 2 Nr. 3 (L)VwVfG); bei sonstigen Zuständigkeitsverstößen: nichtig, wenn beide Vertragspartner die fehlende Zuständigkeit kannten und Verstoß nicht nach § 46 (L)VwVfG unbeachtlich ist (§ 59 Abs. 2 Nr. 2 (L)VwVfG)
Subordinationsrechtliche Verträge im Übrigen und koordinationsrechtliche Verträge	Streitig: immer nichtig (Ultra-vires-Lehre); Bewertung analog § 44 Abs. 1 u. Abs. 2 Nr. 3 (L)VwVfG; Vertreter ohne Vertretungsmacht

Fehlende zwingende Zustimmung eines Dritten oder einer anderen Behörde	
Koordinations- und subordinationsrechtliche Verträge	Schwebend unwirksam nach § 58 (L)VwVfG bzw. Spezialgesetz
Verstoß gegen den Schriftformzwang	
Koordinations- und subordinationsrechtliche Verträge	nichtig nach § 59 Abs. 1 (L)VwVfG i. V. m. § 125 BGB i. V. m. § 57 (L)VwVfG oder Spezialvorschrift; § 126 Abs. 2 BGB gilt nicht (streitig)
Sonstige Verstöße gegen materielle Voraussetzungen	
Koordinations- und subordinationsrechtliche Verträge	nichtig nach § 59 Abs. 1 (L)VwVfG i. V. m. § 134 BGB, wenn eine Rechtsnorm den Inhalt der vertraglichen Regelung schlechthin verbietet (Reichweite im Einzelnen streitig)
	nichtig nach § 59 Abs. 1 (L)VwVfG i. V. m. § 138 BGB (sittenwidrig; Wucher)
Speziell: Vergleichsvertrag	nichtig, wenn die Voraussetzungen zum Abschluss eines Vergleichsvertrags nicht vorlagen und ein Verwaltungsakt mit entsprechendem Inhalt rechtswidrig wäre (§ 59 Abs. 2 Nr. 2 (L)VwVfG)
Speziell: Austauschvertrag	nichtig, wenn sich Bürger zu einer nach § 56 (L)VwVfG unzulässigen Gegenleistung verpflichtet (§ 59 Abs. 2 Nr. 4 (L)VwVfG)
	nichtig, wenn ein Verwaltungsakt mit entsprechendem Inhalt nichtig wäre (§ 59 Abs. 2 Nr. 1 (L)VwVfG)
	nichtig, wenn ein Verwaltungsakt mit entsprechendem Inhalt rechtswidrig wäre und beide Parteien das wussten (§ 59 Abs. 2 Nr. 2 (L)VwVfG)

C. Fehlerfolgen

I. Grundsätze

Verstöße des Verwaltungsträgers bzw. seines Vertragspartners gegen geltendes Recht beim Abschluss eines öffentlich-rechtlichen Vertrags führen entweder zur Nichtigkeit des öffentlich-rechtlichen Vertrags (Unwirksamkeit) oder lassen die Wirksamkeit des Vertrages unberührt. Anders als wirksame, aber rechtswidrige Verwaltungsakte sind wirksame, aber rechtswidrige öffentlich-rechtliche Verträge nicht durch einen Rechtsbehelf anfechtbar[550] 935

550 Vgl. Widerspruch und Anfechtungs- bzw. Verpflichtungsklage bei Verwaltungsakten.

und können auch nicht von der Behörde einseitig zurückgenommen werden[551]. Wirksame öffentlich-rechtliche Verträge können nur gekündigt oder ggf. angefochten werden (siehe dazu Teil 5).

936 Öffentlich-rechtliche Verträge, die nach **§ 58 (L)VwVfG** oder nach Spezialgesetz der Zustimmung Dritter oder anderer Behörden bedürfen, bleiben **schwebend unwirksam**, bis die Zustimmung erteilt ist bzw. werden endgültig unwirksam, wenn die Zustimmung versagt wurde. Das unterscheidet sie von zustimmungsbedürftigen Verwaltungsakten, die trotz der fehlenden Zustimmung (sofern kein Fall der Nichtigkeit vorliegt) wirksam, aber rechtswidrig sind.

Schwebend unwirksam sind nach **§ 62 S. 2 (L)VwVfG** auch Verträge beschränkt Geschäftsfähiger ohne erforderliche Einwilligung des gesetzlichen Vertreters (§ 108 BGB) bzw. Betreuter ohne die erforderliche Einwilligung des Betreuers (§§ 1903, 108 BGB) sowie Verträge von Vertretern ohne Vertretungsmacht (§ 177 BGB). Auch sie werden endgültig unwirksam, wenn die Zustimmung versagt wird.

937 Nach **§ 59 Abs. 1 (L)VwVfG** sind öffentlich-rechtliche Verträge **nichtig**, wenn sich die Nichtigkeit aus einer entsprechenden Vorschrift des BGB ergibt:

- §§ 105, 105a BGB: Nichtigkeit von Verträgen Geschäftsunfähiger (mit Ausnahme der Geschäfte des täglichen Lebens bei volljährigen Geschäftsunfähigen) und Verträge Bewusstloser oder vorübergehend in der Geistestätigkeit Gestörter;
- §§ 116–118 BGB: Nichtigkeit von Verträgen bei bekanntem Vorbehalt, Scheingeschäften, Verträgen mangelnder Ernsthaftigkeit;
- § 125 BGB: Nichtigkeit bei Verstoß gegen die durch Gesetz vorgesehene Form: Der Verstoß gegen den Schriftformzwang nach § 57 (L)VwVfG führt also zur Nichtigkeit des Vertrags;
- § 134 BGB: Nichtigkeit von Verträgen wegen Verstoßes gegen ein gesetzliches Verbot. Eine Rechtsnorm stellt ein gesetzliches Verbot i. S. d. § 134 BGB für den Vertragsinhalt dar, wenn und soweit der spezifische Sinn und Zweck der Vorschrift die Nichtigkeit einer jeden abweichenden vertraglichen Regelung erfordert[552]
- § 138 BGB: Nichtigkeit von sittenwidrigen Verträgen und Wucherverträgen;

551 Vgl. § 48 (L)VwVfG für Verwaltungsakte.

552 Kopp/Ramsauer/*Tegethoff*, VwVfG, § 59 Rn. 10.

Subordinationsrechtliche Verträge sind nach **§ 59 Abs. 2 (L)VwVfG außerdem nichtig**, wenn: 938

1. ein Verwaltungsakt mit entsprechendem Inhalt nichtig wäre (vgl. § 44 Abs. 1 u. 2 (L)VwVfG);
2. ein Verwaltungsakt mit entsprechendem Inhalt rechtswidrig wäre, der Fehler nicht nach § 46 (L)VwVfG unbeachtlich wäre und allen Vertragspartnern die Rechtswidrigkeit bekannt war;
3. die Voraussetzungen zum Abschluss eines Vergleichsvertrags nicht vorlagen[553] und ein Verwaltungsakt mit entsprechendem Inhalt nicht nur wegen eines Verfahrens- oder Formfehlers im Sinne des § 46 (L)VwVfG rechtswidrig wäre;
4. sich die Behörde eine nach § 56 (L)VwVfG unzulässige Gegenleistung versprechen lässt.

Da wie oben aufgeführt rechtswidrige, aber wirksame öffentlich-rechtliche Verträge weder durch Rechtsbehelf anfechtbar sind noch einseitig von der Behörde wie Verwaltungsakte zurückgenommen werden können, kommt der verfassungskonformen Auslegung von § 59 (L)VwVfG entscheidende Bedeutung zu. In vielen Fällen sind die Fehlerfolgen daher streitig, insbesondere der Anwendungsbereich von § 134 BGB und § 125 BGB sowie die Nichtigkeit von öffentlich-rechtlichen Verträgen aufgrund höherrangigen Rechts oder allgemeiner Rechtsgrundsätze über § 59 (L)VwVfG hinaus. 939

II. Vertragsschluss trotz Vertragsformverbots

War die Verwaltung nicht berechtigt, in Form eines öffentlich-rechtlichen Vertrags zu handeln (Verstoß gegen § 54 S. 1 (L)VwVfG i. V. m. dem spezialgesetzlichen Vertragsformverbot), ist der Vertrag nach h. M. nichtig.[554] Innerhalb der h. M. ist streitig, ob die Nichtigkeit direkt aus § 54 S. 1 (L)VwVfG[555] oder aus § 59 Abs. 1 (L)VwVfG i. V. m. § 134 BGB[556] oder aus § 59 Abs. 1 (L)VwVfG i. V. m. § 125 BGB[557] folgt. 940

■ **Beispiele:** Nichtigkeit einer Beamtenernennung durch öffentlich-rechtlichen Vertrag; Nichtigkeit der Festsetzung einer Hundesteuer durch öffentlich-rechtlichen Vertrag.

---

553 Wann dies der Fall ist, ist umstritten.

554 A.A. *Schenke* JuS 1977, 290. In Schleswig-Holstein gilt § 126 Abs. 3 Nr. 2 LVwG, wonach die Verletzung des Vertragsformverbots innerhalb eines Monats geltend zu machen ist.

555 So *Krebs*, VerwArch. 72 (1981), S. 54.

556 So OVG NRW, NVwZ 1984, 523 (524); Stelkens/Bonk/Sachs/*Siegel*, VwVfG, § 54 Rn. 105.

557 So angedeutet von *Maurer/Waldhoff*, VerwR, § 14 Rn. 47.

III. Vertragsschluss ohne erforderliche Ermächtigungsgrundlage

941 Darf der Verwaltungsträger wegen des allgemeinen Vorbehalts des Gesetzes, des Parlamentsvorbehalts oder eines speziellen Gesetzesvorbehalts eine inhaltliche Regelung des öffentlich-rechtlichen Vertrags nur aufgrund einer speziellen gesetzlichen Ermächtigung treffen und fehlt diese, führt der Verstoß nach § 59 Abs. 1 (L)VwVfG i. V. m. § 134 BGB zur Nichtigkeit, wenn das öffentliche Interesse an der Einhaltung des Gesetzesvorbehalts den Grundsatz der Vertragsverbindlichkeit überwiegt.

■ **Beispiel:** Eine Gemeinde verleiht einer Rechtsanwaltkanzlei durch öffentlich-rechtlichen Vertrag die Befugnis, in ihrem Gemeindegebiet Parkverstöße zu ermitteln und durch Bußgeldbescheid zu ahnden. Die Beleihung Privater mit hoheitlichen Befugnissen bedarf einer gesetzlichen Ermächtigung. Eine solche ist nicht vorhanden. Der Vertragsschluss ist nichtig, weil das öffentliche Interesse am staatlichen Hoheitsmonopol den Grundsatz der Vertragsverbindlichkeit überwiegt.

IV. Vertragsschluss durch eine unzuständige Behörde

942 Subordinationsrechtliche Verträge sachlich oder örtlich unzuständiger Behörden sind nach § 59 Abs. 2 Nr. 1 (L)VwVfG nichtig, wenn ein entsprechender Verwaltungsakt nach § 44 Abs. 1 oder Abs. 2 Nr. 3 (L)VwVfG nichtig wäre.

Sie sind nach § 59 Abs. 2 Nr. 2 (L)VwVfG auch nichtig, wenn beide Vertragspartner die Unzuständigkeit kannten. Das gilt allerdings nicht für Verstöße gegen die örtliche Unzuständigkeit, die nach § 46 (L)VwVfG unbeachtlich wären.

943 Im Übrigen ist im Einzelfall zu untersuchen, ob der Vertragsschluss einer unzuständigen Behörde nach § 59 Abs. 1 (L)VwVfG i. V. m. § 134 BGB oder nach anderen Rechtsgrundsätzen (Ultra-vires-Lehre[558]) zur Unwirksamkeit des Vertrags führt, ob die unzuständige Behörde den Vertrag als Vertreter ohne Vertretungsmacht geschlossen hat (§ 62 S. 2 (L)VwVfG i. V. m. § 177 BGB) und der Vertrag somit ohne die Genehmigung des Vertretenen schwebend unwirksam ist oder ob ein wirksamer Vertragsschluss vorliegt.

■ **Beispiele:** Schließen Gemeinden oder sonstige Selbstverwaltungsträger (also juristische Personen des öffentlichen Rechts, die anders als Bund oder Länder nur

558 Nach der „Ultra-vires-Lehre" können juristische Personen des öffentlichen Rechts nur im Rahmen des ihnen durch Gesetz, Rechtsverordnung oder Satzung eröffneten Aufgabenbereichs rechtswirksam handeln. Schließt eine juristische Person des öffentlichen Rechts einen Vertrag über eine Angelegenheit, für die die Verbandskompetenz bei einer anderen juristischen Person des öffentlichen Rechts liegt, ist der Vertrag unwirksam.

mit abgeleiteter und rechtlich begrenzter Rechtsmacht ausgestattet sind) außerhalb ihrer allgemeinen Verbandskompetenz Verträge, so sind diese nach der Ultra-vires-Lehre von vornherein unwirksam.[559] Zu demselben Ergebnis kommt man auch über § 59 Abs. 1 (L)VwVfG i. V. m. § 134 BGB. Verstöße gegen zwingende Kompetenzvorschriften des Grundgesetzes führen ebenfalls zur Nichtigkeit öffentlich-rechtlicher Verträge.

Überschreitet ein Organ eines Selbstverwaltungsträgers die ihm innerhalb des Selbstverwaltungsträgers zugewiesene Vertretungsmacht (Organkompetenz), führt dies nach § 62 S. 2 (L)VwVfG i. V. m. § 177 BGB zur schwebenden Unwirksamkeit des Vertrages, bei endgültiger Verweigerung der nachträglichen Genehmigung des zuständigen Organs zur Nichtigkeit (§ 59 Abs. 1 (L)VwVfG i. V. m. § 177 BGB).[560]

V. Formverstöße

Unter Verstoß gegen den Schriftformzwang nach § 57 (L)VwVfG (oder Spezialgesetz) geschlossene Verträge sind unwirksam, § 59 Abs. 1 (L)VwVfG i. V. m. § 125 BGB. Zum Streit, ob die Schriftform zwingend den Vertragsschluss auf einer Urkunde erfordert, siehe Teil 3, 8. Kapitel. 944

VI. Sonstige Verstöße gegen den Vorrang des Gesetzes

Nicht jeder Verstoß bei Vertragsschluss gegen eine Norm des öffentlichen Rechts (also nicht jeder Verstoß gegen den Vorrang des Gesetzes nach Art. 20 Abs. 3 GG) führt automatisch zur Nichtigkeit des Vertrags. Vielmehr muss die Norm des öffentlichen Rechts, gegen die verstoßen wird, ein Verbotsgesetz i. S. d. § 134 BGB darstellen. Nur dann ist der öffentlich-rechtliche Vertrag nach § 59 Abs. 1 (L)VwVfG nichtig. Grundsätzlich erfordert dies im Einzelfall die Abwägung, ob der Grundsatz der Vertragsverbindlichkeit hinter das schutzwürdige öffentliche Interesse an der Einhaltung der betroffenen Rechtsnorm zwingend zurückzutreten hat.[561] 945

Gewährt die Behörde ihrem Vertragspartner durch öffentlich-rechtlichen Vertrag eine Leistung, obwohl die in einer Rechtsnorm geregelten Voraussetzungen für die Gewährung der Leistung nicht vorliegen, führt das zur Nichtigkeit des öffentlich-rechtlichen Vertrag nach § 59 Abs. 1 (L)VwVfG, soweit die Rechtsnorm ein Verbotsgesetz i. S. d. § 134 BGB darstellt. Das setzt voraus, dass die Voraussetzungen, unter denen die Leistung gewährt wird, abschließend durch die Rechtsnorm geregelt sind und der Grundsatz der Vertragsverbindlichkeit hinter das schutzwürdige öffentliche Interesse 946

---

559 *Höfling/Krings*, JuS 2000, 625 (630).
560 *Höfling/Krings*, JuS 2000, 625 (630).
561 Vgl. VGH BW, VBlBW 2005, 73.

an der Einhaltung der Rechtsnorm zwingend zurückzutreten hat. Ansonsten ist der Verstoß bei koordinationsrechtlichen Verträgen unbeachtlich. Bei subordinationsrechtlichen Verträgen führt er zur Nichtigkeit, wenn beide Vertragspartner das Nichtvorliegen der Tatbestandsvoraussetzungen kannten (§ 59 Abs. 2 Nr. 2 (L)VwVfG).

■ **Beispiele:** Die Hochschule vereinbart mit einem Studenten vertraglich die erneute Zulassung zur Prüfung, obwohl eine erneute Prüfung nach der Prüfungsordnung der Hochschule (Satzung) nicht möglich ist: Der Vertrag ist nichtig wegen Verstoßes gegen ein Verbotsgesetz (entsprechende Regelung in der Prüfungsordnung), weil das öffentliche Interesse an der Einhaltung der Prüfungsordnung mit Hinblick auf die Pflicht der Hochschule, bei Prüfungen Chancengleichheit zu gewähren (Art. 3 Abs. 1 GG), überwiegt.[562] Dahingegen ist die vertragliche Vereinbarung der Zulässigkeit eines Bauvorhabens unter Verstoß gegen § 37 LBO BW (Nachweis von Stellplätzen) nicht bereits nach § 59 Abs. 1 (L)VwVfG i. V. m. § 134 BGB nichtig, sondern nur dann, wenn beide Vertragspartner den Verstoß gegen § 37 LBO BW kannten.

947 Bei Austauschverträgen führt außerdem der Verstoß gegen § 56 (L)VwVfG zur Nichtigkeit des Vertrags (§ 59 Abs. 2 Nr. 4 (L)VwVfG). Zu Vergleichsverträgen siehe § 59 Abs. 2 Nr. 3 (L)VwVfG.

D. Lösungsvorschlag

948 ■ **Fehlende Mitwirkung von Frau Schröder**

Die fehlende Zustimmung von Frau Schröder zum Vertragsschluss könnte nach § 58 Abs. 1 LVwVfG BW zur schwebenden Unwirksamkeit des Vertrages führen. Dann müsste der Vertrag über den Abriss der Gabionenmauer in ihre Rechte eingreifen. Verträge, in denen über Rechte Dritter verfügt werden, bedürfen nach allg. A. der Zustimmung des Dritten. Streitig ist, ob auch verpflichtende Verträge der Zustimmung bedürfen, wenn erst die Erfüllung der Verpflichtung den Rechtseingriff darstellt. Nach richtiger Rechtsauffassung ist unter Rückgriff auf das Abstraktionsprinzip zwischen Verpflichtung und Erfüllung zu trennen. Somit berührt die fehlende Zustimmung von Frau Schröder die Wirksamkeit des Vertrages nicht. Das LRA Ortenaukreis kann später gegen Frau Schröder eine Duldungsverfügung erlassen. Dann darf Herr Schröder die Mauer auch gegen ihren Willen abreißen.

■ **Vertragsschluss im Namen des Landkreises**

Der Vertragsschluss im Namen des Landkreises stellt einen Verstoß gegen die Verbandskompetenz des Landes Baden-Württemberg dar, in dessen Namen Herr Mustersachbe-

562 VG Cottbus, Urteil vom 27.07.2016 – 1 K 937/14.

arbeiter als Organwalter des Landratsamts in der Funktion als staatliche Behörde im Wege der Organleihe den Vertrag hätte schließen müssen. Der Rechtsirrtum ist allerdings unbeachtlich, da das LRA Ortenaukreis für den Vertragsschluss im Namen des Landes Baden-Württemberg zuständig war. Durch den Vertrag bleibt das LRA Ortenaukreis zur vereinbarten Leistung verpflichtet. Insoweit gilt der Vertrag als im Namen des Landes Baden-Württemberg geschlossen.

Mündlicher Vertragsschluss

Der mündliche Vertragsschluss stellt einen Verstoß gegen den Schriftformzwang in § 57 Abs. 1 LVwVfG BW dar und führt nach § 58 Abs. 1 LVwVfG BW i. V. m. § 125 BGB zur Nichtigkeit des gesamten Vertrages.

5. Kapitel: Fehler bei Erlass abstrakt-genereller Verwaltungsregelungen

I. Grundsätze

Verstößt die Verwaltung beim Erlass von Rechtsverordnungen, Satzungen oder Verwaltungsvorschriften gegen geltendes Recht, führt der Verstoß entweder zu deren Nichtigkeit bzw. Unwirksamkeit (bei beachtlichen Fehlern) oder die Wirksamkeit der Vorschrift bleibt unberührt (bei unbeachtlichen Fehlern). Die dritte, für Fehler bei Verwaltungsakten typische Kategorie „wirksam, aber rechtswidrig" gilt für Rechtsverordnungen, Satzungen und Verwaltungsvorschriften grundsätzlich also nicht. 949

Beispiel für eine Ausnahme: Verstößt eine Rechtsverordnung, Satzung oder gerichtlich überprüfbare Verwaltungsvorschrift gegen das Gleichheitsgebot, ist sie lediglich rechtswidrig, aber wirksam. Das Gericht verpflichtet die Verwaltung dann, innerhalb einer bestimmten Frist unter Beachtung der Rechtsauffassung des Gerichts eine neue Vorschrift zu erlassen.

Der Gesetzgeber kann diesen Grundsatz einschränken und vorsehen, dass beachtliche Fehler nur dann zur Unwirksamkeit/Nichtigkeit der Rechtsverordnung, Satzung oder gerichtlich überprüfbaren Verwaltungsvorschrift führen, wenn sie innerhalb einer bestimmten Frist ordnungsgemäß geltend gemacht werden. Nach Ablauf dieser Frist ist die Rechtsverordnung, Satzung oder gerichtlich überprüfbare Verwaltungsvorschrift dann endgültig wirksam. 950

II. Folgen von Rechtsverstößen im Einzelnen

1. Erlass ohne erforderliche Rechtsgrundlage/Wegfall der Rechtsgrundlage

951 Werden Rechtsverordnungen, Satzungen oder Verwaltungsvorschriften ohne eine erforderliche wirksame Rechtsgrundlage erlassen, führt der Verstoß zu deren Unwirksamkeit (Nichtigkeit).

■ **Beispiele:** Die Gemeinde erhebt durch Satzung Gemeindesteuern für versiegelte Flächen. Dies stellt einen Eingriff in die allgemeine Handlungsfreiheit der Steuerpflichtigen dar und bedürfte einer gesetzlichen Ermächtigung. Die Satzung ist nichtig/unwirksam. Die Rechtsaufsichtsbehörde regelt durch Verwaltungsvorschrift die Öffnungszeiten der ihr unterstellten Gemeinden. Ein Eingriff in das Selbstverwaltungsrecht bedarf der gesetzlichen Ermächtigung, die hier fehlt. Damit ist die Verwaltungsvorschrift unwirksam/nichtig (für die Gemeinden nicht bindend).

Eine nachträgliche Heilung durch ein späteres Gesetz ist nach allgemeiner Auffassung ausgeschlossen.[563]

952 Streitig ist, ob Rechtsverordnungen (ebenso Satzungen oder Verwaltungsvorschriften) nachträglich rechtswidrig werden, wenn die erforderliche Ermächtigungsgrundlage später geändert wird oder sogar wegfällt. Nach richtiger Rechtsauffassung bleibt die Rechtsverordnung nur dann rechtmäßig, wenn sie durch die geänderte Ermächtigungsgrundlage noch gedeckt wird, nach a. A. sind spätere Änderungen für die Rechtmäßigkeit der Rechtsverordnung ohne Bedeutung.[564]

2. Verstoß gegen formelle Voraussetzungen

a) Erlass durch eine unzuständige Stelle

953 Der Verstoß gegen Zuständigkeitsvorschriften führt zur Unwirksamkeit/Nichtigkeit der Rechtsverordnung, Satzung oder Verwaltungsvorschrift.

■ **Beispiel:** Erlässt ein Bundesminister eine Rechtsverordnung, obwohl nach dem ermächtigenden Gesetz nur die Regierung zum Erlass der Rechtsverordnung ermächtigt ist, ist die Rechtsverordnung unwirksam/nichtig.

b) Verstöße gegen Zustimmungs-, Vorlage- und Bekanntgabepflichten

954 Rechtsverordnungen, Satzungen oder Verwaltungsvorschriften, die der Zustimmung einer anderen Stelle bedürfen, sind unwirksam, solange die Zustimmung nicht erteilt ist.

563 Vgl. *Maurer/Waldhoff*, VerwR, § 13 Rn. 7.

564 Zum Streit siehe *Maurer/Waldhoff*, VerwR, § 13 Rn. 7.

■ **Beispiel:** Ein Bebauungsplan, der nicht aus dem Flächennutzungsplan entwickelt wird und daher nach § 10 Abs. 2 BauGB der Genehmigung der höheren Verwaltungsbehörde bedarf, bleibt unwirksam, solange die Genehmigung nicht erteilt worden ist.

Folgenlos bleiben Verstöße gegen Vorlage- und Anzeigepflichten gegenüber der Aufsichtsbehörde: Pflichtwidrig nicht vorlegte bzw. angezeigte Rechtsverordnungen, Satzungen oder Verwaltungsvorschriften sind dennoch wirksam. **955**

c) Verstöße gegen sonstige Verfahrensvorschriften

Verstöße gegen sonstige Verfahrensvorschriften (z. B. fehlende Beteiligung **956**
der Öffentlichkeit, fehlende Anhörung betroffener Kreise, Fehler bei der Beschlussfassung von Kollegialorganen) haben unterschiedliche Folgen. Beachtliche Fehler führen grundsätzlich zur Unwirksamkeit. Teilweise ist weiter erforderlich, dass der beachtliche Fehler auch rechtzeitig geltend gemacht wird. Sonstige Fehler sind unbeachtlich und berühren die Wirksamkeit nicht.

■ **Beispiele:** Eine zu Unrecht in nichtöffentlicher Sitzung beschlossene Satzung leidet nach § 4 Abs. 4 S. 2 Nr. 1 GemO BW wegen des Verstoßes gegen das Öffentlichkeitsprinzip an einem beachtlichen Fehler. Dieser Fehler muss von niemandem innerhalb einer bestimmten Frist geltend gemacht werden. Er führt immer zur Unwirksamkeit der Satzung.

Hat am Satzungsbeschluss ein unbemerkt befangener Gemeinderat mitgewirkt, liegt ein zunächst beachtlicher Fehler vor. Wird dieser Fehler nicht innerhalb von einem Jahr nach Bekanntmachung der Satzung entdeckt und beanstandet, gilt die Satzung nach §§ 18 Abs. 6 S. 4, § 4 Abs. 4 S. 1 GemO von Anfang an als wirksam. Voraussetzung ist aber, dass nach § 4 Abs. 4 S. 4 GemO auf diese Heilungsvorschrift bei der Bekanntmachung der Satzung hingewiesen worden ist.

§ 214 Abs. 1 BauGB definiert, welche Verletzungen von Verfahrens- und Formvorschriften nach dem BauGB beachtlich sind. Werden hier nicht aufgezählte Verfahrens- oder Formvorschriften nach dem BauGB verletzt, ist der Verstoß unbeachtlich.

d) Verstöße gegen Formvorschriften

Verstöße gegen zwingende, verfassungsrechtlich begründete Formvorschriften (Schriftform, bei Rechtsverordnungen Zitiergebot, Ausfertigung) führen ebenfalls zur Unwirksamkeit/Nichtigkeit der Rechtsverordnung oder Satzung. **957**

Verstöße gegen durch einfaches Gesetz begründete Formvorschriften haben unterschiedliche Folgen. **958**

■ **Beispiele:** § 214 Abs. 1 BauGB definiert, welche Verletzungen von Verfahrens- und Formvorschriften nach dem BauGB beachtlich sind. Werden hier nicht aufgezählte Verfahrens- oder Formvorschriften nach dem BauGB verletzt, ist der Verstoß unbeachtlich.

e) Verstöße gegen die Vorschriften zur ordnungsgemäßen Bekanntmachung

959 Solange eine Rechtsverordnung oder Satzung nicht in der vorgeschriebenen Form öffentlich bekannt gemacht worden ist, ist sie unwirksam.

3. Verstoß gegen materielle Voraussetzungen

960 Verstoßen Rechtsverordnungen, Satzungen oder Rechtsverordnungen inhaltlich gegen die Ermächtigungsgrundlage oder sonstiges höherrangiges Recht, sind sie i. d. R. unwirksam bzw. nichtig.

961 Ermessensfehler bei Erlass abstrakt-genereller Regelungen haben unterschiedliche Folgen.

■ **Beispiele:** Während die h. M. in Literatur und Rechtsprechung Ermessensfehler beim Erlass eines Verwaltungsakts (noch) insgesamt als materielle Fehler einordnet, wird insbesondere bei der Aufstellung von Bebauungsplänen mittlerweile zwischen formellen Ermessensfehlern (d. h. Verstößen gegen § 2 Abs. 3 BauGB) und materiellen Ermessensfehlern unterschieden.[565]

III. Auswirkungen auf den Verwaltungsakt

962 Ein belastender Verwaltungsakt, der auf eine unwirksame Rechtsverordnung oder Satzung gestützt worden ist, ist nichtig, wenn der Verstoß, der zur Unwirksamkeit der Rechtsnorm geführt hat, schwerwiegend und offensichtlich ist, § 44 Abs. 1 (L)VwVfG. Ansonsten ist der belastende Verwaltungsakt wegen des Verstoßes gegen den Vorbehalt des Gesetzes „nur“ materiell rechtswidrig.

963 Gleiches gilt für begünstigende Verwaltungsakte, die auf einer unwirksamen Rechtsverordnung oder Satzung beruhen, soweit sie nach dem Vorbehalt des Gesetzes einer gesetzlichen Ermächtigung bedürfen. Ist eine gesetzliche Ermächtigung nicht erforderlich, aber vorhanden und unwirksam, berührt dies die Rechtmäßigkeit des begünstigenden Verwaltungsakts nicht.

---

565 BVerwG, Urteil vom 09.04.2008 – 4 CN 1/07 – zitiert nach juris Rn. 18 ff.

IV. Verwerfungskompetenz der Verwaltung

Unwirksame bzw. nichtige Rechtsverordnungen, Satzungen und Verwaltungsvorschriften können von der erlassenden Stelle aus Gründen der Klarstellung aufgehoben oder für nichtig erklärt werden. Die zuständigen Aufsichtsbehörden können die erlassende Stelle zur Aufhebung anweisen und ggf. selbst die Vorschriften aufheben bzw. für nichtig erklären (vgl. z. B. § 24 Abs. 2 PolG BW). **964**

Der einzelne Sachbearbeiter darf Rechtsverordnungen und Satzungen, die nach seiner Auffassung gegen höherrangiges deutsches Recht verstoßen, im Normalfall nach h. M. nicht selbst verwerfen, muss das Verwaltungsverfahren vorerst aussetzen, den Sachverhalt dem Vorgesetzten vorlegen und eine dienstliche Anordnung herbeiführen (z. B. § 36 Abs. 2 Beamtenstatusgesetz). Die gleiche Pflicht wiederum haben seine Vorgesetzten, so dass auf diesem Wege die Aufsichtsbehörde bzw. die erlassende Behörde verständigt wird und die Regelungen noch einmal überprüft. Teilt diese Behörde die Rechtsaufassung des Sachbearbeiters, wird die unwirksame Regelung zur Klarstellung aufgehoben bzw. für unwirksam/nichtig erklärt.[566] **965**

Streitig ist, ob der einzelne Sachbearbeiter auch bei Verwaltungsvorschriften keine Verwerfungskompetenz hat.[567] Gegen die Verwerfungskompetenz spricht die Bindungswirkung der Verwaltungsvorschrift als Innenrecht. **966**

Verstoßen Verwaltungsvorschriften, Rechtsverordnungen oder Satzungen gegen Unionsrecht, dürfen diese Regelungen aufgrund des **Anwendungsvorrangs** des Unionsrechts vom einzelnen Sachbearbeiter automatisch nicht angewendet werden. **967**

6. Kapitel: Fehler bei tatsächlichem Handeln

Verstößt die Verwaltung bei tatsächlichem Handeln gegen Rechtsvorschriften, ist ihr Handeln rechtswidrig. Der Bürger hat u. U. Unterlassens-, Folgenbeseitigungs- oder Schadensersatzansprüche. **968**

■ **Beispiel:** Im Wege der Ersatzvornahme wird die Gabionenmauer um 01.00 Uhr nachts abgerissen. Wegen des nächtlichen Einsatzes hat das LRA Ortenaukreis

566 Zusammenfassung des Meinungsstreits auch bei: OVG Saarland, Urteil vom 20.02.1998 – 1 R 102/87 – NVwZ 1990, 172.

567 Zum Meinungsstreit: *Schröder*, in Hill (Hrsg.): Verwaltungsvorschriften, Heidelberg 1991, Stand der Dogmatik der Verwaltungsvorschriften, S. 1 ff. (S. 15 f.).

Mehrkosten von 500 €. Die Ersatzvornahme (Realakt) verstößt gegen § 9 LVwVG BW und ist rechtswidrig. Insoweit verliert das LRA das Recht, die Kosten für die Ersatzvornahme Frau Schröder aufzuerlegen, denn Kosten für rechtswidrige Vollstreckungsmaßnahmen dürfen nicht geltend gemacht werden.

Teil 5: Aufhebung von Verwaltungsregelungen außerhalb von Rechtsbehelfsverfahren (insbes. Verwaltungsakte)

1. Kapitel: Überblick über die Unterschiede bei der Aufhebung je nach Handlungsform

Gegenstand von Teil 5 ist die behördliche Aufhebung von Verwaltungsregelungen außerhalb eines Widerspruchs- bzw. Gerichtsverfahrens, d.h. die Aufhebung von öffentlich-rechtlichen Verträgen und abstrakt-generellen Verwaltungsregelungen sowie insbesondere von Verwaltungsakten. **969**

Abstrakt-generelle Regelungen können von der erlassenden Verwaltungsstelle grundsätzlich jederzeit in derselben Form, wie sie erlassen wurden, mit Wirkung für die Zukunft aufgehoben bzw. geändert werden. Ggf. erfordert der Verhältnismäßigkeitsgrundsatz den Erlass von Übergangsregelungen für Altfälle. Rückwirkend können abstrakt-generelle Regelungen grundsätzlich nicht aufgehoben bzw. geändert werden.

Zur einseitigen Aufhebung[568] **öffentlich-rechtlicher Verträge** ist die Verwaltung grundsätzlich nicht befugt. Nach § 62 S. 2 (L)VwVfG i.V.m. §§ 119 ff. BGB kann die Verwaltung (wie ihr Vertragspartner) ihr Vertragsangebot bzw. ihre Vertragsannahme nur wegen Irrtums, falscher Übermittlung, Täuschung oder Drohung anfechten. Nach Maßgabe von § 60 (L)VwVfG können öffentlich-rechtliche Verträge bei wesentlichen Änderungen der Verhältnisse gekündigt werden; die Verwaltung kann öffentlich-rechtliche Verträge außerdem bei schweren Nachteilen für das Gemeinwohl kündigen.

Verwaltungsakte kann die Verwaltung, auch wenn sie unanfechtbar sind, nach Maßgabe von §§ 48 ff. (L)VwVfG durch Verwaltungsakt (Rücknahme oder Widerruf) aufheben, rechtswidrige Verwaltungsakte sowie Sachleistungs- und Geldleistungsverwaltungsakte bei Zweckverfehlung oder Auflagenverstoß auch mit Wirkung für die Vergangenheit.

568 Einvernehmliche Aufhebungsverträge sind jederzeit möglich.

2. Kapitel: Die Rücknahme rechtswidriger Verwaltungsakte

A. Ausgangsfall und Lernziele/-inhalte

970 **Abwandlung von Fall 2 (Erlaubnis für den Güterkraftverkehr)**

13 Monate nach Erteilung der Erlaubnis für den Güterkraftverkehr stellt der neue Sachbearbeiter fest, dass sein Vorgänger die Erlaubnis erteilt hat, obwohl bereits zum damaligen Zeitpunkt Herrn Martin Müller die Führung der Güterkraftverkehrsgeschäfte nach § 3 Abs. 5b GüKG wegen eines Verstoßes gem. Anhang IV der VO 1071/2009 bestandskräftig untersagt worden war. Sein Vorgänger hatte davon damals keine Kenntnis. Der neue Sachbearbeiter hört die Spedition Müller GmbH zur angedachten sofortigen Rücknahme der Erlaubnis an. Diese will jedoch an Herrn Müller festhalten und macht geltend, dass bereits 13 Monate alles gut gelaufen sei und man auf die Erlaubnis vertraut habe. Nach derzeitiger Aktenlage kann Herrn Müller die Führung der Güterkraftverkehrsgeschäfte nicht nach § 3 Abs. 5b GüKG wiedergestattet werden, da er im Rahmen seiner Tätigkeit für ein anderes Unternehmen vor kurzem einen weiteren schweren Verkehrsverstoß begangen hat. Alle erforderlichen Behörden wurden angehört und haben keine Bedenken gegen die Rücknahme geltend gemacht.

■ **Aufgabe:** Prüfen Sie gutachtlich, ob die Erlaubnis rechtmäßig zurückgenommen und die sofortige Vollziehung angeordnet werden kann. Was passiert mit der ausgehändigten Erlaubnisurkunde? Ist die Rücknahme gebührenpflichtig?

971 Gegenstand dieses Kapitels sind die Rechtmäßigkeitsvoraussetzungen für die Rücknahme von Verwaltungsakten. **Rücknahme** ist die behördliche Aufhebung eines **schon bei Erlass rechtswidrigen Verwaltungsakts** außerhalb eines Rechtsbehelfsverfahrens vor oder nach Eintritt der Bestandskraft. Sie ist abzugrenzen von der behördlichen Aufhebung eines rechtswidrigen Verwaltungsakts durch Abhilfe- oder Widerspruchsbescheid aufgrund eines zulässigen und begründeten Widerspruchs. Das ist teilweise schwierig, denn Anlass für die Rücknahme kann auch ein Widerspruchsverfahren sein, § 50 (L)VwVfG.

972 Die Rücknahme ist ein **rechtsgestaltender Verwaltungsakt**. Sie ist belastend, wenn ein begünstigender Verwaltungsakt aufgehoben wird. Sie ist begünstigend, wenn ein belastender Verwaltungsakt aufgehoben wird. Damit gelten die Vorschriften des (L)VwVfG.

973 Bei der Entscheidung über die Rücknahme geht es um den Ausgleich des öffentlichen oder privaten Interesses an rechtmäßigen Verwaltungsentscheidungen (Gesetzmäßigkeit der Verwaltung; keine Verletzung subjektiv-öffentlicher Rechte) mit dem privaten oder öffentlichen Interesse an der Aufrechterhaltung bzw. Bestandskraft einmal getroffener Entscheidungen

(Vertrauensschutz des Einzelnen und öffentliches Interesse an der Rechtssicherheit). Besonders praxisrelevant sind folgende Fragen:

- Liegen die Voraussetzungen für die Rücknahme eines rechtswidrigen, begünstigenden Verwaltungsakts vor? Der Einzelne beruft sich auf sein Vertrauen in den Bestand des begünstigenden Verwaltungsakts, die Verwaltung dahingegen auf den Grundsatz der Gesetzmäßigkeit der Verwaltung.
- Kann der Einzelne von der Behörde auch außerhalb eines Widerspruchsverfahrens die Rücknahme eines ihn belastenden, angeblich rechtswidrigen Verwaltungsakts verlangen? Der Einzelne beruft sich auf die Verletzung seiner Rechte durch den angeblich rechtswidrigen Verwaltungsakt, die Verwaltung auf den Grundsatz der Rechtssicherheit und dass der Einzelne nicht rechtzeitig mit einem Rechtsbehelf gegen die Entscheidung vorgegangen ist.

Sehr häufig ist die Rücknahme spezialgesetzlich geregelt. Soweit eine spe- **974**
zialgesetzliche Regelung fehlt, beurteilt sich die Rücknahme von Verwaltungsakten nach § 48 (L)VwVfG.

B. Prüfungsschema für die Rücknahme nach § 48 (L)VwVfG

Beachte: Es sind im Gutachten nicht stets alle Prüfungspunkte anzusprechen!

I. Rechtsgrundlage für die Rücknahme **975**

1. Spezialgesetz

2. § 48 Abs. 1 S. 1 (L)VwVfG

II. Formelle Voraussetzungen für die Rücknahme nach § 48 (L)VwVfG

1. Zuständigkeit

a) sachliche Zuständigkeit: Soweit nicht anders geregelt, sind die Behörden zuständig, die für den Erlass zuständig wären

b) örtliche Zuständigkeit: § 48 Abs. 5 (L)VwVfG

2. Verfahren

insbes. Anhörung vor der Rücknahme von begünstigenden Verwaltungsakten, § 28 Abs. 1 (L)VwVfG

3. Form

Kein Formzwang, zweckmäßig Schriftform; dann Begründung und Rechtsbehelfsbelehrung

4. Bekanntgabe

III. Materielle Voraussetzungen für die Rücknahme

1. Vorliegen der Tatbestandsvoraussetzungen der Rechtsgrundlage

a) bei Rücknahme nach Spezialgesetz: Vorliegen der spezialgesetzlich geregelten Voraussetzungen

b) bei Rücknahme nach § 48 Abs. 1 S. 1 (L)VwVfG
  aa) zum Zeitpunkt des Erlasses rechtswidriger Verwaltungsakt
  bb) bei begünstigenden Verwaltungsakten (§ 48 Abs. 1 S. 2 (L)VwVfG):
    (1) kein Ausschluss nach § 48 Abs. 2 (L)VwVfG (Aufbau streitig):
    – Geldleistungs- oder Sachleistungsverwaltungsakt
    – Der Begünstigte hat in den Bestand des VAs **vertraut** (kannte den VA und kein Fall nach § 48 Abs. 2 S. 3 (L)VwVfG)
    – Das Vertrauen ist **schutzwürdig** nach § 48 Abs. 2 S. 2 (L)VwVfG oder aus sonstigen überwiegenden Gründen
    (2) kein Ausschluss wegen Ablaufs der Jahresfrist nach § 48 Abs. 4 S. 1 (L)VwVfG (Ausnahme: § 48 Abs. 4 S. 2 (L)VwVfG)

2. Setzen einer rechtmäßigen Rechtsfolge

a) Rechtmäßigkeit der Auswahl des Regelungsadressaten

b) Fehlerfreie Ermessensentscheidung (§ 40 (L)VwVfG), ob und wie (ganz oder teilweise; mit Wirkung für die Vergangenheit oder nur für die Zukunft) der Verwaltungsakt zurückgenommen wird
  aa) Rücknahme belastender Verwaltungsakte: i. d. R. unproblematisch
  bb) Rücknahme von Sach- und Geldleistungsverwaltungsakten: in den Fällen des § 48 Abs. 2 S. 3 (L)VwVfG: soll für die Vergangenheit zurückgenommen werden (§ 48 Abs. 2 S. 4 (L)VwVfG)
  cc) Rücknahme sonstiger belastender Verwaltungsakte: bei der Angemessenheitsprüfung den Vertrauensschutz beachten. In der Regel ist die Rücknahme nicht unangemessen.

c) Bestimmtheit der Rücknahme

IV. Ggf. Anordnung der sofortigen Vollziehung der Rücknahme nach § 80 Abs. 2 S. 1 Nr. 4 VwGO

V. Besonderheiten bei der Rücknahme von unionsrechtswidrigen Verwaltungsakten

§ 48 (L)VwVfG (ggf. i. V. m. § 51 (L)VwVfG) ist so zur Anwendung zu bringen, dass Unionsrecht wirksam umgesetzt wird. Das bedeutet:

1. bei unionsrechtswidrigen begünstigenden Verwaltungsakten

(z. B. Beihilfen, die unter Verstoß gegen das Anmeldungsverfahren nach Art. 108 Abs. 3 AEUV erteilt wurden)[569]

– kein schutzwürdiges Vertrauen nach § 48 Abs. 2 (L)VwVfG

569 Im Einzelnen zu unionsrechtswidrigen Beihilfen: *Mauer/Waldhoff*, VerwR, § 11 Rn. 53 ff.

- Jahresfrist nach § 48 Abs. 4 S. 1 (L)VwVfG nicht anwendbar
- Ermessensreduzierung auf Null
- Rücknahme unter Anordnung der sofortigen Vollziehung

2. bei unionsrechtswidrigen belastenden Verwaltungsakten[570]

- Der Belastete hat einen Anspruch auf Rücknahme, wenn ein Urteil eines letztinstanzlichen nationalen Gerichts unter Missachtung der Vorlagepflicht nach Art. 267 Abs. 3 AEUV zur Bestandskraft geführt hat und der Belastete unmittelbar nach Kenntnis eines betreffenden Urteils des EuGH, aus dem sich die Unionsrechtswidrigkeit ergibt, das Wiederaufgreifen beantragt hat.

C. Rechtmäßige Rücknahme

I. Rechtsgrundlage und Zuständigkeit

1. Rechtsgrundlage

Soweit die Rücknahme spezialgesetzlich nicht geregelt ist, können rechtswidrige Verwaltungsakte nach § 48 Abs. 1 S. 1 (L)VwVfG mit Wirkung für die Vergangenheit zurückgenommen werden. Die Rücknahme begünstigender Verwaltungsakte ist nach § 48 Abs. 1 S. 2, Abs. 4 S. 1 (L)VwVfG allerdings nur innerhalb eines Jahres seit dem Zeitpunkt der Kenntnisnahme der Tatsachen, die die Rücknahme rechtfertigen, zulässig. Sach- und Geldleistungsverwaltungsakte dürfen außerdem nach § 48 Abs. 1 S. 2, Abs. 2 S. 1 (L)VwVfG nicht zurückgenommen werden, soweit der Einzelne auf den Bestand des Leistungsbescheids vertraut hat und sein Vertrauen schutzwürdig ist. 976

In vielen Bereichen ist die Rücknahme rechtswidriger Verwaltungsakte abweichend von § 48 (L)VwVfG spezialgesetzlich geregelt. Oft besteht nach dem Spezialgesetz eine Verpflichtung zur Rücknahme des rechtswidrigen Verwaltungsakts und kein Ermessen wie nach § 48 Abs. 1 S. 1 (L)VwVfG. Meist gilt für die Rücknahme nach Spezialgesetz auch keine Jahresfrist. Teilweise verschärft das Spezialgesetz die Rücknahmevoraussetzungen. Die Rücknahme ist dann nur zulässig, wenn ein besonderer Rücknahmegrund vorliegt, die Rechtswidrigkeit des Verwaltungsakts allein reicht im Gegensatz zur Rücknahme nach § 48 Abs. 1 S. 1 (L)VwVfG dann nicht. 977

■ **Beispiele:** Die Rücknahme der Ernennung eines Bundesbeamten ist nur zulässig, wenn einer der Rücknahmegründe nach § 14 Abs. 1 BBG vorliegt. Dann ist sie allerdings auch zwingend vorgeschrieben (kein Ermessen). Eine Gaststättenerlaub-

570 Vgl. EuGH 13.01.2004, C-453/00 Rn. 28; BVerwGE 135, 121 Rn. 31.

nis, die rechtswidrig trotz Vorliegens eines Versagungsgrundes nach § 4 Abs. 1 Nr. 1 GastG erteilt wurde, ist zwingend nach § 15 Abs. 1 GastG zurückzunehmen. Es gilt keine Jahresfrist.

2. Zuständigkeit

978 Soweit eine Spezialregelung fehlt, sind für die Rücknahme des rechtswidrigen Verwaltungsakts die Behörden sachlich zuständig, die auch für deren Erteilung sachlich zuständig wären. Die örtliche Zuständigkeit für die Rücknahme bestimmt sich – soweit nicht anders geregelt – nach Unanfechtbarkeit des Verwaltungsakts nach § 48 Abs. 5 (L)VwVfG, vor Unanfechtbarkeit direkt nach § 3 (L)VwVfG. Damit kann ein Verwaltungsakt auch von einer anderen Behörde zurückgenommen werden, nämlich dann, wenn sich zwischenzeitlich die örtliche Zuständigkeit geändert hat oder zwischenzeitlich andere Behörden für die Erteilung sachlich zuständig sind.

II. Materielle Voraussetzungen

1. Tatbestandsvoraussetzungen

a) Rechtswidriger Verwaltungsakt

979 Nach § 48 Abs. 1 S. 1 (L)VwVfG muss lediglich ein schon im Zeitpunkt seines Erlasses **rechtswidriger Verwaltungsakt** vorliegen.

b) Kein Ausschlussgrund nach § 48 Abs. 1 S. 2 (L)VwVfG

980 Soll ein rechtswidriger, **begünstigender** Verwaltungsakt (siehe Legaldefinition in § 48 Abs. 1 S. 2 (L)VwVfG) zurückgenommen werden, darf außerdem **weder ein Ausschlussgrund** nach § 48 Abs. 1 S. 2 (L)VwVfG i. V. m. § 48 Abs. 2 S. 1 (L)VwVfG (schutzwürdiges Vertrauen in den Bestand eines Geld- oder Sachleistungsverwaltungsakts), **noch ein Ausschlussgrund** nach § 48 Abs. 1 S. 2 (L)VwVfG i. V. m. § 48 Abs. 4 S. 1 (L)VwVfG (Ablauf der Jahresfrist) vorliegen.

aa) Kein Ausschluss nach § 48 Abs. 2 S. 1 (L)VwVfG

981 Soweit der Begünstigte auf den Bestand eines Geld- oder Sachleistungsbescheids vertraut hat und sein Vertrauen schutzwürdig ist, darf der Leistungsbescheid nach § 48 Abs. 2 S. 1 (L)VwVfG nicht zurückgenommen werden. Wie das im Einzelnen zu prüfen ist, ist streitig.[571]

982 Nach hier vertretener Rechtsauffassung hat der Begünstigte in den Leistungsbescheid vertraut, wenn er diesen kannte und auf den Leistungsbe-

571 Ausführlich in: *Mauer/Waldhoff*, VerwR, § 11 Rn. 30 ff.

scheid auch vertrauen durfte. Letzteres ist nicht der Fall, wenn einer der Tatbestände des § 48 Abs. 2 S. 3 Nr. 1 bis 3 (L)VwVfG gegeben ist. Während § 48 Abs. 2 S. 3 Nr. 1 bis Nr. 2 und Nr. 3 Var. 1 (L)VwVfG nur Schwierigkeiten bei der Beweisführung bereiten, ist es im Einzelfall schwierig zu beurteilen, wann der Begünstigte nach § 48 Abs. 2 S. 3 Nr. 3 Var. 2 (L)VwVfG wegen grober Fahrlässigkeit kein Vertrauen haben durfte.

Auch wenn der Begünstigte Vertrauen in den Bestand des Verwaltungs- **983**
akts hatte, ist sein Vertrauen nach § 48 Abs. 2 S. 2 (L)VwVfG nur schutzwürdig, wenn er die Leistung verbraucht hat oder eine Vermögensdisposition getroffen hat, die nicht oder nur schwer rückgängig gemacht werden kann.

Zur Vertiefung: Liegen gleichzeitig Widerrufsgründe nach § 49 Abs. 3 (L)VwVfG vor, kann sich der Betroffene nicht auf § 48 Abs. 2 S. 1 berufen. Sonst wäre er bessergestellt als der Adressat eines rechtmäßigen Verwaltungsakts. Nicht schutzwürdig ist das Vertrauen in unionsrechtswidrige Beihilfen.

bb) Kein Ausschluss nach § 48 Abs. 4 S. 1 (L)VwVfG

Begünstigende Verwaltungsakte dürfen nur innerhalb eines Jahres nach **984**
Kenntnis der die Rechtswidrigkeit begründenden Tatsachen zurückgenommen werden. Die Einzelheiten sind streitig. Nach der Rechtsprechung[572] ist § 48 Abs. 4 S. 1 (L)VwVfG wie folgt zu lesen:

- Die Jahresfrist gilt nicht nur dann, wenn der Verwaltungsakt auf falschen Tatsachen beruht, sondern auch dann, wenn die Verwaltung alle Tatsachen kannte, aber das Recht falsch angewendet hat.[573]
- Abzustellen ist auf die Kenntnis des Organwalters der für die Rücknahme sachlich und örtlich zuständigen Behörde, der nach dem internen Geschäftsverteilungsplan für die Entscheidung zuständig ist.[574]
- Fristbeginn für den Lauf der Jahresfrist ist der Zeitpunkt, zu dem der Organwalter alle Tatsachen ermittelt hat, die die Rücknahme rechtfertigen. Ab diesem Zeitpunkt hat er dann ein Jahr Zeit für die Entscheidung über die Rücknahme („Entscheidungsfrist").[575]

Damit spielt der Ausschluss wegen Ablaufs der Jahresfrist in der Praxis fast keine Bedeutung.

572 BVerwGE 70, 356.

573 A. A.: Jahresfrist gilt nur bei falschen Tatsachen. Bei Rechtsirrtum läuft keine Jahresfrist.

574 A. A.: Kenntnis irgendeines Organwalters der sachlich und örtlich zuständigen Behörde.

575 A. A.: „Bearbeitungsfrist": Ab dem Zeitpunkt der Kenntnis der etwaigen Rechtswidrigkeit hat die Behörde ein Jahr Zeit, den Fall aufzuklären und darüber zu entscheiden.

2. Rechtmäßige Ermessensausübung

a) Allgemeines

985 Die Rücknahme des rechtswidrigen Verwaltungsakts steht grundsätzlich nach § 48 Abs. 1 S. 1 (L)VwVfG im Ermessen der zuständigen Behörde, die das Ermessen gemäß § 40 (L)VwVfG pflichtgemäß auszuüben hat. Die Behörde hat Entschließungsermessen, ob sie den rechtswidrigen Verwaltungsakt zurücknimmt, und Auswahlermessen, ob sie den rechtswidrigen Verwaltungsakt ganz oder nur teilweise mit Wirkung für die Vergangenheit oder nur für die Zukunft zurücknimmt.

b) Rücknahme belastender Verwaltungsakte

986 Nach der Rechtsprechung führen nur besonders schwere Fehler an der Grenze zur Nichtigkeit (vgl. § 44 Abs. 1 u. 2 (L)VwVfG) zu einer Ermessensreduzierung auf Null und damit zu einem Anspruch auf Rücknahme des belastenden Verwaltungsakts.[576] Im Übrigen steht die Rücknahme im Ermessen der Behörde.

c) Rücknahme von Sach- und Geldleistungsverwaltungsakten

987 In den Fällen des § 48 Abs. 2 S. 3 (L)VwVfG – Geld- oder Sachleistungsverwaltungsakt wurde durch arglistige Täuschung, Drohung, Bestechung bzw. unrichtige oder unvollständige Angaben erwirkt oder Rechtswidrigkeit ist bekannt bzw. in Folge grober Fahrlässigkeit nicht bekannt – ist die Verwaltung im Regelfall verpflichtet, den Geld- oder Sachleistungsverwaltungsakt mit Wirkung für die Vergangenheit zurückzunehmen, § 48 Abs. 2 S. 4 (L)VwVfG (Ermessensreduzierung[577]). Nur im Ausnahmefall kann von der Rücknahme bzw. von der Rücknahme für die Vergangenheit abgesehen werden.

988 In den übrigen Fällen steht die Rücknahme im Ermessen der Behörde. Da die Abwägung im Wesentlichen aber schon auf Tatbestandsseite getroffen wurde, sind kaum Fälle denkbar, in denen die Rücknahme eines Geld- oder Sachleistungsverwaltungsakts für den Einzelnen unverhältnismäßig sein könnte.

d) Rücknahme sonstiger begünstigender Verwaltungsakte

989 Im Rahmen der Ermessensausübung ist zu prüfen, ob die Rücknahme verhältnismäßig ist oder ob das Vertrauen des Betroffenen in den Bestand des

---

576 BVerwGE 121, 226 (230 f.); a. A. *Detterbeck*, VerwR, Rn. 693: strikter Rücknahmeanspruch des Betroffenen bei noch nicht bestandskräftigen rechtswidrigen Verwaltungsakten; bei bestandskräftigen rechtswidrigen Verwaltungsakten wie BVerwG.

577 Kopp/Ramsauer/*Ramsauer* § 48 Rn. 127c.

rechtswidrigen Verwaltungsakts überwiegt und daher zwingend von der Rücknahme abzusehen ist. Im Regelfall ist die Rücknahme verhältnismäßig. Das zeigen die folgenden Erörterungen.

Zunächst müsste der Betroffene überhaupt in den rechtswidrigen Verwaltungsakt vertraut haben und das Vertrauen schutzwürdig sein (Prüfung ähnlich wie oben). Ansonsten ist die Angemessenheit der Rücknahme ohnehin unproblematisch gegeben.

Hat der Betroffene vertraut und ist das Vertrauen schutzwürdig, ist im Rahmen der Ermessensausübung zu überlegen, ob das schutzwürdige Vertrauen später nach § 48 Abs. 3 (L)VwVfG auf Antrag des Betroffenen vollständig kompensiert werden kann oder ob ein weiterer „Vertrauensrest" auch nach der Kompensation verbleiben wird. Kann das Vertrauen vollständig kompensiert werden, ist die Rücknahme ebenfalls unproblematisch zulässig.

Nur wenn ein weiterer „Vertrauensrest" verbleibt, ist eine umfassende Abwägungsentscheidung für den Einzelfall erforderlich (Vertrauensschutz des Einzelnen versus das öffentliche Interesse an der Gesetzmäßigkeit der Verwaltung).

III. Formelle Voraussetzungen[578]

Das Rücknahmeverfahren wird von Amts wegen eingeleitet, die Einleitung **990**
steht grundsätzlich im Ermessen der Verwaltungsbehörde (§ 22 S. 1 (L)VwVfG). Der Einzelne hat in der Regel weder ein Recht auf Einleitung des Verfahrens noch auf Rücknahme eines rechtswidrigen Verwaltungsakts. Etwas anderes gilt nach der Rechtsprechung nur dann, wenn ein sehr schwerwiegender Verstoß an der Grenze zur Nichtigkeit vorliegt.[579] Zum Recht auf Wiederaufgreifen nach § 51 Abs. 1 (L)VwVfG siehe hier in Teil 5 im 4. Kapitel.

Im Übrigen gelten – soweit spezialgesetzlich nicht anders geregelt – **991**
§§ 10 ff. (L)VwVfG. Greift die Rücknahme in die Rechte eines Beteiligten ein (insbes. Rücknahme eines begünstigenden Verwaltungsakts), ist dieser zuvor nach § 28 Abs. 1 (L)VwVfG anzuhören. Soweit spezialgesetzlich nicht anders geregelt, besteht für die Rücknahme kein Formzwang.[580] Die Rücknahme ist bekannt zu machen, § 41 (L)VwVG, ggf. (L)VwZG.

---

578 Die Zuständigkeit wurde bereits oben geprüft.

579 BVerwGE 121, 226 (230 f.); a. A. *Detterbeck*, VerwR, Rn. 693: strikter Rücknahmeanspruch des Betroffenen bei noch nicht bestandskräftigen rechtswidrigen Verwaltungsakten; bei bestandskräftigen rechtswidrigen Verwaltungsakten wie BVerwG.

580 Problematische Fälle: Wenn der aufzuhebende Verwaltungsakt formbedürftig ist.

D. Lösungsvorschlag

992 **RECHTSGUTACHTEN**

Die Stadt Freiburg kann die Güterkraftverkehrserlaubnis rechtmäßig zurücknehmen, wenn sie diese Maßnahme auf eine Rechtsgrundlage stützen kann (Vorbehalt des Gesetzes für belastende Maßnahmen) und die formellen und materiellen Voraussetzungen für die Rücknahme vorliegen.

I. Rechtsgrundlage

Als Rechtsgrundlage für die Rücknahme der Erlaubnis für den Güterkraftverkehr kommt § 3 Abs. 5 S. 1 GüKG in Betracht. Insoweit ist ein Rückgriff auf § 48 Abs. 1 S. 1 LVwVfG BW ausgeschlossen.

II. Formelle Rechtmäßigkeit

1. Zuständigkeit

Die Stadt Freiburg, in der die GmbH nach wie vor ihren Sitz hat, ist für die Rücknahme der Erlaubnis nach § 3 Abs. 7 S. 1 GüKG, § 1 Nr. 1 GüKZuVO BW, § 15 Abs. 1 Nr. 2 LVG BW sachlich und nach § 3 Abs. 7 S. 2 GüKG auch örtlich zuständig. Zuständiges Organ ist der Oberbürgermeister mit seiner Verwaltung, § 15 Abs. 2 LVG BW.

2. Verfahren

Das Verfahren muss ordnungsgemäß abgeschlossen worden sein. Vor der Rücknahme wurden die Spedition Müller GmbH angehört (§ 28 Abs. 1 LVwVfG) und laut Sachverhalt alle zuständigen Stellen, also das Bundesamt für Logistik und Mobilität, die beteiligten Verbände des Verkehrsgewerbes, die fachlich zuständige Gewerkschaft und die zuständige IHK, beteiligt (§ 3 Abs. 5a S. 1 GüKG). Im Übrigen entspricht das Verfahren Art. 13 VO 1071/2009. Damit ist das Verfahren ordnungsgemäß abgeschlossen.

3. Form

Formzwang besteht hier mangels abweichender Spezialregelung nicht, § 37 Abs. 2 S. 1 LVwVfG. Zweckmäßig ist die Schriftform. § 37 Abs. 3 LVwVfG ist dann einzuhalten, die Rücknahme ist zu begründen (§ 39 Abs. 1 LVwVfG i. V. m. Art. 15 Abs. 1, 1. Unterabsatz VO 1071/2009) und nach § 37 Abs. 6 S. 1 LVwVfG mit einer Rechtsbehelfsbelehrung zu versehen.

4. Bekanntgabe

Aus Beweisgründen sollte die Bekanntgabe durch Zustellung erfolgen, zweckmäßig ist die Zustellung durch die Post mit Zustellungsurkunde (§ 41 Abs. 5 LVwVfG, § 3 LVwZG). Die Zustellung erfolgt gemäß § 6 Abs. 2 LVwZG an den Geschäftsführer als gesetzlichen Vertreter der Spedition Müller GmbH. Die Rücknahme wird somit adressiert an den Sitz der GmbH z. Hd. des Geschäftsführers.

III. Materielle Voraussetzungen

a) Vorliegen der Tatbestandsvoraussetzungen der Rechtsgrundlage

Tatbestandsvoraussetzung für die Rücknahme der Güterkraftverkehrserlaubnis nach § 3 Abs. 5 S. 1 GüKG ist, dass nachträglich bekannt wird, dass die Erlaubnis hätte versagt werden müssen.

Hier hat der zuständige Sachbearbeiter erst nach dem Erlass der Güterkraftverkehrserlaubnis erfahren, dass Herrn Müller zum Zeitpunkt des Erlasses die Führung von Güterkraftverkehrsgeschäften nach § 3 Abs. 5b S. 1 GüKG bereits untersagt worden war. Wären diese Tatsachen schon damals bekannt gewesen, hätte die Erlaubnis versagt werden müssen, weil Herr Müller damit als Verkehrsleiter und Geschäftsführer nach Art. 6 Abs. 3 VO 1071/2009 als unzuverlässig gilt und dies nach Art. 3 Abs. 1 b) i.V.m. Art. 6 VO 1071/2009 zur Unzuverlässigkeit der GmbH führt.

Die Ausschlussfrist nach § 48 Abs. 4 S. 1 LVwVfG greift nicht, da § 3 Abs. 5 S. 1 GüKG insoweit eine abschließende Regelung ist.

b) Rechtsfolge

Die Rücknahme erfolgt gegenüber der Spedition Müller GmbH als Adressatin der rechtswidrigen Erlaubnis. Nach § 3 Abs. 5 S. 1 GüKG ist die Stadt Freiburg zur Rücknahme verpflichtet (gebundene Entscheidung). Damit muss die Stadt Freiburg die Verhältnismäßigkeit der Maßnahme nicht in jedem Einzelfall positiv feststellen. Hier sind auch keine besonderen Umstände ersichtlich, die ausnahmsweise zur Unverhältnismäßigkeit der Rücknahme führen, zumal die Spedition Müller GmbH ausdrücklich an ihrem unzuverlässigen Geschäftsführer festhält. Auch die Tatsache, dass bereits 13 Monate verstrichen sind, rechtfertigt keine andere Entscheidung, zumal Herrn Müller auch derzeit die Führung von Güterkraftverkehrsgeschäften nicht wieder gestattet werden kann.

Nach § 37 Abs. 1 LVwVfG muss die Rücknahme inhaltlich hinreichend bestimmt formuliert werden. Sie kann beispielsweise wie folgt tenoriert werden:[581]

„Die der Spedition Müller GmbH am [... Datum] von der Stadt Freiburg erteilte Erlaubnis für den gewerblichen Güterkraftverkehr nach § 3 GüKG (Nr. 1234567) wird zurückgenommen."

IV. Anordnung der sofortigen Vollziehung

Die Stadt Freiburg kann die sofortige Vollziehung der Rücknahme rechtmäßig anordnen, wenn die dafür erforderlichen formellen und materiellen Voraussetzungen vorliegen.

---

581 Schlecht wäre die Tenorierung „aufgehoben". Dadurch wird der Adressat im Unklaren gelassen, ob es sich um Rücknahme oder Widerruf handelt. Die Bestimmtheit kann sich dann nur noch aus der Begründung ergeben.

1. Rechtsgrundlage

Rechtsgrundlage für die Anordnung der sofortigen Vollziehung ist § 80 Abs. 2 S. 1 Nr. 4 VwGO.

2. Formelle Rechtmäßigkeit

Die Stadt Freiburg ist als die Behörde, die die Rücknahme erlässt, gemäß § 80 Abs. 2 S. 1 Nr. 4 VwGO für die Anordnung zuständig. Der Streit, ob die Verfahrensvorschriften nach §§ 10 LVwVfG BW auch bei der Anordnung der sofortigen Vollziehung, die nach h. M. kein Verwaltungsakt ist, analog anzuwenden sind, kann hier dahinstehen, da die Spedition Müller GmbH zu allen auch für die Anordnung der sofortigen Vollziehung entscheidungserheblichen Tatsachen bereits angehört worden ist und somit kein Verstoß gegen § 28 Abs. 1 (L)VwVfG ersichtlich ist. Auch im Übrigen wurden alle Verfahrensgrundsätze gewahrt.

Die Stadt Freiburg muss das besondere Interesse an der sofortigen Vollziehung gemäß § 80 Abs. 3 S. 1 VwGO schriftlich begründen und die Anordnung der sofortigen Vollziehung bekannt geben. Sie kann mit der Rücknahme verbunden werden.

3. Materielle Rechtmäßigkeit

Die sofortige Vollziehung kann angeordnet werden, wenn ein wirksamer, nicht bereits kraft Gesetz sofort vollziehbarer Verwaltungsakt vorliegt und ein besonderes Interesse an der sofortigen Vollziehung besteht.

a) Die Rücknahme der Güterkraftverkehrserlaubnis wird mit Bekanntgabe wirksam und ist nach § 80 Abs. 2 S. 1 Nr. 1 bis Nr. 3a VwGO nicht bereits von Gesetz wegen sofort vollziehbar, vielmehr hätte ein Widerspruch der Spedition Müller GmbH gegen die Rücknahme nach § 80 Abs. 1 S. 2 VwGO aufschiebende Wirkung.[582]

b) Ein besonderes Interesse an der sofortigen Vollziehung besteht, wenn das öffentliche Interesse (oder das Interesse eines Privaten) an der Vollziehung des Verwaltungsakts bereits während des laufenden Rechtsbehelfsverfahrens das Interesse des Betroffenen überwiegt.

Nach der Rechtsprechung des BVerfG reicht allein die Rechtmäßigkeit der Rücknahme einer Berufserlaubnis nicht, vielmehr muss während des laufenden Rechtsbehelfsverfahrens eine konkrete Gefahr für ein anderes höherwertiges Rechtsgut bestehen.[583] Hier besteht die konkrete Gefahr, dass die GmbH auch während des laufenden Rechtsbehelfsverfahrens an dem unzuverlässigen Geschäftsführer weiterhin festhält. Das wiederum stellt eine Gefahr für die Sicherheit des Straßenverkehrs dar. Damit liegen die Voraussetzungen für die Anordnung der sofortigen Vollziehung vor.

---

582 Nach § 80 Abs. 2 S. 1 Nr. 3 VwGO kann das Fachgesetz den Wegfall der aufschiebenden Wirkung einer Rücknahme vorsehen, z. B. § 45 Abs. 5 Waffengesetz.

583 BVerfG, Stattgebender Kammerbeschluss vom 08.04.2010 – 1 BvR 2709/09 –.

Aufgrund des Effektivitätsgrundsatzes (Art. 4 Abs. 3 EUV) ist die Stadt Freiburg zur Anordnung der sofortigen Vollziehung hier sogar verpflichtet, um die VO 1071/2009 wirksam umzusetzen.

V. Verpflichtung, die Erlaubnisurkunde zurückzugeben, § 52 S. 1 LVwVfG

Wenn die sofortige Vollziehung der Rücknahme angeordnet wird, kann zugleich nach § 52 S. 1 LVwVfG[584] die Rückgabe der Erlaubnisurkunde angeordnet werden.

VI. Gebühr

Für die Rücknahme wird hier nach Ziffer 8 des Gebührenverzeichnisses als Anlage zur GüKKostV eine Gebühr festgesetzt, die höchstens so hoch sein darf, wie die für die Erteilung vorgesehene Gebühr. Hier scheint in Anbetracht des geschätzten Zeitaufwandes von rund 2 Stunden eine Gebühr von 140 € angemessen.

E. Vertiefungshinweise

I. Durchsetzung von Rücknahmeentscheidungen

Die Rücknahme ist ein rechtsgestaltender und damit kein vollstreckungsfähiger Verwaltungsakt (vgl. § 1 LVwVG BW, § 6 Abs. 1 VwVG). Macht der Einzelne trotz bestandskräftiger oder sofort vollziehbarer Rücknahme von einer erteilten Erlaubnis weiterhin Gebrauch oder behält er weiterhin die ihm nunmehr ohne Rechtsgrund gewährte Sach- oder Geldleistung, muss die Verwaltung zur endgültigen Durchsetzung ihrer Rücknahmeentscheidung einen befehlenden Verwaltungsakt erlassen. **993**

1. Rückerstattungsbescheid nach § 49a Abs. 1 (L)VwVfG

Wenn dem Einzelnen durch Leistungsbescheid eine Geld- oder Sachleistung gewährt wurde, die Verwaltung die Leistung bereits tatsächlich erbracht hat und der Leistungsbescheid dann mit Wirkung für die Vergangenheit bestandskräftig oder sofort vollziehbar zurückgenommen worden ist, hat der Verwaltungsträger der zuständigen Behörde gegen den Einzelnen nach § 49a Abs. 1 S. 1 (L)VwVfG ein Anspruch auf Rückerstattung der erbrachten Leistung. Es besteht nämlich mit dem rückwirkenden Wegfall des Leistungsbescheids kein Rechtsgrund für den Einzelnen, die Leistung behalten zu dürfen. **994**

584 Diese Verpflichtung ist teilweise auch spezialgesetzlich geregelt, vergleiche § 46 Abs. 1 Waffengesetz.

995 Die für den Erlass des Rücknahmebescheids zuständige Behörde ist verpflichtet, die zu erstattende Leistung gemäß § 49a Abs. 1 S. 2 (L)VwVfG durch Verwaltungsakt festzusetzen; vorgeschrieben ist hierfür die Schriftform.

996 Nach § 49a Abs. 2 S. 1 (L)VwVfG gelten für den Umfang der Erstattung die Vorschriften des BGB über die Herausgabe der ungerechtfertigten Bereicherung. Nach h. M. handelt es sich dabei um eine Rechtsfolgenverweisung, also um eine Verweisung in §§ 818 ff. BGB.[585] Der Wegfall der Bereicherung nach § 818 Abs. 3 BGB ist von Amts wegen zu prüfen (streitig).[586] Allerdings kann sich der Begünstigte auf den Wegfall der Bereicherung nach § 49a Abs. 2 S. 2 (L)VwVfG nicht berufen, soweit er die Umstände, die zur Rücknahme geführt haben, kannte oder infolge grober Fahrlässigkeit nicht kannte.

997 Die weiteren Einzelheiten (insbes. maßgeblicher Zeitpunkt für die Verzinsung, Verjährung) sind umstritten.

2. Verbot der weiteren Tätigkeit ohne Erlaubnis

998 Das Spezialgesetz kann regeln, dass die Fortführung der Tätigkeit nach bestandskräftiger oder sofort vollziehbarer Rücknahme durch befehlenden Verwaltungsakt verboten werden kann. Das Verbot ist dann zwangsweise durchsetzbar.[587]

■ **Beispiele:** § 15 Abs. 2 GewO, § 46 Abs. 2 bis Abs. 5 WaffG, § 16 Abs. 8 StrG BW

999 Fehlt eine entsprechende Ermächtigungsgrundlage im Spezialgesetz, ist streitig, ob die zuständige Behörde das Verbot dann auf die Normen stützen kann, die Tätigkeit ohne Erlaubnis verbieten, oder ob auf die ordnungs- bzw. polizeirechtliche Generalklausel (z. B. §§ 3, 1 Abs. 1 PolG BW[588]) zurückzugreifen ist und welche Behörden auf die Generalklausel zurückgreifen dürfen.

---

585 Stelkens/Bonk/Sachs/*Sachs*, VwVfG, § 49a Rn. 42.

586 Stelkens/Bonk/Sachs/*Sachs*, VwVfG, § 49a Rn. 48, dort auch Nachweise zur a. A., die von einer Einrede ausgeht.

587 Außerdem kann der Gesetzgeber vorsehen, dass ein Tätigsein ohne Erlaubnis ordnungswidrig oder sogar strafbar ist.

588 Die Tätigkeit ohne Erlaubnis stellt einen andauernden Rechtsverstoß dar, also eine Störung der öffentlichen Sicherheit (Schutzgut: objektive Rechtsordnung).

II. Rücknahme im Rahmen eines Widerspruchsverfahrens

Auf Vertrauensschutz kann sich der Begünstigte gemäß § 50 (L)VwVfG nicht berufen, wenn der begünstigende rechtswidrige Verwaltungsakt von einem Dritten mit Anfechtungswiderspruch angegriffen wurde und der Verwaltungsakt im Widerspruchsverfahren hätte aufgehoben werden müssen, weil der Anfechtungswiderspruch des Dritten zulässig und begründet ist (also eine Rechtsverletzung des Dritten durch den rechtswidrigen Verwaltungsakt vorliegt), die Behörde den Verwaltungsakt nun aber außerhalb des Widerspruchsverfahrens nach § 48 (L)VwVfG zurücknimmt. **1000**

3. Kapitel: Der Widerruf von Verwaltungsakten

A. Ausgangsfall und Lerninhalte/-ziele

Fall 2 (Aufhebung eines Subventionsbescheids) **1001**

Die Stadt Freiburg zahlt Zuschüsse für Umweltschutzmaßnahmen auf Betriebsgeländen in ihrem Zuständigkeitsbereich. Dazu hat der Gemeinderat im Haushaltsplan Mittel bereitgestellt und eine Vergaberichtlinie erlassen. Gefördert werden kann u. a. der langfristige Rückbau von versiegelten Flächen und deren Ersatz durch Blumenwiesen. Mit Subventionsbescheid vom 20.05.2022 wurde der Spedition Müller GmbH für den Rückbau einer genau bezeichneten asphaltierten Fläche mit der Größe von 2.000 m^2 auf dem Betriebsgelände ein Zuschuss von 20.000 € zugesprochen und am 01.07.2022 auch ausgezahlt. In dem Subventionsbescheid wird die Spedition Müller GmbH verpflichtet, auf der entsiegelten Fläche spätestens bis zum 01.05.2023 eine Blumenwiese, deren Art detailliert festgesetzt wurde, zu schaffen und für die Dauer von mindestens 5 Jahren zu erhalten. Bei einer Außenkontrolle am 10.06.2024 wird festgestellt, dass die Spedition Müller GmbH die Fläche immer noch nicht entsiegelt hat. Die Spedition Müller GmbH wird zum beabsichtigten Widerruf angehört, äußert sich aber nicht. Am 02.07.2024 prüft der zuständige Sachbearbeiter, ob er den Subventionsbescheid widerrufen kann.

■ **Aufgabe 1:** Liegen die materiellen Voraussetzungen für einen Widerruf vor? Prüfen Sie gutachtlich.

■ **Aufgabe 2:** Entwerfen Sie den Tenor des Widerrufsbescheids. Denken Sie dabei auch an die Anordnung der sofortigen Vollziehung und die Rückforderung der geleisteten Subvention einschließlich der Zinsen.

1002 Gegenstand dieses Kapitels ist der Widerruf eines Verwaltungsakts. Nach allg. A. können nach § 49 (L)VwVfG entgegen des Wortlauts sowohl rechtmäßige als auch rechtswidrige Verwaltungsakte (Erst-Recht-Schluss) widerrufen werden. Geld- und Sachleistungsverwaltungsakte können unter den Voraussetzungen von § 49 Abs. 3 (L)VwVfG auch für die Vergangenheit (ex tunc) widerrufen werden. Insoweit besteht kein Unterschied zur Rücknahme rechtswidriger Verwaltungsakte ex tunc. Im Übrigen ist der Widerruf (darin unterscheidet er sich von der Rücknahme) eines Verwaltungsakts nur für die Zukunft (ex nunc) möglich.

1003 Wie die Rücknahme ist der Widerruf ein rechtsgestaltender Verwaltungsakt. Er ist begünstigend, wenn ein belastender Verwaltungsakt widerrufen wird. Er ist belastend, wenn ein begünstigender Verwaltungsakt widerrufen wird.

1004 Mit dem Widerruf kann die Verwaltung insbesondere den ursprünglich recht- und zweckmäßigen Verwaltungsakt an eine gegenüber der Erlasssituation veränderte neue Situation anpassen.

B. Prüfungsschema für den Widerruf nach § 49 (L)VwVfG

Beachte: Es sind im Gutachten nicht stets alle Prüfungspunkte anzusprechen!

1005 **I. Rechtsgrundlage für den Widerruf**

1. Spezialgesetz (oft: gebundene Entscheidung; teilweise Ermessen)

2. § 49 Abs. 1 (L)VwVfG: Widerruf nicht begünstigender Verwaltungsakte nach Ermessen ex nunc

3. § 49 Abs. 3 (L)VwVfG: Widerruf von Geld- und Sachleistungsverwaltungsakten nach Ermessen ex tunc

4. § 49 Abs. 2 (L)VwVfG: Widerruf begünstigender Verwaltungsakte nach Ermessen ex nunc

II. Formelle Voraussetzungen für den Widerruf nach § 49 (L)VwVfG

1. Zuständigkeit

a) sachliche Zuständigkeit: soweit nicht anders geregelt, sind die Behörden zuständig, die für den Erlass zuständig wären

b) örtliche Zuständigkeit: § 49 Abs. 5 (L)VwVfG

2. Verfahren

insbes. Anhörung vor dem Widerruf von begünstigenden Verwaltungsakten, § 28 Abs. 1 (L)VwVfG

3. Form

Kein Formzwang, zweckmäßig Schriftform; dann Begründung und Rechtsbehelfsbelehrung

4. Bekanntgabe

III. Materielle Voraussetzungen für den Widerruf

1. Vorliegen der Tatbestandsvoraussetzungen der Rechtsgrundlage

a) **bei Widerruf nach Spezialgesetz: Vorliegen der spezialgesetzlich geregelten Voraussetzungen**

b) **bei Widerruf nach § 49 Abs. 1 (L)VwVfG:**
   aa) wirksamer, nicht begünstigender Verwaltungsakt; laut Wortlaut rechtmäßig (h. M.: auch rechtswidrig)
   bb) kein Ausschluss des Widerrufs, weil Verwaltungsakt sofort wieder erlassen werden müsste oder aus sonstigen Gründen unzulässig ist

c) **bei Widerruf nach § 49 Abs. 3 (L)VwVfG:**
   aa) wirksamer Geld- oder Sachleistungsverwaltungsakt; laut Wortlaut rechtmäßig (h. M.: auch rechtswidrig)
   bb) Widerrufsgrund nach § 49 Abs. 3 S. 1 Nr. 1 und/oder Nr. 2 (L)VwVfG
   cc) kein Ausschluss wegen Ablaufs der Jahresfrist nach §§ 49 Abs. 3 S. 2, 48 Abs. 4 S. 1 (L)VwVfG

d) **bei Widerruf nach § 49 Abs. 2 (L)VwVfG:**
   aa) wirksamer begünstigender Verwaltungsakt; laut Wortlaut rechtmäßig (h. M.: auch rechtswidrig)
   bb) Widerrufsgrund nach § 49 Abs. 3 S. 1 Nr. 1, 2, 3, 4 oder 5 (L)VwVfG
   cc) kein Ausschluss wegen Ablaufs der Jahresfrist nach §§ 49 Abs. 2 S. 2, 48 Abs. 4 S. 1 (L)VwVfG

2. Setzen einer rechtmäßigen Rechtsfolge

a) Rechtmäßigkeit der Auswahl des Regelungsadressaten

b) fehlerfreie Ermessensentscheidung (§ 40 (L)VwVfG); ggf. Ermessensreduzierung auf Null

c) Bestimmtheit des Widerrufs

IV. Ggf. Anordnung der sofortigen Vollziehung des Widerrufs nach § 80 Abs. 2 S. 1 Nr. 4 VwGO

C. Widerruf nicht begünstigender Verwaltungsakte ex nunc

1006 Rechtsgrundlage für den Widerruf nicht begünstigender Verwaltungsakte ist – soweit nicht spezialgesetzlich geregelt – § 49 Abs. 1 (L)VwVfG.

Sachlich zuständig sind (wenn nicht anders geregelt) die Behörden, die auch für den Erlass des Verwaltungsakts zuständig sind. Die örtliche Zuständigkeit bestimmt sich nach § 49 Abs. 5 (L)VwVfG.

1007 Der Widerruf ist unzulässig, wenn ein Verwaltungsakt gleichen Inhalts erneut erlassen werden müsste oder der Widerruf aus anderen Gründen unzulässig ist.

■ **Beispiele:** Der Widerruf eines gebundenen, belastenden Verwaltungsakts ist ohne Änderung der Sach- oder Rechtslage ausgeschlossen. Der Verwaltungsakt müsste ja sofort wieder erlassen werden.

Nach § 3 Abs. 5b S. 3 GüKG kann die Führung von Güterkraftverkehrsgeschäften wieder gestattet werden. Teilweise wird daher vertreten, dass § 3 Abs. 5b S. 3 GüKG als abschließende Spezialregelung damit zugleich den Rückgriff auf § 49 Abs. 1 LVwVfG ausschließt.[589]

1008 Richtiger Regelungsadressat des Widerrufs ist der Regelungsadressat des Ausgangsverwaltungsakts bzw. dessen Rechtsnachfolger.

Die Entscheidung über den Widerruf steht im Ermessen der Behörde. Gibt es keinen sachgerechten Grund für die Fortgeltung des Verwaltungsakts, liegt eine Ermessensreduzierung auf Null vor und der belastende Verwaltungsakt ist aufzuheben. Nach § 49 Abs. 1 (L)VwVfG darf der Widerruf nur für die Zukunft ausgesprochen werden. Nach § 49 Abs. 4 (L)VwVfG kann die Behörde bestimmen, zu welchem zukünftigen Zeitpunkt der Verwaltungsakt unwirksam werden soll. Ansonsten wird dieser mit Eintritt der Wirksamkeit des Widerrufs unwirksam.

D. Widerruf von Geld- und Sachleistungsverwaltungsakten ex tunc

1009 **Rechtsgrundlage** für den Widerruf von Geld- und Sachleistungsverwaltungsakten auch mit Wirkung für die Vergangenheit (ex tunc) ist – sofern spezialgesetzlich nicht geregelt – § 49 Abs. 3 (L)VwVfG. Es muss sich um einen wirksamen Verwaltungsakt handeln, der eine einmalige oder laufende Geld- oder teilbare Sachleistung zur Erfüllung eines bestimmten Zwecks gewährt oder hierfür Voraussetzung ist.

---

589 Vgl. Ennuschat/Wank/Winkler/*Ennuschat*, 9. Aufl. 2020, GewO § 35 Rn. 202 (dort auch zur a. A.).

Zuständig ist in der Regel die Behörde, die den Leistungsbescheid erlassen hat. Bei Änderungen der örtlichen Zuständigkeit siehe § 49 Abs. 5 (L)VwVfG.

Hinweis: Der Widerruf für die Vergangenheit führt dazu, dass der Rechtsgrund für gewährte Geld- oder Sachleistungen rückwirkend entfällt und die gezahlten Leistungen schriftlich durch Verwaltungsakt zurückgefordert werden, § 49a Abs. 1 S. 2 (L)VwVfG. Ein Entschädigungsanspruch des Einzelnen nach § 49 Abs. 6 (L)VwVfG entsteht nicht.

Tatbestandsvoraussetzung für den Widerruf ist, dass ein Widerrufsgrund **1010**
nach § 49 Abs. 3 S. 1 Nr. 1 und/oder Nr. 2 (L)VwVfG vorliegt und dass der Widerruf nicht wegen Ablaufs der Jahresfrist nach § 49 Abs. 3 S. 2 (L)VwVfG i. V. m. § 48 Abs. 4 S. 1 (L)VwVfG ausgeschlossen ist.

Nach § 49 Abs. 3 S. 1 Nr. 1 (L)VwVfG kann der Leistungsbescheid widerrufen werden, wenn die gewährte Sach- oder Geldleistung nicht, nicht alsbald nach der Erbringung oder nicht mehr für den im Verwaltungsakt bestimmten Zweck verwendet wird („Zweckverfehlung").

Nach § 49 Abs. 3 S. 1 Nr. 2 (L)VwVfG kann der Leistungsbescheid widerrufen werden, wenn der Leistungsbescheid mit einer Auflage verbunden ist und der Begünstigte diese nicht oder nicht innerhalb einer ihm gesetzten Frist erfüllt hat („Auflagenverstoß").

Zum Ausschluss wegen Ablaufs der Jahresfrist → siehe oben Rn. 984.[590]

Der Widerruf erfolgt gegenüber dem **Regelungsadressaten** des Leistungs- **1011**
bescheids. Ist über dessen Vermögen mittlerweile das Insolvenzverfahren eröffnet, erfolgt der Widerruf gegenüber dem Insolvenzverwalter, auf den die Verfügungsmacht übergegangen ist, § 80 InsO.[591]

Der Widerruf steht nach § 49 Abs. 3 (L)VwVfG im **Ermessen** der Behörde. **1012**
Ein wichtiger Ermessensgesichtspunkt ist regelmäßig das öffentliche Interesse, aus **Gründen der Wirtschaftlichkeit und Sparsamkeit** die Subvention zurückzufordern, wenn das mit der Auflage oder der Zweckbestimmung verfolgte öffentliche Ziel der Subvention nicht erreicht worden ist. Im Regelfall wird der Subventionsbescheid daher widerrufen.

Erfolgt der Widerruf, weil der Begünstigte gegen Auflagen verstoßen hat, die zur Durchsetzung von Unionsrecht angeordnet worden sind, oder weil der Zweck, den das Unionsrecht für die Subvention vorgibt, nicht erreicht worden ist, überwiegt der **Effektivitätsgrundsatz** (effet utile) regelmäßig das Interesse des Einzelnen und führt zu einer **Ermessensreduzierung auf Null**. Der Beihilfe- bzw. Subventionsbescheid ist zu widerrufen.

590 Beachte auch einen etwaigen Ausschluss der Jahresfrist bei Vollzug von Unionsrecht.
591 VG Aachen, Urteil vom 16.11.2005 – 3 K 779/04 – juris.

E. Widerruf begünstigender Verwaltungsakte ex nunc

I. Allgemeines

1013 Im Übrigen können begünstigende Verwaltungsakte widerrufen werden:
- sofern dies spezialgesetzlich geregelt ist (§ 49 Abs. 2 S. 1 Nr. 1 Var. 1 (L)VwVfG)

  ■ **Beispiel:** § 15 Abs. 2 und 3 GastG, § 3 Abs. 5 S. 2 GüKG

- oder nach § 49 Abs. 2 (L)VwVfG mit Wirkung für die Zukunft,
  - soweit der Rückgriff auf § 49 Abs. 2 (L)VwVfG nicht durch Spezialgesetz ausgeschlossen ist,[592]
  - wenn ein Widerrufsgrund vorliegt (S. 1 Nr. 1 Var. 2, Nr. 2, Nr. 3, Nr. 4 oder Nr. 5)
  - und kein Ausschluss wegen Ablaufs der Jahresfrist besteht (§ 49 Abs. 2 S. 2 (L)VwVfG i. V. m. § 48 Abs. 4 S. 1 (L)VwVfG).

II. Widerruf aufgrund eines Widerrufsvorbehalts

1014 ■ **Beispiel:** Die Straßenbaubehörde hat vor 10 Jahren Herrn G. eine stets widerrufliche Sondernutzungserlaubnis für das Aufstellen von Tischen und Stühlen auf dem Marktplatz auf einer Fläche von 50 qm erteilt. Die Sondernutzungserlaubnis will die Behörde nunmehr teilweise widerrufen, weil der Marktplatz mittlerweile sehr stark von Fußgängern frequentiert wird und aus Gründen der Verkehrssicherheit nur noch 40 qm für die Außenwirtschaft genutzt werden können. Herr G. sagt, er werde sich einem Widerruf auf keinen Fall beugen und die Fußgängerzone weiter nutzen. Sonst gehe sein Geschäft kaputt.

1015 Rechtsgrundlage für den Widerruf eines widerruflich erteilten begünstigenden Verwaltungsakts ist § 49 Abs. 2 S. 1 Nr. 1 Var. 2 (L)VwVfG i. V. m. dem Widerrufsvorbehalt. Der Widerrufsvorbehalt muss wirksam sowie bestandskräftig oder sofort vollziehbar sein.

1016 Wurde der begünstigende Verwaltungsakt wie hier ohne weitere Zusätze lediglich „widerruflich“ erteilt, sind auf der Tatbestandsseite keine weiteren Voraussetzungen zu prüfen. Ansonsten müssen die Voraussetzungen eingetreten sein, an die die Behörde damals den Vorbehalt des Widerrufs geknüpft hat.

■ **Beispiel:** Die Sondernutzungserlaubnis wurde für den Fall, dass die Stadt im Juli des Jahres… auf dem Markplatz das Sommerfest durchführt, unter dem Vorbe-

---

592 Fahrerlaubnisse werden nach StVG und FeV „entzogen“. Ein Rückgriff auf die Widerrufsregeln ist ausgeschlossen.

halt des Widerrufs erteilt. So darf die Erlaubnis nur widerrufen werden, wenn die Stadt das Sommerfest im Juli tatsächlich durchführen will.

Der Widerruf steht im Ermessen der Behörde. Das Ermessen ist gemäß § 40 LVwVfG entsprechend dem Zweck und innerhalb der gesetzlichen Grenzen auszuüben. Insbesondere wenn der Verwaltungsakt lediglich „widerruflich“ ohne weitere Zusätze erteilt worden ist, ist streng zu prüfen, ob es für den Widerruf überhaupt einen sachlich gerechtfertigten Grund gibt, also eine relevante Änderung gegenüber der damaligen Ausgangssituation. Ansonsten wäre die Ermessensausübung willkürlich und verstieße gegen den Zweck der Ermächtigungsgrundlage. War der damals erlassene Widerrufsvorbehalt rechtswidrig, ist dies bei der Ermessensausübung zu berücksichtigen.[593] Zur Prüfung, ob der damals erlassene Widerrufsvorbehalt rechtswidrig war, ist die Behörde dann verpflichtet, wenn dies ernsthaft in Betracht kommt. **1017**

Weiterhin hat die Behörde den Verhältnismäßigkeitsgrundsatz nach Art. 20 Abs. 3 GG zu beachten. Der Widerruf muss somit geeignet, erforderlich und angemessen sein, um das von der Behörde mit dem Erlass des Widerrufsvorbehalts verbundene Ziel zu erreichen. Hier ist insbesondere zu prüfen, ob der Erlass von nachträglichen Anordnungen nicht als milderes Mittel anstelle des kompletten Widerrufs in Betracht kommt. Auch ist hier zu prüfen, ob der begünstigende Verwaltungsakt komplett widerrufen werden muss oder ob ein teilweiser Widerruf ausreichend ist.

Der Widerruf darf nicht gegen das Gleichhandlungsgebot aus Art. 3 Abs. 1 GG verstoßen. So müssten hier z. B. alle, die auf dem Marktplatz eine Sondernutzungserlaubnis haben, gleich belastet werden.

III. Widerruf wegen Nichterfüllung einer Auflage

Nach § 49 Abs. 2 S. 1 Nr. 2 (L)VwVfG kann der begünstigende Verwaltungsakt widerrufen werden, wenn der Begünstigte eine Auflage nicht erfüllt. Der Begünstigte kommt dann entweder dem behördlichen Gebot (Auflage verpflichtet zu einem Tun) durch Unterlassen nicht nach oder verstößt durch aktives Tun gegen ein behördliches Verbot (Auflage gebietet ein Dulden oder Unterlassen). **1018**

■ **Beispiel:** Die Erlaubnis für die Privatkrankenanstalt (§ 30 GewO) wurde unter der Auflage erteilt, dass ein weiterer Nassraum zu schaffen ist.

593 BeckOK VwVfG/*Tiedemann*, BeckOK VwVfG, § 36 Rn. 58.

1019 Im Rahmen der Ermessensausübung ist nach § 40 (L)VwVfG als gesetzliche Grenze insbesondere der Verhältnismäßigkeitsgrundsatz zu berücksichtigen. Der Widerruf ist nicht erforderlich, wenn die zwangsweise Vollstreckung der Auflage die für den Betroffenen und die Allgemeinheit mildere Maßnahme ist.

■ **Beispiel:** Bevor nun die Erlaubnis für die Privatkrankenanstalt widerrufen wird, setzt die Behörde dem Betreiber unter Androhung eines bestimmten Zwangsgeldes letztmals eine Frist zur Erfüllung der Auflage, § 20 LVwVG BW.

IV. Widerruf wegen Änderung der Tatsachenlage

1020 Der Widerruf eines begünstigenden Verwaltungsakts kann nach § 49 Abs. 2 S. 1 Nr. 3 (L)VwVfG verfügt werden, wenn nachträglich Tatsachen eingetreten sind, die, wenn sie schon bei der Erteilung vorgelegen hätten, die Behörde berechtigt hätten, die Erlaubnis nicht zu erteilen, und ohne den Widerruf das öffentliche Interesse gefährdet würde. Der Widerruf muss also zur Beseitigung oder Verhinderung eines sonst unmittelbar drohenden Schadens für den Staat, die Allgemeinheit oder für wichtige Gemeinschaftsgüter notwendig sein.[594]

■ **Beispiel:** Widerruf einer Erlaubnis für eine Privatkrankenanstalt, weil nachträglich Versagungsgründe im Sinne des § 30 Abs. 1 S. 2 Nr. 1a GewO eingetreten sind, die zu erheblichen Gesundheitsschäden der Patienten führen können.

Stand der ursprüngliche Verwaltungsakt im Ermessen der Verwaltung, könnten auch für die Zweckmäßigkeitsüberlegungen neue relevante Tatsachen zum Widerruf berechtigen, wenn ohne den Widerruf das öffentliche Interesse gefährdet würde; hier bereitet es dann aber erhebliche Probleme, ob tatsächlich veränderte Umstände vorliegen (dann Widerruf möglich) oder ob die bereits damals bei Erlass vorliegenden Umstände nur anders bewertet werden (dann kein Widerruf möglich).[595]

■ **Beispiel:** Die zuständige Behörde hat eine Umzugskostenzusage erteilt, auf die kein Anspruch besteht (§ 4 Bundesumzugskostengesetz). Schon damals war die Haushaltslage angespannt, allerdings gibt es erst jetzt einen neuen Erlass, nach dem Umzugskosten nicht mehr ohne Rechtspflicht übernommen werden sollen. Hier hat sich die Sachlage (also die für die Umzugskostenzusage relevanten Tatsachen) nicht geändert, sie wird nur anders bewertet. Ein Widerruf ist ausgeschlossen.

---

594 BVerwG, Urteil vom 24.01.1992 – 7 C 38/90 – juris Rn. 13.
595 Stelkens/Bonk/Sachs/*Sachs*, VwVfG, § 49 Rn. 65 f.

V. Widerruf wegen Änderung der Rechtslage

Nach § 49 Abs. 2 S. 1 Nr. 4 (L)VwVfG kann die Behörde den begünstigenden Verwaltungsakt widerrufen, wenn sie aufgrund einer geänderten Rechtsvorschrift berechtigt wäre, den Verwaltungsakt nicht zu erlassen, soweit der Begünstigte von der Vergünstigung noch keinen Gebrauch gemacht oder aufgrund des Verwaltungsaktes noch keine Leistungen empfangen hat, und wenn ohne den Widerruf das öffentliche Interesse gefährdet würde. Der Widerruf muss zur Beseitigung oder Verhinderung eines sonst unmittelbar drohenden Schadens für den Staat, die Allgemeinheit oder für wichtige Gemeinschaftsgüter notwendig sein. 1021

■ **Beispiel:** Die Güterkraftverkehrserlaubnis wurde noch nach dem GüKG in der Fassung bis zum 03.12.2011 erteilt. Danach führte ein einmaliger schwerster Verstoß im Sinne des Anhangs IV der Verordnung (EG) 1071/2009 nicht zwingend zur Unzuverlässigkeit des Unternehmers. Obwohl Martin Müller vor Erteilung der Erlaubnis als Verkehrsleiter in einer anderen Firma im grenzüberschreitenden Güterverkehr das zulässige Gesamtgewicht des eingesetzten Fahrzeuges um 30 % überschritten hatte, sah die Erlaubnisbehörde den Verstoß nach damaliger Rechtslage zu Recht als einmaligen Verstoß an. Nach jetzt geltendem Recht wäre die Erteilung nicht mehr möglich, weil das Unternehmen als unzuverlässig gilt. Dennoch kann die Erlaubnis für den innerdeutschen Güterkraftverkehr nicht widerrufen werden, da die Spedition von ihr schon Gebrauch gemacht hat.

Schwierig ist die Abgrenzung, wann eine Änderung der Sachlage und wann eine Änderung der Rechtslage vorliegt. Hat der Begünstigte eine Erlaubnis und verschärft der Gesetzgeber für die Zukunft die Vorschriften, die der Erlaubnisinhaber bei Ausübung seiner Tätigkeit zu beachten hat, liegt eine Änderung der Sachlage und nicht der Rechtslage vor, wenn der Begünstigte sich an die verschärften Vorschriften nicht hält.[596] Hier geht es nämlich nicht um eine Rückanknüpfung einer Rechtsnorm an einen in der Vergangenheit liegenden Sachverhalt wie im obigen Beispiel.

VI. Widerruf, um schwere Nachteile für das Gemeinwohl zu verhindern

Schließlich ist ein Widerruf nach § 49 Abs. 2 S. 1 Nr. 5 (L)VwVfG möglich, 1022
um schwere Nachteile für das Gemeinwohl zu verhüten oder zu beseitigen. Hierfür reicht eine allgemeine Gefahr noch nicht aus. Vielmehr muss es um eine Katastrophensituation oder eine vergleichbare Notsituation gehen.[597] Dieser Widerrufsgrund hat bislang keine Praxisbedeutung.

596 Vgl. OVG NRW, Beschluss vom 01.02.1996 – 13 B 3388/95 – juris Rn. 1.

597 Vgl. OVG Berlin, Urteil vom 22.05.2003 – 6 B 17.03 – juris Rn. 27.

F. Sonstiges

I. Anordnung der sofortigen Vollziehung nach § 80 Abs. 2 S. 1 Nr. 4 VwGO

1023 Der Widerruf kann gemäß § 80 Abs. 2 S. 1 Nr. 3 VwGO kraft Spezialgesetz sofort vollziehbar sein.

■ **Beispiel:** Nach § 4 Abs. 9 StVG hat der Widerspruch gegen die Entziehung der Fahrerlaubnis beim „8-Punkte-Täter“ keine aufschiebende Wirkung, ebenso § 45 Abs. 5 WaffG.

Ansonsten kann die sofortige Vollziehung nach § 80 Abs. 2 S. 1 Nr. 4 VwGO angeordnet werden, wenn das öffentliche Interesse oder das Interesse eines Berechtigten an der sofortigen Vollziehung das Interesse des Begünstigten, vorerst in Besitz der Erlaubnis zu bleiben, überwiegt.

II. Gebühr

1024 Je nach Erlaubnisart ist die Gebühr für den Widerruf entweder durch Bundes- oder Landesgesetz geregelt.

III. Durchsetzung des Widerrufs

1025 Der Widerruf ist ein rechtsgestaltender Verwaltungsakt und daher nicht vollstreckungsfähig (§ 1 LVwVG BW, § 6 Abs. 1 VwVG). Er verpflichtet nicht zu einem Tun, Dulden oder Unterlassen. Hier gelten die Ausführungen zur Rücknahme entsprechend (Rn. 993 ff.).

■ **Beispiele:** Wird die Güterkraftverkehrserlaubnis bestandskräftig oder sofort vollziehbar widerrufen, darf die Spedition Müller GmbH keinen gewerblichen Güterkraftverkehr mehr ausüben. Das ist allerdings nicht im Widerruf selbst geregelt, sondern ergibt sich aus dem Gesetz: § 3 Abs. 1 GüKG. Übt sie die Tätigkeit trotzdem weiterhin aus, kann die Stadt Freiburg nach § 15 Abs. 2 S. 1 GewO die Fortsetzung des Gewerbebetriebs ohne erforderliche Erlaubnis untersagen und diese Untersagungsverfügung (befehlender Verwaltungsakt) notfalls im Wege der Verwaltungsvollstreckung durchsetzen.

Auch zur Rückgabe der Erlaubnisurkunde ist die Spedition Müller GmbH nicht bereits kraft des Widerrufs verpflichtet. Hier kann die Stadt Freiburg, da eine spezielle Ermächtigung fehlt, die Spedition nach § 52 S. 1 LVwVfG BW zur Rückgabe verpflichten und diesen befehlenden Verwaltungsakt notfalls im Wege der Verwaltungsvollstreckung durchsetzen.

Wird im Ausgangsfall der Subventionsbescheid aufgehoben, besteht die Rückerstattungspflicht zunächst nur kraft Gesetz. Um das Geld notfalls beizutreiben, benötigt die Stadt Freiburg einen Vollstreckungstitel. Daher setzt sie die zu erstattende Leistung nach § 49a Abs. 1 S. 2 LVwVfG BW durch Verwaltungsakt fest.

IV. Ersatz des Vertrauensschadens

Bei einem Widerruf nach § 49 Abs. 2 S. 1 Nr. 3 bis 5 (L)VwVfG hat der Be- **1026**
günstigte nach Maßgabe von § 49 Abs. 6 (L)VwVfG i. V. m. § 48 Abs. 3 (L)VwVfG einen Anspruch auf Ersatz seines Vertrauensschadens. Diesen muss er durch einen entsprechenden Antrag geltend machen, die Behörde wird nicht von Amts wegen tätig.

V. Exkurs: Der Erlass nachträglicher Anordnungen als mildere Maßnahme

Wir haben gesehen, dass ein Widerruf nicht in Betracht kommt, wenn es **1027**
milder ist, nachträglich Anordnungen zum begünstigenden Verwaltungsakt zu erlassen. Die Rechtsgrundlage für den Erlass einer nachträglichen Anordnung zu einem begünstigenden Verwaltungsakt kann sich zunächst ergeben aus:

- Vorbehalt der nachträglichen Anordnung im begünstigenden Verwaltungsakt (Auflagenvorbehalt, Vorbehalt einer Bedingung, Vorbehalt einer Befristung)
- Fachgesetz (z. B. § 5 Abs. 1 GastG, § 17 BImSchG, § 58 Abs. 6 LBO BW)

Aber auch wenn eine solche spezielle Ermächtigung nicht besteht, muss der **1028**
Erlass nachträglicher Anordnungen möglich sein, wenn der Begünstigte bei der Ausübung der erlaubten Tätigkeit gegen gesetzliche Handlungspflichten verstößt. Hierzu ist er durch die Erlaubnis ja gerade nicht berechtigt, der Verstoß gegen gesetzliche Handlungspflichten ist insofern eine Überschreitung der Inhaltsbestimmung des begünstigenden Verwaltungsakts.

Die h. M. sieht, wenn ein Spezialgesetz fehlt, in der nachträglichen An- **1029**
ordnung eine gegenüber dem Widerruf mildere Teilaufhebung und beurteilt deren Zulässigkeit nach §§ 48, 49 (L)VwVfG i. V. m. § 36 (L)VwVfG.[598] Nach a. A. können nachträgliche Anordnungen, wenn ein Spezialgesetz fehlt, nach §§ 3, 1 Abs. 1 PolG BW i. V. m. der gesetzlichen Handlungspflicht des Bürgers erlassen werden.[599] Zuständig ist für diese Ordnungsverfügung nicht die Polizeibehörde, sondern die nach Fachrecht zuständige Behörde. Es handelt sich nicht um eine Nebenbestimmung zum ursprünglichen Verwaltungsakt, sondern um den Erlass einer selbständigen Ordnungsverfügung.

598 Vgl. VGH BW, Urteil vom 22.12.2009 – 9 S 2890/08 – juris Rn. 22; Stelkens/Bonk/Sachs/*Stelkens*, VwVfG, § 36 Rn. 41.

599 Sogenannte unselbstständige Ordnungs- bzw. Polizeiverfügung.

G. Lösungsvorschlag

1030 **RECHTSGUTACHTEN**

Der Widerruf des Subventionsbescheids mit Wirkung für die Vergangenheit ist materiell rechtmäßig, wenn er auf eine wirksame Rechtsgrundlage gestützt werden kann (Vorbehalt des Gesetzes für belastende Maßnahmen) und im Übrigen mit der Rechtsgrundlage selbst sowie dem sonstigen Recht inhaltlich vereinbar ist.

1. Rechtsgrundlage

Richtige Rechtsgrundlage für den rückwirkenden Widerruf von Verwaltungsakten, die wie der Subventionsbescheid eine einmalige Geldleistung zur Erfüllung eines bestimmten Zwecks gewähren, ist § 49 Abs. 3 S. 1 LVwVfG BW.

2. Tatbestandsvoraussetzungen der Rechtsgrundlage

Danach ist der Widerruf zulässig, wenn einer der in § 49 Abs. 3 S. 1 LVwVfG BW genannten Widerrufsgründe vorliegt und der Widerruf nicht wegen Ablaufs der Jahresfrist nach § 49 Abs. 3 S. 2 LVwVfG BW i. V. m. § 48 Abs. 4 S. 1 LVwVfG BW ausgeschlossen ist.

Ein Widerrufsgrund liegt nach § 49 Abs. 3 S. 1 Nr. 1 LVwVfG BW u. a. dann vor, wenn die bewilligte Leistung nicht alsbald nach der Erbringung für den im Verwaltungsakt bestimmten Zweck verwendet wird.

Hier hat die Stadt Freiburg den Zuschuss von 20.000 € für den Zweck gewährt, dass die Spedition Müller GmbH auf ihrem Betriebsgelände eine genau bezeichnete asphaltierte Fläche mit der Größe von 2.000 m^2 zurückbaut. Auch zwei Jahre nach der Auszahlung des Zuschusses hat die Spedition Müller GmbH den Zuschuss immer noch nicht für diesen Zweck verwendet. Damit liegt ein Widerrufsgrund nach § 49 Abs. 3 S. 1 Nr. 1 LVwVfG BW vor.

Weiter könnte ein Widerrufsgrund nach § 49 Abs. 3 S. 1 Nr. 2 LVwVfG BW bestehen. Dann müsste der Subventionsbescheid mit einer Auflage verbunden sein, die der Begünstigte nicht innerhalb einer ihm gesetzten Frist erfüllt hat. Hier war der Subventionsbescheid mit der Auflage verbunden, bis spätestens zum 01.05.2023 auf der entsiegelten Fläche eine Blumenwiese anzubauen und für die Dauer von 5 Jahren zu erhalten. Dieser Pflicht ist die Spedition Müller GmbH nicht fristgerecht nachgekommen. Damit liegt auch ein Widerrufsgrund nach § 49 Abs. 3 S. 1 Nr. 2 LVwVfG BW vor.

Der Widerruf wäre nach § 49 Abs. 3 S. 2 LVwVfG BW i. V. m. § 48 Abs. 4 S. 1 LVwVfG BW ausgeschlossen, wenn der für Bearbeitung von Subventionen zuständige Organwalter der Stadt Freiburg bereits mehr als ein Jahr Kenntnis von der Tatsache hätte, dass die Spedition Müller GmbH die Subvention noch nicht zweckentsprechend verwendet und auch keine Blumenwiese angebaut hat. Dies wurde jedoch erst kürzlich bei der Außenkontrolle festgestellt. Die Jahresfrist ist noch nicht abgelaufen.

Damit liegen die Tatbestandsvoraussetzungen für den Widerruf vor.

3. Rechtmäßige Ermessensausübung

Der Widerruf steht nach § 49 Abs. 3 S. 1 LVwVfG BW im Ermessen der Stadt Freiburg. Diese hat ihr Ermessen gemäß § 40 LVwVfG BW entsprechend dem Zweck von § 49 Abs. 3 S. 1 LVwVfG BW und innerhalb der durch § 49 Abs. 3 S. 1 LVwVfG BW und sonstiges Recht gesetzten Grenzen auszuüben.

Für den Widerruf spricht der Grundsatz der wirtschaftlichen und sparsamen Verwendung von Steuergeldern. Dieser Zweck liegt auch § 49 Abs. 3 S. 1 LVwVfG BW zugrunde. Der Widerruf ist geeignet, für einen wirtschaftlichen und sparsamen Umgang mit den Steuergeldern zu sorgen. Dazu gehört auch die zeitnahe Verwendung öffentlicher Gelder für den mit ihrer Auszahlung bestimmten Zweck. Ein milderes Mittel ist nicht ersichtlich: rückwirkend kann die Umweltschutzmaßnahme nicht mehr umgesetzt werden. Der Widerruf ist auch nicht unangemessen, zumal die Spedition Müller GmbH die Zweckbestimmung kannte, sich das Geld hat auszahlen lassen und keine Gründe geltend machen kann, die eine Verzögerung rechtfertigen könnten.

Damit kann der Subventionsbescheid materiell rechtmäßig widerrufen werden.

H. Widerrufsbescheid

I. Bescheidtechnische Regeln

Beim Widerruf eines begünstigenden Verwaltungsakts gelten die gleichen Regeln wie für den belastenden Verwaltungsakt. Der Bescheid enthält Briefkopf, Einleitung, Tenor, Begründung, Rechtsbehelfsbelehrung und Grußformel mit Unterschrift. **1031**

II. Mustertenorierung für den Widerrufsbescheid

Sehr geehrter Herr Martin Müller, **1032**

gegen die Spedition Müller GmbH ergeht folgende Verfügung:

1. Der Subventionsbescheid der Stadt Freiburg vom 20.05.2022 (Aktenzeichen …) über einen Betrag von 20.000 € für die Umweltschutzmaßnahme „Entsiegelung und Anbau einer Blumenwiese" wird hiermit rückwirkend zum 20.05.2022 widerrufen.
2. Die sofortige Vollziehung von Nr. 1 wird angeordnet.
3. Es wird ein Erstattungsbetrag von 20.000 € festgesetzt.
4. Der Erstattungsbetrag von 20.000 € ist ab dem 01.07.2022 (Tag der Auszahlung des Zuschusses[600]) in Höhe von 5 % über dem Basiszinssatz jährlich zu verzinsen.

---

600 Streitig, a. A.: ab dem Zeitpunkt der Unwirksamkeit, hier dann also ab dem 20.05.2016. Wie hier: *Krausnick*, JuS 2010, 594 (597), dort auch zur Gegenauffassung.

4. Kapitel: Wiederaufgreifen des Verfahrens

1033 Der Bürger hat nach Eintritt der Bestandskraft eines Verwaltungsakts nur dann einen Anspruch auf erneute Sachentscheidung über die behördliche Aufhebung des Verwaltungsakts, wenn die Voraussetzungen von § 51 Abs. 1 (L)VwVfG vorliegen. Den Anspruch muss er durch Antrag geltend machen. Im Grunde stellt der Einzelne dabei gleichzeitig zwei Anträge: „Antrag auf Wiederaufgreifen des Verfahrens" und „Antrag auf Aufhebung des Verwaltungsakts".

1034 Der Antrag auf Wiederaufgreifen des Verfahrens ist **zulässig**, wenn

- der Antragsteller einen der in § 51 Abs. 1 (L)VwVfG genannten Wiederaufgreifensgründe geltend macht (also wenn die Möglichkeit besteht, dass ein solcher Grund vorliegt),
- der Antragsteller ohne grobes Verschulden außerstande war, den Wiederaufgreifensgrund in dem früheren Verfahren, insbesondere durch Rechtsbehelf, geltend zu machen, § 51 Abs. 2 (L)VwVfG
- und der Antrag binnen drei Monaten nach Kenntnis des Wiederaufgreifensgrunds bei der für die Rücknahme oder den Widerruf des Verwaltungsakts zuständigen Behörde gestellt worden ist (§ 51 Abs. 3 (L)VwVfG).

1035 Das Verfahren wird wiederaufgenommen, wenn tatsächlich einer der in § 51 Abs. 1 (L)VwVfG genannten Wiederaufgreifensgründe vorliegt („Begründetheit des Antrags auf Wiederaufgreifen").

Nr. 1 Sach- oder Rechtslage hat sich nach Erlass des Verwaltungsakts zu Gunsten des Betroffenen geändert.

Beachte: Dieser Wiederaufgreifensgrund kann durch Spezialgesetz ausgeschlossen sein. Wird z. B. der unzuverlässige Gewerbetreibende nach Bestandskraft der Gewerbeuntersagung zuverlässig, hat er nach § 35 Abs. 6 GewO einen Anspruch auf Wiedergestattung, nicht aber auf Wiederaufgreifen des Verfahrens.

Nr. 2 Es liegen neue Beweismittel vor, die eine dem Betroffenen günstigere Entscheidung herbeigeführt haben würden.

■ **Beispiel:** Betroffener trägt die Beweislast, eine Urkunde ist verloren und taucht jetzt wieder auf (z. B. frühere Baugenehmigung als Nachweis des Bestandschutzes).

Nr. 3 Ein Wiederaufnahmegrund nach § 580 ZPO liegt vor.

■ **Beispiel:** Verwaltungsmitarbeiter war korrupt, Zeuge hat gelogen, Sachverständiger hat falsches Gutachten erstellt.

Streitig ist, nach Maßgabe welcher Vorschriften nach dem Wiederaufgreifen in der Sache zu entscheiden ist („Begründetheit des Antrags auf Aufhebung des Verwaltungsakts"):[601] **1036**

- **Auffassung 1:**
  - Der Antrag auf Aufhebung eines rechtswidrigen belastenden Verwaltungsakts ist begründet, wenn der Verwaltungsakt auch heute so nicht erlassen werden darf und der Antragsteller in seinen Rechten verletzt ist (gebundene Entscheidung).
  - Der Antrag auf Aufhebung eines rechtmäßigen belastenden Verwaltungsakts ist begründet, wenn die Aufhebung im Interesse des Antragstellers zweckmäßig ist (Ermessensentscheidung).

  Nach dieser (aus der Perspektive des Antragstellers am günstigsten) Auffassung wird der Verwaltungsakt also vollständig nach sämtlichen für den Erlass des Verwaltungsakts einschlägigen Vorschriften geprüft.
- **Auffassung 2:**
  - Der Antrag ist begründet, wenn der Verwaltungsakt nach §§ 48 Abs. 1 S. 1, 49 Abs. 1 (L)VwVfG im Interesse des Antragstellers zurückgenommen bzw. widerrufen werden darf und die Behörde die Rücknahme bzw. den Widerruf für zweckmäßig hält (Ermessensentscheidung).

  Nach dieser Auffassung ist die Behörde zur Prüfung der Rücknahme bzw. des Widerrufs verpflichtet. Rücknahme und Widerruf selbst wiederum stehen in ihrem Ermessen.
- **Auffassung 3:**
  - Der Antrag ist begründet, wenn der rechtswidrige Verwaltungsakt in Ansehung des vorliegenden Wiederaufgreifensgrund rechtswidrig ist und den Antragsteller in seinen Rechten verletzt (gebundene Entscheidung) bzw. wenn die Aufhebung des rechtmäßigen Verwaltungsakts in Ansehung des vorliegenden Wiederaufgreifensgrund im Interesse des Antragstellers zweckmäßig ist (Ermessensentscheidung).

  Nach dieser (aus der Perspektive des Antragstellers am ungünstigsten) Auffassung besteht eine strikte Bindung an den Wiederaufgreifensgrund. Für diese Auffassung sprechen Sinn und Zweck der Regelungen in den einzelnen Absätzen von § 51 (L)VwVfG.

Unterscheide: Hat der Bürger keinen förmlichen Antrag auf Wiederaufgreifen des Verfahrens nach § 51 Abs. 1 (L)VwVfG gestellt, sondern lediglich das Widerrufs- oder Rücknahmeverfahren nach § 51 Abs. 5 (L)VwVfG ange- **1037**

601 Einzelheiten bei: *Detterbeck*, VerwR, Rn. 766 ff.

regt (sogenannter Überdenkensantrag), hat die Behörde folgende Möglichkeiten:

- Die Behörde leitet ein Rücknahme- oder Widerrufsverfahren gar nicht ein und teilt dem Bürger mit, dass bei der derzeitigen Sach- und Rechtslage keine Anhaltspunkte dafür bestehen, ein solches einzuleiten. Bei dieser Mitteilung an den Bürger handelt es sich nicht um einen Verwaltungsakt.[602]
- Die Behörde leitet von Amts wegen das Rücknahme- oder Widerrufsverfahren ein und entscheidet sich, am Verwaltungsakt festzuhalten: Die Behörde erlässt eine wiederholende Verfügung.
- Die Behörde leitet auf die Anregung hin von Amts wegen das Rücknahme- oder Widerrufsverfahren ein und hebt den Verwaltungsakt auf (Rücknahme- bzw. Widerrufsbescheid) oder ändert diesen (sogenannter Zweitbescheid).

---

602 Macht der Bürger allerdings ein förmliches Antragsrecht nach § 51 Abs. 1 (L)VwVfG geltend und stellt nicht lediglich einen formlosen Überdenkensantrag, ist die ablehnende Entscheidung der Behörde über diesen Antrag immer ein feststellender Verwaltungsakt. Die Behörde stellt das Nichtbestehen des Antragsrechts nach § 51 Abs. 1 (L)VwVfG fest.

Teil 6: Verwaltungskontrolle

1. Kapitel: Einführung

In Teil 6 beschäftigen wir uns mit der **verwaltungsinternen Aufsicht** (ständige Verwaltungskontrolle) und der punktuellen Verwaltungskontrolle aufgrund von **förmlichen Rechtsbehelfen (insbes. Widerspruch und Klagen)**. Daneben gibt es zahlreiche weitere Formen der Verwaltungskontrolle. **1038**

■ **Beispiele:** Petitionen, Fach- bzw. Dienstaufsichtsbeschwerde, Gegenvorstellung, Kontrolle der Verwaltung durch die Medien.

Je nach **Maßstab** der Verwaltungskontrolle wird zwischen **Rechtmäßigkeits**- und **Zweckmäßigkeitskontrollen** unterschieden. **1039**

Kontrollmaßstab der Rechtmäßigkeitskontrolle ist das für das zu untersuchende Verwaltungshandeln geltende Recht. Das Ergebnis der Rechtmäßigkeitskontrolle lautet „rechtmäßig" oder „rechtswidrig".

■ **Beispiele:** Der Verwaltungsakt ist wegen des Verstoßes gegen § 40 (L)VwVfG (Ermessensfehlgebrauch) rechtswidrig. Der Verwaltungsakt ist wegen Verstoßes gegen § 28 Abs. 1 (L)VwVfG (fehlende Anhörung) rechtswidrig.

Kontrollmaßstab der Zweckmäßigkeitskontrolle sind Erwägungen außerhalb des geltenden Rechts. Die Zweckmäßigkeitskontrolle ist der Rechtmäßigkeitskontrolle nachgeschaltet. Zunächst muss die Maßnahme also rechtmäßig sein. Im Rahmen der Zweckmäßigkeitskontrolle wird geprüft, ob das rechtmäßige Verwaltungshandeln auch „sachgerecht" (politisch erwünscht, ökonomisch sinnvoll, nachhaltig, sozial vertretbar, moralisch überzeugend, ...) ist.

■ **Beispiele:** Der Widerruf der Privatkrankenanstaltserlaubnis wegen Nichterfüllung einer Auflage ist rechtmäßig, nachdem dem Betreiber bereits unter Androhung eines Zwangsgeldes letztmals eine Frist gesetzt worden ist, den fehlenden Nassraum herzustellen. Der Betreiber erhebt Widerspruch gegen den Widerruf. Die Ausgangsbehörde (Stadt Freiburg) hält am Widerruf fest. Die Widerspruchsbehörde (Regierungspräsidium) hält den Widerruf zum gegenwärtigen Zeitpunkt nicht für zweckmäßig und will dem Betreiber nochmals eine Chance geben.

2. Kapitel: Aufsicht (interne Verwaltungskontrolle)

A. Begriffe

1040 Der **Begriff der Aufsicht** ist in der Rechtswissenschaft umstritten. Hier wird Aufsicht als interne Verwaltungskontrolle der übergeordneten Behörde über die untergeordnete Behörde verstanden.[603] Davon zu unterscheiden ist die externe Verwaltungskontrolle, die von einer anderen staatlichen Stelle (z.B. Gericht, Rechnungshof, BfDI) oder Dritten (einzelne Bürger, Öffentlichkeit, Presse) ausgeht.

1041 Je nach **Gegenstand** der internen Verwaltungskontrolle wird zwischen **Sachaufsicht** (Fach- und Rechtsaufsicht über die sachliche Erledigung von Verwaltungsaufgaben durch die untergeordnete Stelle) sowie **Dienstaufsicht** unterschieden.

1042 Zum Kontrollmaßstab siehe Rn. 1039 (Rechtmäßigkeits- und Zweckmäßigkeitskontrollen).

1043 In den Ländern werden die Begriffe teilweise vom Gesetzgeber legaldefiniert (z.B. in § 3 LVG BW).
Auf Bundesebene hilft Ziffer 2 der Arbeitshilfe Fachaufsicht in der Bundesverwaltung (Stand: Januar 2018).[604]

> **Fachaufsicht** ist die Aufsicht über die Recht- und Zweckmäßigkeit des Verwaltungshandelns.
> Bei der **Rechtsaufsicht** ist die Befugnis der aufsichtsführenden Behörde darauf beschränkt, die Rechtmäßigkeit des Verwaltungshandelns zu prüfen.
> **Dienstaufsicht** bezieht sich auf Beschäftigte, Organisationseinheiten oder Aufbau und Abläufe. Sie zielt insbesondere auf persönliche Pflichtenerfüllung der Beschäftigten, die hiermit in Verbindung stehende innere Ordnung und den Dienstbetrieb der nachgeordneten Organisationseinheiten.

B. Kompetenzen der Aufsichtsbehörde

1044 In welchem Umfang die Aufsichtsbehörde der untergeordneten Stelle „Anweisungen“ erteilen darf, richtet sich danach, ob Fach- oder nur Rechtsaufsicht besteht.

---

603 In Anlehnung an GVR II/*Kahl*, § 45 Rn. 11 ff. Auf das Verhältnis von Mitarbeitern und Vorgesetzten, das Gegenstand des Beamten- bzw. des Rechts des öffentlichen Dienstes ist, gehen wir hier nicht ein.

604 https://www.verwaltung-innovativ.de/SharedDocs/Publikationen/Organisation/Arbeitshilfe_Fachaufsicht_in_der_Bundesverwaltung.pdf;jsessionid=BAA73DD34A3E7CA7C1D25E5678F3A993.live892?__blob=publicationFile&v=3 (zuletzt abgerufen am 27.05.2024).

	bei Fachaufsicht	**bei reiner Rechtsaufsicht**
nachträgliche Kontrolle im Einzelfall	**(nachträgliche) Rechtmäßigkeitskontrolle** *z. B. Weisung an die untergeordnete Behörde, einen rechtswidrigen Verwaltungsakt nach § 48 (L)VwVfG zurückzunehmen*	
	Zweckmäßigkeitskontrolle *z. B. Weisung an die untergeordnete Stelle, einen rechtmäßigen VA, dessen Erlass im Ermessen der Verwaltung steht, gem. § 49 (L)VwVfG zu widerrufen, weil er aus Sicht der Aufsicht nicht sachgerecht ist.*	Eine Zweckmäßigkeitskontrolle ist nicht erlaubt.
vorbeugende Kontrolle im Einzelfall	**Vorbeugung von Rechtsverstößen im Einzelfall** *z. B. Weisung, einen beantragten VA, auf den der Bürger einen Anspruch hat, zu erteilen*	
	Zweckmäßigkeitskontrolle *z. B. Weisung, einen beantragten VA, dessen Erlass im Ermessen der Behörde steht, zu erteilen*	Eine Zweckmäßigkeitskontrolle ist nicht erlaubt.
generelle Aufsicht	**Allgemeine Vorbeugung von Rechtsverstößen** *z. B. Erlass norminterpretierender Verwaltungsvorschriften*	
	Gewährleistung einer einheitlichen Ermessensausübung bzw. einheitlichen Verwaltungspraxis bei der Auslegung unbestimmter Rechtsbegriffe mit Beurteilungsspielraum *z. B. Erlass ermessenslenkender, normkonkretisierender oder gesetzesvertretender Verwaltungsvorschriften*	Eine Zweckmäßigkeitskontrolle ist nicht erlaubt.

Im Regelfall unterstehen Behörde der **unmittelbaren** Bundes- oder Landesverwaltung der **Fachaufsicht** der ihnen übergeordneten Behörden und damit sowohl der Rechtmäßigkeits- als auch der Zweckmäßigkeitskontrolle. **1045**

■ **Beispiel für eine seltene Ausnahme:** Soweit die Universitäten München oder Hamburg der Bundeswehr oder die Hochschule des Bundes für öffentliche Verwaltung (Organe der unmittelbaren Bundeswehrverwaltung) Selbstverwaltungsaufgaben ausüben, unterstehen sie nur der Rechtsaufsicht des BMVg bzw. des BMI.

Ob Träger der **mittelbaren Bundes- oder Landesverwaltung** der Fach- oder Rechtsaufsicht unterstehen, hängt von der Art der übertragenen Aufgabe ab. **1046**

■ **Beispiel:** Wenn Gemeinden (mittelbare Landesverwaltung) Bebauungspläne erlassen, unterstehen sie nur der Rechtsaufsicht der übergeordneten Behörden. Die Bauleitplanung gehört zu den Selbstverwaltungsrechten der Kommunen („Planungshoheit"). Wenn Große Kreisstädte oder Stadtkreise in Baden-Württemberg als untere Verwaltungsbehörde tätig werden (wie z. B. in Fall 2 bei der Erteilung der Güterkraftverkehrserlaubnis die Stadt Freiburg), unterstehen sie bei dieser Aufgabe der Fachaufsicht des Regierungspräsidiums, § 21 LVG BW.

1047 Das Weisungsrecht der Fachaufsichtsbehörde kann spezialgesetzlich geregelt sein. Ansonsten hat die Fachaufsichtsbehörde bereits kraft Organisationsgewalt ein unbeschränktes Weisungsrecht.

■ **Beispiel:** Nehmen Gemeinden in Baden-Württemberg die Aufgaben einer Ortspolizeibehörde nach dem PolG BW wahr, unterstehen sie der Fachaufsicht. Das ist spezialgesetzlich in §§ 109 Nr. 3, 110 Abs. 1 S. 1 PolG BW geregelt. Wenn in Baden-Württemberg ein LRA als untere Verwaltungsbehörde tätig wird, handelt es nach § 1 Abs. 3 LKrO BW als staatliche Behörde und damit als Organ des Landes Baden-Württemberg. Das unbeschränkte Weisungsrecht der Regierungspräsidien als Fachaufsichtsbehörde ergibt sich bereits kraft Organisationsgewalt.

1048 Die Befugnisse von Rechtsaufsichtsbehörden sind im Regelfall spezialgesetzlich geregelt.

■ **Beispiel:** So regeln in Baden-Württemberg §§ 118 ff. GemO BW die generelle Rechtsaufsicht über die Gemeinden. § 4 Abs. 3 S. 3 GemO BW verpflichtet die Gemeinden, ihre Satzungen (soweit nicht ohnehin eine Genehmigungs- oder Vorlagepflicht besteht) der Aufsichtsbehörde nach Erlass zumindest anzuzeigen.

1049 Ein **Selbsteintrittsrecht** der Aufsichtsbehörde (also eine Ausnahme zur gesetzlich für den Normalfall geregelten sachlichen Zuständigkeit) ist nur gegeben, wenn das Spezialgesetz dies vorsieht wie z. B. § 110 Abs. 2 PolG BW.

C. Rechte der beaufsichtigten Behörde

1050 Im Regelfall besteht für die untere Behörde keine Möglichkeit, die Rechtmäßigkeit einer Weisung gerichtlich klären zu lassen, da nicht die Verletzung eigener Rechte geltend gemacht werden kann (§ 42 Abs. 2 VwGO). Der Streit mit der Aufsichtsbehörde ist verwaltungsintern zu klären.

1051 Nur dann, wenn der unteren Behörde bzw. dem Verwaltungsträger von der Rechtsordnung eigene wehrfähige Rechte zugewiesen worden sind und eine Verletzung dieser Rechte geltend gemacht wird, ist ein gerichtlicher Rechtsbehelf zulässig.

Selbstverwaltungsträger können gegen rechtswidrige Eingriffe der Aufsichtsbehörde in ihr Recht auf Selbstverwaltung einschreiten (Kommunen nach Art. 28 Abs. 2 GG, Universitäten nach Art. 5 Abs. 3 GG). Entsprechendes gilt für einzelne Organe (z. B. Fakultät einer Hochschule), Organteile (z. B. Ausschuss eines Gemeinderats) oder Organwalter (z. B. Hochschullehrer), soweit die Aufsichtsbehörde in ein wehrfähiges Organrecht eingreift.

D. Kein subjektiv-öffentliches Recht auf Aufsicht

Der Einzelne hat außerhalb des Widerspruchsverfahrens in der Regel keinen Anspruch darauf, dass eine Aufsichtsbehörde im Einzelfall tätig wird. Die Regelungen zur Aufsicht dienen ausschließlich dem öffentlichen Interesse, der Einzelne muss seine Rechte im Widerspruchs- bzw. Klageverfahren geltend machen. **1052**

Unabhängig davon, dass der Einzelne regelmäßig keinen Anspruch auf Einschreiten hat, sind die Aufsichtsbehörden objektiv-rechtlich verpflichtet, ihren Aufsichtspflichten nachzukommen und bei Anhaltspunkten für einen Verstoß den Sachverhalt zu untersuchen. Erst nach dieser Untersuchung kann nämlich im Einzelfall entschieden werden, ob ein Einschreiten im öffentlichen Interesse geboten ist oder nicht.

3. Kapitel: Widerspruchsverfahren

A. Ausgangsfall und Lernziele/-inhalte

Fall 1: Rechtsanwalt Abelt hat im Namen von Frau Schröder beim LRA Ortenaukreis gegen die Abrissverfügung vom 17.10. mit Schreiben vom 21.10. (Eingang beim LRA am 22.10.) Widerspruch eingelegt. Die angekündigte Begründung des Widerspruchs reicht er nicht mehr ein. **1053**

Fall 2: Die Stadt Freiburg hat die Erteilung der beantragten 10-jährigen Güterkraftverkehrserlaubnis abgelehnt, weil der Geschäftsführer unzuverlässig ist. Die Spedition Müller GmbH erhebt hiergegen Widerspruch und begehrt die Erteilung.

Fall 3: Die Stadt Freiburg hat die Güterkraftverkehrserlaubnis der Spedition Müller GmbH vorsichtshalber (konkrete Gründe macht sie nicht geltend) erst einmal auf nur 2 Jahre befristet erteilt. Die GmbH erhebt Widerspruch und begehrt die Aufhebung der Befristung, soweit sie auf weniger als 10 Jahre befristet wurde.

- **Aufgabe 1:** Was wird das LRA Ortenaukreis in Fall 1 tun? Was passiert weiter? Prüfen Sie gutachterlich!
- **Aufgabe 2:** Ist der Widerspruch der Spedition Müller GmbH (Fall 2) begründet? Prüfen Sie gutachterlich!
- **Aufgabe 3:** Hat der Widerspruch (Fall 3) Aussicht auf Erfolg? Prüfen Sie gutachterlich!
- **Aufgabe 4:** Entwerfen Sie den Widerspruchsbescheid zu Fall 1!

Zum Tätigkeitsprofil des gehobenen Verwaltungsdienstes gehört u.a. die Bearbeitung von außergerichtlichen Rechtsbehelfen (insbes. Widersprüche **1054** aber auch sonstige wie Soldatenbeschwerden, Gegenvorstellungen, Aufsichtsbeschwerden etc.). Im Folgenden lernen Sie, als Mitarbeiter(in) der Verwaltung recht- und zweckmäßig durch **Abhilfe-** oder **Widerspruchsbescheid über Widersprüche zu entscheiden** und sonstige Entscheidungen anlässlich des Widerspruchsverfahrens (insbes. Vorlageberichte der Ausgangsbehörde an die Widerspruchsbehörde, Wiedereinsetzung in den vorigen Stand) zu treffen.

Zum Aufbau dieses Kapitels: Unterkapitel A. gibt einen ersten Überblick. Unter B. finden Sie die Prüfungsschemata zu den Erfolgsaussichten eines Widerspruchs und zum rechtmäßigen Erlass von Widerspruchsbescheiden. Unterkapitel C. führt in die Prüfung der Zulässigkeit eines Widerspruchs ein. In D. finden Sie die Erörterungen zur Begründetheit von Anfechtungswidersprüchen, in E. zu Verpflichtungswidersprüchen. F. stellt die Besonderheiten des sogenannten isolierten Anfechtungswiderspruchs gegen Nebenbestimmungen vor. In G. finden Sie Hinweise zur Zulässigkeit der Verböserung des angefochtenen Verwaltungsakts durch die Widerspruchsbehörde (reformatio in peius). Das Unterkapitel H. enthält die Lösungsvorschläge zu den Aufgaben 1 bis 3. In J. werden die formellen Voraussetzungen für den Erlass rechtmäßiger Widerspruchsbescheide vorgestellt. In K. lernen Sie den Entwurf von Widerspruchsbescheiden.

1055 Das Widerspruchsverfahren hat einen **Doppelcharakter:** Es ist ein Verwaltungsverfahren, in dem die Verwaltung noch einmal die Recht- und Zweckmäßigkeit[605] ihrer Entscheidung prüft; gleichzeitig ist es Vorverfahren vor einem etwaigen späteren Klageverfahren (§§ 68 ff. VwGO, § 79 (L)VwVfG).

1056 **Bezweckt** werden damit ein einfacher und kostengünstiger Rechtsschutz des Bürgers, die Selbstkontrolle der Verwaltung und die Entlastung der Gerichte (Funktionen des Widerspruchs).

1057 **Gegenstand** des Widerspruchsverfahrens sind **grundsätzlich nur Verwaltungsakte** wie in Fall 1 und 2 (bzw. Teile von Verwaltungsakten wie insbes. Nebenbestimmungen wie in Fall 3). Eine Ausnahme besteht bei den sogenannten Beamtenwidersprüchen, hier sind z. B. auch Widersprüche gegen tatsächliches Verwaltungshandeln zulässig.[606]

---

605 Die Ausgangsbehörde prüft grds. immer die Recht- und Zweckmäßigkeit (Ausnahme: eingeschränkte Kontrolle z. B. im Prüfungsrecht). Die Widerspruchsbehörde darf die Zweckmäßigkeit nicht prüfen, wenn sie auf die Rechtmäßigkeitskontrolle beschränkt ist (z. B. bei Selbstverwaltungsangelegenheiten der Ausgangsbehörde oder bei weisungsfreiem Beurteilungsspielraum der Ausgangsbehörde).

606 § 54 Abs. 2 BeamtenStG; § 126 Abs. 2 BBG, dazu Übungsfälle in: *Gassner*, Fit für Prüfungen im Verwaltungsrecht, 1. Aufl. 2019.

Das Widerspruchsverfahren wird nur auf Antrag (**Dispositionsgrundsatz**) eingeleitet, es beginnt mit Erhebung des Widerspruchs bei der Ausgangs- oder der Widerspruchsbehörde (§§ 69, 70 Abs. 1 VwGO). Zunächst prüft die Ausgangsbehörde[607] im sogenannten Abhilfeverfahren (vgl. § 72 VwGO) die Erfolgsaussichten des Widerspruchs. Ob eine weitere[608] Anhörung des Widerspruchsführers oder Dritter erforderlich ist, bestimmt sich nach § 71 VwGO. Hält die Ausgangsbehörde den Widerspruch für zulässig und begründet, hilft sie ihm mit **Abhilfebescheid** ab (§ 72 VwGO). Ansonsten leitet sie den Widerspruch zur weiteren Entscheidung an die Widerspruchsbehörde weiter (§ 73 VwGO). Diese entscheidet durch **Widerspruchsbescheid**. 1058

Je nach Ziel des Widerspruchs werden die Widersprüche unterschiedlich bezeichnet. Mit dem „**Anfechtungswiderspruch**" wird die Aufhebung eines Verwaltungsakts (ganz oder teilweise) begehrt, so in Fall 1 und Fall 3. Vom „**Verpflichtungswiderspruch**" spricht man, wenn sich der Widerspruch gegen einen Ablehnungsbescheid richtet, d. h. wenn Ziel der Erlass eines beantragten, aber abgelehnten Verwaltungsakts ist (so in Fall 2). 1059

Lerninhalte (Checkliste) 1060

- ☑ Begriff des Widerspruchs und seine Abgrenzung zu sonstigen Rechtsbehelfen
- ☑ Doppelnatur des Widerspruchsverfahrens
- ☑ Normative Funktionen des Widerspruchsverfahrens
- ☑ Devolutiv- und Suspensiveffekt des Widerspruchs
- ☑ Ablauf des Widerspruchsverfahrens
- ☑ Zulässigkeitsvoraussetzungen von Widersprüchen
  - ☑ Eröffnung des Verwaltungsrechtswegs (auf- und abdrängende Sonderzuweisung u. § 40 VwGO; Abgrenzungstheorien: Interessen-, Subordinations- und Sonderrechtstheorie; Theorie der doppelten Verfassungsunmittelbarkeit)
  - ☑ Statthaftigkeit des Widerspruchs (vor Klagen auf bzw. gegen Verwaltungsakte bzw. vor Beamtenklagen; Ausschluss des Widerspruchs; entbehrlicher, aber zulässiger Widerspruch; Vorgehen bei Erledigung des Verwaltungsakts)
  - ☑ Widerspruchsbefugnis (Möglichkeits- bzw. Schlüssigkeitstheorie; Begriff des subjektiv-öffentlichen Rechts; Adressatentheorie; Schutznormtheorie)

---

607 Geht der Widerspruch bei der Widerspruchsbehörde ein, muss diese den Widerspruch an die Ausgangsbehörde weiterleiten und darf nicht sofort selbst entscheiden.

608 Also eine zusätzliche Anhörung zu der nach § 28 (L)VwVfG durch die Ausgangsbehörde bei Erlass des ursprünglichen Verwaltungsakts.

- ☑ Ordnungsgemäße Erhebung des Widerspruchs (richtige Stelle; Form; Frist: Bekanntgabe als Voraussetzung für den Fristlauf/Fristdauer (einschließlich fehlerhafter Rechtsbehelfsbelehrung)/Fristberechnung/Wiedereinsetzung in den vorigen Stand auf Antrag und von Amts wegen/Problem der Sachentscheidung trotz Fristsäumnis)
- ☑ Beteiligten- und Handlungsfähigkeit; Prozessvertretung
- ☑ Kein fehlendes Widerspruchsinteresse
- ☑ Besonderheiten: Beamtenwiderspruch, Drittwiderspruch, Widerspruch gegen Nebenbestimmungen

☑ Begründetheit von Widersprüchen (Prüfungsgegenstand/Prüfungsumfang: Recht- u. Zweckmäßigkeitskontrolle/Maßgeblicher Zeitpunkt/Reformatio in peius (Verböserung)/Folgen von und Umgang mit Fehlern der Ausgangsbehörde im Widerspruchsverfahren)

☑ Zuständige Stelle für den Erlass des Widerspruchsbescheids

☑ Recht- und zweckmäßiger Erlass von Widerspruchsbescheiden (einschließlich Kostenentscheidung)

☑ Sonstiges (objektive u. subjektive Widerspruchshäufung (mehrere Widerspruchsgegenstände bzw. Widerspruchsführer)/Hinzuziehung von Dritten/Rücknahme statt Abhilfebescheid/Selbsteintrittsrecht der Widerspruchsbehörde bei unzulässigen oder unbegründeten Widersprüchen)

B. Prüfungsschemata

Beachte: Es sind im Gutachten nicht stets alle Prüfungspunkte anzusprechen!

I. Erfolgsaussichten des Widerspruchs

1061 **A. Ggf. Auslegung des Begehrens (analog § 88 VwGO)**

Abgrenzung von anderen möglichen Rechtsbehelfen (z. B. Gegenvorstellung)

B. Zulässigkeit des Widerspruchs

I. Eröffnung des Verwaltungsrechtswegs im späteren Gerichtsverfahren (Spezialgesetz oder (analog)[609] § 40 Abs. 1 VwGO)

II. Statthaftigkeit des Widerspruchs

1. Anfechtungswiderspruch nach § 68 Abs. 1 VwGO
2. Verpflichtungswiderspruch nach § 68 Abs. 2 VwGO
3. Sonderfall Beamtenwiderspruch (§ 126 Abs. 2 BBG oder § 54 Abs. 2 BeamtStG)

609 Ob die Vorschrift analog anzuwenden ist, hängt von der Formulierung ab, siehe Rechtsgutachten unter H.

III. Widerspruchsbefugnis nach § 68 Abs. 1 S. 1 VwGO i. V. m. § 42 Abs. 2 VwGO analog

IV. Beteiligungs- und Handlungsfähigkeit des Widerspruchsführers, ggf. ordnungsgemäße Vertretung nach §§ 79 Hs. 2, 11, 12, 14 Abs. 1 (L)VwVfG

V. Ordnungsgemäße Erhebung des Widerspruchs (§ 70 VwGO)
   1. Richtige Stelle: Ausgangs- oder Widerspruchsbehörde (Spezialgesetz oder § 73 Abs. 1 S. 1 oder S. 2 VwGO)
   2. Form: schriftlich, elektronisch nach § 3a Abs. 2 oder § 3a Abs. 3 VwVfG oder § 9a Abs. 5 OZG oder mündlich zur Niederschrift
   3. Frist: innerhalb eines Monats (§ 70 Abs. 1 VwGO) oder eines Jahres (bei fehlender oder fehlerhafter Rechtsbehelfsbelehrung, §§ 70 Abs. 2, 58 Abs. 2 VwGO) nach Bekanntgabe des Verwaltungsakts (§ 41 VwVfG, VwZG) an den Beschwerten; Berechnung nach §§ 79 Hs. 2, 31 (L)VwVfG (streitig)

VI. Widerspruchsinteresse (Rechtsschutzbedürfnis): keine Verwirkung, kein Verzicht, kein Rechtsmissbrauch, kein einfacherer Rechtsschutz

C. Begründetheit des Widerspruchs

I. Anfechtungswiderspruch: §§ 68 Abs. 1 S. 1 VwGO, 113 Abs. 1 S. 1 VwGO analog
   1. Verwaltungsakt ist rechtswidrig und verletzt den Widerspruchsführer in seinen Rechten. Der Aufhebungsanspruch ist nicht ausnahmsweise ausgeschlossen
   2. Verwaltungsakt ist rechtmäßig, aber unzweckmäßig und beeinträchtigt den Widerspruchsführer in seinen Interessen

II. Isolierter Anfechtungswiderspruch gegen Nebenbestimmungen: §§ 68 Abs. 1 S. 1 VwGO, 113 Abs. 1 S. 1 VwGO analog
   1. Nebenbestimmung ist rechtswidrig, verletzt den Widerspruchsführer in seinen Rechten und es besteht ein Anspruch auf Aufhebung (Trennbarkeit von Verwaltungsakt und Nebenbestimmung)
   2. Nebenbestimmung ist zwar rechtmäßig, aber zweckwidrig, und beeinträchtigt den Widerspruchsführer in seinen rechtlich geschützten Interessen

III. Verpflichtungswiderspruch: §§ 68 Abs. 2, Abs. 1 S. 1 VwGO, 113 Abs. 5 VwGO analog
   1. Der Verpflichtungswiderspruch ist begründet, soweit ein Anspruch auf den begehrten, aber abgelehnten Verwaltungsakt besteht.
      a) Anspruchsgrundlage
      b) Vorliegen der formellen Voraussetzungen
      c) Vorliegen der materiellen Voraussetzungen

2. Der Verpflichtungswiderspruch ist auch begründet, soweit ein Anspruch auf fehlerfreie Ermessensentscheidung besteht und die Erteilung des begehrten, aber abgelehnten Verwaltungsakts zweckmäßig ist.

IV. Beamtenwiderspruch: je nach Art des Widerspruchs (Anfechtungs-, Verpflichtungs-, allgemeiner Leistungs-, (Fortsetzungs-)Feststellungswiderspruch

II. Rechtmäßigkeit eines Widerspruchsbescheids

Beachte: Es sind im Gutachten nicht stets alle Prüfungspunkte anzusprechen!

1062 **A. Rechtsgrundlage für den Erlass des Widerspruchsbescheids**

I. für die inhaltlichen Entscheidungen im Widerspruchsbescheid
   1. Hauptentscheidung:
      a) Soweit nur über die Recht- und Zweckmäßigkeit des Verwaltungsakts bzw. der Ablehnung entschieden wird: § 68 Abs. 1 S. 1 VwGO
      b) bei Verböserung (reformatio in peius): §§ 48, 49 (L)VwVfG i. V. m. Weisungsbefugnis
   2. Kostenentscheidung: § 73 Abs. 1 S. 3 VwGO i. V. m. § 80 (L)VwVfG
   3. Widerspruchsgebühr: Spezialgesetz

II. für das Handeln durch Widerspruchsbescheid (VA-Befugnis): § 73 Abs. 1 S. 1 VwGO

B. Formelle Rechtmäßigkeit des Widerspruchsbescheids

I. Zuständigkeit der Widerspruchsbehörde (Spezialgesetz oder § 73 Abs. 1 S. 2, S. 3 o. Abs. 2 VwGO)

II. Ordnungsgemäßes Widerspruchsverfahren
   1. Einleitung mit Widerspruch § 69 VwGO
   2. Beachtung der Vorschriften über die Beteiligten (§§ 79 Hs. 2, 11 ff. (L)VwVfG)
   3. Abhilfeverfahren durch Ausgangsbehörde (§ 72 VwGO)
   4. ggf. Nachholung der im Ausgangsverfahren versäumten Mitwirkung anderer Stellen (§ 45 Abs. 1 Nr. 4 o. 5 (L)VwVfG)
   5. keine ausgeschlossene/befangene Person (§§ 79 Hs. 2, 20, 21 (L)VwVfG)
   6. ordnungsgemäße Untersuchung und Beweiserhebung (§§ 79 Hs. 2, 24, 26, 27 (L)VwVfG)
   7. Wahrung der Rechte der Beteiligten (§ 71 VwGO, §§ 25, 29 (L)VwVfG) bzw. Nachholung der fehlerhaften Anhörung im Ausgangsverfahren (§ 45 Abs. 1 Nr. 3 (L)VwVfG)

III. Form des Widerspruchsbescheids
   1. Formzwang nach § 73 Abs. 3 S. 1 VwGO, §§ 79, 37 Abs. 3 (L)VwVfG beachten

2. Begründung nach § 73 Abs. 3 S. 1 VwGO, Angabe der tatsächlichen und rechtlichen Gründe, insbes. Ermessensgesichtspunkte (§§ 79, 39 Abs. 1 S. 2 u. 3 (L)VwVfG)
3. Rechtsbehelfsbelehrung nach § 73 Abs. 3 S. 1 VwGO

IV. Zustellung nach § 73 Abs. 3 S. 1 und 2 VwGO i. V. m. VwZG (Bund)

C. Materielle Rechtmäßigkeit des Widerspruchsbescheids

I. Hauptentscheidung

1. Normalfall: Die Widerspruchsbehörde muss dem Widerspruch stattgeben, soweit er zulässig und begründet ist. Der Widerspruch ist zurückzuweisen, wenn er unzulässig oder zulässig, aber unbegründet ist. Streitig ist, ob über verfristete oder nicht formgerecht erhobene Widersprüche entschieden werden darf (allg. A.: verboten bei Drittwidersprüchen; im Übrigen streitig, nach BVerwG erlaubt).
2. Reformatio in peius: Nach h. M. ist die Verböserung im Widerspruchsverfahren durch die Widerspruchsbehörde grds. zulässig, wenn diese befugt wäre, die Ausgangsbehörde durch eine entsprechende Weisung zur Verböserung zu verpflichten. Die Verböserung muss rechtmäßig, insbes. verhältnismäßig sein (Vertrauensschutzprüfung analog § 48 Abs. 1 S. 2 (L)VwVfG).

II. Kostenentscheidung

1. Kostenlastentscheidung (§ 73 Abs. 3 S. 3 VwGO i. V. m. § 80 Abs. 1 (L)VwVfG)
2. Entscheidung über die Notwendigkeit der Hinzuziehung eines Rechtsanwalts (§ 73 Abs. 3 S. 3 VwGO i. V. m. § 80 Abs. 2 u. Abs. 3 S. 2 (L)VwVfG)

III. Ggf. Entscheidung über die Widerspruchsgebühr (Spezialgesetz)

IV. Bestimmtheit aller Entscheidungen im Widerspruchsbescheid (§§ 79 Hs. 2, 37 Abs. 1 (L)VwVfG)

C. Vorprüfungen und Zulässigkeit von Widersprüchen

I. Vorprüfungen

1. Auslegung des Rechtsbehelfs

Zunächst ist auszulegen, ob der Bürger mit seiner Eingabe nach § 69 VwGO **1063** Widerspruch erheben oder sich z. B. nur formlos beschweren will (Gegenvorstellung, Aufsichtsbeschwerde). Um Probleme von Anfang an zu vermeiden, prüft die Widerspruchsbehörde dies bereits bei Eingang der Eingabe. Dann kann der Bürger ggf. noch vor Ablauf der Widerspruchsfrist seine Eingabe präziser formulieren (Beratungspflicht nach §§ 79 Hs. 2, 25 Abs. 1 S. 1 (L)VwVfG). An den Wortlaut der Eingabe ist die Behörde bei der Auslegung nicht gebunden, vgl. § 88 VwGO.

2. Zuständige Behörden im Widerspruchsverfahren

1064 Die **Ausgangsbehörde** ist für die Vorprüfung des Widerspruchs zuständig und hilft einem zulässigen und begründeten Widerspruch durch Abhilfebescheid ab (§ 72 VwGO).[610] Ansonsten darf abschließend nur die **Widerspruchsbehörde** entscheiden. Im Regelfall ist diese nicht identisch mit der Ausgangsbehörde.

1065 Die Zuständigkeit kann sich **kraft oder aufgrund von Spezialgesetz des Bundes** ergeben

■ **Beispiele:** Zuständigkeit bei Beamtenwidersprüchen kraft § 126 Abs. 3 BBG, § 54 Abs. 3 BeamtStG; Zuständigkeit aufgrund von Landesrecht der in § 185 Abs. 2 VwGO genannten Länder; Zuständigkeit eines Ausschusses oder Beirats kraft Bundes- oder Landesgesetzes[611] nach § 73 Abs. 2 VwGO.

1066 Im Übrigen bestimmt sich die Zuständigkeit nach § 73 Abs. 1 S. 2 u. 3 VwGO:

Regelfall: Grundsätzlich entscheidet über den Widerspruch die nächsthöhere Behörde (Devolutiveffekt).	
§ 73 Abs. 1 S. 2 Nr. 1 Hs. 1 VwGO *gilt auch für Beliehene*	**Beispiel:** In den Fällen 1–3 unseres Ausgangsfalles entscheidet jeweils das Regierungspräsidium Freiburg als nächsthöhere Behörde des LRA Ortenaukreis bzw. der Stadt Freiburg.
Ausnahmefall 1: Eine andere höhere Behörde entscheidet, wenn ein Spezialgesetz das bestimmt	
§ 73 Abs. 1 S. 2 Nr. 1 Hs. 2 VwGO i. V. m. Spezialgesetz *gilt auch für Beliehene (streitig).*	**Beispiel**: Nach § 16 AGVwGO BW i. V. m. § 118 Abs. 1 S. 2 PolG BW entscheidet in Baden-Württemberg über eine durch den Polizeivollzugsdienst im Rahmen der Eilfallkompetenz (§ 105 Abs. 2 PolG BW) erlassene Ordnungsverfügung nach §§ 3, 1 PolG BW nicht die vorgesetzte Dienststelle der Vollzugspolizei, sondern die örtlich zuständige Kreispolizeibehörde, also die untere Verwaltungsbehörde (z. B. LRA). ▷

610 § 72 VwGO kommt nur zur Anwendung, wenn Ausgangs- und Widerspruchsbehörde verschieden sind. Ist die Ausgangsbehörde ausnahmsweise auch die Widerspruchsbehörde, greift nur § 73 VwGO, es kann also nur durch Widerspruchsbescheid und nicht durch Abhilfebescheid entschieden werden, vgl. BeckOK VwGO/*Hüttenbrink*, § 72 Rn. 1 ff.

611 Z. B. § 6 AGVwGO Rheinland-Pfalz; § 8 AGVwGO Saarland.

Ausnahmefall 2: Die Ausgangsbehörde selbst entscheidet: kraft Spezialgesetz/in Selbstverwaltungsangelegenheiten (wenn keine Ausnahme geregelt ist)/oder wenn höhere Behörde eine oberste Bundes- oder Landesbehörde ist	
§ 73 Abs. 1 S. 2 Nr. 2 VwGO	**Beispiel:** Über den Widerspruch gegen den Ausgangsbescheid des BAPersBw (Bundesoberbehörde) entscheidet das BAPersBw selbst, weil nächsthöhere Behörde das BMVg (oberste Bundesbehörde) ist. Über den Widerspruch gegen einen Ausgangsbescheid des RP Freiburg entscheidet dieses selbst, weil nächsthöhere Behörde das fachlich zuständige Landesministerium wäre (oberste Landesbehörde).
§ 73 Abs. 1 S. 2 Nr. 3 VwGO	**Beispiel:** Eine Gemeinde in Baden-Württemberg erlässt einen Feuerwehrkostenbescheid (Selbstverwaltungsangelegenheit). Ist die Gemeinde ein Stadtkreis oder eine Große Kreisstadt, entscheidet sie über den Widerspruch selbst. **Rückausnahme:** Für alle anderen Gemeinden regelt § 17 Abs. 1 S. 1 AGVwGO BW i. V. m. § 119 S. 1 GemO BW, dass das Landratsamt über den Widerspruch entscheidet (vgl. auch §§ 17 Abs. 2 und 18 AGVwGO). Das Landratsamt ist dann aber auf eine Rechtmäßigkeitskontrolle beschränkt.
§ 73 Abs. 1 S. 3 VwGO i. V. m. Spezialgesetz	**Beispiel:** Nach § 16a Abs. 4 S. 1 HessAGVwGO ist die Ausgangsbehörde zuständig, wenn die nächsthöhere Behörde das Regierungspräsidium, das Hessische Landesamt für Gesundheit und Pflege oder die Wirtschafts- und Infrastrukturbank Hessen ist.

§ 73 Abs. 1 VwGO ermächtigt nur den Gesetzgeber, die Zuständigkeit der Widerspruchsbehörde abweichend durch förmliches Gesetz zu regeln, nicht aber die Verwaltung zu abweichenden Regelungen durch Rechtsverordnung, Satzung oder Verwaltungsvorschrift. **1067**

3. Bestimmung von Gegenstand und Maßstab

Die Verwaltung ist an das **Begehren**, das sich nach Auslegung des (ggf. berichtigten) Antrags des Widerspruchsführers ergibt, **gebunden** (vgl. § 88 VwGO für die Klage). Über etwas anderes darf sie im Widerspruchsverfahren nicht entscheiden (aber anlässlich des Widerspruchsverfahrens nach den normalen Vorschriften z. B. §§ 48 ff. (L)VwVfG). **1068**

Prüfungsgegenstand ist der angefochtene Verwaltungsakt bzw. Ablehnungsbescheid. Soweit der Widerspruch auf Teile beschränkt wurde, sind diese Teile Prüfungsgegenstand. Zur Verböserung im Widerspruchsverfahren siehe weiter unten (Rn. 1138 ff.). **1069**

Prüfungsmaßstab sind grundsätzlich die Recht- und Zweckmäßigkeit des angefochtenen Verwaltungsakts bzw. der Ablehnung des beantragten **1070**

Verwaltungsakts, § 68 Abs. 1 S. 1 VwGO. Ausnahmen können sich aus dem Fachrecht (z.B. Prüfungsrecht) oder aus dem Verwaltungsorganisationsrecht (nur Rechtsaufsicht der Widerspruchsbehörde in Selbstverwaltungsangelegenheiten der Ausgangsbehörde) ergeben.

II. Zulässigkeit des Widerspruchs

1. Eröffnung des Verwaltungsrechtswegs im späteren Gerichtsverfahren

1071 Das Widerspruchsverfahren als Vorverfahren richtet sich dann nach §§ 68 ff. VwGO, wenn für das Hauptverfahren der Verwaltungsrechtsweg nach der VwGO eröffnet ist.

Der Verwaltungsrechtsweg kann kraft **Sonderzuweisung** eröffnet sein.

■ **Beispiele:** Streitigkeiten aus dem Beamtenverhältnis (§ 54 Abs. 1 BeamtenStG, § 126 Abs. 1 BBG), § 54 BaFöG, § 9 Abs. 4 IFG, § 6 Abs. 1 UIG.

Ansonsten ist zu prüfen, ob der **Verwaltungsrechtsweg im späteren Gerichtsverfahren nach § 40 Abs. 1 VwGO** eröffnet wäre, d.h. ob Gegenstand eine öffentlich-rechtliche Streitigkeit nichtverfassungsrechtlicher Art ist und keine abdrängende Spezialzuweisung der öffentlich-rechtlichen Streitigkeit an ein anderes Gericht besteht.

1072 Eine **öffentlich-rechtliche Streitigkeit** liegt vor, wenn der Streit nach öffentlichem Recht entschieden wird. Das ist in den meisten Fällen einfach zu beantworten, in manchen Fällen aber auch schwer (insbes. bei tatsächlichem Handeln der Verwaltung oder im Bereich der Leistungs- oder Fiskalverwaltung, wenn die Verwaltung die Wahl hatte, ob sie öffentlich-rechtlich oder privatrechtlich handelt).

■ **Beispiele:** Richtet sich der Rechtsbehelf gegen eine mit Rechtsbehelfsbelehrung gerichtete Verfügung (Verwaltungshandeln in Form eines Verwaltungsakts = formeller Verwaltungsakt), ist die Streitigkeit öffentlich-rechtlich, denn dann geht es zumindest auch um die öffentlich-rechtliche Frage, ob die Verwaltung in dieser Form handeln durfte.[612]

Ebenso kann man argumentieren, dass der Streit öffentlich-rechtlich ist, weil die streitentscheidende Norm zum öffentlichen Recht gehört: Wird beispielsweise die Erteilung einer Baugenehmigung begehrt, so ist Rechtsgrundlage die LBO BW (also öffentliches Recht). Wird Widerspruch gegen eine Gewerbeuntersagung erhoben, ist streitentscheidende Norm § 35 GewO, also eine Vorschrift des öffentlichen Rechts.

---

612 Vgl. *Schenke*, Verwaltungsprozessrecht, Rn. 128. Es ist also für die Eröffnung des Verwaltungsrechtswegs irrelevant, ob die Verwaltung auch materiell in Form eines Verwaltungsakts handeln durfte.

Schwierig ist die Argumentation z. B. dann, wenn der Kläger gegen ein Schreiben der Verwaltung vorgeht, er müsse wegen der Benutzung der Stadthalle noch 1.000 € zahlen. Hier ist dann entscheidend, ob das Benutzungsverhältnis privatrechtlich (Mietvertrag) oder öffentlich-rechtlich (Zulassung durch Verwaltungsakt oder öffentlich-rechtlichen Vertrag) ausgestaltet war.

Die Streitigkeit ist **verfassungsrechtlicher Art**, wenn Verfassungsorgane um Verfassungsrecht streiten (Theorie der doppelten Verfassungsunmittelbarkeit) bzw. wenn der Streit durch das einschlägige Gerichtsverfassungsrecht (insbes. BVerfGG) einem Verfassungsgericht (BVerfG bzw. Landesverfassungsgericht) zugewiesen ist. **1073**

Schließlich darf die öffentlich-rechtliche Streitigkeit nicht einem anderen Gericht zugewiesen sein. **1074**

■ **Beispiele:** Über Bußgeldbescheide der Verwaltung entscheiden die Amtsgerichte (§ 68 OWiG), über Steuerbescheide der Finanzämter die Finanzgerichte (§ 33 FGO), über Sozialhilfeentscheidungen die Sozialgerichte (§ 51 SGG), über truppendienstliche Angelegenheiten die Truppendienstgerichte (§ 17 Abs. 1 u. 2 WBO) und über Amtshaftungsklagen gegen die Verwaltung die Landgerichte (Art. 34 S. 3 GG, § 71 GVG).

2. Statthaftigkeit des Widerspruchs

Unter diesem Stichwort wird geprüft, ob der Widerspruch der richtige Rechtsbehelf ist oder ob sofort Klage bzw. Normenkontrollantrag vor den Verwaltungsgerichten (VG, OVG bzw. VGH oder BVerwG) zu erheben ist. Der Widerspruch ist statthaft, wenn er spezialgesetzlich vorgeschrieben ist. Im Übrigen ist der Widerspruch nach § 68 VwGO i. V. m. § 42 Abs. 1 VwGO nur statthaft, wenn Ziel entweder die Aufhebung eines Verwaltungsakts oder der Erlass eines abgelehnten Verwaltungsakts (§ 35 S. 1 VwVfG) ist und kein Ausschluss nach § 68 Abs. 1 S. 2 VwGO besteht. **1075**

a) Statthaftigkeit nach Spezialgesetz

Nach § 54 Abs. 2 BeamtStG und § 126 Abs. 2 BBG müssen Beamte und die dort außerdem genannten Personen vor Klagen aus dem Beamtenverhältnis gegen ihren Dienstherrn Widerspruch erheben, unabhängig davon, ob sie sich gegen einen Verwaltungsakt, tatsächliches Handeln oder gegen eine verwaltungsinterne Weisung wehren. Je nach der später statthaften Klageart werden unterschieden: Beamtenwiderspruch in Form des Anfechtungs-, Verpflichtungs-, Fortsetzungsfeststellungs-, allgemeinen Leistungs- oder Feststellungswiderspruchs. **1076**

b) Ziel ist die Aufhebung eines Verwaltungsakts

1077 Der **Anfechtungswiderspruch** ist statthaft, wenn der Widerspruchsführer die Aufhebung eines Verwaltungsakts (§ 35 VwVfG) begehrt, § 68 Abs. 1 S. 1 VwGO i. V. m. § 42 Abs. 1 Var. 1 VwGO. Geht es nicht um die Aufhebung eines Verwaltungsakts, ist der Anfechtungswiderspruch nicht der richtige Rechtsbehelf. Zu prüfen ist also, ob erstens ein Verwaltungsakt vorliegt (i. S. d. § 35 VwVfG), ob zweitens der Verwaltungsakt noch wirksam i. S. d. § 43 Abs. 2 VwVfG ist („Kein Widerspruch gegen erledigte Verwaltungsakte nach Rechtsprechung und h. M.") und ob drittens dessen Aufhebung begehrt wird.

■ **Beispiele:** In Fall 1 begehrt Frau Schröder die Aufhebung der Abrissverfügung. Damit ist der Anfechtungswiderspruch statthaft.

Begehrt der Widerspruchsführer die Aufhebung der sofortigen Vollziehung, sind statthafte Rechtsbehelfe die Anträge nach §§ 80 Abs. 5, 80a VwGO, da Streitgegenstand kein Verwaltungsakt ist.

Begehrt der Widerspruchsführer die Aufhebung eines Platzverweises, der sich wegen Zeitablaufs bereits erledigt hat, ist der Anfechtungswiderspruch unstatthaft. Nach h. M. ist auch ein „Fortsetzungsfeststellungswiderspruch"[613] unstatthaft. Richtiger Rechtsbehelf ist hier die Feststellungsklage § 113 Abs. 1 S. 4 VwGO (analog).

Begehrt der Widerspruchsführer die Aufhebung eines Ablehnungsbescheids und die Erteilung des beantragten Verwaltungsakts, ist der Verpflichtungswiderspruch nach § 68 Abs. 2 VwGO statthaft.

1078 Statthaft ist nach allg. A. aus Rechtsschutzgründen auch der Anfechtungswiderspruch gegen nichtige Verwaltungsakte. Der Widerspruchsführer hat aber auch die Möglichkeit, einen Antrag nach § 44 Abs. 5 (L)VwVfG zu stellen oder nach § 43 Abs. 1 VwGO sofort Feststellungsklage bei Gericht zu erheben.

1079 Erledigt sich der angegriffene Verwaltungsakt gemäß § 43 Abs. 2 (L)VwVfG nach Widerspruchserhebung während des laufenden Widerspruchsverfahrens, erklärt die Widerspruchsbehörde das Widerspruchsverfahren auf Antrag des Widerspruchsführers (Dispositionsgrundsatz) für erledigt. Ob mit der Einstellung des Widerspruchsverfahrens auch über die Kosten entschieden wird, bestimmt sich nach dem einschlägigen Verwaltungsverfahrensgesetz. In Baden-Württemberg ist gemäß § 80 Abs. 1 S. 5 LVwVfG

613 „Fortsetzungsfeststellungswiderspruch": Ein Widerspruch, der weder auf die Aufhebung noch auf den Erlass eines Verwaltungsakts, sondern lediglich auf die Feststellung der Rechtswidrigkeit eines bereits erledigten Verwaltungsakts gerichtet ist.

BW über die Kosten des Widerspruchsverfahrens zu entscheiden. Ist der Widerspruchsführer mit der Einstellung des Widerspruchsverfahrens nicht einverstanden, weist die Widerspruchsbehörde seinen Widerspruch mit Widerspruchsbescheid als unzulässig zurück. Ein Fortsetzungsfeststellungswiderspruch des Widerspruchsführers ist nach h. M. unzulässig.[614]

Hat sich der angegriffene Verwaltungsakt bereits vor Widerspruchserhebung und vor Ablauf der Widerspruchsfrist erledigt, ist nach h. M. sofort beim Gericht Fortsetzungsfeststellungsklage nach § 113 Abs. 1 S. 4 VwGO analog ohne Durchführung eines Widerspruchsverfahrens zu erheben.[615]

c) Ziel ist der Erlass eines abgelehnten Verwaltungsakts (§ 68 Abs. 2 VwGO)

Der Verpflichtungswiderspruch ist nach § 68 Abs. 2 VwGO statthaft, wenn **1080**
der Widerspruchsführer den Erlass eines Verwaltungsakts begehrt, der zuvor von der Ausgangsbehörde abgelehnt worden ist.

■ **Beispiel:** In Fall 2 begehrt die Spedition Müller GmbH die Erteilung der Erlaubnis für den Güterkraftverkehr, nachdem ihr Antrag zuvor von der Stadt Freiburg abgelehnt worden ist (Verpflichtungswiderspruch).

Der Verpflichtungswiderspruch ist unstatthaft, wenn das, was der Antragsteller begehrt, kein Verwaltungsakt, sondern ein Realakt[616] ist. Dann kann der Betroffene allgemeine Leistungs- oder Feststellungsklage vor dem Verwaltungsgericht erheben.

■ **Beispiel:** Der Bürger B. verlangt in der Bürgerfragestunde eine Antwort des Bürgermeisters. Diese Antwort verweigert der Bürgermeister formlos. Die Antwort, die der Bürger begehrt, ist kein Verwaltungsakt. Die formlose Verweigerung der Antwort ist ebenfalls kein Verwaltungsakt. Damit ist die allgemeine Leistungsklage der statthafte Rechtsbehelf. Verweigert die Behörde allerdings zu Unrecht den Realakt ausdrücklich durch Verwaltungsakt, ist hiergegen der Anfechtungswiderspruch statthaft.[617]

---

614 Die Ausgangsbehörde kann außerhalb des Widerspruchsverfahrens die Rechts- oder Zweckwidrigkeit des Verwaltungsakts auf Antrag des Widerspruchsführers gemäß § 44 Abs. 5 LVwVfG analog bestätigen (nicht aber die Recht- oder Zweckmäßigkeit, da dies ein belastender feststellender Verwaltungsakt ist, für den es keine Rechtsgrundlage gibt).

615 A.A.: *Schenke*, Verwaltungsprozessrecht, Rn. 718 f.

616 Im Einzelnen sehr schwer zu beurteilen. So ist z. B. die einfache Auskunft aus dem Melderegister kein Verwaltungsakt. Dahingegen ist die Entscheidung, dass kein Anspruch auf Information nach dem IFG bestehe, ein Verwaltungsakt.

617 *Schenke*, Verwaltungsprozessrecht, Rn. 371.

d) Kein Ausschluss (§ 68 Abs. 1 S. 2 VwGO)

1081 Der Widerspruch kann durch Spezialgesetz ausgeschlossen sein (§ 68 Abs. 1 S. 2 VwGO „Gesetz“).

■ **Beispiel:** Nach § 15 Abs. 1 S. 1 AGVwGO BW ist das Widerspruchsverfahren gegen Verwaltungsakte des Regierungspräsidiums, Forst Baden-Württemberg und des Landesbeauftragten für Datenschutz grundsätzlich unstatthaft, wenn keine Rückausnahme nach S. 2 besteht. Gegen Verwaltungsakte, die aufgrund eines förmlichen Verfahrens erlassen werden, und gegen Planfeststellungsbeschlüsse und Plangenehmigungen ist der Widerspruch unstatthaft, §§ 70, 74 Abs. 1 S. 2, Abs. 6 S. 3 (L)VwVfG. In NRW wird der Widerspruch durch § 110 Abs. 1 S. 1 Justizgesetz NRW grundsätzlich ausgeschlossen.

1082 Unzulässig ist der Widerspruch, wenn gesetzlich nichts anderes geregelt ist, auch gegen Verwaltungsakte einer obersten Bundes- oder Landesbehörde (§ 68 Abs. 1 S. 2 Nr. 1 VwGO).

■ **Beispiel:** Gegen eine Allgemeinverfügung des Innenministeriums BW (oberste Landesbehörde) ist grds. sofort Klage zu erheben.

1083 Schließlich ist der Widerspruch gegen Abhilfe- und Widerspruchsbescheide unstatthaft (§ 68 Abs. 1 S. 2 Nr. 2 VwGO). Das gilt aber nur für die am Widerspruchsverfahren Beteiligten.

■ **Beispiele:** Gegen A wurde eine Teilabrissverfügung erlassen. Auf seinen Widerspruch ordnet die Widerspruchsbehörde den kompletten Abriss an. Gegen diese „Verböserung“ (reformatio in peius) kann A nicht erneut Widerspruch erheben. Er muss jetzt entweder Klage gegen den Abhilfebescheid in Form des Widerspruchsbescheids erheben oder nur Klage gegen die Verböserung. Bauherr B hat eine Baugenehmigung beantragt. Die Baurechtsbehörde hat N als Angrenzer angehört. Dieser macht die Verletzung nachbarschützender Normen geltend. Die Baugenehmigung wird abgelehnt. Der Bauherr B erhebt Verpflichtungswiderspruch auf Erteilung der Baugenehmigung. Die Ausgangsbehörde beteiligt den Angrenzer am Widerspruchsverfahren, erlässt im Abhilfeverfahren die begehrte Baugenehmigung und stellt diese auch N zu. N kann nunmehr nur noch Anfechtungsklage erheben.

■ **Gegenbeispiel:** Bauherr B hat eine Baugenehmigung beantragt. Diese wird abgelehnt. Auf seinen Widerspruch wird die Baugenehmigung erteilt. Nachbar N wurde von der Behörde nicht beteiligt. Will N gegen die Baugenehmigung vorgehen, muss er Widerspruch erheben.

3. Widerspruchsbefugnis nach § 68 Abs. 1 S. 1 VwGO i.V.m. § 42 Abs. 2 VwGO analog[618]

Unter diesem Stichwort wird geprüft, ob der Widerspruchsführer berechtigt ist, das Handeln der Verwaltung förmlich durch das Widerspruchsverfahren kontrollieren zu lassen. Eine solche Befugnis haben der Einzelne oder sonstige Rechtspersonen (z.B. Verbände) nur, wenn ein Spezialgesetz dies so vorsieht oder wenn durch das Verwaltungshandeln eigene Rechte betroffen sein können (siehe auch in Teil 2: „Subjektiv-öffentliches Recht"). **1084**

a) Rechtsverletzung bzw. Beeinträchtigung muss möglich sein

Nach § 68 Abs. 1 S. 1 VwGO i.V.m. § 42 Abs. 2 VwGO analog ist der Widerspruchsführer widerspruchsbefugt, wenn er geltend macht, durch den Verwaltungsakt oder die Ablehnung möglicherweise in seinen Rechten verletzt zu sein (Möglichkeitstheorie). Ob tatsächlich eine Rechtsverletzung vorliegt, ist erst im Rahmen der Begründetheit zu prüfen. Da im Widerspruchsverfahren nicht nur die Rechtmäßigkeit, sondern auch die Zweckmäßigkeit geprüft wird, ist bei Ermessensentscheidungen widerspruchsbefugt auch, wer durch einen rechtmäßigen, aber möglicherweise unzweckmäßigen Verwaltungsakt bzw. dessen Ablehnung in seinen Interessen beeinträchtigt sein kann. **1085**

b) Adressatentheorie

Unproblematisch ist die Widerspruchsbefugnis eines Widerspruchsführers, der die Aufhebung eines an ihn gerichteten befehlenden Verwaltungsakts begehrt. Er kann nämlich geltend machen, durch den möglicherweise rechtswidrigen Verwaltungsakt auffangweise jedenfalls in seinem Recht auf allgemeine Handlungsfreiheit (Art. 2 Abs. 1 GG) verletzt zu sein (Adressatentheorie). **1086**

c) Schutznormtheorie

In allen anderen Fällen ist zu prüfen, welche Norm des objektiven Rechts möglicherweise verletzt sein könnte, ob diese Norm nicht nur dem öffentlichen Interesse, sondern auch dem Schutz Einzelner zu dienen bestimmt ist (Schutznormtheorie) und ob der Widerspruchsführer zu diesem geschützten Personenkreis gehören kann. **1087**

■ **Beispiel 1 (Anfechtungswiderspruch gegen einen Widerruf):** Der Widerspruchsführer ist Inhaber einer straßenrechtlichen Sondernutzungserlaubnis und wendet sich gegen deren Widerruf. Er kann geltend machen, durch den möglicher-

---

618 Zur analogen Anwendung von § 42 Abs. 2 VwGO siehe schon Rn. 65.

weise rechtswidrigen Widerruf in seiner durch die Sondernutzungserlaubnis verliehenen Rechtsposition verletzt zu sein.

■ **Beispiel 2 (Anfechtungswiderspruch eines Dritten):** Der Widerspruchsführer ist direkter Angrenzer und wendet sich gegen die dem Bauherrn erteilte Baugenehmigung, weil sie unter Befreiung von Festsetzungen des Bebauungsplans nach § 31 Abs. 2 BauGB erteilt worden und aus seiner Sicht rechtswidrig ist. Aus dem Wortlaut von § 31 Abs. 2 BauGB „unter Würdigung nachbarlicher Belange" ergibt sich, dass die Norm nicht nur dem Schutz öffentlicher Interessen, sondern insoweit auch dem Schutz Einzelner dient, nämlich der Nachbarn (Gebot der Rücksichtnahme). Der Widerspruchsführer gehört als direkter Angrenzer zu dem geschützten Personenkreis und ist damit widerspruchsbefugt, soweit eine Verletzung des Gebots der Rücksichtnahme zu seinen Lasten möglich erscheint.

■ **Beispiel 3 (Verpflichtungswiderspruch gegen die Ablehnung einer begehrten Erlaubnis)**: Der Widerspruchsführer wendet sich gegen die Ablehnung seines Antrags auf straßenrechtliche Sondernutzungserlaubnis. Er kann geltend machen, durch die Ablehnung möglicherweise in seinem Anspruch auf ermessensfehlerfreie Entscheidung über seinen Antrag verletzt zu sein, vgl. § 16 Abs. 1 StrG BW. Die Widerspruchsbefugnis ist wie hier immer unproblematisch, wenn der Widerspruchsführer einen Antrag auf Erteilung einer gesetzlich vorgeschriebenen Erlaubnis, Genehmigung, Befreiung, Ausnahmegenehmigung oder sonstigen Zulassung gestellt hat. Er kann nämlich immer geltend machen, möglicherweise in seinen Rechten verletzt zu sein, entweder in seinem Anspruch auf Erteilung der Zulassung, wenn kein Versagungsgrund besteht, oder aber zumindest in seinem Anspruch auf ermessensfehlerfreie Sachentscheidung über seinen Antrag auf Zulassung.

■ **Beispiel 4 (Verpflichtungswiderspruch gegen die Ablehnung des Erlasses eines Verwaltungsakts an einen Dritten)**: Der Hauseigentümer H beantragt den Erlass einer Hausräumungsverfügung gegen die Hausbesetzer nach §§ 3, 1 Abs. 1 PolG BW, die abgelehnt wird. H ist widerspruchsbefugt. Er kann geltend machen, durch die Ablehnung möglicherweise in seinem Recht auf ermessensfehlerfreie Entscheidung über den Erlass einer Ordnungsverfügung zum Schutz seiner Individualrechtsgüter verletzt zu sein. §§ 3, 1 Abs. 1 PolG dienen nämlich nicht nur dem Schutz der objektiven Rechtsordnung, des Staats und seiner Einrichtungen, sondern auch dem Schutz von Individualrechtsgütern. Der Hauseigentümer gehört zum geschützten Personenkreis, weil durch die Hausbesetzung sein Individualrechtsgut Eigentum beeinträchtigt sein kann. **Gegenbeispiel:** Stammgast G möchte, dass in der Gaststätte zum Schutz der Gäste eine zweite Toilette eingebaut wird und beantragt dies. Sein Antrag wird als „Anregung" formlos abgelehnt. G ist nicht widerspruchsbefugt. Ein Recht auf ermessensfehlerfreie Sachentscheidung über seinen Antrag kann er nicht geltend machen. Der Erlass einer Auflage nach § 5 Abs. 1 Nr. 1 GastG dient nach dem Wortlaut zwar dem Schutz der Gäste. „Gäste" ist aber kein individualisierbarer Personenkreis. § 5 Abs. 1 Nr. 1 GastG dient daher nur dem öffentlichen Interesse, nicht aber zum Schutz von Individualinteressen.

4. Beteiligungs- und Handlungsfähigkeit, ggf. ordnungsgemäße Vertretung

Der Widerspruchsführer muss beteiligungs- und handlungsfähig sein, § 79 Hs. 2 i. V. m. §§ 11, 12 (L)VwVfG. Ist der Widerspruchsführer nicht handlungsfähig, muss sein gesetzlicher Vertreter den Widerspruch eingereicht haben. Der Widerspruchsführer kann den Widerspruch nach § 14 Abs. 1 (L)VwVfG auch durch einen Bevollmächtigten erheben. 1088

5. Richtige Stelle und richtige Form (§ 70 Abs. 1 VwGO)

Nach § 70 Abs. 1 VwGO kann der Widerspruch fristwahrend nur bei der Ausgangs- oder der Widerspruchsbehörde und nur in den folgenden Formen erhoben werden. Die Formvorschriften dienen dazu sicherzustellen, dass der Widerspruch tatsächlich vom Widerspruchsführer stammt und willentlich in den Verkehr gebracht wurde. 1089

1. schriftlich 1090

- Schriftstück mit Unterschrift des Widerspruchsführers bzw. des Bevollmächtigten
- Telefax mit Unterschrift im Original[619], Funkfax mit dem Hinweis, dass eine Unterzeichnung wegen der gewählten Übertragungsform nicht erfolgen könne[620], Computerfax mit eingescannter Unterschrift[621] oder Computerfax mit dem Hinweis, dass eine Unterzeichnung wegen der gewählten Übertragungsform nicht erfolgen könne[622]
- Problem: wenn auf dem Schriftstück oder dem Fax die Unterschrift fehlt: Auslegung, ob Zweifel an der Identität und/oder dem Willen zur Abgabe bestehen (dann nicht formgerecht) oder Unterschrift nur vergessen wurde (dann formgerecht)

2. zur Niederschrift

- Widerspruchsführer bzw. Bevollmächtigter erscheint persönlich in der Behörde und gibt den Widerspruch zur Niederschrift
- Eine telefonische Widerspruchserhebung ist unzulässig[623]

3. in elektronischer Form nach § 3a Abs. 2 oder Abs. 3 VwVfG oder § 9a Abs. 5 OZG

- mit qualifizierter elektronischer Signatur (§ 3a Abs. 2 S. 2 VwVfG)[624]

---

619 Vgl. BVerwG, NJW 1989, 1175; Kopp/Schenke/*W.-R. Schenke*, VwGO, § 81 Rn. 9.

620 Vgl. BVerwG, NJW 2006, 1989; Kopp/Schenke/*W.-R. Schenke*, VwGO, § 81 Rn. 9.

621 GmS-OGB, NJW 2000, 2340; Kopp/Schenke/*W.-R. Schenke*, VwGO, § 70 Rn. 2.

622 OLG Braunschweig, NJW 2004, 2025; Kopp/Schenke/*W.-R. Schenke*, VwGO, § 70 Rn. 2.

623 Anders im Bußgeldverfahren. Dort kann der Einspruch nach der Rechtsprechung des BGH auch fernmündlich zur Niederschrift erhoben werden (BGH NJW 1980, 1290).

624 Voraussetzung ist, dass die Behörde einen solchen Zugang auch eröffnet hat (§ 3a Abs. 1 VwVfG). Dazu werden alle Bundesbehörden und Landesbehörden bei der Durchführung von

- auf einem von der Behörde in einem Eingabegerät (z. B. Verwaltungsterminal beim Bürgermeisteramt) bereitgestelltem Formular (§ 3a Abs. 3 Nr. 1 VwVfG)
- auf einem von der Behörde im Internet bereitgestelltem Formular und mit elektronischem Nachweis der Identität durch die Onlineausweisfunktion des Personalausweises, der eID-Karte oder des Aufenthaltstitels (§ 3a Abs. 3 Nr. 1 VwVfG)[625]
- durch Übermittlung einer vom Erklärenden signierten Erklärung aus speziellen elektronischen Postfächern, insbes. aus dem beA[626] oder dem eBO[627] (§ 3a Abs. 3 Nr. 2 lit. a–c VwVfG)[628]
- durch Übermittlung einer vom Erklärenden signierten Erklärung als De-Mail in der Sendevariante mit bestätigter sicherer Anmeldung (§ 3a Abs. 3 Nr. 2 lit. d VwVfG)[629]
- nach § 9a Abs. 5 OZG
- *aber nicht: einfache E-Mail (unstreitig durch Neufassung von § 70 VwGO zum 01.01.2018 und zum 01.01.2024)*
- *aber nicht: einfache E-Mail mit eingescanntem Anhang mit Unterschrift zur Mail (streitig)*[630]

6. Widerspruchsfrist (§ 70 Abs. 1 u. 2 VwGO)

a) Bei ordnungsgemäßer Rechtsbehelfsbelehrung

1091 Der Widerspruch muss innerhalb eines Monats, nachdem der Verwaltungsakt (bzw. Ablehnungsbescheid) dem Widerspruchsführer bekannt gegeben

---

Bundesrecht nach § 2 Abs. 1 EGovG verpflichtet. Im Übrigen bestimmt sich die Pflicht der Landesbehörden nach Landesgesetz (in BW z. B. nach § 2 Abs. 1 EGovG BW).

625 Siehe dazu für Bundesbehörden § 2 Abs. 3 EGovG (in BW: § 2 Abs. 4 EGovG BW).

626 Mehr zum besonderen elektronischen Anwaltspostfach (beA) siehe https://www.brak.de/anwaltschaft/bea-erv.

627 Mehr zum besonderen elektronischen Bürger- und Organisationenpostfach (eBO) siehe https://egvp.justiz.de/buerger_organisationen/index.php.

628 Zum besonderen elektronischen Behördenpostfach (beBPo) siehe https://egvp.justiz.de/behoerdenpostfach/index.php.

629 Eine De-Mail-Adresse müssen alle Bundesbehörden haben (§ 2 Abs. 2 EGovG), im Übrigen siehe Landesrecht (in BW: § 2 Abs. 3 EGovG BW).

630 Zunächst ist unstreitig, dass die einfache E-Mail nicht der Form genügt. Problematisch ist allerdings, ob zu dem Zeitpunkt, zu dem der Anhang mit der eingescannten Unterschrift von der Behörde ausgedruckt wird, ein formgerechter (nämlich schriftlich erhobener) Widerspruch vorliegt. Das überzeugt jedoch schon deswegen nicht, weil der Eingang eines formgerechten Widerspruchs dann davon abhinge, ob und zu welchem Zeitpunkt die Behörde das als Scan übersandte Dokument ausdruckt. Zu Recht ablehnend daher: VG Hamburg, Urteil vom 31.07.2023 – 3 K 1110/23 – juris Rn. 22 ff.; OVG MV, Beschluss vom 14.06.2022 – 1 M 43/22 OVG – juris.

worden ist, formgerecht bei der Ausgangs- oder Widerspruchsbehörde eingehen. Zunächst ist je nach Bekanntgabeart das Bekanntgabedatum zu ermitteln:
- Mündliche Bekanntgabe: Bekanntgabe, sobald fertig gesprochen wurde,
- Bekanntgabe durch Zustellung nach § 41 Abs. 5 (L)VwVfG i. V. m. (L)VwZG:

  Bekanntgabe nach § 3 (L)VwZG: Zustellungsdatum laut Zustellungsurkunde.
  Bekanntgabe nach § 4 (L)VwZG: Einschreiben mit Rückschein: hier gilt nach § 4 Abs. 2 S. 1 (L)VwZG das auf dem Rückschein eingetragene Empfangsdatum[631]/Einschreiben durch Übergabe gilt nach § 4 Abs. 2 S. 2 (L)VwZG am dritten Tage[632] nach der Aufgabe zur Post als zugestellt, hier gilt die Berechnungsmethode wie bei § 41 Abs. 2 (L)VwVfG, siehe unten.[633]
  Bekanntgabe nach § 5 (L)VwZG: Bekanntgabedatum laut Empfangsbekenntnis.
  Beachte: Lässt sich die formgerechte Zustellung nicht beweisen oder sind zwingende Zustellungsvorschriften verletzt worden, gilt der Verwaltungsakt in dem Zeitpunkt als zugestellt, in dem er tatsächlich zugegangen ist bzw. im Falle von § 5 Abs. 5 in dem Zeitpunkt, in dem der Empfänger das Empfangsbekenntnis zurückgesendet hat, § 8 VwZG (bzw. § 9 LVwZG BW).

- Bekanntgabe durch einfachen Brief oder Mail, § 41 Abs. 2 (L)VwVfG:[634]

  ■ **Beispiel:** Die Behörde gibt den Brief am 11.03. bei der Post auf. Der Verwaltungsakt gilt nach § 41 Abs. 2 S. 1 (L)VwVfG i. V. m. § 31 Abs. 1 (L)VwVfG, § 188 Abs. 1 BGB mit Ablauf des dritten Tages nach Aufgabe zur Post, also mit Ablauf des 14.03. als bekannt gegeben. „Bekanntgabe" i. S. d. § 70 Abs. 1 VwGO ist also der 14.03. Geht der Verwaltungsakt erst später zu (also z. B. 17.03.), zählt das spätere Datum, § 41 Abs. 2 S. 3 (L)VwVfG. Geht der Verwaltungsakt früher zu (z. B. 12.03.), bleibt es trotzdem bei der Bekanntgabefiktion (also Bekanntgabe am 14.03.). Das gleiche gilt für die elektronische Übermittlung, § 41 Abs. 2 S. 2 (L)VwVfG (und bei der Bekanntgabe nach § 4 LVwZG siehe oben). Streitig ist, ob die 3-Tages-Fiktion auch bei der Bekanntgabe durch Fax gilt.[635]

Das Fristende bestimmt sich nach §§ 79 Hs. 2, 31 Abs. 1 und 3 S. 1 **1092**
(L)VwVfG, §§ 187 ff. BGB (a. A.: § 57 Abs. 2 VwGO, § 222 Abs. 1 u. 2 ZPO, §§ 188 Abs. 2 und Abs. 3 BGB).[636]

---

631 Vgl. zum VwZG des Bundes: FG Hamburg, Urteil vom 23.08.2004 – III 358/01.

632 Beachte Neufassung zum 01.01.2025.

633 VG Stuttgart, Urteil vom 07.03.2008 – A 5 K 4041/07 – juris Rn. 29.

634 Beachte Neufassung zum 01.01.2025.

635 Keine Geltung der 3-Tages-Fiktion bei Fax („weder schriftlich noch elektronisch"): NdsOVG, Beschluss vom 14.01.2002 – 12 LA 17/02 –; FG Köln, Urteil vom 11.03.2009 – 5 K 1396/05 – juris Rn. 11 ff.; a. A. Stelkens/Bonk/Sachs/*Stelkens*, VwVfG, § 41 Rn. 116 („elektronisch").

636 Zum Meinungsstreit, der ohne praktische Bedeutung ist, siehe *Schenke*, Verwaltungsprozessrecht, Rn. 726 m. w. N.

■ **Beispiele:** Die Abrissverfügung wird am 14.03. bekannt gegeben. Damit hat Frau Schröder nach §§ 79 Hs. 2, 31 Abs. 1 (L)VwVfG i.V.m. §§ 188 Abs. 2, 187 Abs. 1 BGB bis zum 14.04. (24.00 Uhr) Zeit, den Widerspruch zu erheben.

Die Abrissverfügung wird am 14.03. bekannt gegeben. Der 14.04. ist jedoch ein Samstag. Damit kann Frau Schröder nach § 31 Abs. 3 S. 1 (L)VwVfG bis zum nächsten Werktag, also Montag, den 16.04. (24.00 Uhr) fristgerecht Widerspruch erheben.

Die Abrissverfügung wird am 31.03. bekannt gegeben. Nach § 188 Abs. 3 BGB endet die Widerspruchsfrist am 30.04. (24.00 Uhr).

Die Abrissverfügung wird am 28.02. bekannt gegeben. Die Widerspruchsfrist endet ganz normal am 28.03. (24.00 Uhr).

1093 **Merkformel (am Beispiel der Monatsfrist)**

1. Nimm (bzw. berechne, siehe oben) das Datum der Bekanntgabe![637]
   z.B. Bekanntgabe war laut Postzustellungsurkunde der 31.03.Jahr X
2. Rechne einen Monat[638] drauf[639]! – *z.B. 31.0**4**.Jahr X*
3. Kontrolliere: Gibt es den Tag? Wenn nicht, passe an![640]
   *z.B. 3**1**.04.Jahr X gibt es nicht, also **30**.04.Jahr X*
4. Kontrolliere: Ist das ein Samstag, Sonntag oder Feiertag? Wenn ja, rechne bis zum nächsten Werktag![641]
   z.B. 30.04.Jahr X ist Sonntag, Montag ist ein Feiertag: 01.05.Jahr X. Also: nächster Werktag ist Dienstag, 02.05.Jahr X.
5. Halte das Ergebnis fest!
   Die Widerspruchsfrist läuft damit am Dienstag, den 02.05.Jahr X um 24.00 Uhr ab!

b) Bei fehlerhafter Rechtsbehelfsbelehrung

1094 Bei fehlender[642] oder bei fehlerhafter[643] Rechtsbehelfsbelehrung beträgt die Widerspruchsfrist nach §§ 70 Abs. 2, 58 Abs. 2 VwGO ein Jahr.

---

637 Siehe § 70 Abs. 1 S. 1 VwGO: „Bekanntgabe".

638 Siehe § 70 Abs. 1 S. 1 VwGO: „Monat" (bei ordnungsgemäßer Rechtsbehelfsbelehrung).

639 Siehe § 188 Abs. 2 Hs. 1 BGB: „Eine Frist, die nach […] nach Monaten […] bestimmt ist, endigt im Falle des § 187 Abs. 1 mit dem Ablauf desjenigen Tages […] des letzten Monats, welcher durch seine […] Zahl dem Tage entspricht, in den das Ereignis […] fällt". „Ereignis" ist die Bekanntgabe des Widerspruchs!

640 Siehe § 188 Abs. 3 BGB: „Fehlt bei einer nach Monaten bestimmten Frist in dem letzten Monat der für ihren Ablauf maßgebende Tag, so endigt die Frist mit dem Ablauf des letzten Tages dieses Monats."

641 Siehe § 31 Abs. 3 S. 1 (L)VwVfG: „Fällt das Ende einer Frist auf einen Sonntag, einen gesetzlichen Feiertag oder einen Sonnabend, so endet die Frist mit dem Ablauf des nächstfolgenden Werktags."

642 Also z.B. bei mündlichen Verwaltungsakten oder bei schriftlichen Verwaltungsakten, die versehentlich (oder absichtlich) ohne Rechtsbehelfsbelehrung erlassen wurden.

643 Zur fehlerhaften Rechtsbehelfsbelehrung siehe Teil 4.

c) Bei fehlender Bekanntgabe des Ausgangsbescheids

Ist dem Widerspruchsführer der Verwaltungsakt nicht bekannt gegeben worden, läuft nach § 70 Abs. 1 VwGO auch keine Widerspruchsfrist. Ggf. ist dann eine Verwirkung zu prüfen (siehe „Widerspruchsinteresse"). 1095

■ **Beispiele:** Die Baugenehmigung wurde dem Bauherrn, aber nicht dem Nachbarn bekannt gegeben. Damit läuft für den Nachbarn keine Widerspruchsfrist (siehe dazu auch sogleich beim Rechtsschutzbedürfnis). **Beachte**: Ist der Verwaltungsakt überhaupt nicht bekannt gegeben worden (Baugenehmigung liegt noch in der Schublade oder Baugenehmigung wurde einem minderjährigen Bauherrn bekannt gegeben, nicht seinen Eltern), gibt es schon gar keinen wirksamen Verwaltungsakt.

d) Wiedereinsetzung

Wenn der Widerspruchsführer ohne Verschulden verhindert war, die Widerspruchsfrist einzuhalten, ist ihm auf Antrag oder von Amts wegen nach Maßgabe von §§ 70 Abs. 2, 60 VwGO Wiedereinsetzung in den vorigen Stand zu gewähren.[644] 1096

7. Widerspruchsinteresse/Rechtsschutzbedürfnis

Liegen alle übrigen Zulässigkeitsvoraussetzungen vor, besteht grundsätzlich auch ein Rechtsschutzbedürfnis des Widerspruchsführers. Dieses kann unter besonderen Umständen ausnahmsweise durch Verwirkung oder Verzicht ausgeschlossen sein. 1097

■ **Beispiel:** Dem Nachbarn ist die Baugenehmigung nicht bekannt gegeben worden. Eine Frist läuft damit nach § 70 Abs. 1 VwGO nicht. Er hat ab dem Zeitpunkt, ab dem er zuverlässig Kenntnis von der Baugenehmigung bekommen hat bzw. hätte haben müssen, in der Regel nur ein Jahr Zeit, Widerspruch zu erheben. Sonst ist sein Widerspruchsrecht verwirkt.[645]

8. Entscheidung in der Sache bei Unzulässigkeit des Widerspruchs

a) Drittwiderspruch

Ist der Widerspruch eines Dritten nicht form- und fristgerecht erhoben, ist der Widerspruch zwingend durch die Widerspruchsbehörde zurückzuweisen. Ob der angegriffene Verwaltungsakt rechtswidrig ist, kann dann nur noch im behördlichen Aufsichtsverfahren bzw. im Rahmen der Selbstkontrolle nach § 48 (L)VwVfG geprüft werden. § 50 (L)VwVfG gilt nicht. 1098

---

644 Einen Übungsfall zur Wiedereinsetzung finden Sie in *Gassner*, Fit für Prüfungen im Verwaltungsrecht, 1. Aufl. 2019.

645 BVerwGE 78, 85-93.

b) Widerspruch gegen Verwaltungsakte ohne Drittwirkung

1099 Beim Widerspruch gegen/auf Verwaltungsakte ohne Drittwirkung ist umstritten, ob der Widerspruch zwingend zurückzuweisen ist oder ob die Widerspruchsbehörde auch bei einem unzulässigen Widerspruch die Begründetheit prüfen darf (so die Rechtsprechung des BVerwG).[646]

c) Vermeidung von unzulässigen Widersprüchen

1100 Die beste Strategie der Ausgangsbehörde ist es, den Widerspruchsführer so zu unterstützen, dass er bei Erhebung seines Widerspruchs keine Form- oder Fristfehler begeht. Darum ist besonders auf eine gute und informative Rechtsbehelfsbelehrung und auf eine zügige Kontrolle und Rückmeldung zu formfehlerhaften Rechtsbehelfen zu achten, siehe auch § 25 Abs. 1 S. 1 (L)VwVfG.

■ **Beispiel:** Der zuständige Mitarbeiter der Ausgangsbehörde handelt rechtsmissbräuchlich, wenn bei ihm ein Widerspruch per einfacher E-Mail eingeht, er dies feststellt und den Widerspruchsführer auf diesen Formfehler entgegen § 25 Abs. 1 S. 1 (L)VwVfG nicht hinweist, sondern den Ablauf der Widerspruchsfrist abwartet und den Widerspruch dann als unzulässig zurückweist.

D. Begründetheit des Anfechtungswiderspruchs

I. Prüfungsprogramm

1101 Die Begründetheit des Anfechtungswiderspruchs (also der Erfolg des Widerspruchs in der Sache) wird anhand von § 68 Abs. 1 S. 1 VwGO i. V. m. § 113 Abs. 1 S. 1 VwGO analog geprüft. Der Anfechtungswiderspruch ist begründet,

- soweit der angefochtene Verwaltungsakt rechtswidrig ist und der Widerspruchsführer dadurch in seinen Rechten verletzt wird; der Aufhebungsanspruch darf außerdem nicht ausnahmsweise ausgeschlossen sein (Beispiel: § 46 (L)VwVfG);[647]
- soweit der angefochtene Verwaltungsakt im Ermessen der Ausgangsbehörde steht, unzweckmäßig ist und der Widerspruchsführer dadurch in seinen rechtlich geschützten Interessen beeinträchtigt wird.[648]

Wie genau die Widerspruchsbehörde bei dieser Prüfung vorgeht, wird im Folgenden erörtert.

---

646 Zum Meinungsstreit: *Schenke*, Verwaltungsprozessrecht, Rn. 735 ff.

647 Das ist auch das Prüfungsprogramm der Gerichte bei Anfechtungsklagen.

648 Hier hat die Widerspruchsbehörde weitergehende Kompetenzen als die Gerichte bei Prüfung der Anfechtungsklage.

II. Rechtswidrigkeit des Ausgangsbescheids

1. Maßgeblicher Zeitpunkt

Maßgeblicher Zeitpunkt für die Rechtmäßigkeitsprüfung ist zunächst der Zeitpunkt, zu dem die Ausgangsbehörde den Verwaltungsakt erlassen hat. Die Widerspruchsbehörde prüft also, ob die Ausgangsbehörde bei Erlass des Verwaltungsakts Fehler gemacht hat. **1102**

Erst später prüft die Widerspruchsbehörde, was zu veranlassen ist, wenn sich nach Erlass des Ausgangsverwaltungsakts die Sach- und Rechtslage geändert hat, also wenn:

- ein ursprünglich rechtswidriger Verwaltungsakt jetzt rechtmäßig erlassen werden könnte,
- ein ursprünglich rechtmäßiger Verwaltungsakt jetzt nicht mehr rechtmäßig erlassen werden könnte.

Hierzu siehe Rn. 1128 ff.

2. Rechtsgrundlage

Die Widerspruchsbehörde[649] prüft, ob der von der Ausgangsbehörde erlassene Verwaltungsakt einer gesetzlichen Ermächtigung bedarf und, wenn ja, welche die „richtige Rechtsgrundlage“ ist. Anhand dieser „richtigen Rechtsgrundlage“ prüft die Widerspruchsbehörde dann die weiteren formellen und materiellen Voraussetzungen. Welche Auswirkungen es hat, wenn die Ausgangsbehörde bei der Auswahl der Rechtsgrundlage Fehler gemacht hat, ist im Folgenden kurz dargestellt. **1103**

Ausgangsbehörde hat gar keine Rechtsgrundlage benannt: Hat die Ausgangsbehörde überhaupt keine Rechtsgrundlage benannt, ist für ihr Handeln aber eine Rechtsgrundlage vorhanden, liegt nur ein Verstoß gegen die formelle Begründungspflicht (§ 39 Abs. 1 S. 2 (L)VwVfG) vor. **1104**

■ **Beispiel:** In Fall 1 ordnet das LRA Ortenaukreis den Abriss an, nennt in der Begründung aber keine Rechtsgrundlage. Da im Übrigen alle Voraussetzungen vorliegen, kann die Widerspruchsbehörde den Fehler heilen, indem sie im Widerspruchsbescheid nun einfach § 65 Abs. 1 S. 1 LBO BW als Rechtsgrundlage benennt.

Ausgangsbehörde hat eine falsche Rechtsgrundlage gewählt: Stützt die Ausgangsbehörde ihren Verwaltungsakt auf eine falsche Rechtsgrundlage, prüft die Widerspruchsbehörde mit der richtigen Rechtsgrundlage weiter, ob der Verwaltungsakt nach der richtigen Rechtsgrundlage formell und materiell rechtmäßig ist. **1105**

---

649 Bzw. die Ausgangsbehörde im Abhilfeverfahren.

■ **Beispiele:** Wenn in Fall 1 das LRA Ortenaukreis die Abrissverfügung zu Unrecht auf § 47 Abs. 1 S. 2 LBO BW gestützt hätte, wäre der Verstoß nicht weiter tragisch: Die Widerspruchsbehörde prüft, ob die Abrissverfügung nach § 65 Abs. 1 S. 1 LBO BW rechtmäßig erlassen werden kann. Das LRA Ortenaukreis ist für beide Rechtsgrundlagen zuständig, die Tatbestandsvoraussetzungen beider Rechtsgrundlagen liegen vor und zur Rechtsfolge „Abrissverfügung nach Ermessen" ermächtigen sowohl die Generalklausel § 47 Abs. 1 S. 2 LBO BW („erforderliche Maßnahmen") als auch § 65 Abs. 1 S. 1 LBO BW. Die Widerspruchsbehörde tauscht im Widerspruchsbescheid in der rechtlichen Begründung die falsche Rechtsgrundlage einfach durch die richtige Rechtsgrundlage aus.[650] Anders wäre es, wenn in Fall 1 statt des LRA Ortenaukreis die Gemeinde Willstätt als Ortspolizeibehörde den Abriss nach § 65 Abs. 1 S. 1 LBO BW erlassen hätte. Die Gemeinde ist bereits sachlich unzuständig. Die rechtswidrige Abrissverfügung kann auch nicht in eine rechtmäßige Ordnungsverfügung nach §§ 3, 1 Abs. 1 S. 1 PolG BW umgedeutet werden, da diese gegen § 2 Abs. 1 PolG BW verstoßen würde, wonach die Ortspolizeibehörde nur im Eilfall zuständig wäre. Hier muss die Widerspruchsbehörde die Abrissverfügung wegen des Verstoßes gegen die sachliche Zuständigkeit aufheben.[651]

1106 **Rechtsgrundlage ist erforderlich, aber nicht vorhanden:** Bedarf der Verwaltungsakt nach dem Vorbehalt des Gesetzes (oder aus sonstigen Gründen) einer Ermächtigungsgrundlage, ist eine solche aber gar nicht vorhanden oder ist die gewählte Ermächtigungsgrundlage unwirksam, ist der Verwaltungsakt wegen des Verstoßes gegen den Vorbehalt des Gesetzes (bzw. des speziellen Gesetzesvorbehalts) materiell rechtswidrig. Besonders schwerwiegende und offensichtliche Verstöße führen zur Nichtigkeit, § 44 Abs. 1 (L)VwVfG.

■ **Beispiel:** Das LRA Ortenaukreis verpflichtet Frau Schröder nicht nur zum Abbau der Gabionenmauer, sondern zugleich zum Wiederaufbau der Gabionenmauer. Frau Schröder erhebt gegen die letztere Verfügung Widerspruch. Die Verpflichtung zum Wiederaufbau der Gabionenmauer ist wegen des Verstoßes gegen den Vorbehalt des Gesetzes (bzw. des Eingriffs in Art. 14 GG ohne Ermächtigung) zumindest materiell rechtswidrig. Hier führt der eklatante und offenkundige Verstoß sogar zur Nichtigkeit.

---

650 Das darf sie allerdings nur dann, wenn sie auch für Maßnahmen nach der ausgetauschten Rechtsgrundlage die zuständige Widerspruchsbehörde ist.

651 Im Fall oben besteht die Besonderheit, dass das LRA Ortenaukreis Widerspruchsbehörde (zuständig für Widersprüche gegen Polizeiverfügungen der Gemeinde Willstätt) und gleichzeitig zuständige untere Baurechtsbehörde ist. Es kann also trotz der Aufhebung des Ausgangsbescheids die Abrissverfügung anlässlich des Widerspruchsverfahrens aufgrund eigener originärer Zuständigkeit selbst erlassen.

3. Formelle Rechtmäßigkeit/Rechtswidrigkeit

1107 War die Ausgangsbehörde für den Erlass des angefochtenen Verwaltungsakts **sachlich nicht zuständig**, führt der Verstoß nach § 44 Abs. 1 (L)VwVfG zur Nichtigkeit, wenn ein eklatanter und sofort erkennbarer Verstoß gegen die Kompetenzordnung vorliegt, im Übrigen zur Rechtswidrigkeit. Der Verstoß ist, wenn das Fachgesetz nicht etwas anderes bestimmt, nicht heilbar.[652]

Nun prüft die Widerspruchsbehörde die **örtliche Zuständigkeit** der Ausgangsbehörde. War die Ausgangsbehörde schon nicht sachlich zuständig, entfällt die Prüfung der örtlichen Zuständigkeit.[653] Ein Verstoß gegen § 3 Abs. 1 Nr. 1 (L)VwVfG führt nach § 44 Abs. 2 Nr. 3 (L)VwVfG zur Nichtigkeit des Verwaltungsakts, im Übrigen ist der Verwaltungsakt rechtswidrig und der Verstoß nur heilbar, wenn das Fachgesetz dies vorsieht oder die Voraussetzungen von § 3 Abs. 3 (L)VwVfG vorliegen.[654]

1108 Weiter prüft die Widerspruchsbehörde, ob die Ausgangsbehörde die **Verfahrensvorschriften** eingehalten hat. Stellt sie einen Verstoß fest, der nicht bereits zur Nichtigkeit nach § 44 (L)VwVfG führt, prüft sie, ob dieser Verstoß nach § 45 Abs. 1 Nr. 1, 3, 4 oder 5 (L)VwVfG (oder Spezialgesetz) heilbar ist.

Ist der Fehler heilbar, wird er durch die Nachholung der fehlenden oder fehlerhaften Verfahrenshandlung im Widerspruchsverfahren geheilt.

Streitig ist, ob die Nachholung zwingend durch die Ausgangsbehörde im vorgeschalteten Abhilfeverfahren (§ 72 VwGO) oder auch erst nach Abgabe des Widerspruchs durch die Widerspruchsbehörde erfolgen kann. Nach allg. A. können Verfahrensfehler bei Ermessensentscheidungen nur durch die Ausgangsbehörde geheilt werden, wenn die Widerspruchsbehörde nur zur Rechtsaufsicht befugt ist. Ist die Widerspruchsbehörde auch zur Zweckmäßigkeitskontrolle befugt, ist streitig, ob die Verfahrenshandlung (z. B. eine fehlende Anhörung) zwingend durch die Ausgangsbehörde nachgeholt werden muss.[655]

---

652 Also insbes. auch nicht durch nachträgliche Zustimmung der Ausgangsbehörde oder der höheren Behörde als Widerspruchsbehörde (BVerwG, Urteil vom 16.07.1968 – I C 81.67 – juris Rn. 20 ff.).

653 A. A. *Vondung*, in: Büchner/Joerger/Trockels/Vondung, Übungen zum Verwaltungsrecht, 5. Aufl. 2010, Rn. 337.

654 Beachte (siehe weiter unten): Einen Anspruch auf Aufhebung wegen des Verstoßes gegen die örtliche Zuständigkeit hat der Widerspruchsführer in der Regel aber nur gegen Ermessensentscheidungen (§ 46 (L)VwVfG).

655 Heilung nur durch Nachholung der Anhörung durch die Widerspruchsbehörde: BVerwG, Urteil vom 14.10.1982 – 3 C 46/81 – Rn. 38 ff.; a. A. Schoch/Schneider/*Porsch*, VwGO, § 68 Rn. 43a.

1109 Eine **fehlende oder fehlerhafte Anhörung** wird nach § 45 Abs. 1 Nr. 3 (L)VwVfG geheilt, wenn der Widerspruchsführer im Widerspruchsverfahren Gelegenheit bekommt, zu allen entscheidungserheblichen Tatsachen Stellung zu nehmen. Das ist nach allg. A. der Fall, wenn die Begründung des angefochtenen Ausgangsverwaltungsakts alle entscheidungserheblichen Tatsachen enthält, da der Widerspruchsführer so Gelegenheit hatte, noch einmal Stellung zu nehmen. Nimmt er Stellung (in der Regel im Widerspruchsschreiben oder nachträglich), muss diese von Ausgangs- und Widerspruchsbehörde zur Kenntnis genommen werden.

1110 Eine **fehlende Begründung** des Ausgangsverwaltungsakts kann die Widerspruchsbehörde nach § 45 Abs. 1 Nr. 2 (L)VwVfG heilen, indem sie die Begründung im Widerspruchsbescheid nachholt bzw. ergänzt. Unterscheide: Ist die Begründung der Ausgangsbehörde inhaltlich falsch, will die Widerspruchsbehörde den Verwaltungsakt aber mit diesmal richtiger Begründung halten, tauscht die Widerspruchsbehörde die Begründung der Ausgangsbehörde aus. Das ist keine Nachholung im Sinne des § 45 Abs. 1 Nr. 2 (L)VwVfG.

4. Materielle Rechtmäßigkeit/Rechtswidrigkeit

a) Lagen die Tatbestandsvoraussetzungen bei Erlass des Verwaltungsakts vor?

1111 Anschließend prüft die Widerspruchsbehörde, ob alle Tatbestandsvoraussetzungen für den Erlass des Verwaltungsakts im Zeitpunkt der Entscheidung der Ausgangsbehörde vorlagen.[656] Dabei geht sie zunächst von der Rechtslage aus, wie sie zum Zeitpunkt der Entscheidung der Ausgangsbehörde galt. Sie subsumiert den Sachverhalt – und zwar den Sachverhalt, den die Ausgangsbehörde bei rechtmäßiger Anwendung des Untersuchungsgrundsatzes, der korrekten Anhörung des Betroffenen und der korrekten Mitwirkung anderer Stelle hätte zugrunde legen müssen. Lagen die Tatbestandsvoraussetzungen für den Erlass des angefochtenen Verwaltungsakts (bzw. für die angefochtene Nebenbestimmung) nicht vor, ist der Verwaltungsakt (bzw. die Nebenbestimmung) aus diesem Grunde materiell rechtswidrig.

656 Wie hier: Kopp/Schenke/*W.-R. Schenke*, VwGO, § 68 Rn. 15: Zunächst ist zu prüfen, ob der Ausgangsbescheid zum Zeitpunkt seines Erlasses rechtmäßig bzw. rechtswidrig war. Dann ist zu prüfen, ob nach der Sach- und Rechtslage zum Zeitpunkt der Entscheidung über den Widerspruch der ursprünglich rechtswidrige oder rechtmäßige Verwaltungsakt der Ausgangsbehörde aufzuheben oder aufrecht zu erhalten ist. Dazu siehe Rn. 1128 ff.

b) Wurden die gesetzlichen Grenzen auf der Rechtsfolgenseite eingehalten?

Die Widerspruchsbehörde prüft zunächst die **Bestimmtheit**[657] des Ausgangsverwaltungsakts. Kann sie auch nach Auslegung des Bescheids nicht feststellen, was die Ausgangsbehörde regeln wollte, führt die Unbestimmtheit der Regelung nach § 44 Abs. 1 (L)VwVfG zur Nichtigkeit des angegriffenen Verwaltungsakts. In den sonstigen Fällen ist der Verwaltungsakt materiell rechtswidrig und kann geheilt werden, indem die Ausgangsbehörde den Tenor im Widerspruchsbescheid inhaltlich hinreichend bestimmt verfasst und im Übrigen den Widerspruch zurückweist. 1112

■ **Beispiel:** Das LRA Ortenaukreis schreibt im Tenor an Frau Schröder: „In Bezug auf Ihre Gabionenmauer sind ordnungsgemäße Zustände herzustellen." Der Tenor ist unbestimmt. Der Fehler führt aber nicht zur Nichtigkeit der Verfügung. Die Widerspruchsbehörde kann durch Widerspruchsbescheid den Tenor neu fassen und den Abriss der Gabionenmauer anordnen.

Die Erfüllung des Verwaltungsakts darf für den Adressaten **nicht unmöglich** sein. 1113

Bei **gebundenen Entscheidungen** prüft die Widerspruchsbehörde, ob die Ausgangsbehörde genau die Entscheidung gegen genau die Person getroffen hat, die gesetzlich vorgesehen ist. Außerdem darf die Entscheidung auch nicht gegen sonstiges höheres Recht verstoßen. Das prüft die Widerspruchsbehörde aber nur dann näher, wenn für eine solche Prüfung ein besonderer Anlass besteht (z. B. der Widerspruchsführer die Unverhältnismäßigkeit behauptet und ein atypischer Sonderfall vorliegt). 1114

Bei **Ermessensverwaltungsakten** (Auswahl des Regelungsadressaten / „Ob" der Entscheidung / „Wie" der Entscheidung) prüft die Widerspruchsbehörde zunächst, ob die Ausgangsbehörde den angefochtenen Verwaltungsakt ermessensfehlerfrei erlassen hat (kein Ermessensnichtgebrauch, kein Ermessensfehlgebrauch, keine Ermessensüberschreitung). Stellt die Widerspruchsbehörde fest, dass die **Ausgangsbehörde** den Verwaltungsakt **ermessensfehlerhaft** erlassen hat, prüft sie, ob eine Heilung rechtlich zulässig und zweckmäßig ist.[658] 1115

Eine **Ermessensüberschreitung** (z. B. Verstoß gegen die Wortlautgrenzen der Rechtsgrundlage, gegen den Verhältnismäßigkeitsgrundsatz oder das Gleichheitsgebot) führt unter den Voraussetzungen von § 44 Abs. 1 (L)VwVfG

657 A. A.: Bestimmtheit ist eine formelle Voraussetzung.

658 Vgl. BVerwG, Urteil vom 21.10.1980 – 1 C 19/78 – juris Rn. 19; BVerwG, Urteil vom 19.12.1995 – 1 C 3/93 – juris Rn. 34.

zur Nichtigkeit des Ausgangsverwaltungsakts. Ansonsten ist der Verwaltungsakt unheilbar materiell rechtswidrig.

Hat die Ausgangsbehörde ihr Ermessen gar nicht ausgeübt (**Ermessensnichtgebrauch**) und führt das nicht bereits zur Nichtigkeit des Verwaltungsakts (§ 44 Abs. 1 (L)VwVfG)[659], kann die Ermessensausübung im Widerspruchsverfahren nachgeholt und der Ermessensfehler somit geheilt werden. Die Widerspruchsbehörde entscheidet also noch einmal neu und hält dann entweder am Ausgangsverwaltungsakt fest oder hebt diesen auf. Gleiches gilt beim **Ermessensfehlgebrauch** der Ausgangsbehörde.

5. Zwischenergebnis

1116 Das Ergebnis der Prüfung wird festgehalten.

■ **Beispiele:** Der Ausgangsverwaltungsakt ist rechtmäßig. Der Ausgangsverwaltungsakt ist durch die Heilung rechtmäßig. Der Ausgangsverwaltungsakt ist rechtswidrig.

1117 Ist der Ausgangsverwaltungsakt **rechtswidrig**, wird im nächsten Schritt geprüft, ob der Widerspruchsführer dadurch in seinen **Rechten verletzt** ist (siehe Rn. 1118 ff.).

■ **Beispiele:** Die von Frau Schröder angefochtene Abrissverfügung ist rechtswidrig. Die vom Nachbarn angefochtene Baugenehmigung ist rechtswidrig. Die vom Gewerbetreibenden angefochtene Gewerbeuntersagung ist rechtswidrig.

Nun ist zu prüfen, ob eine Rechtsverletzung des Widerspruchsführers (Frau Schröder, Nachbar, Gewerbetreibender) vorliegt.

Ist der Ausgangsverwaltungsakt **rechtmäßig**, hängt die weitere Prüfung davon ab, ob die Entscheidung über seinen Erlass im Ermessen der Ausgangsbehörde stand. Bei **Ermessensentscheidungen** ist zu prüfen, ob der Ausgangsverwaltungsakt zweckmäßig ist (siehe Rn. 1125 ff.). Bei **gebundenen Entscheidungen** ist die Prüfung beendet: Der Widerspruch ist unbegründet.

■ **Beispiele:** Die von Frau Schröder angefochtene Abrissverfügung ist rechtmäßig. Da es sich nach § 65 Abs. 1 S. 1 LBO BW um eine Ermessensentscheidung handelt, ist nun zu prüfen, ob die Abrissverfügung auch zweckmäßig war. Die vom Gewerbetreibenden angefochtene Gewerbeuntersagung ist rechtmäßig. Da es sich nach § 35 Abs. 1 S. 1 GewO um eine gebundene Entscheidung handelt, endet die Prüfung: Der Widerspruch ist unbegründet.

---

659 Eine Nichtigkeit liegt vor, wenn die Ausgangsbehörde weiß, dass sie Ermessen hat, und dieses willkürlich nicht ausübt.

III. Rechtsverletzung des Widerspruchsführers

Der Widerspruch ist nicht bereits begründet, wenn der Verwaltungsakt objektiv rechtswidrig ist. Vielmehr muss durch den jeweiligen Rechtsverstoß auch ein subjektiv-öffentliches Recht des Widerspruchsführers verletzt sein. 1118

1. Rechtsverletzung des Adressaten eines belastenden Verwaltungsakts

Der Adressat, der durch einen Verwaltungsakt rechtswidrig belastet wurde, ist immer in einem subjektiv-öffentlichen Recht verletzt: 1119

Der **Adressat eines befehlenden Verwaltungsakts** ist durch den rechtswidrigen Verwaltungsakt in seinem speziellen Freiheitsgrundrecht, auffangweise jedenfalls in seiner allgemeinen Handlungsfreiheit (Art. 2 Abs. 1 GG) verletzt.

■ **Beispiele:** Durch die rechtswidrige Abrissverfügung ist Frau Schröder in ihrem Recht auf Eigentum (Art. 14 Abs. 1 GG) verletzt. Durch eine rechtswidrige Fahrtenbuchanordnung ist der Halter in seinem Recht auf informationelle Selbstbestimmung verletzt (Art. 2 Abs. 1 GG i. V. m. Art. 1 Abs. 1 GG). Durch ein rechtswidriges Aufenthaltsverbot ist der Adressat in seinem Recht auf Freizügigkeit (Art. 11 Abs. 1 GG) verletzt. Durch die rechtswidrige verbietende Allgemeinverfügung, im Wald zu reiten, sind die Adressaten in ihrem Recht auf allgemeine Handlungsfreiheit verletzt (Art. 2 Abs. 1 GG). Durch eine rechtswidrige Gebührenfestsetzung ist der Adressat in seinem Recht auf allgemeine Handlungsfreiheit verletzt (Art. 2 Abs. 1 GG).

Bei den **Adressaten** sonstiger **belastender Verwaltungsakte** (insbes. belastende rechtsgestaltende Verwaltungsakte) ist das subjektiv-öffentliche Recht im Einzelnen herauszuarbeiten.

■ **Beispiel:** Wird eine Sondernutzungserlaubnis rechtswidrig widerrufen, ist der Widerspruchsführer in seinem durch die Sondernutzungserlaubnis eingeräumten Recht („Straße über den Gemeingebrauch nutzen dürfen") verletzt.

2. Rechtsverletzung eines Dritten

Der Dritte, der Widerspruch gegen einen Verwaltungsakt an einen anderen erhebt, kann die Aufhebung bzw. den Erlass nicht schon deswegen verlangen, weil der Verwaltungsakt bzw. die Ablehnung rechtswidrig ist. Vielmehr muss er geltend machen, dass die Vorschrift, gegen die die Verwaltung verstoßen hat, gerade auch dem Schutz seiner Interessen dient (Schutznormtheorie). 1120

■ **Beispiel:** Der Nachbar erhebt Widerspruch gegen eine Baugenehmigung. Die Baugenehmigung ist objektiv rechtswidrig, weil sie unter Befreiung von einer nicht nachbarschützenden Festsetzung im Bebauungsplan erteilt wurde, diese Befreiung aber die Grundzüge der Planung berührt (Verstoß gegen § 31 Abs. 2 BauGB). Der Nachbar wäre nur dann in eigenen Rechten verletzt, wenn die Befreiung gegen das Gebot der Rücksichtnahme verstößt. Ist das (wie meist) nicht der Fall, ist der Widerspruch mangels Rechtsverletzung nicht begründet.

1121 **Zum Nachdenken:** Auch wenn der Dritte die Aufhebung eines rechtswidrigen begünstigenden Verwaltungsakts mangels eigener Rechtsverletzung nicht verlangen kann, hat die Verwaltung mit dem Erlass des rechtswidrigen Verwaltungsakts gegen das Rechtsstaatsprinzip verstoßen (Vorrang des Gesetzes). Die Verwaltung muss sich den Vorwurf entgegenhalten lassen, dass es keinen Streit gegeben hätte, wenn sie von vornherein alles richtig gemacht und die Begünstigung nicht erteilt hätte. Dem Dritten, der sich über die Erteilung eines rechtswidrigen Verwaltungsakts aufregt, Neid oder Wichtigtuerei vorzuwerfen, ist verfehlt. Durch den Verstoß gegen den Vorrang des Gesetzes verletzt die Verwaltung das objektive Gleichbehandlungsgebot, verzerrt u. U. den Wettbewerb und benachteiligt den Bürger, der sich an Recht und Gesetz hält. Weil die Verwaltung Fehler macht und immer machen wird, wurden ganze Rechtsgebiete entwickelt wie z. B. der Nachbarschutz im Baurecht, letztendlich um den Staat trotzdem funktionsfähig zu halten. Je undurchsichtiger die Regelungen jedoch werden und je mehr sich in einzelnen Rechtsgebieten eine Kautelarjustiz entwickelt, desto ungerechter werden diese Regelungen. Daher gilt, dass die Widerspruchsbehörde den Widerspruch des Dritten zwar zurückzuweisen hat, wenn dieser eine subjektive Rechtsverletzung nicht geltend machen kann. Gleichzeitig ist die Widerspruchsbehörde als Aufsichtsbehörde aber verpflichtet, etwaige Fehler zu prüfen und dafür zu sorgen, dass die Ausgangsbehörde die Fehler zumindest für die Zukunft abstellt, um nicht weitere unnötige Prozesse zu verursachen.

IV. Kein ausnahmsweiser Ausschluss des Aufhebungsanspruchs

1. Unbeachtlichkeit von Verstößen nach § 46 (L)VwVfG

1122 Der Widerspruchsführer hat keinen Anspruch auf Aufhebung eines rechtswidrigen Verwaltungsakts, wenn der Verstoß gegen Vorschriften über die örtliche Zuständigkeit, das Verfahren oder die Form nach § 46 (L)VwVfG unbeachtlich ist.

■ **Beispiel:** Die Stadt F. war für die Gewerbeuntersagung (§ 35 Abs. 1 S. 1 GewO) zwar sachlich, aber nicht örtlich zuständig. Örtlich zuständig wäre die Stadt A.

gewesen. Im Übrigen ist die Gewerbeuntersagung rechtmäßig. Der Verstoß gegen die örtliche Zuständigkeit kann nicht geheilt werden. Er ist aber nach § 46 (L)VwVfG unbeachtlich, weil auch die Stadt A. dieselbe Entscheidung hätte treffen müssen. Die Gewerbeuntersagung ist zwar formell rechtswidrig, trotzdem wird der Widerspruch als unbegründet zurückgewiesen.

2. Unbeachtlichkeit von Verstößen nach dem Fachrecht

Ebenfalls keinen Aufhebungsanspruch hat der Widerspruchsführer, wenn sich die Unbeachtlichkeit des Verstoßes aus dem Fachrecht ergibt. 1123

■ **Beispiel:** Wurde jemand unter Verstoß gegen Art. 33 Abs. 2 GG zum Beamten ernannt, ist der Verstoß nur gegenüber solchen in ihren Rechten verletzten Bewerbern beachtlich, die nicht die Chance hatten, vor der Ernennung gerichtlichen Rechtsschutz nach § 123 VwGO zu suchen (Grundsatz der Ämterstabilität).

3. Umdeutung eines rechtswidrigen in einen rechtmäßigen Verwaltungsakt

Schließlich hat der Widerspruchsführer keinen Aufhebungsanspruch, wenn der rechtswidrige Verwaltungsakt in einen rechtmäßigen Verwaltungsakt mit dem gleichen Ziel umgedeutet werden kann (solche Fälle sind relativ selten). Ob eine Umdeutung zulässig ist, ist anhand von § 47 (L)VwVfG zu prüfen.[660]. Hier „rettet“ die Widerspruchsbehörde den angefochtenen Verwaltungsakt, indem sie im Tenor des Widerspruchsbescheids die Entscheidung der Ausgangsbehörde neu fasst und im Übrigen den Widerspruch zurückweist. 1124

■ **Beispiel (Umdeutung nach § 47 (L)VwVfG):** In Fall 2 hat die Spedition Müller GmbH eine Güterkraftverkehrserlaubnis erhalten, erfüllt nunmehr aber nicht mehr die Voraussetzungen. Rechtswidrig verfügt die Stadt Freiburg: „Die Erlaubnis wird zurückgenommen“ und stützt das auf § 3 Abs. 5 S. 1 GüKG. Tatsächlich hätte die Stadt Freiburg die Erlaubnis nach § 3 Abs. 5 S. 2 GüKG widerrufen müssen. Da hier die Voraussetzungen von § 47 LVwVfG BW vorliegen, wird die Rücknahme kraft Gesetzes (so das BVerwG) bzw. durch Ermessensentscheidung der Widerspruchsbehörde (so Teile der Literatur) im Widerspruchsverfahren in einen Widerruf umgedeutet. Die Widerspruchsbehörde schreibt im Widerspruchsbescheid: „Auf Ihren Widerspruch gegen […] wird der Bescheid der Stadt Freiburg vom […] wie folgt neu gefasst: Die der Spedition Müller GmbH am […] erteilte Erlaubnis für den Güterkraftverkehr wird widerrufen. Im Übrigen wird der Widerspruch zurückgewiesen.“

660 Streitig ist, ob die Umdeutung nach 47 (L)VwVfG kraft Gesetzes eintritt (so BVerwG, NVwZ 2017, 1474) oder nur durch konstitutiven Verwaltungsakt der Verwaltungsbehörde (so *Schenke*, DVBl 1987, 645 ff.). Folgt man der letzteren Auffassung, ist die Widerspruchsbehörde zur Umdeutung nur befugt, wenn sie nicht auf eine Rechtmäßigkeitskontrolle beschränkt ist.

V. Zweckmäßigkeit von Ermessensentscheidungen

1125 Ist der Verwaltungsakt rechtmäßig (siehe oben Rn. 1117), entfallen die Prüfungspunkte „Rechtsverletzung“ und „kein Ausschluss des Aufhebungsanspruchs“. Vielmehr wird dann im Anschluss an die Feststellung der Rechtmäßigkeit geprüft, ob es sich bei dem angefochtenen Verwaltungsakt um eine Ermessensentscheidung handelt. Ist das der Fall, ist im Widerspruchsverfahren noch zu prüfen, ob die rechtmäßige Entscheidung der Ausgangsbehörde auch zweckmäßig ist. Der Widerspruchsführer hat damit eine zweite Chance auf erneute Ermessensausübung. Bei gebundenen Entscheidungen der Ausgangsbehörde entfällt dieser Prüfungspunkt.

1126 Zur Zweckmäßigkeitsprüfung ihrer Ermessensentscheidung ist die Ausgangsbehörde im Widerspruchsverfahren immer ermächtigt und verpflichtet, die Widerspruchsbehörde dann, wenn sie sowohl Rechts- als auch Fachaufsichtsbehörde über die Ausgangsbehörde ist.

▪ **Beispiel:** Die Abrissverfügung ist eine Ermessensentscheidung. Damit ist die Zweckmäßigkeit im Widerspruchsverfahren zu prüfen. Zur Prüfung ist die Ausgangsbehörde berufen (hier LRA Ortenaukreis). Das RP Freiburg (Widerspruchsbehörde) ist in Bezug auf die Aufgaben nach LBO BW sowohl Rechts- als auch Fachaufsichtsbehörde über das LRA Ortenaukreis und damit ebenfalls zur Zweckmäßigkeitsprüfung ermächtigt und verpflichtet.

Die Gemeinde Willstätt widerruft eine Sondernutzungserlaubnis. Der Widerruf ist eine Ermessensentscheidung. Damit ist die Zweckmäßigkeit im Widerspruchsverfahren zu prüfen. Zur Prüfung ist hier ausschließlich die Gemeinde Willstätt berufen. Das LRA Ortenaukreis (Widerspruchsbehörde) ist in Sachen Sondernutzungserlaubnis (Selbstverwaltungsangelegenheit der Gemeinde) auf die Rechtsaufsicht beschränkt.

1127 Eine Zweckmäßigkeitsprüfung findet nur statt, wenn das der Ausgangsbehörde eingeräumte Ermessen zumindest auch den Interessen des Widerspruchsführers zu dienen bestimmt ist. Das ist unproblematisch, wenn der Adressat gegen eine ihn belastende Ermessensentscheidung Widerspruch erhebt. Das der Behörde eingeräumte Ermessen dient hier immer auch seinen Interessen, die Zweckmäßigkeit ist zu prüfen.

Problematisch sind Drittwidersprüche.

▪ **Beispiel:** Der Nachbar erhebt Widerspruch gegen eine Baugenehmigung, die von nicht nachbarschützenden Festsetzungen des Bebauungsplans befreit. Die Baugenehmigung und die Befreiung sind rechtmäßig. Die Befreiung steht nach § 31 Abs. 2 BauGB im Ermessen der Behörde. Dennoch findet im Widerspruchsverfahren keine erneute Zweckmäßigkeitsprüfung statt, denn das der Behörde nach § 31 Abs. 2 BauGB eingeräumte Ermessen dient nicht auch dem Interesse des

Nachbarn; dieser hat lediglich einen Anspruch darauf, dass seine Rechte nicht verletzt werden.[661]

VI. Vertiefung: Änderung der Sach- oder Rechtslage

Nach der hier vertretenen Auffassung prüft die Widerspruchsbehörde zunächst nur, ob der Ausgangsverwaltungsakt nach der zum Zeitpunkt seines Erlasses einschlägigen Sach- oder Rechtslage rechtmäßig war. Sie kontrolliert also, ob die Ausgangsbehörde bei Erlass des Verwaltungsakts Fehler gemacht hat. **1128**

Erst im zweiten Schritt prüft sie, ob der ursprünglich rechtswidrige oder rechtmäßige Verwaltungsakt der Ausgangsbehörde auch im Hinblick auf die geänderte Sach- oder Rechtslage aufrechterhalten werden soll.[662]

Ursprünglich rechtswidriger Verwaltungsakt: War der Verwaltungsakt zum Zeitpunkt seines Erlasses rechtswidrig, ist er, soweit der Widerspruchsführer dadurch in seinen Rechten verletzt ist, grundsätzlich aufzuheben. Müsste der angefochtene, ursprünglich rechtswidrig erlassene Verwaltungsakt aber heute aufgrund der geänderten Sach- oder Rechtslage sofort wieder erlassen werden (gebundene Entscheidung), ist der Aufhebungsanspruch des Widerspruchsführers ausnahmsweise ausgeschlossen. Das stellt also einen weiteren Ausschlussgrund zu den bereits oben unter IV. dargestellten Ausschlussgründen dar. **1129**

■ **Beispiel:** Die Stadt Freiburg hat rechtswidrig nach § 35 S. 1 GewO das Gewerbe untersagt, der Betreiber war zum damaligen Zeitpunkt (noch) zuverlässig. Während des Widerspruchsverfahrens begeht der Betreiber mehrere einschlägige Straftaten und wird nunmehr unzuverlässig. Sein Anspruch auf Aufhebung der ursprünglich rechtswidrigen Gewerbeuntersagung ist ausgeschlossen, da die Stadt Freiburg sofort erneut die Gewerbeuntersagung erlassen müsste.

Ursprünglich rechtmäßiger Verwaltungsakt: Da der Widerspruchsführer eine Änderung der Sach- oder Rechtslage nach Erlass des Verwaltungsakts zu seinen Gunsten im Rahmen eines Antrags auf Wiederaufgreifen des Verfahrens nach § 51 Abs. 2 (L)VwVfG nur dann erfolgreich geltend machen kann, wenn er dies nicht bereits im Widerspruchsverfahren geltend machen konnte, folgt im Umkehrschluss, dass im Widerspruchsverfahren eine Änderung der Sach- oder Rechtslage nach Erlass des Verwaltungsakts von Amts wegen zu berücksichtigen ist. **1130**

---

661 BVerwG, Beschluss vom 08.07.1998 – 4 B 64.98 –.

662 Wie hier: *Schenke*, Verwaltungsprozessrecht, Rn. 742.

Die Widerspruchsbehörde muss also im Widerspruchsverfahren prüfen, ob der ursprünglich rechtmäßige Verwaltungsakt auch heute noch rechtmäßig erlassen werden könnte. Wäre der heutige Erlass rechtswidrig und würde er einen Eingriff in die Rechte des Widerspruchsführers darstellen, ist der Widerspruch begründet.[663] Bei Ermessensentscheidungen ist der Widerspruch auch begründet, wenn der heutige Erlass unzweckmäßig wäre und Interessen des Widerspruchsführers beinträchtigen würde.

■ **Beispiel:** Der Bürger erhebt Widerspruch gegen die zunächst rechtmäßige Abrissverfügung (die bauliche Anlage verstieß zum Zeitpunkt des Erlasses gegen den Bebauungsplan). Während des laufenden Widerspruchsverfahrens wird der Bebauungsplan geändert, nunmehr ist die bauliche Anlage legal. Damit ist der Widerspruch begründet, weil ein Aufrechterhalten der Baugenehmigung rechtswidrig wäre.

E. Begründetheit des Verpflichtungswiderspruchs

1131 Die Begründetheit des Verpflichtungswiderspruchs ist anhand von § 68 Abs. 2 u. Abs. 1 S. 1 VwGO i. V. m. § 113 Abs. 5 VwGO analog zu prüfen. Zusammengefasst: Der Verpflichtungswiderspruch ist begründet, soweit der Widerspruchsführer einen Anspruch auf den beantragten Verwaltungsakt hat oder wenn der Widerspruchsführer einen Anspruch auf fehlerfreie Ermessensentscheidung hat und die Ausgangs[664]- bzw. Widerspruchsbehörde[665] den Erlass für zweckmäßig hält. Maßgeblicher Zeitpunkt ist der Zeitpunkt der Entscheidung über den Widerspruch.

1132 Im Einzelnen:

1. Der Verpflichtungswiderspruch ist begründet, wenn im Zeitpunkt der Entscheidung über den Widerspruch die formellen und materiellen Voraussetzungen für den Erlass des beantragten Verwaltungsakts vorliegen und der Widerspruchsführer gegen die Ausgangsbehörde einen Anspruch auf Erlass des beantragten Verwaltungsakts hat.

   ■ **Beispiel:** Die Stadt Freiburg hat die Erteilung einer Güterkraftverkehrserlaubnis (§ 3 Abs. 1 GüKG) wegen mangelnder Leistungsfähigkeit abgelehnt. Tatsächlich liegen alle Voraussetzungen für die Erteilung der Erlaubnis vor (Anspruchsgrundlage ist § 3 Abs. 2 GüKG; der Antrag ist ordnungsgemäß bei

---

663 *Schenke*, Verwaltungsprozessrecht, Rn. 742.

664 Im Abhilfeverfahren (§ 72 VwGO).

665 Das gilt nur, wenn die Widerspruchsbehörde auch die Zweckmäßigkeit prüfen darf und nicht auf die Rechtsaufsicht beschränkt ist.

der Stadt Freiburg gestellt worden; die Tatbestandsvoraussetzungen von § 3 Abs. 2 GüKG liegen vor). Die Widerspruchsbehörde (RP Freiburg) hebt die Ablehnung auf und erteilt die Erlaubnis (oder verpflichtet die Stadt Freiburg zur Erteilung, da nur diese z. B. die Musterformulare für die Erlaubnis hat). Gleiches gilt, wenn die Voraussetzungen erst jetzt vorliegen.

2. Stellt die Widerspruchsbehörde fest, dass die Ausgangsbehörde ermessensfehlerhaft den Antrag abgelehnt hat, kann sie den Ablehnungsbescheid aufheben und die Ausgangsbehörde zu einer neuen ermessensfehlerfreien Entscheidung verpflichten. Ist der Ermessensfehler heilbar und hat die Widerspruchsbehörde die Befugnis, selbst Ermessen auszuüben, kann sie auch selbst über den Antrag entscheiden. Ist die Widerspruchsbehörde auf die Rechtsaufsicht beschränkt (z. B. in Selbstverwaltungsangelegenheiten der Ausgangsbehörde), darf sie nur die Ablehnung aufheben und die Ausgangsbehörde zur erneuten Entscheidung verpflichten.

   ■ **Beispiele:** Die Stadt Freiburg hat die Erteilung einer Güterkraftverkehrserlaubnis abgelehnt, weil die finanzielle Leistungsfähigkeit über den Zeitraum von 10 Jahren nicht gegeben war. Die Widerspruchsbehörde (RP Freiburg) hält die Ablehnung für unverhältnismäßig, weil als milderes Mittel die Erteilung der Erlaubnis mit Nebenbestimmungen in Betracht gekommen wäre. Da die Widerspruchsbehörde (RP Freiburg) hier auch zur Zweckmäßigkeitskontrolle befugt ist, kann sie selbst abschließend über den Antrag entscheiden, indem sie die Ablehnung aufhebt und die Erlaubnis mit den erforderlichen Nebenbestimmungen erlässt. Sie kann auch nur den Ablehnungsbescheid aufheben und die Ausgangsbehörde zu einer erneuten Entscheidung unter Berücksichtigung ihrer Rechtsauffassung (= „eine komplette Ablehnung ist unverhältnismäßig, milder sind Nebenbestimmungen") verpflichten.

   Hat die Gemeinde Willstätt rechtswidrig (z. B. Ermessensnichtgebrauch) einen Antrag auf Sondernutzungserlaubnis abgelehnt, darf die Widerspruchsbehörde (LRA Ortenaukreis) nur die Ablehnung aufheben und die Gemeinde Willstätt zur erneuten Entscheidung über den Antrag verpflichten. Das LRA Ortenaukreis darf weder die Sondernutzungserlaubnis selbst erteilen noch zu ihrer Erteilung verpflichten, da die Entscheidung im Ermessen der Gemeinde Willstätt steht, die Erteilung von Sondernutzungserlaubnissen zu den Selbstverwaltungsangelegenheiten der Gemeinde gehört und das LRA Ortenaukreis somit auf eine Rechtmäßigkeitskontrolle beschränkt ist.

3. Hat die Ausgangsbehörde ermessensfehlerfrei den Antrag abgelehnt, hält die Widerspruchsbehörde aber die Erteilung (ggf. mit Nebenbestimmungen) für sachgerechter, hebt sie die Ablehnung auf und erteilt die beantragte Erlaubnis, § 68 Abs. 1 S. 1 VwGO. Diese Möglichkeit besteht wie bereits unter Nr. 2 schon dargestellt nicht, wenn die Widerspruchsbe-

hörde auf die Rechtsaufsicht beschränkt ist (insbes. bei Selbstverwaltungsangelegenheiten der Ausgangsbehörde); dann muss sie den Widerspruch zwingend zurückweisen.

4. Stellt die Widerspruchsbehörde fest, dass die Ausgangsbehörde für den Erlass des beantragten Verwaltungsakts gar nicht zuständig ist, den Antrag aber aus anderen Gründen abgelehnt hat, hebt sie den Ablehnungsbescheid auf und weist den Widerspruch im Übrigen zurück.
5. Ist der Verpflichtungswiderspruch ansonsten unbegründet, weist die Widerspruchsbehörde den Widerspruch zurück.

F. Anfechtungswiderspruch gegen Nebenbestimmungen

I. Zulässigkeit des isolierten Anfechtungswiderspruchs

1. Statthaftigkeit

1133 Das BVerwG[666] hält mit der h. M. die **isolierte Anfechtungsklage** gegen Nebenbestimmungen unter Berufung auf § 42 Abs. 1 Var. 1 VwGO i. V. m. § 113 Abs. 1 S. 1 VwGO („soweit") für statthaft; nach anderen Auffassungen soll die isolierte Anfechtungsklage gar nicht oder nur gegen Auflagen und Auflagenvorbehalte statthaft sein.[667]

Folgt man der h. M., dann muss auch der **isolierte Anfechtungswiderspruch** gegen Nebenbestimmungen nach § 68 Abs. 1 S. 1 VwGO i. V. m. § 42 Abs. 1 Var. 1 VwGO i. V. m. § 113 Abs. 1 S. 1 VwGO grundsätzlich statthaft sein.

2. Widerspruchsbefugnis bzw. Widerspruchsinteresse

1134 Innerhalb der h. M. umstritten ist, unter welchen Voraussetzungen der Widerspruchsführer bei einem Widerspruch gegen Nebenbestimmungen ein Widerspruchsinteresse hat bzw. widerspruchsbefugt (analog § 42 Abs. 2 VwGO) ist.

Einig ist man sich, dass die isolierte Anfechtung von Nebenbestimmungen unzulässig ist, wenn Rechtsschutz offensichtlich nur mit dem Verpflichtungswiderspruch erlangt werden kann, weil der Verwaltungsakt ohne die angefochtene Nebenbestimmung offensichtlich rechtswidrig wäre.[668]

---

666 Vgl. BVerwG, Urteil vom 22.11.2000 – 11 C 2/00 –.

667 Einen guten Überblick über den Meinungsstand gibt: *Schenke*, Verwaltungsprozessrecht, Rn. 317 ff.

668 Ausführlich: *Schenke*, Verwaltungsprozessrecht, Rn. 321.

■ **Beispiel für die Unzulässigkeit des isolierten Anfechtungswiderspruchs:** Für einen isolierten Anfechtungswiderspruch gegen die 2-jährige Befristung einer Erlaubnis für das Seebewachungsgewerbe (§ 31 GewO) fehlt die Widerspruchsbefugnis bzw. das Widerspruchsinteresse, denn nach § 31 Abs. 2 S. 2 GewO i. V. m. § 3 SeeBewachV ist die Erlaubnis zwingend auf 2 Jahre oder weniger befristet zu erteilen.

II. Begründetheit des isolierten Anfechtungswiderspruchs

Der isolierte Anfechtungswiderspruch gegen eine Nebenbestimmung ist **1135** nach § 68 Abs. 1 S. 1 VwGO i. V. m. § 113 Abs. 1 S. 1 VwGO analog begründet, soweit der Erlass der Nebenbestimmung rechtswidrig ist, der Widerspruchsführer dadurch in seinen Rechten verletzt ist und ein Aufhebungsanspruch besteht, Problematisch ist, wann ein solcher Aufhebungsanspruch gegeben ist.

Im Rahmen einer **Anfechtungsklage** besteht nach jüngster Rechtsprechung des BVerwG ein solcher Aufhebungsanspruch bereits dann, wenn die Rechtsordnung den Erlass des begünstigenden Verwaltungsakts ohne die angefochtene Nebenbestimmung erlaubt, da dann die Trennbarkeit von Verwaltungsakt und Nebenbestimmung gegeben sein soll.[669] Danach darf das angerufene Gericht im Rahmen der isolierten Anfechtungsklage gegen die Nebenbestimmung also nicht prüfen, ob der von der Verwaltung erlassene begünstigende Verwaltungsakt rechtmäßig ist. Selbst wenn dieser rechtswidrig war, der Kläger also gar keinen Anspruch auf Erlass des begünstigenden Verwaltungsakts hatte, soll dies der gerichtlichen Aufhebung der angefochtenen rechtswidrigen Nebenbestimmung nicht entgegenstehen. In diesen Fällen kann die Ausgangsbehörde dann außerhalb des Gerichtsverfahrens nur nach Maßgabe von § 48 (L)VwVfG vorgehen und den „übrig gebliebenen“ rechtswidrigen begünstigenden Verwaltungsakt aufheben.

Sofern man der Rechtsprechung folgt (zur Gegenauffassung vgl. Rn. 1200), sind diese Grundsätze auch auf die Begründetheitsprüfung des **isolierten Anfechtungswiderspruchs** zu übertragen.

Denn die Entscheidungsbefugnis der Widerspruchsbehörde beschränkt sich auf den „Streitgegenstand“ (Dispositionsmaxime, vgl. § 69 VwGO).[670] Stellt die Widerspruchsbehörde also fest, dass die isoliert angefochtene Nebenbestimmung rechtswidrig ist, den Widerspruchsführer in seinen

---

669 8. Senat BVerwG, Beschluss vom 12.10.2022 – 8 AV 1/22 – juris; 4. Senat BVerwG, Beschluss vom 29.03.2022 – 4 C 4/20 – NVwZ 2022, 1798.

670 Kopp/Schenke/*W.-R. Schenke* § 68 Rn. 12.

Rechten verletzt und der begünstigende Verwaltungsakt von Gesetzes wegen grundsätzlich ohne Nebenbestimmung erteilt werden kann, muss sie durch Widerspruchsbescheid die Nebenbestimmung aufheben. Sollte der verbleibende begünstigende Verwaltungsakt rechtswidrig sein, ist die Ausgangsbehörde auf die Möglichkeit nach § 48 VwVfG hinzuweisen. Denn die Widerspruchsbehörde ist zur Aufhebung des begünstigenden Verwaltungsakts, der nicht selbst Gegenstand des Widerspruchsverfahrens ist, nicht befugt (vgl. Rn. 1138 ff.).

1136 Da im Widerspruchsverfahren nicht nur die Rechtmäßigkeit, sondern auch die Zweckmäßigkeit geprüft wird, ist der isolierte Anfechtungswiderspruch bei Ermessensentscheidungen auch dann begründet, soweit der Erlass der Nebenbestimmung unzweckmäßig ist, der Widerspruchsführer dadurch in seinen Interessen beeinträchtigt ist und der Verwaltungsakt auch ohne die angefochtene Nebenbestimmung Bestand haben kann. Zu dieser Prüfung ist die Ausgangsbehörde immer befugt, die Widerspruchsbehörde dann, soweit sie die für die Ausgangsbehörde zuständige Fach- und Rechtsaufsichtsbehörde ist. Ist die Widerspruchsbehörde auf die Rechtsaufsicht beschränkt, darf sie keine Zweckmäßigkeitskontrolle ausüben.

1137 Zur Vertiefung (insbes. zur Gegenauffassung) siehe auch Rn. 1200.

G. Verböserung des Verwaltungsakts durch Widerspruchsbescheid (reformatio in peius)

1138 Unter welchen Voraussetzungen die Widerspruchsbehörde den angefochtenen Verwaltungsakt zu Lasten des Widerspruchsführers oder Dritter verschlechtern darf, ist streitig.[671]

1139 Einigkeit besteht insoweit, dass die Widerspruchsbehörde im Widerspruchsverfahren keinen anderen Verwaltungsakt erlassen darf, als den, der Streitgegenstand ist.

■ **Beispiel:** Die Ausgangsbehörde hat die Untersagung der Nutzung eines Gebäudes nach § 65 Abs. 1 S. 2 LBO BW verfügt. Daraus darf die Widerspruchsbehörde im Widerspruchsverfahren keine Abrissverfügung nach § 65 Abs. 1 S. 1 LBO BW machen. Auch darf die Widerspruchsbehörde im Widerspruchsverfahren nicht erstmals ein Zwangsmittel androhen.

671 Ausführlich zu dem im Folgenden dargestellten Meinungsstreit siehe *Schenke*, Verwaltungsprozessrecht, Rn. 746 ff.

Im Übrigen ist streitig, ob eine Verschlechterung des Ausgangsverwaltungsakts durch die Widerspruchsbehörde rechtlich überhaupt zulässig ist. Die ganz h. M. hält die reformatio in peius grundsätzlich für zulässig.

Innerhalb der h. M. ist wiederum umstritten, ob eine reformatio in peius durch die Widerspruchsbehörde nur bei zulässigem Widerspruch oder auch bei einem verfristeten Widerspruch gestattet ist. **1140**

Einigkeit innerhalb der h. M. besteht insoweit, dass die Widerspruchsbehörde zur Verschlechterung nicht ermächtigt ist, wenn der Erlass des Verwaltungsakts im Ermessen der Ausgangsbehörde steht und die Widerspruchsbehörde auf eine Rechtmäßigkeitskontrolle beschränkt ist. Darüber hinaus besteht allerdings Uneinigkeit, ob die Widerspruchsbehörde schon allein aufgrund des Devolutiveffekts (also der Zuständigkeit als nächsthöhere oder sonstige höhere Behörde nach § 73 Abs. 1 S. 2 Nr. 1 VwGO oder als Widerspruchsausschuss bzw. -beirat nach § 73 Abs. 2 VwGO) zuständig ist oder nur dann, wenn sie zusätzlich gegenüber der Ausgangsbehörde auch als Fachaufsichtsbehörde weisungsbefugt ist. Für letztere Auffassung spricht, dass die Verschlechterung letztendlich eine teilweise Rücknahme des rechtswidrigen Ausgangsverwaltungsakts bzw. einen teilweisen Widerruf des rechtmäßigen Ausgangsverwaltungsakts vor dessen Bestandskraft nach § 48 Abs. 1 S. 2, 49 Abs. 2 und Abs. 3 (L)VwVfG darstellt. Dazu ist die Widerspruchsbehörde kraft Annexkompetenz im Widerspruchsverfahren aber nur befugt, wenn sie die Ausgangsbehörde zu einem entsprechenden Handeln auch anweisen könnte. **1141**

H. Lösungsvorschlag (gutachtliche Prüfung der Erfolgsaussichten eines Widerspruchs)

I. Lösung von Aufgabe 1

Rechtsgutachten aus Sicht der Ausgangsbehörde **1142**

Mit Erhebung des Widerspruchs bei der Ausgangs- oder Widerspruchsbehörde wird das Widerspruchsverfahren eingeleitet (§ 69 VwGO). Zunächst muss die Ausgangsbehörde im sogenannten Abhilfeverfahren (vgl. § 72 VwGO) die Erfolgsaussichten des Widerspruchs prüfen. Je nach Ergebnis ihrer Prüfung hilft sie dem Widerspruch entweder ab (§ 72 VwGO) oder legt ihn der Widerspruchsbehörde zur weiteren Entscheidung vor (vgl. § 73 Abs. 1 S. 1 VwGO).

1. Teil: Erfolgsaussichten des Widerspruchs

Der Widerspruch hat Aussicht auf Erfolg, wenn er zulässig und begründet ist.

A. Zulässigkeit des Widerspruchs

I. Eröffnung des Verwaltungsrechtswegs

Der Widerspruch i. S. d. §§ 68 ff. VwGO ist statthaft, wenn im späteren Gerichtsverfahren der Verwaltungsrechtsweg eröffnet ist. Mangels aufdrängender Sonderzuweisung bestimmt sich dies nach § 40 Abs. 1 VwGO.[672] Es müsste also eine öffentlich-rechtliche Streitigkeit nichtverfassungsrechtlicher Art vorliegen, für die keine andere Gerichtsbarkeit zuständig ist. Streitgegenstand ist die Abrissverfügung, also öffentlich-rechtliches Handeln der Verwaltung. Streitentscheidende Norm ist § 65 Abs. 1 S. 1 LBO. Damit liegt eine öffentlich-rechtliche Streitigkeit vor. Weder die Verfassungsgerichtsbarkeit[673] noch eine andere Gerichtsbarkeit ist zuständig. Damit ist der Verwaltungsrechtsweg im späteren Gerichtsverfahren eröffnet.

II. Statthaftigkeit des Widerspruchs

Die Statthaftigkeit eines Rechtsbehelfs richtet sich nach dem Begehren des Rechtsbehelfsführers (vgl. § 88 VwGO). Hier begehrt Frau Schröder die Aufhebung der Abrissverfügung, also die Aufhebung eines befehlenden Verwaltungsakts i. S. d. § 35 S. 1 VwVfG. Dieses Begehren stellt einen Anfechtungswiderspruch dar, § 68 Abs. 1 S. 1 VwGO i. V. m. § 42 Abs. 1 Var. 1 VwGO. Der Widerspruch ist auch nicht ausgeschlossen nach § 68 Abs. 1 S. 2 VwGO und damit statthaft.

III. Widerspruchsbefugnis (§ 68 Abs. 1 S. 1 VwGO i. V. m. § 42 Abs. 2 VwGO analog)

Befugt, einen Anfechtungswiderspruch zu erheben, ist nach § 68 Abs. 1 S. 1 VwGO i. V. m. § 42 Abs. 2 VwGO analog, wer geltend macht, durch den angefochtenen Verwaltungsakt in seinen Rechten verletzt zu sein; es reicht die Möglichkeit einer Rechtsverletzung (Möglichkeitstheorie). Gegen Ermessensverwaltungsakte ist auch widerspruchsbefugt, wer geltend macht, durch den möglicherweise unzweckmäßigen Verwaltungsakt in seinen Interessen beeinträchtigt zu sein. Unproblematisch widerspruchsbefugt ist der Adressat eines befehlenden Verwaltungsakts, der dessen Rechtswidrigkeit geltend macht, da er damit zugleich zumindest auffangweise eine mögliche Verletzung seiner allgemeinen Handlungsfreiheit (Art. 2 Abs. 1 GG) geltend macht (Adressatentheorie).

Frau Schröder ist Adressatin der sie belastenden Abrissverfügung. Mit ihrem Widerspruch macht sie konkludent deren Rechtswidrigkeit und damit eine Verletzung eigener Rechte (hier Art. 14 Abs. 1 S. 1 GG) geltend. Damit ist sie widerspruchsbefugt.

---

672 Ebenso kann formuliert werden: Zunächst müsste der Verwaltungsrechtsweg eröffnet sein. Dies bestimmt sich mangels aufdrängender Sonderzuweisung nach § 40 Abs. 1 VwGO analog.

673 Ebenso kann formuliert werden: Hier streiten keine Verfassungsorgane bzw. am Verfassungsleben unmittelbar Beteiligte um Verfassungsrecht. Damit liegt keine verfassungsrechtliche Streitigkeit vor.

IV. Beteiligungs-, Handlungsfähigkeit, ggf. ordnungsgemäße Vertretung (§§ 79 Hs. 2, 11, 12, 14 LVwVfG BW)

Frau Schröder ist unproblematisch beteiligungs- und handlungsfähig und lässt sich hier ordnungsgemäß durch ihren Rechtsanwalt Abelt vertreten (§§ 79 Hs. 2, 11 Nr. 1, 12 Abs. 1 Nr. 1, 14 Abs. 1 LVwVfG BW).

V. Ordnungsgemäße Erhebung des Widerspruchs (§ 70 VwGO)

Der Widerspruch wurde bei der Ausgangsbehörde (LRA Ortenaukreis) schriftlich und damit formgerecht bei der richtigen Stelle erhoben (§ 70 Abs. 1 S. 1 VwGO). Dass der Widerspruch entgegen der Ankündigung von Herrn Abelt nicht begründet worden ist, ist unerheblich. Der Widerspruch muss auch fristgerecht erhoben worden sein. Nach § 70 Abs. 1 S. 1 VwGO ist der Widerspruch innerhalb eines Monats nach Bekanntgabe des angefochtenen Verwaltungsakts an den Beschwerten zu erheben. Bei fehlender oder fehlerhafter Rechtsbehelfsbelehrung beträgt die Widerspruchsfrist ein Jahr, §§ 70 Abs. 2, 58 Abs. 2 VwGO.

Die Abrissverfügung wurde Frau Schröder durch Zustellung gemäß § 3 Abs. 2 LVwZG BW i.V.m. § 177 ZPO durch Aushändigung an sie persönlich bei ihr zu Hause bekannt gegeben. Aus der Zustellungsurkunde ergibt sich gemäß § 182 Abs. 2 Nr. 7 ZPO als Zustellungsdatum der 18.10. ... Da die Rechtsbehelfsbelehrung korrekt war, betrug die Widerspruchsfrist einen Monat und endete nach §§ 79 Hs. 2, 31 Abs. 1 LVwVfG BW[674] i.V.m. §§ 188 Abs. 2 Hs. 1, § 187 Abs. 1 BGB am 18.11. ... um 24.00 Uhr. Frau Schröder hat am 22.10. und damit fristgemäß Widerspruch erhoben.

VI. Zwischenergebnis

Damit ist der Widerspruch zulässig.

B. Begründetheit

Der Widerspruch ist nach § 68 Abs. 1 S. 1 VwGO i.V.m. § 113 Abs. 1 S. 1 VwGO analog begründet, soweit die Abrissverfügung rechtswidrig ist und Frau Schröder dadurch in ihren Rechten verletzt wird. Soweit der Erlass der Abrissverfügung im Ermessen der Verwaltung steht, wird im Widerspruchsverfahren auch die Zweckmäßigkeit geprüft. Dann ist der Widerspruch auch begründet, soweit die Abrissverfügung unzweckmäßig und Frau Schröder dadurch in ihren durch die Ermessensnorm geschützten Interessen beeinträchtigt ist.

I. Rechtmäßigkeit/Rechtswidrigkeit der Abrissverfügung

1. Rechtsgrundlage

Das LRA Ortenaukreis hat die Abrissverfügung zu Recht auf § 65 Abs. 1 S. 1 LBO BW gestützt.

---

674 Ebenso vertretbar: § 57 Abs. 2 VwGO, § 222 Abs. 1 ZPO, § 188 Abs. 2 BGB.

2. Formelle Voraussetzungen

Verstöße gegen Zuständigkeits-, Verfahrens-, Form- oder Bekanntgabevorschriften sind nicht ersichtlich und werden von Frau Schröder auch nicht geltend gemacht. Die Abrissverfügung ist formell rechtmäßig.

3. Materielle Voraussetzungen

a) Tatbestandsvoraussetzungen

Die Gabionenmauer, eine bauliche Anlage, wurde ohne Fundament und damit standunsicher und im Widerspruch zu § 13 Abs. 1 S. 1 LBO BW errichtet. Mildere Maßnahmen als der Abriss zur Wiederherstellung ordnungsgemäßer Zustände sind nicht ersichtlich. Damit liegen die Tatbestandsvoraussetzungen vor.

b) Rechtsfolge

Der Erlass der Abrissverfügung und die Auswahl des Regelungsadressaten standen im Ermessen des LRA Ortenaukreis. Ermessensfehler sind nicht ersichtlich. Insbesondere war das LRA Ortenaukreis nicht verpflichtet, den Verursacher ausfindig zu machen und heranzuziehen.
Schließlich ist die Abrissverfügung auch inhaltlich hinreichend bestimmt, § 37 Abs. 1 LVwVfG BW.

c) Zwischenergebnis

Die Abrissverfügung ist somit auch materiell rechtmäßig.

II. Rechtsverletzung

Die wie geprüft formell und materiell rechtmäßige Abrissverfügung stellt einen rechtmäßigen Eingriff in Frau Schröders Recht auf Eigentum dar (Art. 14 Abs. 1 S. 1 GG). Frau Schröder ist in ihren Rechten nicht verletzt.

III. (Un)Zweckmäßigkeit der Abrissverfügung

(Neue) Gesichtspunkte, die Abrissverfügung nunmehr nicht oder nicht gegen Frau Schröder zu erlassen, sind nicht ersichtlich. Die Entscheidung ist zweckmäßig.

C. Gesamtergebnis

Der Widerspruch ist zulässig, aber unbegründet und hat somit keine Aussicht auf Erfolg.

2. Teil: Was das LRA Ortenaukreis als Ausgangsbehörde nun veranlassen wird

Das LRA Ortenaukreis informiert (freiwillig, keine Rechtspflicht) den Rechtsanwalt über das Ergebnis seiner erneuten Prüfung und gibt Gelegenheit zur Rücknahme des Widerspruchs. Dann (wenn der Widerspruch nicht zurückgenommen wird) legt es den Widerspruch mit Vorlagebericht dem Regierungspräsidium Freiburg als der nächsthöheren Baurechtsbehörde (§ 46 Abs. 1 Nr. 2 LBO BW) und damit nach § 73 Abs. 1 S. 2 Nr. 1 VwGO zuständigen Widerspruchsbehörde vor. Der Rechtsanwalt erhält eine Kurzmitteilung über die Abgabe (freiwillig).

3. Teil: Was das RP Freiburg als Widerspruchsbehörde veranlassen wird

Auch das RP Freiburg prüft noch einmal die Zulässigkeit und Begründetheit des Widerspruchs und wird genau wie das LRA Ortenaukreis zu dem Ergebnis kommen, dass der Widerspruch zulässig, aber unbegründet ist. Bevor die Widerspruchsbehörde den Widerspruch zurückweist, ist es üblich, dem Widerspruchsführer noch einmal Gelegenheit zur Rücknahme seines Widerspruchs zu geben, zumal er so u. U. Kosten sparen kann. Nimmt Frau Schröder durch ihren Rechtsanwalt den Widerspruch nicht zurück, wird das RP Freiburg ihren Widerspruch durch Widerspruchsbescheid zurückweisen, ihr die Kosten des Widerspruchsverfahrens auferlegen und für den Erlass des Widerspruchsbescheids eine Gebühr festsetzen. Den Widerspruchsbescheid muss das RP Freiburg an den Rechtsanwalt von Frau Schröder zustellen, § 73 Abs. 3 S. 1 u. 2 VwGO, § 7 Abs. 1 S. 2 VwZG[675]. Bei Rechtsanwälten ist die Zustellung gegen Empfangsbekenntnis zweckmäßig (§ 5 Abs. 4 VwZG). Die Ausgangsbehörde erhält eine Kopie des Widerspruchsbescheids und später eine Mitteilung über die erfolgte Zustellung.

II. Lösung von Aufgabe 2

Der Widerspruch der Spedition Müller GmbH gegen die Ablehnung und auf Erlass der **1143**
beantragten 10-jährigen Erlaubnis für den Güterkraftverkehr ist nach § 68 Abs. 2, Abs. 1 S. 1 VwGO i. V. m. § 113 Abs. 5 S. 1 VwGO analog begründet, soweit die Ablehnung der Güterkraftverkehrserlaubnis rechtswidrig ist und die Spedition Müller GmbH dadurch in ihren Rechten verletzt wird, d. h. soweit die Spedition Müller GmbH einen Anspruch auf Erteilung der Güterkraftverkehrserlaubnis durch die Stadt Freiburg hat.

1. Anspruchsgrundlage

§ 3 Abs. 2 GüKG gewährt dem einzelnen Antragsteller einen Anspruch auf Erlass einer Güterkraftverkehrserlaubnis, soweit die formellen und materiellen Voraussetzungen für die Erteilung vorliegen.

2. Formelle Voraussetzungen (Zulässigkeit des Antrags auf Erlaubnis)

Die Spedition Müller GmbH hat laut Sachverhalt vertreten durch ihren Geschäftsführer ordnungsgemäß die Erlaubnis bei der Stadt Freiburg, die für deren Erlass auch zuständig ist, beantragt. Die formellen Voraussetzungen für die Erteilung liegen somit vor.

3. Materielle Voraussetzungen

a) Tatbestandsvoraussetzungen

Tatbestandsvoraussetzung ist, dass ein Unternehmer mit Sitz im Inland ein erlaubnispflichtiges Güterkraftverkehrsgewerbe betreiben wird und die Voraussetzungen nach § 3 Abs. 2 GüKG i. V. m. Art. 3 Abs. 1 VO 1071/2009 vorliegen.

---

675 Streitig, a. A.: LVwZG BW.

Die Spedition Müller GmbH mit Sitz in Freiburg will ein nach § 3 Abs. 1 GüKG erlaubnispflichtiges Güterkraftverkehrsgewerbe betreiben. Die Erlaubnis ist auch nicht ausnahmsweise entbehrlich. Laut Sachverhalt hat die Spedition Müller GmbH allerdings einen unzuverlässigen Geschäftsführer, den sie bis heute auch nicht ausgetauscht hat. Die Unzuverlässigkeit ihres Vertretungsorgans hat sich die juristische Person als eigene Unzuverlässigkeit zuzurechnen. Damit liegen die Voraussetzungen für eine Erteilung der Güterkraftverkehrserlaubnis nicht vor.

b) Rechtsfolge

Die Spedition Müller GmbH hat keinen Anspruch auf Erteilung der begehrten Güterkraftverkehrserlaubnis. Weiter kann der Versagungsgrund „Unzuverlässigkeit der Spedition Müller GmbH" hier auch nicht durch den Erlass einer Nebenbestimmung ausgeräumt werden. Damit hat die Spedition Müller GmbH auch keinen Anspruch auf ermessensfehlerfreie Entscheidung über die Erteilung der Erlaubnis mit Nebenbestimmungen.

c) Zwischenergebnis

Die materiellen Anspruchsvoraussetzungen sind nicht gegeben.

4. Gesamtergebnis

Der Widerspruch ist zulässig, aber unbegründet und hat somit keine Aussicht auf Erfolg.

III. Lösung von Aufgabe 3

1144 Der Widerspruch der Spedition Müller GmbH gegen die 2-jährige Befristung hat Aussicht auf Erfolg, wenn er zulässig und begründet ist.

A. Zulässigkeit des Widerspruchs

I. Eröffnung des Verwaltungsrechtswegs

Der Widerspruch i. S. d. §§ 68 ff. VwGO ist zulässig, wenn im späteren Gerichtsverfahren der Verwaltungsrechtsweg eröffnet ist. Mangels aufdrängender Sonderzuweisung bestimmt sich dies nach § 40 Abs. 1 VwGO. Es müsste also eine öffentlich-rechtliche Streitigkeit nichtverfassungsrechtlicher Art vorliegen, für die keine andere Gerichtsbarkeit zuständig ist. Streitgegenstand ist die Befristung einer Güterkraftverkehrserlaubnis. Streitentscheidende Norm ist § 3 GüKG. Damit liegt eine öffentlich-rechtliche Streitigkeit vor. Weder die Verfassungsgerichtsbarkeit noch eine andere Gerichtsbarkeit ist zuständig. Damit ist der Verwaltungsrechtsweg im späteren Gerichtsverfahren eröffnet.

II. Statthaftigkeit des Widerspruchs

Die Statthaftigkeit richtet sich nach dem Begehren des Rechtsbehelfsführers. Hier begehrt die Spedition Müller GmbH die Aufhebung der Befristung der Güterkraftverkehrserlaubnis, soweit sie weniger als 10 Jahre beträgt, also die Aufhebung einer Nebenbestimmung zu einem Verwaltungsakt (§§ 35, 36 Abs. 2 Nr. 1 VwVfG). Dieses Begehren stellt einen isolierten Anfechtungswiderspruch dar, § 68 Abs. 1 S. 1 VwGO i. V. m. § 42 Abs. 1 Var. 1 VwGO. Zudem wird der isolierte Anfechtungswiderspruch nur beschränkt erhoben, nämlich nicht gegen das „Ob" der Befristung, sondern nur gegen die Länge der Befristung von weniger als 10 Jahren. Das ist grundsätzlich statthaft.

III. Widerspruchsbefugnis (§ 68 Abs. 1 S. 1 VwGO i. V. m. § 42 Abs. 2 VwGO analog)

Befugt, einen Anfechtungswiderspruch zu erheben, ist nach § 68 Abs. 1 S. 1 VwGO i. V. m. § 42 Abs. 2 VwGO analog, wer geltend macht, durch den angefochtenen Verwaltungsakt in seinen Rechten verletzt zu sein; es reicht die Möglichkeit einer Rechtsverletzung (Möglichkeitstheorie). Gegen Ermessensverwaltungsakte ist auch widerspruchsbefugt, wer geltend macht, durch den möglicherweise unzweckmäßigen Verwaltungsakt in seinen Interessen beeinträchtigt zu sein.

Hier beruft sich die Spedition Müller GmbH auf einen etwaigen Anspruch auf Erteilung einer 10-jährigen Erlaubnis gemäß § 3 Abs. 2 GüKG. Diese Norm dient zumindest auch dem Schutz ihrer Interessen. In diesem Recht ist sie möglicherweise durch die Befristung auf 2 Jahre verletzt. Damit ist die Spedition Müller GmbH widerspruchsbefugt.

IV. Beteiligungs-, Handlungsfähigkeit, ggf. ordnungsgemäße Vertretung (§§ 79 Hs. 2, 11, 12, 14 LVwVfG BW)

Die Spedition Müller GmbH ist als juristische Person unproblematisch beteiligungsfähig und über ihren Geschäftsführer als gesetzlichen Vertreter auch handlungsfähig (§§ 79 Hs. 2, 11 Nr. 1, 12 Abs. 3 LVwVfG BW).

V. Ordnungsgemäße Erhebung des Widerspruchs (§ 70 VwGO)

Laut Sachverhalt wurde der Widerspruch ordnungsgemäß erhoben.

VI. Widerspruchsinteresse/Rechtsschutzbedürfnis

Nach der Rechtsprechung fehlt das Widerspruchsinteresse für die Erhebung eines isolierten Anfechtungswiderspruchs gegen Nebenbestimmungen, wenn Verwaltungsakt und Nebenbestimmung offensichtlich unteilbar sind und das Begehren des Widerspruchsführers somit offensichtlich nur über einen Verpflichtungswiderspruch geltend gemacht werden kann.

Nach § 3 Abs. 2 GüKG ist die Güterkraftverkehrserlaubnis zwingend mit einer Befristung von bis zu 10 Jahren zu erteilen. Nach der Rechtsprechung wäre also ein auf die komplette Aufhebung der Befristung gerichteter isolierter Anfechtungswiderspruch unzulässig. Hier wird aber nur die Aufhebung der Befristung von weniger als 10 Jahren begehrt. Eine solche Erlaubnis könnte grundsätzlich rechtmäßig erlassen werden. Damit ist das Rechtsschutzbedürfnis für einen isolierten Anfechtungswiderspruch nicht ausgeschlossen.

VII. Zwischenergebnis

Der isolierte Anfechtungswiderspruch gegen die Befristung von unter 10 Jahren ist zulässig.

B. Begründetheit

Der Widerspruch ist nach § 68 Abs. 1 S. 1 VwGO i. V. m. § 113 Abs. 1 S. 1 VwGO analog begründet, soweit die Befristung von weniger als 10 Jahren rechtswidrig ist, die Spedition Müller GmbH dadurch in ihren Rechten verletzt wird und der Verwaltungsakt ohne die angefochtene Nebenbestimmung Bestand haben kann. Soweit der Erlass der Befristung im Ermessen der Stadt Freiburg stand, wird im Widerspruchsverfahren auch die Zweckmäßigkeit geprüft. Dann ist der Widerspruch auch begründet, soweit die Befristung von unter 10 Jahren unzweckmäßig ist, die Spedition Müller GmbH dadurch in ihren rechtlich geschützten Interessen beeinträchtigt wird und der Verwaltungsakt ohne die angefochtene Nebenbestimmung Bestand haben kann.

I. Rechtmäßigkeit/Rechtswidrigkeit der Befristung von weniger als 10 Jahren

1. Rechtsgrundlage

Als Rechtsgrundlage für die Befristung von weniger als 10 Jahren kommt § 3 Abs. 4 GüKG in Betracht, der insoweit den Rückgriff auf § 36 Abs. 1 Var. 2 LVwVfG BW ausschließt.

2. Formelle Voraussetzungen

Verstöße gegen Zuständigkeits-, Verfahrens-, Form- oder Bekanntgabevorschriften sind nicht ersichtlich und werden vom Widerspruchsführer auch nicht geltend gemacht. Die Befristung von 2 Jahren ist formell rechtmäßig.

3. Materielle Voraussetzungen

a) Tatbestandsvoraussetzungen

Unter welchen Voraussetzungen nach § 3 Abs. 4 GüKG der Erlass von Nebenbestimmungen zulässig ist, ist in der Norm nicht ausdrücklich geregelt. Da grundsätzlich aber schon mit Hinblick auf die Berufsfreiheit (Art. 12 Abs. 1 GG) ein Anspruch auf 10-jährige Erlaubnis besteht, wenn alle Voraussetzungen vorliegen und keine konkrete Gefahr besteht, dass die Voraussetzungen während des 10-jährigen Zeitraums entfallen könnten, ist der Erlass von Nebenbestimmungen nach § 3 Abs. 4 GüKG nur zulässig, soweit dadurch die gesetzlichen Voraussetzungen für die Erteilung der Güterkraftverkehrserlaubnis hergestellt werden sollen (vgl. § 36 Abs. 1 Var. 2 VwVfG). Hier lagen laut Sachverhalt alle Voraussetzungen für die Erteilung einer 10-jährigen Güterkraftverkehrserlaubnis vor und es bestand auch keine konkrete Gefahr, dass diese in den nächsten 10 Jahren wieder entfallen könnten.

b) Zwischenergebnis

Da die Tatbestandsvoraussetzungen vorlagen, hätte die Ausgangsbehörde die Erlaubnis auf 10 Jahre befristet erteilen müssen. Die Befristung der Erlaubnis auf weniger als 10 Jahre ist materiell rechtswidrig.

II. Rechtsverletzung durch den Erlass der rechtswidrigen Nebenbestimmung

Durch die rechtswidrige Befristung von weniger als 10 Jahren ist die Spedition Müller GmbH in ihrem durch § 3 Abs. 2 GüKG gewährten Recht auf 10-jährige Güterkraftverkehrserlaubnis und zugleich in ihrer Berufsfreiheit (Art. 12 Abs. 1 GG) verletzt.

III. Bestand des Verwaltungsakts ohne die angefochtene rechtswidrige Nebenbestimmung

Wird dem isolierten Anfechtungswiderspruch stattgegeben und wie beantragt die Befristung insoweit aufgehoben, als sie weniger als 10 Jahre beträgt, bleibt eine Güterkraftverkehrserlaubnis von 10 Jahren. Dies stellt keinen Verstoß gegen die Pflicht zur Befristung nach § 3 Abs. 2 GüKG dar.

C. Gesamtergebnis

Der Widerspruch ist zulässig und begründet und hat Aussicht auf Erfolg.

J. Der formell rechtmäßige Erlass des Widerspruchsbescheids

Zuständigkeit: Die Widerspruchsbehörde muss für den Erlass des Widerspruchsbescheids sachlich und örtlich zuständig sein. Soweit nicht anders geregelt, ergibt sich die Zuständigkeit nach § 73 Abs. 1 S. 2 VwGO (siehe dazu ausführlich oben unter Rn. 1064 ff.). **1145**

Ordnungsgemäße Durchführung des Widerspruchsverfahrens: Das Widerspruchsverfahren wird mit der Erhebung des Widerspruchs eingeleitet, § 69 VwGO. Beteiligter ist nach §§ 79 Hs. 2, 13 Abs. 1 Nr. 1 (L)VwVfG automatisch der Widerspruchsführer als Antragsteller. Beim Drittwiderspruch ist Beteiligter auch der Adressat des Verwaltungsakts, dessen Aufhebung mit dem Widerspruch begehrt wird, bzw. der, an den der Verwaltungsakt nach dem Begehren des Widerspruchsführers ergehen soll, § 13 Abs. 1 Nr. 1 und Nr. 2 (L)VwVfG. Im Übrigen kann bzw. muss die Widerspruchsbehörde andere nach Maßgabe von § 13 Abs. 2 (L)VwVfG durch Hinzuziehung beteiligen. Der Sachbearbeiter der Widerspruchsbehörde und der Sachbearbeiter der Ausgangsbehörde dürfen nicht ausgeschlossen oder befangen sein, §§ 20 f. (L)VwVfG. Es gilt der Untersuchungsgrundsatz. Ob im Widerspruchsverfahren eine Anhörung durchzuführen ist, ist nach § 71 VwGO zu prüfen.[676] **1146**

676 Wenn die Ausgangsbehörde den Verwaltungsakt unter Verstoß gegen § 28 Abs. 1 (L)VwVfG erlassen hat, muss die Widerspruchsbehörde den Betroffenen anhören, um diesen Fehler nach § 45 Abs. 1 Nr. 3 (L)VwVfG zu heilen.

1147 **Form:** Der Widerspruchsbescheid ergeht nach § 73 Abs. 3 S. 1 VwGO schriftlich mit Begründung. Die Schriftform kann nach Maßgabe von § 3a Abs. 2 und 3 (L)VwVfG durch die dort genannten elektronischen Formen ersetzt werden. Voraussetzung ist allerdings, dass der Widerspruchsführer nach § 3 Abs. 1 (L)VwVfG einen entsprechenden Zugang eröffnet hat.

1148 **Bekanntgabe:** Der Widerspruchsbescheid ist den Beteiligten nach dem VwZG zuzustellen, § 73 Abs. 3 S. 1 und 2 VwGO. Die Ausgangsbehörde erhält i. d. R. nur eine Mehrfertigung des Widerspruchsbescheids zur Kenntnis. Ist die Ausgangsbehörde allerdings klagebefugt, weil die Widerspruchsbehörde im Widerspruchsbescheid eine Entscheidung der Ausgangsbehörde aufgehoben hat, die zu deren Selbstverwaltungsaufgaben gehört, ist der Widerspruchsbescheid der Ausgangsbehörde ebenfalls nach § 73 Abs. 3 S. 1 und 2 VwGO zuzustellen, zweckmäßig nach § 5 Abs. 4 VwZG gegen Empfangsbekenntnis.

■ **Beispiel:** Die Gemeinde Willstätt erlässt einen Feuerwehrkostenbescheid (Selbstverwaltungsangelegenheit). Das LRA Ortenaukreis hebt auf den Widerspruch des Betroffenen hin den Feuerwehrkostenbescheid auf. Da die Gemeinde Willstätt gegen die Aufhebung des Feuerwehrkostenbescheids unter Berufung auf ihr Recht auf Selbstverwaltung (Art. 28 Abs. 2 GG) Klage erheben kann, sollte ihr der Widerspruchsbescheid zugestellt werden, da ansonsten keine Klagefrist in Gang gesetzt wird. Die Gemeinde hat außerdem ein Recht auf Hinzuziehung zum Widerspruchsverfahren nach § 13 Abs. 2 S. 2 LVwVfG BW.

K. Der Widerspruchsbescheid

I. Übersicht über mögliche Entscheidungen im Widerspruchsbescheid

1. Ggf. Entscheidung über die Wiedereinsetzung (§ 60 VwGO)

1149 Wurde die Widerspruchsfrist versäumt und hat der Widerspruchsführer die Wiedereinsetzung beantragt, ist über diesen Antrag vor Erlass des Widerspruchsbescheids oder im Widerspruchsbescheid an erster Stelle zu entscheiden. Entsprechendes gilt für die Wiedereinsetzung von Amts wegen.

2. Hauptentscheidung

a) Der Widerspruch ist unzulässig oder zulässig, aber unbegründet

1150 Die Widerspruchsbehörde weist den Widerspruch durch Widerspruchsbescheid zurück. Anlässlich des Widerspruchsverfahrens leitet sie ggf. Aufsichtsmaßnahmen ein.

b) Der Widerspruch ist zulässig und begründet

Anfechtungswiderspruch: Die Widerspruchsbehörde hebt den Verwaltungsakt (bzw. die angefochtene Nebenbestimmung) auf. Alternativ kann sie die Ausgangsbehörde auch ohne Erlass eines Widerspruchsbescheids anweisen, dem Widerspruch nach § 72 VwGO abzuhelfen. 1151

■ **Beachte:** Wenn der Widerspruch nicht ausdrücklich beschränkt wird, richtet er sich gegen alle im Ausgangsbescheid getroffenen Regelungen (z. B. gegen die Abrissverfügung, die ebenfalls verfügte Androhung eines Zwangsmittels und die Gebührenfestsetzung). Ist die Hauptregelung aufzuheben, sind auch die akzessorischen Regelungen aufzuheben, soweit die Widerspruchsbehörde hierfür zuständig ist. Ansonsten entscheidet im Anschluss an die Widerspruchsbehörde die Ausgangsbehörde über die akzessorische Regelung (Beispiel: Wenn die Gebührenentscheidung eine Selbstverwaltungsangelegenheit der Ausgangsbehörde ist).

Verpflichtungswiderspruch: Die Widerspruchsbehörde hebt den Ablehnungsbescheid auf und erteilt den beantragten Verwaltungsakt bzw. verpflichtet die Ausgangsbehörde zur Erteilung des beantragten Verwaltungsakts. Ist die Widerspruchsbehörde nur zur Rechtmäßigkeitskontrolle befugt, hebt sie eine ermessensfehlerhafte Ablehnung auf und verpflichtet die Ausgangsbehörde, über den Antrag auf Erteilung des Verwaltungsakts erneut zu entscheiden. Alternativ kann sie die Ausgangsbehörde auch ohne Erlass eines Widerspruchsbescheids zur Abhilfe anweisen.

c) Der Widerspruch ist zulässig, aber nur teilweise begründet

Die Widerspruchsbehörde gibt dem Widerspruch insoweit statt, als er begründet ist, und weist im Übrigen den Widerspruch zurück. 1152

d) Verböserung des Verwaltungsakts durch Widerspruchsbescheid (reformatio in peius)

Die Widerspruchsbehörde verschärft die Ausgangsregelung und weist den Widerspruch zurück. 1153

3. Kostenentscheidung

Nach § 73 Abs. 3 S. 3 VwGO ist über die Kosten zu entscheiden. Unter Kosten versteht man die notwendigen Aufwendungen des Widerspruchsführers und der Ausgangsbehörde, die diese für das Widerspruchsverfahren erbracht haben. Die Kosten des Widerspruchsverfahrens werden dem Rechtsträger der Ausgangsbehörde auferlegt, wenn der Widerspruch Erfolg hat, § 80 Abs. 1 S. 1 (L)VwVfG. 1154

Die Kosten des Widerspruchsverfahrens werden dem Rechtsträger der Ausgangsbehörde auch dann auferlegt, wenn der Widerspruch deswegen keinen Erfolg hat, weil die Verfahrens- oder Formfehler nach § 45 (L)VwVfG unbeachtlich, d. h. geheilt worden sind, § 80 Abs. 1 S. 2 (L)VwVfG. Das gilt nach richtiger Rechtsauffassung auch für die Heilung sonstiger Fehler (insbes. von Ermessensfehlern), mangels Regelungslücke aber nicht bei Unbeachtlichkeit von Fehlern nach § 46 VwVfG (streitig).

Ansonsten trägt die Kosten des Widerspruchsverfahrens der unterlegene Widerspruchsführer, § 80 Abs. 1 S. 3 Hs. 1 (L)VwVfG, wenn das Verfahren nicht ausnahmsweise nach Hs. 2 kostenfrei ist.

1155 Werden die Kosten ganz oder teilweise dem Rechtsträger der Ausgangsbehörde auferlegt, hat die Widerspruchsbehörde nach § 80 Abs. 3 S. 2 (L)VwVfG auch zu entscheiden, ob gemäß § 80 Abs. 2 (L)VwVfG die Hinzuziehung eines Rechtsanwalts oder sonstigen Bevollmächtigten notwendig war. Die Hinzuziehung eines Rechtsanwalts ist auf jeden Fall notwendig, wenn es sich um eine Rechtsmaterie handelt, mit der nur wenige Spezialisten vertraut sind und jeder Vernünftige zum Rechtsanwalt gehen würde.[677] Im Übrigen ist streitig, wie streng der Maßstab zu legen ist. Nach der hier vertretenen Auffassung ist ein Indiz für die Notwendigkeit der Hinzuziehung eines Rechtsanwalts die Tatsache, dass die Ausgangsbehörde trotz nochmaliger Prüfung ihren Fehler nicht erkennt und den Widerspruch daher ohne Abhilfe an die Widerspruchsbehörde weiterleitet: Vom Bürger kann nicht verlangt werden, schlauer als der in der Verwaltung eingesetzte Mitarbeiter zu sein.

4. Gebührenentscheidung

1156 Für die Entscheidung über den Widerspruch erhebt die Widerspruchsbehörde nach der maßgeblichen verwaltungskostenrechtlichen Ermächtigungsgrundlage Gebühren; in Baden-Württemberg nur, wenn der Widerspruchsführer ganz oder teilweise unterliegt. Die Gebühr kann zusammen mit dem Widerspruchsbescheid oder separat durch Gebührenbescheid festgesetzt werden.[678]

5. Ggf. sonstige Anordnungen

1157 Die Widerspruchsbehörde kann vor Erlass des Widerspruchsbescheids oder im Widerspruchsbescheid Anordnungen nach §§ 80 Abs. 2 S. 1 Nr. 4, Abs. 4, 80a Abs. 1 und Abs. 2 VwGO treffen.

---

677 Vgl. VGH BW, Urteil vom 28.11.1979 – VI 662/79 –.

678 Vgl. zu den Widerspruchsgebühren: *Gassner*, VBlBW 2012, 405.

■ **Beispiel:** Die Widerspruchsbehörde hat den Widerspruch gegen die Abrissverfügung (verfügt war der teilweise Abriss der Gabionenmauer) zurückgewiesen und außerdem nunmehr den kompletten Abriss angeordnet. Gleichzeitig ordnet die Widerspruchsbehörde die sofortige Vollziehung dieser Entscheidung an.

II. Bescheidtechnische Regeln

Welche Bestandteile der Widerspruchsbescheid enthalten muss, ist zunächst in § 73 Abs. 3 VwGO geregelt. Subsidiär ist auf das (L)VwVfG zurückzugreifen (§ 79 Hs. 2 (L)VwVfG). **1158**

- **Briefkopf**
  Hier gelten keine Besonderheiten im Vergleich zum normalen Verwaltungsakt. Allerdings ist darauf zu achten, dass der Widerspruchsbescheid zwingend zuzustellen ist.
- **Tenor**
  Eine Übersicht über die möglichen Tenorierungen beim Widerspruch erfolgt unter III. und IV. Ein Tenor, der nur lautet: „Ihrem Widerspruch wird stattgegeben" ist falsch, weil es an der Bestimmtheit der Regelung fehlt.
- **Begründung**
  Wie beim normalen Verwaltungsakt wird die Begründung aufgeteilt in „Sachverhalt" und „rechtliche Würdigung". In der Schilderung des Sachverhalts folgt zunächst die Darstellung des allgemeinen Lebenssachverhalts. Dann wird die angegriffene Entscheidung der Ausgangsbehörde dargestellt (Erlass eines belastenden Verwaltungsakts oder Ablehnung eines gestellten Antrags). Es folgt die Ausführung, wann und mit welcher Begründung der Widerspruchsführer hiergegen Widerspruch erhoben hat. Anschließend wird geschildert, warum die Ausgangsbehörde nicht abgeholfen hat. Wurden im Widerspruchsverfahren von der Ausgangs- oder Widerspruchsbehörde weitere Verfahrenshandlungen durchgeführt (z.B. jemand als Beteiligter hinzugezogen), wird auch das dargestellt. Im Anschluss an die sachliche Begründung folgt die rechtliche Begründung, zunächst die rechtliche Begründung der Hauptentscheidung, dann die der Kostenentscheidung und ggf. der Gebührenentscheidung.
- **Rechtsbehelfsbelehrung**
  Bei der Rechtsbehelfsbelehrung muss sich die Widerspruchsbehörde vorher genau überlegen, welche Rechtsmittel dem Empfänger des Widerspruchsbescheides zur Verfügung stehen.
  - Widerspruchsbescheid bestätigt den Ausgangsbescheid ohne neue Beschwer: Klage ist nach § 79 Abs. 1 Nr. 1 VwGO gegen den Verwal-

tungsakt in Gestalt des Widerspruchsbescheids zu erheben. Klagegegner ist der Rechtsträger der Ausgangsbehörde.

- Anfechtungswiderspruchsbescheid enthält eine Verböserung gegen den Adressaten: Dieser kann Klage gegen den Verwaltungsakt in Gestalt des Widerspruchsbescheids gegen den Rechtsträger der Ausgangsbehörde erheben (§ 79 Abs. 1 Nr. 1 VwGO). Er kann auch nur Klage gegen den Widerspruchsbescheid erheben, der erstmalig die Beschwer enthält, § 79 Abs. 1 Nr. 2 VwGO. Klagegegner ist der Rechtsträger der Widerspruchsbehörde.
- Nach Drittwiderspruch wird der begünstigende Verwaltungsakt aufgehoben oder der beantragte, abgelehnte belastende Verwaltungsakt erteilt. Der Adressat der ursprünglichen Begünstigung bzw. des nun erlassenen belastenden Verwaltungsakts ist erstmals beschwert. Er kann nach § 79 Abs. 1 Nr. 2 VwGO isoliert gegen den Widerspruchsbescheid Klage erheben. Klagegegner ist der Verwaltungsrechtsträger der Widerspruchsbehörde.

In der Rechtsprechung der oberen Verwaltungsgerichte der Länder ist umstritten, wann eine Rechtsbehelfsbelehrung der Widerspruchsbehörde hier fehlerhaft ist, zumindest ist sie dann fehlerhaft, wenn der Widerspruchsführer in Zweifel geraten kann, wer der richtige Klagegegner ist.[679]

- **Grußformel und Unterschrift**

III. Tenorierung beim Anfechtungswiderspruchsbescheid

1159 **Beispiel: Anfechtungswiderspruch gegen die Abrissverfügung des Landratsamts Ortenaukreis**

1) Der Widerspruch ist erfolgreich

1. Die Abbruchverfügung und die Gebührenentscheidung des Landratsamts Ortenaukreis vom … werden aufgehoben.
2. Die Kosten des Widerspruchsverfahrens trägt das Land Baden-Württemberg.
3. Ggf.: Die Hinzuziehung eines Bevollmächtigten war notwendig.

---

679 Am strengsten ist der BayVGH, Urteil vom 16.10.1986 – 12 B 84 A.655 – NVwZ 1987, 901 f.: Wenn der Widerspruchsführer beide Möglichkeiten nach § 79 Abs. 1 Nr. 1 oder Nr. 2 VwGO hat, muss er darüber belehrt werden; der HessVGH, Urteil vom 30.03.1982 – IX OE 69/80 – NJW 1983, 242 hält die Rechtsbehelfsbelehrung immer dann für falsch, wenn es zu einem Irrtum bezüglich des richtigen Klagegegners kommen kann; ähnlich: OVG Schl.-H., Urteil vom 17.09.1991 – 2 L 103/91 – zitiert nach juris Rn. 4; eine Zusammenfassung des Meinungsstreits enthält: OVG MV, Beschluss vom 24.11.2004 – 1 O 353/04 – Rn. 25.

2a) Der Widerspruch ist erfolglos, kein Fehler der Ausgangsbehörde

1. Der Widerspruch wird zurückgewiesen.
2. Die Kosten des Widerspruchsverfahrens trägt der Widerspruchsführer.
3. Für den Widerspruchsbescheid wird eine Gebühr von ... € festgesetzt.

2b) Der Widerspruch ist erfolglos, Fehler wurden geheilt

1. Der Widerspruch wird zurückgewiesen.
2. Die Kosten des Widerspruchsverfahrens trägt das Land Baden-Württemberg.
3. Ggf.: Die Hinzuziehung eines Rechtsanwalts war erforderlich.

3) Der Widerspruch hat teilweise Erfolg.

Beispiel: Die Abbruchverfügung für die ganze bauliche Anlage ist unverhältnismäßig, sie hätte auf den Teil, der zum Nachbargrundstück angrenzt, beschränkt werden müssen.

1. Auf den Widerspruch vom ... gegen die Abbruchverfügung des Landratsamts Ortenaukreis vom ... wird diese wie folgt neu gefasst: Der Teil der Gabionenmauer auf dem Flurgrundstück ..., der an das Nachbargrundstück in der Musterstraße ... angrenzt, ist abzureißen. Im Übrigen wird der Widerspruch zurückgewiesen.
2. Die Kosten des Widerspruchsverfahrens tragen der Widerspruchsführer und das Land Baden-Württemberg zu je 50 %.
3. Ggf.: Die Hinzuziehung eines Bevollmächtigten war notwendig.
4. Für den Widerspruchsbescheid hat der Widerspruchsführer die anteilige Gebühr von ... € zu zahlen.

IV. Tenorierung beim Verpflichtungswiderspruchsbescheid

Beispiel: Verpflichtungswiderspruch gegen die Ablehnung der Güterkraftverkehrserlaubnis durch die Stadt Freiburg 1160

(bzw. Sonderbeispiel bei 3a)

1a) Der Widerspruch ist erfolgreich, Widerspruchsbehörde entscheidet selbst

1. Der Ablehnungsbescheid der Stadt Freiburg vom ... wird aufgehoben. Ihnen wird hiermit die beantragte Erlaubnis für den Güterkraftverkehr nach § 3 GüKG mit einem Gültigkeitszeitraum vom ... bis ... erteilt. Die Stadt Freiburg hat Ihnen noch die Erlaubnisurkunde zu übersenden.
2. Die Kosten des Widerspruchsverfahrens trägt die Stadt Freiburg.
3. Ggf.: Die Hinzuziehung eines Bevollmächtigten war notwendig.

1b) Der Widerspruch ist erfolgreich. Die Widerspruchsbehörde verpflichtet die Ausgangsbehörde, die beantragte Erlaubnis zu erteilen.

1. Der Ablehnungsbescheid der Stadt Freiburg vom ... wird aufgehoben. Die Stadt Freiburg wird verpflichtet, Ihnen die beantragte Erlaubnis für den

Güterkraftverkehr nach § 3 GüKG mit einem Gültigkeitszeitraum von 10 Jahren zu erteilen.
2. Die Kosten des Widerspruchsverfahrens trägt die Stadt Freiburg.
3. Ggf.: Die Hinzuziehung eines Bevollmächtigten war notwendig.

2a) Der Widerspruch ist erfolglos, kein Fehler der Ausgangsbehörde

1. Der Widerspruch wird zurückgewiesen.
2. Die Kosten des Widerspruchsverfahrens trägt der Widerspruchsführer.
3. Für den Widerspruchsbescheid wird eine Gebühr von ... € festgesetzt.

2b) Der Widerspruch ist erfolglos, Fehler wurden geheilt

1. Der Widerspruch wird zurückgewiesen.
2. Die Kosten des Widerspruchsverfahrens trägt die Stadt Freiburg.
3. Ggf.: Die Hinzuziehung eines Rechtsanwalts war erforderlich.

2c) Der Widerspruch ist erfolglos. Die Ausgangsbehörde hat zu Unrecht sachlich über den Antrag entschieden, obwohl sie gar nicht zuständig war.

1. Der Ablehnungsbescheid der Stadt Freiburg vom ... wird aufgehoben. Im Übrigen wird der Widerspruch zurückgewiesen.
2. Die Kosten des Widerspruchsverfahrens trägt die Stadt Freiburg.[680]
3. Ggf.: Die Hinzuziehung eines Bevollmächtigten war notwendig.

3a) Der Widerspruch ist teilweise erfolgreich. Die Widerspruchsbehörde verpflichtet die Ausgangsbehörde zur nochmaligen Ermessensentscheidung (bei Selbstverwaltungsangelegenheiten).

1. Der Ablehnungsbescheid der Gemeinde A-Dorf vom ... wird aufgehoben. Die Gemeinde A-Dorf wird verpflichtet, über Ihren Antrag auf Erteilung einer Sondernutzungserlaubnis nach erneuter Ermessensausübung unter Berücksichtigung der Rechtsauffassung der Widerspruchsbehörde neu zu entscheiden.
2. Die Kosten des Widerspruchsverfahrens trägt die Gemeinde A-Dorf.[681]
3. Ggf.: Die Hinzuziehung eines Bevollmächtigten war notwendig.

3b) Der Widerspruch ist teilweise erfolgreich. Die Widerspruchsbehörde erteilt die beantragte Erlaubnis, allerdings anders als beantragt nur mit Nebenbestimmungen.

1. Der Ablehnungsbescheid der Stadt Freiburg vom ... wird aufgehoben. Es ergeht folgende neue Entscheidung: ... Im Übrigen wird Ihr Widerspruch zurückgewiesen.

---

680 A. A.: Widerspruchsführer hätte „Anfechtungswiderspruch" erheben müssen, daher Kostenteilung.

681 A. A.: Widerspruchsführer hätte „Bescheidungswiderspruch" erheben müssen, daher Kostenteilung.

2. Die Kosten des Widerspruchsverfahrens trägt die Stadt Freiburg.[682]
3. Ggf.: Die Hinzuziehung eines Bevollmächtigten war notwendig.

V. Muster: Auszug aus dem Widerspruchsbescheid zu Aufgabe 4

Vorbemerkung: Der folgende Widerspruchsbescheid wird nicht Frau Schröder, sondern mit Anschreiben ihrem Rechtsanwalt gegen Empfangsbekenntnis nach § 5 Abs. 4 VwZG zugestellt. **1161**

Regierungspräsidium Freiburg

Ihr Widerspruch gegen die Abrissverfügung des Landratsamts Ortenaukreis vom ...

Sehr geehrte Frau Schröder,

auf den von Herrn Rechtanwalt Abelt in Ihrem Namen erhobenen Widerspruch vom [...] ergeht folgender

Widerspruchsbescheid

1. Der Widerspruch wird zurückgewiesen.
2. Sie tragen die Kosten des Widerspruchsverfahrens.

Hinweis: Für den Widerspruchsbescheid ergeht eine separate Gebührenfestsetzung.

Begründung

I. Sachverhalt

Sie sind Eigentümerin des Flurgrundstücks ...

Mit Bescheid vom ... hat das Landratsamt Ortenaukreis den Abriss der Gabionenmauer verfügt, weil ...

Gegen diesen Bescheid haben Sie über Ihren Rechtsanwalt mit Schreiben vom ..., das beim Landratsamt Ortenaukreis am ... eingegangen ist, Widerspruch erhoben. Eine Begründung zum Widerspruch wurde nicht abgegeben.[683]

Das Landratsamt Ortenaukreis hat dem Widerspruch nicht abgeholfen, sondern uns als zuständiger Widerspruchsbehörde zur weiteren Entscheidung vorgelegt, weil ...

---

682 A. A.: Widerspruchsführer hätte „Bescheidungswiderspruch" erheben müssen, daher Kostenteilung.

683 In anderen Fällen: „Zur Begründung des Widerspruchs wird vorgetragen...".

II. Rechtliche Würdigung

Gesamtergebnis

Der Widerspruch ist zulässig, aber unbegründet.[684]

Zur Zulässigkeit wird hier weiter keine Begründung abgegeben, weil sie unproblematisch ist. Wird der Widerspruch wegen Unzulässigkeit des Widerspruchs zurückgewiesen, muss zwingend der Unzulässigkeitsgrund genannt werden. Auf die Zulässigkeit ist beim Drittwiderspruch einzugehen oder wenn die Ausgangsbehörde den Widerspruch für unzulässig hält.
Es folgen die Ausführungen zur Begründetheit des Widerspruchs:

1. Die angefochtene Abrissverfügung ist rechtmäßig und verletzt Sie nicht in Ihren Rechten, §§ 68 Abs. 1 Satz 1, 113 Abs. 1 Satz 1 Verwaltungsgerichtsordnung (VwGO) analog (dazu siehe a). Sie ist auch zweckmäßig (dazu siehe b).

   a) Rechtsgrundlage für die Abrissverfügung ist § 65 Absatz 1 Satz 1 Landesbauordnung (LBO). Danach kann ...

   Die Anordnung ist formell rechtmäßig. Für die Anordnung war das Landratsamt Ortenaukreis nach §§ ... sachlich und örtlich zuständig. Verfahrens-, Form- oder Bekanntgabeverstöße sind nicht ersichtlich und werden auch nicht geltend gemacht.

   Die Abrissverfügung ist auch materiell rechtmäßig.

   Die Tatbestandsvoraussetzungen von § 65 Abs. 1 Satz 1 LBO liegen vor. Die Gabionenmauer ist eine bauliche Anlage und wurde entgegen § 13 LBO nicht standsicher errichtet, sondern ohne Fundament erbaut, so dass die auf sie einwirkenden Kräfte nicht ordnungsgemäß in den Hang abgeleitet werden können. Mildere Maßnahmen, um die Mauer standsicher zu machen, sind nicht ersichtlich.

   Das nach § 65 Abs. 1 S. 1 LBO eingeräumte Ermessen hat das Landratsamt Ortenaukreis fehlerfrei ausgeübt.

   Das Landratsamt Ortenaukreis hat sich ermessensfehlerfrei entschieden, Sie für diese Maßnahme heranzuziehen. Sie sind Eigentümerin des Grundstücks mit der nicht standsicheren Mauer und somit nach § 7 Polizeigesetz (PolG) verantwortlich. Der eigentliche Verursacher ist nicht erreichbar und ihr Ehemann ist nicht Miteigentümer, sondern nur Mitbesitzer des Grundstücks.

   Mit der Abrissverfügung sollen zeitnah ordnungsgemäße Zustände hergestellt und die Gefahr eines unkontrollierten Einsturzes der Mauer unterbunden wer-

684 In anderen Fällen: Der Widerspruch ist zulässig und begründet. Der angegriffene Verwaltungsakt war aufzuheben, da er rechtswidrig ist und Sie in Ihren Rechten verletzt, § 113 Abs. 1 S. 1 VwGO analog. // Der Widerspruch ist zulässig und begründet. Der angegriffene Verwaltungsakt ist zwar rechtmäßig, aber nicht sachgerecht, § 68 Abs. 1 S. 1 VwGO. // Der Widerspruch ist zulässig, aber nur teilweise begründet. // Beim Drittwiderspruch, bei dem keine Rechtsverletzung des Dritten besteht: Der Widerspruch ist zulässig, aber unbegründet. Der Ausgangsbescheid verstößt gegen keine Rechtsnorm, die auch dem Schutz Ihrer Interessen dient, § 113 Abs. 1 S. 1 VwGO analog.

den. Diese Überlegungen entsprechen dem Gesetzeszweck. Mit Hinblick auf die Gefahren, die von der nicht standsicher errichteten Mauer im Falle eines Einsturzes für das Leben und die Gesundheit von Menschen ausgehen, ist die Anordnung des Abrisses auch nicht unangemessen.

Es folgen die Ausführungen zur Zweckmäßigkeit des Ausgangsbescheids, da Bauordnungsverfügungen keine Selbstverwaltungsangelegenheit der Ausgangsbehörde sind.

b) Auch nach unserer Auffassung ist es aus diesen Gründen sachgerecht, Sie nunmehr zum Abriss der Gabionenmauer heranzuziehen.

Es folgt die Begründung der Kostenentscheidung aus Ziffer 2) des Widerspruchsbescheids.

2. Nach § 73 Abs. 3 Satz 3 VwGO i. V. m. § 80 Abs. 1 Satz 3 Landesverwaltungsverfahrensgesetz (LVwVfG) tragen Sie die Kosten des Widerspruchsverfahrens, weil der Widerspruch erfolglos ist und die Abrissverfügung von Beginn an rechtmäßig war.

Rechtsbehelfsbelehrung

Gegen den Bescheid des Landratsamts Ortenaukreis in Gestalt dieses Widerspruchsbescheids kann innerhalb eines Monats nach Zustellung dieses Bescheids Klage beim Verwaltungsgericht Freiburg mit Sitz in Freiburg erhoben werden.

(Dies ist der Mindestinhalt).

Mit freundlichen Grüßen

...

4. Kapitel: Die Verwaltung vor Gericht

A. Ausgangsfall und Lernziele

Unser Ausgangsfall 1 geht weiter: 1162

Nachdem das LRA Ortenaukreis die sofortige Vollziehung der Abrissverfügung angeordnet hat, beantragt Frau Schröder über ihren Rechtsanwalt beim Verwaltungsgericht Freiburg die Wiederherstellung der aufschiebenden Wirkung ihres Widerspruchs. Das Verwaltungsgericht übersendet dem LRA eine Mehrfertigung des Antrags mit der Bitte um Vorlage der Behördenakten und Antragserwiderung.

Unser Ausgangsfall 2 geht weiter:

Nachdem ihr Antrag auf Güterkraftverkehrserlaubnis von der Stadt Freiburg abgelehnt und ihr Widerspruch vom Regierungspräsidium Freiburg zurückgewiesen worden sind, erhebt die Spedition Müller GmbH beim Verwaltungsgericht Freiburg Klage auf Erteilung der Erlaubnis. Eine Mehrfertigung der Klageschrift leitet das Verwaltungsgericht an die Stadt Freiburg mit der Bitte um Aktenvorlage und Klageerwiderung weiter.

1163 Das Kapitel gibt einen Überblick über das Verwaltungsprozessrecht, also über das Verfahren vor den Verwaltungsgerichten (VG)[685] und den Oberverwaltungsgerichten (OVG) bzw. Verwaltungsgerichtshöfen (VGH)[686] der Länder sowie vor dem Bundesverwaltungsgericht (BVerwG) mit Sitz in Leipzig.

Literaturhinweise zur Vertiefung:

Schenke, Verwaltungsprozessrecht, 18. Auflage 2023 (Lehrbuch);

Gassner, Fit für Prüfungen im Verwaltungsrecht, 1. Auflage 2019 (Übungsbuch)

B. Prüfungsschemata

I. Überblick über Klage- und Antragsarten

1164

Gegenstand: Verwaltungsakt(-teile) (soweit die Verwaltungsgerichtsbarkeit zuständig ist)[687]	
Begehren/Ziel	**Statthafter Rechtsbehelf**
gerichtliche Aufhebung (ganz oder teilweise) eines wirksamen (oder nichtigen) Verwaltungsakts	Anfechtungsklage, § 42 Abs. 1 Var. 1 VwGO *Beispiel: Frau Schröder klagt gegen die Abrissverfügung (Fall 1)* *Beachte: im Normalfall keine Anfechtungsklage gegen Ablehnungsbescheide; zu erheben ist dann Verpflichtungs- bzw. Bescheidungsklage!*[688] *Beachte: Nach BVerwG*[689] *ist die isolierte Anfechtungsklage gegen Nebenbestimmungen grundsätzlich statthaft (streitig)*

685 In Baden-Württemberg: VG Freiburg, VG Karlsruhe, VG Sigmaringen und VG Stuttgart.

686 In Baden-Württemberg: VGH Baden-Württemberg mit Sitz in Mannheim.

687 Keine Zuständigkeit z.B. für Bußgeldbescheide (§ 68 OWiG) oder Steuerbescheide des Finanzamts (§ 33 Abs. 1 Nr. 1 FGO).

688 So kann also in Fall 2 die Spedition Müller GmbH gegen die Ablehnung ihrer Erlaubnis nicht isoliert Anfechtungsklage erheben. Sie muss vielmehr Verpflichtungsklage erheben. Eine Ausnahme bestände nur dann, wenn die Spedition Müller GmbH kein Interesse mehr an der Erlaubnis, aber ein Interesse an der Aufhebung des Ablehnungsbescheids hätte.

689 BVerwG, NVwZ 2001, 429; NVwZ 2016, 699.

Begehren/Ziel	Statthafter Rechtsbehelf
Verurteilung des Beklagten zum Erlass eines abgelehnten oder unterlassenen Verwaltungsakts (bzw. seiner Ergänzung)	Verpflichtungsklage, § 42 Abs. 1 Var. 2 VwGO *Beispiel: Klage auf Gütekraftverkehrserlaubnis (Fall 2)*
Verurteilung des Beklagten zur Neubescheidung unter Rechtsauffassung des Gerichts über einen Verwaltungsakt, dessen Erlass im Ermessen der Verwaltung steht	Bescheidungsklage, §§ 42 Abs. 1 Var. 2, 113 Abs. 5 S. 2 VwGO *Beispiel: Klage auf erneute Entscheidung über einen Antrag auf Sondernutzungserlaubnis (z. B. § 8 FStrG), die nach Auffassung des Klägers ermessensfehlerhaft abgelehnt wurde.*
gerichtliche Feststellung, dass der durch Erledigung nun unwirksame Verwaltungsakt (§ 43 Abs. 2 (L)VwVfG) vor seiner Erledigung rechtswidrig war	Fortsetzungsfeststellungsklage, § 113 Abs. 1 S. 4 VwGO (analog[690]) *Beispiel: Klage auf Feststellung der Rechtswidrigkeit des Platzverweises (z. B. § 30 Abs. 1 PolG BW) für den 01.03., der sich nach Klageerhebung (jetzt ist April) durch Zeitablauf erledigt hat.*
gerichtliche Feststellung, dass die Ablehnung vor Erledigung des Verwaltungsakts rechtswidrig war	Fortsetzungsfeststellungsklage, § 113 Abs. 1 S. 4 VwGO analog *Beispiel: Klage auf Feststellung der Rechtswidrigkeit der Ablehnung einer Baugenehmigung, auf deren Erlass vor Änderung des Bebauungsplans noch ein Anspruch bestand.*
gerichtliche Feststellung der Nichtigkeit eines Verwaltungsakts (§ 44 (L)VwVfG)	Nichtigkeitsfeststellungsklage, § 43 Abs. 1 Var. 2 VwGO (oder Anfechtungsklage, siehe oben)
gerichtliche Anordnung bzw. Wiederherstellung der aufschiebenden Wirkung eines Anfechtungswiderspruchs bzw. einer Anfechtungsklage bis über die Anfechtungsklage rechtskräftig entschieden worden ist	Antrag nach § 80 Abs. 5 S. 1 VwGO (bzw. § 80a Abs. 3 VwGO[691]) *Beispiel: Frau Schröder beantragt die Wiederherstellung der aufschiebenden Wirkung ihres Widerspruchs gegen die Abrissverfügung (Fall 1)*
gerichtliche Anordnung zur vorläufigen Aufrechterhaltung einer Rechtsposition (Sicherungsanordnung) bzw. zur vorläufigen Einräumung oder Erweiterung einer Rechtsposition (Regelungsanordnung) bis über die Verpflichtungs- bzw. Bescheidungsklage rechtskräftig entschieden worden ist	Antrag auf einstweilige Anordnung nach § 123 VwGO *Beispiel: Der Bürger beantragt die vorläufige Untersagung der Vernichtung einer bestimmten Akte, in die er nach § 1 IFG Akteneinsicht verlangt hat. Die Verwaltung hatte den Antrag abgelehnt und will die Akte nun vernichten.*

690 „Analog" bei Erledigung vor Klageerhebung.
691 Bei Verwaltungsakten mit Drittwirkung.

Begehren/Ziel	Statthafter Rechtsbehelf
gerichtliche Verurteilung der Verwaltung auf zukünftigen Nichterlass eines Verwaltungsakts	im Normalfall unzulässig (kein vorbeugender Rechtsschutz); in Ausnahmefällen: allgemeine Leistungsklage (s. § 43 Abs. 2 S. 1 VwGO) *Beispiel: Vor Erlass der Abrissverfügung kann Frau Schröder nicht auf Unterlassung der Abrissverfügung klagen.* *Beispiel für einen Ausnahmefall: allgemeine Leistungsklage (bzw. Antrag nach § 123 VwGO) auf Unterlassen der Ernennung eines Konkurrenten auf die begehrte Beamtenstelle*[692]
1165 **Gegenstand: abstrakt-generelle Regelungen der Verwaltung (soweit die Verwaltungsgerichtsbarkeit zuständig ist[693])**	
gerichtliche Feststellung der Nichtigkeit (bzw. Rechtswidrigkeit) der in § 47 Abs. 1 VwGO aufgezählten Satzungen, Rechtsverordnungen und sonstigen abstrakt-generellen Verwaltungsregelungen	Normenkontrollantrag (§ 47 VwGO) *Beispiel: Feststellung der Unwirksamkeit eines Bebauungsplans*
gerichtliche Feststellung der Nichtigkeit (bzw. Rechtswidrigkeit) abstrakt-genereller Regelungen im Übrigen	Unzulässig, geklagt werden kann nur gegen die auf der Norm beruhende Einzelmaßahme! *Beispiel: Kein Normenkontrollantrag gegen die StVO (Bundesrechtsverordnung, nicht im Katalog des § 47 Abs. 1 VwGO)*
vorläufige Außervollzugssetzung einer der in § 47 Abs. 1 VwGO aufgezählten Satzung, Rechtsverordnung oder sonstigen abstrakt-generellen Verwaltungsregelung	Antrag auf einstweilige Anordnung nach § 47 Abs. 6 VwGO
1166 **Gegenstand: sonstige Leistung (Tun, Dulden, Unterlassen) (soweit die Verwaltungsgerichtsbarkeit zuständig ist)[694]** *Beachte: subsidiär zu Anfechtungs- und Verpflichtungsklage und zum Normenkontrollantrag*	
Verurteilung des Beklagten zu einem sonstigen Tun, Dulden oder Unterlassen, auf das der Kläger einen Anspruch hat (Leistung darf nicht ein VA sein)	allgemeine Leistungsklage (erwähnt in § 43 Abs. 2 S. 1 VwGO) *Beispiele: Klage auf Erfüllung einer Leistung aus einem öffentlich-rechtlichen Vertrag; auf Unterlassen eines Realakts (z. B. einer Warnung)*

692 *Schenke*, Verwaltungsprozessrecht, Rn. 383.

693 So können z. B. die Straf- oder Bußgeldvorschriften, die in einer Satzung oder Rechtsverordnung enthalten sind, nicht Gegenstand einer Normenkontrolle vor der Verwaltungsgerichtsbarkeit sein.

694 So ist die Verwaltungsgerichtsbarkeit z. B. nicht für Klagen aus privatrechtlichen Verträgen zuständig.

Begehren/Ziel	Statthafter Rechtsbehelf
gerichtliche Anordnung zur vorläufigen Aufrechterhaltung einer Rechtsposition (Sicherungsanordnung) bzw. zur vorläufigen Einräumung oder Erweiterung einer Rechtsposition (Regelungsanordnung) bis im Hauptverfahren über die allgemeine Leistungsklage rechtskräftig entschieden worden ist	Antrag auf einstweilige Anordnung nach § 123 VwGO
Gegenstand: Rechtsverhältnis (soweit die Verwaltungsgerichtsbarkeit zuständig ist)[695] Beachte: subsidiär zu allen anderen Klagen und zum Normenkontrollantrag, § 43 Abs. 2 S. 1 VwGO!	1167
gerichtliche Feststellung, dass ein bestimmtes Rechtsverhältnis zwischen dem Kläger und dem Beklagten besteht bzw. nicht besteht	Allgemeine Feststellungsklage (§ 43 Abs. 1 Var. 1 VwGO) *Beispiel: Klage auf Feststellung, dass der Kläger entgegen der Rechtsauffassung des Beklagten nicht verpflichtet ist, ein Produkt in einer bestimmten Weise zu kennzeichnen.*
gerichtliche Anordnung zur vorläufigen Aufrechterhaltung einer Rechtsposition (Sicherungsanordnung) bzw. zur vorläufigen Einräumung oder Erweiterung einer Rechtsposition (Regelungsanordnung) bis im Hauptverfahren über die allgemeine Feststellungsklage rechtskräftig entschieden worden ist.	Antrag auf einstweilige Anordnung nach § 123 VwGO

II. Zulässigkeit von Klagen und Normenkontrollanträgen

I. Zuständigkeit des Gerichts 1168

1. Deutsche Gerichtsbarkeit, § 173 VwGO i. V. m. §§ 18 ff. GVG
2. Verwaltungsrechtsweg, Spezialgesetz oder § 40 VwGO
3. Sachliche und örtliche Zuständigkeit des Gerichts, §§ 45 ff. VwGO

II. Statthaftigkeit der Verfahrensart

1. Anfechtungsklage, § 42 Abs. 1 Var. 1 VwGO
2. Verpflichtungsklage, § 42 Abs. 1 Var. 2 VwGO (bzw. in Form der Bescheidungsklage)

695 So ist die Verwaltungsgerichtsbarkeit nicht für Rechtsverhältnisse zuständig, die nach dem Privatrecht oder dem Ordnungswidrigkeitenrecht zu beurteilen sind.

3. Fortsetzungsfeststellungsklage, § 113 Abs. 1 S. 4 VwGO (analog)
4. allg. Leistungsklage, erwähnt in § 43 Abs. 2 S. 1 VwGO
5. allg. Feststellungsklage oder Nichtigkeitsfeststellungsklage, § 43 Abs. 1 VwGO
6. Normenkontrollantrag, § 47 Abs. 1 VwGO

Hinweis: beachte die Verfahrenskonkurrenzen![696]

III. Besonderes Rechtsschutzbedürfnis bei (Fortsetzungs-)Feststellungsklagen

1. Fortsetzungsfeststellungsklage (§ 113 Abs. 1 S. 4 VwGO (analog))
   Ein besonderes Fortsetzungsfeststellungsinteresse muss bestehen (§ 113 Abs. 1 S. 4 VwGO (analog))
2. allg. Feststellungsklage und Nichtigkeitsfeststellungsklage (§ 43 Abs. 1 VwGO)
   Ein besonderes Feststellungsinteresse muss bestehen (§ 43 Abs. 1 VwGO)

IV. Klage- bzw. Antragsbefugnis

1. bei Anfechtungs- und Verpflichtungsklagen: § 42 Abs. 2 VwGO (oder Spezialgesetz)
2. bei den sonstigen Klagen: § 42 Abs. 2 VwGO analog (oder Spezialgesetz)
3. Antragsbefugnis beim Normenkontrollantrag: § 47 Abs. 2 S. 1 VwGO

V. Klage- bzw. Antragsform nach §§ 81 ff. VwGO, ggf. § 55a VwGO

VI. Klage- bzw. Antragsfrist

1. Anfechtungs- und Verpflichtungsklage (in Form der Versagungsgegenklage) nach § 74 VwGO
2. bei den sonstigen Klagen: keine Klagefrist
3. Antragsfrist beim Normenkontrollantrag: § 47 Abs. 2 S. 1 VwGO

VII. Beteiligungs-, Prozess- u. Postulationsfähigkeit, ggf. ordnungsgemäße Prozessvertretung von Kläger und Beklagtem (§§ 61, 62, 67 VwGO) sowie passive Prozessführungsbefugnis des Beklagten (streitig: § 78 VwGO/§ 47 Abs. 2 S. 2 VwGO)

VIII. Vorverfahren

1. Anfechtungs- und Verpflichtungsklagen sowie Beamtenklagen (§ 126 Abs. 2 BBG, § 54 Abs. 2 BeamtStG):

---

696 Verfahrenskonkurrenz bedeutet, dass die speziellere Klageart vorgeht: z. B. ist die allgemeine Feststellungsklage nach § 43 Abs. 2 S. 1 VwGO subsidiär zu allen anderen Klagearten; gegen Nebenbestimmungen ist die isolierte Anfechtungsklage die speziellere (streitig, a. A.: beide Klagearten nebeneinander zulässig); gegen Ablehnungsbescheide ist die Verpflichtungsklage spezieller als die Anfechtungsklage. Siehe dazu: *Schenke,* Verwaltungsprozessrecht, Rn. 611 ff.

Das Vorverfahren nach §§ 68 ff. VwGO muss vom Kläger ordnungsgemäß durchgeführt worden sein oder es müssen die Voraussetzungen von § 75 VwGO (Untätigkeitsklage) vorliegen.

2. bei den übrigen Klagen und beim Normenkontrollantrag: kein Vorverfahren

IX. Fehlende Rechtshängigkeit und Fehlen einer rechtskräftigen Entscheidung

X. Allgemeines Rechtsschutzbedürfnis (insbes. keine Verwirkung, kein Klageverzicht, kein Rechtsmissbrauch)

III. Begründetheit von Klagen und Normenkontrollanträgen

1. Anfechtungsklage, § 113 Abs. 1 S. 1 VwGO **1169**

Die Anfechtungsklage ist begründet, soweit der angefochtene Verwaltungsakt in Gestalt des Widerspruchsbescheids rechtswidrig und der Kläger dadurch in seinen Rechten verletzt ist. Außerdem darf der Aufhebungsanspruch nicht ausnahmsweise ausgeschlossen sein.

2. Verpflichtungsklage, § 113 Abs. 5 VwGO

Die Verpflichtungsklage ist begründet, soweit die Ablehnung oder Unterlassung des Verwaltungsakts rechtswidrig ist, der Kläger dadurch in seinen Rechten verletzt ist und die Sache spruchreif ist.

3. Fortsetzungsfeststellungsklage, § 113 Abs. 1 S. 4 VwGO

Die Fortsetzungsfeststellungsklage zur Anfechtungsklage ist begründet, soweit der angefochtene Verwaltungsakt (in Gestalt des Widerspruchsbescheids) vor seiner Erledigung rechtswidrig war und der Kläger dadurch in seinen Rechten verletzt war; die Fortsetzungsfeststellungsklage zur Verpflichtungsklage, soweit der Anspruch auf Erlass des Verwaltungsakts vor der Erledigung bestanden hat.

4. allg. Leistungsklage

Die allg. Leistungsklage ist begründet, soweit der Kläger gegen den Beklagten einen Anspruch auf das begehrte Tun, Dulden oder Unterlassen hat.

5. Feststellungsklage

Die Feststellungsklage ist begründet, soweit das Rechtsverhältnis wie vom Kläger geltend gemacht besteht (bzw. nicht besteht) bzw. wenn der Verwaltungsakt wie vom Kläger geltend gemacht nichtig ist.

6. Normenkontrollantrag

Der Normenkontrollantrag ist begründet, soweit die angegriffene Norm unwirksam ist.

IV. Zulässigkeit von Anträgen auf vorläufigen Rechtsschutz

I. Zuständigkeit des Gerichts **1170**

1. Deutsche Gerichtsbarkeit, § 173 VwGO i. V. m. §§ 18 ff. GVG

2. Verwaltungsrechtsweg, Spezialgesetz oder § 40 VwGO
3. Gericht der Hauptsache (§ 80 Abs. 5 S. 1 VwGO bzw. § 123 Abs. 2 S. 1 u. S. 2 VwGO)

II. Statthaftigkeit der Verfahrensart

1. Antrag auf gerichtliche Wiederherstellung der aufschiebenden Wirkung von Anfechtungswiderspruch oder -klage, § 80 Abs. 5 Var. 2 VwGO (ggf. i. V. m. § 80a Abs. 3 S. 2[697] VwGO)
2. Antrag auf gerichtliche Anordnung der aufschiebenden Wirkung von Anfechtungswiderspruch oder -klage, § 80 Abs. 5 Var. 1 VwGO (ggf. i. V. m. § 80a Abs. 3 S. 2[698] VwGO)
3. Antrag auf gerichtliche Anordnung der sofortigen Vollziehung des Verwaltungsakts mit Drittwirkung auf Antrag des Adressaten bzw. eines Dritten nach § 80a Abs. 3 S. 1 VwGO
4. Antrag auf vorläufige Sicherung eines bestehenden Zustands, § 123 Abs. 1 S. 1 VwGO
5. Antrag auf vorläufige Regelung eines vorläufigen Zustands (Erweiterung einer Rechtsposition), § 123 Abs. 1 S. 2 VwGO
6. Antrag auf einstweilige Anordnung, § 47 Abs. 6 VwGO

Hinweis: beachte die Verfahrenskonkurrenzen![699]

III. Zulässigkeitsvoraussetzungen des Hauptsacheverfahrens müssen vorliegen

1. Klagebefugnis (bzw. Antragsbefugnis) im Hauptsacheverfahren
2. noch kein Ablauf der Widerspruchs- bzw. Klagefrist; notwendiges Vorverfahren noch ordnungsgemäß durchführbar
3. Beteiligungs- und Prozessfähigkeit
4. Rechtsschutzbedürfnis

IV. Antragsform analog nach §§ 81 ff. VwGO, ggf. § 55a VwGO

V. Richtiger Antragsgegner

VI. Geltendmachung eines Anordnungsgrunds

1. Bei Anträgen nach **§§ 80, 80a VwGO ff. VwGO:** automatisch gegeben, nicht zu prüfen
2. Bei Anträgen nach **§§ 123 VwGO:** zu prüfen

VII. Rechtsschutzbedürfnis

---

697 Streitig, a. A.: Satz 1.

698 Streitig, a. A.: Satz 1.

699 Der Antrag nach § 123 VwGO ist subsidiär zu den Anträgen nach §§ 80, 80a VwGO, siehe § 123 Abs. 5 VwGO.

V. Begründetheit von Anträgen auf vorläufigen Rechtsschutz

I. Anträge nach §§ 80 Abs. 5, 80a Abs. 3 VwGO 1171

Ein Antrag auf gerichtliche Wiederherstellung der aufschiebenden Wirkung ist schon begründet, wenn die Anordnung der sofortigen Vollziehung formell rechtswidrig ist.

Ansonsten ist der Antrag auf Wiederherstellung bzw. Anordnung der aufschiebenden Wirkung begründet, wenn der Antragsteller im Widerspruchs- bzw. Hauptsacheverfahren voraussichtlich Erfolg haben wird. Hat er voraussichtlich keinen Erfolg, ist der Antrag unbegründet, wenn ein besonderes Eilbedürfnis an der sofortigen Vollziehung besteht. Bei offenen Erfolgsaussichten findet eine reine Interessenabwägung statt. Dann ist der Antrag erfolgreich, wenn das Interesse des Antragstellers an der aufschiebenden Wirkung das öffentliche Interesse (bzw. das Interesse eines Dritten) an der sofortigen Vollziehung überwiegt.[700]

II. Anträge nach §§ 123 VwGO

Der Antrag ist begründet, wenn auf Grund einer summarischen Prüfung eine überwiegende Wahrscheinlichkeit für das Bestehen eines Anordnungsanspruchs und eines Anordnungsgrunds besteht. Anordnungsanspruch und Anordnungsgrund sind glaubhaft zu machen (§ 123 Abs. 3 i. V. m. §§ 920, 294 ZPO).

C. Die Übersendung der Behördenakte(n) an das Gericht

1172 Grundsätzlich sind Behörden auf Verlangen des Gerichts zur Vorlage von Urkunden oder Akten, zur Übermittlung elektronischer Dokumente und zu Auskünften verpflichtet, § 99 Abs. 1 S. 1 VwGO. Alle Beteiligten des Gerichtsverfahrens haben dann ein Akteneinsichtsrecht (§ 100 VwGO).

■ **Beispiel:** Ficht ein Nachbar die dem Bauherrn erteilte Baugenehmigung an und beruft sich auf die nachbarschützende Wirkung von Festsetzungen des Bebauungsplans, fordert das Gericht von der Baurechtsbehörde die vollständige Baugenehmigungsakte und von der Gemeinde die vollständige Bebauungsplanakte an. Der Nachbar kann dann Einsicht nehmen.

1173 Bevor die Behörde dem Verlangen des Gerichts nachkommt, muss sie prüfen, ob bzw. inwieweit

- die Vorlage bzw. Auskunft dem Wohle des Bundes oder eines Landes Nachteile bereitet

700 So die h. M. Nach a. A. ist der Antrag auf Wiederherstellung der aufschiebenden Wirkung auch dann begründet, wenn die behördliche Anordnung der sofortigen Vollziehung materiell rechtswidrig war; so z. B. *Schenke*, Verwaltungsprozessrecht, Rn. 1078.

- oder die Vorgänge nach einem Gesetz geheim zu halten sind
- oder die Vorgänge nach ihrem Wesen nach geheim zu halten sind.

■ **Beispiel:** Im Konkurrentenstreit darf die Behörde durch die Aktenvorlage nicht das Betriebs- bzw. Geschäftsgeheimnis (z. B. bei Streit um eine Konzession) bzw. das Recht auf informationelle Selbstbestimmung (z. B. bei Streit um eine Beamtenstelle) der anderen Bewerber verletzen.

1174 Will die Behörde dem Ersuchen des Gerichts nicht nachkommen, muss sie über den Dienstweg die oberste Aufsichtsbehörde (i. d. R. das zuständige Ministerium) einschalten. Nur diese ist befugt, die Vorlage bzw. Auskunft gegenüber dem Gericht unter den Voraussetzungen des § 99 Abs. 1 S. 2 VwGO zu verweigern.

1175 Hat die oberste Aufsichtsbehörde die Vorlage bzw. Auskunft verweigert, kann jeder am Verfahren Beteiligte nach § 99 Abs. 2 S. 1 VwGO einen Antrag beim OVG (bzw. VGH) auf Überprüfung stellen, ob die Verweigerung rechtmäßig ist (in-camera-Verfahren).

D. Die Antrags- bzw. Klageerwiderung der Verwaltung

I. Die Erwiderung auf einen Antrag nach § 80 Abs. 5 VwGO

1. Was in der Behörde passiert

1176 Nachdem das Gericht den Antrag (hier: von Frau Schröder) der Behörde (hier: LRA Ortenaukreis) zugeleitet hat, prüft diese noch einmal ihre Anordnung der sofortigen Vollziehung. Hält sie sie weiterhin für recht- und zweckmäßig, beantragt sie beim Gericht (mit entsprechender Begründung) die Ablehnung des Antrags auf Kosten des/der Antragsteller/in

> Auf den Antrag der Antragstellerin auf Wiederherstellung der aufschiebenden Wirkung ihres Widerspruchs gegen die von uns am […] verfügte Abrissverfügung mit dem Aktenzeichen […] beantragen wir:
>
> 1. Der Antrag wird abgelehnt.
> 2. Die Kosten des Verfahrens werden der Antragstellerin auferlegt.
>
> Begründung […]

Wenn die Behörde ihre Anordnung für rechtswidrig oder unzweckmäßig hält, hebt sie diese auf (analog § 80 Abs. 4 VwGO) und teilt dies dem Gericht mit.

1177 Ein laufendes Widerspruchsverfahren ist unabhängig vom vorläufigen Rechtsschutzverfahren fortzusetzen und in der Regel innerhalb von 3 Monaten nach Widerspruchserhebung zum Abschluss zu bringen (vgl. § 75

S. 2 VwGO). Etwas anderes gilt dann, wenn die Beteiligten mit dem vorläufigen Ruhen des Widerspruchsverfahrens ausdrücklich einverstanden sind (Rechtsgedanke aus § 363 AO) oder aus sonstigen Gründen das öffentliche Interesse oder das Interesse eines Beteiligten am Abwarten der gerichtlichen Entscheidung ausnahmsweise das Interesse des Widerspruchsführers an einer zügigen Entscheidung überwiegt.

2. Was vor Gericht passiert

Das Gericht prüft zunächst die Zulässigkeit des Antrags. Wie der Antrag in **1178** der Sache geprüft wird (Begründetheit), hängt davon ab, ob der Verwaltungsakt kraft behördlicher Anordnung (§ 80 Abs. 2 S. 1 Nr. 4 VwGO) oder bereits kraft Gesetzes (§ 80 Abs. 2 S. 1 Nr. 1 bis 3, S. 2 VwGO) sofort vollziehbar ist. Im letzteren Fall prüft das Gericht nur Punkt c). In unserem Beispielsfall[701] geht es bei a) los.

a) Überprüfung der formellen Rechtmäßigkeit der behördlichen Anordnung

Das Gericht prüft zunächst, ob die Anordnung der sofortigen Vollziehung **1179** formell rechtmäßig ist, insbesondere ob sie nach § 80 Abs. 3 VwGO ordnungsgemäß begründet wurde. Bei Verstoß (z. B. fehlende oder nicht einzelfallbezogene Begründung) hebt das Gericht die Anordnung der sofortigen Vollziehung auf bzw. ordnet die Wiederherstellung der aufschiebenden Wirkung an.[702] Nach richtiger, aber umstrittener Rechtsauffassung kann die Begründung von der Behörde nicht analog § 45 Abs. 1 Nr. 2 (L)VwVfG nachgeholt werden.[703]

b) Überprüfung der materiellen Rechtmäßigkeit der behördlichen Anordnung

Ob das Gericht auch etwaige materielle Fehler der Behörde prüft (also z. B. **1180** ob zweckwidrige Überlegungen bei der Anordnung der sofortigen Vollziehung eingestellt wurden)[704] oder ob es nach Prüfung der formellen Recht-

---

701 Frau Schröder hat die Wiederherstellung der aufschiebenden Wirkung ihres Widerspruchs beantragt, nachdem die Behörde die Abrissverfügung für sofort vollziehbar erklärt hat.

702 Vergleiche zum Streit, ob die Anordnung der sofortigen Vollziehung nur aufgehoben wird oder die Wiederherstellung der aufschiebenden Wirkung angeordnet wird: *Schenke*, Verwaltungsprozessrecht, Rn. 1000.

703 *Schenke*, Verwaltungsprozessrecht, Rn. 1055; a. A. HessVGH, Beschluss vom 05.04.2001 – 11 TG 689/01 – juris Rn. 4.

704 *Schenke*, Verwaltungsprozessrecht, Rn. 1078, wohl auch VGH BW, Beschluss vom 12.10.2010 – 9 S 1937/10 – juris Rn. 4 u. 5.

mäßigkeit sofort zur eigenen Interessenabwägung übergeht (siehe c), ist umstritten.

c) Gerichtliche Interessenabwägung

aa) Vorgehen im Fall des § 80 Abs. 2 S. 1 Nr. 4 VwGO

1181 Das Gericht trifft eine eigene Interessensabwägung.

Wenn der Widerspruch bzw. die Klage auf Aufhebung des Verwaltungsakts offensichtlich Erfolg haben werden, stellt das Gericht die aufschiebende Wirkung des Widerspruchs bzw. der Klage wieder her. Grund: Es besteht niemals ein Interesse an der sofortigen Vollziehbarkeit eines voraussichtlich rechtswidrigen und im Widerspruchs- bzw. Klageverfahren aufzuhebenden Verwaltungsakts.

Hat das Widerspruchs- bzw. Klageverfahren offensichtlich keinen Erfolg oder ist die Rechtslage offen, prüft das Gericht weiter, welche Gründe für die sofortige Vollziehbarkeit sprechen und ob diese überwiegen. Dass das Widerspruchs- bzw. Hauptverfahren voraussichtlich keinen Erfolg haben wird, ist allein kein Grund dafür, dass das öffentliche Interesse an der sofortigen Vollziehung überwiegt. Von Gesetz wegen hat nach § 80 Abs. 1 VwGO nämlich jeder Widerspruch, auch der offensichtlich nicht erfolgreiche Widerspruch, aufschiebende Wirkung. Das Interesse an der sofortigen Vollziehung muss sich aufgrund der besonderen Eilbedürftigkeit ergeben.[705] Fehlt es hieran, stellt das Gericht die aufschiebende Wirkung des Widerspruchs wieder her. Wenn das öffentliche Interesse überwiegt, lehnt das Gericht den Antrag auf Wiederherstellung der aufschiebenden Wirkung ab.

bb) Vorgehen in den Fällen des § 80 Abs. 2 S. 1 Nr. 1 bis 3, S. 2 VwGO

1182 Auch hier trifft das Gericht eine Interessensabwägung. Hat das Widerspruchsverfahren voraussichtlich Erfolg, ordnet das Gericht die aufschiebende Wirkung an. Ist das Verfahren offen oder hat der Widerspruch voraussichtlich keinen Erfolg, bleibt es bei der schon vom Gesetzgeber vorgesehenen sofortigen Vollziehbarkeit und das Gericht lehnt den Antrag ab. Nur wenn besondere Umstände im Einzelfall hinzutreten, ordnet das Gericht die aufschiebende Wirkung an.

---

705 BVerfG, Stattgebender Kammerbeschluss vom 08.04.2010 – 1 BvR 2709/09 – (Abkehr von der jahrelangen Rechtsprechung in Baden-Württemberg, nach der der Antrag auf Wiederherstellung der aufschiebenden Wirkung in der Regel abgelehnt wurde, wenn der Verwaltungsakt voraussichtlich rechtmäßig war, VGH BW, Beschluss vom 12.10.2010 – 9 S 1937/10 –).

II. Die Erwiderung auf einen Antrag nach § 80a Abs. 3 VwGO

1. Drittwiderspruch gegen einen begünstigenden Verwaltungsakt

Hat ein Dritter Widerspruch erhoben und hat dieser Drittwiderspruch gemäß § 80 Abs. 1 VwGO aufschiebende Wirkung, kann der Begünstigte nach § 80a Abs. 1 Nr. 1 VwGO bei der Behörde beantragen, dass der begünstigende Verwaltungsakt nach § 80 Abs. 2 S. 1 Nr. 4 VwGO für sofort vollziehbar erklärt wird. Alternativ kann er den Antrag nach § 80a Abs. 3 S. 1 VwGO auch bei Gericht stellen. **1183**

Hat der Drittwiderspruch gemäß § 80 Abs. 2 S. 1 Nr. 3 VwGO wegen einer spezialgesetzlichen Regelung (z. B. § 214a BauGB beim Widerspruch gegen die Baugenehmigung durch den Nachbarn) keine aufschiebende Wirkung oder hat die Behörde die sofortige Vollziehung des begünstigenden Verwaltungsakts nach § 80 Abs. 2 S. 1 Nr. 4 VwGO angeordnet, kann der Dritte nach § 80a Abs. 1 Nr. 2 VwGO die Aussetzung der Vollziehung bei der Behörde beantragen. Zugleich kann er einstweilige Maßnahmen zur Sicherung seiner Rechte beantragen. Auch bei Gericht kann der Dritte die Anordnung der aufschiebenden Wirkung seines Widerspruchs bzw. seiner Anfechtungsklage nach § 80a Abs. 3 S. 2 VwGO i. V. m. § 80 Abs. 5 S. 1 VwGO[706] beantragen. **1184**

2. Anfechtungswiderspruch gegen einen drittschützenden Verwaltungsakt

Legt der Betroffene gegen einen an ihn gerichteten belastenden Verwaltungsakt, der einen Dritten begünstigt, Widerspruch ein und hat dieser Widerspruch nach § 80 Abs. 1 VwGO aufschiebende Wirkung, kann der Dritte nach § 80 Abs. 2 S. 1 Nr. 4 VwGO die Anordnung der sofortigen Vollziehung durch die Behörde beantragen, § 80a Abs. 2 VwGO. Alternativ kann der Dritte diesen Antrag auch bei Gericht stellen, § 80a Abs. 3 S. 1 VwGO. **1185**

Gegen die Entscheidung der Behörde über einen Antrag im Sinne von § 80a Abs. 1 oder Abs. 2 VwGO kann nach § 80a Abs. 3 S. 1 VwGO ein Antrag bei Gericht auf Änderung oder Aufhebung gestellt werden.

III. Klageerwiderung auf eine Anfechtungsklage

1. Was in der Behörde passiert

Im Normalfall haben Ausgangs- und Widerspruchsbehörde bereits die Recht- und Zweckmäßigkeit geprüft. Hat sich die Rechts- und Sachlage **1186**

706 Streitig, a. A. nach § 80a Abs. 3 S. 1, siehe dazu *Schenke*, Verwaltungsprozessrecht, Rn. 1066.

nicht geändert, wird die Ausgangsbehörde im Namen ihres Rechtsträgers folgende Klageerwiderung schreiben:

> Wir beantragen:
>
> 1. Die Klage wird abgewiesen.
> 2. Die Kosten des Klageverfahrens werden der Klägerin (dem Kläger) auferlegt.
>
> Begründung [...]

1187 Hat sich die Sach- und Rechtslage nunmehr geändert, ist die Ausgangsbehörde auch während des laufenden Gerichtsverfahrens befugt, den mit der Anfechtungsklage angegriffenen Verwaltungsakt nach § 49 LVwVfG zu widerrufen. Wenn sie widerruft, teilt sie dies dem Gericht mit und kündigt ihr Einverständnis an, den Rechtsstreit bei einem entsprechenden Antrag des Klägers für erledigt zu erklären.

1188 Hält die Ausgangsbehörde (z. B. nach Hinweis des Gerichts) ihren Ausgangsbescheid in Form des Widerspruchsbescheids für rechtswidrig, prüft sie zunächst etwaige Heilungsmöglichkeiten. Die Heilung von Verfahrens- und Formfehlern im Sinne von § 45 Abs. 1 (L)VwVfG ist gemäß § 45 Abs. 2 (L)VwVfG auch noch vor Gericht möglich. Weiterhin können nach § 114 S. 2 VwGO Gesichtspunkte für die Ermessensausübung nachgeschoben werden. Ein auch von der Widerspruchsbehörde nicht geheilter Ermessensnichtgebrauch kann allerdings nicht nachgeholt werden.[707]

1189 Ist der Verwaltungsakt unheilbar rechtswidrig und besteht ein Aufhebungsanspruch des Betroffenen, muss sie den Ausgangsbescheid auch während des laufenden Gerichtsverfahrens nach Spezialgesetz oder § 48 LVwVfG zurücknehmen.[708] Die Behörde kann bzw. muss den Verwaltungsakt dann, wenn die Voraussetzungen dafür vorliegen, rechtmäßig neu erlassen. Die Rücknahme bzw. den Neuerlass teilt sie dem Gericht mit. Im Rücknahmebescheid bzw. im neu erlassenen Verwaltungsakt gibt sie dem Bürger auch einen entsprechenden Hinweis auf die Folgen für das laufende Gerichtsverfahren: Bei der bloßen Rücknahme hat sich die Anfechtungsklage erledigt.[709] Bei Neuerlass hat der Bürger die Wahlfreiheit, ob er gegen den neu erlassenen Verwaltungsakt wiederum Widerspruch erhebt (und die

---

707 BVerwG, Beschluss vom 14.01.1999 – 6 B 133/98 – zitiert nach juris Rn. 10; BVerwG, Urteil vom 13.11.1981 – 1 C 69/78 – zitiert nach juris Rn. 24.

708 Ein Abhilfebescheid ist aber nicht mehr möglich, vgl. *Schenke*, Verwaltungsprozessrecht, Rn. 721.

709 Der Bürger kann die Anfechtungsklage dann ggf. auf eine Fortsetzungsfeststellungsklage umstellen (wenn ein entsprechendes Feststellungsinteresse besteht) oder den Rechtsstreit für erledigt erklären oder die Klage zurücknehmen (bei Klagerücknahme trägt er allerdings die Kosten).

Anfechtungsklage für erledigt erklärt[710]) oder ob er seine Klage ändert und nunmehr den neu erlassenen Verwaltungsakt angreift, was er ohne weiteres Vorverfahren darf.[711]

Wenn über den Widerspruch gegen einen Verwaltungsakt nicht binnen 3 Monaten entschieden worden ist, kann i.d.R. ohne Abwarten des Widerspruchsbescheids Anfechtungsklage in Form der Untätigkeitsklage erhoben werden, § 75 VwGO. Wenn ein zureichender Grund dafür vorliegt, dass über den Widerspruch noch nicht innerhalb der 3 Monate entschieden worden ist, setzt das Gericht das Verfahren bis zum Ablauf einer von ihm bestimmten Frist aus, § 75 S. 3 VwGO. Ansonsten entscheidet das Gericht ohne weitere Fristsetzung. Dass der Bürger berechtigt ist, Untätigkeitsklage zu erheben, befreit die Verwaltung nicht von der Pflicht, dass die Ausgangsbehörde die Abhilfe prüft und die Widerspruchsbehörde bei Nichtabhilfe den Widerspruchsbescheid erlässt. **1190**

Heben Ausgangs- oder Widerspruchsbehörde den angegriffenen Verwaltungsakt vor Entscheidung des Gerichts auf oder weist die Widerspruchsbehörde vor der Entscheidung des Gerichts den Anfechtungswiderspruch zurück, kann der Kläger den Rechtsstreit für erledigt erklären oder die Klage zurücknehmen. Die Kosten des Gerichtsverfahrens werden dann nach § 161 Abs. 3 VwGO dem Verwaltungsrechtsträger der Ausgangsbehörde auferlegt (nach h.M. auch bei Klagerücknahme[712]).[713]

2. Was vor Gericht passiert

Wenn die Anfechtungsklage zulässig ist, prüft das Gericht, ob der angegriffene Verwaltungsakt rechtswidrig ist und dadurch eine Rechtsverletzung des Klägers vorliegt, § 113 Abs. 1 S. 1 VwGO. Ist der Aufhebungsanspruch des Klägers nicht ausnahmsweise ausgeschlossen (wie z.B. nach § 46 (L)VwVfG), hebt das Gericht wie beantragt den angefochtenen Verwaltungsakt auf. Die Zweckmäßigkeit des Verwaltungsakts (politische Klugheit etc.) darf das Gericht nicht prüfen. Fehler der Behörde darf nur die Behörde, nicht aber das Gericht heilen. **1191**

710 Bzw. die Klage zurücknimmt, dann trägt der Bürger aber die Kosten des Rechtsstreits. Bei beiderseitiger Erledigungserklärung werden die Kosten demjenigen auferlegt, der voraussichtlich verloren hätte.

711 Fall des zulässigen, aber entbehrlichen Widerspruchs.

712 BVerwG, NVwZ 1991, 1180.

713 Ob der Verwaltungsrechtsträger der Ausgangsbehörde vom Verwaltungsrechtsträger der Widerspruchsbehörde Regress verlangen kann, richtet sich nach deren Binnenverhältnis.

IV. Klageerwiderung auf eine Verpflichtungsklage

1. Was in der Behörde passiert

1192 Ausgangs- und Widerspruchsbehörde haben bereits geprüft, dass die Ablehnung des begehrten Verwaltungsakts recht- und zweckmäßig war. Hat sich die Sach- und Rechtslage gegenüber der letzten Verwaltungsentscheidung nicht geändert, wird die Ausgangsbehörde im Namen ihres Verwaltungsrechtsträgers folgende Klageerwiderung schreiben:

> Wir beantragen:
> 1. Die Klage wird abgewiesen.
> 2. Die Kosten des Klageverfahrens werden der Klägerin (dem Kläger) auferlegt.
>
> Begründung [...]

1193 Stellt die Ausgangsbehörde fest, dass sich die Sach- und Rechtslage geändert hat und hält sie aus diesem Grunde die Erteilung des beantragten Verwaltungsakts für recht- und zweckmäßig, erteilt sie den Verwaltungsakt und teilt dies dem Gericht mit. Ist der Kläger nach wie vor beschwert (z. B. ergeht der beantragte Verwaltungsakt mit nicht gewünschten Nebenbestimmungen), kann er den Rechtsstreit fortführen.

1194 Ist die Ausgangsbehörde (z. B. nach Hinweis des Gerichts) der Auffassung, dass der Kläger einen Anspruch auf Erlass des begehrten Verwaltungsakts bzw. auf Neubescheidung hat, erlässt sie diesen bzw. entscheidet über den Antrag noch einmal neu. Ihre Entscheidung teilt die Behörde dem Gericht mit.

1195 Die Heilung von Verfahrens- und Formfehlern im Sinne von § 45 Abs. 1 LVwVfG ist gemäß § 45 Abs. 2 LVwVfG auch noch vor Gericht möglich. Weiterhin können nach § 114 S. 2 VwGO Gesichtspunkte für die Ermessensausübung nachgeschoben werden. Ein nicht durch die Widerspruchsbehörde geheilter Ermessensnichtgebrauch kann allerdings nicht nachgeholt werden.

1196 Der Bürger kann i. d. R. 3 Monate nach Antragstellung auf den Erlass eines beantragten Verwaltungsakts bzw. auf Bescheidung seines Antrags klagen (§ 75 S. 1 Var. 2 VwGO), wenn die Ausgangsbehörde über seinen Antrag bisher nicht entschieden hat (**Untätigkeitsklage**).[714]

Wenn das Gericht der Verwaltungsbehörde eine erneute Frist nach § 75 S. 3 VwGO setzt und der Antrag innerhalb dieser Frist abgelehnt wird, muss

714 Beachte: Kein Bedarf für eine Untätigkeitsklage besteht in den Fällen, in denen die Genehmigungsfiktion eintritt (§ 42a VwVfG).

die Verwaltung von sich aus das Vorverfahren durchführen.[715] Darauf sollte die Ausgangsbehörde ausdrücklich in der Rechtsbehelfsbelehrung hinweisen. Hat das Gericht keine neue Frist nach § 75 S. 3 VwGO gesetzt oder hat das Gericht eine Frist gesetzt und die Behörde den Verwaltungsakt erst nach dieser Frist abgelehnt, kann der Kläger die Untätigkeitsklage ohne Vorverfahren fortführen.[716]

2. Was vor Gericht passiert

Ist die Verpflichtungsklage unzulässig oder haben Ausgangs- bzw. Wider- **1197** spruchsbehörde den Antrag des Bürgers zu Recht abgelehnt, weist das Gericht die Verpflichtungsklage zurück.

Ist die Verpflichtungsklage zulässig und hat der Bürger einen Anspruch **1198** auf den beantragten Verwaltungsakt, hebt das Gericht den Ablehnungsbescheid in Form des Widerspruchsbescheids auf und verpflichtet den Beklagten, die beantragte Erlaubnis zu erteilen.

Hat der Bürger nur einen Anspruch auf ermessensfehlerfreie Sachent- **1199** scheidung über seinen Antrag und ist die Ablehnung der Ausgangsbehörde in Form des Widerspruchsbescheids rechtswidrig, hebt das Verwaltungsgericht den Ablehnungsbescheid in Form des Widerspruchsbescheids auf und verpflichtet den Beklagten zu einer neuen Bescheidung unter Berücksichtigung der Rechtsauffassung des Gerichts. Im Übrigen wird die Verpflichtungsklage zurückgewiesen. Der Kläger kann ein solches teilweises Unterliegen verhindern, indem er Verpflichtungsklage in Form der Bescheidungsklage erhebt und nur beantragt, den Beklagten zu einer erneuten Sachentscheidung zu verpflichten.

V. Klageerwiderung auf eine isolierte Anfechtungsklage gegen Nebenbestimmungen

Problematisch ist, welche Befugnis die Gerichte bei der Prüfung der Be- **1200** gründetheit der isolierten Anfechtungsklage gegen Nebenbestimmungen haben.

Einigkeit besteht zunächst insoweit, als das Gericht die Nebenbestimmung jedenfalls dann aufheben muss,

- wenn der Kläger einen Rechtsanspruch auf den Erlass des begünstigenden Verwaltungsakts mit dem Inhalt hat, der nach Aufhebung der Nebenbestimmung verbleibt, oder

715 BVerwG, Urteil vom 23.03.1973 – IV C 2.71 – zitiert nach juris Rn. 32 f.

716 BVerwG, Urteil vom 22.05.1987 – 4 C 30/86 – zitiert nach juris.

– wenn es sich zwar um eine Ermessensentscheidung der Verwaltung handelt, die Verwaltung bei Kenntnis der Rechtswidrigkeit der Nebenbestimmung den begünstigenden Verwaltungsakt aber auch ohne die belastende Nebenbestimmung erteilt hätte.[717]

Nach richtiger Rechtsauffassung hat das Gericht ansonsten keine Kompetenz zur Aufhebung der angefochtenen rechtswidrigen Nebenbestimmung, sondern nur zur Feststellung von deren Rechtswidrigkeit.[718]

Anders sieht das die jüngste Rechtsprechung[719] (siehe bereits ausführlich unter Rn. 1135). Danach ist gar nicht zu prüfen, ob der verbleibende Teil des Verwaltungsakts rechtmäßig ist bzw. der Kläger einen entsprechenden Anspruch auf Erteilung des Verwaltungsakts hat. Vielmehr muss das Gericht eine rechtswidrige Nebenbestimmung, die den Kläger in seinen Rechten verletzt, bereits dann aufheben, wenn der begünstigende Verwaltungsakt grundsätzlich ohne die Nebenbestimmung erteilt werden kann.

Rechtsprobleme vermeidet die Verwaltung, indem sie bei Erlass von Nebenbestimmungen ihr ausgeübtes Ermessen ausführlich begründet und am Ende bei Ermessensverwaltungsakten im Sinne von § 36 Abs. 2 LVwVfG Stellung bezieht, ob sie den Bescheid ohne Nebenbestimmungen erlassen hätte oder nicht.

VI. Normenkontrollanträge

1201 Auf einen zulässigen Normenkontrollantrag prüft das OVG/der VGH, ob die angegriffene Rechtsnorm gegen objektives Recht verstößt und dieser Verstoß zur Unwirksamkeit führt. Auf eine subjektive Rechtsverletzung kommt es nicht an. Erklärt das Gericht die Rechtsnorm für unwirksam[720], muss die Ausgangsbehörde nach § 47 Abs. 5 S. 2 VwGO die Entscheidung so veröffentlichen, wie die Rechtsvorschrift bekannt zu machen wäre. Die Entscheidung, dass die Rechtsvorschrift unwirksam ist, ist allgemein verbindlich.

E. Verwaltung als Klägerin bzw. Antragstellerin

1202 In den meisten Fällen ist der Verwaltungsträger (vertreten durch die Ausgangsbehörde) Beklagter bzw. Antragsgegner. Es gibt aber auch Fälle, in

717 *Schenke*, Verwaltungsprozessrecht, Rn. 874 ff.

718 *Schenke*, Verwaltungsprozessrecht, Rn. 874.

719 8. Senat BVerwG, Beschluss vom 12.10.2022 – 8 AV 1/22 – juris; 4. Senat BVerwG, Beschluss vom 29.03.2022 – 4 C 4/20 – NVwZ 2022, 1798.

720 Zur Problematik der ausnahmsweise nur rechtswidrigen, nicht aber unwirksamen Rechtsnorm der Verwaltung siehe *Schenke*, Verwaltungsprozessrecht, Rn. 998.

denen der Verwaltungsträger (bzw. dessen Organe oder Organteile) beim Gericht eine Klage oder einen Antrag gegen Private oder gegen andere Verwaltungsträger (bzw. andere Organe oder Organteile) erhebt.

■ **Beispiele:** Eine Gemeinde klagt gegen den Bürger auf Leistung aus einem öffentlich-rechtlichen Vertrag; eine Universität klagt gegen das Bundesland auf Aufhebung einer Maßnahme der Rechtsaufsicht; ein Gemeinderatsmitglied klagt gegen die Gemeinde wegen seines Ausschlusses aus einer Gemeinderatssitzung.

F. Vertretung der Verwaltung vor Gericht

Im Regelfall ist Beteiligter vor Gericht der **Verwaltungsträger**, also eine juristische Person des öffentlichen Rechts (bzw. im Falle der Beleihung ggf. der/die Beliehene), vgl. §§ 61, 78 VwGO (Rechtsträgerprinzip).[721] **1203**

■ **Beispiele:** Beklagte(r) ist die Bundesrepublik Deutschland, das Land Baden-Württemberg, die Gemeinde Willstätt.

Durch welche Behörde der Verwaltungsträger vor Gericht vertreten wird, richtet sich nach dem maßgeblichen Verwaltungsorganisationsrecht. **1204**

■ **Beispiel:** Im Gabionenmauerfall wird das Land Baden-Württemberg vor Gericht durch das Landratsamt Ortenaukreis vertreten. Das ergibt sich aus § 1 der Vertretungsanordnung der Landesregierung Baden-Württemberg i. V. m. Ziffer I. Abs. 1 Nr. 1 der Vertretungsbekanntmachung der Ministerien.

Für die Behörde handelt der gesetzliche Vertreter, § 62 Abs. 3 VwGO. **1205**

■ **Beispiel:** Im Gabionenmauerfall handelt für das Landratsamt Ortenaukreis der Landrat, vgl. § 37 Abs. 1 Satz 1 LKrO BW (Leiter des Landratsamts).

Der gesetzliche Vertreter der Behörde muss aber nicht zwingend die Schriftsätze an das Gericht persönlich unterschreiben oder persönlich vor Gericht erscheinen. Mit der Vertretung vor dem Verwaltungsgericht können nach § 67 Abs. 2 Satz 2 Nr. 1 VwGO auch Sachbearbeiterinnen und Sachbearbeiter betraut werden, vor dem BVerwG und dem OVG bzw. VGH allerdings nur solche mit Befähigung zum Richteramt, § 67 Abs. 4 Satz 4 VwGO. **1206**

■ **Beispiel:** Im Gabionenmauerfall ist in erster Instanz das VG Freiburg zuständig. Für das Landratsamt Ortenaukreis muss nicht der Landrat persönlich handeln. Vielmehr kann die Vertretung durch den zuständigen Sachbearbeiter wahrgenommen werden. Dieser muss nicht zwingend Volljurist sein.

---

721 Ausnahme ist z. B. das Organstreitverfahren. Hier ist Kläger beispielsweise ein Organ oder ein Organteil, nicht aber der Verwaltungsrechtsträger selbst.

1207 Die Vertretung der Behörde durch Sachbearbeiterinnen und Sachbearbeiter ist keine „Prozessbevollmächtigung im üblichen Sinn“: So erscheint der Name der Sachbearbeiter/Sachbearbeiterinnen nicht im Rubrum, die Vorlage einer auf den Bediensteten ausgestellten Vollmacht ist grundsätzlich nicht erforderlich. Insbesondere ist die Ausstellung dieser Prozessvollmacht im Sinne der §§ 80 ff. ZPO i. V. m. § 173 VwGO untunlich; denn es verursacht zusätzlichen Aufwand, erforderliche Zustellungen, Ladungen oder Fristanträge an die jeweilige Person zu binden. Das ist im Interesse der Verfahrensvereinfachung vermeidbar.[722]

1208 Wie jedem Beteiligten steht es auch dem Verwaltungsträger frei, sich durch einen Rechtsanwalt vor Gericht vertreten zu lassen, § 67 Abs. 2 Satz 1 VwGO.

G. Vorlagen an den EuGH bzw. an das BVerfG

1209 Ist nach Auffassung des angerufenen Gerichts für den Ausgang des Verfahrens entscheidend, wie die unionsrechtlichen Verträge (EUV, AEUV, GrCh) oder das sekundäre Unionsrecht (insbes. EU-Verordnungen und EU-Richtlinien) auszulegen sind oder ob letztere gültig sind, legt es diese Frage dem EuGH zur weiteren Entscheidung vor (Art. 267 AEUV).

1210 Hält das Gericht ein förmliches Gesetz, auf dessen Gültigkeit es bei der Entscheidung ankommt, für unwirksam, ruft es nach Maßgabe von Art. 100 Abs. 1 GG das BVerfG bzw. das Verfassungsgericht des betroffenen Landes an. Das BVerfG ist auch anzurufen, wenn zweifelhaft ist, ob Regeln des Völkerrechts Bestandteil des Bundesrechts sind und ob sie unmittelbar Rechte und Pflichten für den Einzelnen erzeugen. Art. 100 Abs. 2 GG.

H. Rechtsmittel gegen Gerichtsentscheidungen

1211 Die Beteiligten des gerichtlichen Verfahrens[723] können gegen (noch) **nicht rechtskräftige** Gerichtsentscheidungen mit den **ordentlichen Rechtsmitteln** „Beschwerde“, „Berufung“ oder „Revision“ vorgehen (§§ 124 ff. VwGO).[724]

1212 Gegen Urteile (und Gerichtsbescheide) der Verwaltungsgerichte ist die **Berufung zum OVG bzw. VGH** (2. Tatsacheninstanz) statthaft, wenn sie

722 So wörtlich übernommen aus: BVerwG, NVwZ 1994, 266.

723 Kläger bzw. Antragsteller, Beklagter bzw. Antragsgegner, Beigeladene und Vertreter des öffentlichen Interesses (§§ 35 f. VwGO).

724 Zur Erinnerung und zur Anhörungsrüge siehe §§ 151 u. 152a VwGO.

vom Verwaltungsgericht selbst oder vom OVG bzw. VGH zugelassen worden ist (§§ 124, 124a VwGO).

Gegen Urteile des OVG bzw. VGH und Beschlüsse im Normenkontroll- **1213**
verfahren[725] ist die **Revision zum BVerwG** gegeben, wenn sie vom OVG bzw. VGH oder auf entsprechende Nichtzulassungsbeschwerde vom BVerwG zugelassen worden ist (§ 132 VwGO). Das BVerwG entscheidet dann nur noch über **Rechtsfragen**.

Gegen die Entscheidungen des Verwaltungsgerichts, des Vorsitzenden **1214**
oder des Berichterstatters, die nicht Urteile oder Gerichtsbescheide sind, steht den Beteiligten und den sonst von der Entscheidung Betroffenen nach § 146 Abs. 1 VwGO die **Beschwerde** an das OVG bzw. an den VGH zu, soweit nicht in der VwGO etwas anderes bestimmt ist. Große praktische Bedeutung haben die Beschwerden gegen Beschlüsse der Verwaltungsgerichte im vorläufigen Rechtsschutzverfahren (§§ 80, 80a, 123 VwGO).

Neben den „ordentlichen Rechtsmitteln" gibt es noch **weitere Rechtsbe- 1215**
helfe gegen Gerichtsentscheidungen.

■ **Beispiele:** Gegen die Verletzung von Grundrechten oder grundrechtsgleichen Rechten nach dem GG kann gemäß Art. 93 Abs. 1 Nr. 4a GG i. V. m. §§ 90 ff. BVerfGG Verfassungsbeschwerde erhoben werden, i. d. R. aber erst nach Erschöpfung des oben genannten Rechtswegs, § 90 Abs. 2 BVerfGG. Gemeinden und Landkreise können Verfassungsbeschwerde gegen Verletzungen von Art. 28 Abs. 2 GG erheben. Nach der innerstaatlichen Rechtswegeerschöpfung kann gegen die Verletzung der durch die EMRK garantierten Menschenrechte Individualbeschwerde zum EGMR erhoben werden (Art. 34, 35 EMRK). Schließlich gibt es das Wiederaufnahmeverfahren nach § 153 VwGO.

I. Rechtskraft und Bindung an Gerichtsentscheidungen

Kann die gerichtliche Entscheidung nicht (mehr) mit einem „ordentlichen **1216**
Rechtsmittel" angegriffen werden, wird sie **formell rechtskräftig**.[726] Mit Eintritt der formellen Rechtskraft wird die gerichtliche Entscheidung auch **materiell (inhaltlich) rechtskräftig,** § 121 VwGO. Die Beteiligten des Gerichtsverfahrens[727] sind nun im Umfang des Streitgegenstandes an die gerichtliche Entscheidung gebunden.

725 Ausnahmsweise auch direkt gegen Urteile eines VG (§§ 134 f. VwGO).

726 Vgl. dazu auch die Vollstreckung von Verwaltungsakten, Rn. 465 ff.

727 Ausnahme: Rechtswirkung für alle, wenn OVG bzw. VGH die Unwirksamkeit einer Norm der Verwaltung feststellt, § 47 Abs. 5 S. 2 VwGO.

■ **Beispiele:** Das Gericht hat der Anfechtungsklage von Frau Schröder gegen die Abrissverfügung stattgegeben, weil die Mauer nach Auffassung des Gerichts standsicher ist. Daran ist das Land BW nun gebunden. Es darf vertreten durch das LRA Ortenaukreis keine erneute Abrissverfügung aufgrund der gleichen Sach- und Rechtslage erlassen. Eine Abrissverfügung ist aber beispielsweise dann erlaubt, wenn sich die Sachlage ändert, also neue Tatsachen hinzutreten, die nunmehr die Standunsicherheit begründen.

Das Gericht hat der Anfechtungsklage von Frau Schröder gegen die Abrissverfügung stattgegeben, weil am Erlass ein nach § 20 LVwVfG BW ausgeschlossener Sachbearbeiter mitgewirkt hat. In materielle Rechtskraft erwächst dann die Feststellung dieses Verstoßes. Das hindert die Verwaltung aber nicht, erneut eine Abrissverfügung gegen Frau Schröder zu erlassen, diesmal unter Beachtung von § 20 LVwVfG BW.

1217 Umstritten ist, ob die Verwaltung Verwaltungsakte, die durch eine rechtskräftige gerichtliche Entscheidung bestätigt wurden, nur unter den Voraussetzungen von § 51 (L)VwVfG[728] oder auch unter den Voraussetzungen der §§ 48, 49 (L)VwVfG aufheben darf.[729]

1218 Das Fachgesetz kann bestimmen, dass und in welchem Umfang die Verwaltung bei ihren Maßnahmen an vorangegangene gerichtliche Entscheidungen gebunden ist **(Feststellungswirkung gerichtlicher Entscheidungen)**.

■ **Beispiele:** § 23 Abs. 1 BDG, § 35 Abs. 3 GewO

1219 Nach h. M. besteht außerhalb der gesetzlich angeordneten Verbindlichkeit verfassungsgerichtlicher Entscheidungen (§ 31 BVerfGG bzw. die entsprechenden Regelungen für die Verfassungsgerichte der Länder) zwar keine Rechtsprechungsbindung der Verwaltung; allerdings gehört es zu den Amtspflichten der Beamten und Beamtinnen (vgl. Art. 34 GG i. V. m. § 839 BGB), sich sorgfältig mit der Rechtsprechung auseinanderzusetzen.[730]

---

728 So BVerwGE 135, 137 ff.; 135, 121 ff.

729 So *Detterbeck*, Allgemeines Verwaltungsrecht, Rn. 770.

730 *Reimer*, § 7 Das Parlamentsgesetz als Steuerungsmittel und Kontrollmaßstab, Rn. 74; *Morlok*, § 54 Retrospektive Kompensation der Folgen rechtswidrigen Hoheitshandelns, in GVwR III² Rn. 55.

Stichwortverzeichnis

(Die folgenden Ziffern beziehen sich auf die Randnummern)

A
Abgaben 426
Abgabenbescheid 399, 426
Abgabenordnung 37
Abgabenrecht 37, 39
Abgabenverwaltung 18
Abgrenzungstheorien 25, 1060
Abhilfebescheid 1058, 1064, 1083, 1189
Ablehnung (Verwaltungsakt) 19, 138, 141, 151, 401, 601, 609, 635 ff.
Ablehnungsbescheid 640
Ablösevertrag, Stellplatz 730
Abschleppen von Fahrzeugen 556
Absprache (unverbindlich) 786
Abwasserbeseitigungspflicht 782
Abwasserzweckverband 731
Adressatentheorie 1086
Ahndung von Gesetzesverstößen 29
Akte
– Einsichtsrecht bei der Behörde 337, 602
– Einsichtsrecht vor Gericht 1172
– Vorlage an das Gericht 1172
Aktenführung 338
– Pflicht zur elektronischen 338
Akzessorietät
– Begriff 380
– der Androhung von Zwangsmitteln 380
– der Anordnung der sofortigen Vollziehung 679, 927, 931
– der Gebührenfestsetzung 381, 459
– der Nebenbestimmung 666
Allgemeine Handlungsfreiheit 82, 196, 951, 1086
Allgemeinverfügung
– Abgrenzung zum Sammelverwaltungsakt 150
– Begriff und Beispiele 135, 150, 256, 456, 885
– Bekanntgabe 358
Amt 108
Ämterstabilität 917, 1123
Amtshaftung 1, 604, 1074
Amtswalter 108
Analogie 63, 427, 929
Analogieverbot 63
Änderung der Sach- und Rechtslage 690, 1007, 1021, 1102, 1128, 1130, 1186, 1216
Androhung von Zwangsmitteln 479 ff.
Anfechtung von Verträgen 969
Anfechtungsklage 1135, 1164, 1168 f.
Anfechtungswiderspruch 717, 1000, 1054, 1059, 1061, 1077 f., 1087, 1101, 1132 ff., 1142, 1144, 1151, 1158 f., 1164, 1170, 1185, 1190
Angemessenheit (Verhältnismäßigkeitsgrundsatz) 204
Anhörung
– im Widerspruchsverfahren 1058, 1146
– Nachholen (Heilung) 893, 917, 925, 1108 f.
– vor Ablehnung eines Verwaltungsakts 601
– vor Androhung von Zwangsmitteln 506
– vor Anordnung der sofortigen Vollziehung 443
– vor Erlass von belastenden Verwaltungsakten 336
– vor Erlass von Nebenbestimmungen 601
Anhörungsrüge vor Gericht 1211
Annex 431

Anordnung der sofortigen Vollziehung
- Fehler 926
- im Widerspruchsverfahren 1157
- von begünstigenden Verwaltungsakten 628
- von belastenden Verwaltungsakten 431
- von Nebenbestimmungen 718
Anspruch auf ermessensfehlerfreie Entscheidung 96, 321, 723, 1087
Anstalt 102, 127
Anstaltsgewalt 844
Antrag auf Erlass eines Verwaltungsakts 577
antragsbefugt 582
Antragsfrist 588, 1168
Anwendungsvorrang von Unionsrecht 72
Aufgabe 115
- Weisungsaufgaben 257
- weisungsfreie Aufgaben 257
Aufgabennorm 115
Auflage 673
- modifizierte 669
- nachträglich 667
- Nichterfüllung 1018
Auflagenvorbehalt 394, 561, 673 f., 695 ff., 710, 713, 725, 1027, 1133
Aufschiebende Wirkung 421
Aufsicht
- Begriff 1040
- Dienstaufsicht 1043
- Fachaufsicht 1043
- Rechtsaufsicht 1043
- Sachaufsicht 1041
Ausfertigung
- Gesetz 266
- Rechtsverordnung 826
- Satzung 858
- Verwaltungsakt 903
Ausgeschlossene Person 328
Auskunft 335, 599
Auslegung
- historische 57
- rechtsvergleichende 482
- systematische 57
- teleologische 57
- unionsrechtskonforme 57, 464
- verfassungskonforme 57, 287
- wörtliche 57
Außenrecht 40
Auswahlermessen
- Begriff 50
- bei der Rücknahme 985
- Fristsetzung 297
- polizeiliche Generalklausel 296
- Störerauswahl 284, 297, 303
- Zwangsmittel 510, 472 f.

B

Baugenehmigung 147, 570, 590, 608, 619, 629, 644, 656, 760, 1095
Beamtenklagen 1168
Beamtenrecht 39, 400, 649
Beamtenrechtliche Beurteilungen 95
Beamtenwiderspruch 1057, 1065, 1071, 1076
Beauftragter(r) für den Datenschutz 127
Bebauungsplan 167, 844, 846, 849
Bedarfsdeckungsgeschäfte 191
Bedarfsverwaltung 18
Bedingung 673
Befangenheit
- institutionelle 252, 885
- von Behörden 252, 885
- von Verwaltungsbediensteten 328
Befreiungsvorbehalt 564, 643, 652
Befristung 673
Befugnis 116
Befugnisnorm 116
Begründetheit
- des Anfechtungswiderspruchs 1101
- des isolierten Anfechtungswiderspruchs 1135
- des Verpflichtungswiderspruchs 1131
- von Anträgen auf vorläufigen Rechtsschutz 1171

– von Anträgen auf Wiederaufgreifen 1035
– von Klagen 1169
Begründung 346, 382, 608, 642
begünstigender Verwaltungsakt 18
Behörde (Begriff) 109
Behördeninformant 337
Behördenleitervorbehalt 249
Beihilfe für Beamte 86
Beihilfen (EU) 464, 975, 983
Beistand 323, 326
Beiträge 426
Beitreibung 477
Bekanntgabe
– Fehler 894
– Rechtsverordnung 829
– Satzungen 859
– Verwaltungsakt 356
– Widerspruchsbescheid 1148
Bekanntgabe (Ausland) 367
Bekanntgabeadressat 359
Belastendes Verwaltungshandeln 18
Beliehene 103, 790
Benehmen 592
Benutzungsordnung 150, 256
Beratung 335, 599
Berufsfreiheit 19, 41, 206, 214, 621, 696, 844, 1144
Berufung 1212
Bescheid 377, 633, 724
Bescheidstil 217, 388
Bescheidungsklage 1164
Beschlüsse 796
Beschwerde 1214
Besonderes Gewaltverhältnis 81
Bestandskraft
– Anspruch auf Wiederaufgreifen 1033
– von Verwaltungsakten 159, 421
Bestimmtheit 311, 502
– von formellen Gesetzen 87
Beteiligte 323, 580
– im Widerspruchsverfahren 1146
Beteiligungsfähig 324, 591
Betriebsverhältnis 140
Beurteilungsspielraum 95
Bevollmächtigte 326, 361
Bewehrung 31, 836
Beweislast 656
Beweismittel 595
Bindung an Gerichtsentscheidungen 1216
Bindungswirkung (Verwaltungsakt) 43
Bundesoberbehörde 109, 127
Bundesverfassungsgericht, Verwerfungsmonopol 70
Bundesverwaltung 111
Bundesverwaltungsgericht 1163
Bürgermeister 131
Bußgeld 30

C

Computerfax 1090

D

Daseinsvorsorge 18
Datenschutz 327, 339, 517
Datenschutzbeauftragte(r) 127
Datenschutz-Grundverordnung 39
Datenschutzrecht 39
De-Mail 366
Demokratieprinzip 78, 185, 318
Devolutiveffekt 1066, 1141
Dienstaufsicht 1041, 1043
Dienstvorschrift 805
Diskriminierungsverbot 44
Dispens 564
Dispositionsgrundsatz 320, 577, 1058
Drei-Stufen-Theorie 206
Drittwiderspruch 1127, 1146, 1158, 1183 f.
Drittwirkung von Verwaltungsakten 147
Duldungsverfügung 284, 309, 323

E

Effektivitätsgrundsatz (EU) 72, 180, 464, 992, 1012
Effizienzgebot 318, 493

Eigentumsrecht 206
Eilzuständigkeit 403
Eingriffsverwaltung 18
Einheitliche Stelle 575
Einleitung des Verwaltungsverfahrens 320
Einrichtung, öffentliche 646
Einstweilige Anordnung 1166
Einvernehmen (anderer Behörden) 756, 794, 856 (siehe auch Zustimmung)
Einziehungsverfügung 477 f., 510
Elektronische Verwaltungsakte 344
Elektronische Signatur 366
Empfangsbestätigung 453
Empfangsbevollmächtigte 362
Enteignung 206, 416, 498
Entschließungsermessen 50, 296, 297, 493, 894, 985
Erbengemeinschaft 615
erforderlich 203
Erlass 805
Erlaubnisvorbehalt 214, 564, 568, 642, 835
Erledigung von Verwaltungsakten 158
Ermessen
– Begriff 89, 294
– gerichtliche Kontrolle 96
– intendiertes Ermessen 347
– Wahl der Maßnahme 298
– Wahl des Regelungsadressaten 276
– Zweckmäßigkeit von Ermessensentscheidungen 1125
Ermessensfehler
– Begriff 96
– Ermessensfehlgebrauch 96, 701, 835, 913, 919, 1115
– Ermessensnichtgebrauch 96, 701, 913, 1115, 1188, 1195
– Ermessensüberschreitung 96, 701, 836, 1115
– Heilung (bei Rechtsverordnungen und Satzungen) 961
– Heilung (bei Verwaltungsakten) 913
– Prüfungsgegenstand im Widerspruchsverfahren 1115
Ermessenslenkende Verwaltungsvorschriften 704, 868
Ermessensreduzierung auf Null 281, 433, 438, 637, 665, 764, 781, 892, 919, 986, 1005, 1008, 1012
Ermessensrichtlinien 740, 868
Ersatzvornahme 474, 479, 495, 514
Erschließungsvertrag 731
Erstattung erbrachter Leistungen 994
Erstentscheidungskompetenz 93
Erwerbswirtschaftliche Tätigkeit der Verwaltung 18
EU-Grundfreiheiten 44
EU-Richtlinien 35, 55, 616, 1209
– Umsetzung durch Verwaltungsvorschrift 878
– unmittelbare Rechtswirkung bei verspäteter Umsetzung 73
EU-Verordnungen 35, 55, 394, 616, 1209
Europarecht (siehe auch Unionsrecht) 72
Exekutive 15

F

Fachaufsicht 1043
Fehler
– Anordnung der sofortigen Vollziehung 926
– öffentlich-rechtlicher Verträge 932
– Realakt 968
– Rechtsverordnungen, Satzungen und Verwaltungsvorschriften 949
– Verwaltungsakte 889
Festsetzung von Zwangsmitteln 473
Feststellungsbescheid 381, 402, 635
Feststellungsklage 1167
Feststellungswirkung 1218
Fiktiver Verwaltungsakt 604
Finalprogramm (Normenstruktur) 49
Finanzverwaltungsrecht 37
Fiskalische Hilfsgeschäfte 191
Flucht ins Privatrecht 193
Folgenbeseitigungsanspruch 494

Form
– Anordnung der sofortigen Vollziehung 444
– öffentlich-rechtlicher Vertrag 752
– Rechtsverordnung 822
– Satzungen 857
– Verwaltungsakt 340, 605
– Widerspruch 1089
– Widerspruchsbescheid 1147
Formelle Polizeipflicht v. Hoheitsträgern 88
Formelle Rechtmäßigkeit (Begriff) 224
Formelles Gesetz (Begriff) 77
Förmliches Verfahren 575
Fortsetzungsfeststellungsklage 1164
Fortsetzungsfeststellungswiderspruch 1077
Freibeweis 333
Frist
– für Antrag auf Verwaltungsakt 588
– für Entscheidung über Verwaltungsakt 603
– für Erhebung des Widerspruchs 1091
– für Rücknahme bzw. Widerruf 984
Fristsäumnis (Wiedereinsetzung) 588, 1096, 1149

G

Gebietskörperschaft 104
Gebühr 374, 426, 509, 630
– Widerspruchsbescheid 1156
Gebundene Entscheidung 287
Geeignet(es) Mittel (Verhältnismäßigkeitsgrundsatz) 202
Gefahr, abstrakte 885
Gefahr, konkrete 409
Geheimhaltung 339, 600
Gemeinde 131
Gemeinderat 106, 131
Gemeingebrauch 90
Genehmigungsfiktion 604
Generalklausel, bauordnungsrechtliche 235
Generalklausel, bodenschutzrechtliche 278
Generalklausel, polizeiliche 296, 398
Gerichte (Verwaltungsgerichtsbarkeit) 1163
Geschäftsfähigkeit 325
Geschäftsverteilungsplan 249, 805
Gesetz, formelles 77
Gesetz, materielles 802
Gesetzesvorbehalt 79, 188
– Rechtsverordnungen 813
Gesetzesvorrang 186
Gesetzmäßigkeit der Verwaltung 186
Gewährleistungsverwaltung 18
Gewaltenteilungsprinzip 15
Gewaltverhältnis, besonderes 81
Gewohnheitsrecht 54, 222
Gleichbehandlungsgebot 197, 300, 881, 1121
Große Kreisstadt 131
Grundrecht
– allgemeine Handlungsfreiheit 82, 196, 951, 1086, 1119
– Berufsfreiheit 206
– Eigentum 206
– Gleichbehandlung 197, 300, 881
– informationelle Selbstbestimmung 206
– Übersicht 44
Grundrechtsbindung 190
Grundrechtsgleiche Rechte 44
Grundsätze für Verwaltungshandeln 183 ff.
Grundverhältnis 140
Gutachtenstil 217, 388

H

Handlungsfähigkeit 325, 579, 591, 745, 898, 1060, 1142, 1144
Handlungsformen 134
Handlungsgrundsätze der Verwaltung 183
Handlungsspielraum 89
Heilung 892 ff., 1189, 1195
Hilfsrechtsnormen 49
Hinzuziehung (von Beteiligten) 323

Hinzuziehung (von Selbstverwaltungsträgern) 1148
Hinzuziehung, notwendige (Rechtsanwalt) 1155
Historische Auslegung 57

I
In-camera-Verfahren 1175
Individualverfügung 150
Informationelle Selbstbestimmung 206
Informationsfreiheitsrecht 39
Inhaltsbestimmung 311, 668
Innenrecht 40
Insolvenzverfahren 411, 489, 1011
Insolvenzverwalter 411
Intendiertes Ermessen 347
Interessentheorie 25
Isolierte Anfechtungsklage 1164
Isolierter Anfechtungswiderspruch 1133

J
Judikative 15
Juristische Person des öffentlichen Rechts 102
Juristische Person des Privatrechts 615
Justizrecht 28

K
Kann-Vorschriften 50, 294
Kaufmann 615
Klage (aufschiebende Wirkung) 421
Klage- und Antragsarten 1164
Klagebefugnis 1168
Klagefrist 1168, 1170
Kollision 66
Konditionalprogramm (Normenstruktur) 49
Konkurrentenklage 1164
Konzentrationswirkung 654
Kooperation mit Privaten 790
Kooperationsrechtlicher Vertrag 731
Koordinationsrechtlicher Vertrag 731
Kopplungsverbot 767
Kopplungsvorschrift 432
Körperschaft 102 f., 127, 130, 843
Kosten 426
Kostenbescheid 399, 426, 513 f., 540, 545, 547 ff.
Kostenentscheidung (Widerspruchsverfahren) 1154
Kündigung 969

L
Landesoberbehörde 109, 130
Landesverwaltung 111
Legaldefinition 139
Legalitätsprinzip 321
Legislative 15
Leistungs- und Gewährleistungsverwaltung 18
Leistungsbescheid 399
Leistungsklage, allgemeine 1164
Leistungsverwaltung 18
Letztentscheidungsrecht 94
Lex-posterior-Regel 53
Lex-specialis-Regel 52
Lex-superior-Regel 53

M
Materielle Rechtmäßigkeit (Begriff) 223, 261
Materielles Gesetz 165, 802
Mitwirkung anderer Behörden 327, 592
Mitwirkung der Öffentlichkeit 590
Mitwirkungsobliegenheit 596
Mitwirkungspflichten 597
Modifizierte Auflage 669
Modifizierte Subjektstheorie 25
Möglichkeitstheorie 1085
Muss-Vorschriften 50, 287
Musternebenbestimmungskatalog 707

N
Nachbarschützende Norm 151
Nachbarwiderspruch 915, 1087, 1120

Nachbarwiderspruch (Verwirkung) 1097
Nachschieben von Gründen 913
Nachträgliche Auflagen/Anordnungen 667, 1027
Nebenbestimmungen
– Definition 666
– isolierter Anfechtungswiderspruch 1133
– Musterkataloge 707
Nichtanwendungskompetenz 73
Nichtigkeit
– von öffentlich-rechtlichen Verträgen 933
– von Rechtsnormen 67
– von Verwaltungsakten 887, 907
Nichtigkeitsfeststellungsklage 1164
Nichtigkeitstheorie 67
Nichtstörer 279
Normenhierarchie 54
Normenkollision 66
Normenkontrollantrag 1165
Normenkontrolle, gerichtliche 70
Normenpyramide 54
Normenstruktur 49
Normenverwerfungskompetenz 66
Notstandsmaßnahme 444

O

Oberste Bundesbehörde 109, 127
Oberste Landesbehörde 109, 130
Oberverwaltungsgericht 70, 1163
Objektives öffentliches Recht 43
Öffentliche Bekanntmachung 357
Öffentliche Einrichtung 646
Öffentliche Sicherheit 537
Öffentliches Interesse 185, 432
Öffentliches Sachenrecht 39, 655
Öffentlich-rechtlicher Vertrag 162, 727 ff.
– Anfechtung 969
– Fehler 932
– Kündigung 969
Offizialprinzip 320
Öffentliches Recht (Abgrenzung zum Privatrecht) 24
Onlinezugangsgesetz 39, 363
Opportunitätsprinzip 321
Optimierungsgebot 49
Ordnungsverwaltung 18
Ordnungswidrigkeitenrecht 30
Organ (Verwaltungsorgan) 106
Organisationsrecht 101
Organkompetenz 256, 572, 847
Organleihe 107
Organrecht 1051
Organstreitverfahren 1203
Organwalter 108
Organzuständigkeit 256
Örtliche Zuständigkeit 243

P

Parlamentsvorbehalt 78
Personalkörperschaft 167
Personengesellschaft 413, 615
Pfändungsverfügung 477
Planfeststellungsverfahren 575
Polizeiliche Generalklausel 296
Polizeipflicht von Hoheitsträgern 88
Popularklage 97
Postulationsfähigkeit 1168
Potestativbedingung 673
Privatisierung 790
Privatrecht (Abgrenzung zum öffentlichen Recht) 24
Prognose (Gefahrenprognose) 409
Prozessrecht 21, 28
Prozessfähigkeit 1168, 1170
Prüfungsschema
– Androhung von Zwangsmitteln 472
– Anordnung der sofortigen Vollziehung 433
– Anträge auf vorläufigen Rechtsschutz (Begründetheit) 1171
– Anträge auf vorläufigen Rechtsschutz (Zulässigkeit) 1170
– Beantragung von Zwangshaft 475
– Durchführung von Ersatzvornahme und unmittelbarem Zwang 474
– Fehler bei Abschluss öffentlichrechticher Verträge 934

- Fehler bei Erlass von Verwaltungsakten 892
- Festsetzung von Zwangsmitteln 473
- Klagen (Begründetheit) 1169
- Klagen (Statthaftigkeit) 1164 ff.
- Klagen (Zulässigkeit) 1168
- Kostenbescheid für Ersatzvornahme bzw. unmittelbaren Zwang 476
- Kostenbescheid für unmittelbare Ausführung 525
- Nebenbestimmungen 664
- Öffentlich-rechtlicher Vertrag 734
- Pfändungs- und Einziehungsverfügung 478
- Rechtsverordnung 810
- Rücknahme 975
- Satzung 811
- Unmittelbare Ausführung 524
- Verwaltungsakt, begünstigend 559
- Verwaltungsakt, belastend 220
- Verwaltungsvorschrift 812
- Vollstreckung von Geldleistungsverwaltungsakten 471
- Vollstreckung von sonstigen befehlenden Verwaltungsakten 470
- Widerruf 1005
- Widerspruch (Erfolgsaussichten) 1061
- Widerspruchsbescheid (Rechtmäßigkeit) 1062

Punitive Maßnahmen 33

R

Rangverhältnis, Rechtsnormen 52
Realakt 792
Recht 22
Rechtmäßigkeit (Begriff) 222
Rechtmäßigkeitskontrolle 1039
Rechtsanwalt (notwendige Hinzuziehung) 1155
Rechtsaufsicht 1043
Rechtsbegriff, unbestimmter 94
Rechtsbehauptung, bloße 348
Rechtsbehelfsbelehrung 349, 385, 429, 609, 1094, 1158
Rechtsfähigkeit 102
Rechtsfähigkeit (Teilrechtsfähigkeit) 324
Rechtsgebiete 22
Rechtshinweis 314, 386, 671
Rechtskraft 1216
Rechtsmissbrauch 185, 1061
Rechtsmittel gegen Gerichtsentscheidungen 1211
Rechtsnachfolge 412, 492
Rechtsnormen
- final 49
- konditional 49

Rechtsprinzipien 49
Rechtsreflex 45
Rechtsschutzbedürfnis 1097
Rechtssubjekt 615
Rechtsträger 615
Rechtsverordnung
- Aufhebung 969
- Ausfertigung 826
- Begriff 166, 803
- Bekanntgabe (Verkündung) 829
- Fehler 949
- Form 822
- Gesetzesvorbehalt 813
- Rückwirkungsverbot 839
- Verfahren 816
- Zitiergebot 824
- Zuständigkeit für den Erlass 815

Rechtswidrigkeit (Begriff) 222
Reflex (Rechtsreflex) 45
Reformatio in peius 1083, 1138
Regelbeispiel 614
Regelungsadressat 276
Regierungstätigkeit 18
Regierungsverträge 730
Revision 1213
Richtervorbehalt 93
Richtlinie (der Verwaltung) 805
Richtlinien (siehe auch EU-Richtlinien) 35
Rückerstattungsbescheid 994

Rücknahme rechtswidriger Verwaltungsakte 970
Rückwirkungsverbot 839

S
Sachaufsicht 1043
Sachliche Zuständigkeit 237
Sachverhaltsermittlung 332
Sachverständiger 333
Sammelverwaltungsakt 150
Satzung
– Aufhebung 969
– Begriff 167, 804
– Bekanntgabe 859
– Fehler 949
– Form 857
– Gesetzesvorbehalt 844
– Verfahren 848
Satzungsautonomie 842
Schlichtes Verwaltungshandeln 792
Schutznormtheorie 45, 1087, 1120
Selbstbindung der Verwaltung 881
Selbsteintrittsrecht 69, 404, 1049
Selbstverwaltungsaufgabe 167, 301
Selbstverwaltungsträger 103
Sofortige Vollziehung 418, 1181
Sofortiger Vollzug 552
Soll-Vorschriften 50, 290
Sonderabgaben 426
Sondernutzungserlaubnis 90
Sonderrechtstheorie 25
Sonderrechtsverhältnis 81
Sozialrecht 37
Spezialnorm, Vorrang 52
Staatshaftungsrecht 1
Staatsrecht 35
Staatsvertrag 730
Stadtkreis 131
Standardmaßnahme, polizeiliche 398
Statthaftigkeit
– Klagen 1168
– vorläufiger Rechtsschutz 1170
– Widerspruch 1075
Stellplatzablösungsvertrag 730
Stiftung des öffentlichen Rechts 102, 127
Störer 279
Störerauswahl 281, 296
Störung 409
Strafrecht 29
Subjektionstheorie 25
Subjektiv-öffentliches Recht 43, 1052
Subjektstheorie 25
Subordinationsrechtlicher Vertrag 731
Subordinationstheorie 25
Subsumtion 273
Subvention 565, 645, 658, 790, 877, 880, 881
Suspensiveffekt 421
Systematische Auslegung 57

T
technische Anleitung 805
technische Baubestimmungen 271
Teilrechtsfähigkeit 324
Teleologische Auslegung 57
Teleologische Reduktion 59
Tenor
– Ablehnungsbescheid 641
– Anfechtungswiderspruchsbescheid 1159
– Ausgangsverwaltungsakt 380
– Verpflichtungswiderspruchsbescheid 1160
Territorialitätsprinzip 367
Theorie der doppelten Verfassungsunmittelbarkeit 1073
Theorie der unmittelbaren Verursachung 279
Totalvorbehalt 188
Treu und Glauben 185

U
Überdenkensantrag 1037
Übermaßverbot 198 ff.
Ultra-vires-Lehre 943
Umdeutung 923, 1124
Unanfechtbarkeit 423
Unbestimmte Rechtsbegriffe 94

Ungeschriebene Tatbestandsmerkmale 408
Unionsrecht
– Anwendungsvorrang 72
– Begriff 35
– Vollzug 122
Unionsrechtskonforme Auslegung 57
Unmittelbare Ausführung 521 ff.
Unmöglichkeit 307
Untätigkeitsklage 1190, 1196
Untersuchungsgrundsatz 332
Unterwerfung unter die sofortige Vollstreckung 771
Unzulässige Rechtsausübung 185, 1061
Unzuverlässigkeit 288, 398, 632, 764, 1021
Urkundsform 605
Unmittelbarer Zwang 495

V

Verbandskompetenz 255, 572, 846
Verböserung 1083, 1138
Verbot, präventives 564, 642
Verbot, repressives 564, 643, 652
Verfahren über eine einheitliche Stelle 575
Verfahren, förmliches 575
Verfahrensermessen 318
Verfahrensfehler
– absolute 918
– Heilung 1108
– keine isolierte Anfechtung 97
– relative 917
– Unbeachtlichkeit 917
Verfahrensrecht 173, 181
Verfassungsbeschwerde 1215
Verfassungsimmanente Schranke 83
Verfassungsunmittelbare Schranke 84
Verfassungsrecht 35, 44, 770, 839, 1073
Verfassungsrechtliche Verträge 730
Verfassungrechtskonforme Auslegung 57
Vergleichsvertrag 731
Verhaltensstörer 279
Verhältnismäßigkeit 198 ff.
– Prüfung auf Tatbestandsseite 271
– Prüfung bei Ermessensentscheidungen 305
– Prüfung bei gebundenen Entscheidungen 992
– von formellen Gesetzen 209
Verkehrszeichen 150, 340, 358, 398, 427
Verpflichtungsklage 1164
Verpflichtungswiderspruch 1059, 1080
Versagungsgegenklage 1168
Vertrag (öffentlich-rechtlicher) 162
Vertragsnaturschutz 790
Vertrauensschutzprinzip 973, 989
Vertretung der Verwaltung vor Gericht 1203
Verwaltung
– Begriff, im formellen Sinn 17
– Begriff, im materiellen Sinn 18
– Begriff, im organisatorischen Sinn 16
– Begriff, private Verwaltung 14
Verwaltungsakt
– Ablehnung 636
– Anfechtbarkeit 159
– Anhörung 601
– Antrag auf Erlass 577
– Antragsfrist 588
– Aufhebung 158
– befehlend 149
– Begriff/Definition 139
– Begründung 346
– begünstigend 144
– Bekanntgabe 356
– Bekanntgabe (Ausland) 367
– Bekanntgabe durch Zustellung 364
– belastend 145
– Bestandskraft 159, 421
– Dauerwirkung 148
– dinglich 150, 655
– Drittwirkung 147, 462, 1183, 1185
– elektronisch 344

– Fehler 889
– feststellend 149
– fiktiv 604
– Form 340, 605
– Funktionen 170
– Genehmigungsfiktion 604
– Nebenbestimmungen 661
– neutral 146
– Rechtsbehelfsbelehrung 349
– rechtsgestaltend 149
– Rechtsnachfolge 412
– Rücknahme 970
– sofortige Vollziehung 418
– Umdeutung 923
– Unanfechtbarkeit 423
– vollstreckbar 485
– Vollstreckung 466
– vollstreckungsfähig 483
– vorläufig 673
– Widerruf 1001
– Wirksamkeit 156
Verwaltungsakt-Befugnis 236
Verwaltungsaufbau 125
Verwaltungsgericht 1163
Verwaltungsgerichtshof 1163
Verwaltungshelfer 514, 790
Verwaltungsorgane 106
Verwaltungsorganisation 101
Verwaltungsprivatrecht 192
Verwaltungsprozessrecht 1163
Verwaltungsrecht
– allgemeines 38
– Begriff 21
– besonderes 38
Verwaltungsrechtsweg 1071
Verwaltungsträger 102
Verwaltungsverfahrensgesetze 37
Verwaltungsvertrag 162
Verwaltungsvollstreckung 466
Verwaltungsvorschriften
– Arten 867
– Außenwirkung 880
– Begriff 168, 805
– Fehler 949
– rechtmäßiger Erlass 870
– zur Umsetzung von EU-Richtlinien 878
Verwerfungskompetenz 66
Verwirkung 1097
Völkerrecht 35
Völkerrechtliche Verträge 730
Vollstreckbarer Verwaltungsakt 485
Vollstreckung 466
Vollstreckungsauftrag 513
Vollstreckungsbehörde 481
Vollstreckungsfähiger Verwaltungsakt 483
Vollstreckungshindernis 487
Vollziehbarkeitstheorie 422
Vollziehungsanordnung 434
Vorbehalt der Nachprüfung 673
Vorbehalt des Gesetzes 79, 188, 227, 563, 844
Vorläufiger Rechtsschutz 1164
Vorrang des Gesetzes 77, 186
Vorverfahren (siehe auch Widerspruchsverfahren) 1055

W

Wahlen (Kommunalwahlen) 74
Warnungen 196
Weisungen 140, 799, 1044
Weisungsaufgaben 257
Weisungskompetenz 870
Weisungsrecht 121, 1047
Wesentlichkeitstheorie 86, 563
Widerruf
– Bedeutung des Unionsrechts 1012
– eines begünstigenden Verwaltungsakts 1013
– eines nicht begünstigenden Verwaltungsakts 1006
– von Geld- und Sachleistungsverwaltungsakten 1009
– wegen Nichterfüllung einer Auflage 1018
Widerrufsbescheid 1031 f., 1037
Widerrufsvorbehalt 673, 1014
Widerspruch
– Anfechtungswiderspruch 1059
– aufschiebende Wirkung 421

– Beamtenwiderspruch 1057
– Form 1089
– Frist 1091
– gegen Nebenbestimmungen 1133
– gegen nichtige Verwaltungsakte 1078
– Verböserung (reformatio in peius) 1138
– Verpflichtungswiderspruch 1059
Widerspruchsbefugnis 65, 1084
Widerspruchsbehörde 1064
Widerspruchsbescheid 1058
– Bestandteile 1158
– Form 1147
– Gebühr 1156
– Muster 1161
– Tenor (Anfechtungswiderspruch) 1159
– Tenor (Verpflichtungswiderspruch) 1160
– Zustellung 1148
Widerspruchsinteresse 1097
Widerspruchsverfahren
– Anhörung 1146
– Dispositionsgrundsatz 1058
– Doppelcharakter 1055
– Funktionen 1056
– Hinzuziehung 1148
– Kostenentscheidung 1154
Widmung 150, 256, 655
Wiederaufgreifen des Verfahrens 1033
Wiedereinsetzung 588, 1096, 1149
Wiederholende Verfügung 1037
Willkürverbot 207, 300, 494, 839
Wirksamkeit von Verwaltungsakten 156
Wirksamkeitstheorie 422
Wörtliche Auslegung 57

Z

Zitiergebot 824, 957
Zulässigkeit
– von Anträgen auf vorläufigen Rechtsschutz 1170
– von Klagen 1168
– von Widersprüchen 1063
Zulassung zu öffentlichen Einrichtungen 646
Zusage 152
Zusicherung 152, 647
Zuständigkeit
– behördeninterne 248
– Behördenleiter 248
– Eilfall 403
– funktionelle 248
– instanzielle 239
– Organ 238, 256
– örtliche 243
– örtliche (Wechsel) 406
– sachliche 238
– Verband 238
– Widerspruchsbehörde 1064, 1145
Zustandsstörer 279
Zustellung 364, 1148
Zustellungsurkunde 393
Zustimmung 592, 756, 786, 794, 797, 819, 825, 856
Zuverlässigkeit 94, 288, 598
Zwangsgeld 495
Zwangshaft 93, 495
Zwangsmittel 495
Zwangsvollstreckung 466
Zweckbestimmung 670, 1010
Zweckmäßigkeit 96, 1039, 1125
Zweckmäßigkeitskontrolle 1039
Zweckverband 740, 750, 804
Zweitbescheid 1037